21 世纪高等院校财经管理系列实用规划教材

NEW THEORY OF SERVICE MARKETING MANAGEMENT

服务营销管理新论

郑玉香 ◎ 编著

北京大学出版社
PEKING UNIVERSITY PRESS

内 容 简 介

本书是在党的二十大精神引领下，遵循新时代经济高质量发展驱动的高等学校特色规划教材建设的最新发展规划，顺应新形势下我国高等教育改革新文科新商科建设的最新发展要求，以科学性、系统性、实践性、时代性、创新性、思政性、适用性为主要特色，全面阐述现代服务业面临的服务营销管理的科学原理、核心思想及理论和实践发展的最新成果，主要内容包括：服务业与服务经济、服务营销概述、服务消费行为、服务市场细分与定位、服务质量管理、服务产品与创新、服务定价、服务渠道与供应链管理、服务促销与沟通、有形展示与服务环境等，并适当增加了物流、旅游、航运等典型现代服务业的服务营销管理新应用和服务营销管理新发展的最新内容。

本书不仅可作为全国高等院校经济管理类专业本科生和研究生的教材；也可作为现代企业管理者、中高层经营管理人员及对服务营销管理理论实践感兴趣的其他读者的参考用书。

图书在版编目（CIP）数据

服务营销管理新论 / 郑玉香编著 . —— 北京：北京大学出版社，2023.3
21世纪高等院校财经管理系列实用规划教材
ISBN 978-7-301-33883-4

Ⅰ. ①服… Ⅱ. ①郑… Ⅲ. ①服务营销 – 营销管理 – 高等学校 – 教材 Ⅳ. ① F719.0

中国国家版本馆CIP数据核字(2023)第058487号

书　　名	服务营销管理新论 FUWU YINGXIAO GUANLI XINLUN
著作责任者	郑玉香　编著
策划编辑	王显超
责任编辑	王显超　翟　源
数字编辑	金常伟
标准书号	ISBN 978-7-301-33883-4
出版发行	北京大学出版社
地　　址	北京市海淀区成府路205号　100871
网　　址	http://www.pup.cn　新浪微博：@北京大学出版社
电子邮箱	编辑部 pup6@pup.cn　总编室 zpup@pup.cn
电　　话	邮购部 010-62752015　发行部 010-62750672　编辑部 010-62750667
印　刷　者	河北文福旺印刷有限公司
经　销　者	新华书店
	787毫米×1092毫米　16开本　26印张　615千字 2023年3月第1版　2023年3月第1次印刷
定　　价	72.00元

未经许可，不得以任何方式复制或抄袭本书之部分或全部内容。

版权所有，侵权必究
举报电话：010-62752024　电子邮箱：fd@pup.cn
图书如有印装质量问题，请与出版部联系，电话：010-62756370

前　　言

党的二十大报告指出为了构建新发展格局，着力推动高质量发展，应加快构建优质高效的服务业新体系、推动现代服务业高质量发展、加快服务创新意识的提升以及服务业高端人才的培养。服务营销管理是一门建立在市场营销学、经济学、心理与行为科学，以及现代管理科学基础上的交叉应用学科，并且随着我国经济的快速发展而不断变化。中华人民共和国成立特别是改革开放以来，我国用几十年时间走完了发达国家几百年走过的工业化历程，成为全世界产业门类最为齐全的国家，经济发展迈入了新的高质量发展阶段，以服务业为内核的第三产业已成为中国经济实现快速增长的新引擎。服务经济的快速发展在为中国的服务型企业带来机遇和挑战的同时，也给企业的服务营销管理提出了新的要求。在新形势下如何运用服务营销管理知识来构建企业持久的竞争优势，成为许多服务企业关注的重点，也极大地激发了人们对服务营销管理理论学习和应用的热情。

本书正是在上述现实发展背景下，遵循新时代经济高质量发展的高等学校特色教材建设的发展规划，结合高等教育改革的最新要求，以科学性、系统性、实践性、时代性、创新性、适用性为特色，全面阐述现代服务业的服务营销管理的科学原理、核心思想及理论和实践运用发展的最新成果。并且本书在编写过程中，融入了党的二十大精神、课程思政知识点以及大量案例，且在一些章节末尾给出了外文前沿文献阅读，使读者不仅可以从中获得生动的阅读体验，还可从中汲取养分，拓宽视野，提升服务意识，也利于授课教师的备课、讲授、复习和测评授课效果。

本书是由我负责带领本学科团队，结合新时代服务营销理论和实践的发展需要，结合十几年的教学科研经验，并借鉴国内外大量相关资料精心编写而成。本书目标读者可分为三类：一是市场营销、企业管理、经济学等经济管理类本科生和研究生；二是企业管理者和中高层营销管理人员以及对服务营销管理理论和实践感兴趣的其他读者；三是政府部门从事服务业发展相关工作的人员。

我在南开大学、上海交通大学、清华大学及欧美的多年学习和工作经历中，受到了很多营销管理领域专家学者的指导帮助，尤其要感谢我的恩师复旦大学范秀成教授及上海交通大学的刘益教授和李垣教授，以及北京大学符国群教授、彭泗清教授、南开大学杜建刚教授、吉林大学金晓彤教授等多位营销学前辈和同仁。

在本书编写修订过程中，我的研究生原文杰、胡晶晶、王杭琪、陈秀、刘丹丹、周梦君、朱悦、冯青青、何佳丽、熊瑾媛等承担了资料整理和案例编写等工作。由于时间和编者水平所限，书中疏漏和不当之处在所难免。在此诚恳地希望读者和同仁不吝赐教，提出宝贵的意见。

编者　郑玉香

2022 年秋于上海

目 录

第一章 服务、服务业与服务经济 ... 1
- 第一节 服务 ... 2
- 第二节 服务业 ... 11
- 第三节 服务经济 ... 17
- 关键术语 ... 19
- 本章小结 ... 19
- 复习思考题 ... 19
- 综合案例 ... 20

第二章 服务营销概述 ... 22
- 第一节 服务营销的概念 ... 23
- 第二节 服务营销的发展历程 ... 27
- 第三节 服务营销的组合要素 ... 33
- 关键术语 ... 36
- 本章小结 ... 37
- 复习思考题 ... 37
- 综合案例 ... 37

第三章 服务消费行为 ... 40
- 第一节 当代服务消费的发展趋势及特征 ... 40
- 第二节 服务消费者购买影响因素 ... 44
- 第三节 服务购买及决策过程 ... 50
- 关键术语 ... 60
- 本章小结 ... 60
- 复习思考题 ... 60
- 综合案例 ... 61

第四章 服务市场的细分与定位 ... 64
- 第一节 服务市场的细分 ... 65
- 第二节 服务目标市场的选择 ... 72
- 第三节 服务市场的定位 ... 82
- 关键术语 ... 87
- 本章小结 ... 88
- 复习思考题 ... 88

综合案例 ·· 88

第五章　服务质量管理 ·· 91

第一节　服务质量的含义与属性 ·· 91
第二节　服务质量的评价 ·· 95
第三节　服务质量的管理 ·· 107
第四节　服务质量提高策略 ·· 113
第五节　服务失误与服务补救 ·· 117
关键术语 ·· 128
本章小结 ·· 128
复习思考题 ·· 128
综合案例 ·· 129

第六章　服务产品与服务创新 ·· 132

第一节　服务产品 ·· 133
第二节　服务品牌 ·· 139
第三节　新服务开发与设计 ·· 143
第四节　服务创新 ·· 154
关键术语 ·· 158
本章小结 ·· 158
复习思考题 ·· 159
综合案例 ·· 159

第七章　服务定价策略 ·· 162

第一节　服务定价概述 ·· 163
第二节　基本服务定价方法 ·· 169
第三节　单一服务的定价策略 ·· 171
第四节　特殊服务产品定价 ·· 176
关键术语 ·· 187
本章小结 ·· 187
复习思考题 ·· 187
综合案例 ·· 187

第八章　服务渠道与供应链管理 ·· 190

第一节　服务渠道概述 ·· 191
第二节　服务渠道管理 ·· 199
第三节　服务供应链管理 ·· 203
关键术语 ·· 212
本章小结 ·· 212
复习思考题 ·· 212
综合案例 ·· 212

第九章　服务促销与沟通 ·· 216

第一节　服务促销概述 ·· 218
第二节　服务促销的设计与规划 ·· 221
第三节　服务促销组合策略 ·· 225
第四节　整合营销沟通 ·· 242
关键术语 ·· 243
本章小结 ·· 243
复习思考题 ··· 243
综合案例 ·· 244

第十章　有形展示与服务环境 ··· 246

第一节　有形展示的作用与分类 ·· 247
第二节　有形展示的设计与管理 ·· 253
第三节　服务环境与场景 ··· 261
关键术语 ·· 270
本章小结 ·· 270
复习思考题 ··· 270
综合案例 ·· 271

第十一章　服务人员与内部营销 ·· 273

第一节　服务营销中的服务人员 ·· 273
第二节　服务利润链 ··· 280
第三节　内部营销及其体系构建 ·· 285
关键术语 ·· 294
本章小结 ·· 294
复习思考题 ··· 294
综合案例 ·· 295

第十二章　服务流程管理 ··· 297

第一节　服务流程的概述 ··· 298
第二节　服务流程的管理 ··· 300
第三节　服务流程管理策略 ·· 310
关键术语 ·· 322
本章小结 ·· 323
复习思考题 ··· 323
综合案例 ·· 323

第十三章　服务营销管理新应用 ·· 327

第一节　航空服务营销管理 ·· 328
第二节　航运服务营销管理 ·· 339

第三节　物流服务营销管理 348
　　第四节　旅游服务营销管理 358
　　第五节　搜索引擎营销管理 365
　　关键术语 373
　　本章小结 373
　　复习思考题 373
　　综合案例 373

第十四章　服务营销管理新发展 376
　　第一节　移动互联网服务营销 377
　　第二节　产品服务化新发展 384
　　第三节　服务外包新发展 390
　　第四节　数字化服务营销 398
　　关键术语 401
　　本章小结 402
　　复习思考题 402
　　综合案例 402

参考文献 404

第一章　服务、服务业与服务经济

学习目标

（1）掌握服务的内涵及其特征。
（2）了解服务业及其分类。
（3）认识现代服务业的发展趋势。
（4）了解党的二十大报告中关于服务业的发展政策。

进一步推动生产性服务业发展

在服务产业大力发展的新形势下，一家轴承生产企业为了适应新形势推动生产性服务化发展。在物流企业的帮助下，重新规划仓库布局、完善供应链管理：原来40多个中小型仓库，被压缩至8个物流中心、7个中转仓，仓储管理成本大幅降低。原先产品送到客户手中，往往需要一周以上，现在只需两三天，效率大为提升。

近年来，工业领域小规模、定制化生产的趋势越发明显。像这家轴承企业，产品多达2 000多种，规格从内径20毫米到外径16米，重量从几百克到十几吨，如此多品类的产品，具体该如何储存、发运，对企业的仓储管理能力提出了考验。

在这方面，物流企业正是行家里手。经过多年积累，不少物流企业已具备利用大数据预测消费需求，并将货品提前放置到合适仓库的能力，在库内管理方面也形成了一套高效率、标准化的作业方法。"专业的事还是要专业的人去干"，在合作中"尝到甜头"，这家轴承企业后来又将仓储物流和售后物流也外包给了合作的物流企业。

轴承企业与物流企业的这次成功"牵手"，充分证明了生产性服务业对制造业的关键作用。生产性服务业包括研发设计、信息数据、人力资源、现代物流等领域，涉及农业、工业等产业的多个环节，具有专业性强、产业融合度高、带动作用显著等特点。国际经验也表明，制造业发展到一定阶段后，其附加值和市场竞争力的提升更多要依靠生产性服务业的支撑。

近年来，生产性服务业在全球经济和国际竞争中的地位日益显著。相较而言，我国生产性服务业发展相对滞后，总量不足、结构不合理等问题仍较突出。推动中国制造由大到强，需要我们推动生产性服务业向专业化和价值链高端延伸，更好服务制造业高质量发展。

比如软件和信息技术服务业。从机床、轴承等工业品，再到汽车、家电等消费品，都离不开系统软件的支持。近年来，依靠全球领先的智能语音识别系统助力，我国智能音箱、智能电视、智能汽车等产品加快升级，广受市场认可。在软件领域，我们还要继续努力，争取掌握更多关键核心技术，持续提高产业创新能力。

又如检验检测服务。无论是上市新品、更新产品，还是开拓海外新市场，企业都离不开相应的检验检测服务。目前，在动力电池等领域，全国具备检测能力的检测机构不多，有时制造企业需要花费大量时间排队送检，影响了产品创新节奏。前不久，中国中检认证集团与中国通用技术集团所属检验检测企业实施专业化整合，打造检验检测领域"国家队"，有望更好顺应制造业需求。在这方面，我们同样要加快补短板、强弱项的步伐。

总而言之，加快发展生产性服务业，是向结构调整要动力、促进经济平稳健康发展的重要措施。期待各地区各部门多措并举、真抓实干，进一步推动生产性服务业发展，促进制造业与生产性服务业深度融合，稳步提升我国产业发展的综合竞争力。

21世纪以来，许多行业受到了技术进步、全球化、政府政策调整及消费者需求变化的影响，其中服务业表现出强大的生存能力，在经济中所占比重越来越大，已经逐渐成为现代经济的核心和驱动力。目前，服务产业逐渐与信息技术相结合，产生了具有高人力资本含量、高技术含量、高附加值的现代服务业。在当今世界，第三产业的发展水平成为衡量现代社会经济发达程度的重要标志，我们生活、工作在一个以服务为中心、非常注重服务的体系中，各种证据都表明，服务经济时代已经到来。

第一节　服　务

一、服务的定义

我们每天都在服务别人或者被别人服务，比如到医院体检、坐飞机去旅行、去银行取钱甚至去餐厅用餐。服务活动不能像实体产品一样被实际接触，但是我们可以感知和体验到。虽然服务无所不在，但是由于服务的快速发展和服务概念本身的复杂性，至今尚没有一个能被所有学者认可的定义。表1-1是一些比较有代表性的对服务的定义。

表1-1　服务的定义

时间	提出者	定　义
1960年	美国市场营销协会（AMA）	服务是用于出售或者是与产品连带出售的活动、利益和满足感
1963年	威廉·J.里甘	服务是直接提供满足（交通、租房）或者与有形产品和其他服务一起提供满足的不可感知活动
1974年	威廉·J.斯坦顿	服务是可被独立识别的不可感知活动，为消费者或用户提供满足感，但并非一定要与某个产品或服务捆绑出售

续表

时间	提出者	定 义
1990年	克里斯廷·格罗鲁斯	服务是指或多或少具有无形特征的一种或一系列活动，通常（但并非一定）发生在顾客与服务的提供者及其有形的资源、产品或系统相互作用的过程，以便解决消费者的有关问题
1990年	国际标准化组织	服务是为满足顾客的需要，供方与顾客接触的活动和供方内部活动所产生的结果
2006年	汉斯·卡斯帕尔	服务是在本质上无形、易逝的一系列活动，服务交易并不存在所有权的转移问题，服务过程是一个互动的过程，其目的在于为顾客创造价值

（资料来源：张秀红，2014.服务营销 [M].北京：中国广播影视出版社.）

学者们对服务的定义不止如此，美国学者瓦拉瑞尔·A.泽丝曼尔等在其著作《服务营销》中提出：服务是行为、过程和表现，由一方向另一方提供或双方合作生产。这种行为、过程和表现不仅存在于企业的活动之中，还是许多制造商向市场提供的价值组合的一部分。泽丝曼尔等还在书中提到另一个较为广义的服务定义：服务是指所有产出都为非有形产品的全部经济活动，通常在生产时被消费，并以便捷、愉悦、省时、舒服或健康的形式提供附加价值。菲利普·科特勒则将服务定义为"一方能够向另一方提供的任何一项活动或利益，它本质上是无形的，并且不产生对任何东西的所有权问题，它的生产可能与实际产品有关，也可能无关，由此，服务的本质是无形性和无所有权的转移"。

通过对众多服务定义的研究，本书认为，服务是指供方通过与顾客的互动，借助于服务设施与工具，为顾客带来某种利益或满足感的可供有偿转让的与有形产品相结合或者单独存在的活动，且这种活动可以持续发生。该定义包含以下观点。

（1）服务是一个互动的过程。在整个活动过程中，从服务需求的提出与确认，到服务的完成，通常都需要顾客的参与，从而产生顾客与服务人员、服务环境、服务设施与工具，以及与其他顾客之间的互动。

（2）服务是一个通过服务活动为顾客创造价值的过程。服务企业满足顾客需求，向顾客提供利益，为顾客提供解决方案主要是通过一系列活动来完成的。服务中用到的有形物品，通常作为服务的设施与工具，用来帮助服务人员有效地完成服务活动。

（3）服务通常与有形产品结合出现。实际上，任何一项服务，都不是完全无形的，它需要与具体的有形产品结合出现。比如，航空服务离不开机场、飞机等实物，餐厅、零售等服务更离不开产品。因此，服务业企业所提供的服务实际上是可见的有形产品和不可见的无形产品相结合的产物。其中，有形产品的部分易于统一定量的评价，但无形产品的部分，比如方便性、亲切程度、信任度等却难以统一定量的评价。

服务交易不发生所有权的转移。在多数情况下，服务交易完成后，顾客不会带走服务企业任何有形的物品，同样的服务设施、服务工具、服务人员和服务过程，可以继续为下一位顾客提供服务。

二、服务的分类

严格来说，很少有产品是纯粹有形的或者无形的，服务与有形产品并不存在真正意义上的区别。比如，被划分为服务业的餐饮业，它仍有如食物、餐具、包装等有形的部分，同样，被划分为制造业的汽车行业，也同时提供交通运输、维修和售后等服务。虽然如此，有些产品确实是无形的特性明显一点，而另一些产品有形的特性则更明显一些。也就是说，任何产品都存在有形因素和无形因素两个方面，但是发挥主导作用的因素是不相同的，如图 1-1 所示。

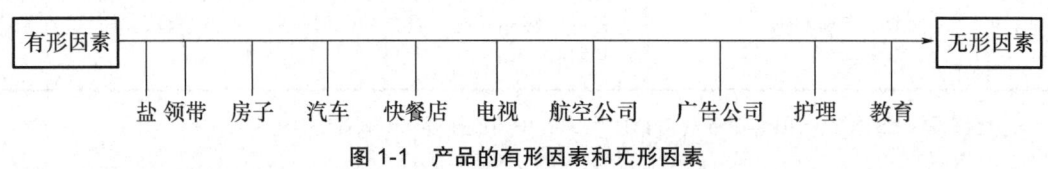

图 1-1　产品的有形因素和无形因素

（资料来源：苏朝晖，2012.服务营销管理——服务业经营的关键 [M].北京：清华大学出版社 .）

以上这种区分是一种粗略的划分，因为即使有些原本看起来是纯粹的有形产品，但随着服务趋同化的深入，也会或多或少附带一些服务。服务活动及内容具有广泛性和复杂性的特点，我们可以从不同的维度对服务进行划分。

（一）按照顾客参与的程度划分

按照顾客的参与程度，可以将服务划分为高接触性服务、中接触性服务和低接触性服务三类。

高接触性服务是指顾客在服务推广过程中参与其中全部或大部分活动，服务的生产主要依靠人来完成，服务传递过程中存在着很多服务提供者和顾客面对面互动的服务。比如，酒店服务、医疗保健服务、美容服务、公共交通服务、教育服务等。

中接触性服务是指顾客只是部分或在一段时间内参与其中的活动，服务的生产并不一定全程需要顾客的参与，服务传递过程中存在面对面的服务，但是相对较少。比如，法律服务、保险服务、房地产服务等。

低接触性服务是指在服务推广中顾客和服务的提供者接触甚少，顾客主要是通过自动系统、信息技术或者其他有形要素来接受服务。比如，远程教育、网上银行、电子商务、有线电视等服务。

（二）按照服务活动的客体以及服务活动的形态划分

从服务活动的客体维度，可以把服务活动划分为针对人的服务和针对物的服务，其中针对人的服务又可以分为针对人的身体的服务和针对人的大脑的服务，而针对物的服务可以划分为针对实物的服务和针对无形资产的服务。从服务活动的形态维度，可以把服务活动划分为相对有形的服务和相对无形的服务。由此我们可以划分出如表 1-2 所示的四类服务。

表 1-2 服务的分类

		服务活动的形态	
		相对有形的活动	相对无形的活动
服务活动的客体	针对人	医疗保健、住宿、美容院、健身、酒吧、理发、乘客运输	广告、教育、公关、信息咨询、音乐、心理治疗、有线电视、艺术
	针对物	货物运输、维修、仓储、干洗、加油、草坪修剪、家居清洁	会计、银行、保险、法律服务、程序编写、软件咨询、证券投资

（资料来源：唐嘉庚，2012. 服务营销学 [M]. 北京：高等教育出版社 .）

在针对人的服务中，顾客通常需要参与到服务的过程中，其中针对人的身体的服务，顾客与服务设施和服务人员的接触较多，而针对人的大脑的服务双方则接触较少。相对有形的服务多数是针对人的身体的，而相对无形的服务多数是针对人的大脑的。

（三）按照服务是否能在账面上体现出来划分

按照服务是否能在账面上体现出来，可以将服务分为显性服务和隐性服务两类。这种分类方法是由服务管理学创始人克里斯廷·格罗鲁斯提出的。

在服务性企业中，有些服务在账面上是可以体现出来的，如运输、售后服务等，叫作显性服务。但是有些服务在账面上却体现不出来，因为它们经常被作为日常性的管理费用处理，如结账、质量问题处理、服务补救等，叫作隐性服务。结账必须清晰准确，而对服务失败和顾客投诉处理的及时有效等，对于提高顾客满意度和顾客忠诚度，避免顾客流失，具有重要作用。所以，隐性服务是企业建立竞争优势最重要的途径之一。

（四）按照服务的时间特性划分

按照服务的时间特性，可以将服务划分为连续性服务和间断性服务两种。

连续性服务是指顾客和服务提供者之间存在长期的互动关系，比如银行服务、清洁服务、财务服务、保险服务，这些服务的时间一般会持续一段时间，有利于服务企业与顾客之间建立良好的长期关系。提供连续性服务的企业一般无法承受顾客流失的损失，因为争取新的顾客代价昂贵，因此关系营销模式是它们的首选。

间断性服务是指服务时间短，顾客更替快，比如宾馆、医疗服务及餐饮服务，这些服务不利于服务企业与顾客建立长期关系。

大量研究表明，关系营销是企业处理与顾客关系的最佳方式，也是基本的发展趋势。但是，这并不意味着所有的顾客都愿意与企业建立长期的关系，也并不意味着所有的企业采取这种营销模式都是有益的。因为这取决于企业所提供的服务的特性，企业应该根据其服务特性，采取适当的营销模式，从而最大限度地提升组织的盈利能力。

三、服务的基本特征

学界对于服务的特征或特性的定义很多，但整体来说，服务的无形性、差异性、不可分离性、不可储存性和所有权的非转移性这五个特征已经得到了国内外学界广泛的认同。其中无形性被认为是服务的最基本的特征，其他特征都是由这一特征衍生而来。事实上，正是因为服务的无形性，才使得生产与消费不可分离，而差异性、不可储存性在很大程度上是由无形性和不可分离性两大特征决定的。

（一）无形性

著名学者科特勒等提出了服务的"无形性"。后来，多数学者在评述服务的特性时，都将无形性作为服务的第一特性。与有形的产品相比较，有形产品是一个物体，而服务是一个过程、一次行动，它是一种不能预先被看见、被感觉、被触摸、被品尝或者被嗅到的特殊价值。如银行提供的存贷、转账等服务，难以通过陈列、展示等形式供顾客比较、挑选、评价，客户无法预先感知到使用的效果。

虽然服务产品是无形的，但是由上述有形产品和服务的对比可知，有形产品和服务是不可分离的。也就是说，服务过程中不可能没有任何有形的产品或要素的存在。事实上，就很多服务的提供来说，有形产品是不可或缺的要素或条件。在多数情况下，企业提供的服务是有形产品和无形服务的结合体。

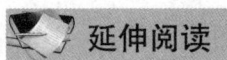

延伸阅读

服务业经济运行改善　新动能发展稳定向好

2022年前三季度，在以习近平同志为核心的党中央坚强领导下，我国高效统筹疫情防控和经济社会发展，服务业经济运行总体延续恢复性增长态势，主要经济指标改善，新动能支撑作用显著。

一、服务业经济逐步恢复

初步核算，前三季度服务业增加值465 300亿元，同比增长2.3%。服务业增加值占国内生产总值比重为53.5%，高出第二产业13.3个百分点。服务业对国民经济增长的贡献率为41.9%，拉动国内生产总值增长1.3个百分点。其中，三季度服务业增加值160 432亿元，同比增长3.2%，增速比二季度上升3.6个百分点。

服务业经济运行有所改善。随着稳经济政策不断落地显效，三季度，服务业经济持续恢复，服务业生产指数同比增长1.2%，比二季度上升4.5个百分点。企业生产经营收入增速加快。1—8月份，规模以上服务业企业营业收入同比增长5.1%，比1—7月份加快0.9个百分点。

服务业投资保持恢复势头。前三季度，服务业完成固定资产投资同比增长3.9%，与1—8月份持平。1—8月份，服务业实际使用外资6 621.30亿元，同比增长8.7%，占全国实际使用外资的比重为74.2%。

服务贸易保持平稳增长。1—8月份，我国服务贸易进出口总额39 375.60亿元，同比增长20.4%；服务出口19 082.40亿元，同比增长23.1%，服务进口20 293.20亿元，同比增长17.9%；贸易逆差同比下降29.5%，大幅减少505.90亿元。知识密集型服务贸易稳定增长。1—8月份，知识密集型服务进出口总额16 432.70亿元，同比增长11.4%；知识产权使用费、电信计算机和信息服务的出口增长较快，保险服务的进口快速增长。

二、新动能引领作用增强

现代服务业发展势头足。前三季度,信息传输、软件和信息技术服务业,金融业增加值同比分别增长8.8%和5.5%,合计拉动服务业增加值增长1.5个百分点。9月份,信息传输、软件和信息技术服务业,金融业生产指数同比分别增长8.5%和4.9%,共拉动当月服务业生产指数增长1.7个百分点。

新业态发展活跃。前沿技术与服务业场景加速融合,新型消费模式不断拓展,行业发展新动能不断增强。前三季度,社会消费品零售总额同比增长0.7%,实物商品网上零售额同比增长6.1%,占社会消费品零售总额的比重为25.7%。1—8月份,全国移动互联网累计流量为1 684亿GB,同比增长18.6%;规模以上互联网和相关服务、软件和信息技术服务业企业营业收入同比分别增长9.7%和7.7%,分别快于全部规模以上服务业企业4.6个和2.6个百分点。

服务业重点领域增势良好。前三季度,高技术服务业投资同比增长13.4%,增速高出全部服务业投资9.5个百分点,比上年同期加快6.8个百分点。1—8月份,高技术服务业利用外资同比增长31%;规模以上高技术服务业、科技服务业和战略性新兴服务业企业营业收入同比分别增长7.9%、7.1%和5.8%,分别快于全部规模以上服务业企业2.8、2.0和0.7个百分点。

三、服务业景气水平总体稳定

生产性服务业处于景气区间。9月份,生产性服务业商务活动指数连续4个月位于扩张区间,其中邮政、电信广播电视及卫星传输服务、货币金融服务等行业商务活动指数均高于60.0%,业务总量增长较快;受疫情影响较大的零售、航空运输、住宿、餐饮、居民服务等接触型聚集型服务行业商务活动指数有所回落。

服务业企业对市场发展预期良好。服务业业务活动预期指数为56.1%,位于较高景气区间,其中邮政、电信广播电视及卫星传输服务、货币金融服务、保险等行业业务活动预期指数均位于60.0%以上高位景气区间,企业对行业恢复发展保持信心。规模以上服务业企业问卷调查结果显示:企业对四季度生产经营状况、国内宏观经济形势的预期指数分别为55.1%和56.7%,均位于景气区间。

总体来看,我国服务业经济呈恢复向好态势,但当前国内外不确定、不稳定因素依然较多,服务业恢复基础需要继续巩固。下阶段,要贯彻落实党中央、国务院决策部署,坚持稳中求进工作总基调,继续推动稳经济一揽子政策及接续政策措施落地见效,巩固服务业经济发展基础,保持国民经济运行在合理区间。

(二)差异性

服务的差异性又称可变性,服务的差异性是由服务的互动决定的,即服务的过程是顾客参与的过程,也是顾客和服务者相互交流的过程。一方面,这种过程使服务生产很难标准化,因为不同的员工,按照同一服务标准提供的服务也是不同的,即使是同一员工,在不同的时间提供的服务也是有差异的。服务的提供无法像制造产品一样做到流水线生产,这也就使得服务很难像有形产品一样用统一的标准来衡量。另一方面,即使员工提供的服务完全相同,服务也会因为接受服务的顾客的自身需求及体验方式的差别而有所区别。也就是说,服务的效果会因时、因地、因人而异,服务的提供过程、顾客对服务的评价等都会因为时间、空间等因素的变化而产生差异。

(三) 不可分离性

大多数有形产品都是在相对封闭的环境中生产出来的,而且一般是先生产,再进行销售和消费,但是大部分无形服务却是在服务提供者与顾客互动这一开放过程中生产出来的,一般是先销售,然后同时进行生产和消费。有形的产品在生产、流通到最终消费的过程中,往往要经过一系列的中间环节,而服务却不同,它具有不可分离的特征,即服务的生产过程和消费过程同时进行以产生服务价值。由于服务本身不是一个具体的物品,而是一系列的活动或过程,在服务过程中,顾客和服务提供者必须直接发生联系,因此生产过程也是消费的过程。

(四) 不可储存性

与有形产品不同,服务是不可储存的,服务在生产的过程就被消费掉了,所以服务无法保留、无法转售也无法退回,它的这种特性是由服务的无形性和不可分离性决定的。这种特性使服务不能像有形的产品一样储存起来,利用库存调节需求,淡季时将生产好的产品储存起来,以备旺季的出售或消费。

(五) 所有权的非转移性

服务和有形产品最本质的区别在于服务交易过程中不存在服务所有权的转移,也就是说,顾客购买的只是服务的使用权,并不包括服务的所有权。在多数情况下,服务交易完成后,顾客并不从服务企业那里带走任何有形的产品。同样的服务设施、服务工具、服务人员和服务过程,可以继续为下一位顾客提供同样的服务。即在一次服务过程中,顾客所拥有的仅仅是在特定时段内的排他性使用权,一旦服务过程结束,这种排他性使用权就会丧失。

四、服务与有形产品的区别和联系

从定义上看,产品是指能够提供给市场的被人们使用和消费并能满足人们某种需求的任何东西,包括有形的产品、无形的服务、组织、观念或它们的组合。有形的产品一般可以分为三个层次,即核心产品、形式产品和附加产品。核心产品是指整体产品提供给购买者的直接利益和效用;形式产品是指产品在市场上出现的物质实体和外形包装,包括产品的品质、特征、造型、商标和包装等;附加产品是指整体产品提供给顾客的一系列附加利益,包括运送、安装、维修等在消费领域给予消费者的好处。而服务是由一系列或多或少具有无形特征的活动构成的、能够给顾客带来一定经济附加值的一种互动过程,可将其看成商品,但却不是完全意义上的商品。正确分析服务和有形产品之间的区别和联系有助于进一步理解和把握服务的本质。

(一) 服务与有形产品的区别

在有形产品的营销过程中,产品是实实在在的有形实体,有大小、款式、功能等,它是由企业事先确定好的标准,但是服务大多是无形的、不可感知的,并且消费过程和生产过程同时发生。1990年，格罗鲁斯对服务和有形产品的特点进行了分析，把两者之间的差异概括为以下几方面。

1. 存在形式不同

有形产品是一个具有实体的、独立静态的物质对象；而服务是非实体的，无形的，是一个行为或者过程。

2. 表现形式不同

有形产品是一种标准化的产品；而服务大多难以标准化，每一类服务都可能与其他同类服务的表现形式有所差异。

3. 生产和消费的同时性不同

有形产品的生产、销售和消费可以完全独立完成，这就意味着有形产品可以有库存，销售淡季的时候企业可以多生产一些产品为旺季作准备，同时有形产品的生产过程不需要顾客的参与，顾客对有形产品的消费也不需要服务人员的参与；而服务的生产和消费是一个不可分离的过程，顾客和服务人员必须同时参与服务过程才能完成。

4. 核心价值的产生方式不同

有形产品的核心价值是在工厂中就已经凝聚在产品当中的静态属性，与顾客无关；而服务的价值是在顾客与服务人员的接触中产生的，它不可能事先创造出来，是一种动态的属性。

5. 储存性不同

有形产品可以在一定时间内储存；而服务的生产和消费是同时进行的，生产过程即是消费过程，因此不可储存。

（二）服务与有形产品的联系

由上面的定义可知，服务和有形产品都属于广义的"产品"，只不过服务是非物质形态的产品，它没有物理化学属性，但是它可以满足人们的某种需求。服务的内涵表明，它是以非实物的形式为他人或者组织提供利益，但是在多数情况下，无形的服务往往是通过有形的产品或者与有形的产品结合来发挥作用的。所以从本质上看，服务和有形产品并没有严格的界限。总体来说，服务与有形产品在本质上是不可分离的，不存在纯粹的有形产品，也不存在纯粹的服务，有形产品和服务的区分主要是看起主导作用的因素是什么。

1. 不存在纯粹的服务，即不存在不需要任何物质支持的服务

任何服务都需要有一定的硬件支持，比如教育是无形的，但是教材、教室和宿舍是实实在在存在的；医疗服务是无形的，但是这种服务是以药品、医疗设备等有形产品为基础的；法律、咨询等服务是无形的，但是它们需要经营场所的支持，而且在提供服务时还必须消耗纸张、法律文本等工具；公园、景点和游乐场等提供的服务也是以所拥有的自然风

光或者人造景观、设施为基础的。

2. 不存在纯粹的有形产品，即不存在不需要任何服务手段的有形产品

有形产品从购买原材料、生产、分销一直到消费者手中，不可能没有任何服务。比如洗衣粉、牙膏、盐等有形产品，必须通过分销服务才能到达消费者手中。此外，购买过程中的讲解等售中服务以及购买后的送货、保修等售后服务都是产品附带的服务，因此，不存在纯粹的有形产品。

3. 服务和有形产品从本质上来说是不可分离的

无论是制造业企业还是服务业企业，它们提供的产出都是有形产品和服务的组合体，区分它们的标准是看产品和服务哪一个占主导地位。在今天的社会大系统中，制造业中的产品和社会服务彼此交织、互相推动，从而使制造业与服务业之间的界限很难分清，许多传统意义的产品制造商也开始加大服务的投入。

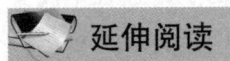
延伸阅读

发展现代服务业的重要性

现代服务业是指以现代科学技术特别是信息网络技术为主要支撑，建立在新的商业模式、服务方式和管理方法基础上的服务产业。它既包括随着技术发展而产生的新兴服务业态，也包括运用现代技术对传统服务业的提升。党的十八大以来，我国服务业持续快速增长，已成为国民经济第一大产业。随着我国经济发展的阶段性变化，居民消费结构升级的特征十分显著，从生存型消费加快向发展型、享受型消费转变。"十四五"时期，养老、旅游等服务业市场需求将继续保持快速增长。为了适应居民消费特别是服务消费升级的趋势，增加生活性服务业有效供给，提升服务质量，更好地满足人民对美好生活的新期待，迫切需要"推动生活性服务业向高品质和多样化升级，加快发展健康、养老等服务业，加强公益性、基础性服务业供给"。

（资料来源：根据相关资料整理）

五、服务的营销挑战及对策

服务的无形性、差异性、不可分离性和不可储存性都带来了很多营销挑战。不能储存，因此很难管理需求的波动；不能依法申请专利，因此新的服务概念可以轻易地被竞争对手模仿；服务不容易向顾客展示或轻易地沟通交流，因此顾客难以估计其质量；服务因时间、组织和个人的不同而具有异质性，因而，要保持服务的标准化十分困难；由于服务通常是生产和消费同时进行的，因而大规模生产很困难；充分利用生产能力进行需求预测并制订有创造性的计划就成为重要的和富有挑战性的决策过程。针对以上营销挑战，服务企业必须采取有针对性的措施（见表1-3），以提高企业的服务能力和服务质量。

表 1-3　服务的特性带来的营销挑战及相应的对策

服务的特性	营销挑战	营销对策
无形性	服务不容易向顾客展示	1. 形象化宣传 2. 建立自己的服务品牌 3. 为顾客提供保证,增强顾客信任
差异性	服务的标准化困难	1. 加强服务产品的过程化质量管理 2. 个别环节用机器人替代 3. 实行顾客参与的自助式服务 4. 提供个性化服务,注重顾客的体验
不可分离性	无法大规模生产	1. 选拔和培训优秀的服务人员,增加服务网点 2. 对服务人员进行培训,提高服务效率 3. 提高服务质量、增强服务特色,注重对服务环境的改善,使顾客感到愉快
不可储存性	需求与供给之间的平衡很难调节	1. 加强服务供给管理 (1) 需求高峰时只提供主要服务 (2) 高峰时招聘临时工作人员或提供自助式服务 (3) 开始经营时留出空间 2. 加强服务需求管理 (1) 实行服务预售,有计划地调节需求 (2) 运用价格差别,即高峰期提价,使消费分流

(资料来源：李克芳，聂元昆，2016.服务营销学 [M]. 2 版. 北京：机械工业出版社.)

第二节　服　务　业

　　无论是发达国家还是发展中国家，服务业的规模都在不断扩大，这不但表现为服务行业提供的就业机会突增，也表现在服务业占国内生产总值的比例的提升。发达国家服务业占 GDP 的比重在 2/3～3/4，其中美国私营服务业占 GDP 比重的 2/3 以上，这包括非营利机构提供的服务，涉及艺术、教育、卫生、人类服务及以信仰为基础的服务，如果把联邦、州和当地政府提供的服务也算上，那么服务业的比重几乎达到 GDP 的 80%。中国作为一个新兴的经济体，农业基础雄厚，制造业蓬勃发展，随着国民经济的快速发展，经济结构发生了很大的变化，如今也进入了大量兴建、投资服务业设施的阶段。21 世纪是服务业的世纪，服务业在我国国民经济中的比重也在不断上升，最终成为国民经济的主导。

一、服务业的分类

　　狭义上服务业仅指商业、餐饮业、修理业等传统的生活服务业；广义上服务业是指为社会提供各种各样服务活动或生产和经营各种各样的服务商品的经济部门与经济组织。一般来说，将服务业视同第三产业，包括除农业、工业、建筑业外的所有其他 15 个产业部门。《国民经济行业分类》（GB/T 4754-2017）对三大产业的划分如表 1-4 所示。

表 1-4　三大产业的划分

类别	经济活动
第一产业	农业，林业，畜牧业，渔业，农、林、牧、渔专业及辅助性活动
第二产业	采矿业，制造业，电力、热力、燃气及水生产和供应业，建筑业
第三产业	批发和零售业，交通运输、仓储和邮政业，住宿和餐饮业，信息传输、软件和信息技术服务业，金融业，房地产业，租赁和商务服务业，科学研究和技术服务业，水利、环境和公共设施管理业，居民服务、修理和其他服务业，教育，卫生和社会工作，文化、体育和娱乐业，公共管理、社会保障和社会组织，国际组织

[资料来源：《国民经济行业分类》（GB/T 4754—2017）]

服务业与第三产业又有细微的区别，二者的侧重点不同。第三产业更多地反映统计口径，表示除第一产业、第二产业以外的其他行业；服务业更多地反映产业政策，是提供非实物劳动成果各业的总称。作为统计口径，第三产业概念更强调稳定性，要求各产业必须有明确的、不重复的归类；而服务业概念更突出前瞻性，强调及时总结苗头趋势，引导产业发展。因此，当涉及定量目标内容时，服务业使用第三产业统计数据；当涉及产业发展时，服务业的内容要宽泛一些，要包括农、林、牧、渔专业及辅助性活动，电力、热力、燃气及水生产和供应业等。

在现代服务业这个广阔的领域中，有相当一部分关系到国计民生，比如，金融服务业事关国民经济命脉；信息服务业不仅事关国家安全和人民生活，而且已成为各国参与未来全球竞争的重要手段。从当前的国民经济发展趋势来看，服务业有可能会成为全球第一大产业和推动世界各国经济不断发展的持续动力。随着改革开放的深化，我国已进入经济结构战略调整的重要时期，大力发展服务业具有深远的战略意义。

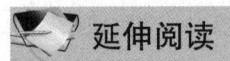 延伸阅读

服务业数字化转型领先发展

从零售、餐饮、旅游到办公、教育、医疗等各类传统服务市场因数字化赋能实现了线上线下融合，进一步带动服务业的繁荣发展。在电子商务领域，我国电子商务逐步迈向高质量发展新阶段。网络零售持续快速发展，2021年全国网上零售额达13.1万亿元，同比增长14.1%，其中，实物商品网上零售额达10.8万亿元，同比增长12.0%，占社会消费品零售总额的比重为24.5%，对社会消费品零售总额增长的贡献率为23.6%。社交、电商平台形成普遍高效应用，商务大数据监测显示，2021年重点监测电商平台累计直播场次数量超2 400万场，累计观看超1 200亿人次，直播商品数量超5 000万个，活跃主播数量超55万人。在网络支付领域，我国支付体系完善促进消费扩容便利。2021年，我国完成移动支付业务1 512.28亿笔，金额526.98万亿元，同比分别增长22.73%和21.94%。网络支付工具加速互联互通，央行明确提出要加快制定条码支付互联互通标准，统一编码规则、打通支付服务壁垒，推动实现不同App和条码互认互扫。同时，数字人民币推进提速，截至2021年年底，数字人民币试点场景超过808.5万个，累计开立个人钱包2.6亿

个，交易金额 875.70 亿元，覆盖生活缴费、餐饮服务、交通出行、购物消费等领域。此外，网上外卖、在线办公、在线医疗、网络视频等数字服务蓬勃发展，截至 2021 年年底，用户规模分别达 5.44 亿人、4.69 亿人、2.98 亿人和 9.75 亿人。

在服务营销管理活动中，基于人们对复杂服务的管理需要，通常将其按照不同的标准进行分类。

（一）按照经济用途及性质划分

布朗宁和辛格尔曼于 1975 年根据《标准产业分类法》(*Standard Industrial Classification*, SIC)，将服务产业分为如表 1-5 所示的几类。

表 1-5 服务产业分类

服务生产部门	消费者服务	招待与食品服务、私人服务、娱乐与消遣服务、杂项服务
	生产者服务	企业管理服务、金融服务、保险与房地产服务
	分配服务	运输与贮藏、交通与邮电、批发与零售服务

（资料来源：《标准产业分类法》）

以上分类省略了政府职能的经济体系，如果加上政府职能，整个经济体系所提供的服务共有四类：①消费者服务，即消费者在市场上购买的服务；②生产者服务，即生产者在市场上购买的被企业用作商品与其他服务进一步生产的中间服务，典型的生产者服务又被称为企业服务；③分配服务，即消费者和生产者为获得商品或供应商品而必须购买的服务；④政府服务，即政府免费提供的或对一般公众收取最低费用的服务。

1. 消费者服务

从服务生产部门的产业分类角度看，消费者服务十分复杂，覆盖个人生活的各个方面，而鉴别消费者服务的最有效办法，是靠显而易见的来自个人和家庭的需求来源或支出方向。在某种意义上，消费者服务在服务生产活动的任何分类方法中都应占据中心地位，因为商品和服务的消费是所有经济活动的起点和终点，也是经济福利的根本反映。

2. 生产者服务

生产者服务是围绕企业生产进行的，它包括经营管理、计算机应用、会计、广告和安保等，也包括一些相对独立的产业服务，如金融业、保险业、房地产业、法律和咨询业等。生产者服务的特征是被企业用作商品与其他服务的生产的投入。生产者服务的重要性在于它对劳动生产率和经济增长效率的影响。在现代经济中，科学技术对经济发展水平的提高起着关键的作用，它们在生产过程的实际应用大多是通过生产者服务的投入来实现的。生产者服务业的专家日益增多，作为知识技术密集型服务的投入，这个过程推动生产向规模经济和更高的效率发展。所以，生产者服务在服务业中是最具经济增长动力的。

3. 分配服务

分配服务是一种连带性或追加性的服务。这类服务的提供和需求都是由对商品的直接需求而派生出来的。按与有形商品供给的联系紧密程度划分，分配服务可以分为"锁住型"分配服务和"自由型"分配服务。"锁住型"分配服务是指不可能与商品生产的特定阶段相分离，只能作为商品生产过程或其延伸阶段的一部分服务，从而其价值或者其成本完全附着于有形商品价值，不成为独立的市场交易对象，如企业内商品库存的仓储、搬运、分配等。"自由型"分配服务在性质上同"锁住型"分配服务一样，同有形商品紧密联系，但这种服务可以外化为独立的市场交易对象，比较典型的例子是物流业、通信业等。

4. 政府服务

除了上述三种类型的服务外，如果引进政府的经济职能，还必须加上政府服务的类型。政府服务主要由教育、保健、国防和一般行政构成，一般行政包括外交、司法和警察保护等。当然，政府服务除了能满足公共消费和私人消费外，还可以作为私人生产的投入。舒尔茨、贝克尔等经济学家认为，教育与保健支出是一种旨在保持或增加人力资本的投资形式，是人这种生产要素的中间投入，提供给人这种生产者的服务。

政府服务或公共服务与民间服务产业的主要区别不是服务形式，而是服务的资金来源。比如教育，如果其经费来源于政府，而政府的资金又来源于税收，这种教育就是政府服务的项目。相反，如果某所学校的经费来自民间，则这一类教育被认为是属于市场体系范畴。实际上，从经济学意义上讲，教育是一种兼有"公共产品"（政府服务）和"私人产品"（消费者服务或生产者服务）特征的"混合产品"，两者在其中的"权数"又因教育的不同阶段而有所区别。一般来说，"公共产品"（政府服务）在教育中的"权数"随教育程度的提高而降低。基础教育可以看成"公共产品"（政府服务），社会和他人从中受益很大，所以各国在基础教育阶段基本实行义务教育。高等教育基本上是一种"私人产品"（消费者服务或生产者服务），上大学的目的是自我投资，改善自身的生存条件，尽管社会和他人也会从中获益，但其"权数"相对来说已经很小了。

（二）按照部门划分

世界贸易组织在1995年列出的服务行业多达150个，这些服务行业划分为12个部门，每个部门下有行业，每个行业下再有子行业。

（1）商业服务：专业服务、计算机及其相关服务、研究和开发服务、房地产服务、出租/租赁服务、其他商业服务。

（2）通信服务：邮政服务、快递服务、电信服务、视听服务、其他。

（3）建筑及相关工程服务：一般建筑物的建造工程、一般民用工程建设工作、安装和组装工作、建立和整理工作、其他。

（4）销售服务：佣金代理服务、批发服务、零售服务、特许经营、其他。

（5）教育服务：小学教育服务、中等教育服务、高等教育服务、成人教育服务、其他教育服务。

（6）环境服务：排污服务、固体废物处理服务、卫生和类似服务、其他。
（7）财经服务：所有保险及其相关服务、银行及其他金融服务（不包括保险）、其他。
（8）健康与社会服务：医院服务、其他医疗保健服务业、社会服务、其他。
（9）旅游及相关服务：饭店和餐馆（包括餐饮业）、旅行社和旅游经营者服务、导游服务、其他。
（10）娱乐、文化和体育服务：娱乐服务（包括戏剧、乐队演奏等）、新闻代理服务、图书馆/档案馆/博物馆和其他文化服务、体育和其他娱乐服务、其他。
（11）运输服务：海运服务、运输内部水道服务、航空运输服务、空间运输服务、铁路运输服务、公路运输服务、管道运输服务、所有运输方式的辅助服务、其他运输服务。
（12）其他未包括的服务。

（三）按照服务业的发展程度分类

随着科技的进步和信息技术的应用，服务业也在不断地更新换代中，按照服务的发展程度，可以将服务业划分为传统服务业、现代服务业和新兴服务业。

（1）传统服务业是指运用传统的生产方式经营，并且在工业化以前就已存在的服务业。传统服务业包括交通运输业、商贸流通业、餐饮业、酒店住宿业等行业。

（2）现代服务业是指其需求主要受工业化进程、社会生产分工的深入影响而加速发展的服务业和运用现代科学技术、新型服务方式及新型经营形态对传统服务业进行改造的服务业。现代服务业包括现代物流业、现代金融业、服务贸易、房地产、社区服务业、市政与公共服务业、农村服务业等行业。

广义的现代服务业既包括新兴服务业，也包括对传统服务业的技术改造和升级，具体包括四个方面：①基础服务，包括通信服务和信息服务；②生产和市场服务，包括金融、物流、批发、电子商务、农业支撑服务以及中介和咨询等专业服务；③个人消费服务，包括教育、医疗保健、住宿、餐饮、文化娱乐、旅游、房地产、商品零售等；④公共服务，包括政府的公共管理服务、基础教育、公共卫生、医疗及公益信息服务等。当与新兴服务业并列时，使用狭义的现代服务业概念，即与信息技术相结合的服务产业，也称为知识服务业或高端服务业，具有知识密集性强、技术含量高、资金使用广、产业延展性强等特征，呈现新技术、新方式和新业态的发展态势。

（3）新兴服务业指在工业化发展到一定阶段，出现需求加速增长和大规模消费的服务业，这些行业的收入弹性一般较高，主要包括在后工业化时期出现迅速发展的教育、医疗、娱乐、文化和公共服务等。新兴服务业包括旅游业、文化产业、科技服务业、信息产业、会展业、中介服务业、体育健身等行业。

二、服务业的发展

（一）服务业发展的动力

服务业发展的动力是服务经济理论的重大课题。

文化是服务业进步的基础。服务产生于人们交往的互助行为，是一种文化活动。当服务的一部分由专业服务劳动者提供时，就是生产服务产品的产业活动。无论公益性还是商品性，服务产品必须反映和表现社会的文化要求，这就构成服务产品的文化内涵。其基本点：一是对消费者的人文关怀，二是严守诚信的服务态度。这是所有服务行业生存和发展的基础。

社会分工是服务业生存的土壤。服务的一部分从自我服务进展为社会服务，社会服务从文化活动转变为产业活动，这些都是紧跟社会分工的发展而完成的。不仅工农业生产中的自我服务及部分生产活动逐渐转化为社会服务，居民生活中的自我服务也不断地转化为社会服务，从而促使服务业不断成长、壮大。社会分工的发展是永恒的，自我服务不断转化为社会服务也是永恒的。

科学技术是服务业发展的引擎。人类对自然和社会的认识不断深化，从而推动科学技术不断发展。对服务业来说，因具有较高的劳动效率，它才不断从社会生产和居民生活中分离出来。科学技术的发展，既产生于服务业内部，也产生于服务业外部。只要是推动社会进步的科学技术，均有利于工农业和服务业的生产，也有利于居民生活品质的改善。科学技术的进步，必然引领服务业的发展。

服务劳动者的素质是服务业的创新源泉。一般来说，劳动力是生产过程中最活跃的因素。服务业更为特殊的是，服务劳动者与消费者是直接的甚至是面对面的服务。服务劳动者的素质高低，决定其服务水平的高低。例如，教育服务质量主要取决于教师的素质，文艺演出质量主要取决于演员及创作人员的素质。这并不是说服务设施设备不重要，而是再好的服务设施设备，再先进的科学技术，都需要人来掌握和运用。人是决定因素，也是服务业发展颠扑不破的真理。

消费能力是服务业的原动力。服务业生产过程的重要特点是，消费者是生产要素的参与者。无论消费者直接参与还是通过各种媒介间接参与，没有消费者服务业便无从生产。因此，消费者的消费能力，或消费者对服务商品的购买能力，既是服务业发展的前提，也是服务业发展的动力。

任何产业的生存与发展都离不开外部环境与自身努力的共同作用。服务业尤其需要敏锐洞察市场趋势，在把握机遇的同时持续优化升级，方能在动态竞争中实现可持续发展。

（二）服务业的发展趋势

在服务经济时代，服务业大发展是全球经济社会发展的基本态势。由于各国（地区）的情况不同，服务业的状况也各不相同。在欧美等发达国家，服务业已进入成熟阶段。特别是在新技术革命的浪潮下，在远程通信、纳米技术、生物电子、再生能源、信息化、数字化、智能化、3D打印等新技术的推动下，服务业同工农业生产与居民生活的融合，达到了新的高度。以3D打印为例，许多3D打印服务企业既可以为工农业生产服务，也可以为居民生活服务。同高新技术紧密结合，是成熟阶段服务业发展的基本趋势。

我国服务业发展迅速，2022年服务业增加值占国内生产总值（GDP）比重为56.7%。但同服务业发达的国家相比，我国服务业仍处在发展阶段，需要从量到质的转化。服务产品的量，一般用产值表示。服务产品的质，由于其无形性和多样性，尚无统一标准，但基本上由两大因素构成：一是科学技术含量；二是人文关怀程度。科学技术水平是客观的，对企业或对某一服务产品来说，在于其掌握和使用的情况。人文关怀是服务的本质。

在服务营销中，诚信是构建服务价值的核心基础。服务提供者向消费者传递的价值主张，本质上是对客户需求满足程度的承诺，这种承诺的实现程度直接决定了服务质量的高低。当服务企业或服务人员能够真实、准确地传达服务内容，并切实履行承诺时，其服务就具备了可靠性和人文关怀的双重属性，从而建立消费者信任。反之，若存在夸大宣传或承诺不兑现的情况，不仅会损害客户体验，更会动摇企业的市场信誉。因此，诚信在服务业中不但有道德属性，还有质量属性和经济属性。诚信建设是服务企业必须重视的战略要务，而非简单的道德倡导。

我国服务业当前面临的核心问题在于诚信体系不健全。诚信缺失现象直接反映在企业经营和服务提供者的职业行为中，其本质是社会信用制度存在缺陷或运行失序的表现。2008年美国金融危机的教训表明，信用体系的崩溃可能引发全面经济危机。服务业诚信水平持续下滑，将显著增大服务领域发生经济风险的概率，这印证了市场经济条件下信用缺失与系统性风险的强关联性。我国社会主义市场经济体制本应构建更为完善的信用制度，但现阶段面临双重挑战：一方面，多种所有制经济并存格局下，私营部门存在自发的市场风险倾向；另一方面，部分国有企业在市场化转型过程中，若过度强调经济效益而忽视社会责任，同样可能导致诚信缺失问题。这种体制转型期的阶段性特征，使得信用体系建设相对滞后，客观上增加了市场失范行为的可能性。需要特别注意的是，服务业与工农业的信用状况具有显著的协同效应。服务业信用危机往往成为经济风险的前置信号，若不及时干预，可能通过产业链传导引发更广泛的经济波动。因此，必须从维护国民经济安全的高度，建立健全服务业信用监管体系，完善失信惩戒机制，强化企业社会责任，从而筑牢社会主义市场经济发展的信用基础。

综上所述，当前我国服务业正处于提质升级的关键阶段。要把握全球技术革命的历史机遇，加快构建现代化征信体系，从根本上解决诚信缺失问题，推动服务质量和服务水平实现质的飞跃。这既是顺应服务业发展规律的必然选择，更是推动服务业高质量发展的紧迫任务。

具体而言，一方面要充分利用大数据、人工智能等新技术，完善信用共享和监管机制，提升行业透明度；另一方面要健全法律法规，强化失信惩戒，引导企业将诚信经营与创新发展相结合。唯有如此，才能夯实服务业的信用基础，增强市场活力，使服务业真正成为推动经济高质量发展的核心动力。

第三节　服务经济

一、经济时代的划分

时代是人类社会发展的特定历史阶段，是对某一时期政治、经济、文化及自然环境等要素构成的整体性特征的概括。对时代的认知具有双重维度：既包含对当下社会形态的解析，也涵盖对历史阶段的界定。然而，由于自然演变的复杂性和社会生活的多元性，任何单一表述都难以完整把握一个时代的全貌。当代学界对时代特征的界定呈现出多维视角：技术变革维度（信息时代、互联网时代、第三次工业革命时代），经济形态维度（知识经济时代、服务经济时代、后工业时代），能源资源维度（化石能源时代、石油时代），特殊时期维度（后危机时代）。科学的时代划分是建立在两个基本前提基础上：必须确立明确的研究视角和立场，确定具有代表性的时代划分标准。唯有如此，才能透过特定维度准确把握时代的本质特征。

基于经济特征的时代划分，可采用多种标准。以劳动工具的质地划分时代，有石器时代、青铜时代、铁器时代等；以交换方式划分时代，有自然经济时代、商品经济时代、市场经济时代、产品经济时代；以生产资料所有制划分时代，有原始公社时代、奴隶时代、封建时代、资本主义时代、社会主义时代；按社会的主要产品划分时代，有农业经济（主要生产农产品）时代、工业经济（主要生产工业品）时代、服务经济（主要生产服务产品）时代；按社会能源消耗划分时代，可分为柴草时代、燃煤时代、石油时代、可再生能源时代等。总之，对时代的划分，必须有明确的目的和划分标准。

经济形态的演进改变了企业的生产方式。在工业经济时代，企业是以市场为导向进行产品创新，最终生产出来的产品是否满足顾客的需求企业只能到了销售阶段才能加以验证。服务经济时代，其运行是以企业提供各种服务，消费者被动接受为表现形态，在此过程中，服务解释了企业创造和提供了什么，消费者仍然没有自我决定的权利。而在体验经济时代，其运行优先考虑的就是消费者，消费者需要哪种产品和服务由其自己决定，企业的任务就是按照消费者的需求提供，这个过程也同样是企业和消费者的互动和沟通过程。同样，经济形态的演进还改变了消费者的生活方式。现代消费者已不再被动接受企业的单向供给，而是主动甄别和选择品牌与产品，积极表达个性化需求，甚至直接参与价值共创，兼具产品设计者与使用者的双重角色。

二、服务经济时代的到来

从全球主要经济体的产业结构来看，发达国家的服务业占比普遍达到70%～80%（如美国80.9%、英国81.5%），工业占比15%～25%，农业占比已降至2%以下；新兴经济体服务业占比约50%～60%（如中国52.8%），工业占比30%～40%，农业占比5%～10%。这一产业结构演变表明，世界经济已进入以服务业为主导的服务经济时代。服务经济的发展呈现明显的阶段性特征：初级阶段表现为规模扩张和占比提升；当成为主导产业后进入提质阶段，注重效率与创新；成熟阶段则表现为产业边界模糊化，服务业与工农业深度融合，形成相互渗透的产业生态。在此阶段，服务渗透至生产和生活的各个领域，居民消费支出中服务占比持续提升（发达国家普遍超过60%），标志着服务型社会的形成。

当今服务经济形态主要表现在两个方面：一是服务业的产值增长显著。大多数国家服务业产值的年平均增长速度超过了本国国内生产总值（GDP）的增长速度，发达国家50%～60%的GDP来自服务业。二是服务业为社会创造了大量的就业机会。据统计，欧盟国家70%以上的就业人员所从事的工作属于服务业。服务业在各国（地区）生产总值中所占的比重如表1-6所示。

表 1-6 服务业在各个国家或地区生产总值中所占的比重

国家或地区	美国	英国	荷兰	澳大利亚	加拿大	芬兰	法国	新加坡	瑞典	德国	日本	印度	西班牙	中国
服务业产值占 GDP 的比重 /%	79	73	74	70	69	67	77	66	71	70	73	61	68	40

（资料来源：王永贵，2019. 服务营销 [M]. 北京：清华大学出版社 .）

改革开放以来，我国服务业也有了快速的发展。交通运输、银行、零售等传统服务业稳步发展，一些新兴的服务业，如电信服务业、科研和综合服务业、金融保险业、咨询业等成为新的经济增长点。2013 年，我国服务业增加值比重达到了 46.1%，首次超过第二产业，未来要加快产业结构调整，大力发展服务业，特别是现代服务业。但是，目前我国服务业基本是以传统商品零售业、餐饮、食品、理发等系列为主，其比重约占第三产业 GDP 的 60%～70%。在城市经济中，房地产、咨询、设计、信息、广告等中介公司刚刚起步，而体育、文化产业严重滞后，仲裁、管理、投资、证券、展贸尚在开发中，新型的生产性服务业、物流业处于落后状态，法律、建筑师、医师、税务、审计等事务所亟待发展。总体来说，虽然我国服务业的发展取得了显著的成绩，但还是处于一个较低的水平。我国整体还处于工业经济时代，经济形态的转型升级任重道远，大力发展服务经济正是大势所趋。

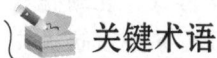 **关键术语**

服务业（Service Industry）

服务经济（Service Economy）

服务性企业（Service Enterprise）

服务管理（Service Management）

 **本章小结**

人类社会迎来了以服务业与服务贸易蓬勃发展的服务经济时代，世界经济越来越呈现出服务经济时代的特征。随着服务经济的发展，服务市场日趋成熟。服务产品和服务业本身的特点决定了服务市场有着不同于有形商品市场的特性。相应地，服务营销学也因此得到了不断的发展和完善。理论界尽管存在众多关于服务的界定，但普遍都强调了服务的特性，尤其是服务的无形性和差异性等。正是服务所具有的这些不同于实体产品的特性，决定了服务营销与传统产品的市场营销之间存在很大的差异，不同的服务特性对服务营销与管理具有不同的启示。

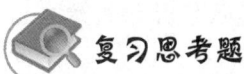 **复习思考题**

（1）与产品相比，服务具有哪些特性？

（2）如何理解服务经济时代？

（3）服务业的分类有哪些？
（4）作为一名大学生，在服务经济时代，你需要掌握哪些技能？
（5）结合我国经济高质量发展的背景，讨论服务业的发展趋势。

万达基本实现企业转型　要做服务型企业

大连万达集团股份有限公司（以下简称万达）由王健林于1988年在辽宁省大连市创立。公司经营范围主要包括商业地产、高级酒店、旅游投资、文化产业和连锁百货五大产业。"2020中国民营企业500强榜单"中，万达位列第28名。2020年12月，全国工商联授予万达"抗击新冠疫情先进民营企业"称号。全国工商联称赞万达等企业充分发挥自身优势，积极履行社会责任，不仅为疫情防控提供了有力的物质支撑，也为扎实做好"六稳"工作、落实"六保"任务做出了巨大贡献。2019年10月30日，万达酒店及度假村与腾讯签署战略合作协议，双方以微信支付分功能率先落地万达酒店为起点，开展"智慧酒店"深度合作。2020年6月，丙晟科技有限公司5 000台智慧屏终端（丙晟青蛙）入驻全国万达广场，完成了广场数字化升级的重要一步。丙晟青蛙智慧屏终端集成了微信刷脸支付、聚合扫码支付等能力，消费者绑定后不需要手机和银行卡，仅需刷脸就能立刻关联微信账户进行支付。2020年11月20日，万达集团与中国移动签订战略合作协议，在通信和信息化、新型通信基础设施建设、5G行业应用、会员权益及业务协同拓展等方面达成广泛合作。

而在结构调整方面，万达集团董事长王健林在万达年会上宣布，2016年要基本实现企业转型，力争成为全球首家转型为服务型企业的大型房企。王健林将2016年万达的地产销售业务目标降低640亿元，缩减幅度高达40%。在"去地产化"的同时，万达将着重发展其商业服务、文化和金融板块的业务。

自"互联网+"的概念诞生以来，传统产业拥抱互联网的热情日益高涨，万达也在不断地向互联网倾斜。除了被炒得沸沸扬扬的万达电商，就在宣布2016年的转型计划之后，1月18日，王健林又在香港亚洲金融论坛上描绘了庞大的万达互联网金融"版图"。看来，电商和互联网金融将成为未来万达拥抱互联网的双翼，而万达能否在"互联网+"的道路上走得长远，仍是未知数。

万达的"互联网+"之路走得可谓轰轰烈烈，曾经的"腾百万"联手豪气冲天，无奈最终却是雷声大、雨点小。电商失利，如今又瞄上了互联网金融，这一次万达是否能够以正确的姿态"拥抱"互联网呢？

一向"高调做事"的万达从一开始"触网"就相当引人注目，尤其是2012年年底王健林与马云那场著名的"亿元赌局"。而实际上，在这场赌局之前万达已经开始组建自己的电商团队了。

2012年5月，万达电商开始组建，200万元年薪招聘电商CEO，曾经轰动一时。同年12月，曾任Google总部电子商务技术部经理、阿里巴巴国际交易技术资深总监龚义涛确认出任万达电商总经理，随之而来的还有阿里巴巴、谷歌等互联网公司的高管。不过，高薪并未能为万达电商留住人才，此后几年时间里万达电商高层频繁更替，导致其业务不断推倒重来，却丝毫未见起色。

2013年8月，万达IT部门接管万达电商，许多团队成员纷纷离开。2014年4月，龚义涛正式宣布离职。4个月后，万达电商COO马海平离职，而其前任刘思军的任职时间同样很短。至此，万达电商的初始团队已经基本离开。1个月后，万达与百度、腾讯签署战略合作协议，共同出资在香港注册成立新公司，同时宣布董策接任万达电商（即飞凡电商）CEO一职。然而，好景不长，2015年6月3日，飞凡电商的第二任CEO董策又离职了，于是万达集团又以800万元年薪招CEO，目前飞凡电商的日常业务是由COO任炜负责的。

在几年的时间里，命运坎坷的飞凡电商主要推出了三个产品：万汇网、飞凡网及飞凡App。可惜的是，这三个产品均未在行业内掀起任何波澜，曾经豪气冲天的飞凡电商也只落下一个虚名。

2013年年底，万汇网正式上线，定位为万达广场的O2O智能电子商务平台，业务涵盖百货、美食、影院、KTV等领域。具体来说，就是为用户提供最新的广场活动、商家资讯、商品导购、优惠折扣、礼品兑换等资讯与服务。

2014年8月，新任CEO董策上任，他没有继续做万汇网，而是决定研发新的电商平台。2015年7月31日，万达重金打造的新电商平台飞凡网和其App客户端终于正式上线。不过，千呼万唤始出来的飞凡网和其App似乎并未满足大众的期待。

飞凡网PC端，主要分为餐饮、电影、百货、购物、亲子、乐园、秀场、积分、金融，整个网站像是一个侧重生活服务类的电商平台，不提供线下购物功能。除了秀场与金融功能，飞凡网的功能及服务没有表现出过人之处。而在飞凡App的介绍中显示，通过飞凡能在万达广场享受免费上网、店铺导航、停车自动缴费、餐厅远程排队及移动支付五大功能，这虽然与万达提出的智慧新生活更加匹配，也适时地将互联网业务向移动端转移，但与同类型的阿里喵街、朝阳大悦城官方手机App相比，飞凡App并无新意。

（资料来源：丁宁，2018.服务管理[M].3版.北京：清华大学出版社.）

思考题

（1）结合案例说明服务业在经济中的重要性。
（2）面对服务业在经济中地位的不断上升，我们应做哪些准备？
（3）根据党的二十大精神，谈一谈为什么要加快发展现代服务业？

文献拓展

第二章　服务营销概述

学习目标

（1）掌握服务营销的概念。
（2）理解服务营销的发展历程。
（3）了解服务营销组合策略。
（4）认识我国服务营销的演变过程。

迪士尼——售卖欢乐和梦想的地方

迪士尼是娱乐业的领头羊，在成立的近百年时间里，以优秀的服务文化造就了它的长盛不衰。自从 1955 年华特·迪士尼在美国洛杉矶创建第一个主题公园—迪士尼乐园以来，迪士尼公司已经成为集卡通设计、电视网络、电影、主题公园、文化用品、服装服为一体的大型娱乐性企业集团。根据迪士尼公司发布的财务报表显示，2022 年上海迪士尼乐园全年游客数量破千万，全年营收 80 多亿元，成为迪士尼全球最赚钱的门店。

而迪士尼的成功主要来自三个方面。一是不可模仿的创新和经营收入多元化。这是使迪士尼真正成为创造奇迹和梦幻的乐园的主要原因。二是将欢乐转为金钱。迪士尼的文化内涵就是对孩子心灵的珍重，对童心世界的认真维护，对所有人的积极动员，"让所有的游客乐起来"。迪士尼为自己的企业价值进行了准确、清晰的市场定位，即为游客提供最高满意度的娱乐和消遣，给游客以欢乐。实施这一市场定位必须依靠员工，因为最终提供给顾客的产品和服务，必须由员工实施。竭力营造一种欢乐气氛，把规定细致到员工的表情管理、动作管理和情绪管理。让每个去过迪士尼的人日后最留恋的就是那里无处不在的欢乐气氛，而欢乐就是这样被服务经营出来的。三是深厚的文化力量，有自己特色语言，一以贯之的特色服务。培训员工：学扫地，学照相；学包尿布，辨识方向；学与小孩讲话和送货。顾客站在最上面，员工在中间面对顾客，经理站在员工的底下支持员工，员工比经理重要，顾客比员工重要。

鉴于商品与服务之间的内在区别，制造业的营销理念和实践不能直接应对服务营销中面临的问题和困难。当顾客不能取得所有权时，他们的期望和决策标准是完全不同的，就像前面提出的，服务的特性会带来很多营销挑战。服务不同于有形产品，服务营销也不能等同于有形产品的营销。服务营销组合不但包括产品、价格、渠道和分销的传统 4P 组合，还包括人员、有形展示和过程的策略。

第一节　服务营销的概念

一、服务营销的概念与特点

（一）营销导向

英国皇家特许营销协会（Chartered Institute of Marketing）给出的营销的定义为：以有效的和有利可图的方式识别、预见和提供客户所要求的东西的管理过程。发达国家成熟的服务企业的营销活动一般经历了七个阶段，如表 2-1 所示。

表 2-1　发达国家成熟的服务企业的营销活动的七个阶段

营销阶段	营销特点
销售阶段	竞争出现，销售能力逐步提高；重视销售计划而非利润；对员工进行销售技巧的培训；希望招徕更多的新顾客，而未考虑到让顾客满意
广告与传播阶段	增加广告投入；指定多个广告代理公司；推出宣传手册和销售点的各类资料；顾客随之提高了期望值，企业经常难以满足其期望；产出不易测量；竞争性模仿盛行
产品开发阶段	意识到新的顾客需要；引进许多新产品和服务，产品和服务得以扩散；强调新产品开发过程；市场细分，强大品牌的确立
差异化阶段	通过战略分析进行企业定位；寻找差异化，制定清晰的战略；更深层的市场细分；市场研究、营销策划、营销培训；强化品牌运作
顾客服务阶段	顾客服务培训；改善服务的外部促进行为；利润率受一定程度影响甚至无法持续；得不到过程和系统的支持
服务质量阶段	服务质量差距的确认；顾客来信分析、顾客行为研究；服务蓝图的设计；疏于保留老顾客
整合和关系营销阶段	经常研究顾客和竞争对手；注重所有关键市场；严格分析和整合营销计划；数据基础的营销；平衡营销活动；改善程序和系统；改善措施保留老顾客

（资料来源：秦陇一，曾凡海，姜彩芬，2009. 服务营销学 [M]. 北京：科学出版社 .）

商品营销导向最早出现在经济相对发达的国家。在这些国家，供应商之间的竞争已日趋激烈。相比之下，服务行业引入营销理念的时间相对较晚，这主要受到两方面因素的制约：一是公共部门的垄断地位，二是长期存在的职业行为准则——这些准则直到最近仍在限制许多服务机构的营销活动。

纳佛和斯莱特在研究中测度了营销导向的不同程度，他们对三类重要成分加以识别。

（1）顾客导向：一家组织在对其目标客户充分了解的基础上，通过增加购买者的利益（对照购买者的成本）或减少购买者的成本（对照购买者的利益）的方式来为他们创造更高的价值。顾客导向要求组织不仅了解客户眼中当下的价值，而且要了解客户眼中的价值演化。

（2）竞争对手导向：组织对当前和潜在的竞争对手的短期优势、劣势以及长期能力与战略的把握。

（3）部门间协调：组织使用其资源为目标客户创造更高价值的方式。不只是营销人员，组织中的其他员工都肩负着创造价值的责任，营销导向要求组织有效地集聚与整合其人力资源和物质资源，并对其进行调配以满足客户的需求。

 延伸阅读

肯德基成功的秘密

肯德基主营业务包括出售炸鸡、汉堡、薯条、蛋挞、汽水等西式快餐食品，曾位列"2019年BrandZ最具价值全球品牌100强"第93位。2020年7月28日，福布斯正式发布2020全球品牌价值100强，肯德基位列第96。2021年1月11日，获得BECT & I-ESPORTS AWARDS OF 2020年度最受欢迎食品品牌。始终围绕顾客转是肯德基的成功秘诀，现代生活的快节奏和快餐经营方式，适应了现代公众的心理需求。肯德基靠质量和最具特色的服务来取胜，在肯德基，你得到的服务会比你希望得到的服务要多。肯德基的宗旨是顾客至上，正是这一宗旨使每一位来就餐的顾客，无论是大人还是小孩，都会有一种宾至如归的感觉。

（二）服务营销的定义及理念

服务营销，一般指依靠服务质量来获得顾客的良好评价，以口碑的方式吸引、维护和增进与顾客的关系，从而达到营销的目的。这里所说的顾客是"潜在顾客""顾客""长期顾客"和"支持者"的统称。所以服务营销主要包含两层含义：一是对服务产品的营销；二是对顾客的服务营销。

服务作为一种营销组合要素，真正引起人们重视是在20世纪80年代后期。这一时期，由于科学技术的进步和社会生产力的显著提高，产业升级和生产的专业化发展日益加速，一方面使产品的服务含量，即产品的服务密集度日益增大；另一方面，随着劳动生产率的提高，市场转向买方市场，消费者的收入水平提高，他们的消费需求也逐渐发生变化，需求层次也相应提高，并向多样化方向拓展。由于服务的特性，服务营销的职能比传统营销职能要宽泛得多，服务营销必须涉及三方面的整合，即服务运营管理、人力资源管理、营销管理。

服务营销要围绕树立关系营销理念、顾客满意理念、超值服务理念而努力。

（1）关系营销理念是企业与顾客、分销商、经销商、供应商等建立、保持并加强关系，通过互利交换及共同履行诺言，使有关各方实现各自的营销目的的总称。

（2）顾客满意理念是指企业的全部经营活动都要从满足顾客的需要出发，以提供满足顾客需要的产品或服务为企业的责任和义务，以满足顾客需要，使顾客满意为企业的经营目的。

（3）超值服务理念就是用爱心、诚心和耐心向消费者提供超越其心理期待（期望值）的、超越常规的全方位服务。

（三）服务营销管理

随着经济社会步入服务经济时代，服务及服务业得到迅猛发展，其在国民经济发展中的重要性日益突出。企业之间的竞争主要是服务的竞争。服务营销理所当然地成为企业提高核心竞争力、增强竞争优势的有力武器，服务营销管理也成为企业所面临的一个紧迫的课题。

服务营销管理是指为了实现企业或组织目标，建立和保持与目标市场之间互利的交换关系，而对设计项目的分析、规划、实施和控制。营销管理的实质，是需求管理，即对需求的水平、时机和性质进行有效的调解。在营销管理实践中，企业通常需要预先设定一个预期的市场需求水平，然而，实际的市场需求水平可能与预期的市场需求水平并不一致。营销管理的设立是为了达到更好的营销效果。营销管理就是在市场行为中，以盈利为目标，把组织、架构、人员、培训、绩效、考评、薪资等众多要素综合制定、优化实施的行为。

服务营销是一门以服务产品和顾客服务为研究对象的市场营销分支学科，其产生、形成和发展，到现在不过30多年时间。因此，从一门学科的角度来看，它是很年轻的，具体表现在其结构体系、理论、方法都还处于不断完善、充实和丰富的阶段。随着服务经济时代的到来，服务产业和服务业务活动在国民经济及社会经济生活中的地位和作用日益显现，对服务营销和管理问题的研究，已成为国内外营销管理理论和实际工作者关注的重点和热点。

服务营销管理分为内部营销管理和外部营销管理，在服务营销管理过程中，市场营销组合中产品组合的核心部分是员工，而人力资源管理也是针对员工的管理。正是在这一点上，人力资源管理同市场营销管理功能在服务管理中统一起来，并且，在实际运作中，市场营销部门、人力资源管理部门及一线运营部门构成了服务管理的"三角"。因此，服务中员工出现的问题不能仅仅归咎于一线运营部门，还应从市场营销及人力资源管理部门中寻找原因。服务管理的外部营销是指企业对顾客的营销，其内容主要包括市场营销调研（主要是了解顾客需求）、服务产品设计与开发、服务产品定价、广告、促销及人员推销等活动，这不同于有形产品的市场营销。有形产品生产企业的一线部门只担负生产功能，不担负营销功能，而服务行业中的营销功能则分解到一线部门的每位员工身上。市场营销人员与一线部门的员工共同完成外部营销功能。服务行业的员工可在与顾客的接触中了解顾客的需求，并与营销人员共同设计开发服务项目，员工与顾客的接触过程也是推销过程，并且员工可以从顾客的消费过程中了解其满意程度与新需求。

服务企业的内部营销管理和外部营销管理只有相互协作才能达到顾客的最终满足。外部营销的一个重要环节是促进顾客购买行为的发生。由于服务产品具有无形性、不可储存性（生产消费同时进行）等特点，消费者进行购买决策的基础是企业的承诺，企业的承诺到位使顾客意识到可获得期望效用时，购买行为才会发生。而外部营销的功能之一就是通过促销等方式提供许诺。如果外部营销人员是服务的许诺者，那么一线员工就是服务的提供者。只有顾客感觉到自己享受的服务与企业的许诺相符时，或实际服务水平超过许诺水平时，顾客才会产生满足感。有时尽管内部营销管理工作非常突出，员工表现也极为出色，但由于外部营销许诺超过了企业的实际服务能力，使顾客的期望水平高于现实服务水平，导致顾客对服务表示不满，最终破坏企业形象。所以，只有外部营销管理与内部营销管理相结合，服务许诺者与提供者相配合，才能使顾客最终满意。

二、服务营销的特点

服务产品的营销相较于有形产品更为复杂，这主要源于服务产品本身的特性及其多维度的影响因素。一方面，服务具有无形性、异质性、不可储存性和生产与消费同步性等特征；另一方面，服务效果还受到服务设施、服务流程、人员素质以及顾客与服务人员即时互动状态等多重因素影响。因此，服务营销需要特别注重顾客导向理念的培育，并通过构建完善的服务营销组合策略来应对这些挑战。

与传统市场营销相比较，服务营销具有以下几个方面的特点。

（一）研究对象不同

服务营销是以服务企业的行为和产品营销中的服务环节作为研究对象，具有产品对象和营销行为的特殊性；市场营销则是以产品生产企业的整体营销战略分析、制定、实施和评估作为研究对象。

（二）服务营销强调内部管理

服务营销中每一个人都是企业提供服务的"窗口"，每一个人都应充分发挥主动性，争取使顾客在一个"窗口"里解决问题。服务营销不局限于专业的销售人员，整个组织的任何一个人都是"业余营销者"，因为他们都有机会直接与顾客打交道。因而，研究如何提高服务员工的素质、加强服务企业的内部管理和内部营销显得十分重要。而市场营销中涉及的人的因素只是买卖行为的承担者，而不是产品本身的构成。

（三）服务营销强调对顾客的管理

服务过程是服务生产与服务消费相统一的过程，服务生产过程也是顾客参与的过程，因而服务营销必须把对顾客的管理纳入服务营销的管理轨道。市场营销强调的是以顾客为中心，满足顾客的需要，而不涉及对顾客的管理过程。

（四）服务营销强调服务质量的过程控制

服务营销的质量管理是一个企业无法完全控制的互动过程，其服务质量的高低属于由服务双方共同创造、由顾客体验和感知的价值范畴。而市场营销的产品质量是静态的概念，在理论上强调收益/成本比，在企业操作上强调产出质量的标准化、合格认证等。质量问题之所以会成为服务营销的重要问题之一，就是因为服务质量很难像有形产品那样用统一的标准来衡量，其缺点是不易发现与衡量，因而应着重研究服务质量的过程控制。

（五）服务营销强调有形展示

由于服务的无形性和不可感知性，可以说，顾客对服务的最初印象都是由有形展示的各个要素组成的，当顾客对企业提供的服务缺乏了解时，他们往往会根据相关的有形要素对服务产品作出判断,并在消费过程中据此对该服务进行评价。因此,有效地设计有形展示对于吸引顾客和增强顾客信心、信任感至关重要。

第二节 服务营销的发展历程

一、服务营销的产生

服务营销学是 20 世纪 60 年代在西方营销界关于产品与服务产品的争论中兴起的。1966 年,美国的约翰·拉斯摩(John Rathmall)教授首次对无形服务与有形产品进行区分,提出要以非传统的方法研究服务的市场营销问题。1974 年,由拉斯摩撰写的第一本论述服务营销的专著在美国出版,标志着服务营销学的诞生。但直到 20 世纪 70 年代中后期,美国及北欧才陆续有市场营销学者正式开展服务营销学理论的研究工作。北欧以格罗鲁斯(Gronroos)和赫斯基(Heskett)为代表的诺迪克学派(Nordic School),北美以 PZB(Parasuraman,Zeithamal,Berry)为代表的北美学派对该学科的发展起到了巨大的推动作用,他们有关服务质量以及服务营销管理的理论构成服务营销学的理论支柱。

具体来讲,芬兰瑞典经济与工商管理学院的克里斯廷·格罗鲁斯教授在 20 世纪 80 年代初第一次提出了顾客感知服务质量概念,奠定了服务营销与管理科学的理论框架。按照格罗鲁斯的观点,服务质量=服务感知-服务期望,服务质量水平的高低取决于组织在提升服务质量方面所作出的不懈努力,也取决于服务期望水平的高低,这一理论被归纳为差距理论。这一理论后来成为北美学派创建服务质量评价模型 SERVQUAL 的理论依据。由于格罗鲁斯出色的工作,服务营销中一个最重要的学派诺迪克学派诞生,从而为服务营销学科的发展做出了最重要的贡献。

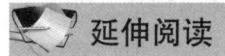

北欧学派代表人物:克里斯廷·格罗鲁斯简介

克里斯廷·格罗鲁斯(Christian Gronroos),芬兰瑞典经济与工商管理学院教授,服务管理研究中心主任。芬兰瑞典经济与工商管理学院创建于 1909 年,是北欧成立最早的商学院之一。该校的市场营销学科,特别是服务营销与关系营销学科在世界上享有盛誉。

格罗鲁斯教授曾在《欧洲市场营销学学报》《工商营销管理》《国际服务管理学报》《营销管理学报》等世界一流的学术刊物上发表上百篇文章,并先后出版了《服务营销学》《工业服务营销学》《战略管理与服务业的营销》《如何销售服务产品》《公共部门的服务管理》《全面沟通》和《服务管理与营销》等数十部著作。其中,《服务管理与营销》成为国际各大一流商学院服务营销课程的教材。

格罗鲁斯教授亲手创办了两家服务咨询公司,同时兼任 10 多家公司的营销顾问,并长期为世界著名的美国电话电报公司、沃尔沃公司、杜邦公司、联合电信公司、斯堪的纳维亚航空公司等企业提供咨询服务。

由于在营销学方面的突出贡献,格罗鲁斯教授荣获欧洲最有影响的阿塞尔(Ahlsell

营销学研究奖,是美国斯坦福大学、亚利桑那州立大学的客座教授和美国第一洲际服务营销中心特邀研究员,曾数次前往澳大利亚、加拿大、美国、西欧及中国的高等院校访问讲学。作为全球权威管理学家,格罗鲁斯教授被国际学术和实务界誉为"服务营销理论之父""世界 CRM 大师"。

(资料来源:郑锐洪, 2019. 服务营销理论、方法与案例 [M]. 2 版. 北京:机械工业出版社.)

其后,美国的 PZB 研究小组通过一系列卓有成效的工作,使服务营销与管理研究上了一个新的台阶。他们创建了服务质量差距模型(Gaps Model),构建了服务质量的 SERVQUAL 测量方法,从而丰富和完善了服务营销管理理论。该方法将服务质量分解成 5 个维度和 22 个问项,从而形成两个表,通过让顾客打分的方式,形成顾客感知分数和顾客期望分数,两者之间的差别是服务质量水平。尽管还存在争议,但 SERVQUAL 现在已经成为全球最为广泛的服务质量测度方法。1994 年,PZB 研究小组修正了 SERVQUAL 服务质量评价方法,将服务质量的容忍区域理论引入服务质量之中,并且将服务质量分解为优异服务质量和可接受服务质量,从而提高了 SERVQUAL 服务质量评价方法的适用性。

二、服务营销的发展

到目前为止,服务营销的发展经历了以下三个阶段。

1. 第一个阶段(20 世纪六七十年代):服务营销学的脱胎阶段

这一阶段是服务营销学刚从市场学中脱胎而出的时期。1977 年,当时的美国银行副总裁列尼·休斯坦克就撰文指出,泛泛而谈的营销观念已经不适合服务营销,服务营销的成功需要新的理论来支撑,如果只把产品营销理论改头换面地应用于服务领域,服务营销的问题仍会无法解决。

这一阶段主要研究的问题是:①服务与有形实物产品的异同;②服务的特征;③服务营销学与市场营销学研究角度的差异。以贝特森、萧斯塔克、贝瑞等为代表,他们较准确地归纳和概括出了服务的特征,包括不可感知性、不可分离性、差异性、不可储存性。

2. 第二阶段(1980—1985):服务营销的理论探索阶段

这一阶段主要研究服务的特征如何影响消费者购买行为,尤其集中于消费者对服务的特质、优缺点及潜在的购买风险的评估。从 1981 年开始,营销学者开始将服务营销的研究重点转移到服务的特征对消费者购买行为的影响。其中,西斯姆 1981 年在美国市场营销协会学术会议上发表的《顾客评估服务如何有别于评估有形产品》一文为代表之作。由于在这一阶段的研究中肯定了服务特征对消费者购买行为的影响,营销学者普遍形成了一个共识,即服务营销不同于传统的市场营销,它需要新的市场营销理论的支持。

同时,不少营销学者还探讨了服务的分类问题。例如,萧斯塔克根据产品中所包含的有形商品和无形服务的比重的不同,提出了其著名的"从可感知到不可感知的连续谱系理论"(服装—化妆—空中旅行—教育),并且指出在现实经济生活中纯粹的有形商品或无形服务都是很少见的。理查德·蔡斯则根据顾客参与服务过程的程度把服务区分为"高卷入服务"和"低卷入服务"。尽管有不同的分类,但营销学者一般认为,针对不同类型的服务，营销人员需要采用不同的营销战略和战术。

这一阶段具有代表性的学术观点主要有以下几个。

（1）顾客评估服务有别于评估有形产品。

（2）如何依据服务的特征将服务划分为不同的种类。

（3）可感知性与不可感知性差异序列理论。

（4）顾客卷入服务生产过程的高卷入与低卷入模式。

（5）服务营销学如何跳出传统的市场营销学的范畴而采取新的营销手段等。

在这一阶段，美国亚利桑那州立大学成立了"服务制胜研究中心"，标志着对服务营销理论探索的深入。

3. 第三阶段（1986年至今）：理论突破及实践阶段

在这一阶段，市场营销学者们在前期对服务基本特征达成共识的基础上，重点探讨了传统4P营销组合（产品、价格、渠道和促销）在服务营销中的局限性，并致力于研究需要增加哪些新的组合变量来完善服务营销理论框架。

20世纪80年代后期，营销学者重点研究传统的营销组合是否能够有效地用于推广服务以及服务营销需要哪些营销工具。营销学者逐步认识到"人"在服务的生产和推广过程中所具有的作用，并由此衍生出了两大研究领域，即关系营销和服务系统设计。

杰克逊提出要与不同的顾客建立不同的关系。塞皮尔强调了关系营销是服务营销人员应掌握的技巧。关系营销是一种与关键对象（顾客、供应商、分销商）建立长期满意关系的活动：一个优秀的营销者应通过质量、服务与公平价格与关系方建立超越时间的长期"双赢"关系。

以萧斯塔克等为代表的营销学者在服务系统设计领域做出了开创性贡献。萧斯塔克在1984年至1992年间发表了一系列重要论文，系统性地提出了"服务蓝图"技术，深入分析了这一工具在服务流程设计和服务生产过程中的应用价值。与此同时，包文和钟斯基于交易成本理论，创新性地探讨了顾客参与服务生产过程的决策机制及其营销因素。值得注意的是，这一阶段在"服务质量"和"服务接触"领域的研究取得了更为显著的突破。学者们提出了感知质量、技术质量（服务的硬件要素）与功能质量（服务态度及员工行为等软件要素）等关键概念，并构建了服务质量差距理论，为后续服务质量研究奠定了坚实的理论基础。

在服务接触研究方面，学者们重点关注服务人员与顾客互动过程中的心理与行为动态，深入探讨了服务接触对顾客感知质量的影响机制。具体而言，研究主要聚焦于以下几个关键维度：一是服务双方在互动中的控制欲博弈及其对服务体验的影响；二是顾客与服务人员的角色认知与角色行为对服务产出的作用；三是服务期望的形成机制及其对服务质量评价的调节作用。这些研究不仅拓展了服务营销的理论边界，也为企业优化服务流程、提升服务质量提供了重要的理论依据。

这一阶段具有代表性的学术观点有以下几个。

（1）服务营销应包括7种变量组合，即在传统的产品、价格、渠道和促销之外，还要增加"人""服务过程"和"有形展示"3个变量，从而形成7P组合。

（2）由"人"（包括顾客和企业员工）在推广服务以及生产服务的过程中扮演角色，

衍生出对关系营销和服务系统设计两大领域的研究。

（3）服务质量的新解释。确认服务质量由技术质量和功能质量组成，前者指服务的硬件要素，后者指服务的软件要素。服务质量的属性：可感知性——服务产品的有形部分；可靠性——服务方完整地实施服务交付；应对性——服务方随时准备愿意为顾客提供快捷、有效的服务；保证性——服务人员的友好态度及胜任工作的能力；移情性——服务方真诚地关心顾客，了解他们的实际需要，使整个服务过程富于"人情味"。

（4）提出了服务接触的系列观点，包括服务员工与顾客相互之间沟通时的行为及心理变化，服务接触对整体服务感受的影响，如何利用服务员工及顾客双方的"控制欲""角色"和对投入服务生产过程的期望等因素来提高服务质量问题。

（5）从对7P研究的深化到强调加强跨学科的研究，服务营销学强调从人事管理学、生产管理学、社会学及心理学等学科领域观察、分析和理解服务行业中所存在的各种市场关系。

（6）特殊的服务营销问题，如服务价格理论如何测定，服务的国际化营销战略，资讯技术对服务的生产、管理及市场营销过程的影响等。

三、我国服务营销的现状及发展趋势

服务营销是现代市场营销的一个新领域，是服务企业为了满足顾客对服务产品所带来的服务效用的需求，实现企业预定的目标，通过采取一系列整合的营销策略而达成服务交易活动的商务活动过程。它是在市场营销的基础上研究无形产品与有形产品的区别。根据其特点采用新的市场营销组合（产品、价格、渠道、促销、人、有形展示、服务过程）来满足消费者对服务产品的需求。服务营销学是从市场营销学中衍生出来的学科，是对市场营销学的拓展。服务营销学对服务营销行为的专门研究，是新世纪知识经济发展的需要，必将成为推动第三产业发展的动力和理论依据。运用服务营销学来指导我国服务营销，将对我国经济的发展和企业的生存起到至关重要的作用。

（一）我国服务营销的发展现状

1. 服务营销已有初步的发展

20世纪60年代，服务营销的理念兴起于西方。随着全世界服务业的发展，人们已经认识到服务将成为日后企业竞争的焦点。20世纪90年代后期，服务营销的理论被应用到中国家电销售领域及旅游业、金融业等行业，不仅提高了企业的竞争意识，还对这些行业的发展起到了很好的推动作用。今天，我国的服务企业对"以消费者为中心，满足消费者需要"的经营理念不再陌生，有些甚至对服务营销的理论及其发展十分熟悉。比如，家电产品的竞争已不再是"价格战"，而是服务竞争（售前、售中、售后），发展比较快的企业（比如青岛海尔）已经建立起了完备的服务营销体系，并因此受益匪浅。

2. 服务营销理念不明确

当前，很多中国服务企业决策者都掌握了一定的服务营销理论，但在企业的经营运作

过程中，他们把理论应用于实践并取得成效的比率却不高。今天的市场是买方市场，企业竞争愈演愈烈，消费者的消费理念越来越成熟，然而中国的服务企业开拓与把握市场的能力却远远低于市场发展的水平。现代营销学认为：服务企业营销的出发点是消费者而不是企业本身，重点是消费者所需要的服务而不是企业所能提供的服务，目的是通过消费者的满意获利。可是，目前大多数企业依然以企业为中心，而不是以消费者为中心为消费者提供服务。

3.提供的服务存在趋同性

服务的趋同性指没有对服务市场进行细分，对各类消费者群体只提供一种服务。随着消费者消费需求的不断变化，不同的消费者之间的需求便会存在很大差异。

4.服务品牌意识不强

品牌策略是营销决策的重要组成部分。企业打造品牌的目的是使自己的服务有别于其他竞争者，为企业和产品定位。当前，我国从事服务业的商家对品牌经营的作用重视不够，忽视品牌经营与保护工作。虽然不少服务类企业为提高管理效率、提升企业形象也设计了别致、醒目的个性化识别标志，但由于缺乏品牌意识，这些标志往往没有注册，只停留在低层次的使用状态。经营者忽视商标的作用，对服务上使用的标志不及时注册，到需要保护时才想到注册，这是忽视了企业的长远发展的表现。因此，服务企业应该重视品牌、发展品牌，因为品牌是开拓市场的必要手段。

5.服务人员素质较低

在中国市场，服务企业的工作人员素质普遍没有达到要求。一些低层次的服务企业，对服务工作的理解较多地停留在"服务人员不需要什么技术"的层面，认为服务人员只要有热情就能干好服务工作。正是这种偏见让企业的服务停留在较低水平上。如有些服务人员因不了解顾客的心理，对顾客过分热情，反而令顾客反感。有的企业认为组织服务人员参加职业培训，纯粹是浪费精力、财力，得不偿失，因此很多服务人员未经培训就上岗。服务水平差，极大地阻碍了服务企业的发展。

（二）我国企业加强服务营销的对策

随着知识经济时代的到来和消费者质量意识的不断提升，服务营销面临着更高标准的要求。然而，我国企业引入服务营销理念的时间相对较短，这一发展现状既为企业带来了转型升级的重要机遇，也构成了严峻的市场挑战。在此背景下，企业亟需构建科学、系统的服务营销战略体系，通过精准的策略制定与有效实施，确保营销目标的顺利达成，这已成为当前企业发展的必然选择。

1.提高企业的服务意识

在当前的消费升级背景下，企业必须强化服务意识，深刻认识到消费者决策逻辑的根本转变——从产品功能导向转向服务体验导向。现代消费者不仅关注产品本身的性能与质量，更重视企业在售前、售中、售后全流程中提供的服务价值。这种以情感连接和个性化满足为核心的服务需求,要求企业必须做到:树立"客户至上"的服务理念,将服务意识融入企业文化与员工行为准则;构建全渠道、全周期的服务体系,确保服务触点的一致性与高品质;建立客户需求快速响应机制,通过服务创新持续提升顾客满意度与忠诚度。在服务经济时代,卓越的服务能力已成为企业的核心竞争优势,提升服务意识是实现可持续发展的重要战略路径。

2. 提供差异化服务

在激烈的市场竞争中,服务企业必须建立"以客户为中心"的经营理念,通过打造差异化服务体验来赢得消费者青睐。具体而言,企业应当深入洞察消费者需求,从客户视角优化服务流程;企业应构建独特的服务差异化优势:①打造高效便捷的服务响应机制;②营造舒适雅致的服务环境;③培养专业亲和的服务团队,注重服务人员的职业素养与情感互动;④在核心服务环节持续创新,形成难以复制的竞争优势。这种全方位的服务升级战略,将有效提升企业的市场竞争力。

3. 打造服务品牌

未来服务的竞争在某种程度上也是服务品牌的竞争。服务的无形性使得服务品牌更加重要,因为品牌能使无形的服务有形化,是吸引消费者重复购买服务产品的一个主要因素。在服务营销中,公司品牌是形成企业服务特色、取得竞争优势的重要手段。

4. 重视企业的服务质量与人员培训

在服务营销中,人是决定成败的重要因素。在市场竞争的条件下,企业竞争优势的取得越来越依赖于人的能力的发挥。由于服务在顾客购买之前是看不见摸不着的,消费者只能从企业员工的行为和态度中获得对企业的印象,所以,服务人员的素质直接影响着企业的形象。

5. 树立正确的服务营销理念

要走出企业对服务营销理念认识不足的误区,为消费者提供优质的服务,首先要树立正确的服务营销理念。服务营销是以顾客服务为目的而开展的营销活动,它更关注的是消费者接受服务的满意度,它贯穿于企业的生产经营活动中,是售前、售中、售后的全程的服务。可以说,服务营销不只是一种营销手段,更是一种经营理念。所以,企业要把经营思想放在产品服务上,通过"以服务为导向""以顾客为中心"的经营思想,用优质服务打动消费者,从而达到其经营的目的。以海尔集团为例,其"用户永远是对的"这一服务理念深刻体现了现代服务营销的核心价值。海尔突破传统的产品导向思维,创新性地提出"解决方案提供商"的定位,将产品作为服务载体,致力于为用户提供系统性的生活解决方案。在这一服务理念指导下,海尔通过持续优化服务体系、提升服务标准,成功在消费者心中建立了"优质服务标杆"的品牌形象,充分展现了服务差异化战略的市场价值。这种以用户需求为中心的服务创新模式,为行业提供了可借鉴的发展路径。

综上所述,企业传统的产品营销模式已不能完全适应现代消费者的需求,所以,企业只有建立以服务为导向的服务营销体系,并且根据企业的产品及其经营的特征,制定适应于企业的服务营销策略，才能在激烈的竞争中确立属于自己的市场地位。服务营销观念是企业为适应消费者的需求和发展的要求而产生的新的营销观念，在买方市场条件下，特别是在竞争日益激烈、技术与经营方式纷纷被仿效的今天，可以说，做好服务营销是当前企业在竞争中制胜的重要保证。

第三节 服务营销的组合要素

一、服务营销基本理论

1953 年，尼尔·博登在美国市场营销学会的就职演说中创造了"市场营销组合"这一术语，指出市场需求在某种程度上受到所谓"营销变量"或"营销要素"的影响，为了寻求有效的市场反应，企业要对这些要素进行有效的组合，从而满足市场需求，获得最大利润。营销组合实际上有几十个要素，麦卡锡将这些要素概括为四类：产品、价格、渠道、促销，即 4P。1967 年，菲利普·科特勒在其畅销书《营销管理：分析、规划与控制》中进一步确认了以 4P 理论为核心的营销组合方法。

4P 理论以单个企业作为分析单位，认为影响企业营销活动效果的因素有两种：一种是企业不能够控制的，如政治、法律、经济、人文、地理等环境因素，称为不可控因素，这也是企业所面临的外部环境；一种是企业可以控制的，如生产、定价、分销、促销等营销因素，称为企业可控因素。企业营销活动的实质是一个利用内部可控因素适应外部环境的过程，即通过对产品、价格、分销、促销的计划和实施，对外部不可控因素作出积极的反应，从而促成交易的实现和满足个人与组织的目标，其核心就在于制定并实施有效的市场营销组合。

4P 理论为营销提供了一个简洁和易于操作的框架，因此提出以后便被人们广泛接受，成为长期占据统治地位的无可置疑的市场营销学基本理论。美国市场营销学会甚至认为市场营销是"通过对观念、产品和服务的设计、定价、促销和分销进行计划和实施，以促成交易和满足个人和组织目标的过程"。而且，如何在 4P 理论指导下实现营销组合，实际上也是市场营销的基本运营方法。

后来的学者们又在不断地将 4P 理论进行充实，在每一个营销组合因素中又增加了许多子因素，从而分别形成产品组合、定价组合、分销组合、沟通和促销组合，这四个方面每一个因素的变化，都会导致其他因素相应变化。营销因素组合的要求及目的就是，用最适宜的促销办法及营销网络，最好地满足目标市场的消费者的需求，以取得最佳的信誉及最好的经济效益。

二、拓展的服务营销 7P 营销组合

在服务营销领域，传统的 4P 营销组合理论（产品、价格、渠道、促销）仍然具有基础性地位，但由于服务本身的无形性、异质性等特征，需要对传统营销要素进行重新诠释和扩展。具体表现在：首先，服务定价具有特殊复杂性，一方面服务"单位成本"难以精确核算，另一方面消费者普遍存在"价格－质量"关联认知，这要求企业建立更科学的服务定价机制；其次，服务的无形性促使消费者依赖有形线索（如服务环境、设施、

人员形象等）来评估服务质量，这种"有形展示"成为服务营销的关键要素。基于这些服务特性，营销学者在传统4P理论的基础上增加了人员（People）、服务过程（Process）和有形展示（Physical Evidence）三个要素，共同构成了服务营销的7P组合策略。这一理论创新不仅完善了服务营销的理论框架，更为企业开展服务营销实践提供了系统性指导。

（一）产品（Product）

服务产品是指服务企业向目标顾客提供的有形与无形要素的结合体，由一个能满足顾客基本诉求的核心产品、承载核心产品的形式产品和提供附加利益的附加产品构成。服务产品本身是营销组合策略的核心。如果产品的设计有缺陷，那么7P的其他要素执行效果再理想也不能为顾客创造有用的价值。营销组合的规划首先应着眼于创造能为客户提供价值并比竞争对手更好地满足客户需求的服务概念，其次就是设计出具有差异性但又能互相强化的要素集群，把概念转化为现实。

（二）价格（Price）

服务价格体现服务企业向消费者提供服务所获得的回报，也是消费者购买产品而支付的货币成本。定价策略是高度动态化的，企业需要根据顾客的类型、服务传递的时间、地点以及需求和本身产能的对比来对价格进行调整。但是顾客把价格视为获取利益的主要成本，在决定某种服务是否"物有所值"时，他们可能考虑的不仅仅是价格，还考虑时间和精力方面的成本。因此，服务营销者不但要合理定价，让目标顾客愿意为服务付费，而且要尽量降低顾客在使用服务中的其他成本支出（如时间投入，不必要的脑力、体力消耗和其他附加的成本）。

（三）分销（Place）

服务分销是指服务产品价值传递的方式或过程。服务产品的分销可以通过传统的实体渠道，如直销、代理，也可以通过新兴的电子渠道或自主服务方式来完成。电子渠道主要是通过互联网向目标市场提供可利用的产品，包括通过智能手机、电脑、网络电视和互动媒体等所有服务提供形式。从目前的状况来看，电子渠道逐渐成为传统实体渠道的有力补充或替代性选择，越来越多的企业综合使用实体渠道与电子渠道来分销服务产品。企业可以直接将服务传递给终端用户，也可以通过中介机构进行，但是在利用中介机构进行服务分销时应该加强对中介机构的管理。

（四）促销（Promotion）

服务促销是指服务企业将产品或服务向目标顾客进行宣传、报道和说服，以引起他们的注意和兴趣，激起他们的购买欲，从而促使其购买的行为。缺乏有效的沟通，任何营销方案都难以取得成功。这一要素发挥着三大主要作用：提供所需的信息和建议；说服并让顾客认识到具体品牌和服务产品的价值所在；鼓励顾客在合适的时候行动起来购买服务。

（五）有形展示（Physical Evidence）

服务有形展示是指服务环境、服务生产者与顾客互动的场所以及促使服务实现或服务沟通的任何有形的物品。服务的有形展示包括服务的所有有形表现形式，如建筑风格、风景、内部装潢、员工制服、宣传手册、名片、报表、招牌和服务设备等。在有些情况下，它还包括服务提供的有形展示——服务窗口。在服务营销中，有形展示的作用因行业特性而异。以电信服务为例，虽然核心服务的无形性使得传统有形展示的重要性相对降低，但某些关键接触点的有形要素仍会显著影响顾客感知。第一，服务支持环节的可视化。如账单的清晰度与透明度（如费用明细、服务条款），维修车辆的标识性与专业性（如统一涂装、设备完备性）。第二，质量信号的传递机制。当服务的技术质量难以直接评估时（如网络稳定性、带宽速率），顾客会通过以下有形线索进行推断：文书材料（合同规范性、服务协议完整性），服务触点（营业厅环境、设备外观），人员形象（着装标准、工具专业性）。第三，认知心理学视角。这种依赖现象源于顾客的线索利用理论——在服务体验模糊情境下，消费者会主动寻找并放大有形要素的暗示作用，将其作为服务质量的核心评判依据。因此，有形展示为企业提供了传递有关组织目标、希望进入的目标细分市场以及服务性质、服务质量方面的一致而有力的信息和线索。

（六）人员（People）

广义的服务人员是指参与服务提供并因此而影响购买者感觉的全体人员，包括服务人员、消费服务的顾客等。所有参与到服务提供过程中的人都对顾客认识服务本身性能提供了重要线索。

服务人员的着装、态度、行为和外表都会影响顾客对服务的感知，实际上，对于某些服务，如顾问、咨询、教练及其他基于关系的专业服务，提供者本身就是服务。众所周知，服务质量的满意度往往反映了顾客对服务人员的评价，所以优秀的服务企业总是大力投入来招募、培训和鼓励员工。

在许多服务情境中，顾客本身也能影响服务的提供，从而影响服务质量和他们自己的满意度。此外，顾客还会对其他顾客的服务感知产生影响，在一个剧场、一场球赛或课堂中，观众的表现会影响其他人接受服务的质量。基于他们在服务提供过程中的巨大影响，我们把员工、顾客和其他顾客都纳入服务营销组合的人员因素中。

（七）过程（Process）

服务过程是指服务交付的具体程序、机制和作业流程，即服务的提供与运营系统。顾客通过实际参与或观察服务运作的各个环节，形成对服务质量的感知和评价。因此，企业必须重视服务流程的设计与执行，确保其高效性、流畅性和顾客导向性，从而优化服务体验并提升整体服务质量。在服务产品的传递过程中，顾客作为重要的参与者，其参与程度直接影响服务效果。若服务流程设计存在缺陷，不仅会降低顾客体验满意度，还会导致服务效率下降、传递延迟等问题。

从商品营销到服务营销，营销的职能扩大到了整个企业。服务营销组合 7P 如表 2-2 所示。

表 2-2　服务营销组合 7P

营销组合	具体涉及的内容
产品（Product）	产品的物理特征、质量水平、备件、包装、保修期、生产线、品牌
定价（Price）	适应性价格水平、期限、差异、折扣、补贴
分销（Place）	渠道类型、陈列、中介、销售点、运输、仓储、渠道管理
促销（Promotion）	促销混合、推销员、数量、挑选、培训、激励、广告、目标市场、媒体类型、广告类型、复制信任、推销员促销宣传
有形展示（Physical Evidence）	性能设计、美学、功能、周围条件、设备、标识、雇员制服、其他有形物品、报表、业务名片、说明书
人员（People）	雇员、招聘、培训、激励、报酬、合作、顾客、教育、培训、沟通、文化价值观
过程（Process）	活动流程标准化、服务流程的高效性、流畅性、顾客参与程度

（资料来源：根据王永贵，2019.服务营销[M].北京：清华大学出版社.整理而成）

三、使用营销组合时应注意的问题

到目前为止，我们讨论了扩展的营销组合中的 7 种方法，而且它们的拼写都是以字母 P 开头的。但是，表述的便利也许会降低对特定服务业的适用性。一方面，正如 4P 营销组合模型不可能适用于整个服务业一样，7P 营销组合模型也不可能适用于之前描述过的各种各样的服务。对于一个服务组织，真正重要的是，根据特定营销环节列举出适应情况的相应战略、战术"P 清单"。就某些公共部门的服务而言，如果它们不对使用者直接收费，代表价格因素的 P 一般就不适合列为营销决策"P 清单"。另一方面，也可能存在其他一些 7P 清单无法涵盖的部分，具体包括以下几个方面。

（1）研究和开发。对于许多涉及高新技术的服务企业来说，决定投资哪项技术来增进客户利益和降低成本从而拥有竞争优势也许是至关重要的。许多基于互联网的服务提供商已经将高新技术创新提到其营销工作的重点。

（2）卖点促售。对于零售商来说，其竞争优势的基础可能是以尽可能低的成本获得商品，然后通过供应链将商品迅速、灵活和可靠地销售出去。卖点促售的技能本身或许是非常重要的，不能仅仅将其归类为"促销"组合的一个因素。

（3）服务质量。这个问题非常重要，因为透彻理解客户如何评价服务质量能使企业更明了地了解服务应该具备的规格以及以何种方式传递服务。鉴于质量在服务中的地位，它的测度、计划、实施及监督便变得至关重要。

（4）与顾客的紧密关系。目前许多公司都把与顾客的紧密关系放在重要位置，这些公司视关系为竞争优势之源，传统的一次性交易关系已经逐渐被取代。

关键术语

服务营销（Services Marketing）

营销组合（Marketing Mix）

营销导向（Marketing Orientation）

关系营销（Relationship Marketing）
服务质量（Service Quality）

本章小结

本章主要介绍了服务营销的概念、特点及服务营销组合，探讨了我国服务营销的现状以及发展趋势。服务营销组在对传统的4P进行调整和扩展的基础上添加了"人员""有形展示"和"服务过程"，构成了服务营销的7P营销组合。另外，随着关系营销的兴起，顾客满意和忠诚日益成为企业关注的重点。服务活动是服务人员和顾客都参与的互动活动，服务相对于有形产品的特殊性致使在服务营销中市场营销、生产和人力资源管理三种管理职能必须密切配合，这是服务营销整合的主要思想。在整个整合流程中，顾客的重要性被凸显，服务营销的重点也转移到以顾客价值为核心的思路上，并逐渐发展成市场营销的新理念。

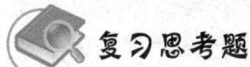
复习思考题

（1）服务营销的概念。
（2）阐释服务营销的发展历程。
（3）如何评价我国服务营销的发展趋势？
（4）我国服务营销的现状是什么？存在哪些不足？
（5）立足我国高质量新发展阶段，我国的服务业需要做哪些改进？

综合案例

呷哺呷哺的服务营销策略，你学会了吗？

呷哺呷哺创始于1998年，是一家连锁企业。2020年3月，呷哺呷哺发布2019年度业绩公告，2019年呷哺呷哺实现收入60.3亿元，同比增长27.4%；公司拥有人应占年内利润总额2.88亿元，同比减少37.7%。目前在北京、上海、天津等地已开有200多家分店，公司计划要在3～5年内将门店数量扩大至1 000余家。呷哺呷哺坚信，餐饮服务也可以创造品牌价值。呷哺呷哺的服务营销7P组合策略如下。

1. 产品

产品是产品售卖的基本物，产品的种类限定了经营的范围，产品的质量是生存的根本。虽然火锅的主要菜品经过这么多年的发展，在种类上已经基本定型，但对于想做成"火锅快餐"的呷哺呷哺而言，照搬照抄肯定不行。创始人贺光启在创业初期将大量精力投入在产品的开发上。因此对于一些难以标准化的产品就不得不放弃，如猪脑、排骨、鱼类（目前呷哺呷哺正在逐渐弥补缺少鱼类产品的状况，开发出了易标准化的鱼糜类、鱼卷类产品）。

从总体上说，呷哺呷哺的产品质量受到了顾客的好评。这也与呷哺呷哺的优质供应链有关，牛羊肉全部从内蒙古采购，全程冷藏保鲜，蔬菜做到从田间到上桌24小时完成。就蔬菜的外观而言，每一筐蔬菜都要仔细查看是否有黄叶、烂叶、虫眼等，然后检测农药残留和微生物，呷哺呷哺对每种食材的长度、重量都有详细的规定。如菠菜的长度，必须是25～30厘米，直径在0.3～0.5厘米等。

2. 定价

价格需要根据不同的市场定位进行制定。根据笔者的长期观察，呷哺呷哺的主要消费群体年龄在18～30周岁，考虑到其目标市场是青年群体，其消费标准不能太高，因此也没有单价过高的菜品，而如东来顺、王家渡等品牌的高端菜品单价是呷哺呷哺的10倍左右。

通常来说，做餐饮要么做单人消费在100元以上的，要么做10元以下的，处于这两者中间的十分难做，而呷哺呷哺正好处于其中。根据大众点评网公布的数据，呷哺呷哺的人均消费是32元，基本上是吃一顿肯德基或是一顿吉野家的价格，这也正好说明了这几者之间的竞争关系。

3. 分销

呷哺呷哺的门店通常选择在人流量较大的大型商超、写字楼和大学附近，这可以为它带来充足的客源。其实，半开玩笑地说，呷哺呷哺的选址完全采取追随战略，肯德基、麦当劳开到哪里，呷哺呷哺就跟着开到哪里，多半就没有错。而创始人贺光启也曾表示，他的目标是在中国的每座城市都比肯德基多一个店面。

4. 促销

企业注重销售行为的改变来刺激消费者，以短期的行为（如各种折扣、优惠等）促进消费额的增长，吸引其他品牌的消费者或导致提前消费来促进销售的增长。呷哺呷哺在这一方面显然也不甘示弱，不论是在网上还是商场中，通常都能发现呷哺呷哺的优惠信息。这种促销常年进行，也为它带来了长久的客源。另外，据报道，2011年春节前，维络城（电子商务网站）做了一项活动，在网站上挂出一棵许愿树，零零散散地排列了各种餐饮品牌，要消费者选择一个品牌许愿，白吃一顿变现实。最后维络城的数据显示，呷哺呷哺排名第一，遥遥领先于其他品牌，这显示了呷哺呷哺在顾客心中的亲民度。

5. 人员

所有人都直接或间接地卷入某种服务的消费过程中，这是7P营销组合很重要的一个观点。所有参与到服务提供过程的人都为顾客认识服务本身性能提供了重要线索，他们的着装、个人外表以及态度和行为都会影响顾客对服务的感知。

呷哺呷哺的服务员的热情程度有口皆碑，有顾客表示，在呷哺呷哺其实更多的是在吃一种"氛围"。每一位去过呷哺呷哺的顾客都知道，一进呷哺呷哺的门，就会有服务员喊："一桌顾客一位！"正当惊喜之时，全店所有的服务员异口同声："您好，欢迎光临！"而不管正忙着上菜或是结账，大家都是那么热情。

当然，人员分析也不能忘了顾客，由于呷哺呷哺的顾客的年龄阶段较为一致，就餐的顾客的周围多是年龄相仿的顾客，这也是为什么两个互不相识的人挨着这么近吃饭却能够如此淡定的原因吧！

6. 过程

服务通过一定的程序、机制及活动得以实现的过程（亦即消费者管理流程），是市场营销战略的一个关键要素。

在其他火锅店，麻酱作为小料是需要单点的，价格从几元到十几元不等。而通常，顾客会消耗2～3包（碟）麻酱。因此，这一赠送举措让顾客感到很实惠。还值得注意的是，送麻酱的细节也能体现出服务的周到性。在众多的呷哺呷哺店,基本上是用餐之始给一包麻酱,待之后顾客有需求时,向服务员索取,服务员再递送。而在几个月前,笔者在一家呷哺呷哺门店用餐过程中,碰到了一位主动递送麻酱的服务员,他会注意到你的碗中还有多少调料,如果快没有了就会主动将新的麻酱包递送上,不仅省去了顾客叫服务员的过程,更是让顾客心生好感。这不禁让人想起了王永庆卖米的经典故事,这种主动服务的观念值得学习和推广。

7. 有形展示

美国服务营销专家林恩·肖斯塔克指出,顾客看不见服务,但能看见服务环境、服务工具、服务人员、服务信息资料、服务价目表、服务中的其他顾客等有形物,这些有形物就是顾客了解无形服务的有形线索。

环境要素方面,呷哺呷哺的气氛通常让人感觉很热闹,而且火锅的香味还没进门就可以闻到,以橙色为主色的设计给人热情、超值的感受。因此,从听觉、嗅觉、视觉等多个角度展示出呷哺呷哺热情周到的服务。

从以上七个方面进行考量,我们不难看出呷哺呷哺对于服务营销概念把握的精准与实施的精细,其实最终还是可以落到呷哺呷哺的"品质源于坚持"的口号。

思考题

(1) 呷哺呷哺的服务营销策略是什么?
(2) 呷哺呷哺与海底捞的服务模式区别在哪?有什么共同点?

第三章　服务消费行为

学习目标

（1）了解当代服务消费趋势及特征。
（2）熟悉影响消费者购买行为的因素。
（3）认识消费者购买服务的评价依据。
（4）理解消费者购买决策过程。
（5）掌握消费者购买决策理论与模型及其应用。
（6）了解党的二十大报告中促进消费的政策。

引导案例

山东昌邑农商银行——科技重新定义体验式营销

消费需求是最终需求，消费也是畅通国内大循环的关键环节。2023年《政府工作报告》中提出，要把恢复和扩大消费摆在优先位置。为增强国内大循环内生动力和可靠性，需要有效激发消费潜能，创新营销模式。山东昌邑农商银行聚焦辖内10万亩大姜特色产业建设，以打造"智慧营销+大姜特色产业集群"为主导，以"无感授信"为抓手，结合系统智能化、信息化管理，探索"135"营销新模式。从姜农到农资店到大姜市场，层层深入，在基础服务、资金结算、便捷获贷等方面不断提升姜农客户群的金融保障。

第一节　当代服务消费的发展趋势及特征

一、当代服务消费的发展趋势

随着经济增长和城乡居民收入水平的不断提高，服务性消费取得了长足发展，中国已进入服务消费快速增长的黄金期。在工业化、城镇化快速发展的时期，中国居民在服务方面的需求会进一步增强，可以预见，服务消费在居民总消费中的占比将会逐年提高，其优化消费结构和拉动内需的作用也将日益显现。中国服务消费的发展主要呈现以下趋势。

（一）服务消费在消费结构中所占比重呈上升趋势

国际经济发展的经验表明，人均 GDP 达 1 000 美元，居民消费从生存型向享受型、发展型转变，达到消费升级的起跑线；人均 GDP 达 3 000 美元，居民消费趋向多元化和高端化，消费成为经济增长的重要动力。改革开放以来，我国经济总量迅猛增长的同时，人均 GDP 不断实现新的跨越。按平均汇率计算，2001 年我国人均 GDP 为 1 047 美元；2008 年人均 GDP 为 3 443 美元；2014 年人均 GDP 为 7 591 美元，2022 年人均 GDP 为 12 741 美元。

此外，随着我国城乡居民收入水平迅速提高，恩格尔系数下降，服务消费的比重呈上升趋势。按照国际标准划分，恩格尔系数 50%～59% 为温饱型，40%～49% 为小康型，40% 以下为富裕型。近几年我国居民消费恩格尔系数持续下降，从 2013 年的 31.2% 降到 2014 年的 31%，2022 年进一步下降到 30.5%。我国居民用于吃、穿的费用占总消费支出的比例明显下降，而用于住、行和文化娱乐等的消费支出比例显著上升。作为发展型、享受型的服务消费逐渐被越来越多的人所接受。消费重点发生了变化，消费结构明显改善，消费层次继续提升。用于满足基本生活需求的食品和衣着类商品等基础性消费占总消费支出的比重逐渐下降，而满足人们居住、交通、娱乐服务等发展和享受型消费所占比重逐渐提高，无论是绝对量还是相对量都发生了重大变化。消费结构优化的不断升级，也是支撑我国城镇居民消费结构变动的重要力量。

（二）服务消费的领域呈多元化扩大趋势

服务消费已经不局限于购买产品过程或之后所享受的种种待遇，也不只停留在传统的服务业所提供的消费，而是扩大到社会各个领域，包括社会文化娱乐、人际交往、社会组织系统、高科技领域等。当前，人们的工作条件和生活条件明显改善，公务时间缩短，家务劳动减轻，娱乐、休息时间增多，服务设施、服务水平也有了大幅度的提高。比如，居民的一些日常生活服务已经不只是单纯满足生理需求，更多的是追求个性美和生活享受。到美容院接受正规、专业的美容服务成为爱美人士的普遍选择；到专业的健身房锻炼成为很多人增强体质的主要方式；闲暇时候旅游成为很多居民减缓工作压力、陶冶情操的偏好。

（三）服务消费市场是个巨大的潜在市场，服务消费品呈现不断创新的趋势

服务行业是劳动密集型产业，是容量最大的吸收劳动力的场所。发展服务消费对缓解就业压力、促进改革、维护社会稳定具有特别重大的意义。

如同实物消费品生产需要不断开发新产品一样，服务消费品也需要不断创新。凡是人们感到不方便、不称心，或者需要提供帮助的地方，都是服务消费的潜在市场，只要认真开发，就能创造出许多新的服务品种来。例如：滴滴打车的诞生改变了传统打车市场格局，颠覆了路边拦车的概念，利用移动互联网特点，将线上与线下相融合，从打车初始阶段到下车线上支付车费，画出一个乘客与司机紧密相连的 O2O 完美闭环，最大限度地优化乘客打车体验，改变传统出租车司机等客方式，让司机根据乘客目的地按意愿"接单"，节约司机与乘客沟通成本，降低空驶率，最大化节省司乘双方的资源与时间。

（四）服务消费正向追求品牌的方向发展

随着消费者自我保护意识的增强，服务消费进入了追求品牌服务产品消费的阶段。现在，服务消费市场还不规范，欺诈行为时有发生，严重损害了消费者的利益，以至于让消费者望而生畏，这个问题不解决，服务消费就不可能有较大的发展。消费者购买力的不断增长及生活质量的不断提高，导致价格不再是决定购买的首要因素，具有知名度、信誉度、质量保障的名优品牌产品成为多数居民的首选。物质产品要创品牌，服务产品也需要创品牌。许多企业正在借鉴国外服务企业的先进管理经验和经营方式，努力提高从业人员的素质，进一步形成一批服务规范、信誉好、消费者信得过的服务企业品牌，推动整个服务消费市场向更高层次发展。

（五）服务体系日趋完善，相关法律制度日益健全

服务业的发展是个渐进的过程，是国民经济产业结构优化、升级的过程。服务行业是劳动密集型产业，是吸纳劳动力最多的行业。法律法规为服务业发展创建了相当宽松的发展空间。对消费者来说，服务消费已经成为日常生活的重要组成部分。为了提高商业、服务业诚信计量管理水平，营造行业诚信经营、公平竞争的和谐市场计量环境，中华人民共和国国家质量监督检验检疫总局于2007年出台《商业、服务业诚信计量行为规范》，并同时发出通知，要求各地质检部门加大工作力度，推进商业、服务业诚信计量体系建设。

二、当代服务消费的特征

随着服务消费需求的持续增长和消费者服务购买行为的日益频繁，深入洞察服务消费行为及其背后的消费心理，已成为服务企业制定精准营销策略的关键依据。与有形产品消费相比，服务消费具有其独特的属性和规律。因此，无论是专业服务企业还是提供服务的综合性企业，深入研究服务消费者的需求特征和行为模式，都是其营销战略制定过程中不可或缺的环节。

（一）多样性

服务消费的领域已经从传统服务行业扩大到社会生活的各个领域。以个人消费为例，人们已经不再满足于衣、食、住、行、用等基本生活领域。随着生活水平的提高和生活节奏的不断加快，人民对生活服务的需求领域也在扩展，如室内清洁、老人护理、教育培训、旅游、休闲度假等。

（二）超前性

电子商务的迅速发展构造了一个全球化的虚拟大市场。在这个市场中，最时髦的服务是以最快的速度将商品展现在消费者面前。以具有超前意识的年轻人为主体的网上消费者必然很快接受这些新服务，从而带动新一轮的消费热潮。比如，现在越来越多的消费者用各种团购App在网上购买电影票，网上购买电影票可以根据自己的时间选择合适的场次，还可以根据自己的偏好选择座位排次，甚至有的电影院附赠爆米花和饮料。这一服务，将

整个看电影的过程安排妥当,受到广大消费者的青睐。

(三)可诱导性

消费需求的可诱导性是指人的消费需求是可以引导和调节的。也就是说,可以通过企业的营销活动加以影响,比如可以用广告活动刺激人们的消费需求,使潜在的欲望变为明显的行动,未来的消费需求变成现实的消费需求。特别是对于服务消费活动,可以通过营销措施来调节供需的不平衡和产能过剩与不足的问题,以减少需求波动给企业带来的冲击。

(四)重复消费

服务消费与产品消费的一个很大不同是服务消费看不到实物,没有直观的产品感受,所以服务消费往往需要消费者承担较高的感知风险。为了降低风险,消费者对自己认可的服务往往会选择重复购买。因此,服务产品的第一印象的重要性可见一斑,它对消费者形成消费习惯有直接的推动作用。一般来说,一项被消费者认可的服务产品,其重复消费的可能性比有形产品多。这种情况在餐饮服务、娱乐服务、美容服务等服务项目上表现较明显。例如,如果我们某次聚会的餐厅的菜品丰富,美味可口,价钱合适,服务人员热情周到,那么在之后的聚会中很有可能还会选择这家餐厅,甚至会向他人推荐。

(五)较大的需求弹性

服务消费不是人们生活的必需消费,一般来说,随着收入的增加和消费能力的增强,对各种服务消费的需求也会随之增加。所以消费者就会对服务的价格十分敏感,能及时根据价格调整自己的需求。例如,如果日元兑换人民币的汇率升高,消费者可能会等汇率低的时候再去日本旅游,或者选择去其他国家旅游。

(六)追求快捷和便利

现代社会生活节奏快,时间成本越来越高,消费者如果能够享受同等的服务,那他们购买服务的时候更倾向于注重服务能否为他们带来便利,能否节省时间。例如,现在消费者可以在网上购买火车票,不需要特意跑到火车站排队购买,不仅节省了消费者的时间,也减少了铁路局的成本和铁路工作人员的压力。此外,有改签和退票的需要,也可以在网上解决,这极大地方便了消费者。交通、旅游业的迅速发展就是在这方面的体现。

(七)发展性

马斯洛需求层次理论,把需求分成生理需求、安全需求、归属与爱的需求、尊重需求和自我实现需求五大类,依次由较低层次到较高层次排列。消费需求的发展与此密切相关,主要体现在两个方面:一是随着社会的经济、科技、文化的快速发展,消费需求也在不断地进步和变化;二是需求层次的发展变化,某一层次的需求相对满足了,就会向高一层次发展,追求更高层次的需求成为驱使行为的动力。

迷你案例

适应消费升级新趋势　推动旅游业变革与迭代

中国旅游研究院、携程旅游联合发布的《2020 国内旅游复兴大数据报告》显示，依托国内超级大市场，中国旅游市场加速复兴，一系列新型优质的中高端度假产品、主题玩法引领旅游市场恢复增长。

中国游客的新需求正在积聚，登山、滑雪、潜水等主题旅游兴起，私家团和精致小团需求激增，自驾游成为生活方式，景区消费从门票转向多种玩乐体验。这些新变化充分表明，经历疫情冲击的旅游业，其复苏不仅仅是传统产品的恢复，也不是为了回到过去，而是要顺应人们对新消费理念、新消费需求、新消费产品的期许。

年轻化、个性化、品质化出行，渐渐成为旅游消费新需求。比如在旅游出行方式上，租车、自驾、房车等以往小众的出行方式开始渐渐被大众所接受，尤其是在周边游、短途游产品中；在旅游组团形式上，私家团、自组团、小型团等因其安全性、私密性高等特点，越来越受到顾客青睐；旅游资讯的传播渠道，不再是以简单的网页宣传为主，更不是以传统的宣传单、报纸等为主，而是以微信、抖音等各类新媒体和携程等大型旅游电商、美团等综合性网络购物平台等为主，并集中于"618""双 11""双 12"等时段。这些变化将对企业经营行为产生深远影响，最终引发产业变革。

新消费理念推动旅游企业转型。近年来，随着经济社会的发展，人们对旅游品质有了更高要求。一些旅游企业关注到了这一趋势，积极探索供给侧结构性改革，主动融合多种产业，调整产品结构，并推出了一些新型的旅游产品，比如"一站式"消费或一价全包式消费。疫情的发生使得人们更为关注旅游产品和服务的安全性，这也使得这些新型旅游产品凭借其较高的安全性快速转型升级，以适应市场需求，并取得良好的经济效益。如开元旅业集团引入欧洲流行的短期度假生活方式，创新研发"酒店＋乐园""一站式"休闲度假综合体——开元森泊度假乐园，面对疫情"黑天鹅"，今年仅用 4 个月的时间就追平了去年 7 个月的营收。与此同时，户外、自然、摄影、人文等休闲类主题产品也纷纷亮相，成为新的市场热点。

（资料来源：https://www.xuexi.cn/lgpage/detail/index.html?id=9274515101 50270402&item_id=9274515101 50270402，2020-12-28）

第二节　服务消费者购买影响因素

消费者的行为是复杂多样的，通常是理性决策与非理性决策共同作用的结果。这是因为消费者的购买决策并非在真空中形成，而是受到外部环境因素和内部个人因素的综合影响。一般而言，影响消费者行为的环境因素主要包括文化、社会阶层、相关群体和家庭等外部因素以及经济收入、年龄和性别、职业和地位、生活方式、个性和自我概念、消费者心理因素等内部因素。

一、外部因素

在影响消费者行为的外部因素中,文化、社会阶层、相关群体和家庭等都占据主要地位。

(一)文化

可以说,文化是具有影响力的外部因素之一。它影响着顾客评价和使用产品或服务的方式,也影响着企业及员工与顾客相互作用的方式。虽然不同学者对文化的定义不同,但他们大多认为文化主要包括:语言(口头和非口头的)、价值观和生活态度、风俗习惯、道德规范等。

其中,价值观和生活态度有助于确定在某种文化背景下的成员所思所想是否正确、是否重要和是否合乎需要。因为行为(包括消费者行为)都是从价值观和生活态度出发的,所以服务营销人员要想使其服务适用某种文化,就必须理解这方面的差异。风俗习惯文化对于适当行为方式的看法,对服务接触有直接的影响。物质文化是指为了满足人类生存和发展需要所创造的物质产品及其所表现的文化,包括饮食、服饰、建筑、交通、生产工具及乡村、城市等,是文化要素或者文化景观的物质表现。同时值得注意的是,随着文化的不同,人们的审美观也不一样。例如,全球各地的日本餐馆通常倾向于采用素雅、自然的装饰色调;而中国餐馆则更偏好鲜艳、浓烈的色彩搭配。教育机构和社会组织既是文化的传播者,也深受其所处文化环境的影响。这种双向影响在课堂教学方式上表现得尤为明显。在中国,受传统教育文化影响,课堂教学通常采用大班授课制。教师主导课堂,学生习惯安静听讲、记录笔记,提问和讨论往往安排在课后。这种模式体现了对知识权威的尊重,也反映了集体主义文化中对课堂秩序的重视。而在一些欧洲国家,教学更倾向于小班研讨制。教授可能只知道十几名甚至几名学生,师生围桌而坐,学生在课堂上随时可以提出问题和参与讨论。这种模式植根于强调批判性思维和个人表达的教育传统,体现了平等对话的学术文化。

(二)社会阶层

社会阶层是在一个社会中具有相对的同质性和持久性的群体,它们是按照等级排列的,每一个阶层的成员都具有类似的价值观、兴趣爱好和行为方式。社会阶层有以下几个特点:第一,同一阶层的人群具有类似的行为;第二,社会阶层的地位有高低之分;第三,社会阶层乃是职业、教育等综合的结果;第四,社会阶层的内涵会变动,而且个人亦会提升到较高阶层或下降到较低阶层。在消费领域,不同社会阶层的个体会有不同的产品偏好和品牌偏好。

(三)相关群体

相关群体是指对消费态度和购买行为具有直接或者间接影响的组织、团体和人群等。消费者作为社会的一员,在日常的生活中要经常和家庭、学校、工作单位、邻居、社会团体发生各种各样的联系,形成诸多的社会群体。相关群体对消费者行为的影响:第一,示范性,即相关消费群体的消费行为和生活方式为消费者提供了可供选择的模式;第二,仿效性,相关群体的消费行为引起人们的仿效欲望,影响了人们对商品的选择;第三,一致性,即由于仿效而致使消费行为趋于一致。如在购买科技含量比较高的产品时,人们会主动寻求家庭、同事、朋友、专业协会的帮助。对受相关群体影响较大的供应商来说,比较好的方法是接触和影响相关群体中的意见领袖。由于意见领袖对某类产品或活动有着更多的经验和信息,所以他们对消费者更有说服力。由此可见,当消费者对自己欲购买的产品缺乏了解和信心时,相关群体对他们的影响是不可忽视的。

(四)家庭

家庭是社会的基本单位。一般情况下,人的一生大多是在家庭中度过的。家庭对个人性格、价值观的形成,以及对个体消费与决策模式均会产生非常重要的影响。生活中,消费者一般会受到两种家庭类型的影响。一是婚前家庭中的每个人都会从他(她)的父母那里得到有关宗教、政治、经济、个人抱负、自我价值和爱情等方面的指导,而且这种影响会贯穿到他们以后的独立生活中。二是婚后家庭,消费者将会受到配偶和子女的影响,如配偶和子女的兴趣倾向将会促使消费者购买与以往不同的产品。

二、内部因素

内部因素的影响主要是指对消费者个人特征产生的影响,特别是自身的一些因素,如经济收入、年龄和性别、职业和地位、生活方式、个性和自我概念及消费者心理等。

(一)经济收入

消费者的购买行为以个人经济状况为基础,消费者的经济状况会影响消费者的消费水平和消费范围,并决定着消费者的需求层次和购买能力。消费者经济状况比较好,就可能产生较高层次的需求,购买较高档次的服务。相反,消费者经济状况一般,通常只能优先满足衣食住行等基本生活需求。例如,在选择外出的交通方式方面就大有不同。可选择的交通方式有飞机、高铁、客车等,飞机又分为头等舱和经济舱,高铁又分为商务座、一等座、二等座,不同舱位的价格不同,享受的服务也不一样。经济收入较高的人更可能看中交通工具的便利性和准时性,节省时间成本,并不太在意价格;而经济收入较低的人可能更在意出行成本,不太在意时间成本。

(二)年龄和性别

消费者对产品与服务的需求随着年龄的增长而变化,在生命周期的不同阶段,需要各种不同的商品和服务。我们可以看到,孩子出生前,父母就有一系列的准备:选择哪所医院?选择什么样的产房?选择什么样的月嫂……随着孩子长大,父母开始注重孩子的智力发育,开始送孩子上早教班,妈妈开始上"妈妈课堂",这也是近年来针对儿童早教的服务层出不穷的原因。到了学生时期,青少年成为教育培训的主要消费者;青年时代,个人有了收入,开始享受娱乐消费;而老年人则对保健服务有更多的需求。

另外,不同性别消费者的购买行为也有很大的差异。例如,男性消费者比较喜欢激烈的竞技体育比赛,而女性消费者则更喜欢观看优雅、舒缓的演出等。

(三) 职业和地位

不同职业的消费者，对于服务的需求往往不尽相同。从事教师职业的消费者，便会较多地接受再教育的服务；而时装模特，则会更专注于美容美发、皮肤护理的服务；从事IT方面工作的消费者，可能会更看重比较前沿的高科技产品带来的体验；对于白领来说，他们可能更愿意通过健身和国内外旅游来减缓自己的工作压力。

除此之外，消费者地位不同也会影响其对商品和服务的购买。这在汽车购买和服务方面表现得尤为明显，社会地位较高的消费者，会选择价格更高、性能更好、更具个性化、更为安全的汽车以彰显自己的地位；而普通的消费者，则会根据自己的经济能力，选择性价比较高的汽车。

(四) 生活方式

生活方式是指个人及其家庭在特定社会条件下形成的日常活动形式与行为特征体系。生活方式会受到地域文化、年龄、性别及其他因素的影响，呈现出多种多样的特点。具有不同生活方式的群体对服务有不同的需求。如有的人对饮食要求高，而有的人对旅游情有独钟；节约型的消费者对高档场所望而却步，而冒险型消费者往往更愿意尝试新服务。

(五) 个性和自我概念

所谓个性就是个别性、个人性，就是一个人在思想、性格、品质、意志情感、态度等方面不同于其他人的特质，这个特质表现在他的言语方式、行为方式和情感方式上。人的性格一方面反映人的行为方式，这是可以从外在行为上表现出来的；另一方面，还可以反映出一个人的动机和态度，通常用刚强或懦弱、热情或孤僻、外向或内向、创新或保守等来描述。不同性格的消费者具有不同的购买方式。

自我概念和品牌个性（品牌形象）一致性理论认为，消费者趋向于购买品牌个性与其自我概念相一致的产品。以轿车市场为例，研究表明，汽车的品牌个性与消费者的真实自我概念一致性越高时，消费者的购买意愿也越高。此外，若汽车的品牌个性与消费者的理想自我概念一致性越高时，消费者的购买意愿也越高。

(六) 消费者心理

消费者购买行为要受到消费动机、感觉、知觉、记忆、想象及思维等主要心理因素的影响。消费者购买商品与服务的一般心理过程包括对商品的认知、注意、记忆、想象等心理活动。

1. 消费动机

消费者的消费行为是受动机支配的，消费动机是消费者满足某种需要的内部驱动力。动机来源于需要，需要就是客观刺激物，通过人体感官作用于人脑引起某种缺乏状态，需要的多样性决定了动机的多样性。动机能否引起行为，取决于动机的强烈度。一个人可能存在许多动机，这些动机不但有强弱之分，而且有矛盾和冲突，只有最强烈的动机即"优势动机"才能导致行为。

2. 感觉

消费者对服务的认知过程始于感觉。感觉是消费者认识服务产品的起点，是整个心理过程的基础。在服务营销过程中，消费者对服务产品的第一印象是十分重要的。研究发现，在感觉的五种途径中，视觉获取的信息占83%，听觉占11%，触觉、味觉、嗅觉仅占6%。感觉使消费者获得对商品的第一印象，在消费者购物活动中有着很重要的先导作用。第一印象的好与坏、深与浅，直接影响着消费者的购物态度和行为。因此，在服务营销中，必须认真关注消费者的感觉，并采取有效的措施给消费者创造美好的感觉。例如，对生产商和销售商来说，要有"先入为主"的意识和行为，在色彩、大小、形状、质量、价格等方面精心策划和包装自己的新产品，首次推出就能牢牢抓住消费者的感受。

3. 知觉

在现实生活中，人脑对作用于感觉器官的事物的整体反映叫作知觉。感觉的信息一经感觉器官传到大脑，知觉就随之产生，因此，知觉和感觉是不可分割的。在心理学中，知觉和感觉常称为"感知"。知觉比感觉复杂得多，人们对于同一刺激物会有不同的知觉。在服务营销中，必须充分认识到知觉的特征，注重营销行为对消费者知觉的影响，实现营销效果。

4. 记忆

记忆是个体对其经验的识记、保持以及以后的再现（回忆或再认）的心理过程。它贯穿于人的各种心理活动之中，对保证人的正常生活起着重要的作用。记忆不仅可以使人积累经验，学习新知识以适应不断变化的环境，而且在个体的发展以及个性特征的形成中也起着决定性作用。记忆可以使人的心理活动的过去和现在连成一个整体，如果没有记忆，一切心理的发展、一切智慧活动都是不可能的。

心理研究表明，人一般习惯于记忆具体形象的东西，如新颖的产品造型、鲜艳夺目的装潢色彩、富有创意的商品广告等。因此，在服务营销中，企业应该特别注重有形展示的设计，服务人员应该热情待客、礼貌用语，使消费者产生积极的情绪体验，从而留下深刻的印象。鉴于服务的无形性特征，关于从前接受服务经历的记忆也会成为关键的购买决策。

5. 想象

人们在实践生活中，不仅能够感知和记忆客观事物，而且还能够在已有的知识经验基础上，在头脑中构成自己从未见过的事物的新形象，或者根据别人口头语言或者文字的描述形成相应事物的形象，这就是想象。它是人类特有的对客观世界的一种反映形式。在服务营销中，想象发挥着自己的独特作用。例如，消费者看到旅行社为推广旅游路线而展示的美丽风景图片，就会想象旅游的美好体验；看到漂亮的布料，就会想到漂亮的布料制作出来的衣服，想到穿着漂亮衣服受到称赞的愉悦与满足；买一台空调，消费者会想象拥有它能给家庭带来四季如春的感受，等等。因此，在服务营销中，不管是服务广告的设计，还是有形展示的布置等,都应该采取多种手段来丰富消费者的想象力,以达到宣传服务商品的目的。

6. 思维

思维是人脑对客观事物间接和概括的反映,是认识的高级形式,是理性思考的过程。人的思维具有个性特点,因此,每个消费者的思维都有各自的特点。如有的消费者不易受到广告宣传和口头宣传的影响,有的则易受到外界诱因的影响。因此,服务营销人员要根据服务商品的性质和消费者的特点,灵活采用营销手段,使消费者产生丰富的、美好的想象,从而引起其强烈的购买欲望。综上所述,可知消费者对服务企业和服务商品的认识过程是一个从感性上升到理性、由感觉发展到思维的过程,这个过程是购买的前提。

除此之外,消费者购买行为还会受到其他因素的影响,比如企业的形象、企业的促销活动、服务产品的质量等。

别落入低价营销陷阱

"每月9元、90G流量、1 000分钟通话、官方授权、充50元得170元……"某平台直播间里,带货主播卖力地推销着低月租电话卡,不少消费者抱着试一试的心态下了单。

然而有些消费者反映,收到卡后,9元月租变成了59元,优惠补贴后也要39元;充值活动变为充50元得120元,并分月发放;通话分钟数也只能在亲情号成员之间使用……消费者实际获得的和直播间的广告严重不符。

近年来,直播带货受到消费者青睐,但"翻车"情况不时发生。还有消费者反映,遇到问题时运营商和直播间会相互"踢皮球",在直播间评论还可能被主播禁言、拉黑,消费者维权之路颇为艰难。遭遇直播间虚假低价营销,该怎么办?

虚假营销、欺骗消费者不可取,商家或产品生产者应该对商品质量和广告内容负首要责任。商家对商品的宣传必须真实、准确,代理的直播间和主播也应当对此进行内容审查和相应管理,而不是出了事相互"甩锅"。对明知故犯或默许虚假宣传的商家,应当依据相关政策给予处罚。

直播平台也应加强监管。2022年3月份国家网信办、税务总局、市场监管总局联合印发的《关于进一步规范网络直播营利行为促进行业健康发展的意见》中,明确提出网络直播平台的监管职责。平台应该引导入驻商家坚持诚实经营原则,确保经营守法合规;同时应对电商商家的经营资质、直播内容和产品质量把关,要求不合规的商家及整改或给予处罚甚至清退。

对消费者而言,在直播间买到和宣传不符的电话卡,可以向运营商申请销号及返还充值费用。还可以投诉直播间或平台,或直接要求两者承担连带赔偿责任。消费者的合理诉求如果被拒绝,必要时可通过法律手段寻求帮助。依据消费者权益保护法,发现直播间中进行虚假宣传或销售的,可以去工商部门或消费者保护协会投诉举报。

实际上，不论是直播平台、直播从业者还是商家，都应该秉承对消费者负责任的态度，完善合规管理，坚持合法经营。只有赢得消费者信任，才能走得更远。

第三节　服务购买及决策过程

一、服务评价

（一）服务评价的依据

消费者在购买产品之前，先要搜集有关的产品资料并对产品进行评估。由于服务具有无形性的特征，因而顾客对服务的评价过程显得相对比较复杂和困难。根据菲利普·纳尔逊、迈克尔·R.达比和埃迪·卡尼的解释，区分顾客对有形产品和服务的评价过程的不同，主要依据三个特征：可寻找特征（Search Quality）、经验特征（Experience Quality）、可信任特征（Credence Quality）。

（1）可寻找特征是在购买前就能确定的属性，指消费者在购买前就能够确认的产品特征，比如价格、颜色、款式、硬度和气味等。像服装、家具和珠宝等产品有形有质，具有较强的可寻找特征。而像度假、理发、餐饮则不具备可寻找特征，只具备经验特征。

（2）经验特征是指那些在购买前不能了解或评估，而在购买后通过享用该产品才可以体会到的特征。经验特征包括味道、耐磨损性等。例如去餐馆吃饭，只有在品尝了该餐馆的食物后，才能知道这个餐馆食物的味道是否符合自己的口味。经验性能高的服务和商品较难评价，因为这些性能在购买和消费之前的评价是不可能的。

（3）可信任特征是指消费者即使在收到商品或服务后也不能立即自信地作出评价的属性。消费者购买并享用之后很难评价，只能相信服务人员的介绍，并认为这种服务确实为自己带来期望所获得的技术性、专业性好处的服务特征。比如，诉讼寻找律师，投诉者无法判断律师的服务水平，只能听信律师的分析，其他技术性、专业性服务如家电维修、汽车修理、保健等都具有这类特征。

相对于有形商品来说，经验和新特征能在服务供应商品中占主要地位，可寻找性主要体现在有形商品中，所以消费者评价服务流程与评价实际商品的流程也有所不同。基于此，为了使营销工作有效进行，服务供应商可能要改变他们的营销组合策略来满足不同消费者行为和评价流程。

图3-1是泽丝曼尔根据不同类型产品的特征所提出的顾客评价谱系图。其中建立了一个从"易于评价"到"难于评价"的序列，在序列左端的产品（有形产品），它们拥有较多的可寻找特征，顾客很容易对其进行评价；在序列中间的产品（包括部分有形产品和无形服务），其可感知性逐步降低，可能完全不拥有那些可寻找性特征，顾客在作出购买决定时，只能根据经验特征估计产品的质量；而在序列的右端，主要是不可感知的服务，顾客在评价此类产品时只有通过对其可信任特征的考察，才能辨别产品的优劣。

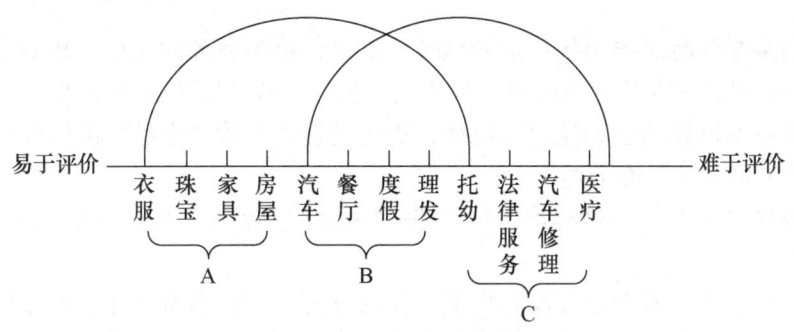

图 3-1 顾客评价谱系图

(二) 产品与服务评价过程的差异

产品和服务评价过程的差异,主要表现在以下七个方面。

1. 信息搜寻

消费者购买有形产品通常从两类渠道获取信息:一是人际渠道;二是非人际渠道。消费者购买服务产品则更依赖于人际渠道。

2. 质量标准

购买有形产品,消费者可以凭借产品的款式、商标、包装和价格等来判断质量。购买服务,消费者只局限于价格和各种服务设施等方面。服务质量的判断标准的单一性或连带性容易造成假象,对消费者形成误导。在许多情况下,服务质量不一定与价格成正比关系,服务场所的设计和设备也不一定形成良好的服务质量。

3. 选择余地

消费者购买服务的选择余地小,这是由以下原因造成的:①服务品牌单一,它不像零售店陈列的消费品那样琳琅满目;②在同一个区域中,限于需求的有限性,不可能有太多可供选择的企业存在;③消费者在购买服务前所获得的相关信息也是有限的,这也限制了选择余地。

4. 创新扩散

创新扩散的速度取决于消费者对创新特征的认识,创新特征包括相对优势、兼容性、可沟通性、可分离性和复杂性。一般而言,一个创新产品比现有产品具有较高的比较优势和兼容性,并且容易演示和介绍,其扩散速度就会快。由于服务具有不可感知的特征,很难被演示、讲解和相互比较。而且每个消费者对同一服务的看法和感受又各不相同,所以服务比较复杂,难以沟通。再者,新的服务可能同消费者现有价值观和消费行为不可兼容,因为许多消费者可能已习惯于自我服务。

5. 风险认知

消费者购买服务时总要承担一定的风险。不过，由于服务的特征，相对于有形产品来说，消费者购买服务时会认为自己所承担的风险要大一些，原因如下所述。

（1）服务的不可感知性和经验性特征，决定消费者在购买商品之前所获得的有关信息较少，信息越少伴随的风险会越大。

（2）服务质量没有统一性标准可以衡量，消费者在购买产品过程中的不确定性增强，故而风险更大。

（3）通常情况下，服务过程没有担保和保证可言，即使消费者在消费过程中或消费后感到不满意，也会因为消费过服务而无法重新更改或退换。

（4）许多服务都具有很强或较强的技术性或专业性，有时即使在享用过服务之后，消费者也缺乏足够的知识或经验来对其进行评价。

6. 品牌忠诚度

根据前面对服务特征的描述，消费者购买服务较之购买商品对品牌忠诚度更高，这取决于以下因素：①转移品牌的成本；②替代品的适用性；③购买风险；④以往的经验。由于获得服务信息比较困难，消费者很难全面了解有关替代品的情况，对其是否比现在的产品更令人满意也没有把握；同时，消费者转移品牌的选择也会增加更多的费用支出，比如病人到一家医院看病可能会先进行抽血化验，而如果他想换一家医院时可能还要再做一次抽血化验，这会增加不必要的开支。又如，新换的医院，病人之前从未在此就诊过，他们会质疑医院的诊疗水平，认为是有风险的。基于此，他们就不会轻易换医院。另外，消费者在购买服务时之所以有较高的品牌忠诚度，可能是因为他们希望通过多次回顾某家服务机构而从中获得一些优惠。一方面，服务提供者比较了解那些老主顾的需求和偏好，并据此提供令人满意的服务；另一方面，老主顾也常常能从卖家那里得到更多的优惠。

7. 对不满意的归咎

无论问题出在哪，一旦消费者对购买的商品不满意，他们就会将之归咎于不同的对象，不是归咎于中间商，就是归咎于生产厂商，甚至他们自己。购买服务由于消费者在很大程度上参与服务的生产过程，消费者会觉得对服务后果的不满意负有一定的责任，或是自悔选择对象不当，或是自责没给服务提供者讲清要求，或是为没能与对方配合好而自咎。总之，服务的质量取决于每个消费者自己的看法，仁者见仁，智者见智。如果是因为消费者没能向服务提供者说清楚自己的要求而导致的不满意，消费者本人是要承担责任的。这一点与有形商品的购买情形有很大的不同。

二、服务购买过程

服务企业推广其服务，除了要了解影响服务消费者购买决定的因素，还必须通过消费者的具体购买过程来把握其消费特点。一般在分析时把消费者的服务购买过程分为购前、购中和购后三个阶段，如图 3-2 所示。

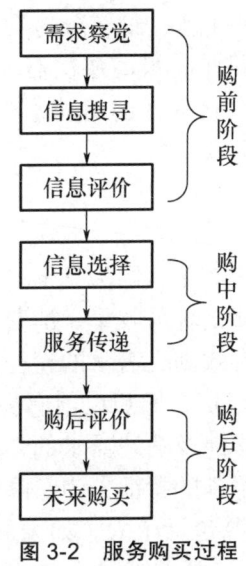

图 3-2　服务购买过程

（一）购前阶段

购前阶段是指消费者在获得服务之前发生的所有行为。同购买有形产品一样，消费者先感知到自己对某种商品或服务产生了需求，或者需要通过某种商品或服务解决某种问题，问题产生之后，消费者就会寻求某种途径进行解决。这些行为可以分为三个阶段，按照时间的先后顺序为：需求察觉、信息搜寻和信息评价。

1. 需求察觉

服务购买过程始于某一需求的存在，目前接受最广泛的是马斯洛需求层次理论。他把需求分成生理需求、安全需求、归属与爱的需求、尊重需求和自我实现需求五类，依次由较低层次到较高层次排列。

（1）生理需求，也是级别最低、最具优势的需求，如食物、水、空气、健康。生理需求未满足的时候，思考能力、道德观明显变得脆弱。

（2）安全需求，同样是属于低级别的需求。安全的需要要求劳动安全、职业安全、生活稳定、希望免于灾难、希望未来有保障等。每个人，都会产生安全感的欲望、自由的欲望、防御实力的欲望。

（3）归属与爱的需求，属于较高层次的需求，是指个人渴望得到家庭、团体、朋友、同事的关怀、爱护、理解，是对友情、信任、温暖、爱情的需要。社交的需要比生理需要和安全需要更细微、更难捉摸。它与个人性格、经历、生活区域、民族、生活习惯、宗教信仰等都有关系，这种需要是难以察觉、无法度量的。例如，人们参加各种不同的社会组织是在满足归属感。

（4）尊重需求，也是较高层次的需求，如成就、名声、地位和晋升机会等。尊重的需要可分为自尊、他尊和权力欲三类，包括自我尊重、自我评价及尊重别人。人们都希望通过自己的所作所为寻求尊重，但是很少能得到完全满足。

（5）自我实现需求是最高层次的需求，包括针对真善美至高人生境界的需求。满足这种需求就要求完成与自己能力相称的工作，最充分地发挥自己的潜在能力，成为所期望的人物。因此只有前面四项需求都满足了，最高层次需求才能产生，它是一种衍生性需求。比如，有些人选择跳伞、蹦极等极具挑战性的运动，有些人则愿意花时间和金钱做慈善，这些都是为了满足自我实现的需求。

2. 信息搜寻

对于有形产品来说，信息来源比较多，因为有形产品本来就是可寻找性高的商品。然而，对于服务产品来说，信息就不那么容易收集。消费者服务需求的不断增强，促使他们去收集相关的信息，以寻找一种能有效满足需求的途径。一般来说，消费者先进行内在信息收集。比如，他们会搜索自己的记忆，回想以前有关解决服务消费需求的经验或知识。在完成记忆搜索之后，他们可能选择涉及消费需求的外在的信息收集。尤其当以往的经验或者知识不足时，消费者很难了解服务的特征，为了降低购买带来的风险，消费者特别需要收集某种外来信息。外来信息来源包括个人（如亲戚、朋友、邻居、同事）、公共信息（如电视、广播、报纸、杂志、网络、消费者协会）、销售经营方面（如广告、橱窗陈列、商品包装）等。

除上述因素外，服务提供者的形象在购买决策过程中也起到了非常重要的作用。良好的形象和声誉会给消费者以信任和安全感。由此产生的经济后果使企业进一步提升了自己的形象。这种效应在B2B市场关系建立的过程中也是存在的。

3. 信息评价

消费者根据从不同渠道收集到的信息，针对满足同一需求，可能会出现多个可供选择的方案，但是最终只可能选择对消费者来说最佳的方案。这就要求消费者对可供选择的方案进行评估、比较。随着互联网的快速发展，对于服务的比较越来越容易。比如，消费者可以在网上比较不同旅游公司提供的针对同一旅游目的地的旅游服务，根据各旅游公司的报价、网友之前的评论，比较服务之间的优劣。

（二）购中阶段

经过购买阶段前的一系列准备，消费者的购买过程进入实际购买和消费阶段。购买阶段是服务传递与服务接触交汇之处。在该阶段，消费者对整个服务过程进行评价，其满意程度由此决定。消费者会根据满意程度来决定是否继续维持与企业的关系。同时，在这一阶段，消费者已经基本可以确定自己是否得到了自己期望得到的利益。这种利益包括服务传递互动过程的体验。

在服务传递与服务接触交汇之处的消费阶段，消费者的感知效果和经验评价会受到以下几方面的影响。

1. 消费者的感情和心情

情感和心理状态对消费者行为的影响具有双重性，既可能产生积极作用，也可能带来消极影响。由于服务本质上是一种体验性消费，消费者的情绪状态成为影响服务感知效果的核心要素。当消费者处于负面情绪时，即使服务质量良好，其评价也可能低于心情愉悦时的判断，从而对消费体验产生消极影响。这种负面情绪可能直接来源于服务过程中的问题，也可能由与服务无关的外部因素引发，但无论如何，它都会显著降低消费者的服务满意度。相反，积极的情绪能够促进消费者更主动地参与服务互动，提升服务接触的成功率。例如，情绪良好的消费者可能更愿意配合物理治疗师的康复方案，对快餐的口味要求更为宽容，甚至对服务中的小瑕疵也表现出更高的包容度。情绪状态犹如一个放大器，能够强化消费者的服务体验，使其感知比实际情境下更为积极或消极。这种放大效应使得情绪管理在服务过程中显得尤为重要。

2. 消费者和服务提供者在服务接触中的角色

西方的营销学者早在20世纪七八十年代就运用定量分析的方法系统地研究了服务质量和服务接触的关系，该研究认为：消费者和一线员工在服务接触的过程中实际上扮演着不同的角色，如果这些角色被很好地界定、理解，那么双方就会非常清楚彼此有什么期待，在这种认知上，双方的共识就会增加、差异就会减少。反之，认知和感受上的差异就会增加，最终导致消费者对服务质量的满意度降低，长久下去会影响企业的形象和经营业绩。服务过程中消费者的角色包括：消费者作为生产资源、消费者作为服务质量和满意的贡献者、消费者作为潜在竞争者。

（1）消费者作为生产资源。如果消费者对服务生产付出了努力、时间或者其他资源，他们应该被认为是组织的一部分。

（2）消费者作为服务质量和满意的贡献者。有效的消费者参与会提高满足消费者需要的可能性。

（3）消费者作为潜在竞争者。当消费者可以部分或全部地为自己提供服务而不再需要供应商时，就成为提供该服务的公司的竞争者。

3. 消费者和商家的互动

消费过程体现为消费者与服务提供人员及其设备的相互作用过程。因此在这个阶段，现场管理的有序性、服务流程的高效性成为影响消费者的关键因素。

（1）现场管理的有序性。所谓现场，就是指企业为顾客设计、生产、销售服务以及与消费者交流的地方，现场为企业创造出的附加值，是企业活动最活跃的地方。有序的经营现场会给顾客留下良好的印象，是顾客判断服务质量的重要因素。

（2）服务流程的高效性。它体现为服务人员及时向消费者提供所需服务的反映及服务效率。高效率的服务可以缩短消费者的等待时间，影响消费者对企业服务质量的判断，从而影响其购买行为。

（三）购后阶段

购后评价是指消费者基于实际使用体验或外部反馈，对已购商品或服务的满意度进行评估，并重新审视其购买决策正确性的过程。服务的购后评价是一个复杂的过程。它在消费者作出购买决策的一刹那就开始了，并持续整个消费过程。消费者的评价不仅取决于对所购服务的满意程度，而且取决于对服务的预期和实际效果之间的对比。就是说，在实际消费中，符合预期的效果则感到基本满意；超过预期则很满意；未达到预期，则不满意。

实际同预期的效果差距越大，不满意的程度就越大。

服务的购后评价不同于有形产品的购后评价，具有自己的特点。

（1）如果购后的结果为不满意，有形产品消费者一般会把责任统统归咎于生产者和经销商，很少责怪自己的非理性；当服务消费者对购买失望——因为服务产品没有满足预期需要，没有达到令人满意的程度，或者并非物有所值——他们可能把自己一部分不满意归结为自身的不足。因为消费者很大程度上参与到服务产品的确定和生产过程中，在购买服务的时候，他们可能觉得比购买商品时更应对其不满意负责。

例如，一个女性消费者获得她想要的理发服务部分依赖于她对理发师清晰地描述她的需要。如果结果不满意，她可能或者责备理发师的技术不够好，或者责备自己选错了理发师，或者责备自己没有对理发师清晰地表达出自己的需要。实际上，多数顾客会理性地认为，对自己在意愿和要求方面表达得不足应承担相应的责任，所以对服务质量的要求不如对有形产品那么苛刻。相应地，一些不负责任的服务提供者也经常借助这一消费心理来推卸服务质量事故方面的责任。

（2）因为消费者自身的消费经验是最可靠的服务信息来源，所以消费者在服务消费完成后将会产生新一轮的信息收集。此时收集的信息对消费者最具有说服力，是最成熟的服务信息。而消费者对于有形产品的信息收集通常在选择对象前就已经做得非常完善，消费的结果几乎是可以预知的，所以其在有形产品消费后收集的信息远不及在服务消费后收集的信息。

与传统营销比较，网络营销具有得天独厚的优势。厂商可以在网站上设置意见与建议栏，消费者在登录网站浏览时，可以填写自己的建议或意见；厂商在订单后附上意见表，消费者可以在购买的同时填写自己对厂商、产品及整个销售过程的感受或是评价；厂商还可以通过方便、快捷、便宜的电子邮件与消费者进行联系。厂商在收集到这些意见后，通过分析，迅速找出自己工作中的缺陷与不足，及时了解消费者的意见和建议，从而及时改进自己的产品性能和售后服务。

总之，为了提高企业的竞争力，最大限度地占领市场，企业必须倾听顾客反馈的意见和建议。商界中流传着这样一句话："一个满意的顾客是我们最好的广告。"

三、服务购买决策理论与模型

由于服务具有特殊性，消费者在购买服务过程中也会体现出不同于购买有形产品的特征，有关购买决策的理论主要有风险承担论、心理控制论和多重属性论等。消费者购买决策理论与模型在购买程序和决策过程中有指导作用，服务企业应运用不同的理论来指导营销实践。

（一）风险承担论

风险承担论用风险认知概念来解释购买行为。该理论认为，消费者在购买服务时，要比购买实体产品承担更大的风险。由于服务具有无形性和同时并发性，可感知特性较少，消费者无法在购买前评估服务，而服务过程大多不可逆转，也不可能更换。不成功的服务过程，可能造成消费者所不希望的后果、不愉快的经历，甚至是不可挽回的损失，而且这种风险往往是由消费者自己来承担的，主要体现在财务（金钱）风险、绩效（功能）风险、人身（安全）风险、心理风险和社会风险五个方面。消费者购买服务一是要有承担风险的心理素质，二是要有规避风险的意识。消费者规避风险或减少、降低风险的策略如下。

1. 建立品牌忠诚

根据自身的经验，消费者对购买过程中满意的服务品牌或企业不随意变更，不轻易否定或背离自己认为满意的服务品牌或企业，不贸然去承受新的服务品牌带来的风险。

2. 广泛收集相关信息

购买服务的时候要对服务企业的美誉度和信誉度进行调研。对于专业技术性服务，购买者要从内部和外部两个方面降低购买的不确定性及其后果，要通过加强调查研究、借助试验、大量收集服务企业的内部和外部的信息等方式规避风险。一般来说，优质服务企业口碑较好，口碑是社会消费群体对企业服务的评价，好的口碑是企业的美誉度和信誉度的体现。消费者无法去测定企业的美誉度和信誉度，但可以借助其他消费者的口碑去判断其服务风险的大小。好的口碑，尤其是从购买者的相关群体中获得信息，对购买者具有参考价值和信心保证。

3. 以正面舆论为导向

正面舆论导向通常能够给人比较好的意见，正面舆论往往对社会消费行为负有责任感，并在社会消费活动中有正面的影响力，听从正面舆论导向的引导有助于消费者减少、降低购买服务的风险。

风险承担论一方面客观地证实了消费者购买服务的风险性的事实，另一方面明确地为消费者规避、降低风险提供了依据。这一理论对密切服务企业与消费者的关系，化解在服务购买过程中可能出现的矛盾具有理论指导意义。

（二）心理控制论

人们的生活不再仅仅是为了满足基本的生理需求，追求对周围环境的控制已成为人们行为的重要驱动力。当人们感知到对周围的事物有较大的控制力，并对其发展有较为明确的预期时，其行为将更为自信，并表现出更大的满足感。控制包括对行为的控制和对感知的控制两个层面。服务交易过程既是双方行为控制的较量，也是感知控制的竞争。服务交易的成败和消费者满意度的高低，在很大程度上取决于服务企业对感知控制的能力和举措。

行为控制表现为一种控制能力，需要注意平衡消费者与服务企业的行为控制。在服务购买过程中，行为控制的平衡与适当是十分重要的。如果控制失衡就会造成畸形，损害一方利益。如果消费者的控制力强，则服务企业的经济地位将会受到损害；如果服务人员拥有较多的行为控制权，则消费者会因为缺乏平等的交易地位而感到不满意。

在服务交易过程中，并不只是表现为行为控制这一层面，还要从深层次的感知控制加以分析。服务交易过程中的行为控制是交易双方通过控制力的较量和交易，以消费者付出货币和控制权而换得服务企业的服务为目标。交易双方都在增强自己的控制力，在彼此趋近于平衡的状态下成交。因为交易双方对服务质量标准认知的不一致性，导致交易双方对交易结果难以获得十分满意的最佳感受。这是感知控制层面所要解决的问题。

感知控制是指在购买服务过程中消费者对控制周围环境能力的认知、了解的心理状态。消费者对周围环境及其变化状态的感知控制越强，则对服务的满足感越强，对企业的满意度也越高。

服务交易过程既是交易双方行为控制较量的过程，也是感知控制竞争的过程。从本质上讲，服务交易的成败，消费者满意度的高低，主要取决于服务企业感知控制的能力和举措。企业服务人员的感知控制能力与其工作的满意度具有正相关关系，也与消费者的满意度具有同样的正相关关系。

心理控制尤其是感知控制对于企业服务和服务企业具有重要的管理意义。这一理论要求企业在服务交易过程中，应该为消费者提供足够的信息量，尽可能让消费者对服务提高认知度，使消费者在购买过程中感觉到自己拥有较多的主动权和较大的控制力，充分地了解服务过程、状态、进程和发展，以减少风险忧虑，增强配合服务过程完成的信心。例如，在民航服务活动中，如若飞机误点，航空公司应及时解释飞机为何误点、何时起飞、食宿安排等相关问题，以使乘客提高认知控制能力，减少埋怨，配合服务。

（三）多重属性论

服务具有多重属性，即具有明显性、重要性和决定性，它们在购买决策中所起的作用也不同。通常情况下，上述三种属性的重要程度依次递增，但由于环境和购买者的差异，各种属性之间的地位也会发生变化。明显性属性指的是消费者在消费前能够确定的、作出相对准确评估的特性，通常是服务的有形特征；重要性属性是对服务的质量和消费者的满意程度有着重要影响的特征；而决定性属性是实际购买中起决定作用的明显性属性，是消费者最终选择某一服务而不是其他服务的关键性因素。决定性属性一定是明显性属性，但不一定是重要性属性，重要性属性也不一定是决定性属性。重要性属性不一定是决定性属性的原因可能有两个：一是该属性是成功服务的最基本的条件，已被视为理所当然的事情；二是消费者难以对该属性进行考察，如民航的安全性、代理律师的职业道德和努力程度等。

决定性属性是决定消费者选择结果的那些属性，这些属性与消费者偏好和实际购买决策关系最为密切，尽管决定性属性不一定是最重要的属性，但它必须是区别于同类企业的属性。比如，安全是民航服务中最重要的属性，但对于每个乘客来说，安全并不是乘客选择航空公司时的决定因素。

服务的决定性属性是选择服务企业的最主要属性，其权重最高；重要性属性是消费者选择服务的重要因素，其权重虽略低于决定性属性但不能拉开距离过大。消费者对服务的选择就是依据多重属性论对服务属性进行综合考察而得出最佳选择，从而建立多重属性模型。

服务的多重属性模型又称消费者对服务的期望值模型，可用下式来表示：

$$A_{jk} = \sum_{i=1}^{n} w_{jk} B_{ijk}$$

式中：A_{jk} 代表消费者 K 对品牌 j 的态度；W_{ik} 代表 K 消费者对 i 品牌属性给予的权重；B_{ijk} 代表 K 消费者对 j 品牌所提供的 i 属性的信念强度；n 代表属性数。

多重属性模型可用来测算消费者所选择的服务对象的综合服务能力或服务质量，具体测算方法如下。

（1）初步选取若干个条件基本接近的服务对象，假定为 A、B、C、D、E 五家航空公司。

（2）根据各属性在服务交易中的重要程度分别给予权重，各权重的总和应为 1。

（3）通过调查，让消费者给这几个服务对象分别予以评估，评分按 100 分计。

（4）根据评分结果，对五家航空公司的综合能力或综合服务质量进行计算。

（5）将五家航空公司的计算结果进行比较，然后选择积分最多的航空公司。

例如，某乘客决定进行国际旅游，要对所熟悉的五家航空公司的状况进行比较，即可采用此法。为简便起见，列表示意，五家航空公司多重属性模型如表 3-1 所示。

根据表 3-1，可计算出消费者对每一家航空公司的评价。

$$A=100\times0.5+100\times0.2+90\times0.1+100\times0.1+90\times0.1=98$$
$$B=100\times0.5+80\times0.2+90\times0.1+100\times0.1+90\times0.1=94$$
$$C=90\times0.5+70\times0.2+100\times0.1+90\times0.1+100\times0.1=88$$
$$D=80\times0.5+60\times0.2+100\times0.1+80\times0.1+60\times0.1=76$$
$$E=90\times0.5+80\times0.2+90\times0.1+70\times0.1+100\times0.1=87$$

测算结果，A 航空公司综合评分高，应为首选对象。

表 3-1　五家航空公司多重属性模型

属性	公司					权重
	A	B	C	D	E	
安全性	100	100	90	80	90	0.5
正点程度	100	80	70	60	80	0.2
价格	90	90	100	100	90	0.1
机型	100	100	90	80	70	0.1
空姐仪表	90	90	100	60	100	0.1

又如，如果是考核各航空公司的服务质量，可设定乘客对各航空公司的预期质量和感知质量进行测算，以 A 航空公司的服务质量的测算为例，见表 3-2。

A 公司预期质量总值 $=100\times0.5+100\times0.2+90\times0.1+100\times0.1+90\times0.1=98$

A 公司感知质量总值 $=100\times0.5+90\times0.2+85\times0.1+100\times0.1+90\times0.1=95.5$

表 3-2　A 航空公司的服务质量测算

属性	预期质量分值	感知质量分值	权重
安全性	100	100	0.5
正点程度	100	90	0.2
价格	90	85	0.1
机型	100	100	0.1
空姐仪表	90	90	0.1

由此可知，A 公司的乘客感知质量与预期质量比较接近，相差仅 2.5。其他 B、C、D、E 公司照此测算，假定测算结果如表 3-3 所示。

表 3-3　五家航空公司的质量差距

航空公司	预期质量分值	感知质量分值	差额
A	98	95.5	-2.5
B	94	92	-2
C	88	85	-3
D	76	70	-6
E	87	80	-7

在上述五家航空公司中，A、B 两家航空公司的感知质量和预期质量的分值接近，其他若干家预期质量本来就差一些，感知质量与预期质量的分值差也大于 A、B，因而 C、D、E 不能作为选择对象，A、B 可作为选择对象。

 关键术语

服务消费（Service Consumption）
服务购买（Service Purchase）
购买决策（Purchase Decision）
消费者心理（Consumer Psychology）
消费者行为（Consumer Behavior）

 **本章小结**

本章主要介绍了服务消费者行为的相关内容，我们知道对消费者和消费者行为的研究是企业进行市场营销活动的基础。对于企业来说，并不是所有的顾客都值得关注和保留。只有那些能给企业带来盈利或者将来有可能为企业带来盈利的顾客，能够给企业带来口碑推荐作用或带来知识的顾客，才值得长期关注。此外，消费者行为是复杂的、多样的，消费者的购买行为也往往受到各种因素的影响。因此，深入研究影响消费者行为的因素，可以更好地理解消费者行为。

 复习思考题

（1）未来的消费趋势是什么？
（2）影响消费者购买的因素有哪些？
（3）影响消费者服务评价的因素有哪些？
（4）结合你自己身边的例子，谈一下你的购买决策和流程是什么？
（5）结合我国传统文化，阐述我国消费的特点有哪些？

宜家——体验式营销的典范

改革开放后,不断有国外品牌进入中国,宜家家居就是一个典型的企业。国内许多家居企业的展厅不让消费者体验,担心消费者弄坏或者弄脏等,但是宜家告诉你,质量是经得起考验的,同时还向你销售一种消费观念:体验后作出的决策才是最好的。宜家还告诉你,如果你是最好的,就不要害怕让顾客知道。顾客知道得越多,就只会更加信赖和喜爱你。

在宜家购物,你会发现与很多家居市场有着根本的不同,因为你完全可以自由地选择你喜欢的逛商场的乐趣,因为轻松、自在的购物氛围是宜家商场的特征。宜家强烈鼓励消费者在卖场进行亲身体验,比如拉开抽屉、打开柜门、在地毯上走走、试一试床和沙发是否坚固等。跟国内的很多家具店动辄在沙发、席梦思床上标出"样品勿坐"的警告相反,在宜家,所有能坐的商品,顾客都可以坐上去试试感觉。宜家出售的一些沙发、餐椅的展示处还特意提示顾客:"请坐上去!感觉一下它是多么的舒服!"此外,宜家的店员不会像有些家具店的店员一样,从一进门就对着你喋喋不休,你到哪里她们跟到哪里,而是非常安静地站在另一边,除非你主动要求店员帮助,否则店员不会轻易打扰你,以便让你静心浏览,在一种轻松、自由的气氛中作出购物的决定。

在宜家,用于对商品进行检测的测试器也非常引人注目。在厨房用品区,宜家出售的橱柜从摆进卖场的第一天就开始接受测试器的测试,橱柜的柜门和抽屉不停地开、关着,数码计数器显示了门及抽屉可承受开关的次数:至今已有209 440次!

体验代表着给予你寻找感觉的机会,很多中国消费者还不是完全理性的消费,因此体验通常会在瞬间改变一个人的消费观念。例如,中国华南地产板块的"星河湾"楼盘开盘时,很多房地产商的样板间还只能看而不能体验,这个楼盘反其道而行之,允许大家到样板间充分体验,让消费者真正感受到了受尊重的滋味,当天就销售一空。

功夫还在卖场外

光有产品的质量还不够,若产品不贴合消费者需求,那么带来的体验也不会好,宜家除了现场构建的体验氛围,功夫还在卖场外。

据宜家公关部经理介绍,宜家的产品设计是从消费者日常使用的方面考虑的,这些东西是否适合消费者的使用,开发人员、设计人员和供应商之间都会进行非常深入的交流,做过非常深入的市场调查。一般来说,产品从设计到制作完成需要半年的时间,这当中包括设计、材料的选择、测试、完工等。平时,宜家了解消费者的途径是通过零售商(宜家卖场),宜家卖场的人员还会及时将信息反馈给产品设计人员,设计人员会结合消费者的需求对产品进行改进和设计。

我们可以看出宜家是非常重视消费者需求的企业,宜家的产品做得非常切合消费者需求。宜家的产品充分考虑到使用的方便性和舒适性,在这个以消费者为导向的时代,谁为消费者想得更多,谁就能够成为市场的赢家,这体现了宜家开展体验营销的有力产品设计能力。

体验，体验，再体验

消费者购买家具还会有些顾虑，那就是担心不同的产品组合买回家后不协调，到时候退换货会很麻烦。宜家也考虑到了这一点，它把各种家居产品进行组合设立了不同风格的样板间，充分展现不同组合产品的现场效果，甚至连灯光都展示出来，这样你可以亲眼看到不同组合的效果，就不会选择错误。

1953年宜家就建造了第一间家具展示间，让人们可以亲自来体验，可谓是体验营销的先驱。在中国，宜家样板间的设计充分结合中国人对于生活的要求和消费模式，并充分考虑不同产品的颜色、灯光、材料等在一起的搭配效果，并且鼓励消费者买回家之后自己进行搭配。据宜家的公关部经理介绍，宜家来中国的任务就是把一些家具搭配的方法教给消费者。宜家承诺，消费者如果自己买回去的东西发现搭配不如宜家漂亮，可在60天之内退货，并还要负责教会消费者怎样去搭配。

而在单个产品上宜家也设计了消费者自己动手体验的过程，宜家的大件产品都是可以拆分的，因此消费者可以将部件带回家自己组装。所有宜家的产品，设计师在设计时都会自己动手组装，还会提供各种各样的工具来帮助安装，并配备有安装的指导手册和宣传片。比如就纺织品来说，宜家就制作了一个搭配宣传片，共52集，教给消费者怎样去选择、去买、去搭配。

随着消费者消费意识的成熟，消费者对于消费的过程体验需求越来越强烈，宜家结合这样的需求，提供了从卖场到最终将家具搬回家之后的全套体验营销，让消费者不仅在现场体验，而且回到家后还可以自己动手安装体验，从而拉近了产品与消费者之间的距离。

损耗成本自己承担

承诺也是一种服务，在生活节奏日益快捷的今天，消费者需要的是一种关怀和真实可靠的产品和服务，对于体验需要花费的成本，宜家表示，自己愿意承担并且应该承担。

宜家进入中国之后一直以来都让消费者体验以后再决定是否购买，宜家北京店一个周末就有超过15 000人的客流量，人人都体验的话损耗会比较大，但是宜家认为，这是他们愿意付出的，也是能够承担的。而且宜家还表示，如果宜家的产品无法承受一天15 000次的体验，说明产品本身就是不过关的。宜家每隔一段时间就会安排地毯、窗帘的清洗，所有费用都是由宜家支付。宜家有一个checklist来检测每天的物品是否完好、标签是否正确等，如果需要调整就及时做出反应。

模式可复制，核心元素不可复制

营销模式是可以复制的，但是组建营销模式的元素（比如产品设计、质量等）却是一个企业区别于其他企业的地方。现在受到宜家的启示，很多家居企业也开始使用体验营销的方式，但是却没有办法复制宜家的产品设计水平、产品的质量及整个配套设计的样本间。

由此看来，宜家创立的体验营销模式也是一种竞争力，但是在这个竞争力中，产品的设计和产品的质量是第一重要的。宜家的产品设计师来自北欧，零售店分布在全球。根据零售店的销售情况，宜家会从10 000多种产品中挑选几千种在中国销售。因此，对于国内家居企业来说，体验营销的模式可以学习，可以复制，但是其背后的产品设计等标准并不是能够学会的，这就是宜家独特的地方。国内企业也可以思考一下，除了营销模式，哪些是竞争对手复制不了的，这样才能形成自己的核心竞争力。

体验营销是一套系统流程

通过宜家的营销模式我们可以看出，体验营销的标准设计并不难，它是一切围绕着消费者这个中心点来进行设计，但是体验营销是一种更为系统的营销整合管理体系，它不是对传统营销行为全流程的颠覆性新思想，而只是营销效果实现环节的一种操作型策略。运用体验营销的关键是从产品设计到营销推广整个过程的每一个环节，企业都必须始终站在消费者的体验角度来构思，不能像过去一样仅仅满足于怎样把它做好，而是要考虑消费者看到它、使用它时，会有什么样的感受。

做好体验营销需要关注以下几方面。

第一，注重对消费者心理需求的研究和分析。当人们的物质生活水准达到一定程度以后，人们购买商品的目的不再是出于生活必需的要求，而是出于满足一种情感上的渴求，或者是追求某种特定产品与理想的自我概念的吻合。人们更关注产品与自己关系的密切程度，偏好那些能与自我心理需求引起共鸣的感性商品。因此，企业营销应该重视这方面的分析研究，以发掘出有价值的营销机会。

第二，注重产品的心理属性的开发。在目前这个个性化消费的时代，人们已经不再满足于被动地接受企业的诱导和操纵，而是对产品的设计提出很多要求，因此，在产品整体概念中所包含的心理属性因素就越来越重要，这种心理属性因素将越来越多地成为营销成败的关键性因素。在产品开发过程中，企业必须十分重视产品的品位、形象、个性、情调、感性等方面的塑造，营造出与目标顾客心理需要相一致的心理属性，帮助顾客形成或者完成某种感兴趣的体验。只有这样才能被顾客所接受。从近年来的消费实践来看，消费者参与企业营销活动的程度进一步增强。这主要表现在：消费者从被动接受厂商的诱导、拉动，发展到对产品外观要求个性化，再发展到不再只满足于产品外观的个性化，而是对产品功能提出个性化的要求。例如，海尔集团因能够研制顾客需要的三角形冰箱而名噪一时。消费者越来越希望和企业一起，按照消费者新的生活意识和消费需求开发能与他们产生共鸣的"生活共感型"产品，开拓反映消费者创造新的生活价值观和生活方式的"生活共创型"市场。

第三，在营销管理过程中注重整体营销的协调性。体验营销是一种满足心理需求的产品（服务）的营销活动，它通常是和营造一种氛围、制造一种环境、设计一种场景、完成一个过程、做出一项承诺紧密结合在一起的，而且它还要求顾客积极主动地参与。因此，企业在实施体验营销的过程中，各个部门之间需要具有高度的整体协调性，在每个业务环节中都要注重营销的一致性和整体性。

（资料来源：百度文库）

思考题

（1）体验式营销的特点是什么？
（2）从这个案例中我们能得到什么启示？

文献拓展

第四章　服务市场的细分与定位

学习目标

（1）掌握服务市场细分的依据和程序。
（2）熟悉服务市场的评估、目标市场的模式选择和战略选择。
（3）了解服务市场定位的内容和程序。
（4）了解党的二十大报告关于服务市场创新的内容。

从宝洁衰退看消费趋势变化

2020年7月30日，宝洁公布了截至6月30日的2020财年第四季度和全财年业绩。财报显示，2020财年宝洁实现净销售额709.50亿美元，同比增长5%；净利润为131.03亿美元，同比增长230%。第四季度财报显示，宝洁的净销售额增长4%，为177亿美元，超过预期的169.7亿美元；净利润为28亿美元，上年同期净亏损52亿美元，实现扭亏为盈。2021年6月，宝洁位列2021年《财富》美国500强排行榜第43名。

而即便是取得如此成绩的全球日化巨头宝洁公司，宣布将在未来一定时期内砍掉旗下100个品牌，以摆脱日益衰退的市场窘境。断臂求生，如此惨烈的一幕发生在巨无霸宝洁身上，让人唏嘘不已。而宝洁的衰退清晰地显现出当今消费趋势已经发生了根本性的变化。

一、大众时代落幕，个性化才是王道

宝洁是产品大众化时代最优秀的代表，其产品几乎覆盖了所有群体和所有需求，可以卖给所有人，不分年龄，不分区域，不分国界，不分层级。从高端到低端，从美国到中国再到肯尼亚，都在宝洁的覆盖范围内，都是宝洁的目标受众。现在，宝洁的最大优势可能会变成其最大短板，满足所有人，也可能是谁都满足不了。宝洁的产品不可谓不优秀，也都具备很强的竞争力，但其产品缺乏个性是不争的事实。再好的产品，用久了总会审美疲劳，好比再好的衣服、鞋子，一旦与人撞衫，顾客也就失去了使用和再消费的兴趣。仔细想想，这还真不是宝洁的错，就像诺基亚被收购时CEO史蒂芬·埃洛普所说："我们其实没犯任何错误。"只是，他忘记时代发生了变化。

企业要想赢得市场，就需要针对不同顾客群体，设计出不同的产品特性，来满足顾客

的个性需求：这就是我想要的，这就是专门为我设计的。iPhone 最大的成功就在于依靠其应用商店最大限度地满足了不同人的个性需求。

二、个性化时代的特征

个性化时代已然全面来临，个性化才是王道。谁比谁个性才应该是企业追求的目标与方向。

（1）个性化的精髓：少而精，少而美。速写服饰每季每款产品不会超过3件，既保障了顾客的个性化需求，又让其价值感得到了提升。物以稀为贵，但很多企业的思维惯性是，一旦发现某款产品好卖，恨不得24小时开足马力生产。大众化时代提高生产率是企业的根基，而个性化时代限量版才是企业的成功要诀。

（2）个性化的特征：出生即死亡。大众化时代产品要遵循产品生命周期（导入、成长、成熟、衰退），如此漫长的周期在个性化时代肯定不具备任何竞争力。个性化时代的产品从一出生就已经进入死亡清单，生产完这一批不再生产下一批，企业需要在销售过程中不断微创新才可能迎合顾客不断变化求新的需求。大众化时代的调整都集中在广告创意环节，通过不断转换概念和创意来使消费者购买。个性化时代则需不断改进和完善产品来赢得消费需求。谁换季更快，谁的产品微创新更频繁，谁的产品规格更符合便利性需求，谁就能赢得市场。

（3）个性化的灵魂：品牌威力趋于零，体验无价。宝洁旗下的品牌个个响当当，全球闻名，但依然无法阻挡衰退的步伐。个性化时代，需要的是超出预期的产品体验，比如小米1 999元的智能手机，体验价值是3 000元左右，想不大卖也难。

因此，精确的市场定位不仅要符合消费者的需求，还能帮助企业成功地快速占领市场，实现飞速增长。

（资料来源：根据相关资料整理）

第一节　服务市场的细分

一、市场细分概述

（一）市场细分的含义

市场细分的概念是美国市场学家温德尔·史密斯于1956年提出来的。所谓市场细分，就是指企业根据消费者明显不同的需求特征，把整个市场划分为若干个有相似需求和欲望的消费者群，形成总体市场中的子市场或细分市场的过程。不同的细分市场之间有明显的消费者需求差异，而每个细分市场内部则有着比较相似的消费者需求特征。由于受到自身实力的限制，企业不可能向市场提供能够满足一切需求的产品和服务。而通过市场细分，企业能够选择最有利可图的目标细分市场，集中企业的资源，针对目标市场制定有效的竞争策略，从而有效满足消费者需求，以取得和增加竞争优势。

在服务营销的过程中，服务市场细分与制造品的市场细分有很多相似性，同样可以根据人口因素、地理因素、心理因素和行为因素等来进行市场细分。所谓服务市场细分，就是企业根据消费者不同的消费需求，按照细分变数将某一整体服务市场划分为若干个具有相似需求和欲望的细分子服务市场，从而找出本企业的一个或几个细分子服务市场的过程。但是泽丝曼尔和比特纳认为，在应用上述因素进行服务市场细分和目标市场定位时，还必须认识到它与制造品市场细分和目标市场定位的两点差异：第一，服务产品的提供过程中，服务现场往往同时有多位消费者，因此，要保证目标消费者之间的相容性，避免需求差异巨大的消费者在同一空间和同一时间可能产生的互相干扰；第二，与有形产品提供者相比，服务提供者具有更强地按照消费者需要提供满足的能力。

（二）服务市场细分的意义

1. 深入了解市场，选择有效的目标市场

随着服务市场上新的竞争对手和服务业务的增多，服务提供企业之间的竞争也愈演愈烈。通过市场细分，企业能够深入地了解不同消费群体的需求差异和当前消费者需求的满足程度，有利于企业发现没有完全满足或尚未发现的市场需求，进一步挖掘市场潜力，同时有效地选择适合本企业提供服务的目标子服务市场。

2. 集中精力，避免资源盲目投入和浪费

企业的能力往往受到资源限制，不可能为整个服务市场提供服务，也不可能使所有消费群体的不同需求都得到有效满足。因此，通过市场细分，企业能够集中人、财、物和信息等一切资源，将其投入自己力所能及且能够为其带来经济利益的目标细分市场中，从而能避免盲目投入而造成的资源浪费。

3. 提高企业的市场竞争力

针对具有不同的消费需求和欲望的细分市场，不同消费群体之间的消费需求具有显著的差异性，细分市场则有助于企业通过服务产品的差异化，在不同的细分市场有针对性地采取不同的差异化战略，增强市场营销战略的有效性，帮助企业建立起竞争优势，提高企业的市场竞争力。

（三）有效服务市场细分的条件

成功、有效的细分市场必须具备以下几个条件。

（1）需求多样性，即细分市场内部的需求差异必须明显小于细分市场之间的需求差异。

（2）相对稳定性，即某个细分市场内部的潜在消费群体需要在相当长的时间内保持稳定。

（3）可衡量性，即细分市场中消费群体的欲望、偏好等特征信息能够被企业获得和衡量。

（4）可进入性，即企业可以通过合理的营销组合顺利地进入细分市场并为之服务。

（5）可营利性，即细分市场的规模和潜力足够大，值得企业进行投资并能带来规模经济效益。

二、服务市场细分的依据

服务市场细分是选择目标市场和市场定位的基础,对增强服务影响的有效性有重要意义。为了有效地细分服务市场,企业必须恰当地选择服务市场细分的依据。一般而言,可以将服务市场细分的依据归为两大类:一是按照顾客特征细分服务市场;二是按照顾客对服务产品的反应细分服务市场。

(一) 按照顾客特征细分服务市场

1. 地理环境细分

这是根据消费者工作和居住的地理位置进行市场细分的方法,即按照不同的地理单位,如国家、省、区、县进行细分的方法。由于地理环境、自然气候、文化传统、风俗习惯和经济发展水平等因素的影响,同一地区人们的消费需求具有一定的相似性,而不同地区的人们又形成不同的消费习惯和偏好。因此,地理环境因素成为市场细分的依据。由于这种方法简单明了,因而被许多服务企业使用。比如,康师傅在川渝、湖南等地辣味方便面的销量最好,而在江浙一带辣味方便面的销量则较少。现在康师傅旗下的方便面除了红烧牛肉和海鲜等全国性的口味,还推出了东北炖、中华蒸行家、西南油辣子传奇、华东江南美食等地方口味。

2. 人口统计变量细分

细分市场时所参考的人口统计学的变量主要包括年龄、性别、家庭人数、生命周期等因素。在不同的年龄层、不同的家庭背景或者不同的生命周期阶段,不同的消费群体拥有不同的生活方式,从而顾客的欲望、偏好也有很大的差异。人口统计学变量一般比较容易衡量,且与消费者的需求、偏好密切相关,所以人口统计学变量是细分市场时最常用的依据。在运用时,企业可以根据一个或多个变量来细分市场。比如,化妆品市场根据性别划分为男女不同的产品市场,或根据年龄段划分为18～25岁的年轻市场、25～40岁的轻熟市场和40岁以上的成熟市场。由于男女拥有不同的肤质特点,不同年龄阶段的皮肤也拥有不同的生理特点,化妆品品牌可以借此寻求适合自己为之服务的目标市场,提供能够使目标顾客获得最大满意的产品和服务。

3. 社会经济变量细分

社会经济变量主要指收入水平、职业与教育、社会阶层和宗教种族等变量。社会经济因素与人类的生活密切相关,且比较容易识别和分类,因而也是企业常用的最基本的细分变量。人们的收入水平、职业与教育、社会阶层或宗教种族不同,对产品的价格、审美、质量和档次的要求不同,会有比较明显的需求差异。比如,奇瑞汽车公司经过认真的市场调研,精心选择微型轿车打入市场,它的新产品不同于一般的微型客车,是微型客车的尺寸,轿车的配置。QQ微型轿车在2003年5月推出,6月就获得良好的市场反应,到2003年12月,已经售出28 000多辆,同时获得多个奖项。奇瑞QQ的目标客户是收入并不高但有知识有品位的年轻人,同时也兼顾有一定事业基础,心态年轻、追求时尚的中年人。

一般大学毕业两三年的白领都是奇瑞QQ的潜在客户。人均月收入2 000元即可轻松拥有这款轿车，许多时尚男女都因为奇瑞QQ的靓丽、高配置和高性价比就把这个可爱的小精灵带回家了。

4. 心理学变量细分

依据心理学变量进行市场细分就是依据消费者不同的生活方式、生活态度以及个性特征，将他们划分为不同的群体。心理特征一般通过个人对事物的看法和个人的生活兴趣体现出来。当人口统计和社会经济因素难以清楚地划分细分市场时，心理学变量就可以发挥很大的作用。例如，生活中人们追求的生活方式各不相同，如有的追求新潮时髦；有的追求恬静、简朴；有的追求刺激、冒险；有的追求稳定、安逸。西方的一些服装生产企业为"简朴的妇女""时髦的妇女"和"有男子气的妇女"分别设计不同服装，烟草公司针对"挑战型吸烟者""随和型吸烟者"及"谨慎型吸烟者"推出不同品牌的香烟，均是依据生活方式细分市场。

（二）按照顾客对服务产品的反应细分服务市场

1. 顾客利益细分

用顾客利益因素细分市场就是根据顾客在消费过程中不同的期望和利益追求来细分市场。一般来讲，顾客之所以愿意购买某项服务，是因为他们的需要可以通过该服务得到满足，从而从中获得利益。然而，服务产品提供的利益往往并不是单一的，而是多方面的。消费者对这些利益的追求时有侧重，如对购买手表有的追求经济实惠、价格低廉，有的追求耐用可靠和使用维修的方便，还有的则偏向于彰显社会地位等。例如旅游，有的人旅游是为了游览异域风情，有的人旅游是为了陶冶情操，有的人旅游是为了释放压力，也有的人旅游则是为了邂逅爱情……不同利益需求的人在旅游体验过程中的关注点和侧重点也是各不相同的。

2. 顾客行为细分

顾客行为细分就是根据行为变量将消费者划分为不同的群体，它与消费者复杂的消费行为密切相关，也是细分市场的依据。行为变量主要包括购买时机、使用状况、使用频率、品牌忠诚度、对产品的态度和待购阶段等因素。

（1）购买时机，即按照顾客购买和使用产品的时机细分市场。消费者在某些特定时机会增加对产品的需求。例如，我国的消费者一般在中秋节会有购买月饼的需求，在端午节会有购买粽子的需求，在春节会有购买礼品的需求等。

（2）使用状况，即按照顾客对产品的使用方式和使用程度细分市场。通常可分为：经常购买者、首次购买者、潜在购买者和非购买者等细分市场。大公司往往注重将潜在使用者变为实际使用者；较小的公司则注重于保持现有使用者，并设法吸引使用竞争产品的顾客转而使用本公司产品。

（3）使用频率，即按照消费者使用某一产品的数量多少细分市场。通常可分为大量使用者、中度使用者、轻度使用者和非使用者。例如玩具的大量使用者是儿童，化妆品的大量使用者是女性，啤酒的大量使用者是中青年男子。

（4）品牌忠诚度，即企业根据消费者对品牌的忠诚程度细分市场。通常可以根据品牌忠诚度将顾客分为坚定的忠诚者、动摇的忠诚者、喜新厌旧者和无固定偏好者四个细分市场。在每个市场上都不同程度地存在这四种类型的消费者，尤其是在食品、化妆品、服装和家用电器市场，消费者偏好更加明显。

（5）对产品的态度，即按照顾客对产品的不同态度细分市场。顾客对产品的态度大体可分为：热爱、肯定、没兴趣、否定和敌对等。针对顾客不同的态度，企业要认真分析，从中发现问题并找到恰当的对策。

（6）待购阶段，即按照顾客所处的待购阶段的不同细分市场。消费者的待购阶段可以分为：不知晓、知晓、认识、喜欢、偏好、确信和购买。在不同待购阶段的消费者具有不同消费心理和行为特征，企业应该运用与之相适应的市场营销策略。例如，对那些不知道本产品的消费者要做好宣传，使之进入知晓阶段；对处于知晓阶段的消费者，要着重介绍本产品的好处、营销活动和销售地点等，促使其进入发生兴趣和决定购买阶段。

需要注意的是，服务企业在使用这些变量进行市场细分时通常需要同时使用几个变量，而不是仅仅使用其中的某一个变量，综合使用这些变量才可以将服务市场更好地进行细分。

中国香港银行的特色定位

中国香港的金融业非常发达，"银行多过米铺"成为常见现象，数千家各类银行散落在各个角落，竞争达到白热化程度。在这一狭小而竞争过度的市场空间中，如何才能生存，并把自己的业务做大，各银行使出了浑身解数，走出了一条细分市场、差异化定位的优势发展道路。以下是香港各大银行的不同定位。

汇丰：定位于分行最多、实力最强、全香港最大的银行。这是以自我为中心，实力展示式的定位。20世纪90年代以来，为拉近与顾客的感情距离，它改变了定位策略。新的定位立足于"患难与共，伴同成长"，旨在与顾客建立同舟共济、共谋发展的亲密朋友关系。

恒生：定位于充满人情味的、服务态度最佳的银行。通过走感情路线赢得顾客的心，突出服务这一点，也使它有别于其他银行。

渣打：定位于历史悠久、安全可靠的英资银行。这一定位树立了渣打银行可信赖的"老大哥"形象，传达了让顾客放心的信息。

中国银行：定位于有强大后盾的中资银行。它直接针对有民族情结、信赖中资的目标顾客群，同时暗示它提供更多更新的服务。

廖创兴：定位于助你创业兴家的银行。它以中小工商业者为目标对象，为他们排忧解难，使他们获得事业的成功。香港地区的中小工商业者是一个很有潜力的市场。廖创兴敏锐地洞察到这一点，并且看准他们想出人头地、大展宏图的想法。据此，廖创兴将自身定位在专为这一目标顾客群服务，给予他们在其他银行所不能得到的支持和帮助，从而牢牢地占据了这一市场。

（资料来源：郑锐洪，2019.服务营销理论、方法与案例 [M]. 2 版 . 北京：机械工业出版社 .）

三、服务市场细分的程序

市场细分是一个将异质市场划分为若干同质市场的动态过程，服务市场细分的程序可以分成五个阶段：界定相关市场、分析潜在顾客的需求、确定市场细分变量、评估细分市场、选择细分市场，如图 4-1 所示。

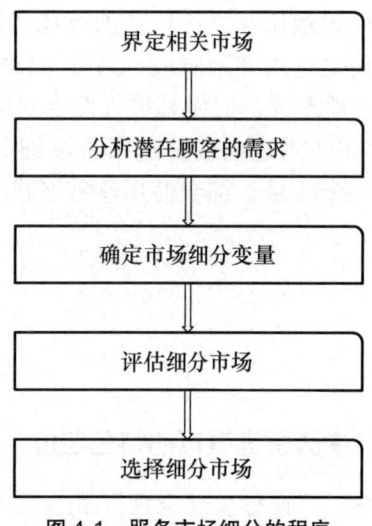

图 4-1　服务市场细分的程序

（一）界定相关市场

相关市场就是指企业向其推广自己服务的目标顾客群体。界定相关市场是指企业要确定自己在某个行业中的服务市场范围，并找到自己服务的目标顾客群体。这是进行市场细分的基础。

企业为了明确自己在某个行业中的服务市场范围，必须充分地了解市场信息，这些市场信息包括：客户对产品或服务的介入程度有多深；客户对这种产品、服务或该行业了解有多深；客户愿意而且能够讨论到何种程度；公司管理者和销售者对现有市场结构的看法等。为了获取这些信息，企业可以通过问卷调查的形式收集消费者的资料，了解他们的欲望、偏好和态度等。在获得了这些顾客信息之后，企业还必须对自己的资源和能力进行客观的评估，然后在以下几方面作出选择，即服务线的宽度、销售的地理范围、企业的价值链和顾客类型等，以确定自己基本的营销框架和方向。

（二）分析潜在顾客的需求

成功的市场细分要求企业能够发现细分市场上潜在顾客的现有需求和潜在需求。选定服务市场范围以后，企业的市场营销专家们可以通过"头脑风暴法"，从地理、人口统计、行为和心理变量几个方面，大致估算一下潜在的顾客有哪些需求。这一步能掌握的情况可能不那么全面，却为以后的深入分析提供了基本资料。比如，一家房屋中介会发现，人们希望住房满足的基本需求包括遮蔽风雨，停放车辆，安全，经济，设计良好，方便工作、学习与生活，不受外来干扰，足够的起居空间，满意的内部装修，公寓管理和维护等。接着，公司可依据人口变量做抽样调查，向不同的潜在顾客了解，上述需求哪些对他们更为重要，并需要找到和移除各细分市场或各顾客群的共同需求。

（三）确定市场细分变量

既然市场细分是一个将异质市场划分为若干同质市场的动态过程，那么企业能够细分市场的依据是客观存在的顾客需求的差异性。前面提到的细分市场的依据和标准都能很好地针对顾客需求的差异性将消费者分成不同的消费群体，但是顾客需求的差异性较多，且整体市场很少有泾渭分明的界限，有的细分子市场同时拥有其他细分子市场的一些特征，即在一些地方重叠。企业不能照搬这些依据和标准，而是应该进行筛选和创新，以确定最佳的依据。

根据有关研究，在确定最佳细分变量时，企业首先要把各种潜在的、有用的标准都罗列出来。然后对这些标准的重要性进行评估，选出相对重要的标准。同时，企业还需要进一步详细划分选出的重要标准，以确定最佳的细分变量。其中，有些变量比较容易识别，而有的变量则需要企业进行市场调查以获得其特征信息。

（四）评估细分市场

在确定了最佳的市场细分变量以后，企业就可以根据这些标准所显现的不同消费特征将消费者划分成不同的群体，然后再依据不同的消费特征给每个消费群体命名，这样就形成了总体市场中的若干子市场或细分市场。

在细分市场的过程中，企业可以明确自己的服务营销所面临的机会和威胁，然后企业需要结合自身的资源和能力对细分市场进行综合评估，以确定自己最终要进入的细分市场。一般而言，企业评估细分市场时必须考虑以下四个因素：细分市场的规模和发展潜力、细分市场结构吸引力、细分市场的盈利能力以及企业的资源和能力等。

在这一步骤中需要注意两点：第一，如果细分市场评估的有效性不如意，可能需要返回第（三）步，寻找新的细分变量重新进行市场细分；第二，进一步分析细分市场的特征和发现目标细分市场的新变量，也可能会引起重新划分和重新命名细分市场。只有对细分市场的有效性进行评估后，企业才能根据实际情况选择正确的目标市场。

（五）选择细分市场

当完成以上步骤后，企业已经明确自己目前所处的细分市场以及将要进入的可以使自己获利的目标细分市场，接下来就是要制定什么样的营销策略来进入市场。营销策略的制定除了考虑到运用各种各样的营销组合，还应考虑到企业对每个方案的执行能力和执行程度。实际上有很多方案设计被束之高阁，主要是因为没有站在企业现实情况的角度上去制定具有可操作性的营销方案。

第二节　服务目标市场的选择

服务目标市场是服务企业决定进入的、具有共同需求或特征的顾客集合。市场细分是确定目标市场的基础。在市场细分的基础上，企业无论采取什么策略，也无论选择几个细分市场，所确定并选择的目标市场必须具有最大潜力，能为自己带来最大利润。

一、目标市场概述

（一）目标市场的含义

目标市场是指企业在对市场进行细分之后，经过选择决定进入的一个或一些细分市场，企业要把它们作为经营对象和服务对象。企业只有选择了适合自己经营、市场潜力较大的目标市场，才能围绕目标市场有针对性地开展营销活动，保证企业的生存和发展。

为什么要选择目标市场呢？因为不是所有的子市场对本企业都有吸引力，任何企业都没有足够的人力资源和资金满足整个市场或追求过大的目标，只有扬长避短，找到有利于发挥本企业现有的人、财、物优势的目标市场，才不至于在庞大的市场上盲目出击。如太原橡胶厂是一个以生产汽车、拖拉机轮胎为主的中型企业。前几年，因产品积压而处于困境。后来，他们进行市场细分后，根据企业优势，选择了省内十大运输公司作为自己的目标市场，生产适合晋煤外运的高吨位汽车载重轮胎，打开了销路。随着企业实力的增强，他们又选择了耕运两用拖拉机制造厂为目标市场。正确选择目标市场是太原橡胶厂跻身全国500强企业的关键策略，也是企业制定经营战略的核心基础和首要环节。

（二）选择目标市场的影响因素

根据企业的营销实践，影响企业选择目标市场决策的因素主要包括以下四点。

（1）所确定的目标市场必须足够大，或正在扩大，以保证企业获得足够的经济效益。这是因为消费者的数量是企业利润的来源之一。例如，美国的"李"（Lee）牌牛仔裤始终把目标市场对准占人口比例较大的"婴儿高峰期"出生的消费者群体，从而成功地扩大了该品牌的市场占有率。在20世纪六七十年代，"李"牌牛仔裤以15～24岁的小青年为目标市场。因为这个年龄段的人正是在"婴儿高峰期"出生的，在总人口中占有相当大的比例。可是，到20世纪80年代初，昔日"婴儿高峰期"出生的小青年一代已经步入中青年阶段。与上一代相比，新一代青年人在人口数量上已明显减少。为了提高市场占有率，在20世纪80年代末，"李"牌牛仔裤又将其目标对准25～44岁年龄段的消费者群体，仍是"婴儿高峰期"一代。为适应这一目标市场的变化，厂商只是将原有产品略加改进，使其正好适合中青年消费者的体形。结果在90年代初，该品牌牛仔裤在中青年市场上的份额上升了20%，销售量增长了17%。

（2）所选择的目标市场是竞争对手尚未满足的，因而有可能属于自己的市场。日本本田汽车在进军美国市场时，采取了差异化的市场进入策略，成功开辟了新的细分市场。与其他豪华汽车品牌（如奔驰、奥迪、沃尔沃）相比，本田虽然具备价格和技术优势，但并未选择直接参与高端市场的竞争。经过深入的市场分析，本田预测到20世纪80年代末至90年代初将出现重要的消费趋势变化：双收入家庭的普及将显著提升年轻消费者的可支配收入；新兴富裕阶层中的年轻消费者对豪华轿车的需求将快速增长。面对已被传统豪华品牌占据的中老年富裕阶层市场，本田做出了战略性选择：避开与成熟品牌的正面竞争；聚焦尚未被充分开发的年轻新贵消费群体；打造兼具豪华感和性价比的产品线。这一市场定位策略使本田成功获得了属于自己的目标客户群体，为后续品牌发展奠定了坚实基础。

（3）选择目标市场要根据企业的资源和实力量力而行。细分市场的目的是企业能够从中找出有利可图的市场。那么，是不是任何有利可图的细分市场都是企业应当选作进攻的目标呢？答案当然是否定的，企业是否进入该细分市场，还必须考虑到企业自身的资源和实力。企业的能力往往受到资源的限制，不可能为整个服务市场提供服务，不可能使所有消费群体的不同需求都得到有效满足。因此，企业应该集中自己的人、财、物和信息等一切资源，将其投入自己力所能及且能够为其带来经济利益的目标细分子市场中，从而能避免盲目投入而造成的资源浪费。

（4）所确定的目标消费者最可能对本品牌提供的好处作出肯定反应。如果所选择的目标市场很大，但该市场的消费者对你的品牌不感兴趣，仍然不能获得利润。例如，在20世纪70年代中期，德国"宝马"牌汽车在美国市场上将目标对准当时的高级轿车市场。调查却发现，该细分市场的消费者不但不喜欢，甚至还嘲笑"宝马"，说"宝马"就像是一个大箱子，既没有自动窗户也没有皮座套，同其他车无法相比。显然，这个市场对"宝马"的高超性能并无兴趣。于是，生产厂家决定将目标转向收入较高、充满生气、注重驾驶感受的青年市场，因为该市场的消费者更关心汽车的性能，更喜欢能够体现不同于父辈个性和价值观的汽车。为吸引这个市场的消费者，厂家就突出宣传该车的高超性能。结果，到1978年，该车的销售量虽然还未赶上"奔驰"，但已达到3万多辆，到1986年，已接近10万辆。

然而，到20世纪80年代末90年代初，美国经济开始走向萧条，原来的目标消费者已经成熟，不再需要通过购买高价产品来表现自我，加上日本高级轿车以其"物美价廉"的优势打入美国市场，"宝马"面临新的挑战。市场调查发现，消费者之所以喜欢"宝马"，是因为它能给驾驶人一种与众不同的感觉，即"人"驾驭车而不是"车"驾驭人。驾驶"宝马"，消费者感到安全、自信，因为他们不仅可以感觉汽车、控制汽车，从"宝马"身上，他们还可以得到如何提高驾驶技术的反馈。于是，厂家又将目标市场对准下列三种人：相信高技术驾驶人应该驾驶好车的消费者、为了家庭和安全希望提高驾驶技术的消费者、希望以高超驾驶技术体现个人成就的消费者。到1992年，尽管整个美国汽车市场陷入萧条，"宝马"的销售量却比1991年提高了27%。

二、评估细分市场

细分市场虽然存在，但未必能被公司选作目标市场。服务企业需对细分市场的吸引力进行评估。企业需要结合自身所拥有的资源和目标分析细分市场的发展潜力、盈利能力、结构吸引力，并确保目标细分市场的相容性，然后根据评估的结果决定是否对细分市场进行营销和投资。

（一）细分市场的规模和发展潜力

细分市场必须具有适度的规模和预期的增长率，只有规模和预期的增长率适当的细分市场才能成为服务企业进入的驱动力。适度规模和预期增长率是一个相对概念，对大企业而言，是指规模较大、销量较大和增长较快的细分市场；对中小企业而言，则是指规模较小、销量较小和增长速度平稳的细分市场。总之，在评估细分市场时，所有企业都应当对细分市场的规模和发展潜力作出正确的评估，选择与自身条件相适应的市场作为目标市场。

衡量企业在某一个细分市场上的发展潜力可以使用购买力指标法。购买力指标以三个指标为基础：细分市场消费者人数与总市场人数之比；细分市场消费者实际工资与总市场消费者的实际工资之比；细分市场的销售额与总市场的销售额之比。细分市场的购买力指标（BPI）公式为

$$BPI=0.2\times（细分市场消费者人数 \div 总人数）+0.5\times（细分市场消费者实际工资 \div 总市场消费者的实际工资）+0.3\times（细分市场的销售额 \div 总市场的销售额）$$

假设该市场的年销售额是 X，那么该细分市场中的潜在销售额是 $X \cdot BPI$。如果公司在细分市场中的实际销售额是 Y，那么该公司完成了潜在销售额的 $Y/(X \cdot BPI)(\%)$。公司结果与现阶段市场中的份额相比，如果比较后的结果大于1，则说明该公司在该市场发展的余地较大，结果的正向差异越大，说明市场潜力越大。

（二）细分市场的盈利能力

从长期来看，盈利能力是企业在该市场维持生存和发展的最基本的条件。细分市场只有具备较好的盈利能力，才能够为企业带来足够的利益和利润，才能保证支撑企业为之投入资源、实现企业的营销目标，才能使得企业保持活力和发展的动力。如果一个细分市场的盈利能力较差，企业难以实现自己的利润目标，也将很难在该市场立足和长期发展。不同服务企业的目标利润率是不同的，即使同一个服务企业，在不同时期的利润率也有所不同，企业要对细分市场的盈利能力做出很好的把握。

（三）细分市场的结构吸引力

细分市场的结构吸引力，又称竞争吸引力，是影响细分市场吸引力的一个重要因素。细分市场可能具备理想的规模和发展特征，然而从盈利的观点来看，它未必有吸引力。评估细分市场的竞争吸引力，需要检验一下影响细分市场长远吸引力的结构因素。迈克尔·波特认为，这种结构因素主要有五种，分别是：同行业竞争者、潜在竞争者、替代产品或服务、购买者和供应商。

1. 同行业竞争者

同行业竞争者，也称现有的竞争者，指在某个细分市场内部目前存在竞争企业。大部分行业中的企业，相互之间的利益都是紧密联系在一起的，作为企业整体战略一部分的各企业竞争战略，其目标都在于使得自己的企业获得相对于竞争对手的优势，所以，在实施中就必

然会产生冲突与对抗现象,这些冲突与对抗就构成了现有企业之间的竞争。现有企业之间的竞争常常表现在价格、广告、产品介绍、售后服务等方面,其竞争强度与许多因素有关。

一般来说,出现下述情况将意味着行业中现有企业之间竞争的加剧,该细分市场的吸引力极小:行业进入障碍较低,势均力敌竞争对手较多,竞争参与者范围广泛;市场趋于成熟,产品需求增长缓慢;竞争者企图采用降价等手段促销;竞争者提供几乎相同的产品或服务,用户转换成本很低;行业外部实力强大的公司在收购了行业中实力薄弱的企业后,发起进攻性行动,结果使得刚被接收的企业成为市场的主要竞争者;退出障碍较高,即退出竞争要比继续参与竞争代价更高。在这里,退出障碍主要受经济、战略及社会政治关系等方面的影响,具体包括:资产的专用性、退出的固定费用、战略上的相互牵制、情绪上的难以接受、政府和社会的各种限制等。

2. 潜在竞争者

新进入者在为行业带来新增产能和资源的同时,往往需要从已被现有企业占据的市场中争夺份额。这种竞争通常会体现在原材料采购和市场占有率两个方面,进而导致行业整体利润水平下降。在极端情况下,甚至可能威胁到部分现有企业的生存。竞争性进入威胁的严重程度取决于两方面的因素,即进入新领域的障碍大小与预期现有企业对进入者的反应情况。

进入障碍主要包括规模经济、产品差异、资本需求、转换成本、销售渠道开拓、政府行为与政策、不受规模支配的成本劣势、自然资源、地理环境等方面,其中有些障碍是很难借助复制或仿造的方式来突破的。预期现有企业对进入者的反应情况,主要是采取报复行动的可能性大小,这取决于有关厂商的财力情况、报复记录、固定资产规模、行业增长速度等。总之,新企业进入某一行业的可能性,主要取决于潜在进入者对预期收益、进入成本及风险程度的综合评估。

3. 替代产品或服务

两个处于同行业或不同行业中的企业,可能会由于所提供的服务产品是互为替代品,从而产生相互竞争行为,这种源自替代品的竞争会以各种形式影响行业中现有企业的竞争战略。

(1)现有企业产品售价及获利潜力的提高,将由于存在着能被用户方便接受的替代品而受到限制。

(2)替代品生产者的进入,使得现有企业必须提高产品质量,或者通过降低成本来降低售价,或者使其产品具有特色,否则其销量与利润增长的目标就可能无法达成。

(3)源自替代品生产者的竞争强度,受产品购买者转换成本高低的影响。

总之,替代品价格越低、质量越好、用户转换成本越低,带来的竞争压力就越大,而这种来自替代品生产者的竞争压力的大小,可通过考察替代品销售增长率、替代品厂家生产能力与盈利扩张情况来评估。

4. 购买者

购买者主要通过其议价能力与要求提供较高的产品或服务质量的能力,来影响行业中现有企业的盈利能力。影响购买者议价能力的原因如下所述。

（1）购买者的总数较少，而每个购买者的购买量较大，占了卖方销售量的很大比例。

（2）卖方行业由大量相对来说规模较小的企业所组成。

（3）购买者所购买的基本上是一种标准化产品，同时向多个卖主购买产品在经济上也完全可行。

（4）购买者有能力实现后向一体化，而卖主不可能前向一体化。

5. 供应商

供应商主要通过其提高投入要素价格与降低单位价值质量的能力，来影响行业中现有企业的盈利能力与产品竞争力。供方力量的强弱主要取决于他们所提供给购买者的是什么投入要素，当供方所提供的投入要素的价值构成了购买者产品总成本的较大比例、对购买者产品生产过程非常重要，或者严重影响购买者产品的质量时，供方对于购买者的潜在议价能力就大大增强。一般来说，满足如下条件的供方会具有比较强大的议价能力。

（1）供方行业为一些具有比较稳固市场地位而不受市场激烈竞争困扰的企业所控制，其产品的购买者很多，以至于每一单个购买者都不可能成为供方的重要客户。

（2）供方各企业的产品各具有一定特色，以至于购买者难以转换或转换成本太高，或者很难找到可与供方企业产品相竞争的替代品。

（3）供方能够方便地实行前向联合或一体化，而购买者难以进行后向联合或一体化。

以空调行业为例，市场竞争主要呈现以下特征：首先，现有空调制造商之间的竞争是行业内的主导力量，各企业通过产品创新、价格战等方式争夺市场份额。其次，新进入者不断涌入市场，加剧了行业竞争强度，迫使现有企业持续投入资源以维持市场地位。与此同时，整个空调行业面临来自替代品的威胁——电扇凭借价格优势和使用便利性，对空调市场形成显著替代效应，这直接制约了空调厂商的定价空间。此外，上游供应商和下游消费者的议价能力也对行业利润构成挑战。当供应商掌握核心零部件资源或消费者对价格高度敏感时，空调制造商的利润空间将被进一步压缩。

（四）企业的目标和资源

在对细分市场的规模和发展潜力、盈利能力和结构吸引力进行评估之后，企业还需要对自己的能力进行客观评估，判断细分市场所需要的资源是否与公司的资源相匹配，并保证其在目标细分市场的投资和营销能够实现企业目标。企业不能仅仅因为某个细分市场具有较强的吸引力而追求短期利益，否则当该细分市场与企业的目标相违背时，企业极可能会损害自己的长期利益。同时，如果某个细分市场的投入所需要的资源和能力超过企业自身所能提供的资源和能力，盲目地投入可能使得企业难以赢得竞争，也造成了资源浪费。

（五）确保目标细分市场的相容性

在目标市场选择过程中，服务业的细分市场相容性评估比制造业更为关键。这是由于服务的生产与消费具有同步性特征，服务提供者必须确保不同顾客群体之间的消费体验兼容。例如，饭店的淡季营销策略：当同时选择家庭顾客和大学生群体作为目标市场时，尽管两者都对价格敏感，但存在显著的消费行为冲突。家庭顾客追求安静舒适的用餐环境，而大学生群体则更偏好活跃喧闹的氛围。若服务管理者未能有效区隔这两类顾客，将导致顾客体验质量下降，服务环境适性降低，品牌口碑受损，客户忠诚度降低。因此，服务企业必须系统评估各细分市场的消费行为特征，精准预测不同群体间的互动影响，指定有效的空间或时间区隔策略，建立动态的顾客兼容性管理机制。

三、选择服务目标市场

（一）目标市场模式选择

通过细分市场的评估，企业能够明确适合自己投资的一个或几个目标细分市场，接下来企业就要选择合适的市场进入模式。一般而言，服务企业进入目标细分市场的模式主要包括以下五种。

1. 密集单一市场

服务企业只选择一个细分市场进入，向该市场只提供一种服务，以取得在这一特定市场上的竞争优势。这个细分市场可能会成为企业服务延伸的基点，如图4-2（a）所示。

在单一目标市场上发挥优势，可以提高市场占有率。采用这种策略的企业对目标市场有较深的了解，这是大部分中小型企业应当采用的策略。采用集中性市场策略，能集中优势力量，有利于产品适销对路，降低成本，提高企业和产品的知名度，但有较大的经营风险，因为它的目标市场范围小，品种单一。如果目标市场的消费者需求和爱好发生变化，企业就可能因应变不及时而陷入困境。同时，当强有力的竞争者进入目标市场时，企业就会受到严重影响。因此，许多中小企业为了分散风险，仍应选择一定数量的细分市场为自己的目标市场。

2. 产品专业化

产品专业化是指用此法集中生产一种服务产品，公司向各类顾客销售这种服务。例如，显微镜生产商向大学实验室、政府实验室和企业实验室销售显微镜。公司准备向不同的顾客群体销售不同类型的显微镜，而不去生产实验室可能需要的其他仪器。

如图4-2（b）所示，企业只生产一种服务产品，并向M1、M2、M3三个细分市场的顾客销售这一服务产品。公司通过这种战略，在某个产品方面树立起很高的声誉。但如果产品被一种全新的服务代替，就会很容易产生威胁和危机。

3. 市场专业化

市场专业化是指企业以所有的服务产品，供应给某一类顾客群体以满足其消费需求，且产品的性能有所区别。例如，专门生产福特汽车零配件的企业，它们只为福特汽车公司服务，生产该公司需要的各种零配件，品种可能有很多，但是面对的顾客只能是福特汽车公司。图4-2（c）采用的就是这种模式，有助于发展和利用与顾客之间的关系，降低交易成本，并在这一类顾客中树立良好的形象。当然，一旦这类顾客的购买力下降，企业的收益就会受到较大影响。

4. 选择性专业化

所谓选择性专业化，是指企业有选择地专门服务于几个不同的子市场的顾客群体，为他们提供各种性能的或者生命力较强的同类产品，尽量满足不同的顾客群体的各种需求。企业在市场细分过程中，应当确保每个目标细分市场既具备足够的市场吸引力，又与企业的战略定位和资源禀赋相匹配。尽管各细分市场间可能存在显著差异且缺乏协调效应，但通过事实差异化营销策略，企业仍可在各细分市场实现盈利。采用专业化市场覆盖模式，为不同细分市场定制专属营销组合，不仅能提升市场竞争力，还能有效分散企业经营风险，如图 4-2（d）所示。

5. 全方位进入

全方位进入即企业所提供的服务产品能够覆盖整个市场，用各种服务产品满足各种顾客群体的需求。这种模式对企业的实力要求较高，一般大型企业会采用这一模式，如图 4-2（e）所示。

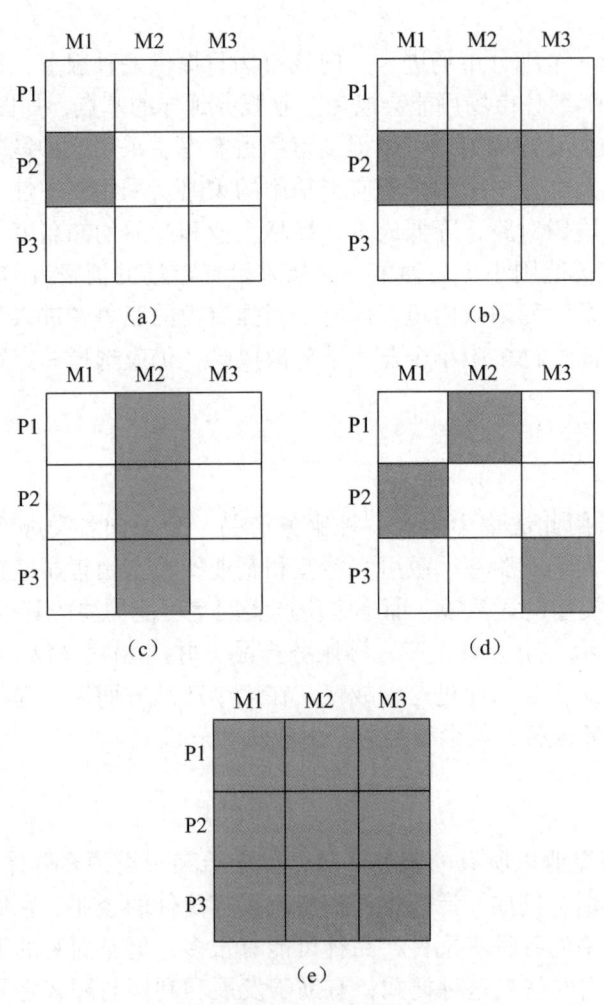

P：服务产品　　M：细分市场

图 4-2　目标市场的进入模式

例如，为了扩大市场占有率，可口可乐公司可谓费尽心机。以公司总部所在地亚特兰大为例，可口可乐自动贩卖机充斥在各种大小商场、杂货店。为了扩大市场份额，可口可乐公司还与一些学校、医院及其他商店签约，约定不再贩卖其他品牌的可乐饮料，作为回报，可口可乐公司给予他们优厚的报酬。当然这些策略是必须花费较高金额才能见到效果的。在5年时间里，可口可乐公司就花费了约70亿美元用于行销及拓展市场。

（二）目标市场战略选择

目标市场战略是指企业通过市场细分，从众多的细分市场中，选择出一个或几个具有吸引力、有利于发挥企业优势的细分市场作为自己的目标市场，综合考虑产品特性、竞争状况和自身实力，针对不同的目标市场选择营销策略。常用的目标市场战略主要有以下三种。

1. 无差异化营销战略

无差异化营销战略是指企业把一类产品看作整体市场一个大的目标市场，用一种标准化的营销组合战略，而不考虑单一细分市场的特殊性，只考虑共性，如图4-3（a）所示。这是一种求同存异的营销战略，旨在通过大规模的生产和经营，产生规模经济效益，降低生产和营销成本。这种战略适用于刚起步的企业，企业可以在刚开始时采用无差异化营销战略，等到取得一定成功和发展后，再选择其他营销战略。

无差异化营销战略的优点就在于它的低成本。单一产品线可以产生相对的规模经营效益，存储和运输也都相对方便快捷，广告宣传、物流配送等资源配置都集中在一种产品上，有利于强化品牌形象。美国的可口可乐公司就是采用无差异化营销战略。1886年，一位叫班伯顿的药剂师发明了可口可乐的配方，并开始投入生产。一百多年以来，不论是在北美还是在全球其他区域，可口可乐公司都是奉行的无差异化营销战略，从而保证了可口可乐的品质口感始终如一，使之成为一个全球的超级品牌。

无差异化营销战略的最大优点在于成本的经济性，就像制造上的"大量生产"与"标准化"一样：①单一产品线可减少生产、存货和运输成本；②无差异的广告计划能使企业经由大量使用而获得媒体的价格折扣；③不必进行市场细分化所需的营销研究与规划，可降低营销研究的成本与管理费用。

无差异化营销战略的缺点是忽视了各子市场需求的差异性，企业难以长期采用。一旦竞争者采取差异化或集中化的营销策略，企业必须放弃无差异化营销战略，否则，顾客会大量流失。这种策略可能会引起激烈的竞争，实行无差异化营销战略的直销商一般针对整体市场，当同行中有许多人如法炮制之后，可能会有大市场内竞争过度，而小市场却乏人问津的情况。

2. 差异化营销战略

差异化营销战略是指企业把产品的整体市场划分为若干个细分市场，针对各个细分市场客户的需求而刻意设计适合他们的产品和服务，并在渠道、促销和定价等方面有相应的改变，以适应各个分市场的需要，如图4-3（b）所示。例如，天津牙膏厂为了适应不同地区、不同生活习惯、不同生活水平的消费者的需求，分别开发了不同价格的"蓝天高级牙膏""果味蓝天牙膏";功能、规格不同的"脱敏牙膏""防锈牙膏""喜风牙膏""蓝天旅游牙膏";以及适应不同年龄需要的"蓝天学生牙膏""童友透明牙膏""雅洁儿童牙膏"等。

产品差异化的市场营销方式,是针对所确定的市场,采取了差异化方法,即专门生产或提供适合于所确定市场的产品。差异化营销战略的优点如下。

(1) 灵活性大,可以满足不同消费者群体的需要,提高产品的竞争力,增加销售额。

(2) 如果企业能在各细分市场上取得较好的经营效果,则易树立起良好的企业形象,从而能争取到更多的单一品牌拥护者。

差异化营销战略的不足之处在于:第一,差异化营销战略比无差异化营销战略需要投入更多的研发费用、市场调研和规划费用,以及差异性的广告宣传费用等,从而使企业总的经营成本偏高;第二,这种战略要求服务企业有较强的综合管理能力,分别对不同的市场设计不同的营销组合,并使企业整体经营状况协调一致,造成管理的难度加大。所以,差异化营销战略大多被那些实力雄厚的大公司所采用。它们可以在刚开始时采用集中化营销战略或无差异化营销战略,等取得一定成功和发展后,选择两个或更多的细分市场进行差异化市场营销。对于那些资金、技术实力较弱的中小企业来说,原则上不适合采用此战略。

3. 集中化营销战略

集中化营销战略也称聚焦营销战略,是指企业不是面向整体市场,也不是把力量分散使用于若干个细分市场,而是选择一个或少数几个细分市场作为目标市场,如图 4-3(c)所示。一般资源有限的中小企业多采用这一战略。

无论是无差异化营销战略还是差异化营销战略,都是企业面向整个市场或其中大部分子市场。而采用集中化营销战略的企业则把自己的目标集中在一个或少数几个子市场上,它们追求的目标不是在较大的市场上占有一个较小的市场份额,而是在一个或几个较小的市场上占有较大的份额甚至是领先的市场份额。

这种战略的优点在于:一是适应了本企业资源有限这一特点,可以集中力量迅速进入和占领某一特定细分市场,企业能够深入了解特定目标市场的需要,以便制定有针对性的营销组合,提供最好的服务;二是生产和营销的集中性,便于实行专业化经营,使企业经营成本降低。

这种战略的缺点在于经营的风险较大。若目标市场突然变化,如需求波动剧烈、价格猛跌或突然出现强有力的竞争者,企业就可能陷入困境。

一般而言,企业欲进入和占领某一特定细分市场应具备如下条件。

(1) 该市场的需求与企业的优势及目标相吻合,以便企业在未来的竞争角逐中能处于有利地位。

(2) 该市场应具有一定的规模和发展潜力,给企业的入驻留有一定的上升空间。

(3) 该市场的现有市场结构具备长期的内在吸引力,为企业的盈利提供充分的前提条件。

(4) 目标市场能进一步促进企业新老产品的更替,实现企业扩大销售量和提高市场占有率的目的。

这三种目标市场战略各有利弊，分别适用于不同的企业和市场情况。通常，实力较强的大中型服务企业可以采用无差异化营销战略或者差异化营销战略；实力较弱的小型企业虽然竞争力较差，但其具有较强的灵活性，可以选择进入一些大中型企业不参与或者竞争不太激烈的细分市场，即采用集中化营销战略。

选择目标市场时，必须考虑企业面临的各种因素和条件，如企业规模和原料的供应、产品类似性、市场类似性、产品寿命周期、竞争的目标市场等。选择适合本企业的目标市场战略是一项复杂多变的工作。企业内部条件和外部环境在不断发展变化，经营者要不断通过市场调查和预测，掌握和分析市场变化趋势与竞争对手的条件，扬长避短，发挥优势，把握时机，采取灵活的适应市场态势的策略，去争取较大的利益。

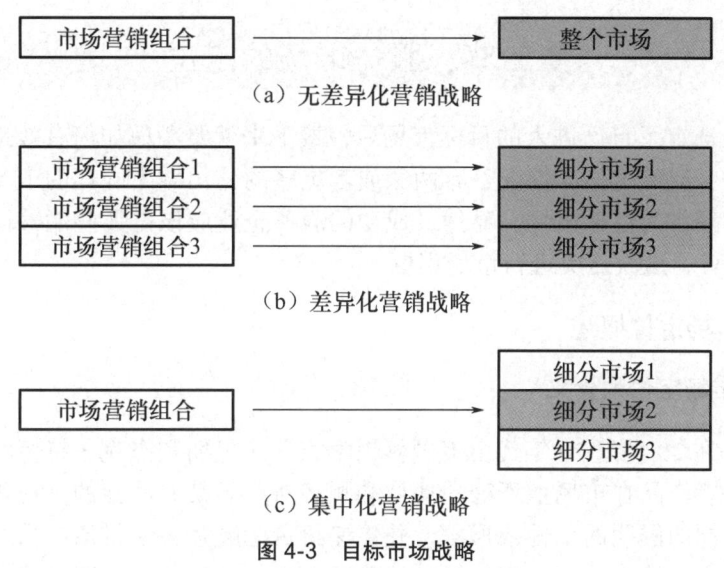

图 4-3　目标市场战略

"茶颜悦色"的精准市场地位

2013年年底，以中国风为主题的新式茶饮——茶颜悦色正式在湖南长沙营业，中式呈现与西式制作相结合，文艺范十足，吸引了全国各地的奶茶粉丝前来品尝。2015年，湖南茶悦餐饮有限公司成功申请茶颜悦色品牌，并以长沙核心商圈为基点，在各个繁华地段设有其特色门店，茶颜悦色品牌营销获得巨大成功。2019年，茶颜悦色品牌获得天图资本、阿里关联企业的投资，进入快速扩张期。2020年，茶颜悦色门店已达200余家，基本完成长沙全面积覆盖目标，并准备在武汉、常德开店。

准确的市场定位是商业项目运作成功的重要一环。茶颜悦色是以"中茶西做"为特色的新型鲜茶店，其市场定位在各大高校周边及城市核心商圈，目标客户群体为18～35岁的青年或都市白领，这些人时尚、创新、积极，喜爱尝试新的产品或服务，在学习或者工作之余，会"停下来"享受一下文艺青年的慢时光。茶颜悦色瞄准市场需求变化，准确抓住了用户群体的心理与需求，不断优化市场营销组合要素，制定差异化营销战略，从而迅速打开长沙市场。截至2020年年底，长沙主流商圈基本实现"十米一店，一街十店"的高密度布局。作为湖南省发展最快、最具潜力的新式茶饮品牌，茶颜悦色品牌在市场营销过程中充分利用并遵循4V营销理念，树立自身品牌识别度，在短短7年内培养了一批具有高度品牌忠诚度的用户，其差异化营销战略对于我国新式茶饮行业的市场营销具有重要的借鉴作用与指导意义。

[资料来源：吴妍珏，文杏梓，2020. 基于4V营销理论的我国新式茶饮品牌差异化营销战略探析——以"茶颜悦色"为例 [J]. 商场现代化（17）：91-93.]

第三节 服务市场的定位

服务企业在选定了自己进入的目标市场后，接下来就要考虑如何有效地占有市场。市场细分战略常常会造成这样的情况：有两家或者更多的公司做出同样的市场细分，并选择了同样的细分市场作为目标市场。显然，成功的服务企业应该是那些能够让潜在购买者感到与众不同的企业，这就需要进行市场定位。

一、服务市场定位概述

（一）服务市场定位的含义

市场定位是在20世纪70年代由美国营销学家艾·里斯和杰克·特劳特提出来的，其含义是根据竞争者产品在市场上所处的地位和顾客对产品某些属性的重视程度，塑造出本企业产品与众不同的鲜明的个性或形象，并传递给目标顾客，使得该产品在细分市场上具有强有力的竞争力。简而言之，定位就是消费者心中的独特印象，即消费者对某品牌（产品、公司）与其竞争对手相比，形成的相同或者相似的心理位置。

定位的要点主要包括两个：一是定位发生的顺序是在市场细分和目标市场选择以后，这一点是区别目标市场选择和定位的关键；二是定位要解决的问题是在目标市场或顾客心目中，自己优于竞争者的差别之处是什么。

所谓服务市场的定位，是指服务营销者为本企业的提供物在目标市场顾客心目中寻找和确定一个与竞争对手相比有差别并使之产生联想的位置。

在日益激烈的市场竞争中，许多服务逐渐趋向同质化，演变为"商品"。由于服务的无形性特征，以及消费者难以在体验前对服务质量作出准确评估，企业能否通过一个两个关键差异化因素吸引消费者就显得尤为重要。成功的企业往往能够以独特的视角审视市场，将服务塑造成鲜明的品牌形象，与竞争对手形成显著区隔，并通过有效的传播策略将这一差异化优势传递给目标消费者，引导其作出选择。这一过程即为市场定位——通过设计适合目标市场的服务体验和营销组合，在消费者心目中建立独特的认知位置，并确保这一信息被准确传达。市场定位涉及两个核心决策：目标市场选择和差异化竞争优势构建。由于定位效果取决于消费者的感知而非企业的主观意愿，营销人员需要运用多元化的战略来塑造消费者认知，确保企业想要传递的信息被准确理解。随着服务生产系统的趋同化和信息技术的普及应用，服务企业的差异化越来越依赖于两大要素：高素质的员工队伍和独特的品牌形象。

（二）服务市场定位的原则

市场定位的最终目的是提供差异化的产品或服务，使之区别于竞争对手的产品或服务，不论这种差异化是实质性的、感觉上的，还是两者兼有的。虽然服务产品的差异化不如有形产品那样明显，但是，每一种服务都使消费者感受到互不相同的特征。所以，企业进行市场定位时应尽可能地使产品具有显著的特色，以最大限度地满足顾客的要求。为达到此目的，服务企业的市场定位必须遵循如下原则。

（1）重要性原则。即差异所体现的需求对顾客来说是极为重要的。

（2）显著性原则。即企业产品同竞争对手的产品之间具有明显的差异。

（3）沟通性原则。即这种差异能够很容易地为顾客所认识和理解。

（4）独占性原则。即这种差异很难被竞争对手模仿。

（5）可支付性原则。即促使目标顾客认为因产品差异而付出额外花费是值得的，从而愿意并有能力购买这种差异化产品。

（6）盈利性原则。即企业能够通过产品差异化而获得更多的利润。

事实上，企业在进行市场定位时往往需要综合运用多个原则，而非单一维度。因为要全面塑造企业及其产品的差异化形象，市场定位必须是一个多角度、多层次的系统工程。在定位策略的制定过程中，企业通常面临以下几种选择。①强化现有品牌认知（心理定位）：巩固品牌在消费者心中的既有地位，加深其差异化印象。②建立新的差异化定位：基于服务的实际功能和独特优势，重新定义市场位置。尽管这一策略更具挑战性，但企业必须通过创新服务要素或优化体验，使消费者切实感知其独特性。信息技术的运用可以更精准、高效地实现这一目标。③超越竞争对手的定位：通过比对手更快、更灵活地调整市场策略，抢占先机。但需要注意的是，市场环境、竞争对手策略及企业自身能力（如组织结构、人力资源和财务资源）这三大关键变量会随时间变化而动态调整，因此企业必须持续动态调整，持续优化其市场定位，以保持竞争优势。这种多维度的定位策略不仅能增强企业的市场适应性，还能更精准地满足目标消费者的需求，从而在竞争中占据更有利的地位。

（三）服务市场定位的意义

定位是服务企业营销过程中最为重要的环节之一，它综合了企业对自身、对消费者和对竞争者的分析。服务市场定位更加倾向于营造消费者内心的感受，它产生的结果是消费者以及潜在的消费者对服务产品的认知以及对这种特定产品的态度和观念。

具体来讲，一个完整的市场定位包括企业的服务和价值观的阐述；提供的服务能够为消费者带来什么效用；为了最快地达到这种效用，企业会如何调整产品营销组合的各个方面等。

（1）通过市场定位，企业可以明确与其他产品的区别。由于市场定位的目的就是在消费者心目中建立产品差异，因此，一个有效的市场定位能够很好地诠释自己的产品与其他企业产品的差异。例如，本企业的产品与其他企业的产品相比有哪些优点，本企业在哪些方面能够更好地满足消费者的需求等。

（2）通过市场定位，企业可以发现新的市场机会。例如，企业可以通过提供不同于其他企业的服务激发消费者潜在的需要。

（3）通过市场定位，企业可以重新定位和设计产品。例如，企业可以通过增加附加服务和便利服务为消费者提供高的产品附加值。

（4）通过市场定位，企业可以选择淘汰一些不能满足消费者需要或者盈利状况不佳、市场竞争过于激烈的产品。

（5）通过市场定位，企业可以改进营销组合策略。在渠道方面，企业可以通过改变顾客接触服务产品的时间、地点和场合，将自己的服务和其他企业的服务区分开来。同时，企业也可以通过不同的定价策略、产品策略和促销策略将自己的产品同其他企业的产品相区别。

（6）通过市场定位，企业可以确立在消费者心中独特的形象。企业可以通过与众不同的宣传广告以及各种大众媒体的宣传，树立自己产品的独特形象。

二、服务市场定位的内容

现代服务市场营销学中的定位是一个多维的过程，包括服务产品定位、服务品牌定位、服务企业定位三个相互关联的层次，它们之间相互影响、相互制约、相互促进，共同影响着企业整体在消费者心目中的独特印象。

（一）服务产品定位

服务产品定位是将某个具体产品定位于消费者心中，让消费者一产生类似的需求就会联想起这种产品。这一层次的定位是所有定位的基础，因为公司最终向消费者提供的是产品，没有产品这一载体，品牌在消费者心目中的形象将难以维持。

根据科特勒对产品的分析，一个产品应该包括以下五个层次：①产品的基本层——核心产品，它是产品使用价值的真正物质体现，也是消费者真正购买、用于满足某些需求的服务或利益；②产品的第二层次——形式产品，它是产品实在的形体及外观，是核心产品的载体；③产品的第三层次——期望产品，它是消费者购买产品时所期望的一整套属性和条件；④产品的第四层次——附加产品，它是购买这种产品的消费者得到的附加利益和服务；⑤产品的第五层次——潜在产品，它是一个产品某些方面将来可能会有的增加或改变。企业可以根据消费者的消费心理从产品的五个层次来创造产品的特色，形成独特的形象。

（二）服务品牌定位

服务品牌定位是指提供产品或服务的企业能够使自己的品牌影响与竞争者有明显差异，在消费者心中占据一个与众不同的位置。品牌原本是产品的一种特殊标识。品牌定位必须以产品定位为基础，通过产品定位来实现。但一旦品牌定位成功，品牌作为一种无形资产就会与产品脱离而单独显示其价值，品牌的价值甚至比产品本身的价值还高得多，它是市场销量的保证。品牌可以转卖或授权，即使不是同一家企业生产的产品，只要冠以同一品牌，就在消费者心中拥有同样的地位。

（三）服务企业定位

服务企业定位是企业组织形象的整体或其代表性的局部在公众心目中的形象定位，它的着眼点不是具体的产品或品牌，而是组织整体或局部性的特点与优点。

企业在制定市场定位战略时，必须审慎评估两个关键制约因素：业务领域和财务资源约束。这两个因素共同构成了企业定位决策的基础框架。从财务的角度来看，定位战略与资金实力存在动态互动关系：盈利状态可能暂时掩盖定位失误，但具有财务脆弱性；亏损状况会迅速消解品牌资产，造成定位坍塌；充足的财务资源为定位实施提供关键保障。具体而言，资金雄厚的企业具备显著优势：能够承担更精准的市场调研成本；可以支撑长期品牌建设投入；拥有应对市场波动的财务弹性；具备持续优化定位策略的试错空间。反之，资金受限的企业则需要：财务更聚焦的细分市场策略；开发轻资产运营模式；建立阶段性定位目标；保持战略灵活性。

东鹏特饮的品牌定位

东鹏饮料在2021年5月份登陆A股主板上市。2021年，东鹏特饮在我国能量饮料市场销售量占比由27.00%上升至31.70%，超越红牛，成为我国销量第一的能量饮料。这样的成绩，离不开东鹏特饮的品牌战略。

2014年，东鹏特饮销售超10亿元。经红杉资本中国基金董事总经理推荐，东鹏特饮找到成美咨询，希望能够制定东鹏特饮品牌战略。根据东鹏特饮总结的十八类人群，成美咨询进行市场调研走访，其中有网吧、棋牌室、KTV等熬夜娱乐场景。

但是成美咨询走访发现，网吧开设的点十分分散，不利于集中推广产品，而棋牌室已经被红牛占据，酒吧、KTV则是酒类的主场，从以上调研可以看出，熬夜娱乐场景对于东鹏特饮的市场销售并不友好。

于是成美咨询另辟蹊径，发现在熬夜娱乐场景之外，依旧还存在着很大的市场，还有大部分的人群也对功能饮料有大量的需求。经大量调研分析，成美咨询提交了东鹏特饮的品牌定位战略研究报告，准确定位了东鹏特饮的主要消费人群，与红牛的消费人群做出区隔，并将广告语定为"累了困了，喝东鹏特饮。"

2019年，东鹏特饮狂卖84.86万吨，在国内能量饮料行业的市场占有率达到15%，公司营业收入达42.09亿元。2021年5月27日，东鹏饮料登陆A股上市，成为"国内功能饮料第一股"。

从濒临破产到市值近900亿元，东鹏特饮的品牌定位为这个品牌奠定了立于不败之地的基础。东鹏特饮的企业品牌定位案例，让我们看到了定位在企业发展中的重要作用。无论是什么样的企业，品牌定位都是企业品牌发展的重要核心部分，围绕着定位发力，才更容易实现弯道超车，事半功倍。

三、服务市场定位的程序

一般而言,服务市场定位的程序主要包括以下四个步骤。

(一)明确定位层次

这是服务市场定位的第一步。通常情况下,企业应当在进行定位之前首先明确需要采取哪一层次的定位。在企业的不同发展时期,定位的层次会有所侧重。有时企业会强调服务行业定位或企业定位,有时强调产品组合定位,有时则强调个别产品定位。

(二)寻找顾客关注指标

为了保证定位的准确性和有效性,企业应当在定位之前明确顾客到底在关注哪些指标。不同的人在对服务作出购买决定时会采取不同的标准,购买服务的目的也可能影响评价标准,比如人们对经济型酒店和豪华型酒店的评价标准是不同的。购买服务的时间也会影响服务的选择,比如人们为平常的工作餐和节日庆祝餐所选择的餐馆是不同的。

顾客一般是根据自己所感受到不同服务机构所提供的服务质量的差异来作出选择,这种差异具有很强的主观性。因此,企业需要通过调查,确认决定顾客服务选择的显著性特征和指标是什么,以及顾客希望这些显著性指标能够为其带来什么利益。企业可以借助计算机的分析来研究这些指标,例如多元回归分析、方差分析、主成分分析和因果分析等。

(三)建立坐标系,利用定位图进行分析

在明确了顾客关注的重要性指标以后,企业应该将具备这些特征的服务企业的对应位置在定位图上标注出来。定位图可以表示竞争企业依据选择出的指标所处的市场位置,空白之处则表示企业潜在的市场机会。

如图4-4所示,一般以确定的两个指标为轴,建立一个坐标系。坐标系的原点表示市场的平均水平,正区间表示高于市场平均水平,负区间表示低于市场平均水平。建立坐标系以后,根据竞争对手实际产品的情况,将竞争对手企业2、企业3、企业4、企业5、企业6等的位置标注在坐标系上面,企业1则可以选择定位图中的空白区域。

利用定位图,不仅可以确定竞争企业的位置,而且能够发现核心需要所在,从而沿着满足核心需要的路径对自己进行重新定位。

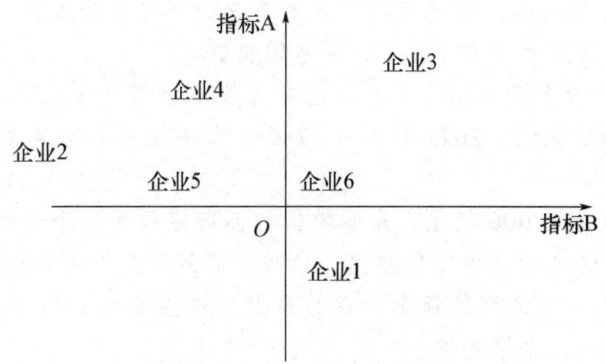

图4-4 竞争对手所处位置坐标

(四)确定在目标市场的位置

根据本企业资源情况和顾客偏好,以及拟采取的市场定位策略,确定本企业在目标市场上的位置。

四、服务市场定位的方法

(一)定位图法

前面已经提及,企业在进行服务市场定位时,可以绘制一幅市场竞争现状图,以标示当前市场上竞争对手和已存在产品的特性和定位。从图4-4定位图中可以比较清晰地看到,第三象限和第四象限中的企业较少,市场尚有空缺没有填补,因此,企业可以选择这些竞争较少,尚存市场空白的位置来定位企业的服务,从而实现竞争的差异化。

定位图是一种直观的、简洁的定位分析工具,一般利用平面二维坐标图的服务识别、服务认知等情况进行直观比较,以解决定位的问题。其中坐标轴代表消费者评价服务的特征因子,图上各点则对应市场上主要的服务产品或服务企业,它们在图中的位置代表了消费者对其在各个关键特征因子上的表现的评估。定位图法有两步:一是确定关键特征因子;二是确定各服务产品或服务企业在定位图上的位置。

(二)价值链分析法

价值链分析法(Value Chain Analysis,VCA)将商业行为看作一系列的活动,这些活动把商业投入转化为顾客价值,即从输入向输出转化的过程。波特的价值链理论认为,价值链上的活动可以分成两种类型:一种是基本活动,包括直接面对消费者的各个环节,如物流运输、生产作业、营销和服务等;另一种是支持活动,如基础设施的建立和维护、人力资源管理、研发等。

在服务行业中,可以针对不同的服务企业,设计出不同的价值链模型。例如,一家证券公司的价值链包括券商经纪业务、市场数据收集、证券信息分析、投资建议、营销组合、客户服务、顾客管理等。再如,一个房地产开发商的价值链包括融资、楼宇设计和开发、销售、服务、促销渠道等。

价值链的作用在于,它可以让企业更加明确它们为顾客创造的价值来源于何处。企业可以通过降低价值链上的成本和不断将价值链上的项目进行差异化来获得差异化优势。与此同时,企业也应当注意价值链上的各个项目并不是完全割裂开来的,它们经常存在着许多联系,并且总是互相影响的。因此,企业应当根据实际情况,对这些活动或职能进行协调和整合,以达到有效为顾客创造和传递价值的目的。

关键术语

市场细分(Market Segmentation)
目标市场(Target Market)
市场定位(Market Positioning)
无差异化营销战略(No Difference Marketing Strategy)

差异化营销战略（Difference Marketing Strategy）
集中化营销战略（Concentrated Marketing Strategy）

本章小结

一个企业要想实现自己的战略目标，并使企业真正步入发展良好的目标市场，就要有科学的市场细分定位。本章主要讨论了服务企业如何计划、实施市场细分战略，包括服务市场细分战略、市场选择战略、市场定位战略等。通过对本章的学习，读者可以了解到如何选择目标市场、如何评估目标市场以及选择目标市场的程序和方法，以便解决在企业发展过程中所面临的问题。

复习思考题

（1）细分市场的依据有哪些？
（2）企业应该怎么选择目标市场？
（3）企业应该怎么进行市场定位？
（4）服务市场细分与产品市场细分的区别有哪些？

综合案例

小熊电器的差异化营销策略

一、品牌差异化策略

（1）持续差异化定位小熊电器的"萌家电"品牌。小熊电器的品牌定位是"萌"，"萌"是有温度、有个性的生活态度，它可以与消费者产生情感共鸣，从消费者内心最柔软的地方唤起他们对生活的热爱和昂扬的斗志。迄今为止，以"萌"来定位家电品牌的，小熊电器是第一家。消费者选择某个小家电品牌就是对这个企业信任的体现，企业通过各个方面的努力为消费者提供优质的产品和周到的服务是品牌对消费者的承诺。随着消费升级和企业生产能力的提高，小家电行业的品牌集中度会进一步加强，所以小熊电器要持续差异化"萌家电"品牌，扩大品牌知名度，让品牌形象深入人心。具体要从小熊电器颜值高、性能好的产品利益点入手，并形成简明易懂、朗朗上口、易于传播的口号，让产品和口号深入消费者内心，并且兑现承诺，持续维护小熊电器"萌家电"品牌。

（2）运用多种方式推广小熊电器品牌，巩固、提升品牌辨识度。在品牌差异化的道路上，除了要为用户提供萌萌的小家电产品和暖心的服务，还要细致挖掘市场的深度需求，要加大力度通过广告、明星代言、新闻、新媒体等方式推广小熊品牌，而且小熊电器的"小熊"卡通形象也可以进一步优化，相信从各个方面持续发力一定可以巩固、提升小熊电器的品牌辨识度。

二、产品差异化策略

（1）注重品质，讲究产品外观。小熊电器视为消费者提供品质小家电为企业使命，产品的品质是企业发展的根本，所以在以后的发展中要始终做好产品质量的管控。小家电的主要消费群体是年轻人，他们中的很多人都是"外貌协会"的成员，他们希望拥有精致可爱的家电，所以在外观设计方面要用心满足用户需求，要突出产品的颜值。

（2）掌握智慧小家电核心技术。产品的核心技术要够新，研发的小家电要摆脱原有的固定思维，让产品不仅实用性强，还要健康、节能、智能。这就要求小熊电器重视对科技人才的招聘和培养，壮大企业的科技人才队伍，加大在产品研发、设计方面的资金投入，为消费者提供智慧小家电，打造一个掌握核心技术的小熊电器股份有限公司，让萌萌的小熊打出"科技拳"。并且还要用互联网大数据准确预测消费者在小家电方面自己都没有感知到的需求，运用前沿的科技和模式研发满足极致细分需求的小家电产品，让用户难以拒绝。

三、服务差异化策略

研究表明消费者愿意为优质的服务付出更多的货币成本，在这个信息透明化的时代，单纯地比拼产品是不够的，还要在服务上下功夫，让消费者感受到小熊电器的服务是与众不同的。让小熊电器优秀的产品匹配卓越的服务，打造一流的小家电品牌。

（1）为消费者提供卓越的"全流程"服务。首先必须强调的是小熊电器要为顾客提供售前、售中和售后"全流程"的服务，公司服务人员要换位思考，抱持全方位为消费者着想的态度为消费者提供服务。在服务方面，企业必须有专业的团队，并且要对服务人员进行严格的考核，而且要定期组织培训。

（2）加强与消费者的互动交流。小熊电器的微信公众号、微博、抖音等官方社交平台应该充分发挥与用户在沟通交流方面的服务作用，例如发布小熊电器产品的花样使用教程、发布话题讨论、展示用户使用小熊产品的场景……对于消费者提出的问题要及时答复，对于用户反馈的问题要及时解决。通过长期持续的互动交流，让已经使用小熊电器的消费者转化为忠诚的用户，让越来越多的潜在消费者实现购买。

四、渠道差异化策略

努力开拓线下渠道，实现线上与线下的渠道融合。小熊电器自成立就一直在电商渠道上耕耘着，在电子商务蓬勃发展的时候小熊得到了很多利好，比如打开了销路、利润翻倍提高、品牌知名度扩大等，但是随着越来越多的小家电企业加大对线上渠道的经营力度和电商红利的逐渐消失，小熊电器开始努力开拓线下渠道，用差异化思维实现在新零售背景下的渠道差异化。

（1）入驻超市、商城等卖场。美的、九阳、苏泊尔等家电企业在很早之前就入驻了全国各地的大型超市、商城以及苏宁、国美等线下卖场，这些线下卖场对入驻企业和企业产品的要求很高，能够成功进入就代表企业有实力。线下的各类卖场是人们经常要逛的地方，小熊电器入驻之后不仅可以让消费者体验产品，还可以提高品牌的知名度。

（2）开设线下体验店"小熊之家"。"小熊之家"主要开在一线、二线和三线城市的商圈，这是小熊的目标消费群体18～35岁的人们最喜欢逛的地方，"小熊之家"要展示家庭（宿舍）、办公等多个场景中小熊电器的应用场景，让消费者在温馨的场景、优质的产品、卓越的服务中感受小熊电器的魅力，成为小熊电器的粉丝。

（3）发展线下代理商和经销商。为了获得更多的经济回报，线下代理商和经销商会积极地向消费者推荐小熊电器的产品，等小熊电器的代理商和经销商遍布各地的时候，小熊电器也就真的会像小家电行业中的领军企业一样家喻户晓。

五、促销差异化策略

（1）广告宣传差异化。小熊电器的广告宣传在内容方面要以18～35岁的都市目标消费群体为中心，并且贴合小熊品牌定位和产品价值，设计出新颖、时尚、暖心、励志的广告。在广告的传播媒介上可以选择写字楼广告投放；商圈户外大屏广告投放；电视剧和综艺节目广告植入；公交和轻轨站牌投放；抖音、微博、微信等新媒体；WPS、美篇等办公软件。

（2）人员推销差异化。小熊电器铺设线下各类渠道的过程中一定离不开人员推销的助力，为了保证人员推销的效果，在选择推销人员时一定要严格筛选，而且必须经过系统培训，要在维护消费者利益的基础上追求企业利益的最大化。为了更好地与目标消费群体沟通，推销人员的年龄应该为18～25岁，性别以女性为主，而且形象气质方面要与小熊的品牌形象契合，要朝气蓬勃、充满活力、善于推销。

（3）公关活动差异化。在运用公共关系推广小熊电器的时候，要摆脱一心追求商业利益的心理，更多地从关注民生，回报社会等角度入手，为小熊电器建立起良好的企业形象。如小熊电器在援助湖北抗击新冠疫情的过程中，作为一家上市不久的企业第一次捐款就捐了200万元，后续又向援鄂医务人员捐赠了大批量的小熊电器生产的电热饭盒。小熊电器的公益之举，彰显了企业勇于承担社会责任的同时，也树立了暖心的企业形象。

[资料来源：范群林，2021. 小家电差异化营销策略研究——以小熊电器为例[J]. 上海企业（4）：62-70.]

思考题

（1）小熊电器在中国市场取得巨大成就的原因是什么？

（2）小熊电器是如何成功运用差异化战略的？

第五章　服务质量管理

学习目标

（1）掌握服务质量的含义与属性。
（2）掌握服务质量的评估模式、标准及方法。
（3）了解服务质量管理。
（4）熟悉提高服务质量的策略。
（5）掌握服务补救的措施。
（6）了解党的二十大报告中有关服务业高质量发展的内容。

引导案例

A 公司服务质量为何下降？

　　党的二十大报告指出，高质量发展是全面建设社会主义现代化国家的首要任务。为了响应国家号召，各行各业都在抓紧推动高质量发展，但 A 公司却出现了以下状况：近一年来，公司上上下下都在为工作量猛增与人手不足的问题烦恼，人怎么招都不够用，公司老总签加班单签到手软。另一方面，就总体而言，公司的配套支持工作是不断完善和加强的。员工这样努力，但是公司的服务效率及质量却是逐年下降的，2021 年 12 月人均服务人数为 951 人，2022 年 12 月人均服务人数为 923 人，目前的人均服务人数为 808 人，在将数据直接比较的情况下，目前人均服务雇员人数只相当于 2022 年的 87%，或者说服务效率相当于 2022 年 12 月的 87%，但是我们的服务质量监管的数据恰恰表明服务质量呈下降的趋势，这是为什么呢？

第一节　服务质量的含义与属性

一、服务质量的含义

　　在本章开始之前，我们先来思考什么是服务质量。就如上述案例中所说的一样，员工的队伍不断扩大，加班不断，为什么服务质量却在下降？在回答这个问题之前，我们首先要了解什么是服务和服务质量，以及服务质量在服务营销中的作用以及服务质量的属性。

在前面我们介绍了服务，服务是服务营销学的基础，而服务质量是服务营销的核心，那什么是服务质量呢？服务质量是顾客所感知的质量，即顾客感知质量。顾客感知质量是从顾客的角度而非服务者的角度来衡量总体的服务质量的好坏，换句话说，就是消费者在服务完成后与自己对服务的预期进行比较，衡量服务水平的好坏。服务质量的感知是多方面的，不仅要考虑服务的结果，而且要涉及服务的过程，后面我们将详细介绍。

从服务质量的定义我们可以知道，第一，衡量服务质量的好坏与水平的高低的主体是顾客而非服务提供者，因此，在设立服务质量标准时应该以顾客为导向；第二，服务质量是顾客感知质量，因为每个顾客对服务的感知不同，预期也不同，因此，不能以企业的实际服务质量为标准，企业要提高顾客的感知水平，就不仅要提高服务的水平，同时也要积极引导顾客形成良好的感受，合理地提高顾客的预期水平。

二、服务质量的构成要素

服务质量究竟包括哪些要素呢？或者说，顾客是从哪些方面来衡量一个企业提供的服务质量呢？正如我们前面提到的，服务质量的感知是多方面的，其中最经典的是格罗斯提出服务质量是由两个要素构成，即顾客感知的服务质量不仅要考虑服务的结果，还要设计服务的过程。除了格罗斯提出的两要素论，美国学者罗斯特和奥利弗等人在此基础上还提出了三要素论。

（一）两要素论

1. 结果质量

结果质量又称产出质量或者技术质量，是指企业提供给消费者最后的服务结果，或者说顾客在服务最后得到的实质内容或体验结果。由于结果质量一般为有形的内容，所以容易通过顾客亲身感受和体验来感知服务好坏，因此，结果质量是顾客评价服务好坏的主要依据之一。

2. 过程质量

过程质量又称传递质量或功能质量，是指企业实际为消费者提供服务的过程和方式，或者说顾客是如何感受企业提供服务过程和方式的。比如说，你想去某家电影院看电影，首先你要买票，然后在放映厅等待电影的开始，这时你可以享受等候室悦耳的音乐或是观看精彩的预告片，当然你也可以去柜台购买饮料和爆米花。在看电影时你可以享受精彩的影片。等你走出电影院时，服务员会说："欢迎下次光临。"这一整个过程都在经历着被服务，从前面我们知道，由于服务的无形性和不可分割性，因此，对于过程质量一般没有明确和客观的衡量标准，只能通过顾客的主观感知来对这个过程进行评价。

（二）三要素论

三要素论的主要代表人物是美国学者罗斯特和奥利弗（Rust & Oliver）以及布莱迪和克洛宁（Brady & Cronin）。

罗斯特和奥利弗认为，服务质量除了接受什么样的服务（What）——结果质量，以及怎样接受服务（How）——过程质量，还应该考虑在何处服务（Where）这样的一个要素，即顾客接受服务的场所以及有形的环境也要纳入服务的构成要素中去。服务有形的环境包括服务场景、有形的设施、风格及空间位置的选择等。

布莱迪和克洛宁基于三要素的服务质量构建了一个服务质量阶层结构模型，并将三要素分别划分为结果质量——由服务产品的价值、感受及有形物来体现的；有形的环境质量——由位置、设施及情调来体现的；互动质量——由态度、行动和专业性来体现。

宜家如何缩小服务质量差距

想要提供优质的服务，整合所有的差距，企业要做的第一件事就是了解顾客期望，而了解顾客期望通常是很具有挑战性的一件事。宜家给顾客带来的"愿望模式"是成功弥合差距的一种创新模式，当宜家在芝加哥开设零售店时，该模式被证明是很成功的。即使顾客不是技术专家，他们也可以描述出能满足自我需求的店面设计。在这种模式下，宜家将顾客分成九组，并一组一组地询问他们想象的理想购物体验：假设宜家所有的店面都已经毁坏，将重新设计新的店面，店面应该是什么样的？购物体验又该是怎样的？贾森·马吉德松帮助宜家创造了该流程，他汇报顾客的反映和意见如下：

"我不会找不到方向，因为我清楚身处何处。"

"如果我是买一件物品，所有相关的物品我都能从附近找到。"

"购物是一种舒适、放松的体验。"

宜家这种模式的重要意义不仅在于询问顾客期望什么，而且在于接下来企业将这些期望融入店面设计中。设计者们创造出一栋中心有一条走廊的八角建筑，为购物者营造家的氛围，确保他们能够方便自如地找到所需的物品。为了满足另一类顾客期望，物品与其相关物比邻摆放。当购物者累了或者饿了后，他们可以去楼上自助风格的餐厅，里面提供瑞典食品。宜家的顾客对于该店面非常满意（85%的顾客回答"优异"或者"很好"），与宜家的其他店面相比，不仅顾客再次光顾次数增加，而且他们普遍要多待一个小时。

宜家在缩小供应商差距上所做都很出色。宜家的供应商网络是经过精心挑选的，确保了质量和一致性。宜家在全世界三十多个国家都设有店面，其标准、设计极为一致。在必要时它会对标准作出重要的改变。

室内与室外的有形环境都是独特且基于顾客视角的，使服务场景的设计与顾客的需求相一致。宜家更是以强有力的员工文化、精心甄选与培训员工而著称。宜家创新了服务概念，顾客参与到服务传递、产品装配与创造的过程中来。

（资料来源：李克芳，聂元昆，2020.服务营销学[M].北京：机械工业出版社.编者略有删改.）

三、服务质量的基本属性

在前面我们已经了解了什么是服务质量以及服务质量是由哪几个要素组成的，但是这还不够，现在我们来思考服务质量有什么性质，或者说服务质量最基本的属性有哪些。

学者们对服务质量的属性有不同的看法，不过一般来说，主要包括五种基本属性：有形性、可靠性、响应性、安全性、移情性。

（一）有形性

有形性是指服务企业的有形环境、工具、设施、员工的形象、企业提供的服务实物等。有形服务质量是顾客初次接触时衡量一个服务企业最直观的标准，往往是顾客评价服务企业服务质量的重要因素。

（二）可靠性

可靠性是指企业按照服务质量标准或服务承诺，为顾客提供及时、准确、可靠的服务。可靠性意味着企业能够按照服务标准兑现承诺，顾客对于信守承诺的企业往往给予高度的评价。当然这一基本属性属于结果质量，例如，顺丰快递的"当日达"、沃尔玛的"天天低价"。

（三）响应性

响应性指的是服务企业针对顾客要求，及时、准确、高效、礼貌地提供服务。这一基本属性属于过程质量，一般体现在处理顾客的要求、询问、投诉和疑问时的高效和礼貌。

（四）安全性

安全性又称保证性，指的是企业有能力执行服务标准和兑现承诺，即服务企业展示自信、谦恭态度和能够赢得顾客的信任，增强顾客对企业的信心。这一基本属性属于结果质量，一般在高风险服务或顾客没有能力评价服务产出时，如银行、保险、证券交易、投资、法律等行业，这一基本属性尤为重要。

（五）移情性

移情性又称关怀性，指的是服务企业或员工能够设身处地为顾客着想，对顾客给予的特殊关怀和个性化服务，能够使顾客感受到服务过程中的体贴、愉快和满意的服务。这一基本属性属于过程质量。这一过程质量表现为了解和掌握顾客的详细信息，针对每个顾客的不同喜好和需求，提供不同的个性化服务。移情性的本质是通过特殊服务或个性化服务使每个顾客都感觉到自己是唯一的或受到特殊对待的。

需要说明的是，关于服务质量的五种基本属性究竟哪种属性更重要，不同的学者给出了不同的答案。国外学者帕拉苏拉曼、泽丝曼尔和贝瑞认为，五种基本属性的重要程度从高到低依次是可靠性（32%）、响应性（22%）、安全性（19%）、移情性（16%）和有形性（11%）。而国内学者韦福祥发现，无论是高接触的酒店行业还是低接触的报纸业，服务质量属性的重要程度从高到低依次是安全性、可靠性、响应性、移情性和有形性。这说明在不同的文化背景下,顾客对于服务质量的基本属性的重要性的认知也是有差别的。

上述的五种属性是从顾客评价企业服务质量的角度来归纳的,代表了顾客评价企业服务质量的标准。虽然说这些基本属性从不同的角度表现出了服务质量的不同内涵,但是它们并不是独立存在的,而是相互交织、互有联系的。顾客感知服务质量有时是通过使用全部的基本属性,有的时候只使用了其中的一种或几种。

这里,我们再回过头来看本章的引导案例,A 公司中员工和老板都是尽自己最大的努力在提高服务质量,但是根据结果可知企业提供的服务质量并没有达到预期的效果。本节中我们学习了服务质量以及学习了顾客是如何评价服务质量,可知,一方面,虽然企业和员工都是尽力地想提高服务质量,但是并不知道顾客需要什么样的服务;另一方面,企业也不知道顾客衡量企业服务质量的标准是什么?而这些我们都会在下一节进行介绍。

第二节　服务质量的评价

一、顾客期望服务与顾客感知服务

(一) 顾客期望服务概述

1. 顾客期望服务的含义

顾名思义,顾客期望服务就是顾客所期待的服务。1990 年,美国学者帕拉苏拉曼、泽丝曼尔和贝瑞将顾客期望服务定义为"服务应当是什么样的"。一般来说,顾客在接触或购买一项服务之前,会自觉或不自觉地对将要接受的服务有一定的预期,即对服务的过程和服务的结果有一种期待和想象,这就构成了顾客服务的一般内容。而这种期待的服务过程和服务结果就是我们的顾客期望服务。因此,本文将顾客期望服务定义为顾客在实际购买或接触服务之前所预期的服务过程和服务结果。

也许我们还记得这样一个公式:市场 = 人 + 购买力 + 购买欲望。此时的市场属于宏观市场,将这个宏观市场引申到服务市场也是同样适合的,这里的购买欲望相当于顾客对于某项服务的期望和愿望,如果没有这些可能被满足的期望和愿望,顾客就不会产生购买某项服务的动机和行为。

当然,顾客期望服务并不总是好的,虽然一方面,它是吸引顾客的动力,正是有了对某项服务的期待才能激发顾客进行下一步的行动;但是另一方面,如果服务企业提供的服务并不能满足顾客期望的最低标准,顾客就会表现出不满意,进而放弃购买或者转换服务提供商。

2. 顾客期望服务的分类

美国的学者帕拉苏拉曼、泽丝曼尔和贝瑞按照顾客期望服务水平的不同,将顾客期望服务分为理想服务和适当服务,并认为顾客期望服务是介于理想服务和适当服务之间的一个容忍区域,而不是一个单一水平。如图 5-1 所示为顾客期望服务与容忍区域模型。

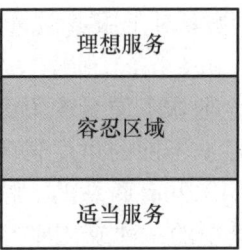

图 5-1　顾客期望服务与容忍区域模型

1）理想服务

理想服务又称"欲求服务",是指顾客心目中向往和渴求的服务水平,抑或是顾客希望服务提供者提供的服务水平。如果顾客接受的服务是属于理想服务区域内,顾客就会感到非常满意,但是理想服务是属于顾客的一种主观理想服务状态,一方面由于服务提供商不能准确地把握顾客的理想服务区域;另一方面,即使是服务提供商了解了顾客的理想服务区域,由于达到这个理想的区域要花费高昂成本,服务提供商在权衡收益和成本之后,也会选择降低服务提供水平。

当然,这并不是说理想服务是不重要的,相反,了解理想服务是非常有必要的。一方面,就如前面所说,服务企业根据理想服务区域来确定自己的标准;另一方面,因为理想服务往往都是高标准的服务,这就为大多数企业提供了服务改进和创新的方向。

2）适当服务

适当服务又称"合格服务",是指顾客能够接受的最低服务水平,也是顾客能够接受的最低期望,低于这个期望,顾客就会选择退出或者转换服务供应商。

了解顾客心中的适当服务是非常有必要的,甚至有的时候比了解理想服务对于服务提供商来说更为重要。首先,了解顾客期望服务的最低水平,能够更加精确地掌握顾客的心理预期,如果低于适当服务的最低服务水平,则会引起顾客的不满,顾客就会选择退出或转换服务供应商;其次,了解顾客期望的适当服务水平,有利于企业确定服务的最低定价,因为在营销学中,几乎所有的有形和无形的产品或服务都将转化为价格表现出来,如果企业为了降低成本和定价而过于降低实际服务质量,就会导致顾客不满和放弃购买此项服务;最后,能够明确自身的服务水平,通过衡量顾客期望的适当服务,能够更加精确地了解自身的服务水平中不足的成分,通过改进不足之处来提高顾客期望服务水平。

3）容忍区域

容忍区域是指顾客认可和能够接受的服务范围,它介于理想服务和适当服务之间。当顾客期望的服务水平在容忍区域内时,顾客并不会十分在意企业的服务质量,因为在此区间内的服务水平都是顾客能够容忍和接受的。当然,如果顾客期望的服务水平突破容忍区域到达了理想服务水平,顾客就会对企业产生意外的惊喜而转入正向的口碑宣传;反之,如果顾客期望的服务水平是在容忍区域,突然降低到了容忍区域之下,由于最初的服务水平是在容忍区域,顾客已经习惯了企业的服务水平,服务水平突然下降顾客会认为企业提供的服务质量不过关或不合格,这就会引起顾客的不满和抱怨。其实,此时顾客的容忍区域和适当服务区域并没有太大改变，只是突然的改变使顾客心理预期没有迅速地调整过来，如果顾客长期处于一个固定的容忍区域，则必然导致容忍区域缩小，适当服务扩大。

由于顾客的容忍区域并不是一成不变的，而是会随着不同的情景而在理想服务和适当服务上下浮动的，因此，容忍区域拥有以下几个特点。

（1）不同的顾客拥有不同的容忍区域。顾客因年龄、性别、职业、受教育程度和喜好等不同，对某一服务水平的期望不同，因此，也导致容忍区域不同。

（2）不同服务质量基本属性的偏重具有不同的容忍区域。服务质量的基本属性越重要，容忍区域就越窄。一般来说，顾客对于服务质量的"可靠性"的容忍区域较窄，对于"有形性"的容忍区域较宽。当然，由于文化的不同，在中国，顾客对于服务质量的"安全性"容忍区域较窄，对于服务质量的"有形性"容忍区域较宽。

（3）不同的服务层次具有不同的容忍区域。一般来说，初次服务的容忍区域比二次服务或补救服务的容忍区域都要窄，因此，企业一般都尽量"把第一次做得最好"。

（4）不同的时间长短具有不同的容忍区域。就如刚刚所说，短期内容忍区域可能是不变的，但随着时间的推移，当顾客习惯了所处的容忍区域的服务水平时，当企业再次提供相同的服务，顾客会认为是理所当然的，此时，顾客容忍区域变成适当服务，容忍区域变窄。

3. 顾客期望服务的影响因素

因为不同的顾客对同一服务水平的期望不同以及同一顾客对不同企业提供的期望也不同，因此，笼统地从顾客角度或企业角度来分析顾客期望服务的影响因素是不全面的。本书采用了服务营销学者泽丝曼尔等开发的顾客期望服务的影响因素的模型来进行介绍。泽丝曼尔等从理想服务的影响、适当服务的影响以及理想服务和适当服务的共同影响三个角度来分析顾客期望服务的影响因素。

1）理想服务的影响因素

顾客对于理想服务的期望主要受两类因素的影响：一类是个人需要，另一类是个人服务理念。

（1）个人需要。个人需要是指个人为了满足生理或心理缺失而产生的愿望，它是形成顾客期望的关键因素。如前所述的有关市场定义的公式（市场 = 人 + 购买力 + 购买欲望）可以看出，形成市场的必要条件是要有购买欲望。一般来说，顾客对于满足他主要需求的理想服务更高，期望程度也较高；而对于满足次要需求的服务相对来说不那么关注，期望程度也就较低。

（2）个人服务理念。个人服务理念是指顾客对于服务的意义和服务提供商对于服务的态度。如果顾客曾经是餐厅服务员，他就有可能依据这种经历来衡量服务供应商提供的服务。一般来说，在服务行业工作过的顾客相较于没有此类经历的顾客拥有更高的服务理念。

2）适当服务的影响因素

适当服务的影响因素主要有五个：暂时性服务强化因素、可选择的服务供应商的数量、顾客参与程度、环境因素和顾客预期。

（1）暂时性服务强化因素。暂时性服务强化因素是指短时期的、个人的因素，这些因素会在某一时刻突然使顾客更加清晰地认识到对某一项服务的渴望。一般来说，迫切需要某一服务或偶遇紧急情况时，会突然增强对某一服务的期望。比如，发生火灾时，会迫切地需要消防车的到来。

（2）可供选择的服务供应商的数量。顾客可供选择的服务提供商越多，或者自己可以提供相关服务，其对于适当服务的期望就会较高，容忍区域较窄。由于可供选择的服务供应商数量多，顾客在对比不同供应商的服务水平之后会选择适当服务最高的那个，这样就迫使供应商提供更高的适当服务。同样地，如果自己能够提供某一项服务，就不会去其他服务供应商那里购买服务。比如，修车师傅会给自己的车提供更好的零件，就不会去其他汽车修理店那里进行修理。

（3）顾客参与程度。顾客参与程度高，且参与方式正确，其期望的适当服务水平就高，相对的容忍区域就变窄。反之，如果在服务过程中顾客没有参与或参与程度不足，顾客就会认为服务供应商没有履行好职责，其期望的适当服务水平降低，容忍区域就会不断扩大。比如去游乐场游玩时，如果在票上规定可以玩五个项目，但是顾客实际只玩了三个项目，此时，其期望的适当服务就变窄。

（4）环境因素。环境因素是指在服务过程中有服务供应商可以控制的或可以左右的因素。它包括服务过程中顾客可以感受的环境，比如店面的场地、布置和摆设等变化，以及服务过程中遇到不可预测的因素，比如在运输过程中包裹的损坏、旅游团游玩时偶遇下雨等。如果环境的变化导致服务供应商不能有效地提供服务时，顾客期望的适当服务水平就会降低，相对的容忍区域就会增大。

（5）顾客预期。顾客预期是指顾客对于服务过程或服务结果而进行的主观愿望，如果顾客对于服务过程或服务结果预期高，那么，顾客期望的适当服务就会高，容忍区域降低；反之，顾客期望的适当服务就会低，容忍区域增大。

3）理想服务和适当服务的共同影响因素

理想服务和适当服务的共同影响因素主要有四个：明确的服务承诺、暗示的服务承诺、顾客口碑和顾客服务经历。

（1）明确的服务承诺。明确的服务承诺是指服务企业通过公开媒体或相关人员口头直接传递给顾客的相关信息说明。由于服务是无形的，顾客会根据自己所获得的信息进行信息的加工处理，然后给出相对应的服务质量评价。顾客对某一服务越缺乏了解，则其期望的形成就越依赖于服务企业的服务承诺。

（2）暗示的服务承诺。暗示的服务承诺是指服务企业通过服务价格、有形的设施等将信息传递给顾客，顾客根据服务企业给出的这些信息推测服务应该是什么样或者将是什么样。价格越高或有形的设施服务越昂贵，则顾客的服务期望就越高；反之，则越低。

（3）顾客口碑。顾客口碑是指其他顾客对于企业提供服务的评价。顾客口碑越好，则顾客服务期望就越高；反之，则越低。

（4）顾客服务经历。顾客服务经历是指顾客以往接触过或消费过此类服务。如果顾客服务经历较好，则顾客服务期望较高；反之，则较低。

4. 顾客期望服务管理的重要性

如上述所说，顾客期望服务贯穿于服务的全过程，从顾客角度，它既是服务开始前对服务整个过程和结果的预期，也是服务过程中各个因素相互作用的结果，还是服务结果之后对服务过程的整体反馈，进而衡量是否进行二次服务的标准；从服务供应商角度，它既是企业吸引顾客购买服务的前提和基础，同时又是企业建立服务绩效的最低标准。因此，合理地利用顾客期望服务将有利于提高整体的服务质量。

（1）有利于提高顾客感知服务质量和满意度。顾客感知服务质量和满意度取决于顾客期望服务质量和体验服务质量之间的吻合程度，吻合程度越高，顾客感知服务质量和满意度就越高；反之，顾客感知服务质量和满意度就越低。企业可以通过合理的手段提高顾客感知服务质量和满意度。

（2）有利于提升企业形象。顾客期望是顾客对于企业服务的一种心理预期和愿望，同时也代表了顾客对于企业的认可程度。太高的顾客期望会使企业难以达到或者要达到会付出太大的成本，企业没有能力实现，最终会破坏企业在顾客心目中的形象；同样地，太低的顾客期望表明顾客对于该企业供应商提供的服务水平和能力没有足够的信心，企业在顾客心目中的形象不佳。顾客期望服务有利于企业找出顾客心中的最适服务，进而提升企业形象。

（3）推动顾客进行口碑宣传。口碑宣传同时也是从侧面反映一个企业提供服务水平的高低，在很多情况下，口碑宣传作为顾客购买服务的一个重要依据，尤其是感知风险越大的服务。通过对顾客期望服务进行合理的管理，能够有力地推动顾客的口碑宣传。

（4）有利于培养顾客忠诚。如果顾客感知的服务质量多次超过顾客期望，顾客就会非常满意，进而重复购买服务。顾客多次感到满意，就会形成顾客忠诚。

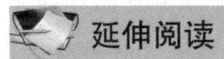
延伸阅读

国际品牌的七条服务真经

今天，在很多行业的产业链中，中下游企业的利润空间逐渐缩小，产品市场的竞争日趋白热化，越来越多的企业开始在服务上寻找突破口。同时，顾客也越来越重视消费过程中的服务体验，并将它作为评判企业表现的重要标准之一。在将服务作为企业突围的方向时，我们还必须明确一点，合理的质量和服务是顾客预料之中的事，企业要避免陷入价格战的泥沼，创建一种持久的竞争优势，就必须为顾客提供一种能让他们维持持久热情和忠诚的服务体验。

磁铁能够释放出一种稳定的、不容置疑的吸引力，因此研究人员用"磁性"一词来形容那种能够建立并维持顾客持久热情和忠诚的服务体验。吸引并培养顾客的热情和忠诚并不是一个简单的过程，在这个过程中，必须考虑两个心理因素：一方面，必须将合适的颜色、外形、音效和质感等元素植入产品或服务中，让这些元素来联结顾客头脑中的个人经验性偏好，并诱发其强烈吸引力；另一方面，产品和服务必须成为代表顾客社会身份地位的象征。

研究人员在对某些国际知名品牌进行深入研究之后,归纳了创造热情虔诚顾客的七个秘诀。

(1)信任应是动态的。磁性服务所立足的最根本原则就是信任,然而顾客信任的基础却始终是变化的。信任始于真实,我们只有在了解别人的行为动机真实可信之后才能信任他;信任来自那些能够体现你对顾客真切关注的每一次沟通;信任来自你的每一个许诺的真实兑现程度;信任还来自通过实践证实的、真真正正的能力。

(2)关注顾客的深层心愿,而不只是需求。在呈现于表面的、明确的顾客需求背后,潜藏着顾客深层的心愿和希望。打动顾客不仅能得到顾客的忠诚,更能通过预见顾客未来的需求来稳固和加强顾客忠诚。

(3)在服务中加入"感召力"。卓越的服务不仅要超出顾客的预期,而且还有一部分要不同于顾客的预期,这些意想不到的服务内容会使你的服务更加与众不同。

(4)激发顾客的好奇心。激发顾客好奇心的一个重要手段就是创造顾客参与的机会。顾客参与的机会有多种表现形式,最有效的方式就是使顾客参与到服务的提供过程中来。

(5)给顾客一个惊喜。服务中的惊喜为顾客带来的更多的是情感上的感动,而不是简简单单的喜悦。服务过程中偶尔出现的特殊行为所传达的不应只是服务顾客的愿望,而且还应该表露出服务顾客的热情。

(6)在服务中向顾客授权。磁性服务的提供者通过向顾客传递可靠的和可预测的服务来营造顾客舒适和愉悦的氛围。当顾客从获取服务的过程中体验到心理上的舒适与愉悦时,他们就感觉到自己获得了授权。

(7)显露勇气,彰显个性。磁性服务应该反映更深刻的企业目标或使命,并和企业远景规划及市场战略保持步调一致。因此,服务必须能够彰显企业的个性。彰显个性的服务显得更加单纯、自然、纯正,并显得根基深厚。企业的个性无须在服务中一览无遗,但绝对不能让顾客感觉到矫揉造作或含混不清。

(资料来源:根据相关资料整理)

(二)顾客感知服务概述

1. 顾客感知服务的含义及层次

顾客感知服务是指顾客对于实际服务质量的体验、感受和评价,一般来说,顾客感知服务是发生在服务过程中或者服务结果之后对整体服务的评价。

顾客对于服务质量的感知一般有四个层次:对单个服务接触点的感知、对多个服务接触点的感知、对服务企业的感知和对服务行业的感知。从这四个层次感知可知顾客对于服务质量的感知是逐级递增的。

对单个服务接触点的感知是指顾客在某一次服务购买或消费过程中,对某一服务接触点的服务质量的评价。对多个服务接触点的感知是指在某一次服务购买或消费过程中,顾客对多个服务接触点的服务质量的评价,即通常所说的"货比三家"。对服务企业的感知是指顾客在对某一企业进行一次或多次的服务接触过程中,对该企业所形成的整体感知评价。对服务行业的感知是指顾客在对某一服务行业中的多家企业进行一次或多次的服务接触过程中,对该服务行业所形成的整体感知评价。

2.顾客感知服务的影响因素

顾客感知服务的影响因素主要有五个:实际服务水平、顾客情感、对公平或公正的感知、其他顾客和文化因素。

(1)实际服务水平。实际服务水平是指企业实际提供的服务水平。企业提供的实际服务水平会直接影响顾客的感知服务质量——实际服务水平越高,顾客感知的服务评价通常也越高。例如,一家饭店的饭菜质量、服务人员的态度、设施环境等对于顾客感知该饭店都有决定性的影响。

(2)顾客情感。顾客情感对顾客感知的影响主要表现为:①影响顾客对服务接触和服务提供者的看法和感觉。积极的情感会正向地影响对服务接触者的看法和评价;反之,消极的情感对服务接触者具有负向的看法和评价。②影响顾客的参与热情和参与程度。积极的情感会推动顾客参与到服务过程中,进而提升服务质量;消极的情感会阻碍顾客参与,从而降低服务质量。③影响顾客对服务信息的吸收和记忆。积极的情感有利于顾客对服务信息的吸收和记忆;反之,消极的情感阻碍顾客对服务信息的吸收和记忆。

(3)对公平或公正的感知。由社会交换理论可知,服务在某种程度上是一种交换过程,服务提供者提供服务,收取相应的费用;同样地,顾客通过花费一定的费用来购买服务。如果顾客在进行服务交换过程中感知服务过程和服务结果公平或公正,则相对的顾客感知服务质量会提高;反之,如果在这个过程或结果中感知不公平或不公正,其感知的服务质量就会下降。

(4)其他顾客。其他顾客一般指那些对服务购买者有一定影响力的顾客。如果其他顾客特别是一些对该服务购买者影响力大的顾客对该服务感知质量高,则该服务购买者对该服务的感知质量相对就高;反之亦然。

(5)文化因素。不同的顾客对同一服务的感知不同,尤其是不同国籍的人受到不同国家文化的影响,对服务感知质量的差异也就越大。

3.顾客感知服务管理的重要性

如上所述,顾客感知服务质量与企业的实际服务质量并不是完全吻合的,顾客感知服务是从顾客角度出发,通过顾客的感知来评价服务质量好坏的;企业的实际服务质量是从企业角度出发,通过实际的服务质量来评价的。企业应采取不同的措施提高企业服务质量,使其能够保持与顾客感知服务质量同步性。

(1)有利于促使顾客感知服务与企业实际服务质量相吻合,即顾客感知服务质量能够反映企业实际服务质量。通过对顾客感知服务质量的管理,能够有效地促使顾客感知服务和企业实际服务相吻合。

(2)有利于促使顾客感知服务与期望服务相吻合,即顾客感知达到期望服务水平。通过对顾客感知服务的管理,使企业能够了解顾客实际感知水平和期望服务水平,进而使企业提高实际服务质量,从而达到顾客感知与期望服务水平相吻合的目的。

(3)有利于促使顾客感知超过顾客期望水平。通过对顾客感知服务的管理,有利于鼓励企业提供高于顾客期望水平的服务，从而能够形成良性循环。

顾客感知服务质量的三个重要性，在某种程度上也是企业提高服务水平的三个目标，通过对顾客感知服务的管理，使企业的实际服务水平从顾客感知水平，到期望水平，直到最后超过服务期望水平。

二、服务质量测评

通过对顾客期望服务和顾客感知服务的学习，相信我们已经对顾客期望和顾客感知有了一定的了解。在引导案例中，我们了解到不管 A 企业是加班还是招人，企业的服务质量都越来越差，很大的原因是企业不知道如何去评价服务质量。接下来，我们将学习如何评价服务质量以及如何分析服务质量问题的根源。

（一）服务质量评估方法

服务质量评估在评估服务绩效、诊断服务问题、衡量企业绩效方面起着重要作用。目前学界公认的比较经典和实用的评估服务质量的方法分为定性法和定量法两类。

定性法是指 PZB（A. Parasuraman, A. Zeithaml, L. Berry）三人提出的 SERVQUAL 量表评价和关键事件法，是顾客对服务过程的描述和评价；定量法主要有模糊综合评价法和顾客满意度指数方法。在实际运用中，通常将定性法和定量法相结合进行服务质量评价，比如通过 SERVQUAL 量表收集数据，再通过模糊综合评价法对数据进行分析。这里我们主要介绍由 PZB 三人提出的 SERVQUAL 评价方法。

SERVQUAL 是 Service Quality 的缩写，该评价方法是由 PZB 三人于 1988 年开发出来的。SERVQUAL 评价方法主要由两部分组成：一是测量顾客对于企业服务质量的期望，即我们前面所讲的顾客期望服务；二是测量顾客对于企业服务质量的感知，即我们前面所讲的顾客感知服务。每一部分都包含本章第一节所讲的服务质量属性，设计包含 22 项问题的调查量表，每一问题都用李克特 7 分（7 分表示"绝对必要"或"非常同意"，1 分表示"绝对不必要"或"非常不同意"）进行表述。将以上两个部分（顾客期望服务和顾客感知服务，又称期望—感知模型）得到的结果进行比较，就可以得出服务质量属性中每种属性的差距分值和总差距分值（分数 = 实际感知分数 − 期望分数），差距越大，说明服务质量评价越低；差距越小，说明服务质量评价越高。SERVQUAL 量表见表 5-1。

表 5-1 SERVQUAL 量表

因素	序号	属性 1——可靠性
期望（E）	E1	优秀公司承诺在某时做某事，他们就会去做
	E2	当顾客遇到问题时，优秀公司会表现出解决问题的意愿
	E3	优秀公司在第一次就能正确地提供服务
	E4	优秀公司会在承诺的时间提供服务
	E5	优秀公司将确保无差错地记录

续表

因素	序号	属性1——可靠性
感知（P）	P1	A公司承诺在某时做某事，他们就一定会做
	P2	当你遇到问题时，A公司表现出了解决问题的意愿
	P3	A公司在第一次就正确地提供服务
	P4	A公司会在承诺的时间提供服务
	P5	A公司将确保无差错地记录

因素	序号	属性2——响应性
期望（E）	E6	优秀公司的员工将准确告知顾客提供服务的确切时间
	E7	优秀公司的员工将及时为顾客提供服务
	E8	优秀公司的员工总是乐意帮助顾客
	E9	优秀公司的员工不会因为太忙而无法对顾客请求作出响应
感知（P）	P6	A公司的员工将准确告知顾客提供服务的确切时间
	P7	A公司的员工将及时为顾客提供服务
	P8	A公司的员工总是乐意帮助顾客
	P9	A公司的员工不会因为太忙而无法对顾客请求作出响应

因素	序号	属性3——安全性
期望（E）	E10	优秀公司的员工值得信赖
	E11	顾客在与优秀公司交往时感到放心
	E12	优秀公司的员工对顾客是有礼貌的
	E13	优秀公司的员工具有回答顾客问题的能力
感知（P）	P10	A公司的员工值得信赖
	P11	顾客在与A公司交往时感到放心
	P12	A公司的员工对顾客是有礼貌的
	P13	A公司的员工具有回答顾客问题的能力

因素	序号	属性4——移情性
期望（E）	E14	优秀公司会始终牢记顾客最大利益
	E15	优秀公司员工理解顾客特定需要
	E16	优秀公司的营业时间是便利顾客的
	E17	优秀公司拥有关心顾客利益的员工
	E18	优秀公司能够给予顾客个性化的关心

续表

因素	序号	属性4——移情性
感知（P）	P14	A公司会始终牢记顾客最大利益
	P15	A公司员工理解顾客特定需要
	P16	A公司的营业时间是便利顾客的
	P17	A公司拥有关心顾客利益的员工
	P18	A公司能够给予顾客个性化的关心

因素	序号	属性5——有形性
期望（E）	E19	优秀公司拥有先进的设备
	E20	优秀公司的物质设施是有吸引力的
	E21	优秀公司员工的外表和穿着是得体、整洁的
	E22	优秀公司中与服务相关的材料是有吸引力的
感知（P）	P19	A公司拥有先进的设备
	P20	A公司的物质设施是有吸引力的
	P21	A公司员工的外表和穿着是得体、整洁的
	P22	A公司中与服务相关的材料是有吸引力的

SERVQUAL 的计算公式为

$$Q=P-E$$

式中：Q 表示顾客对于服务提供者或整个服务过程的真实评价；P 表示顾客对于所获得的服务的评价（顾客感知服务）；E 表示顾客在没有接受服务提供者提供的服务之前对将要获得的服务质量的期望（顾客期望服务）。

SERVQUAL 量表明确了决定服务质量的多种方法，量表中建立的五维度在一定程度上可以作为对于服务质量的描述。但是服务质量的感知是一个复杂的过程，因此，使用 SERVQUAL 量表时，不能生搬硬套，要适时根据实际的情况进行问项的调整，从而才能保证 SERVQUAL 量表的科学性。

美国联邦快递公司的高质量服务

联邦快递（FedEx Express）是国际性的快递运输公司，为全球超过 235 个国家及地区提供快捷、可靠的快递服务，时限紧迫的货件通常只需一至两个工作日就能送达，并且设有"准时送达保证"。是什么导致联邦快递能够提供如此高效、高质量的服务呢？据了解，公司从源头就利用 power ship 自动系统跟踪货件的行踪，以了解服务类别、送货时间及地点，这样服务人员可以及时了解到是否发生服务失误，并在第一时间采取补救措施。同时，服务人员记录和分析顾客的投诉以评估服务补救的结果，并以此了解服务失误发生的原因并作出相应的改进措施。之后把这些信息收集整理，建立数据库，用于改进内部的工作程序，以减少下次服务失误的发生。当顾客打电话给联邦快递的时候，只要报出发件人的姓名和公司的名称，该客户的一些基本资料和以往的交易记录就会显示出来，极大提高了服务补救的质量。在这一服务补救过程中，美国联邦快递公司制定了非常严格的服务标准。比如，公司承诺次日上午 10：00 前送达物件，以便顾客明确知晓可享有的服务标准。同时，公司也非常重视员工的培训与授权等。公司有相当好的培训制度，每时每刻都有 3%~5% 的联邦快递员工在接受培训，公司在员工培训方面的花费约为每年 1.5 亿美元。特别是对于一线员工，服务和服务补救技巧是必不可少的培训内容。同时，公司对一线员工进行授权以便及时解决顾客问题。公司注重从补救经历中学习，通过追踪服务补救的措施和过程，服务人员能够获知系统中需要改进的问题。

2018 年，联邦快递公司收购了全球领先的电子商务运输解决方案供应商 P2P 邮件有限公司，其业务包括独特的最后一英里投递方案。2019 年，联邦快递贸易网络公司成为联邦快递物流公司，提供全面的供应链解决方案、专业运输、跨境电子商务技术服务、海关经纪以及贸易管理工具和数据。2022 年，联邦快递公司引入了新的 FedEx Ground Economy 标签，可让客户更轻松地追踪和识别递送其包裹的承运人，为客户提供了更好的物流体验。联邦快递在世界各地的 45 万多名团队成员集体承诺："我将使联邦快递的每一次体验都非常出色。"

（资料来源：https://about.van.fedex.com/，2025-05-26。）

（二）服务质量差距模型

1. 什么是服务质量差距模型

前面我们学习了如何去评价一个企业的服务质量，我们结合了前面所学的顾客感知服务和顾客期望服务来学习顾客质量评价中非常经典的一个模型——SERVQUAL 模型。接下来我们继续学习分析质量问题的根源的一个经典模型——服务质量差距模型。通过服务质量差距模型我们将更加清晰地了解服务传递过程中各个主体的作用机制以及为什么会出现服务质量问题。

服务质量差距模型（图 5-2）是由美国服务营销学者 PZB（A. Parasuraman，A. Zeithaml，L. Berry）三人在 20 世纪 80 年代通过对不同服务行业的考察，在分析服务传递过程中各主体沟通差异的基础上提出来的，又称 5 GAP 模型，该模型用来分析质量问题的根源。他们认为，企业服务水平低下的原因是源于服务过程中的五个差距，这些差距共同决定了顾客对服务质量的满意度。其中，顾客差距（差距 5）即顾客期望服务和顾客感知服务之间的差距是该差距模型的核心。要弥合这一差距，就要对以下四个差距进行弥合：差距 1——不了解顾客期望；差距 2——未选择正确的服务设计和标准；差距 3——未按照服务标准提供服务；差距 4——服务传递对外承诺不匹配。

该模型说明了服务质量是如何形成的，模型的上半部分主要是与顾客相关，通过以往的经历、个人的需求和口碑沟通等形成了顾客对某一服务的顾客期望，当然顾客期望也受到企业营销活动的影响。而顾客亲身经历服务提供者提供的服务时，即顾客感知，它是顾客一系列内部决策和内部活动的结果。在服务交易发生时，如果企业服务提供者对顾客期望有一定认识，那么其对确定组织所遵循的服务标准起到了指导的作用。当然，顾客亲身经历的服务交易与生产过程是作为一个与服务过程有关的质量因素，生产过程实施技术措施是一个与服务生产的产出有关的服务质量。也就是说，服务质量主要包括两个因素：一个是服务过程的质量因素，另一个是服务产出有关的质量因素。在服务过程中，顾客所经历的体验是通过感知服务生产过程中各个环节所体现出来的，即前面所说的过程质量。而生产过程中技术措施主要是用于服务生产过程中各个环节所使用的技术，一般是与服务生产的产出有关，也就是前面所说的结果质量，一般表现为有形的产品。

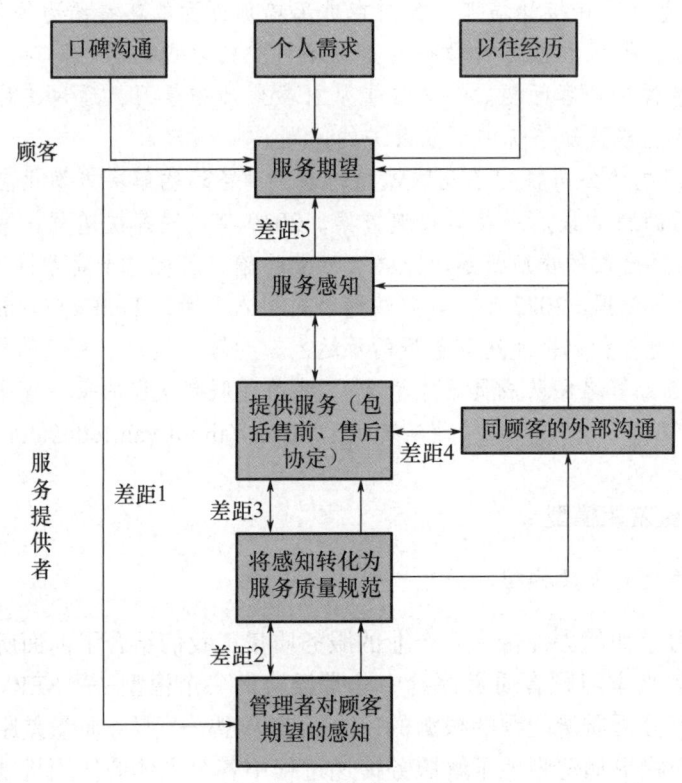

图 5-2　服务质量差距模型

在分析和设计服务质量标准时，这个差距模型给出了必须考虑哪些步骤，然后查出问题的根源。服务质量差距是由服务质量管理前后不一致造成的，服务质量差距模型中最主要的差距是顾客期望服务和顾客感知服务的差距。

2. 服务质量差距模型分析

服务质量差距模型（5GAP）主要包括五种差距：管理者感知差距、服务质量标准差距、服务交易差距、营销沟通差距和感知服务质量差距。

（1）管理者感知差距。管理者感知差距是指管理者对期望质量的感知是不明确的。管理者感知差距产生的第一个原因是管理者没有进行充分的市场调查，从而对市场认知产生偏差，因此提供的服务并不能充分地匹配目标市场的顾客需求，造成服务吸引力小。管理者感知差距产生的第二个原因是缺乏与上级领导的沟通。一线员工是经常与顾客打交道的，因此对顾客有较深入的了解，但是因为缺乏与上级领导的沟通或沟通的不及时，导致信息在传递过程中失真和滞后，上级领导在进行决策的时候，由于没有顾客的第一手资料，因此加大了管理者感知的差距。管理者感知差距产生的第三个原因是没有很好地进行顾客的维护，不能正确地平衡新老顾客之间的关注度，往往在有新顾客进入时，忽略了老顾客的感受，导致管理者在进行决策时产生偏差。管理者感知差距产生的第四个原因是没有一套完整的服务补救措施，在需要服务补救的时候，管理者没有及时准确地对服务失误进行处理或者根本就不清楚到底有没有出现服务失误，导致了顾客期望降低，引起顾客不满。

（2）服务质量标准差距。服务质量标准差距是指服务质量标准与管理者对质量的期望不一致。其产生的主要原因是：计划失误或计划过程不够充分；计划管理混乱；组织无明确目标；服务质量的计划得不到高层领导的支持等。

（3）服务交易差距。服务交易差距是指服务生产和服务交易过程中员工的行为不符合服务标准。其产生的主要原因是：服务标准过于复杂和苛刻；员工没有充分地理解标准或理解得不恰当；服务标准和现有的企业文化相冲突；技术和系统不能满足现有的服务标准等。

（4）营销沟通差距。营销沟通差距是指企业营销沟通活动中作出的承诺和企业实际提供的服务不一致。其产生的主要原因是：营销沟通计划与服务生产没有统一；营销活动中提出了一些服务标准，企业却不能按照这些标准完成工作；有故意夸大其词、承诺太多的倾向。

（5）感知服务质量差距。感知服务质量差距是指顾客感知或经历的服务与期望的服务不一致。一般会带来以下后果：顾客不满；服务口碑不佳；消极的质量评价；二次购买倾向降低。

通过对服务质量差距模型的分析能够使管理者发现引发质量问题的根源，并能够根据这些问题的根源制定适当的消除差距的措施。服务质量差距模型是一种比较直接有效的分析工具，通过它可以发现服务提供者与顾客对服务的感知差距，了解并明确这些差距是企业制定营销战略、保证企业服务质量与顾客感知质量一致、提高顾客满意度、形成口碑宣传和二次购买的有效手段。

第三节　服务质量的管理

一、影响服务质量的因素分析

前面两节我们介绍了什么是服务质量和如何评价服务质量，本节将在此基础上进一步分析，如果企业服务质量出现问题，企业如何对服务质量进行管理。不过在介绍服务质量管理之前，要先了解是哪些因素影响服务质量。

影响服务质量的因素有很多，本节主要从服务提供方和顾客角度来分析影响服务质量的三个因素。

(一)服务提供方的服务质量问题

由于服务的无形性、异质性、不可存储性以及生产和消费同步等特点,使得在对服务质量进行评价时,顾客感受到的服务质量和企业提供的实际服务之间存在很大的差别。从上一节学习的 SERVQUAL 评价方法中可知,顾客从可靠性、响应性、安全性、移情性和有形性五个基本属性来感知服务质量的好坏,当服务提供方在任何一个维度上没有达到顾客的期望时,就可能造成顾客对服务质量不满,或转向另外一个服务提供方。

(二)服务接触过程中的不确定性

服务接触是一个动态的过程,其中的不确定性也是影响服务质量的主要因素之一。服务接触是顾客与服务提供方产生互动的过程,由于在互动过程中包含着很多的不确定性因素,但是顾客在接受服务时只会根据当时感受到的服务与顾客期望服务进行比较,进而来衡量服务质量好坏。

(三)顾客本身的差异性和主观性

不同的顾客对于同一服务的认知可能不同,同一个顾客对于不同服务的评价也不同,顾客对服务的评价是具有主观性和差异性,并且由于顾客在参与服务过程中的表现不同,因此顾客对于服务质量的评价过低在很大程度上是顾客本身或是其他顾客影响造成的。比如,在进行购买服务时,如果突然有一个顾客说此次服务出现很大的问题,那么,其他顾客在很大程度上会受到该顾客的影响而不购买此项服务。

二、全面服务质量管理

全面服务质量管理是指由企业所有部门和全体人员参与,以服务质量为核心,从顾客服务的思想出发,综合运用现代管理手段和方法,建立完整的质量体系,通过全过程的优化服务,全面满足顾客需求的管理活动。

(一)全面服务质量管理的内容

通过上述的全面服务质量管理的定义,也许我们并不能很直观地理解什么是全面服务质量管理,也就是说,我们仅靠定义并不能全面理解全面服务质量管理。"全面",从营销学角度理解是"全企业""全员性""全过程",因此,下面从这三个角度去分析全面服务质量管理的内容。

1. 全企业的服务质量管理

每家企业的服务质量管理都可以分为上层、中层和基层管理。而全企业的服务质量管理就是企业的上层、中层和基层都参与到服务质量管理中来,上层服务质量管理主要侧重于服务决策,协调各部门、各环节的服务质量管理活动;中层服务质量管理主要侧重于实施上层领导者的服务决策,对基层工作进行督促和具体的业务管理;对基层的服务管理来说,一方面要严格按照企业制定的服务标准进行操作,另一方面,基层也是在服务过程中与顾客接触最多的管理层面,要实时地将顾客的需求及时地反馈给上层领导,同时在实施企业服务标准时也要根据不同的顾客需求及时作出调整。

2. 全员性的服务质量管理

在顾客眼中，企业的员工不仅代表了员工本身，同时也代表了整个企业，如果员工在为某位顾客服务过程中表现不好，则顾客对员工的不满意就会扩大到整个企业以及其他员工身上，这种思维称为"顾客思维"。而随着经济的快速发展，顾客需求变化也越来越快，顾客对企业提供服务的要求越来越多，而单纯地依靠一个业务部门根本不能满足顾客的需求，此时就需要更多的部门来配合完成该服务才能满足顾客的需求，因此，全面质量管理的内容之一就是企业全员参与进来，各个职能部门通力合作，共同完成。

3. 全过程的服务质量管理

顾客对服务质量的评价是通过对服务过程或服务结果感知得出的，因此，服务产品的质量是在企业为顾客提供服务过程中体现出来的。服务质量管理要求企业从产品的设计、制造、销售以及使用过程中故障的排除、维修等，同时为顾客提供从售前到售后的一整套服务。实施服务质量管理，必须对服务过程和服务质量产出全过程进行管理，只有这样才能保证和提高服务质量。

（二）提升全面服务质量管理的途径

我们已经对全面服务质量管理有了一定的了解，接下来要学习如何提升全面服务质量管理。而提升全面服务质量管理，提高服务质量，必须加强和健全各项服务管理工作，下面从5个方面来分析如何提升全面服务质量管理。

（1）建立服务的计划制度。制定计划制度是实现营销服务工作正常化、制度化的重要手段。企业每年会根据企业的目标来制订各项工作计划，如技术服务计划、顾客访问计划、顾客技术培训计划等，以确保服务工作有组织、有目的、有节奏地进行。

（2）建立服务质量责任制。服务质量责任制是企业各部门、各岗位和员工在服务质量管理工作中为保证服务质量所需要承担的任务、责任和权力。建立服务质量责任制能够确保企业内部各部门之间明确职责范围、工作和服务标准。把服务的各项工作同员工的积极性相结合，形成严密的质量体系，确保服务质量的提高。

（3）制定服务质量工作标准。制定服务质量工作标准就是根据服务质量责任制的要求，制定各部门所要履行的服务工作标准，如接待顾客的工作标准、技术培训的工作标准，服务过程中检修、安装、测试的标准等。通过制定各项服务的工作标准，有利于提高服务质量，同时，根据服务标准，能够确保服务工作考核的顺利进行，而企业根据服务标准考核的结果来进行薪酬绩效的奖励。

（4）建立服务的信息管理制度。顾客信息的收集和反馈对提高产品质量、开发新产品，以及提高服务质量有着重要的作用。服务企业提供的服务达不到顾客预期，很大一部分原因是企业对顾客信息掌握得不够全面，是企业提供的实际服务不能满足顾客的需求，因此，建立高效的服务信息管理制度，如顾客档案制度、产品档案制度、顾客信息传递等，对实现服务工作的连续性和为营销决策提供依据起着重要的作用。

（5）做好服务决策工作。服务决策是整个服务工作的基础，企业领导必须在顾客意见和企业自身服务质量及竞争企业服务质量相比较的基础上作出最佳的决策。在服务项目决策中，鉴于售后服务是最重要的服务项目，因此，建立既能满足顾客需求又不过多增加企业成本的售后服务体系，对整个企业的运营是非常重要的，如考虑是否提供送货上门、安装保修、人员培训、产品退换等售后服务体系。

（三）建立和完善营销服务组织

企业服务在快速发展、竞争激烈的现代市场上占据一定的地位，必须建立一个配备有各种技术、业务力量精干的高效营销服务组织。服务组织的建立要根据企业规模、产品类型、市场范围和竞争对手情况来确定。一般来说，对于高速发展的现代市场，信息流通的顺畅性关系着整个企业的命运，在绝大多数情况下，掌握顾客的第一手资料，往往能够使企业起死回生。而企业如何确保快速有效地接收市场信息，并根据市场信息作出高效的决策，源头还在于企业要建立和完善营销服务组织。因为对于一个企业来说，与顾客接触最多的还是服务营销人员，因此，企业要建立和完善营销服务组织。一般来说，要配备知识水平较高、技术熟练、经验丰富并善于交际的服务人员，他们能够精确地回答顾客提出的各种疑难问题，能够迅速、熟练地为顾客进行技术服务，并且在服务过程中，能够精确地提取和收集顾客对于产品质量的意见和要求，而这些正是企业需要的。

在企业中，服务人员作为直接面对顾客的企业人员，代表了企业形象，企业要重视对服务人员的招聘和选拔，加强服务质量意识教育和服务技术的培育，提高服务人员的综合素质，把为顾客服务的思想真正落到实处。

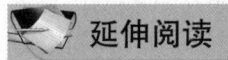延伸阅读

戴明质量管理 14 法

威廉 A. 戴明（1900—1993）在管理大师的行列中占有独特的地位，他对工业历史的影响让他人望尘莫及。由他提出的质量管理理论，作为一种管理哲学，已经被企业界广泛应用于生产经营的各个环节。

戴明论质量管理 14 法如下。

（1）树立坚定不移提高产品质量和服务的目标。
（2）采用新的质量哲学思想。
（3）停止依靠大批量的检验来达到质量标准的做法。
（4）废除"低价者得"的做法。
（5）坚持不懈地改进计划、生产和服务的每个过程。
（6）实行岗位培训。
（7）建立现代的督导方法。
（8）驱除畏惧心理。
（9）打破部门之间的壁垒。
（10）取消对员工发出的计量化的目标。
（11）废除以数字方式表达管理目标的方法。

（12）消除妨碍基层员工工作顺畅的因素。
（13）制订严谨的教育与培训计划。
（14）建立一个能够推动全面质量管理的强有力的高层管理结构。

（资料来源：根据相关资料整理）

三、零缺陷服务质量管理

（一）零缺陷的定义及分类

1. 零缺陷质量的定义

前面介绍了服务质量管理的影响因素，以及经典的服务质量管理方式——全面质量管理，下面来学习现今比较流行的一种观念——零缺陷质量观。

ISO 9000：2015 标准对于缺陷的定义是未满足与预期或规定用途有关的要求。简单地说，质量缺陷就是质量不达标或不能满足顾客需求或质量水平距离某一质量标准或顾客需求有一定差距。

"零缺陷"的概念是 20 世纪 80 年代美国质量管理专家菲利普·克劳斯比提出来的。"零缺陷"并不是说产品或服务质量绝对没有质量缺陷，或是说缺陷等于零，而是要求企业把"零缺陷"作为追求的目标，通过全面质量管理，在最大程度上降低质量缺陷或是说努力达到顾客要求，将缺陷降低到零。

2. 质量缺陷的分类

按照质量缺陷的大小或等级的不同可以将质量缺陷分为四类，即轻微缺陷、一般缺陷、严重缺陷和致命缺陷。

（1）轻微缺陷。轻微缺陷是指产品或服务质量与某一质量标准或顾客需求存在很小的差距，但并不会影响其基本用途或顾客利益，更不会对顾客造成伤害，如产品外观包装的轻微破损、服务速度稍慢等。

（2）一般缺陷。一般缺陷是指产品或服务质量与某一质量标准或顾客需求存在一定差距，在一定程度上会影响其基本用途或顾客利益，如发货速度慢、餐厅菜肴口感不佳等。

（3）严重缺陷。严重缺陷是指产品或服务质量与某一质量标准或顾客需求存在明显差距，在较大程度上影响其基本用途或顾客利益，如产品安全性差、菜肴过咸或有异物等。

（4）致命缺陷。致命缺陷是指产品或服务质量与某一质量标准或顾客需求存在很大的差别，严重影响其基本用途或顾客利益。例如：产品过期，或餐厅菜肴用地沟油烹制，严重影响顾客身心。

按照质量缺陷发生的频率不同，可以将质量缺陷分为两类：偶发性质量缺陷和频发性质量缺陷。

（1）偶发性质量缺陷，即由于企业内外部原因所致而偶然发生的质量缺陷。其特点是：缺陷明显、偶然发生、原因清楚、易于排除和控制等。对于偶发性质量缺陷，企业一般会比较重视，同时也比较容易处理。一般来说，企业一旦发现发生偶然性缺陷，会在最短时间内采取措施加以排除和控制。

（2）频发性质量缺陷，即受制于企业现有技术和管理水平而经常性发生或存在的质量缺陷。其特点是：缺陷较小、经常发生、原因不明、不易排除和控制等。对于频发性质量缺陷，企业领导一般不易引起重视，甚至会认为是"正常"而不对其进行处理。但是久而久之，如果企业不对这些质量缺陷进行处理，就会影响企业形象，进而失去顾客。

（二）零缺陷质量观的特点

从零缺陷质量的定义可知，"零缺陷"并不是企业服务质量缺陷等于零，而是一种将"零缺陷"作为企业追求目标的观念，而这种观念与我们所说的传统观念有着较大的区别。总的来说，与传统的质量观相比，零缺陷质量观有以下三个重要特点。

（1）质量合格就是要符合标准或者顾客要求。企业生产产品或者提供服务，首先必须明确标准，这个标准有可能是某一权威组织的规定，也可能是目标顾客的要求。但无论如何，企业必须要有可执行和衡量的标准，并且企业根据这个标准来生产产品或提供服务，如果没有标准，企业或顾客就无法对生产出来的产品或提供的服务进行衡量和评价。

（2）事前防范是提高质量的有效方法。传统的质量观点认为，高质量是来自检测、测试和检验，即通过事后控制防止有缺陷产品进入市场。而零缺陷质量观点认为，检验是一种既昂贵又不可靠的质量管理方法，因为检查、分类和评估都只是事后弥补。事实上，质量管理最重要的是预防，因为如果没有错误存在，就根本不会发生后续的检查、分类和评估失误。也就是说，企业第一步就按照正确的标准和程序进行操作，一方面减少了由于生产缺陷产品材料的成本；另一方面也节约了由于检查、分类等所耗费的人力成本和时间成本。

（3）严格执行标准而不是"留有余地"。一般来说，人们都奉行"知错能改，善莫大焉"，从而对于工作的缺点和出现的不合格产品往往持宽容的态度。例如，许多企业通过设定事故率和次品率的标准，实际上为不合格品的出现预设了容忍空间。尽管现有技术尚无法完全杜绝次品或事故，但此类作法可能进一步加剧不良事件的发生频率。零缺陷质量观点要求抛弃"留有余地"，对失误不能抱宽容的态度，而是要追求精益求精。

（三）零缺陷质量管理的实施

1. 实施步骤

（1）建立零缺陷管理组织。实施管理最重要的是要先建立管理组织，通过组织培训，提高员工的零缺陷理念。当然，企业高层也要起带头作用，亲身参与进来，以表决心和做出表率。企业全体树立"零缺陷"目标和理念的企业文化，使"零缺陷"作为企业服务质量的总体战略之一。

（2）确立零缺陷管理目标。在建立管理组织之后，要确定零缺陷实施计划，确定零缺陷小组或个人在一定时期内所应达到的具体要求，包括项目、评价标准和目标等。同时，在实施计划过程中，上层领导要对下属员工进行督促。

（3）进行绩效评价。要定期对小组或个人进行绩效评价，以确定小组或个人目标完成情况，从而给出相应的绩效奖励。

（4）建立提案制度。在计划实施过程中如果出现不属于主观因素造成的纰漏或错误时，如设备、工具等，可以向相关负责人指出问题，提出建议，也可以向制度管理者直接提出书面议案，和制度管理者或相关负责人进行协商解决。

（5）建立表彰制度。无缺陷管理者不是斥责错误者，而是应该表彰无缺陷人员，使之成为企业员工追求的目标，从而形成"零缺陷"文化。

2. 具体要求

（1）每个层面和环节都必须建立和完善管理制度和规范，按照规定程序实施管理，争取做到责任到位、奖罚分明。

（2）每个层面和环节都必须有对产品和工作差错的事前防范和修正措施，使之做到错不延续和提前消除。

（3）所有环节都不允许向下一个环节传递有缺陷的决策、信息等，企业不得向市场和消费者提供有缺陷的产品和服务。

（4）以人的管理为中心，完善激励机制和约束制度，充分发挥每个员工的主观能动性，不是被动地执行上级下达的任务，而是主动地去追求"零缺陷"的服务和产品。

（5）根据市场要求和企业发展情况及时调整管理组织，保证管理组织对于市场和企业发展有最佳的适应性和最优的应变性。

3. 注意事项

（1）在服务设计过程中不得留有隐患，从设计源头把握质量，严格防止先天性质量缺陷。

（2）在服务形成过程中，严格执行服务质量标准和流程，不制造缺陷。

（3）在服务提交过程中，不传递质量缺陷，只要发现质量缺陷，任何人必须立即停止传递，决不能不负责任地将有质量缺陷的产品或服务传递给下一环节。

（4）在服务过程中不隐瞒质量缺陷，无论任何人在任何时候发现有质量缺陷，都要及时向相关管理部门反映，相关管理部门在第一时间着手处理。

第四节　服务质量提高策略

一、服务质量低下的主要原因

前面对服务质量的基本属性、服务质量的评价方法及全面服务质量管理进行了分析，为企业提高服务质量奠定了理论基础。而服务质量差距模型从根源上分析了服务生产和产出过程中服务质量存在的问题，从中可知服务质量差距模型中最主要的差距是顾客期望服务和顾客感知服务的差距。而在服务质量管理中，从确定服务战略到最终实施的过程中也会出现很多的问题，最常见的就是对服务质量管理理解错误，服务管理者企图用同样的服务制度去管理不同的目标市场，最终造成了服务质量管理不协调，服务质量低下的情况。

纵观服务的生产和产出过程以及服务质量管理措施的实施和制定过程，造成服务质低下的原因主要包括以下几个。

第一，企业高层管理人员对服务质量不够重视。如果企业高层管理人员不重视服务质量管理，对服务质量没有奖惩，即使企业已经制定了服务质量标准，也得不到很好的实施，最终造成有无服务质量标准对于员工来说都一样。

第二，企业组织结构存在一定的问题。一个有效率的组织结构能够将一线员工得到的第一手信息及时地反馈给企业高层管理人员，企业高层管理人员能够根据这些信息制定准确的市场战略。如果企业组织结构设计得不合理，一线员工得到的信息不能及时送达企业高层管理人员或是企业高层管理人员制定的战略不能得到有效实施，导致企业提供的服务并不是顾客所期望的服务，从而造成顾客评价不高。

第三，企业员工的角色定位不准确。如果在服务实施过程中服务人员不能准确地把握管理人员传递的信息，服务人员在面对顾客的时候就会按照自己的主观臆断而不是依照服务标准去提供服务，这样的服务是无法满足顾客需求的。

第四，管理制度和实施措施呈现短期性。适当的服务质量管理措施在短期内可能提高服务质量水平，但从长期战略角度来看，此类提高服务质量的措施通常以合理的计划、短期的策略以及一些有效的交流工具为前提，往往在实施过程中没有考虑长期的影响。因此，只有企业采取系统的长期战略措施，才能确保企业持续提高服务质量。

二、提高服务质量的方法

前面我们从服务质量的基本属性、服务质量的评价及全面质量管理的角度分析了服务质量低下的主要原因，接下来，我们来分析如何提高服务质量。近年来，国内外学者和企业家从理论与实践角度提出了许多方法和技巧来提高企业的服务质量。其中，比较有代表性的方法主要有两种：标准跟进法和蓝图技巧法。

（一）标准跟进法

标准跟进法是指企业将自己的产品、服务和市场营销过程同市场上的竞争对手，特别是最具优秀的竞争对手进行对比，在比较、检验和学习的过程中逐步提高自身的服务标准和服务质量。标准跟进法最初来自生产性企业，目前在服务行业运用也非常广泛。企业运用标准跟进法，主要从策略、经营和业务管理等方面着手。

从策略角度来看，企业应将自身的市场战略与竞争对手的成功经验进行比较，找出符合自身的目标市场战略。比如，可以通过研究竞争对手主要集中在哪些细分市场，了解竞争对手实行的是低成本战略还是价值附加值战略，竞争者的投资水平及资源如何分配于产品、设备和市场开发等方面。通过一系列的比较和分析，企业将会发现以往被忽视的成功的策略因素，从而制定出新的、符合市场和自身资源条件的策略。

从经营角度来看，企业应将自身的经营策略与优秀的竞争对手进行比较，主要从降低竞争成本和提高竞争差异化的角度来分析竞争对手的经营方法，从而制定符合自身发展规律的经营策略。

从业务管理角度来看，企业应根据竞争对手的成功经验，重新评估企业内部各个部门对整个企业的重要性。比如，部分服务企业的后勤支持部门因脱离客户一线，灵活性不足,导致与前台服务标准脱节。参考竞争对手的协同模式,优化前后台协作机制,可显著提升服务品质。

(二)蓝图技巧法

蓝图技巧法又称服务过程分析法,是指通过分解组织系统和架构,鉴别顾客同服务人员的接触点,并从这些接触点出发来改进企业服务质量的一种策略。服务生产和产出必须通过顾客接触来实现,若想提高企业服务质量,企业必须了解顾客参与服务生产过程中影响顾客感知的各种因素。蓝图技巧法最初是由肖斯塔克引入到服务营销学中的,借助流程图分析服务传递过程的各个方面,包括从前台到后勤服务的全过程。由于借助了流程图,因此,蓝图技巧法按照步骤进行,主要涉及以下四个步骤:第一,通过服务流程图将服务的各项内容画出来,使服务过程能够清楚、客观地呈现出来;第二,将那些容易导致失误的服务关键点找出来;第三,确定体现企业服务质量标准的服务执行标准和规范;第四,找出顾客能够看得见的服务展示,而每个展示都将作为企业与顾客之间的服务接触点。

需要指出的是,服务企业通过蓝图技巧法甄选出来的服务接触点对于提高服务企业的服务质量具有非常重要的意义。在每个服务接触点,服务人员都要向顾客提供不同的职能质量和技术质量;同样地,在这些接触点,顾客对于企业服务人员提供服务质量的好坏也将影响他们对于整个企业的企业形象。

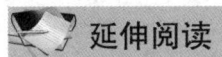
延伸阅读

改善客服质量的八种方法

(1)让经理或高管人员定期匿名给公司的客服代表打电话,向他们提出一些在客服操作手册上找不到的要求,看他们如何应对。

(2)每天给管理团队成员发送一份客服报告,重点标出问题环节。

(3)客服部门的经理每月应与下面的主管召开一次正式会议,讨论当月客服质量与趋势。

(4)持续提供培训。

(5)密切监控自动话务台,并随时确保客户按"0"键即可获得人工服务。

(6)为所有关键任务设置最低绩效标准,要求客服人员至少要达到这个标准。

(7)客服人员服务顾客的态度最重要。

(8)制定流程与体系,确保重复出现的问题更快、更好地得到解决。

(资料来源:根据相关资料整理)

三、提高服务质量的基本策略

服务的对象是人,服务的最终目标是满足于人的物质需求和精神需求,而服务是通过服务提供者与顾客的接触实现的。通过前面介绍的蓝图技巧法可知,企业要提高服务质量必须明确服务提供者与顾客接触过程中容易出现问题的接触点,并针对这些服务接触点出现的问题以及服务环境状况采取不同的策略。本书在借鉴以往的研究以及一些服务企业的成功经验上，提出了以下提高服务质量的具体策略。

（一）制定产品质量的高标准

优秀的服务企业通常都是为其提供的服务产品制定了很高的产品标准，就如上一节中的全面质量管理和零缺陷的质量理念，企业要求全过程、全员参与以及服务质量零缺陷理念的高服务质量标准。企业在制定服务规范和标准时，需对服务流程的各环节、每个环节的标准操作规范、服务时限要求以及突发事件处理程序等方面作出明确规定。而企业管理人员主要的工作是执行并控制程序，用规范化的标准统一各项工作，从而达到服务产品质量的标准化、服务岗位的规范化及服务工作的程序化。

（二）制定科学高效的服务营销战略

优秀的服务营销战略能够助力企业实现跨越式发展，而失败的服务营销战略则可能导致企业经营危机。因此，企业必须将服务营销战略置于核心地位。如标准跟进法所示，企业可结合行业标杆的最佳实践与自身发展目标，制定科学有效的服务营销战略。同时，企业应基于实际经营情况，重点强化服务接触中的薄弱环节，建立健全服务质量管理体系。此外，从顾客视角出发，通过深度沟通与需求分析，持续优化服务流程，并针对细分客群实施差异化策略，构建以顾客为中心的管理体系和闭环反馈机制。

（三）重视服务质量的提高

服务质量是服务企业的生命线，直接决定着企业的市场竞争力与可持续发展能力。企业必须将服务质量提升作为战略重点，构建全员参与的服务质量管理体系。在这一过程中，高层管理者的示范引领尤为关键；只有管理层率先践行服务理念，才能有效带动全体员工的服务提升。值得注意的是，优质服务的传递遵循"服务价值链"规律：企业若要顾客获得卓越服务体验，就必须先为员工创造良好的服务环境；要求员工提供高品质服务，管理者就应当首先为员工提供充分的支持与尊重。这种由内而外的服务价值传导机制，是构建卓越服务体系的核心所在。

（四）建立服务绩效的监督考评制度

要系统提升服务质量，企业需要构建完善的服务质量管理体系。具体而言，（1）应建立科学的服务绩效评估机制：制定量化的服务质量考核指标；实施全过程的服务行为监督制度；将服务质量与员工晋升体系直接挂钩。（2）应采用多元化的质量监控手段：定期开展神秘顾客调查；建立常态化的顾客满意度测评机制；完善顾客建议及投诉处理系统；实施服务流程的实时质量监控。（3）应持续优化考核标准：对标行业领先企业的绩效考核体系；定期评估现有考核制度的有效性；动态调整服务质量评价标准。（4）应建立绩效反馈改进机制：及时反馈服务质量评估结果；针对问题制定改进方案；形成"评估－反馈－改进"的良性循环。通过这套完整的服务质量管理体系，企业可以实现服务标准的持续提升，最终实现顾客满意度的稳步提高。

(五)创造良好的服务环境

顾客对于服务质量的评价是通过服务接触过程中顾客感知与前期的顾客期望进行比较而给出的评价,顾客在服务接触过程中,除了感知服务提供人员提供的具体服务,还感知服务过程中的服务环境。因此,服务企业应根据目标细分市场的需求和整体营销策略的要求,做好每项服务环境的工作和有形管理工作,为顾客创造良好的消费环境,以便提高顾客感知的服务质量。

第五节 服务失误与服务补救

一、服务失误

(一)服务失误的定义和分类

1. 服务失误的定义

服务失误的概念最早是由芬兰学者格罗鲁斯提出来的,此后,众多学者从不同的角度结合不同的行业和采用不同的方法对服务失误问题进行分析。但到目前为止,学术界对于服务失误还没有一个统一的定义,其中,比较有代表性的定义有以下四种。

(1)服务失误就是企业服务质量差。其中,主要代表学者有比特纳、布姆斯等人。

(2)服务失误就是企业服务出现差错或没有达到企业规定的服务标准。其中,主要代表学者有帕默、贝格斯和马克思汉姆等人。

(3)服务失误就是企业服务没有达到顾客期望或要求的情况。其中,主要代表学者有格罗鲁斯、史密斯和赫思等人。

(4)服务失误就是企业服务没有达到顾客最低期望或要求的情况。其中,主要的代表学者有帕拉苏拉曼、泽丝曼尔和贝瑞等人。

本书在结合前瞻性研究的基础上认为服务失误就是企业服务没有达到顾客的最低期望或要求的情况,即接受第四种服务失误的定义。

2. 服务失误的分类

服务失误主要可以从两个方面来进行分类:一个是从服务失误的内容进行分类;另一个是从服务失误产生的原因进行分类。

1)按照服务失误的内容进行分类

依据格罗鲁斯关于服务质量(包括过程质量和结果质量的标准)进行分类,可将服务失误分为结果失误和过程失误。结果失误指的是服务提供者未能满足顾客基本期望的情况;过程失误指的是在服务过程中经历的不愉快与不满意。

在服务实务分类理论中,除了格罗鲁斯提出的二维分类框架外,波索夫进一步构建了三维分类模型,将服务失误划分为:①结果失误——服务核心价值未达预期;②程序失误——服务交付流程存在缺陷;③互动失误——服务接触中的人际互动问题。这一三维分类体系为服务失误分析提供了更全面的理论视角。结果失误指的是服务结果未达到企业的承诺或顾客的基本期望；程序失误指的是服务过程没有按照企业的服务标准提供服务，表现为服务的延迟、顾客等待等；互动失误指的是服务人员与顾客互动不成功，表现为冷漠、失礼等。

2）按照服务失误的原因进行分类

比特纳、布姆斯等人采用关键事件法对航空、餐饮和旅游三个行业进行分析，得出引起服务失误的主要原因包括服务提交系统失误、对顾客需要和请求应对的失误和员工行为不恰当引起的失误三类。

（1）服务提交系统失误。

服务提交系统失误是指服务企业提供的核心服务的失误，致使顾客利益受到损失。比如：航空公司提供变质食物、行李处理失误等。服务提交系统失误主要包括以下三种情况。

第一，顾客不能够获得服务。顾客不能够获得服务指的是企业不能够提供正常情况下顾客可以享受的服务，或是说顾客不能够得到所需要的服务。例如：航空公司由于某种原因不能供应食品饮料；顾客通过 ATM 取款，由于设备故障，致使顾客不能取出钱等。

第二，提供的服务质量低劣。提供的服务质量低劣指的是企业提供的服务或有形设施质量低下或存在明显的缺陷，即企业提供的服务低于多数顾客的最低期望和容忍区域。例如：航空公司飞机座椅不舒服、公路上的路灯昏暗等。

第三，服务过程复杂或缓慢。服务过程复杂或缓慢是指企业服务流程烦琐或者不能够在合理时间范围内为顾客提供服务。例如：物流公司物流速度缓慢；收银台处顾客排队等待的时间长；在办理手续时要求顾客在不同的窗口来回奔波等。

（2）对顾客需要和请求应对的失误。

对顾客需求和请求应对的失误是指服务企业或员工不能准确和及时地响应顾客的需求和要求，而致使顾客利益受损。顾客需求既有明显的，又有隐含的，服务企业应避免因对其隐含的需求的错误应对而导致服务失误。对顾客需求和请求的应对失误包括以下三种情况。

第一，未能满足顾客特殊需求和请求所带来的失误。它是指服务企业或员工不能够准确地把握顾客的一些特殊需求，致使顾客利益受损，一般表现为不能满足顾客在医疗、饮食、心理、语言等特殊需求所带的损失，例如：一些少数民族对于某些食物的禁忌、顾客在餐厅就餐时要求更换座位但服务人员不予调换等。

第二，顾客错误应对失误，即服务提供方未能妥善处理顾客在服务交互过程中产生的非故意过失。比如在顾客误操作自助服务设备或不小心损坏服务场所设施时，服务人员出现服务态度失当（歧视性言语或抱怨）、过度追责（不合理的高额赔偿要求）和缺乏专业指导（未提供正确操作示范）等情况，会导致顾客满意度显著下降，并可能引发负面口碑传播。

第三，对顾客混乱的应对失误。它是指服务企业或员工对于发生在服务现场的顾客混乱和冲突处置得不恰当。例如：顾客排队时有人插队，相关人员没有进行制止；服务现场大声喧哗或抽烟，工作人员没有作出反应等。如果服务人员不能有效制止或管理顾客混乱，就会影响顾客利益，导致顾客不满。

（3）员工行为不当引起的失误。

员工行为不当引起的失误是指服务员工在为顾客提供服务或与顾客沟通过程中，其行为举止不符合大多数顾客或常规服务的要求,从而冒犯顾客的行为。主要包括以下四种情况。

第一,忽视顾客。忽视顾客是指服务人员对顾客视而不见或者态度冷漠,如不与顾客打招呼、对顾客请求不予理睬等。这显示了企业对于顾客的不重视和不尊重,从而伤害顾客自尊心或引起顾客不满等。

第二,异常行为。异常行为是指员工行为异常或不符合服务员工的一般要求,如漫不经心、无精打采、脸部表情僵硬等,都会增加顾客的负面情绪,进而引起顾客的不满。

第三,歧视行为。歧视行为是指员工存在文化偏见和歧视,如地域歧视、性别歧视等。如果员工对于一些顾客存在偏见和歧视,服务态度差,必然导致顾客的不满。

第四,不利条件下的错误行为。不利条件下的错误行为是指在不利或有害环境和条件下,员工行为不恰当或没有履行相应的职责。例如:餐厅里面顾客发生冲突时,服务人员没有进行合理的调节。

(二)服务失误的原因

服务失误是服务行业不可避免的现象,在服务接触过程中,服务的传递与服务提供者是不可分离的。在服务传递的过程中任一环节都可能发生失误,造成服务失误的原因可能有很多,有来自企业自身的,也有来自外部环境的不可控因素,还有顾客自身原因也可能导致服务失误,总的来说,造成服务失误的原因可以概括为以下几点。

1.服务属性所致

服务失误的根本原因是服务属性所致,即服务具有无形性、异质性、同步性和易逝性等特点,导致了服务失误的发生。首先,由于服务的无形性,顾客在接受服务过程中所感受、品尝、触摸时的期望以及顾客对每个服务的标准不同,比如导致服务提供者服务的偏差,进而导致服务失误的发生;其次,服务具有异质性,服务是一种行为和过程,即使服务提供者能够按照制定的标准执行服务,但每个服务人员对于标准的认知以及对标准的执行力不同,进而导致顾客感知服务达不到期望服务,顾客也会认为出现服务失误;再次,服务具有同步性,服务的感知过程是基于顾客与服务人员的直接联系而产生服务,但在此过程中,由于服务人员与顾客会因为知识、年龄、性别、经验、价值观等不同,使顾客不能得到想要的服务,继而发生服务失误;最后,由于服务的易逝性,服务的供给与需求很难实现平衡,致使顾客经常忍受延误和排队等待的现象,进而造成服务失误。

2.服务公司或员工所致

从服务提供者的角度来看,服务失误包括系统性失误和操作性失误两种。系统性失误是由于服务企业的服务体系不完善、服务设计得不合理、没有完备的保障措施来满足顾客的要求等;操作性失误是服务人员在服务过程中由于个人因素、业务不熟、态度欠佳等因素造成服务失误或服务失败。

3.顾客方面的原因

从顾客的角度来看,服务具有生产和消费的同步性。在顾客参与服务过程中,因为顾客不能有效地扮演角色,如无法表达自己的服务期望,导致服务失误。例如:顾客在购买过程中无法清楚地描述想要购买的商品，可能导致购物失败。

4. 外部环境因素所致

外部环境如发生自然灾害、地震、海啸等致使电信设施损坏、服务中断，恶劣天气致使飞机航班延迟等。

(三) 顾客对于服务失误的反应

1. 顾客对于服务失误的反应类型

服务失误后顾客一般会表现出两种行为：一种是保持沉默，另一种是采取行动（图5-3）。保持沉默是指顾客对于服务企业服务失误没有采取行动而保持沉默，继而继续在此服务供应商处购买服务或是转换另一家服务供应商；采取行动是指在发生服务之后顾客对服务企业采取对企业不利的行为，如向供应商抱怨、向亲朋好友抱怨或向第三方抱怨等，同样地，最后的结果是继续在此供应商处购买服务或转换另一家供应商。

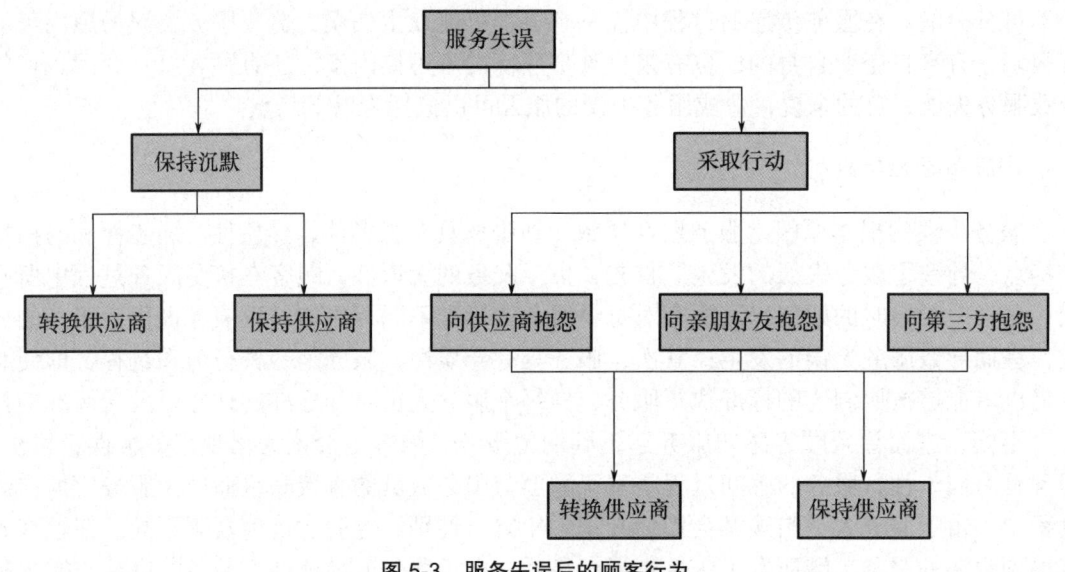

图 5-3　服务失误后的顾客行为

2. 服务失误后的沉默行为

顾客在遭受服务失误之后多数会选择沉默，顾客选择沉默一般有以下几个原因。

（1）不愿意浪费时间和精力。很多顾客选择沉默是因为选择采取行动是浪费时间和精力的，这对于他们来说是不值得的。

（2）对服务企业的不信任。他们不相信服务企业会重视顾客反映的问题和愿意帮助其解决问题，尤其是对一些服务质量不高的企业。

（3）不了解投诉渠道。他们不知道通过什么途径，用什么方式，向什么人进行投诉。

（4）认为自己也是有责任的。一些顾客在发生服务失误之后认为自身对服务需求没有描述清楚导致了服务失误的发生，从而不愿意将责任归咎于服务企业。

（5）损失较小。如果服务失误造成的损失并不是十分严重或者没有给顾客带来很大的损失，顾客通常会选择沉默。

3. 服务失误后的抱怨行为

顾客在遭受服务失误后，有一部分人是采取抱怨的形式发泄内心的不满。顾客抱怨的对象通常有三种：供应商、亲朋好友和第三方。

1）向供应商抱怨

向供应商抱怨是指当顾客遭遇到服务失误后当场面对面地或在事后通过电话、邮件、互联网等形式向服务相关人员提出抱怨或投诉。一般来说，顾客遭遇服务失误后，会当场向服务人员反映情况，因为直接反映比在事后进行投诉更具有说服力。服务失误发生后顾客会选择直接向企业相关人员进行抱怨，这对企业来说是最好的情况。一方面，因为它给企业提供了第二次满足顾客需求的机会，潜在地减少了顾客的负面口碑宣传；另一方面，企业能够根据顾客反馈的问题对服务体系进行调整，进而制定更加符合顾客需求的服务体系。

2）向亲朋好友抱怨

向亲朋好友抱怨是指顾客在遭遇了服务失误之后口头陈述或通过互联网方式向熟悉的关系网络传播和表达不满。相比于向供应商抱怨，向亲朋好友抱怨的影响巨大，一方面，由于企业并不知道顾客所遭遇的服务失误具体是什么，这就很难为顾客提供二次满足需求的机会；另一方面，负面口碑宣传会极大地影响企业的形象，造成更多的人对这家企业的负面评价急剧上升。

3）向第三方抱怨

向第三方抱怨是指顾客将遭遇的服务失误向有关机构如行业协会、法律机构、社会媒体等进行投诉和抱怨，以寻求这些部门进行协调解决问题。向第三方抱怨会极大地造成企业的负面影响，在所有的抱怨形式中，企业最需要重视并极力避免的是不满意的顾客向第三方抱怨，因为这种形式会对企业的声誉和经济利益造成重大伤害。

4. 服务失误中抱怨者的类型

服务营销学者辛格依据顾客对于服务失误的反应方式不同，将顾客划分为四种类型：消极者、发言者、发怒者和积极分子。

1）消极者

这类顾客极少采取行动，不做负面宣传，也很少向他人抱怨。消极者经常怀疑抱怨的有效性，认为抱怨是浪费时间和精力的，他们的个人价值观和个性都会抑制抱怨的行为，会自认倒霉。对于企业来说，消极者并不是"好顾客"，一是他们会转换供应商；二是他们不能为企业改进服务质量提供建议。

2）发言者

这类顾客习惯于向服务人员抱怨，会将自己的不满情绪表达出来，认为向服务人员抱怨会有积极的结果。发言者不做负面宣传，很少向他人抱怨，也不会改变供应商。对于供应商来说，这类顾客是最好的顾客，他们为企业提供了改正错误的机会，也帮助企业不断提高服务质量。如果企业能够及时和有效地解决这类顾客反映的问题，他们会不断地向亲朋好友做正面宣传，树立良好的企业形象。

3）发怒者

这类顾客极力向亲朋好友传播负面信息，而不是向第三方投诉。他们不相信企业会为其解决问题，也不愿意相信企业会为其问题花费时间和精力。对于企业来说，这类顾客是最糟糕的，他们不给企业第二次机会，从而不利于企业改进服务质量。同时，这类顾客极易转换供应商，他们很可能不再购买该企业的服务。

4）积极分子

这类顾客有抱怨的习惯，他们会向供应商、亲朋好友和第三方抱怨。他们的个性和价值观支持抱怨，对人和事秉持"较真的态度"。同时，他们认为通过抱怨和投诉能够迫使企业解决问题，他们对抱怨的潜在正面结果也是抱着乐观的态度。对于企业来说，这类顾客并非十分糟糕，他们能够帮助企业发现存在的服务质量问题，并给企业改进的机会，同时还愿意忠诚于这个企业。

（四）服务失误对企业的影响

无论顾客抱怨与否，服务失误或多或少都会给企业造成直接或间接的负面影响。这主要是因为一方面顾客的流失会直接影响企业经济利益收益；另一方面是由于服务失误所带来的顾客负面口碑宣传。具体来说，服务失误会给企业造成以下负面影响。

（1）顾客流失。顾客流失包括未投诉的顾客流失、投诉之后未得到解决的顾客流失以及部分虽然得到解决但仍流失的顾客。

（2）企业形象受损。对企业来说，最严重就是企业形象受损，即当顾客遭受服务失误后，顾客会将自己的不满意传递给身边不同的人，即使问题得到解决，顾客仍有可能将自己的经历传递给身边的人，如果身边的人继续将此次遭遇传递，将会造成企业形象的极大受损。

（3）企业经营受损。面对服务失误，如果顾客采取强烈或恶意报复行为，如散布负面信息或诋毁企业、破坏企业正常运营等，都极大地影响了企业的经营。

（4）增加企业的补偿成本。顾客在遭受服务失误后，无论企业如何做，都将增加企业的成本和减少收益。

（5）顾客信任度下降。当顾客在一个企业屡次遭受服务失误之后，必将导致顾客信任度下降，进而减少购买或转换供应商。即使企业能够及时地补救，顾客也会担心下次是否还会遭受同样的服务失误的风险，进而导致减少服务购买。

某市餐饮企业服务失误的原因

根据某市餐饮企业服务失误现状进行调查，总结出该市餐饮企业服务的失误主要表现在以下三个方面。

（一）服务传递系统失误

这类问题主要表现为菜品不卫生、菜品的原材料质量不佳、上菜速度太慢等。造成这方面服务失误的原因主要有两个：一是餐饮企业晋升机会少，加上受劳务输出的影响，该市餐饮企业出现了"用工荒"现象，人手不足造成了菜品原材料清洁不彻底，上菜速度慢，顾客等候时间过长等问题；另一方面受物价的影响，餐厅为了降低成本，利用廉价或不新鲜的原材料以次充好。

（二）未满足顾客需要而出现的服务失误

这类问题主要包括：未按顾客要求安排座位和对顾客所点的菜品未按照要求烹调。通过调查可知，顾客偏好于包厢雅间或是临窗的座位，但是局限于规模和设备的有限或者是节假日及平时就餐高峰时期，餐厅往往没有座位或是无法按照顾客的要求安排座位，这就会导致顾客的不满情绪。顾客在就餐时，遇见过菜品未按照要求烹调，不合口味或是清淡、辛辣程度无法接受等。

（三）服务人员个人行为导致的服务失误

服务人员的不佳表现或不当行为是造成服务失误的最主要原因之一，主要包括：服务人员态度无礼、生硬、不热情，对顾客的要求服务不及时、不认真，下错订单和结账错误。而出现这些情况是由于服务人员大多是临时招聘，未经过系统的培训，不具有服务行业的业务能力和沟通能力，满足不了顾客对服务的期望。

餐饮企业服务失误是不能完全避免的，但是能采取有效措施预防或减少服务失误的发生。

二、服务补救

（一）服务补救概述

1. 服务补救的定义

服务补救的概念是艾策尔和丝沃曼在研究维持企业与顾客关系的方法时提出来的。服务补救有广义和狭义之分。

广义的观点认为，服务补救就是针对导致服务失误任一环节所采取的特殊措施，不仅包括实时补救，而且涵盖事前和事后处理。服务补救应该是预应系统和反应系统的结合，预应系统是指顾客未形成不满意或出现服务失误结果之前就采取一定的措施，防止进一步发生失误；而反应系统是指对已发生顾客不满意或服务失误的结果后所作出的应对措施。

狭义的观点认为，服务补救是指企业出现服务失误时所做出的一种即时性的主动适应，其目的是将顾客因失误所引起的负面影响降到最低。服务补救的起点是服务失误，是针对服务失误所采取的一系列措施。

相较于广义的服务补救，更多学者从狭义的角度对服务补救定义进行界定，总的来说可以概括为以下三类。

（1）将服务补救等同于顾客投诉处理。格罗鲁斯认为服务补救就是指当服务失误发生时服务提供者对抱怨所采取的行动和行为，亦称"顾客抱怨处理"；德威特和布雷迪认为服务补救就是顾客抱怨管理，它是减少或消除服务失误所造成的伤害并留住不满意顾客的过程。

（2）将服务补救定义为企业针对服务失误所采取的即时性和主动补偿性行为。其中，韦福祥认为，服务补救就是服务企业在出现服务失误时，所作出的一种即时性和主动性反应。

（3）将服务补救定义为企业针对服务失误所采取的补偿性行为。詹姆克和贝尔认为服务补救就是服务提供者根据顾客感知的服务低于其"容忍区域"所采取的补偿行为；塔克斯和布朗认为服务补救就是服务提供者为了缓解和修复服务提供过程中对于顾客所造成的伤害而采取的行动。

在以往的学者研究的基础上，本书基本接受狭义的第三类定义，将服务补救定义为企业针对服务失误给顾客造成的损失而给予顾客实际的补偿。

2. 服务补救的分类

服务补救可以依据不同的补救方式、补救时机和补救内容进行分类。

1）按照服务补救的方式进行分类

服务补救方式是指当服务失误发生后，服务失误双方哪一方首先发起服务补救的问题。按照服务补救方式不同进行分类，服务补救一般可以分为主动补救和被动补救。主动补救是指企业在出现服务失误后，顾客没有提出服务补救要求或并未发现的情况下，企业主动向顾客提供补偿；被动补救是指企业出现服务失误后，在收到顾客提出的抱怨或投诉或服务补救请求的情况下而进行的服务补救。

2）按照服务补救的时机进行分类

服务补救的时机是指服务失误发生之后服务企业给予顾客补救的时间节点。按照服务补救的时机进行分类，服务补救一般可以分为即时补救、事后补救和事后延时补救。即时补救是指当服务失误发生后，服务企业立即向顾客提供补救；事后补救是指当服务失误发生后，企业在该次服务结束后向顾客提供服务补救；事后延时补救是指当服务失误发生后，并没有在该次服务结束后向顾客提供补救，而是在过后的某一段时间向顾客提供服务补救。

3）按照服务补救的内容进行分类

服务补救的内容是指企业出现服务失误并对顾客造成伤害或损失时，企业向顾客提供价值或利益补偿。按照服务补救的内容进行分类，服务补救一般可以分为物质补救和精神补救。物质补救是指企业采取减少顾客物质损失或增加顾客物质利益形式；精神补救是指采取弥补顾客心理伤害或减轻顾客心理痛苦的一些措施，如道歉、合理解释。

3. 服务补救的特点

根据服务补救本身的性质，一般来说，服务补救具有实时性、主动性、全过程和全员性三个特点。

1）实时性

实时性是指服务补救具有现场性和快速性。现场性是指在服务失误发生的现场，就地进行服务补救；快速性是指企业要尽可能快地进行服务补救，避免服务失误带来的不良影响扩散以及服务失误引起的损失加大。

2）主动性

在现实生活中,企业不可能做到百分之百的无差错,因此,为了尽量地减少服务过程中的服务失误,企业应主动地寻找和发现服务过程中出现的问题和不足。服务的主动性是指在服务过程中,主动地征求顾客的意见,鼓励员工表达对服务工作的真实感受,为进一步提高服务质量打好基础。一般来说,主动补救比被动补救能够给消费者带来更高的积极情绪、口碑宣传、重购意向和更高的顾客忠诚。

3）全过程和全员性

由服务质量差距模型可知,服务失误可能发生在服务的全过程,这就要求企业在进行服务补救时及时地做好准备,即服务补救是全过程的;一般来说,服务补救具有非常鲜明的现场性,即服务企业授权服务员工在发生服务失误后进行现场的服务补救,但服务补救并不是仅靠服务员工来完成的,而是通过企业全体协调并完成的。

（二）服务补救的重要性

在前面我们介绍了服务失误所引起的一系列负面的影响,如果企业能够给服务失误的顾客提供服务补救,能在一定程度上降低或消除服务失误对企业造成的不利影响。具体来说,有以下几点。

1. 减少顾客风险和损失,重建顾客满意和忠诚

服务失误会导致顾客利益受损,使顾客产生负面情绪并转换供应商。如果企业能够在适当的时机向顾客提供服务补救,就能够在一定程度上弥补顾客损失,甚至增加顾客收益,从而降低顾客负面情绪甚至增加顾客正面情绪,进而增加顾客满意和忠诚。

2. 消除顾客不良口碑宣传,维护企业形象

通常来说,当顾客遭受服务失误之后,会将其遭遇向周围的人传播,尤其是在互联网时代,这种情况尤为明显,如果顾客这样做,会直接导致企业声誉受损。如果企业能够及时地向顾客提供补救,将有可能降低不满和防止顾客不良口碑宣传,能够有效地保存企业形象,甚至将负面影响转为正面的口碑宣传,进而维护企业形象。

3. 推动企业改进和提高服务质量,不断提升企业竞争力

服务补救的前提是发现需要改进的地方或是发生服务失误后,不管是哪一点,都是企业发现自身问题并提出改进的机会,不断完善企业各项服务工作和推动企业提高服务质量,进而增加企业服务能力和企业竞争力。

（三）服务补救策略

服务失误的本质决定了服务失误在服务过程中是不可避免的,这就要求服务提供者能够提供恰当的服务补救,从而尽量减少服务失误带来的损失。一个恰当的服务补救策略往往能够达到事半功倍的效果,现实当中,根据不同的服务失误情景有不同的服务补救策略,具体来说有以下几点。

1. 避免服务失误

减少服务失误最有效的方法是从源头尽量避免服务失误的发生，如果没有服务失误的发生，也就谈不上服务补救。顾客得到他们所期望的服务，也就避免了再次服务以及由失误所致的服务补偿了。目前，许多企业引进全面质量管理、各级管理机构制定相应的规章制度以及业务流程，这些都是为了避免服务失误采取的措施。

2. 欢迎并鼓励投诉

欢迎并鼓励投诉能够有效地推动企业改进和提高服务质量，不断提高企业的竞争力，顾客的投诉不仅是顾客对于整个服务的一次评价，也是企业获取顾客期望服务的重要来源。

针对顾客投诉，企业首先尊重顾客的意见，承诺对顾客投诉及时予以反馈，把顾客投诉当作服务质量持续改进的源泉；其次，要让顾客有投诉渠道，尽量避免顾客沉默或向亲朋好友、第三方抱怨而使企业的形象受损；最后，要做好反馈机制，在采取服务补救措施过程中以及完成投诉处理后主动联系顾客，征询顾客对服务的满意情况。

3. 快速行动

投诉的顾客都希望能够得到及时的回应，否则一个未被解决的问题可能很快升级，企业应及时妥善地处理顾客的投诉，把不满意的顾客转变为满意的顾客。对于绝大多数服务失误来说，服务补救的时机非常重要，快速的服务补救可以提高顾客对服务质量的满意程度，同时快速而有效的服务补救的成本比缓慢的补救成本要小得多。

针对服务补救的时机，由于服务的现场性，服务补救的时机最好是在服务失误的现场予以解决。这就要求企业能够授权给服务人员，使他们有权对服务失误采取相应的补救措施或是予以顾客服务补偿。同时，对于服务员工，企业要针对不同的服务失误情况予以训练，使他们在面对同样的情况时能够采取不同的补救预案，同时，也要提高服务员工的服务补救技巧和随机应变能力。

当然，企业也可以允许顾客自行解决问题，这样也能有效地提高快速处理。针对企业顾客自行处理，企业应该建立一个允许顾客亲自解决服务需要和处理问题的系统，通常这需要技术来支持完成。顾客可以直接利用企业的平台完成对自己的服务，给自己提供即时答案。例如：企业的人工智能服务平台，客户将自己的问题输入进去就能得到自己想要的结果，避免了排队等候。

4. 公平对待顾客

服务公平性包括结果公平、程序公平和相互公平三部分。结果公平是顾客接受服务之后获得收益，主动给予顾客物质上、精神上的补偿，并积极地为他们寻求改善，帮助他们实现其利益。程序公平要求企业建立一个有效的服务补偿系统，与顾客接触的员工要有强烈的服务意识和充分授权，且具有服务补救的能力，做到补救程序合理、等待补救服务时间短，服务效率高。相互公平是企业与顾客要相互尊重、关心顾客利益和耐心服务。

5. 从服务补救的经历中学习

服务补救分析是一种有助于改进服务质量的重要信息来源，从补救中学习，就是通过对信息的整合、分析来改善企业的服务。通过追踪服务补救的努力和过程，企业可以发现交付系统中需要改进的系统问题，通过分析原因识别问题的来源，对服务过程进行改进，从而进一步提高企业服务的可靠性，提高顾客对服务质量的感知。

6. 从失去的顾客身上学习

研究失去的顾客，可以让企业更加明确地知道企业内部深层次的问题。因此，有效服务补救策略的另一个重要部分就是从流失的顾客身上学习。企业可以通过正式的市场调查确认顾客离开的原因，具体做法可由训练有素和真正了解业务的人员进行深度访谈，而且最好由企业高层人员来进行这类研究。

加拿大丰业银行补救系统

由于服务产品具有无形性、异质性、同步性和易逝性等特征，同时还具有服务质量评价主观性的特点，这些都注定了服务失误不可完全避免。即使对于有着最佳服务意识的、世界级的服务系统来说，服务失误也是难以杜绝的。一次服务失误就可能导致顾客不满，并可能永远失去该顾客的信任。

丰业银行是美洲地区最负盛名的金融机构之一，也是加拿大最具国际化的银行。丰业银行根据服务补救数据库提供的信息了解最容易发生服务失误的环节，并根据顾客的信用记录在服务中采取不同的服务方式。丰业银行要求一旦发生服务失误，前台员工要立即采取措施，并向顾客阐明解决问题需要经过的程序，让顾客及时了解问题解决的进度。当无法即时解决问题时，工作人员应主动向客户说明后续处理方案及具体措施，表明银行已启动问题解决流程。同时，需建立定期反馈机制，及时向客户通报处理进展，最大限度降低客户等待焦虑。然后通过深入调查的形式了解补救的效果以及服务失误发生的原因，为改进工作提供依据。最后建立服务补救数据库，保证顾客信息和服务补救信息的不断更新，以帮助更好地预测潜在的服务失误。在服务补救过程中，丰业银行对员工仪容仪表、服务用语、环境状况、设备设施都确定了统一的标准且重视对员工的培训，包括职前培训和入职后培训，内容分为服务培训和业务培训。

丰业银行在服务补救方面最突出的表现是积极鼓励顾客投诉，并帮助顾客开辟投诉渠道。银行在其分支机构中放置了小册子，说明投诉的五个步骤，顾客最初应向谁投诉，若不满意还可以向谁上诉，小册子中还有一位副总裁的电话号码。这些措施鼓励了不满意的顾客进行投诉，并且向员工传达了企业对服务补救的重视。这样便使服务补救的理念在企业中得到很好的传递，无形中促进了员工的组织学习。

（四）服务补救悖论

服务补救悖论概念最早是由美国学者麦卡洛和巴拉德瓦杰提出来的，其基本含义是指企业先故意制造服务失误，然后再向顾客提供高水平的服务补救，以增加顾客满意度和建立顾客忠诚，进而获得更多的利益。

服务补救悖论是建立在高水平的服务补救能使顾客获得更高的满意度这一假设基础上的，那些不满意的顾客若经历了高水平的、出色的服务补救，其满意度要比服务失误之前的满意度更高。菲利普·科特勒认为，那些抱怨而得到满意解决的顾客比那些从来没有不满意的顾客有更高的顾客忠诚；马克思汉姆认为，高水平的服务补救显著提高服务失误后的顾客满意水平。

但也有一些学者认为，服务补救悖论是无效的，甚至是非道德的和机会主义行为。泽丝曼尔、贝瑞等人认为，那些没有经历服务失误的顾客满意度大于经历失误但补救措施好的顾客满意度；史密斯和博尔顿认为，企业故意制造服务失误是不道德的行为；马克思汉姆和内特曼尔认为，服务补救悖论是服务企业打动顾客、赢得正面评价的机会主义行为。

关键术语

服务质量（Quality of Service）
顾客期望服务（Customer Expectation Service）
顾客感知服务（Customer Perception Service）
SERVQUAL 量表（SERVQUAL Scale）
服务质量差距（Service Quality Gap）
服务失误（Service Failure）
服务补救（Service Recovery）

本章小结

服务质量是一个企业核心竞争力的根本体现。没有好的服务质量，是很难在激烈的竞争环境中生存下来的。由于顾客会根据每次接触的感知建立起对企业形象的认识，因此，企业应该十分重视与顾客的每次接触，提升企业的形象。本章主要介绍了服务质量的内涵与构成要素，并从顾客期望与顾客感知的角度出发，提出了提升服务质量的方法和基本策略。最后对服务失误与服务补救进行了论述。

复习思考题

（1）什么是服务质量？
（2）什么是顾客感知价值？
（3）什么是全面服务质量管理？
（4）什么是零缺陷服务质量？

（5）结合生活实际，谈谈你对服务补救的理解。

（6）新发展阶段的发展主题是高质量发展，以此为背景并结合党的二十大报告，谈一谈我国企业如何提高服务质量。

综合案例

上海欢乐谷的服务质量提升措施

上海欢乐谷位于上海佘山国家旅游度假区，是中国首个连锁主题公园品牌，先后荣获国家4A级旅游景区、全国文明旅游先进单位、上海名牌、最佳主题公园等系列荣誉。公园包括阳光港、欢乐时光、上海滩、香格里拉、欢乐海洋、金矿镇和飓风湾七大主题区，引进国内外52套大中型游乐设施，提供100多项老少皆宜、丰富多彩的体验项目。欢乐谷坚持"日夜两栖"的运营模式，剧场表演、节庆表演、巡游表演、流动表演和大型水上表演"五位一体"的演艺体系，"相约欢乐谷，与所爱共享欢乐时光"的升级版主题概念，"欢乐予己，欢乐予人"的团队理念，致力于打造"动感、时尚、激情"的繁华都市开心地。

（一）优化主题环境

主题公园的重点在于主题，主题的本质要素是文化，狠抓文化主线，策划主题产品就是增强主题活力，应不断提升软硬件水平，着眼多视角多方面持续提高文旅服务质量。

1. 注重场景和谐，力求更新

第一，布置渲染在融入文化元素的过程中，应力求真实精致，符号、色彩、形状、灯光及音乐等元素的选取确保贴合主题文化。第二，大小远近和相互映衬的布局应追求主题和谐，在强化相关风情文化设计效果上，势必让游客在体验项目惊险之余，额外收获一种文化熏陶。第三，当主题发生变更后，应及时就环境背景、周边产品等主题元素，作出相应的调整。

2. 细化园艺开发，确保安全卫生

第一，园艺景观维护，注重绿化美化，裸露的黄土地，可用鹅卵石、小苗圃等进行装饰，乔木、灌木、花木与草坪，注重季节搭配，层层递进错落有致，美化色彩造型。第二，重视安全文化建设，防风险除隐患遏事故，不断提升风险意识和业务能力，压实安全责任，抓好风险细节，确保设施无漏洞，加强对现有设施的盘查维护，做到知根知底。第三，全面落实卫生标准化服务，提升游玩体验，完善优化卫生设施，细致到确保卫生间冬季温水正常供应，开展"厕所革命"，全面检修，增补卫生用具。

3. 顺应科技发展，丰富节庆演艺

第一，随着科技发展和政策变化，因时顺势而为，跟上时代节拍，主动更新设施服务和决策，以求常玩常新、久盛不衰。第二，精耕中外文化资源沃土，铺展节庆新生之路，推陈出新，策划全年的系列主题节庆活动，给游客带来欢乐的节庆氛围，不断丰富文化内涵。第三，继续丰富演艺体系，开拓好项目，不断深挖中外文化艺术，进一步强化演艺特色，构建品牌意象。

（二）提升岗位服务

文化是服务的灵魂，服务是文化的载体，"服务＋文化"是个大概念，我们可以结合实际情况灵活做加减法，增加有价值的内容，舍弃不必要的内容。

（1）"服务＋"有技巧。一是"服务＋项目特色化"，开展项目服务讲解提升工程，开发"服务＋故事、科普、歌声、舞蹈、拓展、段子、互动"七大版本。二是"服务＋区域规模化"，统一区域版本，给原本散乱的机械项目，进一步赋予整体的文化灵魂。三是"服务＋素养技能"，在服务中融入文明礼仪等元素，改善仪容仪表，做到外修形象内强气质。

（2）"服务－"是关键。一是减去无效讲解提示，逐渐优化服务引导。二是纠正失礼懒散，注重细心耐心，以礼待人、以诚待客。三是警惕心无标准，树立优质服务标杆，激发员工内生动力，更上一层楼。

（三）强化高效管理

主题公园作为自负盈亏的企业之一，必须优化管理文化体系，注重生产、经营和战略管理，运用现代管理理论与管理技术积极地培育市场核心竞争力，以便更好地迎接挑战。

（1）人力资源管理。第一，筑巢引凤，确保人力资源活力。加强与各地区的旅游职业院校合作，稳定人才补给面，及时补充新鲜血液，提高生活待遇，改善工作条件，树立员工信心。第二，育苗成林，建立健全培训体系。在形式上线上线下相结合，边学边干，不断练习和巩固；在节奏上由浅入深，有计划、逐步提升员工技能与素养，旺季抓运营，淡季抓管理；在内容上专题专岗抓重点，确保每次培训有重点有实效。第三，越战越勇，完善员工激励机制。通过举办岗位服务技能大赛等，以赛促学，培育一批先进典型；通过完善考核评比奖惩，倡导争优创先，做到奖罚分明；通过人才梯度培养，加强人才队伍建设，做好人才储备。

（2）服务质量管理。第一，继续对标 ISO 9001 质量管理体系抓落实抓整改，优秀的企业文化既要传承精髓、赓续血脉，更需与时俱进、破旧立新。要以"没有最好，只有更好"的进取精神，在持续迭代中追求卓越；以"精益求精、止于至善"的工匠态度，于细微处推动创新标准见行见效。第二，做好服务跟进分析，针对各具体岗位，开展精准督导与分类督导，并实时参考总结游客网评，倒逼一线员工提升服务质量，让每个人都成为主题公园的流动名片和代言人。第三，采取质量管理 PDCA 方法，即计划、实施、检查和处理，有针对性地解决具体文旅产品服务质量问题，实现高效管理目标。

（3）产品创新管理。一方面，优化产品整合，加强产品间的联系，发挥集中效益，资源整合也是一种创新，也是企业家精神。另一方面，制定发展规划，创新发展理念，人有我优人优我特人特我奇，向着优质服务、特色服务、出奇服务的更高层次的目标不断前进。

[资料来源：欧志军，刘芬，2020. 文旅融合背景下主题公园服务质量提升的探索——以上海欢乐谷为例[J]. 广西质量监督导报（02）：88-89，87.]

思考题

(1) 如何理解服务质量的含义?
(2) 从顾客的角度来看,服务质量有哪些属性?
(3) 服务质量差距模型中包含了哪些可能产生服务质量差距的因素?管理者可以通过哪些策略来弥补这些差距?
(4) 提高服务质量的策略和方法通常有哪些?

文献拓展

第六章 服务产品与服务创新

学习目标

（1）掌握广义的服务产品的概念、内涵，识别附加服务。
（2）掌握服务品牌、服务品牌资产的概念及构成要素。了解如何管理服务品牌资产。
（3）掌握新服务开发与设计的含义、分类，掌握新服务开发和设计的流程与方法。
（4）熟悉服务创新的内涵与特点、服务创新的分类、服务创新的水平，以及服务创新的内外部驱动因素。
（5）了解在推动中国式现代化发展的背景下，我国企业如何结合中国特色进行服务创新。

工银安盛人寿"重疾先赔，服务先行"

为深入贯彻党的二十大精神，实现经济高质量发展，要深化服务业供给侧结构性改革，支持传统服务行业改造升级，大力培育服务业新产业、新业态、新模式，加快发展现代服务业，着力提高服务效率和服务品质，持续推进服务领域改革开放，努力构建优质高效、布局优化、竞争力强的服务产业新体系，不断满足产业转型升级需求和人民美好生活需要。

工银安盛人寿始终秉持"以客为尊，以人为本"的服务文化价值理念，积极探索创新服务模式，致力于为客户提供满意的保险服务，让客户感受到极致的服务体验。工银安盛人寿大力推动精准化、差异化的"产品+服务"体系建设，从客户理赔服务和重疾险增值服务的实际需求出发，通过将"保险理赔"和"重疾绿通"深度融合，为重疾险客户提供全方位、一站式的整合服务，打造具有工银安盛特色的"重疾先赔，服务先行"服务品牌，以实际行动践行公司"帮助人们安享健康、幸福、美满的生活"的初心与使命。

（一）全方位、一站式的整合服务，提高了服务的灵活性，满足了客户多样化需求，创造了客户价值

为全方位解决客户理赔慢、看病难的痛点，为重疾险客户提供一站式服务，工银安盛人寿在2020年11月推出了重疾险服务新模式，将"重疾先赔"和"重疾绿通"增值服务合二为一，在满足客户门诊、住院、手术、康复各个阶段健康需求的前提下，同时满足客

户的保险需求,尽量让客户享受到有温度的理赔服务和尊享的重疾险增值服务。

(二)重疾先赔:让客户有钱治病,有温度的理赔服务

客户罹患重疾后,需要尽快筹集资金以应对大额的医疗费用,而由于重疾定义标准严格,保险公司在理赔环节需要核对大量的医疗资料,导致很多客户只能选择出院以后到保险公司申请理赔,理赔款无法有效缓解客户的经济压力。

为了给深陷困境的客户送去雪中炭、及时雨,工银安盛人寿推出了"重疾先赔"服务,当满足首次确诊合同约定的重大疾病(含轻症)、赔付金额在50万元以内(含)、合同生效(或复效)超两年的条件时,主动为重疾险客户提供上门探视和协助客户申请,快速审核支付理赔款的服务,让客户感受到有温度的理赔。

(三)服务先行:让客户方便就医,安心快捷的"重疾绿通"增值服务

由于优质医疗资源的稀缺性,客户在重疾治疗过程中常常遇到挂号难、看病难、住院难的一系列问题,罹患重疾的客户除了疾病带来的伤痛以外,还承受了额外的心理负担。

为了改善重疾客户的就医体验,工银安盛人寿通过"重疾绿通"增值服务,优选上千家国内优质医疗资源,同时搭建直通海外的就医通道,当满足保险合同有效期内、保险合同等待期满后、被保险人确诊罹患合同约定的重大疾病的条件时,提供相应的专业分诊、专业导诊、专家问诊、专家门诊、专家病房、专家手术、诊后回访、海外医疗建议、赴日就医安排的增值服务,为客户撑起健康生活的保护伞。

(资料来源:根据相关资料整理)

第一节 服务产品

一、服务产品的概念

服务产品是相对于有形产品而言的,从营销的角度来看,产品是一个广义的概念,包括服务和有形产品两种不同的类型。科特勒认为"在实践中,大部分服务和有形产品两者之间往往是相互交叉在一起的,即有形产品中包含服务,服务也依附于有形产品"。伊弗特·古默桑认为"服务就是可以购买和销售但不具有实物形态的事务"。格罗鲁斯认为"服务是由一系列或多或少具有无形特性的活动所构成的一种过程,这种过程是在顾客与员工、有形资源的关系中进行的,这些有形的资源是作为顾客问题的解决方案而提供给顾客的"。由此可见,服务产品就是一系列或多或少具有无形特性的活动所构成的一种过程。

二、服务产品组合与拓展

我们在设计服务产品时,应先理解服务产品的含义和特性。从广义上来讲,我们将服务过程和结果的组合统称为服务产品,而所设计的模式称为广义的服务产品模型。下面我们运用格罗鲁斯的服务包模型来理解广义的服务产品概念。基本的服务包由三个层次组成,分别是核心服务、便利性服务和支持性服务。

第一层核心服务体现企业提供服务最基本的功能,是企业进入市场并得以存在的原

因，顾客可以通过该服务得到核心的利益。例如酒店提供住宿、银行吸收存款发放贷款等。有些情况公司可以有许多核心服务，例如铁路公司既有客运服务又提供货运服务。第二层便利性服务是指为了使顾客能够使用核心服务，公司必须同时提供一些与之配套的服务。如果没有便利服务，核心服务也将没有办法消费，例如银行卡办理业务。第三层支持性服务是指增加服务的价值或者使企业同其他竞争者的服务区分开来的一系列活动，例如酒店提供顾客旅游用的地图。

由于服务的产生与传递过程以及顾客在接受服务的过程中对服务的感知也是构成服务产品的重要方面，因此将顾客感知考虑进服务包模型。服务过程的感知主要包括三个方面：服务的可获得性、互动关系以及顾客参与情况。其中服务的可获得性包括如交通和停车的便利性、营业时间、服务流程、员工数量及技能、顾客数量及知识水平、信息技术。互动关系则包括了顾客与服务组织的互动、顾客与员工的互动、顾客与企业有形资源的互动、顾客与服务系统的互动（如送货系统、预约系统、顾客投诉系统等），以及顾客与其他顾客在服务过程中的互动。顾客参与情况如病人参与医疗服务。这些因素综合形成了拓展后的服务包模型，如图6-1所示。

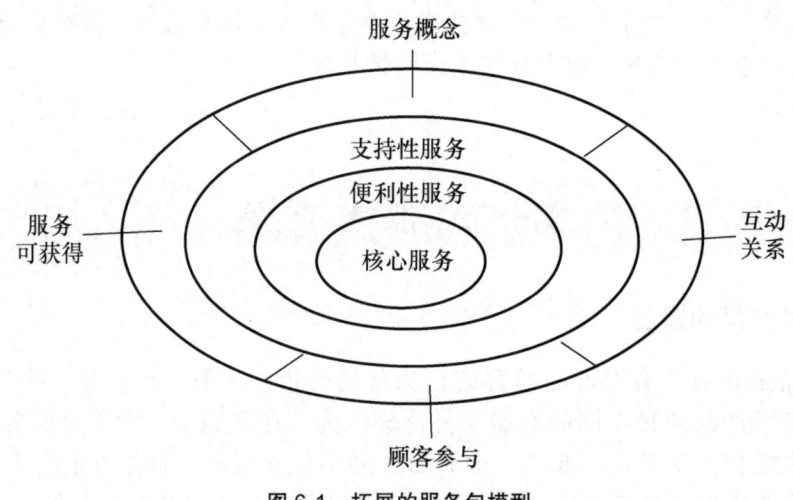

图6-1 拓展的服务包模型

三、服务产品的层次

顾客购买服务实际上是购买服务带给他们的特定利益或价值。因此，服务企业需要提供一系列能带给顾客所需利益或价值的服务产品来满足顾客的需要。典型的服务产品包含了一个核心产品和附于其上的一系列不同的附加产品要素。核心产品用于满足顾客对基本利益的要求；附加产品要素则是那些协助和促进核心服务的使用并增加核心产品价值和差异化的要素，包括提供所需的信息、建议、解决问题的文字说明和热情招待等。从企业经营内容的角度来看，任何一种产品都具有产品的五个层次，服务产品也具有产品的五个层次。对服务产品五个层次的理解由内到外依次进行，越内层的越基础，越具有一般性，越外层的越能体现产品的特色，如图6-2所示。

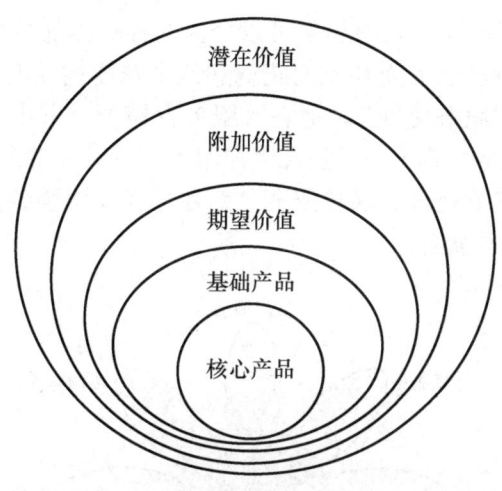

图 6-2　服务产品的层次

第一层是核心产品，是指无差别的顾客真正所购买的服务和利益，实际上就是企业对顾客需求的满足。也就是说，服务产品是以客户需求为中心的。因此，一项服务产品的价值，是由顾客决定的，而不是由该产品本身或服务提供者决定的。对购买酒店客房服务的顾客而言，其真正购买的是"休息和睡眠"。

第二层是基础产品，是指抽象的核心利益转化为提供这个服务所需的，即产品的基本形式。如酒店的客房应配备床、衣橱、桌椅、卫生间等，广告公司为顾客提供的广告牌、电视报纸广告、印刷广告等。

第三层是期望价值，是指顾客在购买该产品时期望得到的与产品密切相关的一整套属性和条件。对酒店的顾客来说，这种期望包括干净的床褥、卫生设施、电话和安静的环境，因为大多数的酒店都能满足这种最低限度的期望，因此，旅行者在选择档次大致相同的酒店时，一般会选择一家比较便利的酒店。对广告公司的顾客来说，期望得到的是有设计创意的广告、完好的广告牌等，因为大多数的广告公司都能满足这种最低限度的期望，因此，顾客在选择大致相同的广告公司时，一般会选择一家服务比较全面的广告公司。

第四层次是附加价值，是指增加的服务和利益。这个层次是形成产品与竞争产品的差异化的关键。未来竞争的关键，不在于工厂能生产什么产品，而在于其产品所能提供的附加价值。如针对住房客人的大堂免费自助咖啡、快速离店手续、赠送免费服务项目和温馨友好的服务等；在不同的广告公司提供的广告服务大致相同时，广告公司可以通过赠送免费服务项目、提供高效率的广告服务等取得优势。

第五层次是潜在价值，是指服务产品的用途转变，由所有可能吸引、留住客户的因素组成。例如，租用酒店套房的顾客可能不仅仅是为了休息，还把房间当作会见商务客人的场所；广告公司将现有产品进行创新，增加广告的宣传效果可能成为吸引客户的重要因素之一。

四、识别附加服务

随着考察的服务产品种类增多，可以发现这些服务的大多数都拥有共同的附加服务。通过观察服务传递的过程，可以看到顾客购买服务所涉及的所有要素。核心服务差异较大，但附加服务大同小异，归纳起来可以分为八种具体的情况，如图 6-3 所示以核心产品为中心，其他八种附加服务为补充的花蕊和八个花瓣构成的"花"，这就是克里斯托弗·洛夫洛克的著名的"服务之花"。他在《服务营销》一书中将附加服务分为两大类：支持性附加服务（便利服务传递）和增强性附加服务（为顾客带来额外的价值）。支持性附加服务包括信息服务、订单处理、账单服务、付账服务；增强性附加服务包括咨询服务、接待服务、保管服务和额外服务。

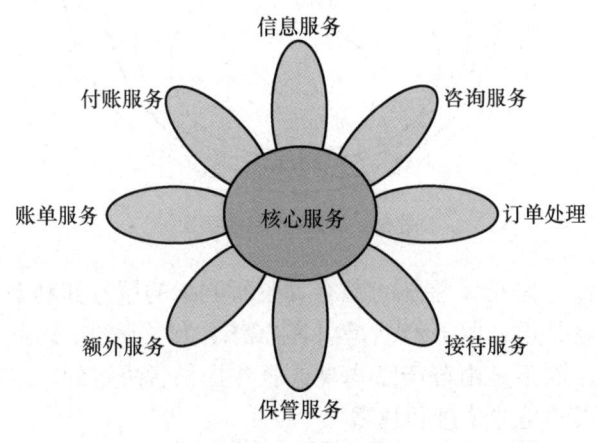

图 6-3　服务之花

（资料来源：洛夫洛克，沃茨，2013.服务营销 [M].原书第 7 版·全球版.韦福祥，等译.北京：机械工业出版社 .）

（一）信息服务

顾客在购买服务时，需要获取充分的信息以实现价值最大化。其信息获取渠道呈现多元化特征，主要包括：服务提供方（服务人员）、社交圈（家人／同事／朋友）、大众传媒（广告／宣传物料）、数字媒体（官方网站／社交媒体）及顾客的个人服务消费经历等。信息服务的基本内容包括地理位置指引、服务时间说明、价目明细公示、服务条款告知、服务操作指南、风险提示、交易凭证、服务确认等。

服务营销者必须明确顾客在消费某项服务时需要哪些信息以及顾客获取信息的渠道，以便有针对性地提供信息，并以最佳方式引导顾客了解所需信息。另外，服务组织应能确保提供的信息及时准确，因为错误的信息会使顾客不满且带来不便。服务组织应充分利用现代高科技手段，丰富信息内容，提高信息服务效率。

（二）订单处理

订单处理发生在购买阶段，服务提供方开始接收并处理客户的申请、订单或预订请求。其核心服务要素包括以下两类。（1）订单类型：商品订购（邮寄订单、电话订单、在线订单、购买订单）；服务预订（车辆／设备租赁、专业预约）；准入权限：会员制俱乐部或计划、限量接待的场所；资格审核类：需满足前提条件的服务。（2）订单处理流程：订单录入（人工或系统录入订单信息）；即时处理（现场完成）；顺序处理（按先后顺序完成的邮寄／电话订单）；保险服务（保险订单的受理与核保）。

订单处理过程需要礼貌、快捷而准确的服务，这样才不会使顾客浪费时间或忍受不必要的情感和物质上的折磨。无论是对顾客还是服务提供者而言，适当运用技术手段可以使订单处理过程变得简洁迅速，关键是在确保服务完整性和准确性的条件下尽量减少双方投入的时间和精力。

（三）账单服务

开账单几乎是所有服务的共同的要素。洛夫洛克对此强调说："不正确的、字迹模糊无法辨认的或者不完整的账单都是一次令顾客不满意的经历，即使这些顾客到开账单的那个时刻为止对他们服务经历可能仍是相当满意的。"账单服务要素的内容：定期对账单、单笔交易的发票、应付金额的口头说明、应付金额的机器显示、自己开账单（由顾客自己计算）、安全。

（四）付账服务

账单需要顾客付款，但顾客的付款行为可能会很慢，当然银行结单除外，因为银行可以直接从顾客的账户中扣款。无论是在国内消费还是国外消费，顾客越来越希望付款过程简易便捷。付账服务要素的内容：自助服务；机器找钱；支付现金给机器并取回找钱；插入预先已付款的卡；插入信用卡、支付卡、借记卡；插入货币代用券；电子资金转付；邮寄支票；直接向收款人或中介机构付款；清点现金和找钱；支票处理；信用卡、支付卡、借记卡处理；优惠券抵扣；货币代用券、票券等；从资金存款账户中自动扣除（如银行费用）；自动系统（如在入口处使用机器可阅读的票据）；人员系统（如大门的控制员、检票员）。

当前支付方式已从传统的现金交易快速转向数字化支付，信用卡、借记卡和移动支付已成为主流，现金交易的使用场景大幅减少。除电子支付外，优惠券、代金券等数字化凭证也普遍通过手机应用或线上平台发放和使用。在票务核验方面，人工检票已逐步被智能化系统取代，如高铁站的刷脸进站、电影院的电子票闸机、商超的 AI 安防监控等，大幅提升了通行效率和用户体验。工作人员的角色也从单纯的检票威慑转变为服务引导，主要协助不熟悉智能设备的用户、处理系统异常并提供咨询，在确保安全的同时减少对顾客的干扰，使服务更加人性化和高效。

（五）咨询服务

咨询服务是一种探求顾客需要，提出有针对性的解决方案的服务。它是由知识丰富或具备一定技能的服务人员对顾客的诸如"你认为该怎么做"这样的询问迅速提供意见。例如，美发师给顾客提供的发型建议、营业员给顾客提出的服装选择建议等。有效的咨询可以促成大量的服务购买。咨询服务要素的基本内容为：建议、意见、个人咨询、产品用途的指导／培训、管理或技术咨询。

简言之，咨询服务就是服务人员根据顾客需求提供直接建议。有效的咨询服务要求服务人员在提供合适的解决方案之前充分了解每位顾客当前的处境。清晰的顾客信息记录对咨询服务很有帮助，特别是在远程数据传输成为可能以后。

（六）接待服务

许多服务需要顾客亲临现场，甚至全程参与服务交付过程，例如医疗就诊、美容护理、餐厅用餐、酒店住宿、应援观影等。因此，服务组织必须确保员工以专业、细致的态度对待顾客，无论服务时长或环节繁简，优秀的服务企业往往格外重视接待体验，其核心要素包括以下四点。（1）迎宾与问候。礼貌接待，主动引导；提供饮品或小食（如餐厅的迎宾茶、酒店的欢迎饮料）。（2）环境与设施。舒适的等候区（座位、大堂布置）；盥洗室及浴室用品（如高端酒店的洗护套装）；便利设施（充电站、Wi-Fi、衣帽寄存处）。（3）便利与舒适。挡风遮雨的设计（如酒店雨棚、商场门口的防风帘）；娱乐消遣（杂志、报纸、电视或背景音乐）；交通辅助（泊车服务、接送安排）。（4）安全与保障。物品存放（行李寄存、保险柜）；场所安全管理（监控、应急措施）。

提供这种附加服务是一种能增加顾客对核心服务满意度的行为。还有的接待服务是以提供通向或离开服务场所的交通车辆为起点（或终点），如山西太原的五一商厦就提供这样的接待服务，很受消费者欢迎。

（七）保管服务

保管服务，即顾客在服务现场逗留的过程中，通常希望服务提供者能够照料他们的个人物品。只要服务组织愿意做一定的投入，对物品的看管比起对人的接待相对容易。顾客对物品的看管要求是完好无损，不要丢失。

保管服务要素的内容：看管顾客带来的物品、孩子照料、宠物照料、停车场服务、代客泊车、衣帽间、行李保管、存放空间、保管箱/安全设施、照看顾客购买（或租用）的商品、包装、提货、运输、搬运、安装、检查和诊断、清洁、添加燃料、预防性的维护、修理和更新、升级。

保管服务做得好与坏，直接影响到核心服务的质量。如搬家公司帮顾客搬运家具至新家，若物品完好无损，双方皆大欢喜；若损坏某样家具、保管物品不善，还要给予顾客赔偿。

（八）额外服务

额外服务在一定程度上会使核心服务及其他附加服务锦上添花。聪明的管理者都会事先对例外情况做出预测并略施营销小技巧。在生活中，许多顾客有过享受额外服务的经历，比如用餐时酒店会主动提供一道特色菜或赠品。额外服务要素的内容为：服务传递前的特殊要求；儿童的需要；饮食方面的需要；医疗或残疾人的需要；宗教习惯；对标准生产程序的偏离；处理特殊的沟通、投诉、赞美、建议；解决问题；对产品故障的维修保证；解决产品使用中出现的问题；解决由意外事故、服务失误造成的困难；员工或其他顾客引起的问题；帮助那些遭受意外事故或接受紧急治疗的顾客；补偿包括资金赔偿、对不令人满意的商品和服务进行补偿；对有缺点的商品进行免费管理。

管理者应该关注额外服务需求。如果这种需求过多，说明原有的标准化程序需要改进。比如一个餐厅不断收到增加菜单上没有的某种特殊菜品的请求，就意味着菜单上应该增加至少一两种类似的菜式。保持额外服务的灵活性是个好主意，因为灵活性可以使员工对顾客需求作出快速反应。但是，额外服务过多可能会以牺牲服务传递的安全性、增加对其他顾客的负面影响以及加大员工负担为代价。

第二节 服务品牌

一、服务品牌的内涵及构成要素

品牌代表利益认知、情感属性、文化传统和个性形象等价值观念,一个具有丰富文化内涵的品牌具有持久的生命力,因此,品牌是服务产品形象和文化的名片。服务品牌是消费者对服务产品有形部分的感知与服务过程体验的总和,是企业对消费者提供一致性服务交付的承诺。品牌服务是提供给顾客的品牌承诺,是无品牌服务所不具备的,顾客愿意为品牌服务支付溢价。当此溢价部分与品牌投入相当时,品牌建设确保企业更好地生存(无品牌服务的市场将被压缩);当此溢价部分超过了品牌投入时,企业获得品牌利润。面临激烈的市场竞争和生存压力,对企业而言,品牌是获得顾客,与竞争对手抗衡,赖以生存和发展的必要策略。

服务品牌包括两类基本要素:一类是展现在消费者面前,看得见、摸得着的一些表层要素,如品牌名称与品牌标志;另一类是在品牌表层要素中蕴含的独特的内层要素,如品牌的利益认知、情感属性、文化传统和个性形象等。

(1)品牌名称。品牌名称是品牌中可以用语言称呼的部分,通常由词语与图像构成,是形成品牌概念的基础,如麦当劳、肯德基、南方航空等。品牌名称应该要易于发音,与品牌有清楚的关联性,并且易于记忆。

(2)品牌标志。品牌标志是品牌中可以被识别,但不能用语言表达出来的部分,也可以说是品牌中的图形记号,常常为某种符号、图案或其他独特的设计。迪士尼公司的富有冒险精神、正直诚实、充满童趣的米老鼠形象不仅深受儿童的喜爱,也是许多成年人喜欢的对象。品牌标志是品牌的视觉语言。独特的标志能使消费者马上识别出品牌,使消费者成为忠实用户,并在消费者头脑中形成一个深刻、形象的印象。

(3)利益认知。品牌的利益认知是指消费者认识到某种品牌产品的功能特征所带来的利益。利益认知是品牌认知的一部分。服务品牌的每一个属性都可以转化为具体的功能利益或情感利益。品牌文化通过利益认知向消费者传递产品满足一定的需求并在某方面具有较强满足能力的价值信息。

(4)情感属性。消费者对品牌认知的过程中,会将品牌的利益认知转化为一定的情感上的利益。消费者在购买产品的功能利益的同时,也在购买产品所带来的额外情感属性。麦当劳的质量和服务可转化为"在这里找到受人尊重的体验、舒适以及开心"。

(5)文化传统。品牌也代表了一种文化传统,文化传统有时会成为品牌的强大力量源泉,品牌因此而有更持久的生命力和市场优势。

(6)个性形象。品牌具有一定的个性形象。对品牌的宣传不仅要说明其独特之处,树立品牌形象,还要赋予品牌鲜明的个性形象。个性形象更强调与其他品牌的区别,使消费者意识到该品牌所代表的利益和形象。品牌的个性形象越突出,消费者对品牌的认知越深刻,该品牌在市场上占有较大的优势,否则,消费者对品牌的认知就比较肤浅,无法引起足够的注意力。

"年轻的"新茶饮·喜茶

2021年11月30日,第七届中国品牌论坛在人民日报社举行,参会嘉宾以"加强品牌建设,推动高质量发展"为主题,开展了深层次、多领域、高水平的对话交流。新茶饮行业开创者和推动者喜茶在发展中始终不忘打造中国优秀品牌、推动行业发展的企业责任,以产品创新和服务体验,为行业发展和品牌建设树立了典范,并入选"2021年度中国品牌创新案例"。

作为新时代的茶饮品牌,喜茶将"以茶的年轻化为起点,为世界创造能激励大众的产品与品牌"作为自己的使命与愿景,致力于在中国传统茶饮的基础上,以年轻化的方式不断创新茶饮产品和品牌,在满足消费者需求,推动产业发展的同时,弘扬中国文化,为坚定文化自信贡献力量。

为给品牌不断赋予价值,喜茶还围绕新时代品牌表达进行了大胆的尝试。2020年9月,喜茶广州永庆坊店开业同期,推出"永庆有喜"非遗礼盒,彰显了喜茶品牌"灵感之茶,中国制造"的历史与文化传承;2020年12月,喜茶与传统艺术机构荣宝斋及国际知名潮流艺术家Digiway合作,化用《韩熙载夜宴图》,推出融合中西方文化及年轻时尚元素的喜茶版《灵感饮茶派对》,让传统文化与现代潮流跨越时空对话,体现了喜茶品牌的现代风尚与国潮气质。

为进一步树立与彰显品牌影响力,喜茶还以践行企业社会责任为契机,积极投身乡村公益事业,并探索出"消费拉动+产业支持"的助农新模式,为农户增收、乡村振兴注入品牌活力。为此,喜茶深挖用户需求,结合消费升级和新茶饮行业发展趋势,一方面以各地优质水果等农产品为基础,积极开发茶饮新品;另一方面在各地农村寻找优质原料供应,以消费拉动供给,以产业支持农民增收、农村发展。2021年6月,喜茶使用广东潮汕等地区出产的黄皮制作的黄皮仙露、多肉黄皮仙露等产品,让黄皮这款地域性特色水果迅速"出圈",在全国掀起"黄皮饮品热",直接带动当地黄皮外销;通过在贵州自建茶园、广西共建槟榔芋种植基地等举措,喜茶不仅为当地种植户带来可观的收入,也为当地的产业发展带来了稳定的预期和全新的机遇,在让"以茶扶农、以茶兴农"成为可能的同时,也让喜茶自身成长为推动乡村全面振兴的新茶饮品牌力量。

喜茶方面表示,坚持高质量发展是中国品牌建设的必由之路。作为新茶饮行业的开创者和推动者,未来喜茶将秉承品牌精神,继续为消费者提供优质的产品、服务和体验。

(资料来源:中国质量新闻网)

二、服务品牌资产的内涵与管理

品牌资产是与品牌、品牌名称和标志相联系,能够增加或减少企业所销售产品或服务的价值的一系列资产与负债。根据品牌策划大师大卫·艾克的品牌资产五星模型,品牌资产包括品牌忠诚度、品牌认知度、品质认知度、品牌联想、其他专有资产(如商标、专利、渠道关系等),这些资产通过多种方式向消费者和企业提供价值。美国学者 Berry 根据对 14 家高绩效服务企业的调研提出服务品牌资产的六项构成要素,即品牌展示、品牌认知、品牌含义、顾客体验、外部品牌交流与服务品牌资产,而服务品牌资产又受前五项因素直接或间接影响。

有效的服务品牌管理需要一个长期远景的决策,根据大卫·艾克的品牌资产五星模型,可将服务品牌管理分为四个不同的层次:服务品牌知名度管理、服务品牌认知质量管理、服务品牌联想(关联性)管理及服务品牌忠诚度管理,如图 6-4 所示。

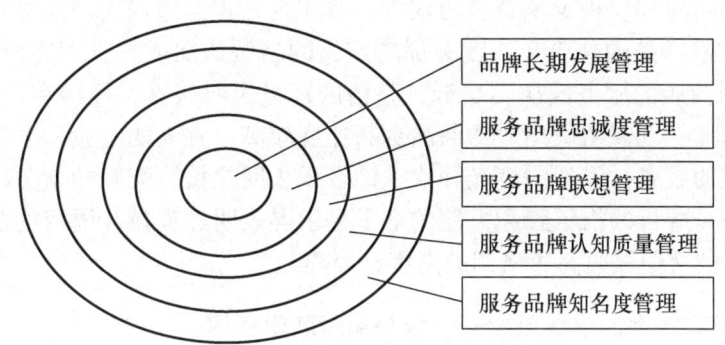

图 6-4　服务品牌管理的四个层次

(资料来源:周明,2009.服务营销 [M].北京:北京大学出版社.)

首先是对服务品牌知名度的管理处于基础层次,其次是对服务品牌的认知质量管理处于初级层次,服务品牌的联想管理处于中级层次,在达到了服务品牌的高级管理层次——品牌忠诚度管理后,品牌会获得长期的发展。

(一)服务品牌管理的基础层次——服务品牌知名度管理

根据品牌知名度的三个层次,可以采取如下策略提高品牌知名度。

(1)标志展示。包括视觉形象,视觉形象比文字更易于为人们所理解与记忆。如果拥有与品牌紧密相连的标志,那么在创建或维持品牌知名度时,标志就能够发挥主要作用。不宜将呆板、缺乏特色的符号、颜色、图案用作品牌的标志,只有简单明了,才便于消费者识别和记忆。

(2)品牌应该有标语。标语不仅能够凸显产品的特征,强化品牌形象,而且有助于人们回想品牌。

(3)宣传。不断重复有助于品牌回想,要让消费者回想品牌比让消费者识别品牌更难。这就要求品牌名称更为突出,品牌与产品类别的联系更强。随着时间的推移,品牌回想在不断弱化,只有通过广泛的宣传才能建立品牌回想。

除上述三种方法外,还有如加强公共关系、赞助比赛、考虑品牌延伸问题等。但是这些都只是辅助手段,要想让消费者铭记在心,需要在产品质量上做出努力。

(二)服务品牌管理的初级层次——服务品牌认知质量管理

品牌认知是对一个品牌的服务质量的主观认知,它是服务品牌的生命基础。并且认知质量越高,其品牌竞争力越强。服务品牌认知质量不仅是一种持续竞争优势,而且直接影响市场地位。具体地说,品牌认知质量越高,越能引起购买,市场占有率越高。提高品牌认知质量可从如下几个方面着手。

(1)提高产品质量或服务水平。这是提升品质认知度的基础。

(2)采用溢价策略。"好品质自然意味着好价格""便宜没好货",这是一般常识。因此根据消费者对品质高低的习惯性判断心理,可以将价格定得高一些,采用溢价策略,从而达到使消费者相信产品的品质更高的目的。

(3)使品质可感知。根据消费者习惯性、常识性认识,适当对产品进行可感知化的改进,有意识地改进产品的外包装,就会提高产品的品质认知度。以零售服务的环境为例:繁华的地段表明商店的服务档次不会低;整洁的环境表明认真、仔细和严谨的服务态度;新鲜而芳香的店堂空气表明所出售的商品更新速度较高;宜人的室温、柔和的灯光和音乐表明温情、细腻的服务;强烈的灯光和欢乐的音乐表明热情、豪爽的服务;赠送礼物表明追求长久的服务;醒目的指示牌和方便的电子显示屏表明过程设计周密的服务;服务人员和顾客语言举止的文明表明商店格调的高雅;等等。

(三)服务品牌管理的中级层次——服务品牌联想管理

服务品牌联想管理是创设品牌心理优势的关键,也是品牌能够影响消费者的内在机制。例如,人们一遇到问题,就会想到"百度"。百度的口号"有问题百度一下""我就喜欢百度一下",通过一种积极、肯定、独特的品牌联想为其服务品牌的竞争创设了心理优势。一般来讲,提高品牌联想可采取如下措施。

(1)讲述品牌故事。它是品牌在发展过程中将那些优秀的东西总结、提炼出来,形成一种清晰、容易记忆又令人浮想联翩的传导思想。这种传播形式比广告更高明,它是品牌与消费者之间成功的情感传递。消费者购买的不是冷冰冰的产品,他们更希望得到产品以外的情感体验和相关联想,而且,这种联想还有助于诱发消费者对品牌的好奇心和认同感。

(2)在当今市场中,产品的功能性差异已逐渐缩小,消费者体验不再仅停留于使用层面。当理性需求被充分满足后,情感共鸣便成为品牌脱颖而出的关键。建立品牌感动的核心,在于构建独特的精神场域与鲜明的价值主张——这不仅是差异化的竞争策略,更是与消费者建立深层情感连接的必由之路。成功的品牌感动需要实现双重价值传递:既要清晰传达产品的购买理由,更要通过富有感染力的品牌叙事,唤醒消费者的情感记忆与价值认同。当品牌能够以温暖而坚定的方式触动人心时,功能性的消费行为便升华为情感性的价值共鸣,最终形成超越产品本身的品牌忠诚。

品牌与消费者的情感连接,往往始于精准的感官情绪唤醒。成功的品牌懂得选择一种最契合自身基因的情感基调,并将其转化为持续一致的传播语言。这种情感定位的价值在于,它超越了产品功能层面的竞争,在消费者心中构建独特的心理印记。当品牌能够以鲜明的情感风格持续触动人心时,消费者收获的不仅是产品的实用价值,更是一种深层次的身份认同与精神契合。这种共鸣感,正是品牌从"被选择"升级为"被热爱"的关键所在——它让每一次消费行为,都成为情感归属的生动表达。

(3)借助品牌代言。实际中很多传播机会来自有影响力的用户,以用户为资源进行传播,同样可以建立有价值的品牌联想。但品牌个性与代言人个性的吻合是品牌传播效果优化的关键。只有品牌个性与代言人个性准确对接,才会产生传播识别的同一性,有效地树立和强化该品牌在公众中的独特位置。只有与竞争品牌有差异并能引起消费者联想的品牌,才是一个有竞争优势的服务品牌。服务品牌联想的差异性是服务品牌立足于市场的重要因素。

(四)服务品牌管理的高级层次——服务品牌忠诚度管理

服务品牌忠诚度以服务品牌知名度与美誉度为基础,是企业服务品牌管理的高级层次。通过对其管理可提高品牌销量,扩大品牌资产,实现服务品牌的长远发展。根据帕累托的研究,品牌销量符合20/80定律,即80%的品牌销量来自20%的忠诚顾客。同时,品牌忠诚度每提高一个百分点,都会导致该品牌利润的大幅度增长。因此,服务品牌忠诚度管理不仅是服务品牌管理的最高阶段,而且是服务品牌管理的核心问题。通过品牌管理的前三个层次后,服务企业能很自然地获得顾客忠诚。服务品牌忠诚度提高之后,市场份额的质量就随之提高,利润的获取就有了保障,服务品牌的发展也就开始步入良性循环,服务品牌就会获得长期稳定的发展。

第三节 新服务开发与设计

一、新服务开发

(一)新服务开发的含义

新服务的开发是对新的无形产品的开发。新服务开发不只是服务产品开发,例如,在金融服务领域,用合适的方式来支持核心绩效评价可以获得比竞争对手更具差异化的服务。新服务开发是在企业整体战略和创新战略指导下的一种开发活动,因此有意识、有组织和系统性的开发活动占据了主导地位。开发活动也可能是一种偶然性的、非系统性的活动,如某些员工或某部门为解决某个问题或在外界环境的影响下产生创新理念和思想并进行相应的开发活动,不过这些创新理念和思想仍然受到企业整体战略和创新战略的影响。实践证明,有组织、系统性的开发活动更有助于提高新服务开发的效率。

(二)新服务开发的类型与战略

服务生命周期理论认为,由于服务在市场上总要经历一个从成长到衰退的发展过程,因此,服务企业要想在激烈的竞争中成功发展,必须不断地引入新服务,以适应不断变化的市场需求。服务营销学中新产品的含义要比制造业中新产品的含义宽泛得多。通常情况下,新服务战略框架见表6-1。

表 6-1　新服务战略框架

服　　务	市　　场	
	现有顾客	新顾客
现有服务	增加份额	开发市场
新服务	开发服务	多元化

（资料来源：泽丝曼尔，等，2018.服务营销[M].（原书第7版）.张金成，白长虹，等，译.北京：机械工业出版社.）

（1）增加份额（现有顾客，现有服务）。即市场渗透，从现有市场获得更大的销售比例。

（2）开发市场（新顾客，现有服务）。即使用创新的形式向每位新顾客提供其现有服务。开发国际市场也是开发市场战略的一种形式。

（3）开发服务（现有顾客，新服务）。这种类型的增长源于向现有顾客提供额外的新服务，或者提供改善和提高后的服务。新服务如增加现有服务的品种（例如在某个学校里增设一个新培训班）。选择这种方式投资较少，因为技术和营销方式已经具备，但是创新效果不会很突出。改善服务，即增加现有服务的特性，对服务予以改进和提高，实质上是对服务核心层次以外的各层次进行改善，以调整产品的期望价值，增加顾客的附加利益。变换风格，即对现有服务的特征予以改进和提高，如改变产品发热包装等。

（4）多元化（新顾客，新服务）。这一战略为尚未被服务过的顾客提供新服务，通常很具有挑战性。采用这一战略的组织从产品和市场两个维度进入新领域。

一般来说，创新程度越高，所含的风险和费用就越高，服务开发管理工作就越复杂。实践中，企业应根据自身经营及资源（生产能力、设备和市场）状况，提出企业所能采取的服务策略及市场选择策略。新服务开发策略见表6-2。

表 6-2　新服务开发策略

企业资源	策　　略
利用现有产能、设施及市场地位	企图向现有顾客销售更多的现有服务
利用现有产能、设施，但无市场资源	企图向新顾客销售现有服务
利用现有市场资源，但无既有产能及设施	企图向现有顾客提供新服务
无任何资源	企图向新顾客提供新服务

（资料来源：郭国庆，2013.服务营销管理[M].3版.北京：中国人民大学出版社.）

（三）新服务开发过程

与有形产品的开发一样，服务的开发也要遵循科学的程序。拉斯摩认为，有形产品开发过程的七个步骤同样适用于服务的开发，它们分别是：构思、筛选、概念形成与测试、商业分析、开发测试、市场试销和正式上市。

1. 构思

构思是对未来新服务的基本轮廓架构的设想，是新服务开发的基础和起点。这些设想可以通过许多方式产生，既可能来自企业内部，也可能来自企业外部；既可以通过正规的市场调查获得，也可以借助非正式的渠道。这些构思可能会为公司提供递送新服务的手段，或者为公司取得服务的各种权利（如特许权）。从外部来看，顾客、竞争对手、科研机构、大学和海外企业的经验都是企业获得构思的主要来源。有时，一般员工的设想对企业也具有启示意义。

为了促进新服务开发创意的产生，各种思考方式和技术，如专家意见法、头脑风暴法、侧面思维法等都可以采用。例如，奥布里·威尔逊在其对专业服务业的研究中使用了专家意见法，这种方法通过精选各行各业的专家组成小组，彼此自由交换意见、讨论议题，找出富有创意的解决方案。不过他指出，这种方法只能偶尔用来协助客户解决问题。他进一步指出："若想以结构性方式来开发和利用构思，唯一的途径就是将营销思想和活动先行推展，因为目前所有的营销管理者在这方面的进展仍很落后。"

2. 筛选

对于所获得的构思，企业还必须根据自身的资源、技术和管理水平等进行筛选，因为有些比较好甚至很好的构思并不一定能付诸实施，通过筛选可以较早地放弃那些不切实际和错误的构思。筛选的过程主要包括两个步骤：首先，建立评选标准，以比较各个不同的构思；其次，确定评选标准中不同要素的权数，再根据企业的情况对这些构思打分。一些服务企业习惯于采用市场大小、市场增长状况、服务水平和竞争程度等标准。必须强调的是，没有任何一套标准能适合所有的服务企业，各企业均应根据自身情况来开发、制定出自己的一套标准。

3. 概念形成与测试

经过筛选之后的构思要转变成具体的服务概念，包括概念形成与测试两个步骤。在概念形成阶段，主要是将服务的构思设想转换成服务概念，并从职能和目标的角度界定未来的服务。随后进入概念测试阶段，其目的是测定目标顾客对服务概念的看法和反映。此外，在形成和测试概念的过程中还要进行定位，即将该产品的特征与竞争对手的产品进行比较，并了解它在顾客心目中的位置。其目的在于使新服务的属性与竞争对手提供的服务相比较，并与顾客本身需求的服务进行比较。

4. 商业分析

商业分析也就是经济效益分析，即了解这种服务概念在商业领域的吸引力有多大及能否成功。具体的商业分析包括很多内容，如推广该项服务所需要的人员和额外的物质资源、销售状况预测、成本和利润水平、顾客对这种创新的看法及竞争对手的可能反应。毫无疑问，在这一阶段要想获得准确的预测和评估是不切实际的，企业只能做一个大体的估计。一些常用的分析方法如盈亏平衡分析、投资回收期法、投资报酬率法等也有助于企业的商业分析。在此阶段经常需要一些开发性的技术和市场研究，以及掌握新服务推出上市的时机和成本控制手段。

5. 开发测试

如果服务构思经过概念形成和测试，又通过商业分析被确认为可行，就进入了具体的服务开发阶段。这意味着企业要增加对此项目的投资，招聘和培训新的人员，购买各种服务设施，建立有效的沟通系统。此外，还要建立和测试构成服务的有形要素。与有形产品不同的是，在新服务的开发试制阶段，除了要注意服务的实体性要素，还要注意服务的递送体系。

6. 市场试销

无论是有形产品还是无形产品，在新产品研制出来之后通常都要经过市场试销，因为顾客对设想的产品和实际产品的评价可能会存在某些偏差。实践表明，很多产品试制出来之后仍然会被淘汰。要想试销某些新服务总是存在一些困难。比如，一家航空公司推出某项专为残疾人服务的新业务，它可以选择某个航线或者某些顾客进行试销。但是，如果它想在某个城市设立一个办事处，就没有必要进行市场试销，因为这种服务从一开始就必须达到设计的标准和要求。事实上，由于服务的无形性特征，服务企业并无实体产品可供测试，因此，只有实际的市场销售才是检验服务优劣的可行办法。

7. 正式上市

这一阶段意味着企业开始正式推广新服务，新服务开始进入其生命周期的引入阶段。企业必须在新服务上市以前作出以下决策：在适当的时间、适当的地点采用适当的推广战略，向适当的顾客推销其新服务。显然，企业市场营销组合策略的正确与否将直接影响到新服务上市后的销售组合策略正确与否，直接影响到新服务上市后的销售效果。因此，该阶段也是最重要的阶段。

科特勒认为新服务上市时，应进行以下基本决策，即何时推出这项新服务，从何处开始推出新服务，服务是地方性的、区域性的、全国性的还是国际性的，如何开始推出新服务。

新服务创新的想法有多种来源：可能由顾客提出建议（如饭店增加新菜品）；训练一线员工倾听顾客意见；挖掘顾客数据库获得可能的服务扩展（如附加的金融服务）；顾客统计趋势也会使人们注意提供新的服务（如长期医疗服务）和技术的提高，这些想法形成了新服务开发流程（NSD）（如图 6-5 所示）的开发阶段的投入部分。开发和分析步骤共同构成了计划阶段，这一阶段要对市场能力和可靠性进行评估；最后两个步骤设计和实施是 NSD 循环过程的实施阶段。在实施阶段，在服务的传递设计和跨职能服务开发上的努力对成功至关重要。在图的中间部分列出了推动 NSD 流程因素（如团队和组织相关）的重要性。服务的最终产品体现了对人、系统和技术维度的考虑。

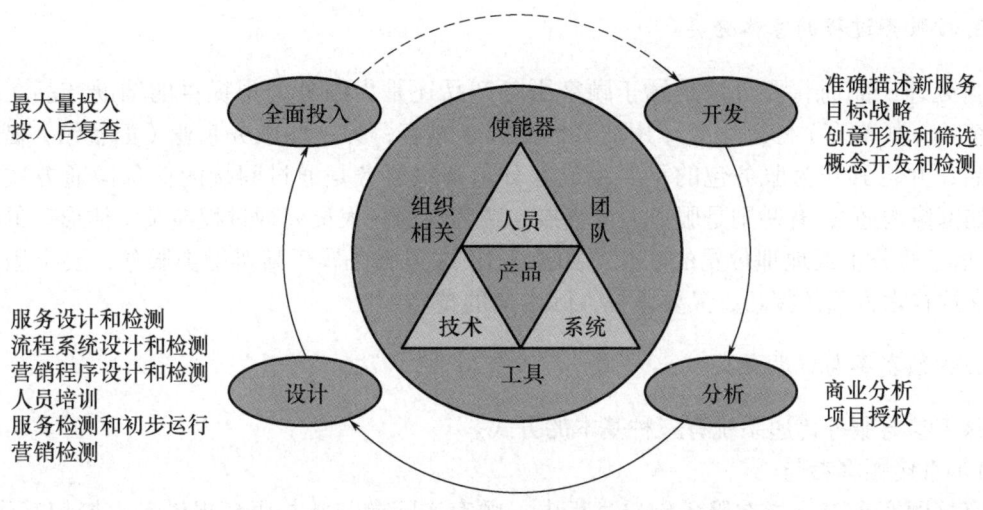

图 6-5　NSD 流程周期图

（资料来源：菲茨西蒙斯，等，2003.服务管理：运作、战略与信息技术 [M]. 原书第 3 版. 张金成，范秀成，译. 北京：机械工业出版社.）

二、服务设计

（一）服务设计的含义

人们对服务设计的概念进行过不同的描述，其中，美国银行家协会的肖斯塔克是最早提出服务设计的学者之一。在他的理论中，服务设计被称作"服务系统设计"，服务系统设计由明确服务过程、识别容易失误的环节、经历时间框架、分析成本收益四个基本步骤组成，强调了服务业运作流程和工业设计与制造业的不同。

服务设计是服务企业根据顾客的需要而进行的对员工的培训、工作分派和组织，以及设施的规划和配置。服务设计的内容主要包括服务流程设计、工作设计和人员安排、服务系统规划、设施选址与布局、设备的选用与规划等，其本质是为服务提供系统的设计。

（二）服务设计的分类

服务设计可以从服务的差异性程度、服务过程的客体及顾客参与的程度这三个层面来进行分类。

1. 按服务的差异性程度分类

（1）标准化服务（低差异性）。该服务是通过范围狭窄的集中的服务获得高销售量，具有简单重复性，对员工的技能要求较低，大多为自动化生产。

（2）定制化服务（高差异性）。该服务过程无固定模式可循，且未被严格界定，服务人员与顾客之间存在较多的信息沟通。因此对于服务人员的服务水平和分析与沟通技能要求更高，需要较多的灵活性和判断力来完成该项服务。为了使顾客满意，应授予服务人员一定的自主判断力和决策权。

2. 按服务过程的客体分类

当处理产品时，要分清是属于顾客服务产品还是由服务公司提供的辅助产品。一些服务企业（如汽车）修理服务作用的客体是属于顾客；另一些服务企业（如餐馆）提供辅助产品，并将其作为服务包的重要组成部分。有些服务是通过间接的信息沟通方式来完成（如网络沟通）；有些则是服务人员直接与顾客沟通。人员处理过程涉及实体形态的变化（如美容、理发）或地理位置的变化（如乘车），这类服务属于高接触类服务，要求服务人员既掌握技术方面的技巧，又要掌握人际沟通的技巧。

3. 按顾客参与程度分类

顾客参与服务传递系统有三种基本的方式。

1）直接顾客参与

直接顾客参与是指在服务创造过程中，顾客实际参与并与服务提供者直接相互作用。在此情形下，顾客会对环境有彻底的了解。直接顾客参与又可分为两类：与服务人员有交互服务和与服务人员无交互服务（如自助服务）。前者要求顾客在必要时提供必要的劳动，在服务中应使用能够节约成本的技术（如 ATM）。对于顾客与服务人员直接接触的情况，人员处理过程（人际关系技巧的培训和设施定位、布局及设计）对于保证服务成功非常重要。

2）间接顾客参与

顾客在家中或办公室通过电子媒介间接参与服务，其参与方式属于间接互动模式。

3）没有顾客参与

在完全没有顾客参与条件下的服务，如衣物干洗过程、汽车修理过程等。顾客与服务系统隔离开来，服务企业可以采取类似于制造业的方法。关于场地选择、人员配置、工作安排、员工培训等的决策可以从效率的角度考虑。

（三）服务设计的因素

1. 结构性因素

（1）传递过程：前台和后台、自动化、顾客参与。
（2）设施设计：尺寸、艺术性、布局。
（3）地点：顾客人数统计、单一或多样化地点、竞争、地点特征。
（4）能力设计：顾客等候管理、服务者人数、调节一般需求和高峰需求。

2. 管理因素

（1）服务情境：服务文化、激励、选择和培训、对员工的授权。
（2）质量：评估、监控、方法、期望与感知、服务保证。
（3）管理能力和需求：调整需求和控制供应的战略、等候管理。
（4）信息：竞争性资源、数据收集。

(四)服务蓝图法

1.服务蓝图的内涵

服务蓝图是一种有效描述服务提供过程的可视技术,它最初是由肖斯塔克在1987年提出的。服务蓝图借助流程图,通过持续地描述服务提供过程、服务环节、员工和顾客的角色以及服务的有形证据来直观地展示服务。经过服务蓝图的描绘,服务被合理地分解成服务提供步骤、任务及完成任务的方法,更为重要的是,可以识别出顾客同企业及服务人员的关键接触点,从而可以从这些接触点出发来改进服务质量。

服务蓝图是从以下几个方面来展示服务过程的:描绘服务实施的过程、接待顾客的地点、顾客与员工的角色以及服务中的可见要素。它提供了一种把服务合理分块的方法,再逐一描述步骤或任务、执行任务的方法和顾客能感受到的有形展示。

2.服务蓝图的构成

如图6-6所示,整个服务蓝图被3条线分成4个部分,自上而下分别是顾客行为、前台员工行为、后台员工行为及服务支持系统。

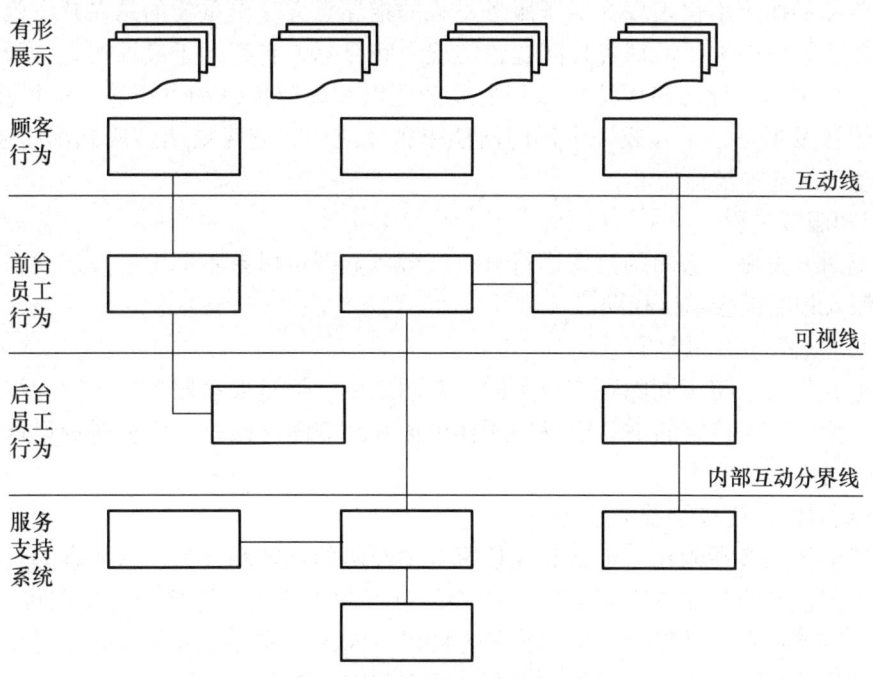

图6-6 服务蓝图的构成

(资料来源:泽丝曼尔,等,2008.服务营销[M].原书第4版.张金成,白长虹,等,译.北京:机械工业出版社.)

最上面一部分是顾客行为,该部分紧紧围绕顾客在购买、消费和评价服务过程中所采取的一系列步骤、所做的一系列选择、所表现的一系列行为以及它们之间的相互作用来展开。

那些顾客看不见的、支持前台员工行为的是后台员工行为,在上述例子中,电话接线员接电话、某驾驶员接收调度中心的呼叫及时赶往约定地点就属于后台员工行为。最后一部分是服务支持系统,这部分涵盖了服务传递过程中所发生的支持员工的各种内部服务过程及其步骤和相互作用。在上例中,服务支持活动包括调度中心的呼叫、车辆的清洁、加油等。

以上4个关键的行动领域被3条水平线隔开。最上面一条线是"互动线",它代表顾客和服务企业之间直接相互作用,一旦有垂直线和它相交,就表明顾客和企业之间发生了一次服务接触。中间的一条水平线是"可视线",可对是否向顾客提供了较多的服务一目了然。可视线也区分了哪些活动是由前台服务员工提供的,哪些活动又是在后台进行的。最下面一条线是"内部互动分界线",也称"不可视线",它把服务接触员工的活动与服务支持活动分隔开来,如有垂直线和它相交则意味着发生了内部服务接触。

另外,在服务蓝图的最上部,每个接触点的上面都列出了服务的有形展示,它表示顾客在整个服务体验过程的各步骤中所看到的或所接受到的服务的有形证据,如车、驾驶员的制服、计价器、发票等。

3. 开发服务蓝图的步骤

服务蓝图的作用不仅表现在对于服务过程的指导意义,更重要的是在开发服务蓝图的过程中会帮助服务提供商识别各种问题,实现中间目标,它有助于澄清概念、开发共享的服务规划、识别在设计之初无法认识到的复杂性以及确定角色和责任等。值得注意的是,服务蓝图的开发不是一个人或一个部门所能单独完成的,它需要诸多职能部门通力合作。开发服务蓝图的基本步骤如下。

1)识别服务过程

首先要对开发服务蓝图的意图进行分析。服务蓝图可以有不同的开发层次,蓝图的复杂程度和深入程度也会不尽相同。

2)识别顾客的服务经历

理论上我们可以将不同的顾客拉入同一蓝图之中,但是如果服务过程因为细分市场而有所不同,就应该为特定的细分市场的顾客单独开发蓝图,此时一定要避免设计上含糊不清,要使蓝图效用最大化。

3)从顾客的角度描绘服务过程

其包括描绘顾客在购物、消费和评价服务中经历的选择和行为。从顾客的角度识别服务可以避免把注意力集中在对顾客没有影响的过程和步骤上。这要求必须明确顾客是谁,确定顾客如何感知服务过程。如果细分顾客群以不同的方式感知服务,则要为每个细分顾客群描绘单独的蓝图。然而,服务提供商对顾客感知服务起点的认识,可能同顾客的实际感知不同。例如,在去医院就诊的服务中,患者可能把开车去医院、停车和寻找挂号处、急诊室也看作服务过程,而医生并不把这些环节视为服务已经开始,而这些环节会影响患者对服务过程的感知。

4)描绘前台和后台员工的行为

要从互动线和可视线开始,然后从顾客和员工的视角出发绘制服务过程,区别前台、后台服务。此时可以向一线员工询问他们的服务行为,分辨出哪些服务是顾客可见的,哪些行为是在幕后进行的。

5）把顾客行为、员工行为和支持功能相连

在蓝图的下端画出内部互动分界线，它可以反映员工行为和支持部门的关系。若干垂直的直线穿过三条分界线，把具有相关关系的顾客行为、员工行为和支持功能联系在一起。

6）在每个顾客行为的上方加上有形展示

这些有形展示列出顾客可以看到的事物，以及顾客在服务过程的每个步骤中所得到的有形物品。有形展示必须有助于服务过程，并且能够与服务组织的整体战略及服务定位相一致。

（五）服务质量功能展开

1. 质量功能展开的概念

质量功能展开（Quality Function Deployment，QFD）是一种服务设计方法，是"一套把顾客需求转化为在每一阶段企业合适的需求系统，其范围从产品设计与开发，到制造、分销、设备、营销、销售与服务"。质量功能展开的核心思想就是产品设计应该反映顾客的期望和偏好，它包括一套非常规的额外操作指南：识别顾客需求及其相对重要性；提出满足顾客需求的各项设计特征；确定各项服务需求与各项产品设计特征之间的关系；确定设计特征之间的相关性；比较所设计的产品与竞争对手的产品在满足顾客需求方面的优劣势。质量屋为将顾客满意转化为可识别和可测量的产品与服务设计规范提供了框架。

QFD 是一种整合的操作性很强方法，其优点有：① QFD 在企业不同领域之间提出了一个共同的质量关注点，鼓励营销、人力资源管理、运营和信息技术等部门决策者之间相互沟通，以便更好地理解各部门决策对于服务设计的意义；② QFD 是由顾客需求驱动的，顾客需求不仅决定了企业所设计的服务特征，而且决定了服务的传递过程；③ QFD 有助于企业将服务接触和关键时刻进行分解，并开展深入的分析；④ QFD 有助于企业认识到所设计的服务特征之间潜在的权衡取舍关系，例如，为了提高效率，要求顾客使用 ATM 进行交易，可能会对顾客的人际交往等需求产生负面影响。

2. 质量功能展开的步骤

对于质量功能展开的步骤，我们将结合詹姆斯 A. 菲茨西蒙斯有名的沃尔沃村质量屋案例来进行说明。沃尔沃村是一家专门从事沃尔沃汽车维修并与其他沃尔沃经销商竞争的独立的汽车修理厂。沃尔沃村决定通过与其他沃尔沃经销商的服务传递系统的比较来评估自身的服务传递系统，识别可改进其竞争地位的领域。其所采取的步骤包括实施质量动能展开项目和构建质量屋。

1）确立项目目标

在这个例子中，项目的目标是沃尔沃村的竞争地位。在第一次构思新服务系统时，也可以使用 QFD。

2）确定顾客期望

在项目目标的基础上，确定要满足的顾客群体并明确他们的期望。对沃尔沃村来说，目标顾客是那些需要非例行修理的沃尔沃车主，可以通过面谈、小组访谈或问卷调查来了解顾客期望。在图 6-7 中，这些是质量屋所列出的行。在更加复杂的 QFD 项目中，顾客期望被分解成基本的、次级的和更详尽的三级水平。如可靠的基本期望可以进一步细化为第二级水平的精确性和第三级水平的正确诊断问题。

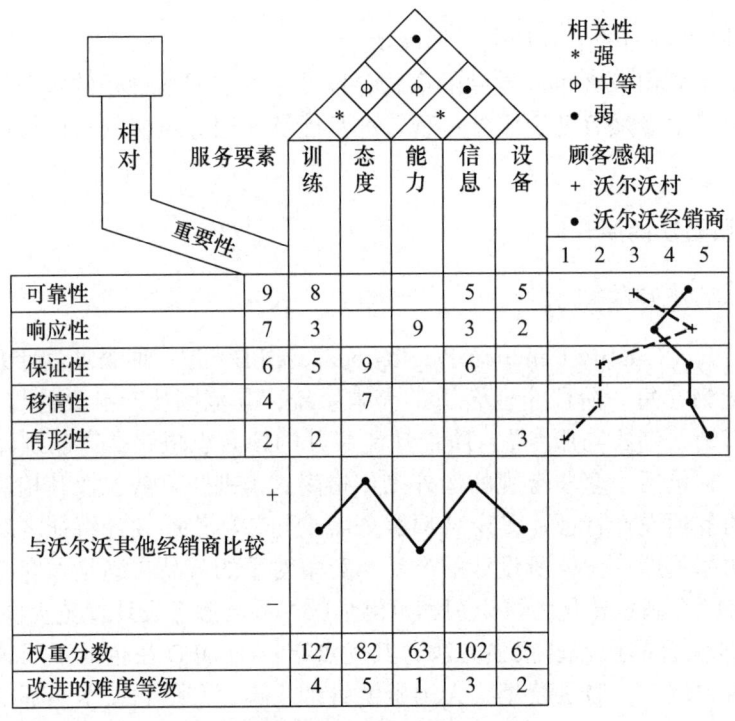

图 6-7 沃尔沃村质量屋

（资料来源：菲茨西蒙斯等，2003. 服务管理——运作、战略与信息技术 [M]. 原书第 3 版. 张金成，范秀成，译. 北京：机械工业出版社.）

3）描述服务要素

质量屋矩阵的列包括了管理者能操纵的、用来满足顾客期望的服务要素。对于沃尔沃村，可以选择训练、态度、能力、信息和设备。

4）标出服务要素间的相关服务强度

质量屋的屋顶用来表示每对服务要素之间的相关服务强度。相关服务强度分为三种水平：*= 强，•= 中等，Φ= 弱。可以预期，在训练和态度之间标注了强相关。标注这些要素间的相关性可以为改进服务质量提供有用的支点。

5）标出顾客期望与服务要素之间的联系

矩阵的主体包括 0～9 的数字，表示某种服务要素与对应的顾客期望的联系强度（9 表示非常强的联系）。这些数字由项目小组共同讨论，根据不同的服务要素影响公司满足不同顾客期望的能力来决定。

6）赋予服务要素权重

这一步主要衡量顾客评价服务要素的重要性。质量屋的烟囱部分列出了每种顾客期望的权重。权重范围为 1～9，表示顾客认为他们的每一期望的重要性，这些数字可由顾客调查来确定。用顾客期望的权重乘以矩阵主体中的相关强度，并在每项要素下标出该要素的加权得分。例如，训练要素加权分计算如下。

$$(9)(8)+(7)(3)+(6)(5)+(4)(0)+(2)(2)=127$$

加权分被填入质量屋的基座部分，代表每一服务要素对满足顾客需要的重要性的衡量指标。对得出的结果应小心对待。

7）服务要素改进困难等级

质量屋的最底层是改进每一服务要素的困难等级，1表示最困难。能力和设备是最高等级，因为其对资本的需求大。

8）评估竞争者

为了比较顾客对其他经销商的服务感知和对沃尔沃村的感知，对沃尔沃经销商的服务进行了一项调查。调查结果（针对同时接受过双方的顾客）使用5分制评分，画在矩阵右边。基于对经销商的了解，将对每一服务要素的相对水平的比较（+，-）画在矩阵下方。这些信息将用来评估沃尔沃村的竞争优势及劣势。

9）战略评估和目标的设定

从完成的质量屋中，沃尔沃村将看到它与其他经销商相比的优势和劣势。除了响应性，顾客对其他方面都满意。但必须小心看待这个结果，因为整个结果来源于对沃尔沃村的顾客的调查。与其他经销商服务要素的比较和加权分析指出了在服务中可能的改进方向。在态度和信息方面，沃尔沃村处于领先地位，但在能力训练上暴露出了问题。训练得到最高加权分，意味着第一批投资目标应该是训练。另外，这样也就找到了支点，因为从强到弱，训练与态度、能力和设备都有关。最后，对于训练而言，改进困难等级在五个中仅排到第四。

太平财险"线上服务创新"

随着新一代信息技术加速发展，科技赋能带动财产保险行业持续转型升级，财产保险业务线上化成为加快财产保险高质量发展最具活力的因素之一。

为了解决传统线下理赔模式存在客户现场等待时间过长、不便捷、客户体验不佳、普通低风险案件投入成本较高、案件处理效率低、无法斩断理赔员与客户及修理厂线下利益链条等弊端，太平财险立足深化财产保险供给侧结构性改革，集成推进线上化任务，拓宽线上化服务领域。应用官微微信小程序，实现客户自助拍摄三张照片即可快速完成赔案处理，在不占用视频理赔带宽的情况下，实现静默的方式，方便、快捷完成小案理赔。打造全流程、全场景、全触点线上化理赔体系。将传统线下全量理赔服务迁移至线上，实现对客户线上零接触服务，线上线下无缝融合。通过全流程、全场景线上化服务，为真实C端客户提供全场景线上化服务体验。

这种服务创新取得了以下成效。①缩短客户现场等待时长。打造全流程线上理赔功能体系，实现案件全流程零接触快速索赔，客户现场等待时长缩短了60%。②缩短结案周期。2020年8月1日起,太平财险在全国推行线上化查勘、定损、理算一站式服务模式,截止10月26日,保监结案周期12天,环比推广一案到底前缩短4.3天,提升了客户满意度。③提升工作产能。以视频理赔、微信理赔为通道,实现理赔信息在线传输,打破传统线下理赔体系,提升作业效能,相比全流程线上作业模式推广前远程岗人均产能提升146%。④优化人力物力成本。通过线上处理案件,减少人员在途时间,以及线下沟通成本,优化人力及车辆运营成本。⑤实现风控前置。应用线上通道完成"线上工具+线下调查+科技应用"联动的创新模式,推进查定分离、大案视频监控实现风险前置管控。⑥实现线上吸客、粘客,扩大品牌影响力。培养客户使用线上平台的习惯,整合承保理赔全流程,实现理赔端向业务端引流,提升续保率。让客户体验线上方便快捷的极致服务,扩大品牌影响力,助力公司品牌宣传。

"车险理赔线上项目"是太平财险践行国家全面建成小康社会和"十三五"收官之战、迎接"十四五"的新挑战,以创新加强发展动力,改进客户服务,围绕用车出行等刚需构建"服务闭环",建立起保险服务的"护城河"的集中体现。

今后,太平财险将以更集约、更高效、更智能为目标,全面武装、赋能线上化理赔队伍,为广大客户提供更加优质的服务。

第四节 服务创新

一、服务创新的内涵与特点

服务创新的概念可以从广义和狭义两个方面来界定。从广义上讲,服务创新是指一切与服务相关或针对服务的创新行为与活动;从狭义上讲,服务创新是指发生在服务业中的创新行为与活动。与技术创新的特征有显著的不同,服务创新主要包括五大要素,分别为创新的无形性、创新的新颖度、创新形式的多样性、创新的顾客导向性和创新的适用性。

(一)创新的无形性

技术创新是一种有形的活动,其结果是一种有形的产品,看得见、摸得着。服务创新则是一种概念性和过程性的活动,其结果是一种无形的概念、过程和标准。在当前经济活动中,概念性的创新扮演着越来越重要的角色,其表现形式与传统的技术创新有较大的差异。

(二)创新的新颖度

技术创新的新颖度范围较为狭窄,是一种显著的、可见的有形的变化,并且仅局限于可复制的变化,不可复制的变化未被列入创新的范畴。服务业中的创新既包含明显的变化,又包含程度较小的、渐进性的变化。因此,服务创新的一个显著的特点是创新范围较为宽广,"创新谱"较宽,从渐进性的小变化到根本性的重大变化都可以包含在服务创新的范围里,这种变化甚至可能是偶然的、随机的,而不是持久的、可重复性的变化。服务创新的另一个显著的特点就是不可复制性。服务创新是针对顾客特定问题的一种新的解决方法或方案,并可能只出现一次而不重复出现,如咨询服务。

（三）创新形式的多样性

制造业中的创新主要是由技术创新引发的相关创新，技术维度占据主导地位。在服务业中，创新有多种诱发因素，或者说创新维度多种多样，技术只是其中的一个维度，经常与其他形式一起出现在创新中。服务的创新类型多种多样，包括产品创新、过程创新、市场创新和组织创新，还包括专门化创新、传递创新、形式化创新及社会创新等独特形式。

（四）创新的顾客导向性

制造业的创新具有明显的技术导向性，技术是创新的核心要素，因此创新更多地表现为一种供方现象。虽然目前的技术创新逐渐考虑到顾客的需求，顾客也参与了技术创新，但参与的程度有限，所起的作用并不明显。服务创新更多地以顾客需求为导向，顾客不仅是创新的重要来源，还亲自参与创新过程，并作为合作生产者对创新结果产生重要影响。因此服务创新更多地表现为一种需求现象，与市场下游相关。

（五）创新的适用性

制造业的技术创新主要是针对整个产业的创新，如某项全新技术的引入带来了整个产业的发展和变化，它较少关注企业层次上的创新。服务业中的创新更多的是企业层次上的变化，这种变化可以通过扩散和传播在整个产业内得到应用。

二、服务创新的分类

服务创新可分为如表 6-3 所示的类型。

表 6-3　服务创新类型

服务创新类型	含　义
产品创新	对市场而言是全新服务的开发
过程创新	新过程的引入
组织创新	新组织要素的创新
市场创新	市场中的新行为，如新市场的开发、原有市场的细分等
技术创新	由技术引发的创新
重组创新	不同服务要素的组合或分解引发的创新
传递创新	新的或改进的服务传递过程或方法
专门化创新	针对特定顾客问题的解决方案
形式化创新	服务要素可视性和标准化程度的变化

三、服务创新的水平

服务创新的水平如表 6-4 所示。

表 6-4　服务创新的水平

新服务分类	描述	实例
根本创新		
主要创新	市场尚未定义的新服务，这类创新通常由信息和计算机技术驱动	1995 年 5 月建立的 Wells Fargo 网络银行
开始业务	市场上已经有企业提供的新服务	Mondex USA，万事达信用卡的补充品，它是为零售业务设计和发放的智能卡
为现有市场提供新的服务	对组织现有顾客提供的新服务（尽管这些服务可能已经由其他企业提供）	独立银行分部或者超级市场售货亭或其他零售设施（如星巴克咖啡店里的 Wells Fargo）
附加创新		
服务范围延伸	现有服务项目的增加，例如增加菜单项、新线路和新课程	新加坡航空公司为头等舱旅客提供的特别休息室
服务进步	目前正在提供服务的改进	Delta 航空公司用类似于 ATM 的机器分配食品
风格变化	最通常的新服务形式，是对顾客感知、情感和态度的可视化的适度变化。风格变化并未彻底改变服务，只改变了它的表现形式	葬礼之家，如洛杉矶的 Calvary Mortuary，目前提供简化仪式，庆祝的是新生命而不是哀悼死亡，配备鲜花店、彩色工具、明亮的墙壁以及更多的窗户和灯

（资料来源：菲茨西蒙斯，等，2013.服务管理——运作、战略与信息技术 [M].原书第 7 版.张金成，范秀成，杨坤，译.北京：机械工业出版社．）

四、服务创新的驱动要素

服务创新是在一个系统的框架内发生的，驱动服务创新的要素分为两大部分，分别是内部驱动要素和外部驱动要素。学者 Sundbo 等人早在 1998 年就提出服务创新驱动模型。内部驱动要素包括三类：企业的战略与管理、员工、创新与研发部门。外部驱动要素包括两大类：轨道和行为者。

（一）内部驱动因素分析

1. 企业的战略与管理

战略是关乎服务企业生存和发展的长期规划，是指导服务企业的各项根本准则。具有创新意识的服务企业会将创新作为战略规划的重要组成部分，并以此作为获取竞争优势、占领市场和形成良好顾客印象的根本手段，这就使得创新成为服务企业谋求生存和发展的主要需求和内在动力。

战略驱动的创新活动是一种系统性的创新活动，目前已经成为服务企业创新的主导模式。除战略外,管理是一种关键的内部动力,它主要指企业高层管理和营销部门的管理活动,其中营销部门的管理活动更为频繁。服务创新经常是由市场驱动的,而营销部门是与顾客直接接触并拥有足够市场知识的职能部门,它会根据市场的变化和顾客的需求及时通过管理活动作出反应,并激发某种形式的创新出现。高层管理活动不仅可以针对市场需求作出反应,还可以通过对组织的变革、新市场的开发、运作和传递过程的改进促进创新过程发生。

2. 员工

服务创新过程是员工和顾客间一系列的交互作用过程,员工因此成为一种有价值的内部驱动力。员工在服务创新过程中具有独特关键的作用。首先,员工在与顾客的交互过程中,能最早发现顾客的需求,产生较多的创新思想;其次,员工能根据自身的知识和创新经验提供有价值的创新思想;最后,员工可以作为内部的创新企业家推动创新的出现并具体实施,这使得员工成为服务企业重要的驱动力之一。

3. 创新与研发部门

服务企业中创新部门是一种形式上对创新负有一定责任的部门,它负责在企业内部诱发并收集创新概念,因此也可能促使创新活动出现,但它不是主要的驱动因素。此外,虽然在服务企业中很少存在制造业意义的研发部门,但是研发部门确实会成为创新思想的一个来源并对创新过程产生一定影响,只是发挥效力的大小不同而已。

(二) 外部驱动因素分析

服务创新的外部驱动力可以分为轨道和行为者两类,每类中又包含了不同的内容。

1. 轨道

(1) 轨道的概念。轨道是在社会系统(如一个国家、一个国际性产业网络,一个地区性的专业网络等)中传播的概念和逻辑,这些概念和逻辑常通过很多难以准确识别的行为者进行传播和扩散,并与周围的动态环境相适应。"轨道"概念的关键是传播的概念和逻辑,而不是通过哪些行为者进行传播。需要说明的是,创新活动与轨道之间是相互作用的,虽然单个服务企业的创新活动会对轨道产生影响,但作为重要的外部创新驱动力,轨道会对企业施加更大的作用,并会使企业在轨道约束的范围内进行创新。

(2) 轨道的类型。服务企业的创新活动主要受五种类型的轨道的制约。在这五类轨道当中,第一种轨道是服务的专业轨道,它指存在于不同服务专业(如律师、医疗、金融、交通)中的一般知识、基本方法和行为准则。这类轨道由特定服务部门的性质决定,创新活动的发生与发展都必须以此为基础,在轨道约束的范围内进行。第二种轨道是管理轨道,即针对新组织形式的一般性管理概念,如激励机制、服务管理系统等。这类轨道也会对创新活动产生一定影响。服务的专业轨道和管理轨道在知识密集型商业服务中会高度重叠,两者经常是统一的。第三种轨道是技术轨道,即服务生产和传递过程必须遵循的有关技术使用的逻辑,如信息和通信技术、网络技术等。第四种轨道是制度轨道,它描述了服务企业外部制度环境的一般演变规律和趋势，包括政治环境、管制规则等的变化。第五种轨道是社会轨道，它是一般性社会规则和惯例的演进，如生态和环保意识的加强就对服务企业的创新活动产生了重大影响。

2. 行为者

服务创新的另一个重要的外部驱动力是行为者，它是指人、企业或组织，其行为对服务企业的创新活动有重要影响，并经常包含在创新过程中。

（1）顾客。在行为者中，顾客是最重要的一类，他们经常是信息及创新思想的来源，而且能参与到服务企业的创新过程中，对创新的顺利进行有着重要影响。在某种意义上，服务提供者和顾客间的互动可以看作一个实验室，在这里创新被合作生产出来，因此，顾客是推动服务企业创新的重要外部驱动力。

（2）竞争者。竞争者对创新活动也相当重要。服务企业可以通过模仿竞争者的创新行为在自身内部产生创新。同时，供应商，特别是知识供应商也是创新思想的重要来源和创新活动的推动者，它们可以为服务企业提供大量创新思想，并帮助企业具体实施。

（3）公共部门。公共部门对服务企业的创新活动也会产生一定的影响，但作用在所有行为者中是最小的。公共部门一方面本身需要服务；另一方面它还可以为服务企业提供创新所需的知识、开发和管理经验，为服务企业培训员工，并针对服务创新进行专门的研究。通过以上方式，公共部门间接推动了创新活动在服务部门中的出现，但公共部门在服务创新过程中很少是一个直接行为者。此外，公共部门还会对服务企业施加一定的管制，这可能会引发很多创新的出现，如很多金融服务都因税收法律的变化而产生。

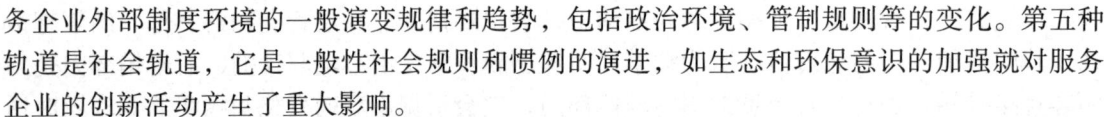

关键术语

服务品牌（Service Brand）
服务品牌资产（Service Brand Equity）
服务产品（Serving Product）
服务设计（Service Design）
服务创新（Service Innovation）
服务蓝图（Service Blueprint）
质量功能展开（Quality Function Deployment）

 本章小结

由于服务产品的特殊性，使服务企业很难像生产企业开发产品一样通过严密的现场试验来实现服务的开发，因此寻找具有可操作性意义的新服务开发方法成为众多学者和企业研究的一个重点。本章的内容主要包括服务产品的内涵和与服务产品开发设计相关的服务的特性，服务设计与开发的内涵和基本方法，但是由于服务不能触摸，不能被测

试，不能被试验，因此，服务开发面临着很多挑战。基于此，本章着重介绍了服务设计与开发的方法和具体的实施步骤。越来越多的服务企业已经意识到服务品牌给企业带来的价值。

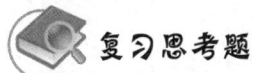

复习思考题

（1）服务产品的层次有哪些？

（2）结合服务创新，谈一下为什么说创新是发展的第一驱动力呢？

（3）结合我国的发展情况，谈一谈为什么说要我们建立起自己的品牌？

（4）结合我国向第二个百年奋斗目标进军的战略安排，谈谈我国现代服务业和制造业要如何进行服务创新？

（5）党中央提出要建设创新型国家，作为一名大学生你应该怎么做？

综合案例

永旺超市的零售服务设计

广东永旺天河城商业有限公司是由日本永旺株式会社下属公司、永旺（香港）百货有限公司与广东天河城（集团）股份有限公司下属的广东天河城百货发展有限公司出资成立的合资企业，使用日本永旺株式会社的零售商标 AEON（永旺）。日本永旺株式会社（AEON）是日本著名零售企业，在《财富》世界 500 强企业排名第 87 位。

永旺是一家以 GSM（综合百货）模式的零售企业，有着一套具备自我特色的服务体系。在体验设计中，内容作为信息，界面作为载体，流畅不打扰是衡量界面好坏的标准之一，而在服务设计中，需要把无形的服务变成有形的价值。服务是一个可接触的外显的行为，通过五感（视觉、听觉、触觉、嗅觉、味觉）的刺激，用户与载体的接触称为触点。触点一般分为物理触点、媒介触点、人文触点，通过优化用户行为过程中的触点，将带来更好的购物体验。

永旺打造了顾客、超市与店员三方的价值共创体系，如图 6-8 所示。顾客利益，即安全可信任、优质、种类齐全、价格实惠、方便；超市利益，即利润、转化、可持续、品牌；店员利益，即回报、被认可。实行多方利益共创的体系有益于产生 1+1+1>3 的效应，系统的力量才得以更好地发挥。

永旺深刻理解顾客购买心理和行为，细化服务流程触点，打造独特的零售服务购买体验，实现服务价值，在顾客心目中塑造良好的品牌形象。

服务前。吸引顾客，获得顾客的信任，有一个比较常见的方法，是人多，所以永旺采用出入口无遮蔽的形式，显得超市随时都是很多人。每当走进商城，一定会听到清晰、缓慢、舒适的播音，说明今天是搞什么活动，有什么优惠，并且视觉指示也很清晰，不管你看哪个地方，都会不断得到强化信息。每个店员见到顾客，都会主动说"欢迎光临""欢迎选购"。

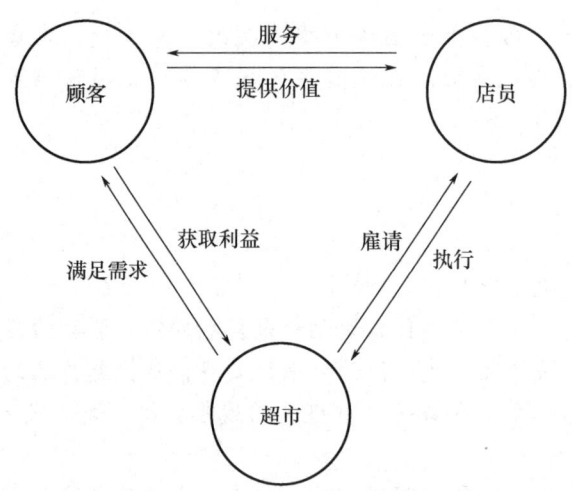

图 6-8 永旺超市的价值共创体系

服务中。当走入超市之后，筛选、决策就是用户的主要行为。正常的认知模式是，顾客记不住东西放在什么位置，所以引导指示就成了重要的触点。指示触点一般有三种：商品指示、指示牌、店员指示。通常设置在顶上的指示牌能保证顾客视线的可达性，看清商品分类，但指示牌挂太高也容易被顾客忽略，所以永旺在商品分列下面同时标位置数字。这个设计很好，因为顾客往往会询问服务员："我想要的饼干在哪？"店员回答："在那边。"这种回答会让顾客一脸疑惑，那么数字就能既让店员清晰指示，也让顾客容易记住，形成清晰认知。在筛选的过程中，顾客往往还会决策，究竟买不买这个，买不买那个，所以需要必要的手段，帮助用户决策。试吃是超市促销食品的典型方式，试吃的种类有酸奶、面包、水果、牛排。在永旺，面包品类试吃一般是装在一个密闭的大盒子里面，要吃就自己拿。熟食区提供即食、热的食品，有恒温和打包好的两种，打包好的基本每1个小时就会打折一次，大概4个小时之后就会撤走。这个很符合顾客的心理模型，所以打包的熟食也很快就会清场。标签会显示具体的生产时间，具体到分钟。熟食及时降价，及时清理，树立了一个非常有信誉的安全保证，"提供新鲜安全放心的食品"也是永旺传递的理念。结账流程：结账流程是否顺畅，体验是否足够好，影响着这个超市的服务质量，而永旺的结账流程中，能发现很多可圈可点的服务触点。最棒的莫过于熟食有专门的结账通道。根据购买的数量，超市顾客大致分为以下三种：推着购物车买一整车食品的顾客、只买熟食的顾客，以及既买熟食也买其他食品的顾客。只买熟食的顾客，拿着一个盒子，但看着前面很长的队伍，基本都会放弃购买。所以根据这种场景差异，推出特定的结账通道，无疑是非常好的服务。而且只限时开放，也避免了浪费资源的情况发生。比如面包的收银机，这里一般没有人站驻，当要买面包结账的时候，按一下桌子上的按钮，就有做面包的服务员从面包房里面出来给你结账。而普通的收银机，也有很多很有趣的触点。结账状态可见：你的面前会有一个显示屏实时显示每一个结账商品的价格、数量、总价；店员标准服务：在接触每一个顾客前，店员会站直，行"万福"，30度鞠躬，并说："你好，欢迎光临，请问有会员卡吗？"，然后再开始扫码结账。结账完毕双手递小票，再行"万福"并说："欢迎您下次光临。"保证流程快速：高峰期30多个收银位置并行，只结账不打包装袋，装袋有专门的桌子，还会提示走更远的地方有更多的收银台，避免排过长的队伍。哪个结账口能用都有状态指示，在结账过程中店员遇到问题，数字下面的红色警示灯就会闪烁，就有经理过来及时处理突发问题。

服务后。结账结束后，小票记录积分情况，并附有公众号，让顾客有机会了解更多的优惠活动，以及店铺活动。在服务后，怎么让顾客感知品牌，记住价值呢？永旺推出每月固定的会员日活动，每月20日和30日是"会员回馈日"，双倍积分，积分可以用来换购物券。每周二也是"会员95折活动日"。周活动既能维持商城的活性，也符合顾客的购物习惯，零食囤一周的量比较方便。每月11日，白色的小票就会变成黄色小票，把黄色小票投到捐款箱，超市就会进行对应金额1%的爱心捐款。在官网也会展示近期举行的社会公益活动，以打造品牌以人为本，树立社会正能量形象责任。

零售超市，作为一个高频的购物场景系统，服务体系或许并不能提高商品的利润，但带来的是可持续、不断转化的交易流量。永旺作为大型生活超市，能满足周围人群的各类生活需求，这是它的基础价值。放心新鲜安全的食品，是食品超市的核心价值。那如何把服务体系搞得更加好，就是魅力价值了。因此永旺这些细致的服务体验，会成为这个系统的特定的记忆点。当体验过"服务不好"的购买流程后，你就会很自然地继续选择好的零售店。

（资料来源：https://www.jianshu.com/p/7c123f82a115，2018-04-15.）

思考题

（1）为永旺超市绘制服务蓝图。

（2）永旺超市的零售服务设计可以用来说明哪种服务系统设计方式？这种服务系统设计方式能提供什么竞争优势？

（3）评价永旺超市的零售服务设计并提出改进意见。

文献拓展

第七章 服务定价策略

（1）了解服务定价的内涵、特点、目标及重要性等。
（2）掌握影响服务定价的因素。
（3）熟悉服务定价的分类，包括基本服务定价和多元化服务定价。
（4）了解在我国消费升级的背景下，企业如何进行服务定价。

引导案例

快递服务定价与电商产品定价分离

2022年七部门联合印发关于做好快递员群体合法权益保障的工作意见提到：要促进电商与快递的有机互动，要引导电商平台和快递企业加强系统对接，满足用户差异化需求，同时配合有关部门推动落实商品定价与快递服务定价相分离的要求，使消费者可以根据企业服务能力、商业信誉和快递价格等选择快递服务。简单来说，就是改变当前电商行业的"默认包邮"制度，让消费者在购买商品的过程中可以自主选择快递服务并额外支付相应费用。提出快递服务定价与电商产品定价分离的意义包括但不限于以下几点。

（一）从普惠到增值

促进定价分离，并不是意味着取消包邮制度，而是在普遍包邮的基础上，提供更加个性化的选择，例如：对时效有要求的消费者，可以额外付费享受该商品的当日达、次日达服务；对服务商有偏好的消费者，可以付费指定由某一家快递公司进行承运；对放到快递柜、快递驿站，而不送上门的快递，消费者可以得到一定的邮费补贴；而没有特殊要求的客户，则按照常规的时效和要求提供普惠型服务……

因此，当前环境下的定价分离，并不是倒退回10多年前的完全分离，而是在快递行业得到充足发展的现在，在包邮普惠的基础上，提供更加个性化的服务，满足消费者的差异化需求，促进快递行业的高质量发展。

（二）把选择权还给消费者

目前的包邮策略，实际上从接受"包邮"的那一刻起，消费者已经失去了对快递服务的选择权，消费者能不能指定发哪家快递全看商家愿不愿意，客服一句"咱们是固定发xx的噢"就理所当然地了事。

久而久之，连商家都忘记了，消费者支付的费用里是包含了寄送服务费的，而为了更大程度地维护自身的利润，商家以自身发货量的优势，向快递服务端施压，"谁便宜选谁"，让极度依赖电商件的快递行业苦不堪言。

因此，作为快递服务行业真正的供给端和需求端，在"包邮"制度的影响下，快递公司和消费者竟然让作为电商商家这个"第三方"两端拿捏了，这也就导致了一方不能要求合理的利润、另一方不能得到好的服务。

定价分离，让消费者自行选择，并获得符合预期的服务，才匹配供求逻辑。

第一节 服务定价概述

在服务营销市场上，各种有形产品的概念和策略同样适用于服务产品定价，但是由于服务产品有自己的特殊性，企业与顾客之间的关系通常比较复杂，企业定价不单单是给一个产品定价那么简单，服务产品定价也有其特殊性。

一、服务定价的重要性

在如今竞争日益激烈的大环境下，许多企业的发展，都隐藏在服务产品定价之中，如果某个企业对服务产品定价不当，会带来一系列的负面影响，最明显的就是服务产品销售受到阻碍，其次企业形象受到影响，发展受挫、渠道冲突、跨区域窜货、产品积压问题也会随之而来。

价格是企业营销人员销售产品的重要依据，同时也是企业获取利润的重要途径，价格的重要性直接关系企业的生存和发展。企业只有定好产品价格，才能使企业更好地适应市场竞争和发展需要，吸引更多的消费者购买本企业的产品。企业成功定价的目的不仅包括积极参与市场竞争战胜竞争对手，还包括企业对产品的市场筹划和期望利润。所以，为产品合理定价，既能使企业战略有效迎合市场行情，同时又能增强企业对区域的掌控程度，极大地提升产品在市场上的表现，促进企业利润目标顺利实现。

由于消费者对产品的首次认知大多源于对产品价格的第一印象，顾客看到某种产品时，首先想到的是自己是否需要购买这种产品，其次考虑商品的质量好坏及产品的价格是否合理和自己能否接受。如果因为价格让顾客停步不前，自然而然产品销量、企业效益也就是"空中花园"。服务产品定价的重要性不言而喻，这主要体现在以下几个方面。

第一个方面是企业服务产品定价的成功与否直接关系到企业产品类别和市场渠道建设。每个企业都有自己的产品定位和市场定位，每种服务产品也要与特定的消费群体对应，企业产品的成功定价有利于更好地满足消费者的需求。

第二个方面是企业服务产品的定价成功与否会影响企业经济利润以及企业目标的实现。企业对服务产品的定价会影响到企业收益回报的数量和速度，合理科学的产品定价有利于分散服务产品市场运营风险，使企业对市场的控制力得到有效提升以及企业利润得到保证。

第三个方面是企业对服务产品定价会影响区域市场上同类产品和消费潮流。合理定价会使产品市场表现活跃，直接带动市场竞争的升级，在一定程度上引导和刺激消费者的购买欲望，从而促成对消费市场的拉动和平衡。

在进行产品定价时,既要考虑市场的综合因素,又要考虑产品的企业成本,充分分析消费者的购买心理,营造良好的消费氛围,刺激消费,带动消费,挖掘潜在的消费群体,从而促进产品销售,提高市场占有率,实现利润目标。

二、服务定价的特点

对于消费者来说,服务价格往往传递着服务价值的信息。顾客希望用自己的购买力换取等值的服务效用。但购买者的价值判断要在获得服务好处与满意的综合感受之后才能得出,所以,大多消费决策是在对价格信息的感受前提下作出的。然而与有形商品的价格相比,服务价格有其自身的特殊性。

(一)多元化的定价目标

几乎所有服务企业都会将追求利润最大化作为价格策略的目标,利润是竞争性企业追求的最终目标,把利润作为企业战略目标,制定价格也就有了明确的方向。时间长短的区别会使定价策略有所差异:在利润最大化的短期目标规划中,高价位的撇脂策略会比低价位的更受企业欢迎;而在中长期的利润最大化目标中,定价的策略则是迅速占领细分市场或者阻止竞争对手进入。

由上可知,服务定价与有形产品、制造业有所不同,相比较而言服务定价更复杂。制造业的定价最起码要使企业能够在市场上实现盈亏平衡,而服务性企业有不少在盈亏平衡点之下经营。在这种经营理念下,必然会导致服务定价目标偏离利润最大化的目标,向多元化目标发展。

(二)多样化的服务价格术语

服务行业的特殊性和复杂性决定了服务价格术语的多样性:在银行服务中,服务的价格称为手续费;运输服务的价格叫作运费;去医院看病称为就诊费;购买保险的那部分费用称为保险金;等等。这些术语也是在交易市场中约定俗成的。

(三)多元化的定价策略

多元化的定价策略是服务定价最重要的特殊性,服务产品不同于有形产品的显著特征,对服务产品的定价有很大影响。在不同的服务形态和市场中,服务定价的特殊性造成了服务产品定价策略的多元化。

(1)对有形产品而言,价格与成本之间的关系是直截了当的。由于服务产品的无形性使其定价比有形产品定价困难。大多数消费者在购买商品时,会仔细检查商品,根据其外观及自身的购物经验判断其价格是否合理。可是,对于服务产品并不是如此,顾客在选购服务产品时,并不能准确、客观、有效地检查无质无形的服务产品。有些顾客在第一次享受某种服务时,可能并不知道其服务产品的具体内容,有些服务产品是依据不同消费者的不同需求量身制作的。这种例子在美容、管理咨询、金融服务等行业不胜其数。购买者在判断价格是否合理时,他们在很大程度上受实体要素的影响,在内心有个"价值"概念,并将服务产品的价格与该价值进行比较,判断是否物有所值。

(2)服务产品的不可储藏性和服务需求的波动比较大,会使企业用实惠价及降价促销等方式，充分利用剩余的生产能力，因而边际定价策略得到广泛运用。边际定价策略在酒店住宿、航空服务、旅游等定价中特别常见。然而这种定价策略也会带来不利影响，会增强消费者的期待心理，他们可能会故意不购买某种服务，等过段时间降价之后再购买。为了控制这种现象，服务行业就要采取相关措施来解决，如给提前购买服务的消费者优惠价。

（3）服务产品是同质的，可能会使价格竞争更加激烈。通常来说，越是与众不同的服务产品，服务产品的提供者越可以自行定价，只要有消费者愿意购买，企业就能够实现利润目标。

三、影响服务定价的因素

在制定服务产品价格时，服务产品与有形产品的差异及自身的特殊性，使服务产品定价不得不考虑以下一些因素。

（一）成本因素

成本因素是影响服务产品定价的最主要因素，但是与有形商品有所不同，很多服务产品都是在服务完成后才知道，因为很多服务产品的成本，在服务前是无法被估计出来的，如医疗美容服务。在进行产品定价时，很多服务产品都有基础价格，然而由于不少服务产品都有个性化的特质，或者是依据顾客的特殊需求进行量身定制，往往是在消费完成之后，才知道是使用了多少服务，也才明确知晓确切的价格。因此，价格往往是整个服务过程中最后一项信息，具有相当高的不确定性。从服务营销角度来说，为了减少服务营销产品的不确定性，服务营销人员应该尽可能提高成本的透明性。

除了服务产品本身个性化的特性，影响服务成本的另一个因素是实物材料和耗材的成本有些时候只占整个服务产品成本的一小部分。例如在美容界，美容的化妆品成本与美容师的技术和知识成本相比，相对较低。因此，在成本估计上，很大一部分是花费在人力资源成本上。但对服务产品所耗费人力成本的估计并不是一件容易的事，一方面是消费者的需求出现波动，不平稳；另一方面是人力资源供给相对不稳定，所以取得准确科学的人力资源数据也十分不易。正是因为成本预测与控制工作不容易实施，在服务产品的定价上，若以成本为前提进行定价工作，难度系数还是比较大的。

与有形商品相比，很多服务产品是以人力资源为基础，难以发挥规模经济，因此成本随着规模的增加而下降的程度也比较有限。例如，美容美发服务是很耗费人力的，很多都是一对一进行，因此很难发挥规模经济。所以，服务的规模经济并没有实体产品那么明显。

服务具有无形性和易毁灭性，存在很多服务的提供并不是预先准备好的，而是临时应了顾客需求才会提供，所以，达到传统规模的成本优势是不太可能的。此外，不少服务都具有高度个性化的空间，无法通过标准化来进行量化生产，所以也不太可能实现规模经济。

（二）需求因素

由上面的成本因素可知，服务产品成本的重要性远没有有形产品成本对定价的重要程度高，因此就不得不考虑其他影响服务产品定价的因素。在这里我们讨论需求因素对服务产品的定价。不同服务行业需求弹性也存在很大不同，旅游服务的价格弹性会比美容美发行业高很多。通常来说，与有形产品相比，服务产品的需求弹性会低很多，所以，对于某些服务产品，如美发，想要通过价格的调整影响顾客的需求，作用往往是有限的。

不同的消费群体存在不同的需求弹性，为了平衡服务的供需，价格差异化（Price Difference）的定价手段在服务产品上的定价是非常普遍的。价格差异化对于同一种服务产品设置不同的价格，如宾馆住宿和航空服务制定不同的价格来满足不同顾客的需求，房价和机票价格存在相当大的差异空间，消费者在不同的时间，通过不同的渠道所购买的机票和预订的房价也会有所不同。

（三）竞争因素

市场竞争状况往往会对服务产品的定价策略产生直接的影响。服务产品差异性小的企业之间竞争尤为激烈，产品价格也会相应缩小。举个例子，在交通运输业中，出租车服务的竞争对手不仅包括不同的出租车公司，还有公共汽车、地铁等其他公共交通服务。当然，服务行业产品的定价要以其成本为前提，再考虑其竞争对手的价格信息，通过对竞争对手的研究，制定符合自己情况的价格策略。

（四）顾客因素

在服务产品的定价策略中，企业需要深入洞察消费者的价值感知体系。不同的消费群体会基于价格敏感度、心理预期价位（保留价格）、服务参与意愿等多维因素形成差异化的价值判断。因此，服务提供商应当通过系统的市场调研，精准把握目标客户群的价格决策逻辑，从而制定出既符合企业盈利需求又能引发消费者价值共鸣的定价方案。这种基于消费者价值认知的定价方法，能够有效提升价格接受度与市场竞争力。

在消费者评估服务质量的过程中，价格往往是最先被捕捉到的关键线索。尽管价格与质量的相关性在不同研究中存在差异，但它在购买决策中始终扮演着重要角色。当市场出现以下三种情况时，价格尤其会被视为判断服务质量的核心指标：一是价格成为差异化信息时；二是存在不同质量层次的替代品时；三是同类服务的价格差异显著时。值得注意的是，价格线索的重要性并非一成不变，而是与其他信息线索呈现动态的 U 型关系：当其他判断线索适中时，价格的重要性相对降低；当其他线索匮乏时，消费者会高度依赖价格判断；但当信息过载、线索过于复杂时，价格的重要性又会重新凸显。这种动态变化揭示了消费者在决策过程中对价格线索的依赖程度，会随着信息环境的改变而不断调整。

保留价格是指在购买服务产品时，消费者愿意支付的最高价格。服务产品价格受到其市场中竞争产品价格的影响是服务营销学的常识，因为购买服务产品的顾客购买的频率不高，且缺乏相关的价格信息，所以对所购买的服务产品的保留价格也是十分不确定的。

当然，顾客参与也是十分重要、不可忽略的考虑因素，在前面的章节我们已经知道，服务产品与有形商品有所不同，它具有生产与消费同时性的特点，很多服务的传送过程必然会要求消费者在某种程度上的参与。自我服务会影响消费者对价格的看法，比如购买者可能会认为服务产品公司要求顾客参与，可以将服务产品价格稍微下调一点。

（五）服务产品自身因素

服务产品定价的考虑因素当然不能少了产品本身的形式，服务产品定价最为常见的定价方式包括捆绑销售和产品线的定价。

捆绑销售是共生营销的一种形式，是指两种或两种以上的产品、品牌或者公司在促销过程中进行合作，推动销售，达到扩大影响力的目的。在电信营业厅，可以看到宽带服务和电话服务绑定在一起销售。通过捆绑销售，服务产品公司可以扩大市场份额，降低销售成本；捆绑销售使得消费者购买服务产品更加方便，能够得到更好的服务，增强顾客的满意度和忠诚度；带来品牌形象的提升，增强知名度和美誉度是另一好处。

然而不是所有服务产品都可以随意"捆绑"在一起销售的，捆绑销售要达到"1+1"的效果前提在于两种商品协调和相互促进，不存在难以协调的矛盾。

产品线定价是利用消费者对产品线系列产品的价格的理解来定价，对产品线内的不同产品，要依据服务产品的质量、档次、顾客的不同需求及竞争者产品的情况来确定不同的价格。

理财产品、医疗美容服务及电话网络服务公司等会采用产品线定价方式。产品线定价可以给服务企业带来更多收入，在定价之前要考虑服务产品线中各产品之间的价格关系，协调若干产品之间的关系。

四、服务定价的目标

服务定价有其自身的目标，服务定价只有在确定了目标之后才能选择合适的服务定价策略。

（一）利润最大化目标

利润最大化是指服务产品公司在一定时期最大程度上可以获取的销售利润或者投资收益。大多数服务企业都是以最大利润为定价策略的导向。利润来自价格与销售额，价格最高并不意味着利润最大，在这一目标的导向下，企业在定价时就要考虑以怎样的价格销售才能使利润最大化。

在以利润最大化为目标时，有些方面我们需要注意：第一，利润最大化不是企业的短期目标，而是企业长期总目标，利润最大化并不意味着高价格，价格过高可能会带来各方面的对抗行为，长时间维持高价垄断也是不太可能的；第二，利润最大化目标是一个长期目标，为此可能会牺牲一些短期利益；第三，追求利润最大化目标要树立全局观念，以整体效益来衡量，有些时候为了服务企业的整体利润，某个单位或者部门可能要承受局部损失。比如，淘宝、天猫等一些网上购物平台，会定期或者不定期地举办一些活动，例如"天猫新风尚""双十一"等活动，有意识地降低一些产品的价格，从而带动整个网站包括高价格、高利润产品的销售。

然而产品日新月异，市场处于不断变化之中，没有任何一家公司或者一种产品一直处于前列。大多数情况下企业都将利润最大化作为长期定价策略的导向，可是有些时候为了减少风险、保全自己，或者其他原因，企业会把追求适度利润作为短期目标。当然，适度会随着市场情况、投资者的要求、产量的变化而变化。

（二）赢得市场份额，提高市场占有率的目标

在市场竞争激烈的宏观环境下，任何企业都想用自己的服务产品分得尽可能大的一块"蛋糕"。市场占有率又称市场份额，是指一个企业的销售量（或销售额）在市场同类产品中所占的比重。市场占有率是对企业经营状况和服务产品竞争力状况的综合反映，在很大程度上反映了企业的竞争地位和盈利能力。

较高的市场占有率不仅能保证服务产品的销路，还有利于企业及时掌握消费者需求的变化，可以使企业获得某种形式的垄断，形成企业长时间控制市场和提高价格的能力，既能带来垄断利润又能带来一定的竞争优势。一种新兴的服务产品往往最先以低价进入市场，开拓产品的销路，逐渐占领市场进而达到提高市场占有率的目的。

（三）实现预期的投资回报目标

投资回报也称投资收益，是公司在一定时期从一项投资活动中得到的经济回报。公司在对服务产品定价之前，要进行估算，服务产品什么样的价格最恰当，每年的销售量多少合适，需要多长时间才能达到预期收益水平。通常来说，预期收益率要比同期银行收益率高。以这种目标进行定价的公司需要具备以下两个条件：一方面，该公司具有相对较强的实力，在本行业中处于佼佼者的地位；另一方面，新的服务产品或者独家服务及低价高标准的服务产品大多采用这种定价目标。

（四）寻求销售量最大化的定价目标

一些服务企业为了提升产品销量、实现销售收入最大化、会采取特定的定价策略；同时，也有服务企业为了维持或扩大市场份额、确保长期发展而选择类似的定价目标。这种定价方法在实际运营中具有可行性，因为多数服务企业对自身在行业内的市场占有率有清晰认知，因此在调整服务产品价格时，可以重点参考市场占有率这一关键指标来制定策略。

（五）适应行业竞争，开拓新的市场

价格一直以来都是服务企业之间竞争的有效手段，大多数服务企业进行服务产品定价时，先将竞争对手的产品与自己企业的产品进行对比，然后参照竞争对手的产品价格来决定本企业产品以何种价格销售最为合适。当市场中存在价格领导者时，试图开拓这一新市场的服务企业只能给自己的产品制定相同或者稍微低一些的价格。

战术目标是指企业针对局部市场或短期需求制订的定价策略，例如通过节假日促销刺激消费，或应对竞争对手在特定区域的扩张行动。社会目标定价则是以提供公益服务为导向，其核心在于企业的社会责任感，定价可能受到政府政策、公共福利导向等因素的影响。多重目标定价是指企业在制定服务价格时需同时兼顾上述多个目标，以实现经济效益与社会效益的平衡。

第二节　基本服务定价方法

基本服务与特殊服务相对立，基本服务是与普通消费者接触，比较大众化，获取途径简单方便，比如餐饮住宿、医疗美容、交通运输等服务。

服务产品与有形产品相比，存在自身的特殊性，但二者也有共同之处，即都为顾客带来了利益和产品的价值。从顾客角度出发，服务产品与实体产品并没有多少实质性的区别，都满足了消费者消费的需要。因而实体产品的定价方法对服务产品也有一定的参考价值。

一、成本导向定价法

成本导向法是服务产品经营企业依据所花费的人力资源、原材料和其他间接成本以及期望利润，来确定服务产品价格的方法。这种方法在公共事业、广告业、批发业等行业应用比较广泛。其基本公式为

$$价格 = 直接成本 + 间接成本 + 期望利润$$

其中，直接成本是与服务产品相关的劳动力资源和原材料；间接成本属于固定成本；期望利润是占总成本的一定比例。

（一）成本导向在服务行业的应用

以投入时间来定价的方法，也称服务费，通常指专业人员的定价方法，表示提供服务时间的成本。比如导游服务、心理咨询师、理财咨询人员等专业人员往往都以时间来计算服务费用。以时间来计费，有一部分原因是这样的计量方法不仅为消费者提供了可计量单位，也为企业提供了内部预算方式。但是这种计费方法也有明显的缺点：专业人员需要记录花费在每位消费者身上的时间；以时间来收费很有可能会降低服务提供者的工作效率，不能体现专业人员的真实水平。从消费者角度来说，顾客缺乏专业知识，并不能准确判断时间计费的定价方法是否合理。

（二）成本导向定价法应用于服务行业带来的问题

成本导向在进行服务产品定价时会带来一些特殊的问题。

第一，服务产品的单位难以计量。有形产品的价格很容易理解并确定，但是服务行业的产品确定并不是一件简单容易的事情，因此服务产品的价格也就模糊不清。例如心理辅导、咨询及授课等专业性较强的服务经常是以时间为单位来计量，也就是以输入单位而不是输出单位来出售服务产品。

第二，服务的真实成本有些时候与产品的价格没有必然联系。举个例子来说，去干洗店干洗衣服，价格 1 000 元和 200 元的衣服干洗的程序都是一样的，两者的收费却是不同的，干洗贵的衣服获得的利润明显要高于价格低的衣服，因为顾客更愿意以自身感受而不是实际成本来接受价格。

二、需求导向定价法

需求导向定价方法是从消费者角度考虑什么样的价格是最合适的，是站在顾客角度来考虑定价问题，这种方法以服务定价应该与顾客感知价值一致为出发点。

与实体产品相比，消费者很难把握服务产品质量的好坏，对质量的衡量可能只能依靠顾客的主观感受，感知价值是顾客基于得到和付出而对服务效用的评价。消费者会根据感知价值判断并做出购物决定，顾客在购买服务产品时不单单考虑价格，顾客获取服务花费的时间、金钱，以及获取是否方便等都会影响消费者的感知价值。

通常来说，消费者在购买和使用服务产品时，通常会考虑以下成本。

（1）便利成本。顾客对于获得服务的方便程度比较关注，同样的服务产品，顾客会更倾向于容易获得、不必牺牲自己的时间的那种。例如，同样的辅导课程，肯定会选择家门口的而不是需要坐公交才能到达的远距离的。

（2）时间成本。服务具有生产与消费同时性的特点，比如去医院看病，病人在排队等候过程中所花费的时间就是时间成本。组织或企业为了减少顾客的时间成本，往往建议顾客提前预约。

（3）心理成本。顾客往往会担心自己在购买服务产品时被忽略、被拒绝，这些负面情绪会导致顾客的购买过程更加困难，不容易成功购买。

（4）身体成本。服务产品的不可分离性导致顾客无法提前预知产品的质量，这种不确定性很有可能会使消费者的身体受到伤害。例如，一位男士去理发店理发，如果由于服务人员的不小心操作使头皮被刮破，这就属于顾客付出的身体成本。

（5）社会成本。在购买服务产品时，顾客不仅付出金钱成本，还可能承担潜在的社会声誉风险。以婚庆服务为例，当新人为人生重要时刻选择婚礼策划服务时，若服务机构未能兑现承诺，导致婚礼现场出现重大疏漏，不仅会造成经济损失，更可能使新人在亲友面前尴尬难堪，甚至影响其社会形象和人际关系。这种因服务失败带来的"社会成本"往往比经济损失更难弥补。因此，服务提供者应当充分认识到自身服务对顾客社会形象的影响，以专业态度和高度责任感确保服务质量，通过完善的方案设计、严格的流程把控和应急预案，最大限度降低顾客的潜在社会风险，真正为客户创造价值而非遗憾。

三、竞争导向定价法

竞争导向是指在服务定价时公司注重参考竞争对手的状况，当然这种方法并不是与竞争对手的价格相同，而是将竞争对手的价格当作本公司定价的依据。

（一）竞争导向法在服务产业的应用

卖主集中度越高，市场价格竞争越激烈。价格信号是指市场里每个企业对价格都有极高的敏感性，新出现的价格往往会迅速被其他竞争者比较、模仿。航空业是价格信号的有力证明，航空公司一般不会确定价格，往往会存在一定的价格浮动，一旦哪个竞争者航线价格降低，其他竞争者会纷纷效仿。

（二）竞争导向法在服务产业可能存在的问题

大部分服务产品的价格不是标准化的，消费者在购买产品时，往往很难识别不同服务产品之间的差别。只有在一些十分标准化的服务上，如出租车行业或者银行的汇款业务，以竞争为导向的定价法才适合。

第三节　单一服务的定价策略

价格是公司争夺消费市场的重要武器，价格作为服务产品营销手段中的第一要素，对产品的销售意义重大。服务产业在进行定价时，要结合公司的市场状况、服务产品特色、消费者心理及营销组合等因素，制定符合本公司本服务产品的价格。

根据不同的定价方法，服务公司会选择不同的定价策略。下面介绍几种常用的定价策略。

一、成本导向下的定价策略

（一）价格底线定价法

价格底线定价法是同时考虑产能与成本的一种定价方法。当服务厂商无法用一个同时涵盖固定成本、可变成本并且符合目标利润的价格，来销售所有产能总产出的情况适用该方法。价格底线法的原则：边际收入大于边际成本，额外服务产品的销售可以增加收入或者支付固定成本。

（二）成本加成定价法

成本加成定价法是指在服务成本上加上某一标准加成比例，从而得到服务产品价格的方法。这是最简单、最常用的方法。加成比例既可以是成本的比例，也可以是售价的一定比率。其计算公式如下：

$$价格 = 单位成本 \times (1 + 加成比率)$$

例如，航空公司推出一条航线，假如其单位成本是 5 000 元，公司希望有成本 20% 的利润，因此定价为 5 000 × （1+20%）=6 000（元）。

许多服务公司会选择一个标准加成比率，然后在所有产品上使用该比率。不同服务行业，加成比率也会存在很大差异，而相同或相似的公司可能会采用相同的加成比率，因为它们具有相同的产品成本和营业费用。比如，景点门票、酒店定价因为是标准化产品，相似程度高，所以加成比率不高；而医疗美容服务业，顾客的想象空间比较大，往往采取很高的加成比率。

二、需求导向下的定价策略

（一）认知价值定价法

认知价值定价法是依据消费者对服务商品的认知价值来决定价格。服务产品给顾客带来的认知价值越高，价格也会越高。当然，使用认知价值定价法的关键在于能否正确判断衡量出消费者对服务产品的认知价值。例如，同样的就诊服务，在专家门诊和普通小诊所，两者的价格可能会差距颇大，这便是认知价值不同导致的。

（二）价值定价法

价值定价法又称每日最低法，是一种提供最终价值给顾客的定价法。其基本原则为：能提供最大价值而不是最低价格的厂商，才是市场的最后赢家。顾客从付出的价格中得到最大的价值，消费者就会认为价格合理，不会一直更换品牌或者追逐特价品。

很多顾客不是在寻求最优品而是特价商品，因为特价商品会让消费者觉得自己获得优惠，所以多数企业不断通过小折扣来吸引顾客。

采用价值定价法的企业是将促销费用节约下来，以便将服务价格降低，如此，每天都是最低价，顾客不需要等到促销期才来购买，顾客可以得到服务产品的最大最终价值。沃尔玛就是价值定价法的典型代表，给消费者一种天天低价的感觉。

（三）价格领导定价法

价格领导定价法是将一些服务产品以和成本相近或者低于成本的价格出售给消费者，这些服务产品就是价格领导者，也就是我们所说的特价品。企业希望用这些价格低廉的产品来吸引消费者购买，不仅购买特价品，还购买一些正常价格的服务产品，达到增加销量，获取利益的目的。例如，一些旅游公司，会在淡季推出一些超低价格的旅游产品来吸引新的游客，这样不仅可以开拓新的市场，有些时候还可以借助旅游的其他服务来增加收益。

（四）威望定价法

威望定价法是将服务产品定在很高的价位，来凸显其高质量、高档次和高格调。这样的定价在高级娱乐场所或者会所比较常见。威望定价法之所以能行得通，是因为消费者认为服务产品的价格和商品的质量呈正相关的关系。

撇脂定价是指服务企业在产品推出初期设定较高的价格，以吸引愿意溢价的消费者，从而最大化早期收益。随着产品生命周期的推进，企业会逐步降低价格，以覆盖更广泛的市场群体。在初始阶段，该策略通常与声望定价法相结合，利用高价位塑造高端形象，增强消费者对服务价值的认可。例如，知名律师和高端医疗专家常采用这种定价方式，以体现其专业水准和优质服务。

（五）奇零定价法

奇零定价法是指制定的价格的末尾数都是奇数，并且大多以5和9结尾，比如：19、49、99等。这样消费者会在心理上觉得服务产品的价格比较便宜，例如：999元和1 000元相比，虽然只差1元，但顾客感觉差了很多。此外，采用奇零定价法，会让顾客觉得已经是最低价了，不自觉地会多购买一些，增加销量。

三、竞争导向下的定价策略

（一）低价渗透定价法

低价渗透定价法的理念是将服务产品定价相对较低，以便能迅速占领消费市场，扩大市场占有份额，通过规模经济来获得利益。

比如，航空公司推出特价的机票，由此体现该公司的超低价格，来和竞争者强力竞争。采用低价渗透定价法可能会产生大量购买行为，如果能获得规模经济，也会带来经济利润。

（二）竞争平行定价法

竞争平行定价法是指与本产业的价格领袖保持一定的价格差距或者与旗鼓相当的竞争对手制定相同的价格。因为价格差距固定，所以消费者会通过判断一些非价格因素来作出购买决策。在一些寡头垄断市场，如电力、石油、医院等产业，通常会存在一个价格领导者，这样的情况就适合采用竞争平行定价法。采用竞争平行定价法可以减少价格对市场秩序的破坏，维持市场秩序的稳定，尽量避免产业内陷入恶性竞争。

四、统一定价策略

统一定价是指即使存在部分市场差异，同一产品均采用一样的价格销售。比如，可口可乐不论在东部还是西部，售价统一为 2.5 元。这种定价策略既可以用在送货制条件下的产品，又可以用于提货制条件下的产品。统一定价不仅可以树立公司童叟无欺、远近同价的良好企业形象，还有利于公司对其服务产品的管理。

五、新产品定价策略

新产品在初入消费市场时，定价策略比较灵活。不同企业可能因为不同的战略目标，而采用不同的定价策略，不仅存在为了尽快扩大消费市场，采用低价渗透策略建立品牌优势，扩大影响力；还可以为了快速收回成本而采取高价策略；同样可以依据市场反响情况来确定其低价策略。总的来说，新产品定价策略可以分为以下几种。

（一）渗透定价策略

渗透定价策略是指新产品进入市场时，公司制定偏低的价格出售，有些时候甚至以成本价销售。企业采用这种定价策略主要目的不是获取利润，而是希望以低廉的价格来吸引消费者，提高市场份额，等到服务产品慢慢占领市场后，再适当提高价格或者利用规模优势增加销售利润。运用这种策略时需要考虑以下两个要素：一方面，产品的目标顾客群体必须足够大，较小的市场群体无法体现企业的规模效应；另一方面，只有需求弹性比较大的产品才适合采用这种定价策略。

（二）撇脂定价策略

撇脂定价策略是指在新产品上市时，公司有意识地将产品价格定得较高，然后依据市场行情，逐渐降低价格。新产品在刚入市场时竞争不激烈，需求的价格弹性比较小，撇脂定价可以使企业迅速收回开发研究成本，迅速积累资金，也有助于建立服务产品高档次、高质量的形象。在运用这种策略时，需要注意：服务产品在销售中后期降价要遵循适度原则，不当可能会给顾客留下产品质量有问题而甩卖的不好形象；新产品必须有很强的创新性来支撑其高价位并吸引顾客购买。

（三）温和定价策略

温和定价策略是指服务组织对服务产品的定价比较适中，不高也不低，消费者能够接受，公司希望能获得扣除成本费用之后恰当的利润。采用温和定价策略不仅能赢得购买者的好感，增加消费者对服务产品忠诚度，还可以让公司获得合理的利润。这种定价的原则是中庸之道，介于渗透定价和撇脂定价之间。

（四）反响定价策略

反响定价策略是指服务新产品在进入市场之前，对顾客进行市场调查，预测估计购买者的期望价格，以消费者的期望价格来制定最有利于公司产品销售的价格。这种定价策略的不足之处是，可能调查与实际情况出现偏差，给予错误情报，让企业陷入僵局状态。

（五）随行就市定价策略

随行就市定价策略是指以市场供求关系情况来制定产品价格。当然这种定价策略不存在单一价格，通过与顾客的协商来定价。这种策略有利于公司通过价格了解市场动态，及时调整生产。

六、折让定价策略

折让定价策略是指对服务产品基本价格做出一定让步，直接或者间接降低价格，以扩大市场占有率、增加产品销量，获取更多的经济利润。其中，直接折扣形式有数量折扣、现金折扣、季节折扣、功能折扣等；间接折扣形式包括回扣和津贴。

（一）数量折扣

数量折扣是指按照消费者购买数量的多少，分别给予不同的折扣，购买数量越多，折扣程度越高。其目的是鼓励顾客大量购买，或集中向本企业购买。

数量折扣有两种形式：累积折扣和非累积折扣。累积折扣规定顾客在一定时间内，购买服务产品达到一定数量或者金额，按其总量给予一定折扣，目的是鼓励消费者经常向本企业购买，试图将消费者培养成长期可信赖客户。累积折扣适用于不宜一次购买的服务产品，比如去美容店消费充值活动、满多少减多少等。非累积折扣也称一次性数量折扣，规定一次购买某种产品达到一定数量或者购买多种服务商品达到一定金额，给予折扣优惠。其目的是鼓励消费者大批量购买，促进产品多销、快销。

数量折扣的促销作用非常明显，组织因单位产品利润减少而产生的损失可以从产品的销量增加中得到补偿。此外，销售速度的加快，使企业资金周转次数增加，流通费用降低，服务产品的成本下降，从而导致公司总体经济利润上升。

数量折扣策略的运用难点在于如何确定恰当的折扣标准和折扣比例。数量折扣标准过高，比例太低，只能让少数顾客享受到数量折扣的优惠，绝大多数消费者可能会失望；而标准太低，比例不妥当，压根起不到鼓励顾客购买促进销售的作用。所以，公司在制定科学合理的折扣标准和比例时，要结合服务产品的特点、销售目标、需求规模、购买频率、竞争对手情况、产品成本等因素综合确定。

（二）现金折扣

现金折扣是对规定时间内提前付款或者用现金付款所给予的一种价格折扣，其目的是鼓励消费者尽快付款，促进企业资金运转，减少销售费用，降低财务风险。

采用现金折扣定价一般会考虑三个因素：折扣的时间限制、折扣比例、付清全款的期限。采用现金折扣的前提是商品销售方式为分期付款或者赊销，有些公司采用治理费用、风险费用的方式，试图避免可能发生的经营风险。当然，为了扩大销售，分期付款条件下消费者的最终付款总额不能超过现价交易太多，否则起不到促销的效果。在通信或者网络行业也存在一次性付清几年的费用，从而得到比单独支付优惠的价格，这也是现金折扣的例子。

（三）季节折扣

有些商品生产是连续的，购买消费却存在明显的季节性。为了调节供需矛盾，生产这些产品的公司常采用季节折扣的方式，对淡季购买的消费者给予一定的价格优惠，从而使企业的生产和销售在一年四季都能稳定持续进行，不会中断。比如旅游景区，在旅游淡季的时候，景点门票价格会相对便宜点，试图通过季节折扣来吸引游客观光旅游；饮料生产厂家对冬季进货的单位给予一定幅度的让利；商场会在夏季进行羽绒服反季节销售，这样的例子数不胜数。

季节折扣的比例的确定并不是盲目的，要对产品成本、储存费用、资金利息等因素综合考虑。采用季节折扣策略有利于减少库存量，从而减少库存费用，加快商品流通，快速收回资金，推进企业均衡生产，发挥生产和销售的潜力，避免因季节需求变化所带来的市场风险。

（四）功能折扣

功能折扣又称交易折扣，是指中间商在产品分销过程中所处环节不同，其所承担的功能、责任、风险也会有所不同，公司据此给予不同的折扣。功能折扣的比例的确定会考虑中间商在分销渠道中的地位、对生产企业产品销售的重要性、完成的促销功能、购买批量、承担的风险、服务水平、承担的商业责任及产品在分销中所经历的层次和在消费市场中的最终价格等。功能折扣最终会形成两种结果：批零差价和购销差价。

功能折扣有利于鼓励中间商大批量订货，增加销售量，争取顾客，调动中间商的销售积极性；并且与供货商建立长期友好合作关系。此外，功能折扣可以对中间商经营的有关产品的成本和费用进行补偿，让中间商可以获取一定的利润。

（五）组合折扣策略

组合折扣是指组织为了促进相关产品的销售，将公司的相关产品进行配套，对购买产品的消费者给予低于总价的折扣策略。比如，某个景区景点比较多，游客既可以选择单独买票，也可以选择购买联票，这样既方便又省钱；运动器材店推出的球拍和球的搭配等。

组合折扣策略不仅可以使顾客享受价格优惠的一条龙服务，而且带动了相关产品的销售，两全其美。

（六）推广让价策略

推广让价策略一般运用于刚投入市场的商品，是指企业为了增加产品知名度，调动广大经销商的积极性，增加产品销售量，而给予经销商津贴或者价格折扣。

（七）预定折扣策略

预定折扣是指对提前购买服务产品的顾客给予价格优惠的方法。比如酒店住宿提前预订会比当天入住便宜许多；提前购买机票也会得到折扣。服务商品的不可分离性会让一些服务产品以预约销售为主要出售方式。提前购买不仅能促进消费，还可以保障顾客在需求高峰期能够获得正常服务，进而缓解公司供求不平衡的问题，帮助公司提前应对需求波动。

第四节 特殊服务产品定价

在上一节我们已经了解了一般服务定价策略，本节将进一步了解特殊服务商品定价策略。

一、网络产品定价策略

随着科学技术的进步，互联网的迅猛发展，网上交易平台的发展完善，消费者消费观念、方式的转变，网购的销售份额越来越高，网购在服务产品的销售中发挥着不可或缺的作用，网络购物消费者的心理活动和动机会在一定程度上影响网络产品的定价。顾客在网购时会有搜寻低价、寻求时尚、方便快捷及感受快乐等动机。

（一）寻求低价的心理定价

若价格比消费者预期的价格还要低廉，购物者就会改变原有的购物原则。与传统实体店相比，网店经营成本低，因而商品价格会比实体店中同类商品的价格低许多。出去游玩会选择携程或者其他一些旅游网站购买机票、预订酒店、预订门票等，因为这些旅游网站上的价格会比较便宜；当当网的书刊一般都会以书刊定价的七折销售，做活动或者店庆时还有满减的活动。商品价格便宜是消费者在网上购买的原因之一。

1. 折扣策略

折扣策略是在原有价格基础上打折。网上商店，在原有价格基础上适当降低价格，通过网络宣传促销等活动使顾客了解产品的促销幅度以吸引消费者购买。比如在天猫"双十一"时，会选择全场五折的促销活动。

2. 直接低价策略

直接低价策略是指定价时采用成本加一定的利润，有的甚至是没有利润，并低于竞争对手的产品价格。比如聚划算网站在做活动时会特价，比平时便宜许多；戴尔公司的电脑比其他公司同性能的产品价格低10%～15%。采用低价策略的基础是企业通过互联网销售产品可以节省大量成本费用。采用这种低价定价策略可以满足消费者以低价获得商品的心理，增加销售机会。

3. 使用定价策略

消费者通过在互联网注册之后可以使用某公司的产品，不需要真正购买，根据使用次数或者时间来付费。这种定价策略适用于不需要长期使用或者对产品有所顾虑的消费者，就如租赁一样，有利于扩大市场份额。使用定价策略可以为消费者节约不必要的开支，也为商家保留了产品的所有权。

（二）追求时尚的心理定价

网络商品购买者通常对新事物反应迅速，接受能力强，有着强烈追求新奇的消费动机和冲动性购买行为。网络是最时尚、最先进产品以最快的速度与消费者见面的场所。

1. 品牌定价策略

品牌在某种程度上代表着时尚，寻求时尚的人自然也会追求品牌，品牌是影响价格制定的因素之一。追求时尚的人对价格并不敏感，有些人可能会认为品牌越好，价格越高，该产品越时尚。如果某种产品具有良好的品牌形象，该公司完全可以将产品的价格定得比同类产品高很多，如有了耐克标志的运动鞋必然会比普通运动鞋价格高很多。品牌产品的销售既增加了销售的利润，又让寻求时尚的顾客心理上得到满足。

2. 撇脂定价策略

新的产品刚刚投入网络市场时，在几乎不存在竞争的情况下，短期内可以采用撇脂定价策略。追求时尚和前卫的顾客往往更加关注新产品的出现，而不是新产品的价格，在消费者看来新产品虽然不一定物有所值，但是可以显示出自己的与众不同，支付高价格也是乐意的。针对这样的心理，网店可以采取高价策略制定新产品的价格。

（三）方便快捷的心理定价

网购相较于传统商店具有不可替代的优势，其中快捷便利是其显著特点。消费者选择网购的一个重要原因正是对这种便利性的追求。通过线上购物，消费者不仅能够大幅节省商品搜寻和比价的时间，更能享受全天候、跨地域的购物自由——只需轻点屏幕，足不出户便能购得心仪商品。这种突破时空限制的购物体验，正是现代消费者日益青睐网购的关键所在。

1. 定制定价策略

定制定价策略是在企业能够实行定制生产的基础上，利用网络技术和辅助设计软件，帮助顾客配置或者自行设计能满足自己需求的个性化产品，同时承担自己愿意支付的价格。比如说新房子装修可以请装修公司，告诉装修公司自己想要什么样的装修风格，采用何种材料，将自己的需求告知装修公司，或者在装修过程中顾客亲自参与，自行设计。

戴尔电脑的购买者可以通过相关网上资料了解各种型号产品的基本配置和功能，根据自己的需求和能接受的价格，配置出自己最满意的产品。通过定制定价策略，消费者可以选择自己认为价格合适的产品，对产品的性能和价格有个透明的认识，增加对企业的信任。

目前定制定价策略只处于尝试探索阶段，没有大范围实施，消费者只能在有限范围内挑选定制，还不能完全满足顾客所有的定制化需求。

2. 一口价策略

一口价策略是指卖家给产品制定一个可以立即出售的价格，买家出此价格即可成交。卖家将商品价格作为一口价，只要有人出价，就立刻成交。一口价策略是针对那些不愿意讨价还价的顾客的消费心理制定的定价策略，这种策略可以使有这种心理的顾客得到满足。

3. 比较定价策略

比较定价策略是指对网上同类商品价格进行比较，最后让消费者挑选出自己最满意的产品。网站为了方便消费者的购买，对各个网站同种商品价格进行比较而设计制定这种定价策略，通过对各个网站商品信息的比较，可以使消费者迅速知道选择更适合自己的商品。比如你在某一网站购买电子产品，用鼠标点击价格时，会出现其他网站上该产品的价格信息。

（四）享受快乐的心理定价

网店将销售与娱乐相结合，让顾客在浏览、选择、购买、付款、售后的一系列购物过程中，通过动态画面、琳琅满目的商品、有趣的小游戏，使购物活动在心情愉快的情况下进行，这样消费者就愿意花费更多的时间停留在购物网页，从而为商品的销售提供了更多的机会。

1. 拍卖（竞标）策略

拍卖策略也称竞标策略，是将商品挂在网上拍卖，也是顾客寻求快乐的一种定价方式。网上拍卖是有意购买者通过互联网轮流公开竞价，竞标期结束后，价高者赢得。这种定价方式对于单独的购买者来说，是新奇的，在出价和竞价以及最终的竞标成功过程中，消费者往往会被拍卖的气氛所感染，体会到参与拍卖的刺激与快乐。在这种定价方式下，只要有购买者愿意出价，就一定可以将商品成功卖出，商店不会担心商品卖不出去。

根据供需关系，网上拍卖竞价可以分为以下几种。

（1）竞价拍卖。最大量的是 C2C 的交易，包括二手商品、收藏品，或者是一些普通商品以拍卖商品进行出售。

（2）竞价拍买。这是竞价拍卖的反向过程，购买者提供一个价格范围，求购某一商品，由商家出价，当然出价可以是公开的也可以是私密的，顾客会与出价最低或者最接近最低价的商家成交。

2. 讨价还价策略

讨价还价策略也不失为一种定价策略，众多消费者可以从讨价还价的过程中获得乐趣。讨价还价是人们购物的一种习惯，讨价还价能让顾客觉得自己得了优惠。在讨价还价之前，商家会将产品的定价定得稍高，这样才有讨价还价的余地。采用这种策略时，如果顾客一次性把价格压得特别低，很有可能会被销售人员拒绝，从而影响购物心情，导致购买不成功，不利于商品的销售。

网购平台为消费者提供了灵活议价的空间，使顾客在享受传统议价乐趣的同时，还能获得心理上的满足感。这种互动式的价格协商机制不仅能增强消费者的参与感，还能让他们切实感受到优惠，从而有效提升网购平台的吸引力和用户黏性。

二、个性化定价策略

在日常生活中，我们经常可以看到景区门票价格会因为季节不同而价格不同；航空公司会依据不同座位等级制定不同价格；比如电影票的定价通常遵循市场规律：新片上映初期票价较高，随着放映周期推进和更多新片上映，原有影片票价会逐渐下调，直至最终下映。这种动态定价策略既反映了影片的市场热度变化，也满足了不同消费群体的观影需求。这些例子都是个性化定价策略的应用。

（一）个性化定价概述

价格歧视是个性化定价的内在基础，价格歧视存在的首要条件是有不同价格弹性的细分市场。细分市场是整个目标市场中的一个分支或部分，具有独特的需求和成本特征。不同出行目的的旅客对机票价格的敏感度存在显著差异：商务旅客因公费报销且行程紧凑，通常更注重航班时效性而非价格，其需求价格弹性较低；而自费出行的旅游或探亲旅客则愿意投入时间比价，对航班时效性不敏感，而对票价变动更为敏感。这种差异体现了航空市场典型的细分特征。

市场细分的基础是消费者需求的差异性，即消费者的需求是不同的。在市场上，消费者总是希望买到可以满足自己独特需求的产品。我们可以将顾客的需求差异性划分为同质性需求和异质性需求两类。

同质性需求是指由于顾客的需求差异不明显，因此没有必要进行市场细分；异质性需求是指因为消费者所处的地理位置不同、社会环境不同、购买动机和心理不同等，导致消费者对产品的性能、价格、质量、颜色、款式等的需求的差异性。

现代企业由于自身实力、资源的限制，不可能提供满足消费者一切需求的服务产品。为了有效竞争，扩大市场份额，企业有必要进行市场细分，选择最有利可图的目标细分市场，集中企业的资源、技术、人才，制定有效的竞争策略，在市场上获得竞争优势。

进行市场细分经常会依据以下标准。

（1）地理细分：是按照地理位置的特征细分目标市场，包括地理位置、交通、气候、城乡、行政区等因素。

（2）人口细分：是按照人口特征细分目标市场，有性别、年龄、受教育程度、收入、家庭人口、社会阶层、种族或者宗教信仰等。

（3）行为细分：先对顾客行为进行评估，然后细分目标市场。

（4）社会文化细分：是按文化特征细分目标市场，以民族和宗教为主进行细分。

（5）心理细分：是按照个性或生活方式等因素对目标市场细分。

市场细分有利于公司选择目标市场和制定市场营销策略；有利于发掘市场机会，开拓新市场；有利于集中人力、财力、物力资源投入目标市场；有利于增加组织经济效益。然而市场细分也存在自己的局限性：市场细分的标准很难界定，市场细分成本昂贵；不同细分市场可能需要不同的广告宣传策略，导致广告成本上升；管理成本随着不同市场项目的计划和实施而上升。

（二）个性化定价的实施策略

1. 产品获取便利程度

利用产品获取的便利程度实施个性化定价，是指通过调节商品获取的时空条件，针对不同便利性敏感度的消费者实施差异化定价。这种定价策略通常表现为：对便利性要求高的消费者收取溢价，而对价格敏感的消费者则通过特定渠道提供折扣。典型的应用场景包括优惠券和限时折扣机制——食品加工和快消品企业经常通过发放优惠券，为价格敏感型消费者创造专属购买渠道。当前，电子商务正以不可逆转的趋势重塑零售业态。为提升销售转化率并降低退货率，许多网店采取"好评返现"的营销策略。这一策略具有双重效应：一方面通过现金激励有效抑制了消费者的退货意愿；另一方面，积累的优质评价形成了正向反馈，显著提升了潜在消费者的购买转化概率。这种基于行为经济学的定价策略，实质上是将消费者评价行为纳入了价格歧视体系。

2. 延迟手段

基于时间差异的个性化定价策略，是指通过控制产品交付的时效性，识别并区分不同时间敏感度的消费者群体。该策略的核心在于：对时效性要求高的早期使用者制定溢价，而对时间不敏感的后期消费者提供价格优惠。为确保市场区隔的有效性，必须通过显著的时间差来强化产品差异，防止高端消费者向低端市场转移。以快递行业为例，顺丰速递提供"当日达"等高时效服务，满足愿意为速度支付溢价的消费者需求；而中国邮政的普通快递则以较低价格吸引对时效要求不高的客户群体。这种定价模式不仅实现了消费者剩余的有效捕获，还通过服务差异化维持了不同细分市场的平衡。

3. 差异化包装

产品的核心功能可能完全相同，但通过不同的包装设计，企业可以针对不同消费群体制定差异化的价格策略。以月饼为例，厂商通常会推出平装版和精装版两种包装形式：精装版——面向礼品消费市场，凭借高档包装提升产品溢价能力，满足消费者在节日送礼时的社交需求；平装版——针对自用型消费者，剔除不必要的包装成本，以更实惠的价格提供相同的核心产品。这种策略的关键在于精准识别消费者的购买动机：礼品消费者更注重包装所承载的社交价值，而自用型消费者则更关注产品本身的实际效用。通过包装差异化，企业既能覆盖高端礼品市场，又能服务价格敏感型消费者，从而实现利润最大化。

以价格歧视为基础的个性化定价给生产者和消费者带来了互惠共赢。对于消费者而言，花不同的费用购买不同需求的商品和服务；对于生产者而言，与单一定价在市场上占统治地位相比，通过实施个性化定价策略，组织向顾客收取不同的价格会比收取单一价格更接近于顾客的支付意愿，有利于增加产品销售，增加公司的利润。

4. 数量折扣

数量折扣也是价格歧视的表现形式，数量折扣可以分为两种类型：一是依据购买数量对所有购买的商品按折扣价格计算，数量越多，折扣程度越高；二是事先规定一个购买商品的数量限制，超过这个数量就会按照折扣计算，低于这个数量按照正常价计算。

(三) 个性化定价可能存在的问题

实施个性化定价策略，针对不同需求的顾客制定不同的价格，对一部分商品制定高价，一部分商品制定低价，不仅可以增加生产商的经济效益，还可以满足消费者的需求，形成新的消费市场。然而个性化定价可能会存在以下问题。

1. 组织如何进行市场细分

企业可以通过对地理位置、人口统计特征（如年龄、性别、职业）、收入水平等关键因素的分析，精准评估不同消费群体的支付意愿，并据此制定差异化的价格策略。常见的市场细分方式有以下几种。按收入划分：高收入群体（如金领阶层）通常支付意愿更强，而中低收入群体（如蓝领阶层）对价格更敏感。按消费场景划分：商务出行者、旅游度假者等不同人群对产品和服务的价值感知存在显著差异。按行为数据划分：通过会员体系、消费历史等数据，企业可以识别高频消费者、高客单价用户等关键群体。

2. 顾客对不同的价格是否会心理平衡

差别定价是指企业根据消费者支付意愿、购买能力及议价能力等因素，对相同产品或服务制定不同价格水平的定价策略。需要明确的是，这种价格差异主要源于市场需求端的差异，而非生产成本的不同。

在实施差别定价时，企业需要特别注意以下几点。(1) 价值感知差异化：通过产品包装、服务内容或购买体验的差异化设计，让不同价格层级的消费者都能感受到相应的价值回报，避免产生价格歧视的不公平感。(2) 科学定价机制：建立基于大数据的动态定价模型，综合考虑消费者特征、市场供需、竞争环境等多维因素，确保定价策略的合理性和可持续性。(3) 透明化沟通：通过会员等级、早鸟优惠等显性差异化方式，让价格差异具有可解释性，提升消费者的接受度。成功的差别定价不仅能最大化企业收益，更能通过精准匹配不同消费群体的需求，实现供需双方的价值共赢。关键在于让每个价格层级的消费者都能获得与其支付对等的价值体验。

实行差别定价的目的如下。

(1) 抑制需求变动，缓解服务商品无法储存的特征所引起的供求失衡问题；

(2) 为企业获取更大的利润；

(3) 使企业资源得到合理配置，充分利用。

三、差别定价的分类

（一）消费者细分定价

不同消费者因为物质条件的不同，对服务产品的认知也不同，对于同一种服务产品，不同顾客愿意支付的最高价格与实际支付的差额是不同的，这个差额用经济学来解释就是"顾客剩余"。对服务需求的不同、购买力水平的差异，或者主观感知的不同都是服务产品价格细分的条件。对于购买力水平比较低的消费者，适当降价会起到很大程度上的促销作用；然而对于购买力水平高的顾客，稍微抬高价格，并不会影响顾客购买积极性，反而会让他们觉得价格高的服务产品的质量会更好，从某种程度上增强他们对服务产品的满足感。在一些国家，专业服务行业（如医疗和法律领域）虽然为不同收入群体提供相同质量的服务，但会采用差异化收费模式。当然除了按购买力不同来划分，还可依据消费者的性别、年龄、职业和阶层等因素来划分。比如公交车对65周岁以上的老人免票，旅游景区门票有儿童票、学生票、成人票、老人票等。

（二）服务产品的品牌和形象差别定价

企业形象和品牌同样会对服务产品的定价产生重大影响，满足顾客同样的需求，有些时候会因为企业所属级别的差异化而导致价格差异。例如，同样是提供邮轮旅游服务产品的企业，嘉年华和某个不知名的小邮轮公司，提供的服务可能并没有多大差别，但是，在顾客进行选择时，还是更愿意接受嘉年华公司的高价服务，嘉年华邮轮凭借其卓越的品牌影响力和市场认可度，为游客构建了强大的消费信心保障。

（三）服务产品的时空差异定价

服务产品时间和空间位置的不同也会影响商品的价格。

1. 地点差别定价策略

地点差别定价策略是指按照地区差异来定价。提供同样的服务之所以会存在不同的价格，主要是服务产品的可获得性不同。比如，在山上的矿泉水和我们平时从超市里购买同样产品的价格会差很多，不仅是因为消费环境的氛围所带来的附加值，而且还因为消费者在可获得性方面的需求程度不同。

2. 时间差别定价策略

时间差别定价策略是指以时间段的不同来制定产品价格。时间差别定价策略不仅能增加产品销售量，扩大经济收益，还可以减轻因为需求不同带来的波动性，缓解供求失衡局面。例如，旅游景区在旅游淡季和旺季住宿、餐饮、门票的价格都会有所差别。

（四）产品附加值定价

有些服务企业除了提供核心服务，还通过提供附加价值满足消费者的一些额外需求，然而仅仅提供核心产品和附加服务的企业，其产品与成本并不是完全正相关的。服务产品增加的服务利益也是差别定价的一种形式。例如，平时卖的苹果和圣诞节卖的包装精美的苹果相比，二者虽然成本相差无几，但价格有所区别，包装精美、印有"圣诞快乐"的苹果会让消费者感受到节日的气氛，愿意花更多的钱来购买。

差别定价是一种适用范围较广的定价策略，然而这种定价策略并不是无条件的，有效合理的市场价格细分要遵循以下原则。

1. 顾客的支付意愿差异既要可识别，更要可明确区分

有效的价格细分需要根据顾客的支付意愿进行分类，并确保不同群体之间具有明显的共同特征。常见的划分标准包括性别、年龄、职业、收入水平、消费习惯和消费心理等。具有相似支付意愿的顾客通常会在某些特征上表现出共性，因此，选择划分标准时需注意：特征必须易于识别和区分。如果标准模糊或多种特征交叉重叠，可能导致市场细分不清晰，从而给顾客和商家带来困扰。

2. 消费市场可以分割

如果不同定价的商品可以在不同的市场间流动，那么差别定价就无法起到应有的效果，因为不同的市场价格会趋于相同。例如，某高尔夫球场为吸引老年消费者，推出了针对该群体的优惠门票。但由于这些折扣票与全价票在外观上类似，很快就有部分老年顾客以略低于全价的价格在场馆周边转售折扣票牟利。这说明在进行市场细分定价时，必须建立有效的防套利机制。

3. 不同市场的价格弹性不同

价格弹性是指受价格变动影响，需求量变动程度。如果不同消费群体对价格变化的反应是相同的，企业就不可能通过改变价格来影响顾客的购买行为。生活必需品是缺乏弹性的，价格变动对需求量并不会产生多大的影响，而高档商品如珠宝首饰等是富有弹性的，价格变动会对需求量产生很大的影响。

4. 实施差别定价策略所带来的利润应该大于成本

企业实施差别定价策略往往是为了使企业资源得到最大化利用，能够减少资源的浪费，增加总体经济收入。实施差别定价策略也是需要付出成本的，获得的利润大于成本才是可取的。

5. 价格细分尽量避免让顾客产生误解

公司在制定差别定价策略时，要注意尽量避免引起消费者的误解和反感。例如，苹果手机在中国的定价要高于在国外的定价，其行为违背了WTO贸易公平原则，对中国消费者构成了价格歧视。这一报道引起人们的广泛关注，苹果公司被推到风口浪尖，但是苹果手机的价格歧视是一种正常的经济现象，不存在侵犯消费者公平权，也不是价格欺骗，只是一种定价方式。

（五）心理定价策略

顾客的购买行为在某种程度上会受消费心理的影响，公司在对产品定价时可以把握消

费者的心理因素，有意识地采取不同的定价策略，来满足顾客的多样化心理需求，赢得消费者对产品的信赖感和忠诚度，增加商品销售，扩大市场占有率，增加企业经济利润。比较常见的心理定价策略有以下几种。

1. 声望定价策略

声望定价策略是依据服务商品在消费者心里的声望、名誉、知名度和地位等因素来确定价格的一种策略。声望定价策略是抓住顾客"便宜无好货，价高质必优"的心理。一般这类顾客在购买商品时并不关注商品本身，而是关注所购买的商品能否彰显自身的身份、地位、名望及自我形象等。价格越高越让顾客觉得产品质量上乘，消费者的心理满足程度也就越高。当然这样的定价策略也是有适用范围的，它适用于知名度高、有较大市场影响、深受市场欢迎的产品，比如珠宝首饰、奢华汽车、名牌时装等。实施声望定价策略必须谨慎，为了使声望价格稳定得以维持，必须控制市场容量，否则不仅达不到应有的定价效果，还可能会破坏产品声望。

2. 尾数定价策略

尾数定价策略是指在确定零售价格时，利用消费者求廉的心理，制定非整数价格，以零头数结尾，使用户在心理上有一种便宜的感觉，或者是价格尾数取吉利数，从而激起消费者的购买欲望，促进商品销售。比如，产品的价格0.99元，或99.99元，顾客会认为这种价格经过精打细算，商品定价合理、准确，购买获得优惠，不会吃亏，从而产生信赖感。此外，价格虽然离整数只差几分钱或者几角钱，但可以给顾客一种占了便宜的感觉，可满足顾客求廉的愿望。

3. 如意定价策略

如意定价策略是指企业依据消费者希望吉祥如意或者希望发财等心理，以定价数字的谐音来迎合消费者。例如，在中国市场，由于数字"6"（象征顺利）和"8"（谐音"发"）具有吉祥含义，许多企业在产品定价时会优先采用含这些数字的尾数定价策略，如168元、666元等。相反，企业通常会避免使用数字"4"。这种基于数字文化的定价策略，是企业在特定文化环境下实施价格细分的重要方式。不同国家对待数字也会有不同的认知，在日本喜欢以偶数标价，而西方国家一般会尽量避免"13"这个数字。

4. 方便定价策略

方便定价策略也是取整定价策略，这种策略与我们前面提到的尾数定价策略正好相反，是指商品价格取整数。整数定价策略在消费者看来更好地彰显了产品的优良品质，因为消费者在购买高档产品时更加注重产品的质量，会有"一分价钱，一分货"的心理，经常会把高价当成衡量产品质量的标准之一。采用整数定价策略不会找零，降低了消费结算的时间，提高了购买效率。这种定价策略适合顾客不怎么了解的服务商品，如价格较贵的礼品或者耐用品。

5. 招徕定价策略

招徕定价策略是公司在定价时利用消费者"求廉"的心理，将商品价格定得低于一般市价，个别商品甚至低于成本，以达到招徕顾客、增加销售的一种定价策略。采用这种定价策略，从局部来看，那几种低价的产品不会盈利甚至会亏本，但从整体来看，低价商品带动了其他商品的销售，公司还是处于盈利状态。例如，唯品会网站在节假日推出的满199减100的活动，大型超市会散发低价商品传单，虽然某些产品的利润下降了，但是这种策略往往会吸引更多顾客，带动其他产品的销售。

（六）创新性服务定价策略

单一的服务定价策略在服务商品特殊性上考虑还是不够全面的，没有站在顾客和企业双方共赢的角度看待服务产品定价问题。服务产品的不合理定价，不仅会损害消费者的切身利益，引起对企业的不信任或信任感降低，还会使整个服务行业的发展受限，减少行业的合理利润。为了使服务行业健康发展，使企业和消费者在交易过程中能够获得更多利益，服务企业应该了解消费者的真正需求，在企业和顾客之间建立互利共赢的关系。接下来介绍三种创新性服务定价策略：以满意为基础的定价、效率定价和关系定价。

1. 以满意为基础的定价策略

以满意为基础的定价策略是指在满足消费者需求的前提下，降低购买服务产品的风险。以满意为基础的定价策略主要通过提供服务承诺、不变价格定价和利益导向定价等方法来实现。

1）服务承诺

服务承诺是指企业向消费者保证，如果顾客在接受完服务后对所购买的服务产品不满意，他们可以依据承诺获得部分或者全部退款。服务承诺是企业传达给消费者一个信息，就是能够保证提供优质服务，是企业对所提供服务质量有信心的表现。值得注意的是，这种方式旨在通过保证来减少顾客在服务相关方面的风险，同时也激励本企业服务人员尽可能理解消费者需求并满足消费者需求。保证服务产品质量是服务承诺以差异化途径抗衡其他竞争对手的前提条件。

2）不变价格定价

不变价格定价是指通过事先协商确定交易价格来减少购买过程中出现的价格风险的定价方式。消费者在购买服务产品时一个很大的顾虑就是担心在服务产品未交付之前价格会有所波动，不变价格定价正好消除了服务商品最终价格的不确定性。但同时这也意味着企业需要承受成本超支和过度需求的风险。当然在进行不变价格定价时要具备一定的条件：提前确定的价格要有竞争力，否则是不可能吸引消费者的；使用不变定价策略的公司需要建立有效的成本结构来缓冲那些无法预测的成本超支；这种定价方式会使企业承受一定的风险，那些不可预测的成本可能会造成企业的利润大大降低，企业只有与消费者建立长期的关系并取得附加利润的情况下才会采用不变定价策略。

3）利益导向定价

利益导向定价关注的是消费者实际得到的利益，以为顾客带来的收益进行定价。利益导向定价试图在服务的价格与顾客所得到的利益之间建立一种直接的联系，以此来降低顾客所感知的风险。但是对于同一项服务，不同消费者可能会注重不同方面，企业可以将这些信息收集，充分了解顾客需求，在服务产品价格和消费者需求之间建立清晰的联系。

2. 效率定价策略

效率定价策略可以通过节约不必要的成本，为顾客提供更高性价比的服务产品，较低的成本结构使得竞争对手在短期内难以模仿。效率定价策略的执行者几乎一直是这个行业的标新立异者。它一直避开传统的经营方式而通过创新寻找可持久的成本优势。

成本管理是效率定价的基石，在服务行业中，服务产品是由一系列服务活动、情节、片段等构成的，不适用于传统的会计核算方法。以活动为基础的成本核算方法应运而生，这种方法通过分析最终提供的服务产品所经历的具体业务活动，得出每项活动所耗费的资源，消除掉那些不能为顾客带来价值的活动，从而降低服务产品的价格。例如肯德基宅急送的服务活动是自接收订单到交付食品，成本核算法将每项业务活动的成本进行估算，确认成本的基本组成要素，然后将精力集中在消除那些不能为消费者带来价值的活动上。需要留意的是，成本节约能够为顾客真正增加利益，如果成本压缩没有为顾客带来满意的服务，也是失败的。

3. 关系定价策略

关系定价策略的主要目的是企业建立、保持并加强与消费者之间的关系，通常是指长期合作关系。与消费者建立长久联系，拥有忠实的客户群体，对企业的发展是十分有利的；反过来，消费者能够找到一家服务品质优异，可信度高的服务公司建立长期合作关系，就可以节约大量的时间和精力，也会降低购买风险。为了与消费者建立持久的合作关系，使消费者中意于本公司提供的服务产品，企业不仅需要分析利用消费者的动机和需要，也要分析潜在竞争者的获利行为。通常来说，关系定价可以分为长期合同和批量折扣两种方式。

1）长期合同

长期合同是指企业通过与消费者签订长期合同，为消费者提供价格或者非价格的激励，促使双方培养长期合作关系。长期合同的签订能将一系列独立的服务交易转变成一系列稳定的、可持续的交易。因为这些连续的交易提供了有关消费者需求方面的信息，企业因此可以利用消费者信息来提高效率、集中资源，通过长期稳定的经济收入拉开与竞争对手的差距，从而获得更多的利益。与此同时，随着合作关系的深入发展，能为消费者降低在货币和非货币方面的成本。随着市场规模的不断扩大，规模经济会使单位产品的成本得到下降，公司的利润空间扩大了。服务公司为消费者提供专门的人员设备，进一步增强了消费者利益也是成本节约带来的好处。

2）批量折扣

批量折扣又称批量作价，是企业对大量购买产品的消费者给予一种减价优惠。一般购买量越大，折扣也就越大，以鼓励消费者增加购买量，或者集中向一家企业购买，或提前购买。尽管数量折扣会使产品价格下降，单位产品利润减少，但销售量的增加、销售速度的加快，使企业的资金周转次数增加了，流通费用下降了，产品成本下降了，导致企业总体盈利水平上升，对企业来说是利大于弊。

关键术语

价格（Price）
价格策略（Price Strategy）
机会成本（Opportunity Cost）
定价策略（Pricing Strategy）
成本导向定价法（Cost-oriented Pricing）
需求导向定价法（Demand-oriented Pricing）
竞争导向定价法（Competition-oriented Pricing）

 本章小结

影响服务定价的因素包括成本、需求、竞争、顾客、服务产品自身及相关的政策法规等。随着服务营销研究的发展，服务定价的问题日益受到学者和服务企业的关注和重视，由于服务具有无形性、不可分离性、易质性和易逝性等特性，使服务定价在成本、需求、竞争、生产、收益、消费者和法律七大方面与产品定价有着显著的差异。尽管服务定价和产品定价有着诸多差别，但我们仍然可以借鉴产品定价方法将服务定价方法划分为成本导向定价法、需求导向定价法、竞争导向定价法、折让定价、新产品定价、统一定价等定价方法。不同的定价方法所适用的情形是不同的，应该根据实际的情况和企业的发展目标来综合考虑，选择最为合适的定价策略。

 **复习思考题**

（1）服务定价与产品定价相比有哪些不同点？
（2）常见的定价策略有哪些？它们之间有什么区别和联系？
（3）结合京东商城"双十一"活动，分析它的定价策略。
（4）在推动中国式现代化的发展的背景下，结合中国特色分析中国服务企业应如何根据实际情况选择合适的定价策略。

综合案例

京东商城网络营销的定价策略

在网络营销定价依据的影响下，常用的网络营销定价策略主要有网络团购定价、免费定价、秒杀定价、预售定价等。京东商城在网络营销中就是根据这些定价策略来确定其产品或服务的价格。

一、网络团购定价策略

网络团购定价就是通过互联网和大数据将网络营销中具备相同需求的零散消费者集合起来，向企业大批量购入，以求得到最优价格的定价策略。京东商城在网络营销中针对特定产品或服务就是采用网络团购的定价策略。目前，京东商城的团购产品已经涉及餐饮、服装、美容健身、酒店旅游等生活的方方面面。

一般来说，网络团购定价的形式主要有阶梯价格和固定价格。阶梯价格是指产品的售价根据参与团购的人数或单个消费者所购产品数量的多少而不断变化的定价形式，即消费者所购产品数量越多，则单件产品价格越低。这种产品定价形式主要面向中低收入的消费者。针对中低收入的消费者对特定产品的需求，京东商城就会使用阶梯价格的定价形式。比如：消费者在京东商城购买某件产品的单价为50元，同样的产品消费者一次购买两件需要90元，而消费者如果一次购买三件则只需120元。而固定价格是指在团购活动中企业制定产品的价格，且价格在规定时间内保持不变的定价形式。这种定价形式适用于产品品牌知名度较高的产品。京东商城在网络营销活动中就经常运用固定价格的定价形式。例如，京东商城所售韩都衣舍的一款加绒卫衣，其团购活动价为136元，活动期间商品限量100件，活动时间为3天，若3天时间到或100件商品售完，则活动结束。

二、免费定价策略

免费定价策略是指企业将产品以免费的方式提供给消费者使用的一种产品定价策略。京东商城在网络营销中对于特定产品会采用免费定价策略，这种定价策略在满足消费者需求的同时，也对企业和其提供的产品起到推广和宣传的作用。

一般来说，免费定价的形式可以分为完全免费和部分免费。完全免费是指产品从购买到使用以及售后等所有环节一律由企业免费提供给消费者的定价形式，其适合处于市场导入期的产品。京东商城的免费试用活动就属于完全免费的定价形式。例如：当京东商城销售处于市场导入期的产品时，就经常举办免费试用活动，活动每期限定一定的名额，消费者可以自主申请参加。申请成功的消费者，只要在收到活动产品的30天内，将试用产品的真实感受写成一份图文并茂的报告，并以邮件的形式发送给京东商城，消费者就可以免费获得该产品，且可以免费享受售后服务。部分免费则是指企业首先将产品分为若干个部分，然后针对其中的某一个或几个部分免费，从而制定出产品价格的定价形式。这种定价形式适合处于快速成长期的产品。比如：京东商城针对处于快速成长期的某款钢笔的销售就运用了部分免费的定价形式。假若该钢笔的售价为59.9元，消费者如果购买，则商家赠送墨囊、笔尖和吸墨器；而消费者如果想要在钢笔上刻字，体现其个性化，就需要另外支付费用。

三、秒杀定价策略

秒杀定价策略是指企业在网络营销平台上出售的产品，消费者只要在限定时间内进行抢购，就能够以极低的价格购买到该产品的定价策略。京东商城对于价格与原价相差极其悬殊的特定产品就是采用秒杀定价策略。例如：原价500元的商品，秒杀价格只要49.9元。常见的秒杀定价形式主要是针对产品的价格与其价值相差极其悬殊的一种定价形式，其适合处于市场导入期或快速成长期的产品。比如：京东商城中某款男士休闲鞋的销售就是采用秒杀定价形式。假定这款男士休闲鞋原价为596元，秒杀价为179元，秒杀价与原价相差417元，而且保证是官方正品，全球限量88双，活动时间仅有24小时。由于该款男士休闲鞋采用秒杀定价的形式，这就极大地刺激了消费者的购买需求，并能对产品及品牌起到很好的宣传和推广作用。

四、预售定价策略

预售定价策略是指企业给还没有正式进入市场的产品或服务制定价格并销售的一种定价策略。企业在大型节日促销活动中经常采用这种定价策略。例如：京东商城在"6.18""双十一"等购物节到来前就是采用预售定价策略，以其活动价格来销售商品。常见的预售定价形式是产品预售定价，即企业在产品还未正式进入市场前进行销售的定价形式，其适用于高科技的数字化产品。这种定价形式要求消费者先支付一定比例的定金，等产品正式上市销售，再在规定的时间内支付尾款即可。例如：京东商城中的某款数字产品宏碁计算机，其价格的制定就运用了产品预售的定价形式。该款宏碁计算机售价为4 799元，预售活动中消费者只需先支付1元作为定金，等到产品上市销售，1元定金可以抵扣300元现金，消费者只需再支付尾款4 499元就可以得到所购商品。京东商城利用这种产品预售的定价形式极大地刺激了消费者的购买欲望，其市场份额快速提升。

[资料来源：陈金先, 2019. 网络营销的定价策略探析——以京东商城为例 [J]. 电子商务（5）：44，88.]

思考题

（1）请分析本章几种不同定价策略的利与弊。
（2）讨论网络营销定价策略与实体店的区别。

第八章 服务渠道与供应链管理

学习目标

（1）认识服务渠道的含义和类型。
（2）了解服务渠道设计和设计策略。
（3）掌握服务渠道管理办法。
（4）理解掌握服务供应链的内涵、服务供应链风险管理。
（5）结合我国创新驱动发展战略，了解我国现代服务供应链创新趋势。

微信营销新渠道

我国深入实施创新驱动发展战略，坚定不移走中国特色自主创新道路，大力建设创新型国家。在服务营销领域，也涌现出了许多创新模式。微信营销是网络经济时代企业对营销模式的创新，是伴随着微信的火热产生的一种网络营销方式，微信不存在距离的限制，用户注册微信后，可与周围同样注册的"朋友"形成一种联系，用户订阅自己所需的信息，商家通过提供用户需要的信息，推广自己产品的点对点的营销方式。所以企业微信营销就是指企业利用微信平台，通过向用户传递有价值的信息而最终实现企业品牌力强化或产品、服务销量增长的一种营销策略。

1. 微信营销的特点

（1）点对点精准营销。微信拥有庞大的用户群，借助移动终端、天然的社交和位置定位等优势，每个信息都是可以推送的，能够让每个个体都有机会接收到这个信息，继而帮助商家实现点对点精准营销。例如微信上的"下厨房"公众号，可以根据用户的需求向其推送菜谱。在了解用户的口味后，该账号会据此有选择地进行一些烹饪产品信息的推送，而用户也很有可能喜欢这种口味从而前往推送的网址购买。这种植入式的营销更容易为用户所接受，同时由于用户对该公众号的信赖也会带来对其推送产品的好感，更易产生购买行为。

（2）高便利性。移动终端的便利性再次增加了微信营销的高效性。相对于PC端，智能手机不仅能够拥有PC端所能拥有的任何功能，而且携带方便，用户可以随时随地获取信息，而这会给商家的营销带来极大的方便。

（3）信息的互动性。微信作为一款社交软件，其便利的互动性是区别于其他网络媒介的优势所在。尤其是微信公众平台中，用户可以像与好友沟通一样与企业公众号进行沟通互动。企业通过微信公众号可以向公众推送信息，且及时更新。例如，微信公众号中做得比较成功的"艺龙旅行网"会根据季节和天气状况向用户推送适合前往的旅游地，用户可以直接回复，咨询旅游区的酒店预订情况，这些在其他网络媒介中都是难以做到的。

2. 微信营销的策略

（1）重视口碑营销。在新媒体时代，影响消费者购买行为的最主要因素是来自网络上的评价和朋友圈中的口碑。微信以熟人推荐为主。由于微信朋友圈中大多是相识的人或者是有过接触的微信公众号，用户在互动中更容易与对方建立起一种信任关系。用户在体验过企业的产品或服务之后可以对其进行评分，也可通过微信强大的富媒体传送功能将信息分享给自己的好友，这种熟人推荐式的营销模式能够更好地保证信息的传递与阅读，促进用户进行消费。因此企业在利用新媒体进行网络传播时，尤其应该注意在用户群中树立良好的口碑。微信的朋友圈沟通、信息分享链接等可以直接影响到企业的业务与声誉。

（2）注重"意见领袖型"营销。企业家、企业的高层管理人员大都是意见领袖，他们的观点对大众言辞有着重大的影响，潜移默化地改变着人们的消费观念，影响人们的消费行为。微信营销可以有效地运用这些意见领袖的影响力和微信自身强大的影响力去刺激需求，激发购买欲望。

（3）注重"视频、图片"营销。运用"视频、图片"营销策略开展微信营销，为特定的潜在客户提供个性化、差异化服务，将企业产品、服务的信息传送到潜在客户的大脑中，为企业赢得竞争优势，打造出优质的品牌服务。让我们的微信营销更加"可口化、可乐化、软性化"，更加地吸引消费者的眼球。

（4）利用微信打造企业"一条龙"服务平台。微信事实上还可以成为企业的服务平台、O2O平台、客户关系管理数据库等。把微信的众多功能结合起来，就能形成一个较为完整的品牌营销与服务链条，甚至打造一种新的商业模式。比如，用户在饭店用餐，如果用户在消费后体验很好，可能会再次光临。扫二维码成为电子会员将显著帮助增加品牌的用户黏性，饭店可以通过微信平台向用户推送最新的优惠信息，用户也可以通过微信进行预订、付费、咨询等活动。如果饭店建立起了用户管理数据库，还可以根据用户喜好调整菜单和促销活动。

（资料来源：百度文库）

第一节　服务渠道概述

一、服务渠道的类型

服务渠道是指服务从生产者向顾客转移过程中所涉及的一系列公司和中间商。服务渠道包括直接服务渠道、间接服务渠道和电子渠道。

(一)直接服务渠道

直接服务渠道是指服务企业(生产者)不经过任何中间环节,将服务产品直接销售给最终消费者或用户的分销渠道,即直销。经营者选择直接服务渠道的主要原因在于:①对服务的供应与表现可以保持较好的控制,若经由中介机构处理,往往出现失去控制的问题;②以真正个性化的服务方式,在其他标准化、同质化以外的市场,产生服务差异化;③可以从顾客那里直接了解当前的需求、需求的变化及其对竞争对手服务的意见和态度等信息;④能够保证经营原则始终得到贯彻,尤其是在推出新服务的时候;⑤能够保证服务组织的利润在内部进行分配,而不需要与其他组织分享。

服务的不可感知性、不可分离性及不可存储性使得直接渠道成为最适合企业服务的渠道。采用直接服务渠道,企业可以在以下两个方面获得优势:一方面可以及时与顾客沟通,便于企业了解市场信息,进而提供个性化服务。由于企业提供服务时采取直销,通过面对面的接触,用户可以更好地了解服务的特点,而服务提供者也可以直接了解用户的需求、购买习惯及变化趋势。在此基础上,结合对竞争对手以及内外部营销环境的分析,企业可以进一步开发新的个性服务,开拓市场。另一方面有利于服务质量的管理,便于开展维护工作。通过对直接渠道的全程控制,实现服务质量的高效管理与控制,从而为顾客提供更好的服务,为企业赢得更多的忠诚顾客。而一旦服务出现差错,企业也可以通过直接反馈的信息来开展维护工作,进一步提升服务质量和管理效率。但是采用直接渠道时,往往要配合以较多的销售网点,企业必须对此进行大量的投资,所需的人力、财力和物力会消耗大量的资源,使得运营成本较高。此外,在市场相对分散的情况下,利用直接渠道会使企业的服务在短期内难以实现广泛的分销,从而使占领、巩固和扩大目标市场都变得相对困难。这也意味着企业很可能失去目标顾客和相应的市场占有率,给企业的生产经营活动带来不利影响。因此企业是否选择直接渠道需要根据自身的情况进行慎重考虑。

(二)间接服务渠道

间接服务渠道是指服务从提供者流向消费者的过程中,经过中介的渠道。同直接服务渠道相比,间接服务渠道通常要经过一个以上的渠道。间接服务渠道是服务企业最常使用的渠道类型。服务业市场中常见的中介机构见表 8-1。

表 8-1 服务业市场中常见的中介机构

中介机构	含 义
代理商	代替提供服务的企业与潜在购买者进行接触的机构或人员
代销	专门执行或提供一项服务,然后以特许权的方式销售该服务的组织或个人
经纪人	在经济活动中以收取佣金为目的,为促成他人交易而开展活动的机构或个人
批发商	从事批发业务的服务中介机构
零售商	面对广大顾客从事服务产品供应的企业,与服务提供者和顾客的关系都是直接的

间接服务渠道为企业缩短了买卖时间,在一定程度上帮助生产企业节约了资金,有利于生产企业把人、财、物等资源集中用于生产。此外,中间商具有较丰富的市场营销知

识和经验,与顾客保持着密切而广泛的联系,了解市场情况及顾客的需求特点,能够有效地促进商品的销售,弥补生产企业销售能力弱的不足。但是间接服务渠道不便于服务商掌握消费者信息,如果与中间商协作不好,服务提供商会难以及时准确地得到消费者需求状况;而且,增加中间商环节会增加经营费用,导致服务的价格竞争力下降。

> **延伸阅读**
>
> ### 旅馆业服务中间商
>
> (1)旅行社:替顾客预订旅馆房间。顾客选择中介机构的情况已经越来越多,如携程网,这些中介机构往往手中握有整批房间或者扮演旅馆代理商的角色。
>
> (2)旅游承包人:这种机构往往保有一批房间,可经由零售者(如旅行社)销售,或者直接销售给消费团体。
>
> (3)观光旅游中心:此类机构可为在某地区市场相互竞争的旅馆担任预订登记的代理。
>
> (4)旅馆或大饭店业务代表:业务代表通常直接为某些旅馆或大饭店担任销售代理,寻找并承接业务。
>
> (5)航空公司:目前许多旅馆都与航空公司联合,提供完整的组合服务。
>
> (6)集中预订系统:许多特许经营的旅馆或连锁旅馆都使用集中预订系统。

(三)电子渠道

电子渠道是以通信技术和移动互联网技术为基础,以电脑终端、手机终端等为载体,在服务企业和消费者之间建立的非面对面的、一对多的、数字化营销的新型业务服务渠道。

1. 电子渠道的意义及特点

电子渠道以其便捷高效、服务标准统一和低成本的优势得到了企业的大力推广,已经从新型的补充渠道成长为服务营销的重要渠道。同时,电子渠道不受时间和地域限制,随时随地方便用户使用的特性,弥补了实体渠道地理位置固定、营业时间固定的不足,迎合了客户的消费需求,极大地提升了客户的满意度。

1)分流实体渠道压力,降低营销成本

电子渠道不受时间和地域限制,为用户提供 24 小时的服务咨询、业务办理、业务变更等多种服务。电子渠道分流了实体渠道绝大部分用户服务和部分业务办理工作,对缓解实体渠道高峰期业务办理的排队压力有很大帮助;能够将一线的营业人员从繁重的服务和简单的业务办理中解脱出来,为客户提供更高品质的个性化服务。

2)提升客户满意度和忠诚度

电子渠道的自助服务不但方便了客户,而且能减少客户投诉与现场冲突,不断提升客户满意度与忠诚度。自助服务能够满足部分客户的成就感,增强客户对产品的体验感知。电子渠道具有自主操作、互动性强的特点,对于追求时尚、敢于探索的年轻客户群体而言,通过电子渠道办理业务是一种追求成功的享受。

3）降低代理渠道的威胁

代理商拥有一定数量的企业客户资源，使得同质化竞争加剧，一定程度上影响了代理商的忠诚度和企业对渠道的掌控力。而电子渠道完全掌握在企业手中，是能够为最终用户直接提供服务的渠道。企业通过电子渠道的营销推广，吸引客户直接在电子渠道办理业务，在一定程度上分割了代理渠道市场份额，提升市场掌控力。

4）有利于提升品牌形象

电子渠道直接面向终端客户提供服务，展现给客户的功能特点和界面特性将会逐渐成为影响企业品牌形象的重要因素。打造功能强大、方便快捷的电子渠道将有助于提升企业业务及服务的品牌形象。

电子渠道具有区别于传统渠道的显著特点，如表 8-2 所示。

表 8-2　电子渠道的特点

便利性	不受时间和地域限制，提供随时随地的 24 小时服务，用户可以通过热线电话、互联网、手机、自动终端的自助操作，方便快捷地进行各种业务和服务的办理
规范性	统一规划、集中建设、统一运营的特点，决定了承载业务规范化和服务标准化，有助于为用户提供感知一致的统一服务
成本低	在系统建设、系统维护、运营管理等方面有着明显的低成本优势，随着用户规模的不断扩大，边际成本优势将会更加凸显，用户能以相对低的成本获取同样的服务
自助性	基于客户自助操作，同系统平台进行交互完成业务办理的自主型渠道，要求用户具备一定的使用基础和操作技能
技术依赖性	依赖于通信技术、移动互联网技术和计算机技术，承载范围和服务功能受各种技术条件的限制，网上支付技术的发展和普及也会影响网上商城的产品销售和交易

2. 电子渠道的发展阶段

作为实体营业厅在时间和空间的延伸和补充，电子渠道以客户服务为主要工作。随着市场竞争的日益激烈和数据产品、增值产品的不断发展，客户已经逐步习惯登录网上营业厅、掌上营业厅等电子渠道，自助选择各类服务，进行产品变更、体验新业务等操作。根据电子渠道的功能，可将其发展归纳为以下四个阶段。

1）第一阶段：传统渠道的补充

最初，用户只能到实体渠道办理业务。为了便于用户进行业务咨询，服务组织通过电话和人员相结合的方式建立了客服电话，这是最早的远程电子服务形式。如中国移动的 10086 客服热线和 10086 短信中心，具备了远程、非面对面、电子化的服务特征。该阶段电子渠道只能提供业务查询和业务投诉服务，其他功能基本没有。

2）第二阶段：客户服务的重要渠道

这一阶段用户可以登录企业的网上营业厅，进行业务查询。这一时期无线上网的概念也被提出来，运营商结合手机上网功能推出了手机查询服务。电子渠道对实体渠道的分流作用缓解了实体渠道的服务压力，电子渠道成为客户服务的一个重要形式。

3）第三阶段：服务营销的主要渠道

这一阶段用户规模迅速扩大，业务种类不断增加，实体渠道的业务压力越来越大。通过前期的电子渠道运营经验，企业能够向互联网开放业务数据库，电子渠道承载了更多的产品和营销功能，在为用户提供服务的同时也为代办点等实体渠道提供业务支撑。电子渠道逐步发展成为企业的主要渠道之一。

4）第四阶段：客户交互中心

在移动互联网时代，为了追求便捷迅速，消费者更倾向于选择提供各项服务的统一业务受理门户，由此电子渠道成为消费者自助办理各项业务的门户，成为与客户业务息息相关的新兴渠道。

随着电子渠道重要性的凸显，企业也逐渐进入产业链上游，成为行业的领导者。

3. 网络渠道模式

根据企业在商务流程中的位置和参与程度，可将企业参与网络销售的模式分为三种。一是制造商直销模式，即产品生产商通过自建的网站或者借助第三方平台设立网络商城直接向消费者提供其生产的产品；二是中间商模式，即生产企业将产品卖给传统销售渠道或网络营销渠道中的代理商或批发商，由后者通过网络平台建立网络商城直接销售或者向垂直类购物平台供货，由中间商向消费者提供产品；三是 OEM 模式，即企业作为制造商接受互联网经销商或者网络百货商店的订单，为客户贴牌生产产品。

1）制造商直销模式

企业亲自参与 B2C 销售，直接面对消费者。制造商直销模式分为两种：一种是制造商只在网络上销售产品；另一种是制造商既在网络上销售产品，又在实体店面销售产品。制造商自己建立网站或者借助第三方平台建立网络商城，与传统渠道中的商场专柜或专卖店类似，有实力的厂商通常采取这种模式。

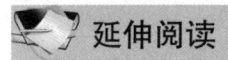
延伸阅读

海尔——微博吃瓜群众

说起海尔，大多数人的固有印象还停留在民族家电企业或者海尔两兄弟的动画时代，但是如今已经 38 岁的海尔在国内最大微博平台上成了"新晋网红"。

这其实还要从一个网友在微博上发文称想要购买一台豆浆机说起。一条毫无炒作意味的微博却引来了数家官微争相评论。企业官微作为企业产品和理念的传声筒的刻板印象早已深入人心，微博里不外乎广告和抽奖，但此次联合的互动让众多网友惊叹："没想到你们是这样的企业号！"此次互动不但让众多企业的曝光度大大提升，广告硬植入的不适感也完全消失不见，可以说通过这样的营销渠道来提升企业与消费者之间的互动是典型互联网思维方式。

当这次微博的热门事件过去之后，有人认为，企业在微博红利期高峰已过，99%的企业账号们都开始降低更新频次，削减运营团队之时，海尔却反其道而行之，不断更新微博，在各大微博红人区抢热门评论，抢回复，与网友互动，看起来和普通吃瓜群众一样,在众多网友感叹的同时也再次在微博上形成了一股热潮,没想到你是这样的海尔!

海尔的成功在于打破传统,在微博上的去官方化、致力于趣味化、年轻化,不但顺应了时代的潮流,更接地气的同时,也实现了人们对于企业新的观感和美誉度,大大地提升了海尔的企业形象和产品销量。

(资料来源:聚焦网络——经典网络营销渠道案例.)

2)中间商模式

厂家将产品批发给传统销售渠道中的代理商或批发商,这些代理商或批发商参与各种形式的B2C网络销售。批发商通常拥有多个品牌的产品,代理商则掌握全部的产品线,这些中间商拥有自己的库房和存货,产品线齐全,专业性强。他们通过自己开办网上商店,向B2C垂直网站供货的方式参与网络销售。厂家和中间商对产品的销量、畅销的品种、产品的流向及市场变化情况进行沟通,并协调新产品的推出。在这个模式中,厂家与消费者的接触程度低,厂家参与网络营销功能反而更多地体现在传统销售渠道的日常维护上。淘宝商城、网上专卖店就是中间商网商的典型代表。

延伸阅读

新媒体渠道

(1)微信平台。截至2025年一季度,微信活跃用户12.99亿人,巨大的用户群体,就像一座巨大的富矿,引来众多淘金者。具体而言,在微信平台上,企业常用的新媒体工具和资源包括:微信公众平台、微信个人号、微信群、微信广告资源。

(2)新浪微博平台。自上市以来,微博活跃用户连续9个季度保持30%以上的增长。微博和微信各有其优劣势。具体而言,在微博平台上,企业常用的新媒体工具和资源包括:微博企业自媒体和微博广告资源。

(3)问答平台(知乎、分答、百度问答、360问答)。常用于新媒体推广的问答平台有知乎、分答、百度问答、360问答。百度问答、360问答被运用于网络推广已久,知乎和分答出现时间虽晚,但营销势头十足。

(4)百科平台(百度百科、360百科、互动百科)。常用于新媒体推广的百科平台有百度百科、360百科、互动百科。百科平台是新媒体中的"旧媒体",但它的江湖地位依然不可撼动。

(5)直播平台(映客、花椒、一直播)。网络直播最大的特点是:直观性和即时互动性,代入感强。当网络直播与互联网金融结合,网络直播便在信息披露、用户沟通、宣传获客等方面大展身手。

3)OEM模式

OEM模式是指企业以订单生产的方式成为网络产品的生产商。B2C网络销售的高速发展,诞生出以卓越、当当、京东为代表的网上百货商店和一些轻型品牌店。百货商店拥有丰富的产品线、完善的仓储、物流配送和客户服务体系,规模化的经营使其拥有足够的

市场容量，从而能直接向企业下订单生产。轻型品牌店拥有更加直接的顾客体验，能够基于品牌定位，加强产品设计，配合日趋成熟的互联网销售平台和日趋完善的物流配送、服务体系。同时，轻型品牌店会专注于自己的核心竞争力，会寻求最好的生产厂商合作，厂商也由此获得一定的生产利润。

二、服务渠道设计

（一）影响服务渠道设计的因素

服务渠道设计是指对关系企业生存与发展的基本服务渠道模式、目标与管理原则的决策。其基本要求是：适应变化的市场环境，以最低总成本传递重要的消费者信息，使顾客满意度最大化。服务渠道设计需要考虑以下因素。

1. 服务本身的特性

服务本身的特性包括服务本身的价值大小、标准化程度、服务的时间性。针对服务本身的价值大小，一般而言，服务单价越低，其选择的分销渠道就应该越长，尽可能多地利用中介机构，以促进销售，追求规模效益。相反，服务单价越高，所选择的分销渠道就应该越短。对于标准化程度，在通常情况下，服务产品的标准化程度越高，采用中间商的可能性越大。例如，银行信用卡及电信服务行业的充值卡等，单价低、毛利低，往往通过中间商转手。此外，具有时间性的服务应采取间接渠道，充分发挥代理商的作用，如旅游服务。

2. 市场因素

在市场因素这个因子下要充分考虑市场容量的大小、顾客的分布情况、竞争者的渠道等因素。对于服务而言，如果顾客比较多、市场容量大，企业为了方便顾客预订与购买使用，更倾向于充分利用代理商或经纪人等中间商，因此渠道的设计就应该更长、更宽。在顾客数量一定的条件下，如果顾客集中在某一地区，则可派人直接销售，以节省成本，增加收入；如果顾客比较分散，则必须通过中间商才能将产品充分地转移到顾客手中。在竞争策略上采取积极抗衡、同步竞争策略的服务企业往往把网点设置在竞争对手网点的邻近区，比如肯德基和麦当劳。

3. 企业自身因素

企业自身因素包括类型、规模、实力、声誉、管理能力和经验等。企业实力主要包括人力、物力、财力。如果企业实力强，则可以建立自己的分销网络，实行直接销售；反之，则选择中间商推销产品。如果企业的管理能力强又有丰富的营销经验，则可选直接渠道；反之，则应采用中间商。

4. 外界宏观环境

外界宏观环境涉及的因素较多，如经济形势，交通运输条件，民族传统与民族习惯，国家对渠道管理所制定的法律、法规、政策等。这些都直接或间接影响着服务渠道的选择与设计,企业在制定具体决策时应参考外界宏观环境因素,遵守法律规定。

(二)服务渠道设计的内容

在考虑上述因素的基础上,服务企业可以开展渠道的设计工作。具体包括确定渠道的模式、确定中间商数目、明确渠道成员的权利和义务以及对分销渠道方案的评估四个方面。

1. 确定渠道模式

确定渠道模式就是进一步决定渠道的长度。企业首先要根据具体情况来决定采用什么类型的分销渠道,是直接渠道还是通过中间商。如果决定通过中间商,还要进一步确定渠道的层次及中间商的规模等。

2. 确定中间商数目

确定中间商数目就是要进一步解决服务渠道的宽度。在决定选择中间商的情况下,企业还必须考虑每个分销环节中,应该选择多少个中间商。可以根据服务企业自身的特点、市场规模及需求等因素决定。

3. 明确渠道成员的权利和义务

在确定了服务渠道的类型后,应进一步明确渠道成员的权利和义务,确定合作条件,涉及的内容有:定价方案、支付条件和企业的保证、中间商的地区权利、双方提供的服务和责任、渠道成员的奖励措施等。

4. 对分销渠道方案的评估

服务企业在对影响分销渠道的因素进行分析,并针对影响因素拟定了各种设计方案之后,接下来要做的工作就是从已经拟定的方案中选择出能够满足企业长期目标的最好方案,为了完成以上目标,企业就必须对各种方案进行评估。分销渠道方案的评估的实质就是从那些看起来似乎合理但又相互排斥的方案中选择最能满足企业长期目标的方案。

(三)服务渠道的设计策略

服务渠道的设计策略主要包括分散策略、群落策略、替代策略三种。

1. 分散策略

分散策略是指分散服务企业的网点布局,即多店铺和多点化策略。分散策略通过将网点布局的均衡区域放大,扩大目标市场的覆盖面,提高竞争力,获得以下优势:①有效扩大知名度。大范围的网点布局辅之以统一的形象识别,可以扩大服务企业的知名度,提高各网点的吸引力。②利用先入优势取得良好回报。如果企业是当地的领先者,则可利用分散布局抢先占领市场,取得良好的投资回报。③统一调度资源,扬长避短。服务网点的广泛分布,有利于企业统一调度资源,发挥整体优势,激励各网点扬长避短。

2. 群落策略

群落策略中的"群落"是指商家群聚的现象。群落策略包括竞争群落策略和饱和群落策略。竞争群落策略是指在众多的竞争者集中的地方设立店铺,从而实现共赢。饱和群落策略则是竞争群落策略的进一步,指在繁华市区、交通流量高的街区集中、饱和地汇聚了众多提供相同服务的场所或店铺。这样有利于降低广告费用,便于监督和识别。比如著名的马连道茶叶一条街、王府井小吃一条街等。

3. 替代策略

替代策略本质在于争夺市场、扩展先机。打破由服务生产和销售同步性决定的服务无法分销的定律,充分发展服务分销渠道和网络,利用分销商的信誉和网点出售服务凭证或是承诺,是服务商实现降低成本、扩展市场的目标的最佳选择。以委托和授权替代网点,指有声誉、有实力的同业服务商之间通过委托或者授权的方式建立合作关系,利用对方的网点作为自己的"虚拟网点"。银行业、审计业、物流业等行业对此运用得越来越多。例如 ATM 联网,每家银行都想为自己的客户提供更大范围、更加便利的服务。对于审计业、物流业来说,通过委托、授权当地企业完成就近的业务也是节省人力、物力、财力的有效途径。以通信和运输替代网点是一些从事咨询业、保险业、证券业的企业开始把服务的平台向通信网络方面转移的表现,服务商不需要设立过多的网点,通过电话和网络就可以完成服务的提供。

第二节 服务渠道管理

服务渠道管理的实质就是要解决分销渠道中存在的矛盾冲突,提高分销渠道成员的满意度和积极性,促进渠道的协调性,提高分销的效率。具体来说就是对中间商进行选择,在分销渠道投入运行后还涉及对中间商的鼓励、评估及对渠道系统进行调整等问题。

一、选择渠道成员

企业在确定渠道之后,下一步就应作出选择中间商的决策。如果选择得当,就能有效地提高分销效率。选择中间商首先要广泛搜集有关中间商的经营状况、资信、市场范围、服务水平等方面的信息;其次要确定审核和比较的标准;最后要说服中间商接受各种条件。

服务企业在招募中间商时经常出现两种情况:一是毫不费力地找到愿意加入渠道系统的中间商;二是必须费尽心思才能找到期望数量的中间商。不论遇到哪种情况,企业都必须在明确有关中间商优劣特性的基础上,根据分销渠道的设计要求对中间商作出选择。一般来讲,企业在选择渠道成员的过程中,要了解中间商经营时间的长短、成长记录、人员的素质与数量、清偿能力、合作态度、经销的其他服务大类的数目与性质、销售场所的位置、经常光顾的顾客类型、市场形象与声望、未来发展潜力等情况。

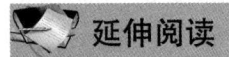 **延伸阅读**

全聚德如何选择渠道成员

中华著名老字号"全聚德",创建于1864年(清朝同治三年),历经几代全聚德人的创业拼搏获得了长足发展。从渠道角度看,它已经拥有直营渠道30多家,连锁店60多家。从以下条件可以看出全聚德在渠道成员选择和管理方面的一些特点。

1. 加盟店所在城市条件

城市人均可支配收入在2万元/年以上,经济较为发达,经贸活动较为活跃。

A类城市:城区人口总量为150万~300万人。

B类城市:城区人口总量为50万~150万人。

2. 选址条件

城市核心商业区域或地标性建筑附近;

周边3千米范围内高档写字楼及较高收入人群的居住区较为密集、具备餐饮消费水平客单价在100元以上及餐厅上座率50%以上的消费顾客群;

交通便利,消费者容易到达。

3. 物业条件

独栋建筑物,四星级或五星级酒店或高档写字楼,商业中心(如为商业综合体),建筑面积为1 800~3 500平方米;

建筑物外立面可视性好,广告位明显醒目;

停车位充足(租赁面积每1 000建筑平方米不少于15个停车位);

租赁或使用期限10年以上;

房屋权属及用途清晰并无瑕疵。

4. 加盟商条件

认可全聚德品牌战略定位,自愿加盟全聚德连锁经营体系,同意并遵守全聚德对加盟商在外派人员(店副总和烤鸭师)、烤鸭炉、配送、餐饮计算机收银系统、菜单与菜品管理制度等方面的规定和要求;具有公司法人资格,具备加盟开店的经济实力(企业或个人可用于投资的现金资产不少于1 500万元人民币);富有企业家精神和较强的商业背景,整体素质较高;信誉良好,资信可靠,有成功经营企业的记录。

5. 加盟商缴纳费用

加盟金200万元,合同签订时缴纳或另行协商一致,签订合同15日后,无论合同以何种形式结束均不予退还。还有特许合约履约金20万元,配送保证金10万元。特许经营权益费按店月营业收入的3%提取,并为最低限制。

(资料来源:全聚德公司网站)

二、激励渠道成员

尽管促使中间商加入渠道的因素和条件已构成部分激励因素,但在分销渠道的运行过程中生产者仍需不断地监督、指导与鼓励以使中间商尽职尽责。由于进入分销渠道的中间商类型多种多样、运营方式各异、与服务提供者之间的关系不尽相同，因而监督、指导与激励中间商的工作非常复杂，了解各个中间商的心理状态与行为特征的工作非常复杂，了解各个中间商的心理状态与行为特征是激励的基础。对中间商的激励的主要方式如表8-3所示。

表8-3　对中间商的激励的主要方式

激励方式	内　　容
提供高质量的服务	企业不断提高服务质量，满足中间商的要求
政策激励	互相投资、控股；给予独家经销权或独家代理权
人员培训激励	经常向中间商提供与服务关联的各种人员培训
协助调研激励	协助中间商搞好市场分析和市场调查，促进中间商的销售
物质利益激励	为扩大市场份额，需要给中间商一个具有竞争力的边际利润

三、评估渠道成员

企业除了选择和激励服务渠道成员，还必须定期评估他们的绩效。测量中间商绩效的方法主要有以下两种。

1. 与上期销售业绩对比

将每一中间商的销售业绩与上期销售业绩进行比较，同时将每一中间商的本期销售绩效与整个群体的平均销售绩效进行比较。

2. 与销售定额对比

将各个中间商的绩效与根据对该地区销售潜力分析而设立的销售定额比较，然后将各中间商按先后名次进行排列。

中间商的销售绩效低于群体平均水平或未达到既定比率而排名靠后，可能是主观原因所致，也可能是一些客观原因造成的，如当地经济衰退、某些顾客不可避免地流失、主力推销员的丧失或退休等。因此，制造商应根据具体情况采取有针对性的措施来加以扭转。

四、调整渠道系统

服务企业在设计了一个良好的分销系统后，不能放任其自由运行而不采取任何管理措施。为了适应市场需求的变化，对整个渠道系统或部分渠道成员必须加以调整。

服务分销渠道的调整可以从三个层次来考虑：从经营的具体层次看，可能涉及增减某些渠道成员；从特定市场规模的层次看，可能涉及增减某些特定分销渠道；在企业系统计划的阶段，可能涉及整个分销系统构建的新思路。服务渠道调整的方向选择具体如表8-4所示。

表 8-4　服务渠道调整的方向选择

增减渠道成员	企业在进行这一方面决策时,应注意渠道成员之间业务上的相互关系与交互影响,要重新弄清增减某些渠道成员后企业的销售量、成本与利润将如何变化。只有各方面都朝着有利的方向变化时,调整才是可行的
增减分销渠道	随着市场环境的不断变化,企业的某些分销渠道可能会失去作用,同时又需要新的分销渠道进入新的市场部分。因而,企业在分销渠道的管理活动中应注意分销渠道的增减调整
渠道变革	对企业来说,最困难的渠道变化决策就是调整整个分销渠道系统,因为这种决策不仅涉及渠道系统本身,而且涉及营销组合等一系列市场营销政策的相应调整,因此必须慎重对待

五、渠道冲突管理

由于分销渠道是不同利益需求的企业组成的,出于对各自物质利益的追求,相互间的冲突不可避免。渠道冲突有两大类:横向冲突和纵向冲突。

横向冲突是指在渠道同一层次的渠道成员之间的冲突。如某服务在某一市场采取密集型分销策略,由于各家公司的服务数量、服务环节不同引起成本的差异,加上各企业不同的促销策略,同一服务在不同类型中间商中会有不同的销售价格。为此,这些企业之间可能发生冲突。

纵向冲突是指分销渠道不同层次的成员之间的冲突。如提供服务的企业与批发商之间的冲突或与零售商之间的冲突等。企业希望中间商将折扣让给买方,而中间商却宁肯将折扣留给自己。

渠道冲突的解决方法如表 8-5 所示。

表 8-5　渠道冲突的解决方法

解决方法	内　　容
构建共同愿景	当出现渠道冲突时,建立共同愿景是团结各成员的根本。这个目标必须是指渠道成员共同努力才能实现,单个成员不能实现的目标。其内容包括渠道生存、市场份额、高品质服务和顾客满意
沟通	通过劝说来解决冲突。劝说是为存在冲突的渠道成员提供沟通机会,通过劝说来影响其行为而非信息共享,也是为了减少有关职能分工引起的冲突。劝说的重要性在于使各成员履行自己曾经作出的关于共同目标的承诺
谈判	谈判的目标在于停止成员间的冲突。谈判是渠道成员讨价还价的一个方法。在谈判过程中,每个成员会放弃一些东西,从而避免冲突发生,但利用谈判或劝说要看成员的沟通能力
诉讼	诉诸法律也是借助外力来解决问题的方法。对于这种方法的采用也意味着渠道中的领导力不起作用,即通过谈判、劝说等途径已没有效果
渠道调整	调整某一渠道是解决冲突的普遍方法,这里的调整包括调整渠道成员和调整渠道结构两种模式

第三节 服务供应链管理

一、服务供应链的内涵

随着服务业的快速发展,服务供应链(Service Supply Chain)作为服务运作管理的重要组成部分,逐渐开始得到重视。同时,服务外包的兴起使供应链管理研究开始从产品供应链走向服务供应链。服务企业以市场为导向,正在构建若干供应链,实现从企业与企业的竞争向供应链与供应链的竞争过渡。

然而,究竟什么是服务供应链,国内外学者有多种不同的理解,总结起来,共有五种比较常见的定义,具体如表 8-6 所示。

表 8-6 服务供应链的几种定义及代表人物

种类	具体定义	定义视角	代表人物
1	服务供应链是产品服务化过程中发生的一系列先后服务过程	基于产品服务化角度来定义服务供应链	Oliva 和 Kallenberg(2003)
2	服务供应链是指服务业中应用产品供应链的思想管理与服务有关的实体产品	在服务行业中应用产品供应链的理论	Jack S.Cook(2001)、Richard Metters(2004)
3	服务供应链是指服务行业中不同服务生产主体之间的供应需求的关系	围绕服务生产过程来定义服务供应链	Edward G Anderson(2000)
4	服务供应链是指在专业服务中从最早的供应商到最后的客户中发生的信息管理、流程管理、能力管理、服务绩效和资金管理	基于服务企业采购服务产品的角度	Lisa Ellram(2004)
5	服务供应链是接受顾客需求,进行生产转化并再输出给顾客的一种供应链	围绕服务生产过程来定义服务供应链	Scott E Sampson(2000)

综合表 8-6 关于服务供应链的五种定义,本书认为服务供应链的内涵既要强调服务的主体性,又要概括供应链的特征。因此,本书定义服务供应链的内涵为:服务供应链(Service Supply Chain)是指为满足客户的需要,由拥有特定服务能力的若干经营单位,通过一系列相互联系的流程而形成的一种供应链。

二、服务供应链的结构模型

服务供应链的研究最近几年才开始兴起,尚未形成系统的理论体系,因此,关于服务供应链的结构模型还处在争议之中。目前主要有三个流行的服务供应链结构模型。

Ellram 通过比较 Hewlett-Packard 供应链模型、SCOR 模型和 GSCF 模型的概念、核心特点后，得出每个模型对服务供应链管理模型值得引用和不足之处，最后提出了一个比较流行的服务供应链模型，如图 8-1 所示。该模型从服务商角度出发，以信息流与上游的服务供应商、下游的客户进行联系，其中涉及能力管理、需求管理、客户关系管理、供应商关系管理、服务传递管理和现金流管理等管理内容。该模型能较为完整地反映服务供应链活动的主体、活动的内容以及典型的供应链链式特征，具有一般服务供应链的特点，是一个通用的服务供应链模型。该模型的主要不足是未能反映服务供应链中的成员组成结构，仅反映了服务供应链中的主要管理内容，需要进一步深化。

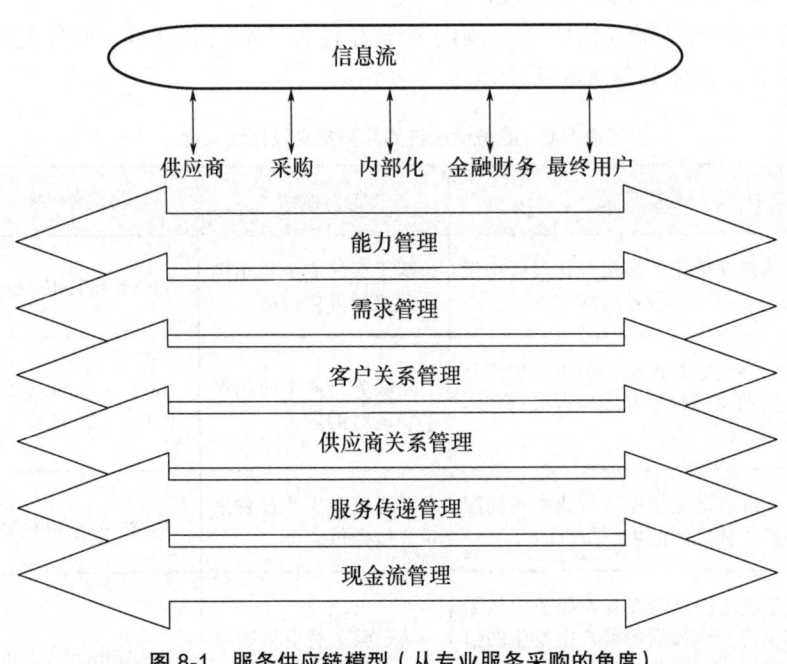

图 8-1　服务供应链模型（从专业服务采购的角度）

另一个比较流行的服务供应链模型是基于产品服务化角度来定义服务供应链的，如图 8-2 所示。该模型认为服务供应链的目标是提供世界级的服务，在定义服务供应链的战略目标基础上，通过服务供应链的计划、分配资源、配送、回收、分解、修理和恢复等管理活动完成产品服务的过程。这种定义实质上是将产品服务中所包含的正向供应链（销售和客户服务）以及逆向供应链（回收和修理等）进行集成，从而为客户提供世界级的服务。

三、服务供应链与产品供应链的区别

由前面所学的知识可知，服务产品具有不同于制造产品的六个特点，即顾客影响、不可触摸、不可分割性、异质性、易逝性、劳动密集型，因此，服务供应链与产品供应链的区别主要来源于服务产品与制造产品的本质区别。服务供应链与产品供应链的区别主要体现在组织架构、上下游之间供需的内容、运营的基本组织方式、运作模式、供应链牛鞭效应的影响因素、牛鞭效应的体现、管理目标、绩效评价、稳定性等方面，如表 8-7 所示。

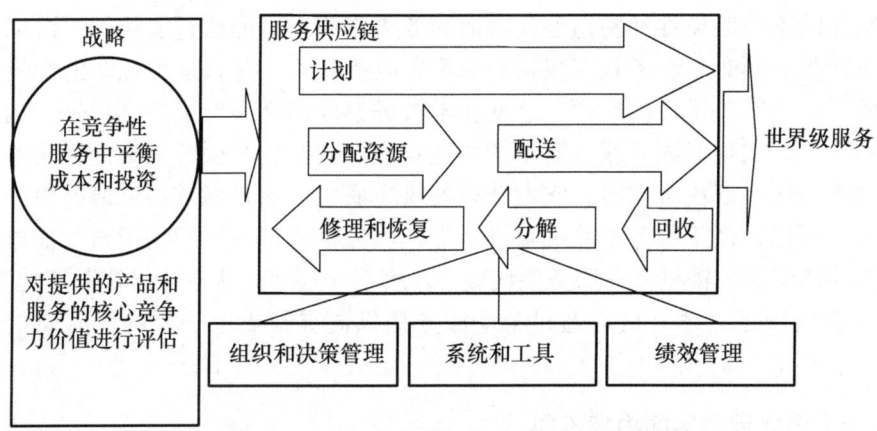

图 8-2　服务供应链模型（从产品服务化角度）

表 8-7　服务供应链和产品供应链的区别

类　　别	产品供应链	服务供应链
组织架构	原材料供应商—供应商—制造商—批发商—零售商—最终客户	功能性服务提供商—服务集成商—顾客
上下游之间供需的内容	实体产品	服务产品
运营的基本组织方式	以产品为中心组织运营	以人为中心组织运营
运作模式	推动式和拉动式	需求拉动式，具有完全反应型供应链特征
供应链牛鞭效应的影响因素	库存、需求信号、价格波动、短缺博弈	价格波动、短缺博弈
牛鞭效应的体现	库存堆积等	订单堆积、能力利用率波动等
管理目标	选择合适的供应商，与供应商建立长期稳定的关系等	针对特定的客户服务需求，集成所有相关的企业资源协同运作
绩效评价	基于产品运作的绩效评价，易操作	基于服务的绩效评价，比较主观
稳定性	具有较高的系统稳定性，强调基于信任基础上的全面合作	稳定性较低，一是最终客户的不稳定性；二是异质化的客户服务需求使服务企业所选择的服务供应商会随需求有较大的变化

（一）组织架构不同

一个基本的产品供应链一般包括供应商、制造商、批发商、零售商和最终客户这六个层级。换句话说，产品供应链的基本组织架构相对复杂，因为产品供应链节点企业组成的跨度（层次）不同，产品供应链往往由多个、多类型甚至多国企业构成。

然而对于服务供应链来说，这样冗长的层级结构与服务的基本特征是不匹配的。由于服务具有明显的不可触摸性和易逝性，因而服务集成商不可能通过漫长的下游渠道存储和销售其服务产品。同时，服务具有很强的顾客影响的特点，并且这种顾客的影响对于完成最终的服务生产具有决定性的作用，这就要求服务集成商必须与最终客户进行沟通，以减少交易成本，同时实现对顾客服务需求的快速响应。同样，在服务集成商无法单独向最终顾客提供全面的服务解决方案时，它所选择的供应商也应该是能够提供最终服务的功能型服务提供商。所以，由于服务产品的自身特点，服务供应链的组织构架较为简单，典型的组织架构为功能型服务提供商—服务集成商—顾客三个层级，表现为"Y"形的组织架构。只有在极少数情况下，才有可能通过某些服务提供商寻找更上一层的供应商以获得服务支持。

（二）上下游之间供需的内容不同

产品供应链上下游之间供需的是实体产品，是具有物质形态的产品，是一个物体或一样东西。而服务供应链上下游之间供需的是服务产品，是没有物质形态的产品，是以非实物形态存在的劳动成果，往往是无形无质的，让人不能触摸或凭肉眼看见其存在。

（三）运营的基本组织方式不同

产品供应链是以产品为中心组织运营，而服务供应链是以人为中心组织运营。产品供应链的节点企业通常是根据市场需求预测或订单制订生产计划，在此基础上采购所需物料，安排所需设备和人员，然后开始生产。在生产过程中，由于设备故障、人员缺勤、产品质量问题等引起的延误，都可以通过预先设定一定量的库存和富余产量来调节。因此，产品供应链的运营管理是以产品为中心展开的。而服务供应链的运营过程往往是人对人的，需求有很大的不确定性，难以预先制订周密的计划；在服务过程中，即使是预先规范好的服务程序，仍然会由于服务人员的随机性和顾客的随机性而产生不同的结果。因此，服务供应链的运营管理是以人为中心展开的。

（四）运作模式不同

一般来说，产品供应链有两种不同的供应链运作模式：一种是推动式，另一种是拉动式。推动式供应链的运作模式以制造商为核心，产品生产出来后从分销商逐级推向用户，分销商和零售商处于被动接受的地位，各个企业之间的集成度较低。拉动式供应链的驱动力产生于最终用户，整个供应链的集成度较高，信息交换迅速，可以根据用户的需求实现定制化服务。

与产品供应链具有两种不同的运作模式相比，服务供应链的运作模式是唯一的。服务产品的易逝性决定了不可能有提前生产并储存的服务"库存"，因此服务供应链的运作模式必然是需求拉动的。此外，服务产品具有明显的创新特征，一般来说服务需求的时间和具体内容难以预测，不同客户的服务需求差异化程度往往较大，同时客户需求的交货时间要求也往往较短。所以服务供应链必然又具有完全反应型供应链的一些基本特征。

（五）供应链牛鞭效应的影响因素及体现不同

产品供应链牛鞭效应的影响因素为库存、需求信号、价格波动、短缺博弈等；而服务供应链牛鞭效应的影响因素则为价格波动和短缺博弈。

对于服务供应链来讲，由于服务的不可储存和不确定性，不存在服务库存问题，服务的需求信息也难以预测，不同行业、不同时间、不同区域、不同环境会产生不同的服务需求，因此服务需求是很难判断的。服务供应链牛鞭效应体现为订单堆积、能力利用率波动等，服务供应链通过服务能力来解决订单堆积。而产品供应链牛鞭效应体现为库存堆积。

（六）管理目标不同

产品供应链管理目标可以归纳为以下几点：选择合适的供应商并尽可能减少供应商的数量；与供应商建立长期稳定的关系以保持供应链的整体稳定性并从中获得效率提升；通过供应链内部多层次的信息共享逐步实现库存合作、生产合作和销售、采购合作。

与产品供应链不同，服务产品的易逝性、不可分割性等特点要求服务供应链在满足客户需求的过程中必须同时、同地集成功能型服务提供商和服务集成商的全部相关资源。而服务产品的顾客影响这个特点要求服务集成商及其功能型服务提供商同步地与最终客户进行信息交流。因此，服务供应链的管理目标可以概括为针对特定的客户服务需求，集成所有相关的企业资源同时同地协同运作。

（七）绩效评价不同

服务是无形的，其评价和绩效指标是主观的，这导致了服务的标准是不一致的，它较容易受情境的影响。服务质量在很大程度上取决于服务交付的环境和客户的态度。例如，在一个客户眼里完成任务很好的员工，在另一个客户眼里可能由于各种原因（如参与服务的人、服务的时间、约束条件、客户的能力）未必被认为是很好的。因此，顾客较难对服务提供者的技能、经验和能力进行准确和合理的定量预测。而产品是有形的，它的好坏是有一定标准，并可以被定量测定的。

（八）稳定性不同

一般而言，产品供应链具有较高的系统稳定性，因为产品供应链管理强调基于企业间信任基础之上的全面合作。而服务供应链中，由于顾客的不稳定要求，异质化的客户服务需求使服务集成商所选择的服务供应商需随需求的变化而及时调整。也就是说，服务供应链的稳定度较产品供应链的要低。

四、服务供应链的特点

结合服务供应链的定义，根据上述分析，可知服务供应链具有如下特点。

（一）临时性

服务供应链一般都是面向具体服务对象、项目形成的临时性的供应链。一旦服务项目完成后，供应链就会自动消除，待有新的项目再重新建立，服务项目的对象、内容总是不断变化的。由于客户的不确定性以及需求的多样性，使得服务供应链随之发生变化，因此，服务供应链具有临时性。

（二）人本性

服务作为一种社会工作，注重以人为本，被服务者期望服务过程舒适。服务供应链的运营过程往往是人对人的，因此，服务供应链具有人本性。

（三）拉动式

拉动式供应链的驱动力产生于最终用户，最终用户的订单是物流、资金流、信息流运作的源泉。服务产品的易逝性决定了不可能有提前生产并储存的服务"库存"，因此，服务供应链的运作模式必然是由需求拉动的，面向客户需求，要求整个供应链的集成度高，信息交换迅速。

（四）时间性

时间性是服务供应链的另一特征，时间性包含了及时、准时和省时三个方面。服务供应链尤其要求服务工作在时间上满足被服务者的需求。

（五）复杂性

服务供应链的核心企业通常不只为一位客户提供服务，而且服务供应链的核心企业会与多家功能性服务提供商打交道，集成多家功能性服务提供商的资源为客户提供及时优质的服务。因此，客户、供应商的多样性、变动性形成了网络状的服务供应链交叉结构，增加了协调管理的难度。

五、服务供应链的风险管理

（一）服务供应链风险的概念

服务供应链风险（Service Supply Chain Risk）是指在服务链的各级成员中发生不确定性事件导致从最早的服务供应商到最后的客户中发生的信息管理、流程管理、能力管理、服务绩效和资金管理等方面产生与预期相背离的结果，从而遭受损失的可能性。

（二）服务供应链风险存在的客观性

服务供应链风险的存在具有一定的客观性，其本身是不可避免的，主要表现在以下两点。

第一，服务供应链本身结构的复杂性导致了风险客观存在。服务供应链从组织结构来看有圈状、网状、树状之分，是一个复杂的网络，由具有不同目标且相互独立的经营主体组成。因此，服务供应链的运作相比单个企业的运作要复杂，从服务供应源进入服务供应链到最后的服务需求客户，经过多个服务提供商、服务集成商再到客户等诸多环节，期间伴随着信息管理、流程管理、能力管理、服务绩效和资金管理等多项业务的进行。虽然整个服务供应链是一个利益共同体，但各节点服务企业有各自的经营战略、企业文化、技术水平、管理制度及目标市场等，甚至同一个企业可能同时属于多个相互竞争的服务供应链，这些都增加了供应链管理的复杂性和难度，从而导致了风险的产生。

第二，服务供应链所处内外部环境的不确定性导致了风险客观存在，从系统的角度去研究服务供应链，其不确定性包括两个方面，即系统外部环境的不确定性和系统内部环境的不确定性。系统外部环境的不确定性主要是指自然环境、市场需求环境、经济环境、政策环境、竞争环境及资源环境等因素，这些都是客观存在的，并且是不能改变的，只能调整自身去适应；系统内部环境的不确定性主要是服务供应链上各节点服务企业运作的不确定性，如服务集成平台、服务流程模块、服务组件、服务能力、企业战略、企业服务能力等多方面的不确定性，这些内部不确定性也是不能完全避免的。因此，系统内外部这些不确定性因素的客观存在也决定了服务供应链风险也必然客观存在。

（三）服务供应链风险的特征

服务供应链风险除了具有一般企业风险的共性，还有以下几点不同于一般企业风险的特性。

1. 传递性

传递性是由服务链自身组织结构所决定的。这种传递性指的是服务供应链风险在供应链节点企业之间的传递，利用服务供应链系统的联动性，对其造成破坏，给上下游服务企业以及整个服务供应链带来危害和损失。比如，类似于产品供应链中的牛鞭效应体现在库存堆积，服务供应链中的牛鞭效应体现在订单堆积、能力利用率波动等。由于服务供应链由多个节点企业共同参与，根据流程顺序，各节点的工作形成了串行或并行的混合网络结构，其中，某项工作既可能由一个企业完成，也可能由多个企业共同完成。因此各环节环环相扣，彼此依赖和相互影响，任何一个环节出现问题都可能波及其他环节，影响整个服务供应链的运作。

2. 多样性和复杂性

服务供应链要面对许多风险，不仅要面对单个节点服务企业所要面对的风险，如财务风险、人力资源风险、赊销风险等，还要面对由于供应链的特有组织结构而决定的企业之间的合作风险、道德信用风险、企业文化风险、信息传递风险及利润分配风险等。因此，服务供应链风险相比一般企业的风险，类型多，范围广，也更为复杂。

3. 此消彼长性

服务供应链中的很多风险是此消彼长的，一种风险的减少会引起另一种风险的增加，这可以从两方面来解释。

一是从整体来讲，把供应链看作一个大企业群，企业内一种风险的减少会导致另一种风险的增加。例如在产品供应链中，通常会为减少运营风险而减少库存，但是这样会增加中断风险；为减少中断风险而增加库存，又会导致增加库存风险。而在服务供应链中是没有库存的，库存变成了服务能力。服务能力的提高会增加运营风险，减少中断风险；服务能力的降低会减少营运风险，但同时增加中断风险。

二是服务供应链系统内各节点企业之间风险的此消彼长性，即一个服务企业风险的减少可能会导致另一个相关的服务企业风险的增加。如在产品供应链中制造厂商为了减少自身的库存风险，要求上游供应商采用JIT方式送货，而这导致上游供应商送货成本、库存的增加，即制造商库存的减少某种程度上是以供应商库存风险的增加为代价的。而在服务供应链中，服务集成商可能对上级服务供应商的时效性、价格、服务水平提出较高的要求。例如在旅游服务供应链中，旅行社作为服务集成商，要求客运服务提供商在接送旅客时能做到及时、舒适，以及提高旅行社在客户群中的口碑，这减少了服务集成商的营运风险，但增加了客运公司的运营风险。

因此，在研究服务供应链风险，加强对服务供应链风险的控制时要充分考虑风险的相互影响性，对此消彼长的风险进行权衡以确保服务供应链整体风险最小。

4. 实际运行性

服务供应链风险中外部风险是客观存在的，但由供应链系统内部因素引起的一些风险，如合作风险、道德信用风险、企业文化风险、信息传递风险及利润分配风险等，在本质上是实际运作风险。只有服务型企业之间对供应链方式存在实际运作时，才有这些风险发生。因此对服务供应链的风险研究必须熟悉了解这种服务供应链的构建与运作流程。

5. 波动性

产品供应链具有较高的系统稳定性，强调基于信任基础上的全面合作，而与产品供应链相比，服务企业的客户不够稳定。一是最终客户的不稳定性；二是异质化的客户服务需求使服务集成平台所选择的服务组件供应商会随需求有较大变化。服务供应链的风险比传统供应链的短期波动风险更大。

（四）服务供应链的风险管理

1. 风险管理的内涵

风险存在是事实。随着社会发展和科技进步，现实生活中的风险因素越来越多。无论企业或家庭，都日益认识到了进行风险管理的必要性和迫切性。风险管理（Risk Management）的定义是：风险管理即行为主体对可能出现的各种风险进行识别、测定和分析评价，适时采取及时有效的方法进行防范和控制，以经济、合理、可行的方法进行处理，以保障活动安全正常开展，保证其经济利益免受损失的管理过程。

风险管理是一个符合一般管理逻辑的连续过程，主要包括几个环节：风险识别、风险评估、风险处理和防范。无论采取何种方法，风险管理总的原则是：以最小的成本获得最大的保障。

2. 服务供应链风险管理框架

服务供应链风险管理的框架如图8-3所示。

（1）风险识别。风险识别是指风险管理主体在风险事件发生之后或之前，运用各种方法对风险进行的辨别和鉴别。一般而言，风险识别是一个反复进行的过程，应尽可能地全面识别企业可能面临的风险。对风险进行分类和归纳是风险识别中常用的方法。风险分类应当反映出企业所属行业或应用领域内常见的风险来源，如技术方面的风险、时间安排方面的风险及财务方面的风险等。风险识别的方法有德尔菲法、流程图法、分解分析法、事故树法、环境扫描法、风险问卷法。检查表是风险识别中非常有效的工具。根据积累的风险数据和信息，特别是企业在风险管理过程中形成的数据集合风险管理知识库，可以较为完整地开发和编制企业风险检查表。检查表的好处是提高了风险识别过程的效率。特别是企业进行大量类似项目时，可以完整地开发一套通用的风险检查表，以提高风险识别过程的速度和质量。

（2）风险评估。风险评估是服务供应链风险管理的核心步骤。风险评估是在风险识别及影响因素分析的基础之上，构建评价指标体系，选择一定的方法建立模型，计算出供应链总体风险水平及各类风险的大小，为下面的风险处理和防范奠定基础。风险评估的方法有很多，有学者提出了针对跨国供应链风险的一个简单评估方法，即主观地给各因素打分，然后加权，评分高的供应链风险就大。这种方法也可用在服务供应链中，但它对人的素质要求高，结果可信度却不高。丁伟东等在2003年提出了基于模糊评价方法的供应链可靠性评估矩阵，通过计算各因素评估矩阵及权重矩阵得出单个企业的可靠性，从而得出整条供应链的可靠性，但是这种方法没有考虑到风险时间的概率。

（3）风险处理和防范。风险处理和防范是在风险已经被识别和评估的基础上，针对风险问题进行处理以达到防范风险目的的行为。风险应对的目的是有效控制风险，避免风险失控演变为危机。风险应对计划包括企业当前及未来面临的主要风险类别，针对各类风险的主要应对措施，每个措施的操作流程，包括所需的资源、完成时间以及进行状态等。风险应对计划形成之后，企业应通过风险管理体系确保计划启动时所必需的人力、物力等资源。

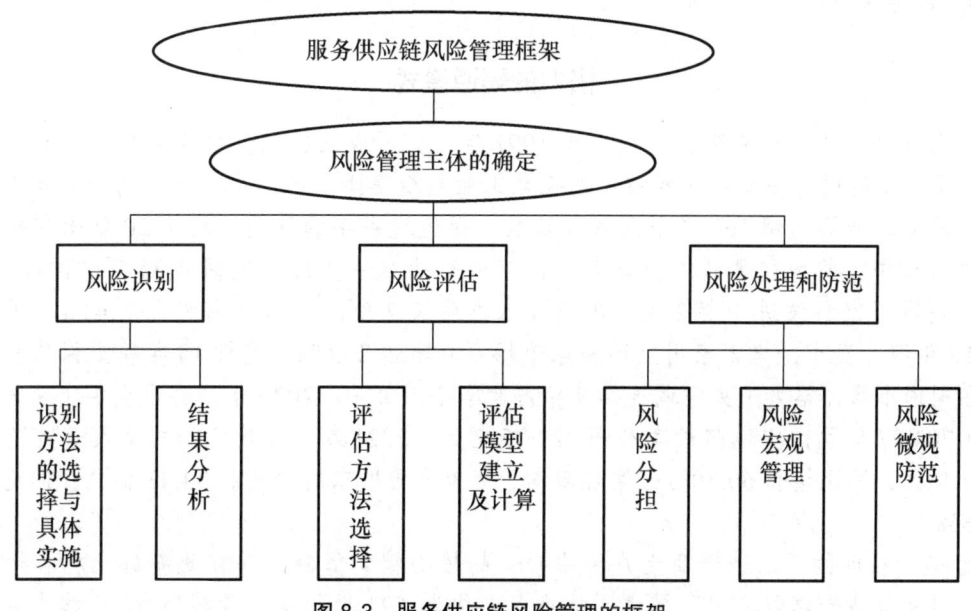

图 8-3　服务供应链风险管理的框架

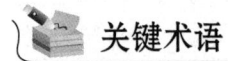 **关键术语**

服务渠道（Service Channel）
服务渠道管理（Service Channel Management）
服务供应链管理（Service Supply Chain Management）

 **本章小结**

本章主要介绍了服务渠道的内涵、服务渠道的设计以及服务渠道成员的选择和管理。在此基础上详细介绍了如何对自己的渠道成员进行管理、激励、评估和应对冲突。同时对服务供应链进行了详细的论述，学完本章，读者应该对服务供应链和产品供应链的特点有了一个较为清晰的认识，也能充分认识到服务供应链风险管理在服务营销中的重要作用。

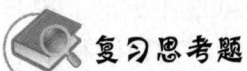 **复习思考题**

（1）如何选择渠道成员？
（2）如何有效解决冲突？
（3）结合本章内容，谈一谈为什么说要提高我国供应链、产业链的现代化水平。
（4）结合突如其来的新冠肺炎疫情，谈一谈供应链对国计民生等重大行业的重要作用。
（5）在推动经济高质量发展的背景下，我国企业应如何推动服务供应链的发展？

 **综合案例**

格力的渠道模式

珠海格力电器股份有限公司成立于1991年，公司成立初期，主要依靠组装生产家用空调，现已发展成为多元化、科技型的全球工业制造集团，产业覆盖家用消费品和工业装备两大领域，产品远销160多个国家和地区。而经过多年的发展，在2020年国家知识产权局排行榜中，格力电器排名全国第六，家电行业第一。格力现拥有31项"国际领先"技术，获得国家科技进步奖2项，国家技术发明奖2项，中国专利奖金奖4项。据日经社2019年统计发布，格力家用空调全球市场占有率达20.6%，连续14年稳定保持全球第一。在国内市场，格力中央空调连续9年占有率全国第一。2020年，公司全年实现营业总收入1 704.97亿元，实现归母净利润221.75亿元。2021年一季度，公司实现营业总收入335.17亿元，同比增长60.30%；实现归属于上市公司股东的净利润34.43亿元，同比增长120.98%。

而格力独创的"以经销商大户为中心"的核心销售体制，并在此基础上在各地推出的"股份制区域性销售公司"模式，被推崇者称为"21世纪全新营销模式"。格力独创的股份制区域销售公司模式在规范和稳定市场竞争、保护经销商和消费者利益、维护行业健康有序发展等方面发挥了巨大作用。凭借着渠道优势，格力连续十年蝉联空调销售冠军的宝座。

格力公司的具体做法是：联合某地区内几家经销大户，由格力电器控股，合资组建联合股份销售公司，代理某区域全部的格力空调销售，即把当地原先各自分散的格力销售和服务网络集中在一起，统一价格对外供货。格力已经先后在全国大部分地区成立了股份制区域销售公司，并通过进一步增持"股份制区域销售公司"的股份，达到了对销售更加有效地掌控。

各省的销售公司并不是格力的派出机构（分公司或办事处），而是由格力电器和该省最有实力的家电经销商出资组建的厂商联合体。实际上，销售公司相当于格力电器在该省的总代理商，实行的是独家经销制。在各省的二级市场，格力采用的是选择性分销。在地级区域范围内，选择几家实力较强的家电经销商作为代售商，再由若干家分销商（格力称为指定经销商）作为零售终端。销售公司严格划分各代售商的批发区域和批发对象（指定经销商）。即使在同一区域，存在一家以上的代售商，但是该区域内的各家经销商也只能在指定批发商处提货，各经销商隶属于不同的批发商，因此被称为指定经销商。

格力总部相当于制造商及全国性总批发商，销售公司相当于各省级市场的总代理商。格力和销售公司是资本纽带关系，都是销售公司的股东。格力以品牌等无形资产入股，其他股东以货币资产入股。格力对销售公司具有控制权，主要体现在：格力对各销售公司实行现款现货，不赊货；销售公司的董事长由格力方出任，格力方对各销售公司的总经理有任免权；格力公司可以通过品牌和产品控制销售公司，可以根据需要扶持新的销售合作伙伴（更换股东或代售商）。

销售公司是该省的一级批发商，代售商相当于二级批发商。销售公司在二级市场没有中转仓，各代售商承担了中转仓的职能。代售商是名义上的批发商——因为代售商不赚取任何批发利润，只赚取 2.5% 的代理费和 3% 的运费补贴。代售商是该区域内各指定经销商的提货点，各指定经销商的提货量算作该代售商的批发量。各指定经销商在指定的代售商处提货，在指定的区域内销售货物。各代售商也只能给被指定的经销商发货，而不能给非指定的经销商发货。指定经销商的货款直接打到销售公司，销售公司向某代售商发出提货通知，指定经销商持提货通知只能到指定的代售商处提货。再者，指定经销商的提货量是要算作代售商的批发量的，所以批发商也会监督所属指定经销商的提货行为。

指定经销商直接打款给销售公司，销售公司为指定经销商核算有关往来账目。所有渠道政策都是由销售公司直接针对指定经销商出的，销售公司根据指定经销商的打款金额、时间和提货量兑现有关政策。指定经销商网络更多地掌握在销售公司手中而不是批发商手中。销售公司、代售商、指定经销商之间通过签订三方协议，明确各自在市场中的责任和利益分配方式。

通过这种方式格力销售公司给不同渠道商设计了不同的定位和功能，削弱了二级批发商对分销商网络（零售商网络）的控制，加强了自己对分销商网络的控制。代售商功能的弱化，减少了销售公司对渠道成员特别是对批发商的依赖性。充分利用和整合经销商的资源，降低了自己的渠道成本（主要是建设中转仓的费用和仓储管理费），提高了渠道资源的使用效率。

格力渠道简单来说是"三级体制"规划，厂家—厂商联营体—渠道体。这里面，厂家是决策层，厂商联营体是执行层，渠道体是格力到达最终消费者的平台和桥梁。格力以专卖店作为主导的零售形态，是想让格力专卖店未来的服务走向专业化、标准化。这种专业化、标准化的要求按照董明珠的话来说就是：只要消费者在格力专卖店买一台空调，格力全国营业网点都知道他在哪一家专卖店买了什么型号的空调、什么时候装的机，该消费者所购的空调无论什么时候在什么地方出现质量问题，只要打个电话，格力的服务就能即刻到位。

被格力奉为制胜法宝的"股份制区域性销售公司模式"最早形成于湖北，是由空调大战促成的。格力原来在湖北有4个空调批发大户，业绩都很好。但在1996年由空调厂家挑起的"空调大战"中，这4家为抢占地盘，开始竞相降价、窜货、恶性竞争，格力空调市场价格被冲乱，商家和厂家利益都受到严重损害。为此，董明珠几次亲自跑到湖北，动员当地的大经销商和厂家并肩作战。1997年年底，董明珠的大胆设想与湖北经销商的自觉要求不谋而合，成立了一家以资产为纽带，以格力品牌为旗帜，互利双赢的经济联合体，湖北格力空调销售公司于1997年12月20日正式诞生，这是格力独创的中国第一家由厂商联合组成的区域性品牌销售公司。这种以股份制组成的销售公司模式是：统一渠道、统一网络、统一市场、统一服务，开辟了独具一格的专业化销售道路，统一价格对外批货、共同开拓市场，共谋发展。

湖北格力空调销售公司的成立，大大规范了湖北地区格力空调的市场，使销售公司成为格力在当地市场的二级管理机构，从而保障了经销商的合理利润，使广大经销商能够切实做好消费者的服务工作。经过不断磨合和发展，第二年就使销售量上了新的台阶，增长幅度达40%，销售额为5.1亿元。

湖北格力区域股份公司成立，标志着董明珠理想中的"股份制区域性销售公司模式"计划正式开始实施。"股份制区域性销售公司模式"的实质就是在每个省选定几家大的经销商，共同出资参股组建销售公司，组成"利益共同体"，把区域内大的经销商捆绑到格力的战船上，共同操控和占有区域市场，达到共赢的目的。其中，格力只输出品牌和管理，在销售分公司中占有少许股份。此种模式被格力迅速推向全国，先后在重庆、安徽、湖南、河北等全国32个省市成立了区域性销售公司，成为格力空调参与激烈市场竞争的"杀手锏"。

而作为知名企业家的董明珠也先后荣获"全国劳动模范""全国五一劳动奖章""全国三八红旗手标兵"等荣誉和称号，并3次被中央电视台评选为"CCTV中国经济年度人物，11次被美国《财富》杂志评选为"全球50名最具影响力的商界女强人"。董明珠则坦言道，一个企业想要掌握话语权，必须先掌握核心技术，能够创造出改变世界的产品的企业，才能真正打造自身的品牌。一个没有创新的企业是一个没有灵魂的企业，一个没有核心技术的企业是没有脊梁的企业，一个没有脊梁的人永远站不起来。而正是格力电器始终保持忧患意识和进取精神，认识到只有真正掌握核心科技，才能真正掌握企业的命运，才能实现企业的自主发展，才取得了辉煌的成就。格力坚持以习近平新时代中国特色社会主义思想为指导，不忘初心、牢记使命，坚守实体经济，坚持走自力更生、自主创新发展道路，加快实现管理信息化、生产自动化、产品智能化，继续引领全球暖通行业技术发展，在智能装备、通信设备、模具等领域持续发力，创造更多的领先技术，不断满足全球消费者对美好生活的向往，在智能化时代扬帆再起航、谱写新篇章！

（资料来源：根据相关资料整理）

思考题

（1）格力渠道的构建是如何影响其发展的？
（2）为实现新的发展，格力还可以怎么做？
（3）谈一谈企业家精神以及它的重要作用。

第九章 服务促销与沟通

学习目标

（1）了解服务促销与有形产品促销的差异。
（2）熟悉服务促销设计的影响因素及有效促销管理的原则。
（3）掌握服务促销组合的构成要素。
（4）了解服务整合营销沟通的意义。
（5）了解在大力发展数字经济的时代，服务促销的方式有什么转变。

万科促销"十四招"

（1）自由退房法。购房者若在房屋交付时选择退房，只要已一次性付清房款，即可享受无理由退房服务，开发商将立即全额退还房款，并额外支付20%的补偿金。这一政策对开发商而言具有双重优势：一方面能够快速回笼资金，提高资金周转效率；另一方面，虽然需要支付高于银行利息的补偿金，但综合考量资金的时间价值和运营成本，这一安排仍具有显著的经济效益。

（2）试住促销法。该政策允许潜在购房者在最终购买前先行试住一段时间。这一机制精准把握了消费者心理：真正有购房意向的人群才会选择试住，而实际入住后，购房意愿往往会显著提升，从而有效促进成交。

（3）换房促销法。该政策的核心特色是提供"入住后自由换房"服务。购房者在入住开发商提供的商品房后，若对现有住房不满意，可在该开发商旗下空置房源中自由调换（需满足房源为同一开发商且处于空置状态）。换房时，原购房款将按市场价重新折算，差价部分实行多退少补。

（4）以旧换新促销法。该政策的核心是以旧换新。居民将旧房出售后，所得款项可直接抵扣新房购房款，仅需支付新旧房屋的差价部分，从而大幅降低购房经济压力，使普通家庭能够轻松承担。

（5）名人效应完美形象促销法。该营销策略的核心在于借助名人效应快速提升项目价值。开发商通过邀请具有社会影响力的名人进行项目代言，塑造高端优质的品牌形象，从而在短期内建立市场认知度与美誉度，最终实现促进销售的目标。

（6）环保健康营销策略。随着公众环保意识的不断提升，空气质量已成为现代家庭购房决策的重要考量因素。这一消费趋势既反映了购房者日趋理性的置业观念,也对房地产开发企业提出了更高的产品设计要求。为响应市场需求,当前房地产项目普遍采用"绿色健康"作为核心卖点,通过打造生态园林、配置新风系统、选用环保建材等方式提升居住品种,同时配套建设雨水回收系统、垃圾分类处理等环保设施,全方位满足购房者对健康人居环境的追求。这种以环保健康为导向的产品策略,正在推动房地产行业向更高质量的发展阶段迈进。

(7)健康生活营销策略。在当代社会,健康环保理念已超越明星娱乐话题,成为都市人群最关注的生活议题。现代消费者对居住环境的健康标准提出了更高要求,这种生活观念的转变促使房地产开发商重新定义住宅价值。敏锐把握这一趋势的房企率先将"健康住宅"概念落地实施,通过引入空气净化系统、采用无毒环保建材、规划社区健身空间等举措,打造真正符合现代健康生活标准的居住环境。这种以健康为核心的产品定位,特别受到都市中高收入群体和年轻家庭的青睐,反映出市场对健康人居环境的强烈需求正在重塑房地产行业的价值标准。

(8)展销会促销法。通过房产展销会促进房产项目的销售是销售商的一贯做法。房产展销会免去了消费者来回奔波的辛苦,集中了大量的房产项目,扩大了消费者购房的选择余地。因此,它依旧很受购房者欢迎。

(9)赠奖促销法。赠奖活动是一种以赠品或奖金为促销手段的营销方式,主要面向消费者,通过提供额外奖励来刺激其购买意愿,从而提升销售业绩。部分房地产企业会采用赠送全屋家具家电的促销策略。对于购房者而言,这种附带增值服务的方式既能减少后续采购的精力消耗,又能降低装修成本,因此更受青睐;而对于开发商来说,此举有助于提升项目吸引力,加快资金周转,从而实现更高的经营效益。

(10)抽奖促销法。抽奖促销是以高价值奖品为吸引,由少数幸运者独享奖品的营销方式。例如"购房送欧洲游"等活动,虽然不如赠送装修、家电等直接实惠,但因其带有随机性,能激发消费者的参与热情,仍具有独特的吸引力。

(11)先租后售法。先租后售是开发商在项目正式销售前,先将房源出租给意向客户,再以此为卖点进行推广的营销策略。该模式的核心优势在于化解了客户的资产流动性顾虑,让购房者在买入后即可获得租金收益。通过实地体验,客户能更直观地评估房产的投资价值和发展潜力,加之稳定的租金回报,这种"看得见收益"的销售方式能有效刺激购买决策,提升销售转化率。

(12)公益赞助促销法。公益赞助促销法是指通过具有社会影响力的公益活动来提升企业品牌形象和项目知名度。该营销策略的实施关键在于借助政府背书,淡化商业色彩,增强公信力。例如教育助学、体育赛事赞助、青少年公益活动等,均可作为房地产企业品牌建设的有效切入点。

(13)节庆促销法。节庆促销法是指房地产开发商利用节假日、周末或特定庆典时点开展促销活动。营销人员可建议开发商策划具有吸引力的主题节庆活动,如社区文化节、艺术嘉年华、项目开盘盛典、工程奠基仪式等,通过营造节日氛围和庆典效应来提升项目关注度和销售转化率。

(14)新闻、公关促销法。新闻、公关促销法是指通过策划具有新闻价值的事件或政府公关活动,引发媒体关注和公众讨论,从而形成口碑传播效应。这种典型的事件营销方式能够有效提升项目曝光度，建议开发商可策划行业论坛、政企合作签约仪式等具有话题性的活动，借助媒体报道实现品牌传播和项目推广。

（资料来源：百度文库）

第一节　服务促销概述

一、服务促销的含义

服务促销是指企业为了提高销售量，加快新服务的导入，加速消费者接受新服务的沟通过程。在服务促销过程中，服务企业综合运用各种服务促销工具，向消费者宣传报道本企业及服务的信息，以引起消费者的关注，激发消费者的购买欲望，促进和影响消费者的购买行为，从而达到扩大销售的目的。服务促销实质是卖方和购买者之间的信息沟通。服务促销的目的不仅限于促使顾客购买，也可以用来激励员工和刺激中间商。

二、服务促销与有形产品促销的差异

有形产品促销和服务促销存在本质性差异，这些差异主要源于两个维度：一是服务行业的固有特征；二是服务本身的独有特征。

（一）服务行业固有特征造成的差异

（1）营销导向的不同。在有形产品营销领域，营销活动已经经历了从生产导向、产品导向、推销导向、市场营销导向到社会市场营销导向等几个阶段；在服务营销领域，由于起步晚、发展不平衡，部分服务企业仍停留在产品导向阶段。这类企业将自身定位为服务生产商而非需求满足者，导致其对营销策略的价值认知不足。相关管理者普遍缺乏专业培训与营销技术，更难以理解促销活动在整体营销战略中的功能定位。

（2）专业和道德限制。服务营销活动常面临专业伦理与道德规范的双重约束。特定服务领域（如殡葬服务）受传统文化和公序良俗制约，其促销方式存在天然的敏感性，过度营销易引发社会争议。相较而言，有形产品促销更多受法律条文和行业标准规制，道德层面的约束相对有限。

（3）企业规模和预算限制。多数服务企业规模有限，营销预算相对紧张。以中小型餐饮企业为例，受限于经营面积和资金规模，这类企业通常难以承担大规模的广告投放，其促销活动往往局限于价格折扣等基础营销手段。

（4）竞争的性质和市场条件。在服务业市场竞争中，存在典型的发展局限性：多数企业受制于现有产能饱和状态，既无意愿拓展服务边界，也缺乏通过营销巩固市场地位的战略认知。这种经营短视直接导致两个结果：既未制定长期营销规划，也缺乏系统性的促销安排，最终形成低水平竞争的市场格局。

（5）对于可利用促销方式所知有限。服务企业在促销工具认知上存在明显局限性，其营销视野多局限于传统广告和人员推销等有限手段，对整合营销传播体系中的多元化促销方式缺乏系统认知。这种认知局限导致企业错失了众多成本效益更高、针对性更强的促销选择。

（6）服务本身的性质可能会限制大规模使用某些促销工具。服务产品的固有特性会天然制约特定促销工具的应用广度。以广告代理行业为例，其行业属性决定了鲜少采用大众媒体广告进行自我推广。这种限制源于双重因素：一是服务品类的专业特性，二是行业长期形成的营销惯例，二者共同构成了服务促销的独特边界。

（二）服务本身独有特征造成的差异

服务的若干特征具有不同的营销含义，所以从顾客的观点来看，消费者对有形产品营销和服务营销两种营销的反应有着很大的差异。

（1）消费者态度。消费者态度是影响购买决策的关键。消费者购买服务产品时依靠着一种主观印象，而购买有形产品时则不会。例如，顾客期望自己买到和朋友一样价格适合、质量较好的洗衣机，而希望发型师给自己设计适合自己的独特的而不是千篇一律的发型。

（2）采购的需要和动机。在采购的需要和动机上，制造业业务和服务业大致相同。不论是通过购买实体性产品还是非实体性产品，同类型的需要都可以获得满足。不过有一种需求对产品或服务都很重要，那就是"个人关注的需求"的服务销售者，必能使其服务产品与竞争者之间产生差异。

（3）购买过程。在购买过程中制造业和服务业的差异较为显著。有些服务的采购被视为有较大的风险，部分原因是买主不易评估服务的质量和价值。另外，消费者也往往受到他人，如对采购和使用有经验的朋友的影响。而这种在购买决策过程中易受他人影响的现象对于服务营销具有较大的意义，尤其是在服务的供应者和其顾客之间有必要发展形成一种专业关系，以及在促销努力方面建立一种"口传沟通"方式。这两种做法可以促使各种服务促销更有效率。

三、服务促销应遵循的原则

服务产品和有形产品在促销上有许多相似之处，但是服务促销的特殊性不容忽视。服务企业在进行促销时，应遵循下列原则。

（一）注重展示有形服务

服务的无形性特征增加了顾客购买的风险，因此服务宣传策略应当为服务提供有形的线索以消除顾客疑虑，增强顾客对服务产品的信赖。一般而言，企业可以通过服务环境、品牌标记、员工形象和业务信息等有形展示，让顾客抓住服务的有形线索。

（二）注重树立企业形象

消费者的态度是影响购买决策的关键，消费者在购买服务时往往是凭着对服务提供者的主观印象去购买。服务提供者的形象与声望是不少消费者选择服务的依据。例如，海尔电器给人的印象是诚信。企业形象越好声誉越高，顾客就越认同其服务水平，对其就越有信心。

（三）注重宣传服务利益

宣传服务给顾客带来的好处比宣传服务形式、特征更有效。与购买有形产品类似，顾客在购买服务时都有其动机和需求，但不同顾客的诉求是不同的，若能满足这种个性化的需求就会形成与竞争对手的差异。

（四）注意宣传服务理念

服务促销虽然能吸引使用其他服务品牌的顾客，但很难形成顾客对自己的品牌忠诚，没有适当的服务理念、服务质量作支撑，促销吸引的新顾客又会成为竞争对手促销手段的吸引对象。

四、服务促销的目标

服务促销的目标与有形产品促销大致相同，其主要的促销目标如下所述。
（1）形象认知：建立对该服务产品及服务企业和服务品牌的认知和兴趣。
（2）竞争差异：服务内容和服务企业本身与竞争者产生区别。
（3）利益展示：沟通并描述服务带来的各种利益、好处和满足感。
（4）信誉维持：建立并维持服务企业的整体形象和信誉。
（5）说服购买：说服顾客购买或使用该项服务，帮助顾客作出购买决策。

对服务促销的目标的具体表述如表9-1所示。

表9-1 服务促销的目标

顾客目标	中间商目标	竞争目标
1.增进对新服务和现有服务的认知； 2.鼓励试用服务； 3.鼓励非用户 （1）参加服务展示 （2）试用现有服务 4.说服现有顾客 （1）继续购买服务而不终止试用或转向竞争对手 （2）增加顾客购买服务的频率 5.改变顾客需求服务的时间； 6.沟通服务的区别利益； 7.加强服务广告的效果，吸引消费者注意； 8.使顾客获得关于服务如何、何时及在何处被购买和使用的市场研究信息； 9.鼓励顾客改变与服务递送系统的互动方式 （1）自己提供服务 （2）采用新的技术	1.说服中间商递送新服务； 2.说服现有中间商努力销售更多服务； 3.防止中间商在销售场所与顾客谈判价格	对一个或多个竞争者发起短期进攻或进行防御

总之，任何服务促销努力的目的都在于通过传达、说服和提醒等方法，来促进服务产品的销售。显而易见，这些一般性目标会根据每种服务业及服务产品的性质而有所不同。

五、服务促销的作用

（一）缩短服务入市的进程

服务促销旨在对消费者或经销商提供短程激励，在一段时间内调动人们的购买热情，培养顾客的兴趣和使用爱好，使顾客尽快了解服务内容和该服务内容能够提供的利益和满足感，加快新服务的入市进程。

（二）激励消费者初次购买

由于使用新服务的初次消费成本会高于维持原有的老服务，消费者一般不愿冒风险对新服务进行尝试。服务促销可以让消费者降低这种风险意识，接受新服务。通过让消费者或店铺的员工亲自参与，服务促销能够激励消费者实施购买行为。

（三）激励使用者再次购买，建立消费习惯

当消费者试用新服务以后，如果是基本满意的，可能会产生重复使用的意愿，但这种消费意愿在初期一定是不强烈和不可靠的，服务促销可以帮助消费者实现这种意愿。一个持续的服务促销计划，可以使消费群基本固定下来。

（四）提高销售业绩

毫无疑问服务促销是一种竞争手段，它可以改变一些消费者的使用习惯及品牌忠诚度。因受到利益驱动，经销商和消费者都可能大量购买。因此在服务促销阶段常常会增加消费，提高销售量。

（五）增加市场份额，阻击竞争对手

无论是企业发动市场侵略，还是市场的先入者发动反侵略，服务促销都是有效的应用手段。市场的侵略者可以运用服务促销强化市场占有。市场的反侵略者也可以运用服务促销针锋相对，来达到阻击竞争者的目的。

（六）带动相关产品市场

服务促销的第一目标是完成销售，但是在进行服务促销过程中，往往可以带动相关服务的销售。例如，旅行社进行海外旅游的促销可以推动航空公司、保险公司，甚至是银行外汇业务的增加。

第二节　服务促销的设计与规划

一、影响服务促销设计的因素

选择了一项服务促销方式以后，营销人员面临着具体促销活动的设计问题。一般而言，以下六个因素是营销人员设计促销活动时必须考虑的。

（一）产品范围

产品范围针对的是特定的服务或辅助性的商品如何进行促销的问题。如果促销的目的是防卫性的，那么就应当对那些面临竞争压力的服务进行促销；如果促销的目的是吸引顾客，那么就可能是对那些低风险、低价格的服务进行促销以吸引顾客，不然它们就会成为其他服务交叉销售的对象；如果促销目的是在竞争中主动攻击，那么就可能要找这样一种

产品进行促销，比如六个月的储蓄存单，它可以让服务营销人员与顾客建立一种更长期的联系。

（二）市场范围

市场范围这个因素考虑的是促销活动是在所有市场上进行还是在有选择的市场上进行。考虑存在的价格歧视问题，服务营销人员在这方面比有形产品的营销人员拥有更多的弹性空间。尽管一个酒店连锁集团可以通过开展定期的全国性的促销活动来建立统一的企业形象，但是也应该看到在单个市场上存在着开展不同水平价格促销的需要。此外，服务营销人员可以把一次促销活动限定在某一特定的消费人群范围内。

服务企业能够追踪每位会员对服务的使用，并且以使用服务的数量、时间、地点和其他使用类型为标准来开发细分市场。制定市场细分方案时也可以把企业首次签约或以后续约时收集的顾客概况作为依据。

（三）促销价值

促销价值是指服务营销人员设计促销计划时必须考虑到提供给顾客什么样的价值和以什么样形式提供。一些促销活动（尤其是数量或价格促销）提供给顾客的是一定的现金价值，即以较低的价格提供同样的服务；另一些促销活动提供给顾客的是一种延时价值，通常与所促销的服务价格没有联系，即以同样的价格提供更多的服务。

服务营销人员在决定提供给顾客的价值形式和水平时，必须考虑顾客的偏好、成本和促销目标。当顾客对服务的使用差异很大时，可以提供不同价值的奖励。以飞行的里程数、入住的酒店数、信用卡应付款项的金额水平作为依据的促销活动就是很好的例子。

任何促销活动都包含着一定的价格折扣。服务营销人员应当认识到顾客对此的反应可能随促销种类的不同而不同，但不可能是线性的。例如，10%的价格折扣的促销所导致的销售量的增加不一定是5%的价格折扣所增加的销售量的两倍。

（四）促销时间

设计促销活动还应该明确的一个问题那就是时间。什么时候？多长时间？频率如何？这是关于促销的三个关键问题。任何促销的时间长度都应该考虑目标顾客的购买周期、企业提供的促销价值及竞争对手的压力。以平衡需求为目的的服务促销时间的设定，应当减小而不是加剧销售的周期性变化。此外，在促销活动中引入"出其不意"这个要素是有利的。这样，精明的顾客就不会因为等待一次预期的促销活动而延迟购买。

（五）受益对象

促销的核心在于有效影响顾客行为，因此精准选择目标细分市场至关重要。在商务旅行场景中，存在典型的"使用者-支付者分离"现象——酒店和航空服务的实际使用者是商务人士，但支付方往往是其所在企业。这种特殊性导致传统的价格折扣策略可能收效甚微：对于没有固定差旅津贴的员工而言，企业节省的成本并不会转化为个人收益。

针对这一市场特征,航空公司和酒店业创新性地开发了常客奖励计划。该机制的优点在于:将优惠直接赋予旅行者个人(如里程积分、会员特权等),而非支付方企业。但值得注意的是,部分企业会通过制定差旅政策,要求员工将常客奖励归公司所有并用于后续商务出行。这种使用者与受益者之间的权属争议,凸显了B2B2C模式下促销策略设计的复杂性。

(六)防卫竞争

最后一个要素是设计一种能够提供独特竞争优势的促销活动。许多服务企业设计的促销活动很容易被对手模仿,因此需要设计一种防卫竞争的促销活动。例如,促销活动的设计非常复杂以至于无法迅速模仿,或者一个或多个著名企业进行的排他性联合促销,这样其他企业就不可能直接复制其促销活动。

二、服务促销的规划

服务促销规划的具体步骤为:确立策划的目的,拟定策划进程,预估经费,预测结果,反馈、调节方案,确定服务促销策划报告的格式要求,确定服务促销策划的主要内容和要求。

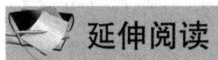
延伸阅读

今日头条:大数据为每个用户建立"兴趣DNA"

一支没有新闻基因的创业团队在极短时间内推出了一款注册用户达2.2亿、日均活跃用户超过2 000万人的网上新闻产品;今日头条,成为近年来移动新闻客户端大战中最大的黑马。作为穿着新闻外衣的推荐引擎,它是如何在四大门户网站的新闻客户端激烈竞争的夹缝中突出重围的?

过去,传统媒体不可能得到用户数据,无法获知用户行为。主编很希望获得用户的反馈,但只能通过读者来信,通常一期杂志或者一期报纸有1 000封读者来信就很不错了,也可以通过有限的用户访谈、调查来获得反馈。通过这种非在线的方式收集数据,信息的感知水平与移动App相比差别非常大,一个在线App,每秒钟用户的反馈可能是几千条、几万条。今日头条每天日志函数有100亿条的规模。

例如,一个人在地铁上使用今日头条的时候,不仅他在阅读数据,其实今日头条也在观察他,观察他每个滑动,是否很快滑过标题还是有所停留,认真阅读了还是粗略阅读了,是否参与朋友圈讨论。这些行为都会被系统感知到,系统据此做实时调整。

获取这些数据后,今日头条将数据分成几类。第一类是用户的动作特征,他的点击、停留、滑动、顶踩、评论、分享,这些是最主要数据。第二类是用户的环境,他是在Wi-Fi还是3G环境还是4G、5G环境下。他是在北京还是上海,他是离开了常驻地还是在旅行,甚至包括天气如何、是不是节假日,都可以作为使用特征。第三类是用户的社交数据。比如用户用微博登录之后,可以获取他的微博身份,这些数据都会成为各种特征被系统学习到。更重要的是,系统不仅使用这种单一特征,还会将这些特征组合起来,综合分析用户有什么样的兴趣爱好。

今日头条将海量的高级特征和精细化特征组合起来，建立多重模型，为每个用户形成兴趣图谱作出推荐。"他是不是一个当地居民""他是不是一个IT的重度用户""他使用的手机价格是多少"等高级特征，"他过去对某篇文章或某个明星照片的点击行为对他现在的阅读有什么影响"等为精细化特征。如今，今日头条每天产生100万条观察日志，观察200万名用户，能够从全局视角看到以往消费者调研难以看到的一些内容。

（资料来源：卢泰宏，周懿瑾，2018.消费者行为学：洞察中国消费者[M].3版.北京：中国人民大学出版社.）

三、有效促销管理的原则

随着服务竞争的加剧，服务营销人员对服务促销的运用正在迅速增加。为了使促销更好地为企业的整体营销服务，避免人力、物力、财力的浪费，营销管理者必须考虑以下促销管理的原则。

（一）规划促销策略

服务营销人员需要对服务促销活动进行详细规划，说明对哪些人服务，在什么时间、什么地点，在哪些市场上促销，促销的目标及使用的促销技巧，而不是仅仅依靠采取无差异的促销行为作为对竞争者的反应，从而确保促销活动的统一协调和多样性。

（二）限制促销目标

服务营销人员应该正确看待促销的结果，不应该过分夸大一次促销活动可能实现的目标。任何一次既定的促销活动都应当有选择性地集中于一两个目标，以使其产生最佳效果。

（三）限制促销时间

服务营销人员希望每次促销活动都能引发特定顾客的即刻购买行为，这就要明确限定活动的截止日期。如果促销活动长期持续，竞争者很容易模仿跟进，导致促销措施逐渐演变为行业标配。这样一来，原本旨在刺激需求的短期营销手段就会固化为服务的基本组成部分，使企业陷入持续的成本投入，而不再能带来额外的收益增长。

（四）联合促销

服务营销人员通过同时对几种自有服务进行促销组合或加入其他企业的力量，常常能够有效地利用它们的促销资源并设计出影响更大的促销活动。例如，商场消费和游乐园消费的联合常常会给顾客带来惊喜，并且双方都可以从中盈利。

（五）搭配促销

随着越来越多的企业对促销活动的利用，服务企业可以通过搭配使用几种销售技巧来制造"爆炸性"的促销活动。

（六）激励分销渠道

最有效的促销能够通过激励销售渠道中的各方（如顾客、促销人员、中介机构等）来同时创造"推"和"拉"的效应。例如，服务企业可能针对顾客采取抽奖活动，同时针对促销人员和中介机构提供相似主题和奖品结构的销售竞赛活动。

（七）平衡创新与简易的关系

服务促销活动的设计应该考虑到创新性，以便从众多的促销活动中脱颖而出，吸引顾客的目光，此外须考虑简易性，使其容易被顾客理解和尝试，以利于企业组织的发展。

（八）评价促销效果

服务营销人员必须衡量每次促销活动产生的效果，比较促销前后销售量的差异，检验是否达到了促销的目标，分析产生差距的原因，为将来的促销活动积累经验。

第三节　服务促销组合策略

服务促销组合策略是营销人员用来传递服务信息的多种沟通方式的组合。服务促销组合主要包括服务广告、人员推销、服务销售促进、服务公共关系及其他方式等。一个服务组织的促销措施，可以包括其中的任何一项要素或涵盖全部的各项要素，各要素之间也有多种组合方式。作为促销工具，每个都有或多或少的可取之处，当一个服务组织目标发生变化时，它的促销组合也会发生相应的变化。因此，营销人员应该针对不同促销工具的优势和特点进行有效的促销。

一、服务广告

依赖所使用的媒介和实质性的资料，广告可迅速抵达大量的受众，为他们提供有价值的信息、有说服力的论点和强有力的提醒。另外，广告还有提升服务形象的作用。和有形商品的营销一样，广告是组织向顾客传递信息的主要手段，且常常作为一个组织促销工作的基石。

然而，无形的服务产品的广告与有形产品的广告存在很大差异。基于服务的一般特征，即服务是行为而不是物体，服务广告的有效性一直受到人们的质疑。根据一份美国不同职业的团体对广告所持态度的调查表明，仅靠广告一项，对消费者的购买决定并不会起重要作用。在消费者的选择过程中，人际互动极其重要，只有在接触中，消费者才能获得他们想要的信息。

因此，服务企业的广告策略需要实现双重目标：既要面向消费者传递品牌价值、刺激购买需求，也要将内部员工作为第二受众，激发其服务热情与专业承诺。为实现这一效果，建议采取以下策略：首先，广告应优先选用真实员工而非职业模特进行展示，这不仅能增强广告的可信度，还能强化员工的归属感与自豪感，从而间接提升服务质量。其次，针对服务无形性带来的认知障碍，广告需通过有形化的视觉呈现来降低消费者的感知风险。除了突出服务人员，还应着重展示服务场景中的实体要素；例如服务场所的环境、设备或工具等，通过这些具体线索帮助消费者更直观地理解服务价值，建立品牌信任。

（一）服务广告的指导原则

服务业利用广告的趋势在逐渐扩大。基于服务业的特性，服务业在利用广告时，应当遵循以下指导原则。

1. 信息简单明确

服务业的广告要以简单的文字和图形，传达所提供服务的领域、深度、质量和水准。不同的服务具有不同的广告要求，因此广告需要以简洁精准的传播语言，结合多样化的创意表达方式，有效传递核心信息，从而最大化广告的传播效果。

2. 强调服务利益

广告传播的核心诉求必须精准匹配消费者的真实需求。只有通过深入洞察目标受众的价值取向，提炼出与其期望高度契合的服务利益点，才能有效吸引消费者注意并产生共鸣。这种基于消费者需求本质的利益诉求策略，是确保广告实现最佳传播效果的关键前提。

3. 承诺适当

企业的承诺应当务实，不应提出让顾客产生过度期望而企业又无力达到的允诺。这意味着有必要使用一种可以确保实现的最低一致性标准向顾客承诺。最好的做法是只宣传最基本的服务标准，如果能做得比此标准更好，顾客通常会更高兴。

4. 员工作为广告主角

广告传播应当实现双重价值：既要有效激发顾客的购买意愿，更要深度激励员工的服务表现。将员工纳入广告战略考量，能为组织创造显著的附加价值。当广告以积极正面的方式呈现员工形象时，这种内部认可将直接转化为服务团队的工作动力。特别是对服务岗位员工的真实刻画，不仅能强化品牌形象，更能成为员工培训的延伸载体。这种策略性的传播设计，实际上构建了一个双向沟通机制：对外传递着组织尊重人才的企业文化，对内则清晰传达了服务标准与行为期待。例如，多年来达美航空始终坚持将其一线员工作为品牌传播的核心载体，通过真实员工形象的战略性运用，成功塑造并巩固了"以人为先"的差异化市场定位。

5. 提供有形线索

广告应尽可能提供有形线索，以克服服务的无形性和高感知风险，增强促销努力的效果。广告中可利用知名人物和物体（如建筑、飞机）来作展示，如让职业高尔夫球手泰格·伍兹（Tiger Woods）作为美国运通公司的代言人，联合包裹服务公司在广告中对其服务设施和设备进行展示。

6. 发展广告的连续性

服务企业可以通过在广告中，持续连贯地使用象征、主题、造型或形象，以克服服务业的两大不利之处，即非实体性和服务产品化的差异化。例如，英国航空公司成功的"Fly the flag"标语广告,就是受益于连续性地使用某些品牌和象征,使之为大众熟知。

(二)服务广告的作用

服务企业的广告与有形产品的广告存在很大差异。因为服务广告不只是鼓励消费者购买服务,还要把企业员工当作第二受众,激励他们提供高质量的服务。服务企业广告的主要作用包括以下几个方面。

1. 塑造企业品牌形象

服务企业的广告内容包括说明企业经营状况、各种活动、提供服务的特殊之处、企业的价值观念等方面。这些内容可以帮助顾客了解企业及其服务,传达品牌个性,帮助企业建立品牌形象,培养消费者对企业及其服务产品的信任度与忠诚度,从而间接推动销售,帮助企业巩固市场。

2. 引导企业员工

服务企业所做的广告诉求对象包括顾客和企业员工,因此服务广告除了要建立顾客对企业的认同和了解,还必须充分地表达和反映企业员工的观点,并让他们对企业服务加深了解。只有这样,广大员工才能更好地支持与配合企业的市场营销工作。

3. 传递产品信息

广告能帮助消费者认识和了解服务产品的内容、特点、购买地点和购买方法、价格等,从而起到传递信息的作用。

4. 巩固与中间商的关系

广告有助于直接与间接地建立并巩固与中间商的合作关系,使中间商对企业及其品牌产生信赖感与忠诚度,增强中间商的合作信心。

5. 刺激需求,促进销售

设计良好的广告能诱导消费者的兴趣和感情,引起消费者购买该服务产品的欲望,直至促成消费者的购买行动。

(三)服务广告的决策

1. 确立广告战略

广告是促销策略的组成部分,而促销策略则是营销组合的一个部分。因此广告战略要与其他形式的营销组合要素(服务的感受、价格、销售、生产过程、与顾客接触的人员和具体环境等)相互协调。

2. 确定广告标的

标的是指广告的接收人群。针对个人购买的服务,一般是从社会经济角度确定标的的接收者，如性别、年龄、生活习惯、购买频率等。而针对组织购买的服务，接收者一般是按照行业特点、专业层次、企业规模等来区别的。

3. 确定广告目的

广告的目的包括：宣传购买服务的好处；劝说尝试服务；对服务进行区别；保持顾客的忠诚；纠正错误的感觉；给服务定位；记忆；支持通过人员销售。根据不同的目的确定不同的广告媒体和传播方式。

4. 确定广告预算

广告预算的安排方法主要有四种依据：销售比例、可支配资源、竞争对手、专门目的。根据这四种依据可分别从不同的角度来考虑，各有自己的优点和缺点，服务企业可依据企业的实际情况及市场竞争情况灵活安排广告预算。

5. 明确广告信息

信息是"平台"，能转换成吸引标的接收者的象征、语言、图像、声音，对其选择起到积极的作用。信息要善于解释，使信息的接收者清楚地理解信息内容。最重要的是用简洁的语言说明，并能体现自己的竞争优势。

6. 明确广告的传播媒体

为确保选择最佳的广告媒体，选择时应综合考虑以下因素：接收者的特点、接收者接受媒体的时间和渠道、广告对接收者的作用大小、沟通效果的持续时间、沟通宣传的成本等。不同媒体的优缺点比较如表9-2所示。

表9-2 不同媒体的优缺点比较

媒体种类	优　点	缺　点
电视	提供影像、声音和动感，引起注意，普及面广	成本高，展示时间短，观众选择性小
广播	普及面广，针对一个细分市场的观众，较便宜	听众的注意力较弱
报纸	灵活性、及时性，针对地方市场，来源可靠	寿命短，不易保存
杂志	针对细分市场，来源可靠，很好复制，寿命长	不灵活，等待时间长
户外形式（广告牌、电子显示屏、海报、运输车辆等）	灵活性、可重复展示、比较便宜	针对性不强，"大规模市场"展示时间比较短
直接（邮递、电话营销传真、电子邮件）	有选择性地针对单个顾客，有灵活性	盲目性较大，很难引起别人注意

7. 实施广告宣传

实施广告宣传的具体步骤是：对不同媒体分配必要的资源；筛选合适的媒体；确定插播或刊登的频率；协调广告与其他促进方式的配合；组织广告宣传的落实；选择广告

代理；向代理付款。

8. 评估广告效果

评估广告效果是指可以通过相应的技术方法看广告接受者的反应从而对广告效果进行评估。其主要包括预先调研（主要技术是意见调查、生理现象测试、可读性测试和营销测试等）、同期调研（主要技术是市场跟踪等）和事后调研（主要技术是认识、记忆、态度转变和销售测试等）。

二、人员推销

人员推销是指企业通过推销人员直接向顾客进行推销、说服顾客购买的一种促销方式。这种方式尽管古老但十分有效，在现代市场上仍有其他促销方式无法取代的优点，发挥着重要的作用，始终是现代企业开拓市场不可缺少的重要手段。

（一）推销产品与推销服务

正如广告一样，人员推销的原则、程序和方法在服务业和制造业的运用大致类似。例如销售工作必须予以清晰界定；应该招募合格的推销员并加以训练；应该设计并执行有效的奖惩制度；对推销人员必须予以监督和管理；等等。尽管核心营销职能在服务业与制造业中具有相似性，但服务市场的具体实施策略存在显著差异，这主要源于服务产品的本质特征。①人员配置差异：在专业技术服务领域（如咨询、医疗等），企业往往需要依赖具备专业资质的服务提供者（如医师、工程师）兼任销售角色，而非聘用专职销售人员。这种"专家型销售"模式既能确保专业可信度，又能有效降低客户的感知风险。②人员素质要求的特殊性：服务产品的无形性等特征对销售人员提出了独特要求（需要更强的概念化表达能力；必须具备将抽象服务具象化的能力；要求更高的人际互动与同理心；需要持续维护客户关系的专业素养）。这些差异本质上反映了服务营销中"生产与消费同步性"带来的特殊挑战，要求企业建立区别于产品营销的人力资源战略。例如，对人寿保险业中顾客"如何看待服务的购买""购买服务时的行为"以及"购买服务与有形产品有何不同"等观点的调查，反映出推销服务比推销有形产品更困难。表9-3是推销服务与推销有形产品的差异的简单介绍。

表9-3 推销服务与推销有形产品的差异

顾客对服务购买的看法	顾客对服务的购买行为	服务的人员推销
①顾客认为服务业与制造业相比，缺乏一致的质量； ②服务购买比产品购买的风险高； ③服务购买似乎总有比较不愉快的购买感受； ④服务购买主要是针对某一特定卖主； ⑤决定是否购买时，对该服务组织的了解程度是一个重要因素	①顾客受广告的影响较小，受别人介绍的影响较大； ②顾客对服务不太作价格比较	①推销员往往需要花很多的时间说服犹豫不决的顾客； ②在购买服务时，顾客本身的参与程度很高

（资料来源：郭国庆，2013.服务营销管理[M].3版.北京：中国人民大学出版社.）

（二）人员推销的优势和特点

1. 信息传递的双向性

人员推销是一种双向沟通的促销形式。在推销过程中，一方面，推销人员必须向顾客宣传介绍商品或服务的质量、功能、用途及售后服务等，为顾客提供有关商品信息，达到促进销售的目的；另一方面，推销人员还必须通过与顾客的交谈了解顾客对企业及所推销产品的态度、意见和要求，在推销过程中不断地收集和反馈信息，为企业的经营决策提供依据。

2. 推销的双重性

人员推销的目的不仅是为了推销产品，还要帮助顾客解决问题，与顾客建立长期合作关系。因此它具有推销商品和建立合作关系的双重目的，这二者相互联系，满足需求的多样性。人员推销活动中，不仅要通过推销商品满足顾客对商品使用价值的需要，而且要通过宣传介绍商品，满足顾客对商品信息的需要；通过售前、售中、售后的服务满足顾客对技术和服务方面的需要；通过文明经营、礼貌服务满足顾客心理和精神上的需求。

3. 推销过程的灵活性

人员推销过程中，买卖双方当面洽谈易于形成一种直接、友好的相互关系。推销人员可以通过交谈和观察掌握顾客的购买动机，有针对性地从某个侧面介绍商品的特点及功能，抓住有利时间促成交易；可以根据顾客的态度和特点，有针对性地采取必要的协调行动满足顾客的需要；还可以及时发现，进行解释，以解除顾客的疑虑，消除顾客的不满意感。

4. 推销成果的有效性

人员推销过程是推销人员直接将产品"推"给顾客的过程，通过面对面地看货、议价、谈判来达成交易，使推销人员与顾客之间建立起长期的关系，比非人员推销更具有人情味，因而常能当场成交，成功率较高。但是，由于人员推销的开支大、费用高，对推销人员的素质要求高，因此人员推销的运用也有一定的局限性，多用于对产业用户和中间商的销售。

（三）服务人员推销的指导原则

1. 发展与顾客的个人关系

服务企业员工和顾客之间良好的个人接触可以使双方得到满足。服务企业以广告方式表达的对个人利益的重视必须靠市场上真实的个性化关注协助实现。然而这样做存在着下列问题：①实现的成本很高；②雇用员工增多因而增加服务表现不稳定的风险；③引发公司组织管理上的问题，即若要提供高水平的个性化服务，则服务企业必须要有相应的组织和资源才能做到（如支持设施，对顾客所需的服务水准有充分详细的了解和信息）；④个性化关注通常必须付出标准化困难的代价,这就意味着服务业在改进生产力方面可能会遇到阻碍和问题。

2. 采取专业导向

在大多数服务交易中,顾客总相信卖主有提供预期服务结果的能力,其过程若能以专业方法来处理会更有效。销售服务即表示卖方对于其服务工作能彻底胜任(如对该项服务非常了解,具备丰富的专业知识)。在顾客的眼中,服务提供者的行为举止必须表现出他是一个专业人员,因此他的外表、动作、举止行为和态度都必须符合顾客心目中一名专业人员应有的标准。

3. 利用间接销售

服务人员推销时可以利用以下三种间接销售方式。

(1)推广和销售有关的产品和服务,并协助顾客更有效率地利用现有各项服务,以创造引申需求。例如航空公司可销售"假日旅游服务",旅馆可销售"当地名胜游览"。将相关的服务业和其他服务或产品互相联系起来,对于许多服务业,如保险、银行、干洗和旅游等,都可以提供更多的销售机会。

(2)利用见证人、舆论主导者等来影响顾客的选择过程。在许多服务业,顾客必须依赖他人给予帮助和建议(如保险代理业、旅游业、投资顾问、管理顾问咨询、观光导游业)。因此,服务业的销售者应该多利用这类有关的参考群体、舆论主导者与其他有影响力的人,以增进间接销售。

(3)自我推销。这种方式在某些专业服务领域使用得相当普遍,包括较为非正式的展露方式,例如对公众演讲、参与社区事务、加入专业组织以及参与各种会议讨论和课程等。

4. 建立并维持有利的形象

有效的营销依赖于良好形象的塑造与维持。营销活动(如广告、公共关系)试图达到的目的就是传播出一种希望被人看到的个人或公司形象,而且这种形象与人们心目中所具有的形象一致。现有的顾客和非顾客对公司及员工的印象,对他们的购买决定影响很大。

在服务营销中,形象建立与维护是至关重要的因素。由于服务具有高度非实体性特征,其市场声誉与消费者主观认知往往成为营销的核心基础。值得注意的是,非营销主体的影响力在服务营销中同样不可忽视,无论是现有使用者还是潜在消费者,都会对服务推广及品牌形象塑造产生显著影响。在实际营销过程中,顾客常通过企业推销人员的专业素质来评估服务品质,这使得人员推销成为影响企业整体形象的关键环节。推销人员的职业素养、服务效率、客户关怀能力及销售技巧,均会直接强化或削弱现有品牌形象。此外,广告传播与公共关系管理等其他形象构建渠道,也能通过协同效应进一步放大营销效果,为品牌价值提升提供持续动力。

5. 销售多种服务而不是单项服务

在营销核心服务时,服务企业可以通过构建完善的辅助性服务体系来创造附加价值。

这种策略不仅能为企业带来额外收益，更重要的是能够显著提升顾客的购买体验——通过服务整合简化决策流程、优化交易便利性，从而降低顾客的购买门槛。以全包式旅游服务为例，该模式将交通、住宿、餐饮等分散服务整合为"一站式"解决方案，有效解决了顾客的多点采购痛点。这种服务集成模式已在多个行业得到验证：保险公司延伸财务规划服务，航空公司开发里程积分体系，银行拓展财富管理业务，零售企业增加金融支付解决方案。这些补充性服务的战略部署，本质上都是通过增强服务生态系统的完整性，来提升核心服务（如旅游体验、风险保障、资金融通等）的市场竞争力与购买吸引力。

6. 使购买简单化

顾客对服务在概念上可能不易理解，其原因可能是顾客并非经常购买（如保险），也可能是因为顾客利用服务处于某种重大情感压力之下（如殡葬服务）。在这类情形下，专业服务销售人员应使顾客的购买简化，也就是说以专业方式处理好一切该处理的事务，并告诉顾客服务进行的过程即可，尽量减少对顾客提出的要求。

对于服务业的人员推销，有人提出了一个包括六项指导原则的模式，此模式是从具有代表性的产品和服务厂商调查发现推销有形产品和服务有所不同的实证资料中发展而来的。该模式的六项指导原则如下：

（1）积累服务购买机会，包括：①投入，即寻求买主的需求和期望获取有关评价标准的知识；②过程，如利用专业技术人员，将业务代表视为服务的化身及妥善管理卖主/买主和卖主/生产者互动产生的各种影响和诱使顾客积极参与等；③产出，特别是愉快的、满意的服务购买经验，且使其长期化。

（2）易于评估质量，包括建立合理的预期表现水平和利用既有预期水平作为购买后判断质量的基础。

（3）将服务实体化，即教导买主应该寻求什么服务，教导买主如何评价和比较不同的服务，以及教导买主发掘服务的独特性等。

（4）强调公司形象，包括评估顾客对该基本服务、该公司及该业务代表的认知水平，传播该服务、该公司以及该业务代表的相关形象属性。

（5）利用公司外的参考群体，激励满意的顾客参与传播过程（如口碑传播），发展并管理有利的公共关系。

（6）让所有员工了解对外接触的重要性。鼓励员工感受其在顾客满足过程中扮演的直接角色和作出的贡献，了解在服务设计过程中顾客参与的必要性，并通过提出问题、展示范例等方式，形成各种顾客所需要的服务规范。

三、服务销售促进

服务销售促进，又称营业推广，是指服务企业运用各种短期诱因鼓励消费者和中间商购买服务的促销活动。服务销售促进能制造轰动效应，并可在短时间内为一个服务组织衍生出新的业务。例如，麦当劳推出的游戏促销曾引发了一场轰动。而当一个服务组织存在过量产出能力时，销售促进特别适合被用来刺激需求。

（一）采用销售促进的原因

服务企业在使用销售促进这一促销工具时，通常出于下面的考虑。

（1）需求问题。特别是在需求存在波动且存在闲置产能的情况下。

（2）顾客问题。①使用该项服务的人不够多；②购买服务的量不够大；③购买/使用之前的选择需要协助；④在付款方面有问题。

（3）产品问题。①新服务正在推出；②没有人知道或谈起该服务；③没有人在使用该服务。

（4）中间机构问题。①经销商对公司销售的服务未给予足够的注意；②经销商对公司销售的服务未给予足够的支持。

（5）竞争问题。①竞争激烈而密集；②竞争的趋势更激烈；③新服务开发也相互竞争。

与有形产品的销售促进相比，服务企业采用销售促进时应该考虑的特殊因素有以下两个。

其一，由于服务的特征造成的问题，例如服务不能储存。因此，在销售促进措施的使用上必须有所顾忌，如使用高峰折扣定价技巧，以平衡服务的需求数量。

其二，某些服务业本身专有的特殊问题，例如某些销售促进手段的使用可能涉及道德的限制，或者某一专业团体会认为某些方式太过冒进，因此在实践中销售促进往往经过"伪装"或在其他的名义下进行。

（二）对消费者进行服务销售促进的类型

服务企业对消费者进行服务销售促进的对象是最终购买者。这是最直接的促销方式，使用频率很高，其中主要包括以下八种类型。

（1）赠寄代价券。即以邮寄或广告等形式附赠小面额的代价券，持券人可凭券在购买服务时得到优惠。

（2）价格折扣。即直接采用降价或折扣的方式招徕顾客。

（3）商业贴花。即消费者每购买一定服务就可以获得一张贴花，若筹集到一定数量的贴花就可以换取服务或奖品。

（4）赠送样品。即以实物赠给消费者，使服务的内容得到了解及接受。

（5）奖品。一种是顾客用购买凭证（如发票）换取奖品；另一种是在消费者购买服务时将奖品赠予顾客。

（6）附加赠送。即按消费者购买服务金额的比例附加赠送同类服务。

（7）竞赛抽奖活动。即通过竞赛或抽奖形式来刺激消费者以达到促销目的。

（8）点促销，又称POP广告。即放置于店面的广告物，如放在架子上的小卡片、小册子，或竖在门口的大型夸张物件，或悬挂在天花板上的标语等。

（三）对经销商进行服务销售促进的类型

把服务卖给消费者的是经销商，所以提高经销商的积极性也是非常必要的，主要有以下五种类型。

（1）广告技术合作。即通过合作和协助方式赢得经销商的好感，促使他们更好地推销企业服务。例如与经销商合作广告；提供详细的服务产品技术宣传资料；帮助经销商培训销售技术人员；帮助经销商建立有效的管理制度；协助店面装潢设计；等等。

（2）业务会议和贸易展览。即邀请经销商参加定期举办的行业年会、技术交流会、服务产品展销会等，以此传递服务信息，加强沟通。

（3）交易推广。即通过折扣或赠品形式来促进与经销商的合作。

（4）经销商竞赛。与对消费者促销中的竞赛活动不同，它是指采用现金、实物或旅游等形式来刺激经销商以达到销售目的。

（5）企业刊物的发行。这是企业定期向经销商传达信息、保持联系的一种有效做法。

（四）销售促进的好处

（1）调整需求和供应的波动周期。比如为保证航空公司和旅馆一直都有稳定的客流，两者可以共同推出具有吸引力的假期服务捆绑销售，并以低价格和优质服务来吸引顾客，填补淡季的销售不足。

（2）作为强有力的防御手段。销售促进也可被服务企业用作强有力的防御手段。比如当某一航空公司通过降低票价来争取客源时，其他竞争者通常会紧急跟进，否则就会面临顾客大量流失的风险。

（3）形成新的服务特色。经过认真选择的销售促进手段可以为服务注入新的内容。有奖销售或竞赛的激情、降价及特别销售的刺激都能提升顾客对服务的整体感知。在某些情况下，销售促进甚至能制造轰动效应，帮助企业从竞争者中脱颖而出。

四、服务公共关系

（一）服务公共关系的含义

服务公共关系是指服务组织为改善与社会公众的关系，促进公众对服务组织的认识、理解和支持，达到树立良好组织形象、促进商品销售目的而开展的一系列公共活动。作为社会环境中的一个组成部分，服务组织需要与其他社会组织、集体或个人及周围的各种内部、外部公众建立良好的关系。其具体活动包括评估社会公众的态度；确认与公众利益相符合的个人或组织的政策与程序；拟定并执行各种行动方案；提高主体的知名度和美誉度；改善环境；争取相关公众的理解与接受。

企业并非孤立存在，而是置身于竞争激烈、瞬息万变的市场环境中。在复杂的经营活动中，企业既要协调内部多重关系，更要妥善处理与外部社会公众之间错综复杂的关系网络。社会公众作为重要的利益相关方，会对企业的营销活动产生支持、监督乃至干预等全方位影响。因此，建立并维护良好的公众关系，对企业的可持续发展至关重要，特别是对那些参与国际市场竞争的大型企业而言，这更是一项不可或缺的战略要务。

服务公共关系是服务促销的一种非常有效的手段，其效果在促销全新的或高风险的服务产品时尤为明显。服务公共关系能够帮助企业树立一个良好的形象，并以一种令人信服的方式来向社会推荐新型或风险型产品。例如媒体评论与宣传是戏剧、舞蹈等产品取得成功的关键。在大量的其他服务行业中，宣传在新服务的早期接受过程中也扮演着类似的角色。另外，把服务同受欢迎事件（如音乐会、体育赛事等）或社会责任（如环保或公益事业）联系起来，能形成服务产品的特有魅力。

（二）服务公共关系的特点

服务和有形产品的公共关系工作没有明显的差异，但在争取报刊评论版面的方式上，公共关系目标及公共关系工作对于服务企业的重要性可能有所不同。不过，竞争性公共关系的内容及诉求都是相同的，而且都具有以下三个显著特点。

（1）可信度。新闻特稿和专题文章往往比直接花钱购买的报道具有更高的可信度。

（2）接触防备。接触防备指组织在公关活动中控制信息流动，防止负面信息扩散，同时确保关键信息精准触达目标受众。

（3）戏剧化。公共关系工作可以使一家服务企业或一种服务收到戏剧化的效果，以加深相关受众的印象和理解。

（三）服务公共关系的任务

一般而言，服务公共关系的任务被认为是在各种印刷品和广播媒体上获得报道版面，以促销或"赞美"某个产品、地方或个人。目前，随着公关宣传的日渐普及，它还有助于完成下述任务。

（1）协助宣传新服务项目。公关宣传能够帮助组织树立一个良好的形象，进而容易使其以一种令人信服的方式向社会推荐创新型或风险型服务。例如媒体评论与宣传是电影、戏剧等推出新项目的首选手段。其他服务行业中，宣传在新服务早期接受过程中也会扮演类似的角色。

（2）建立维持形象。优质的服务能够成为极具传播价值的新闻素材，向客户展现品牌的独特魅力，有效提升品牌美誉度。当企业凭借技术创新优势或卓越的客户服务表现获得媒体报道时，这种正向曝光将在客户心中构建起专业可靠、值得信赖的品牌形象，进而强化品牌的市场竞争力。

（3）解决问题和麻烦。公关能够消除服务事件的负面影响，帮助企业免受灾难性的打击。

（4）加强定位。步入成熟期的组织，通过媒体的经常报道或组织精心策划的公关宣传，有助于顾客保持认知和加深定位。比如，沃尔玛的"天天低价"如此深入人心，公关宣传功不可没。

（四）服务公共关系的工具

（1）宣传报道。宣传报道是介绍企业新型服务的重要手段，它通过发布免费的新闻信息或肯定的评价来帮助企业宣传新服务。宣传报道的信息要想被新闻单位采用，必须真实可靠、实事求是，而且还应包含媒体和受众感兴趣的内容。

（2）事件赞助。公共经理可以通过赞助有足够新闻价值的事件或社区服务来实现新闻覆盖。同时这些事件也有助于提高企业的品牌知名度。

（3）公益赞助。企业也可以选择为社会公益事业提供赞助，从而将自己定位为富有爱心和社会责任感的企业，势必会受到人们的广泛关注并赢得他们的好感。

（4）互联网传播。国际互联网是新出现的一种公共关系工具。事实证明，企业在国际互联网上发布的新闻有助于新闻界、现有及潜在顾客、行业分析家、股东及其他人了解企业的相关信息。同时，网站也是新服务构思和改进的公开论坛，可以获得访问者的各种反馈信息。

"社交电商"拼多多

拼多多作为新兴电商平台，依靠腾讯公司高流量的社交软件，展开了其独特的"社交电商"运营模式，在短短几年内，以爆炸式增长趋势跻身中国电商平台的前3名。

拼多多上线至今，发展迅速，其独具特色的社交电商思维功不可没。它不同于淘宝的C2C和京东的B2C的经营模式，而是以一种新形式C2B拼团的形式出现在大众面前。传统电商，如淘宝和京东，注重平台规模扩张，以平台优势提高销量。而"社交电商"最大的特点就是具有社交属性，它依靠的是电商与社交的结合，通过用户的社交关系进行平台推广。在拼多多上如果想以更低价格获得商品，就可通过向亲朋好友发链接的方式进行拼团，而想拼团的人必须下载拼多多App并成为其用户。所以，一人购买商品，演变为多人共同参与，使拼多多的用户在短期内迅速增长，形成裂变式社交拼团。

拼多多如何巧用消费者心理。一是低价诱惑。拼多多通过拼团提供给消费者比其他平台更低的价格。二是社交乐趣。拼多多使得消费者通过拼单进行社交，与亲朋好友联络促进感情，从拼单中获得了极大的乐趣。三是刺激潜在需求。消费者有时对自己的消费需求和动机并不是十分明确，往往需要某一外在因素来刺激他们内心深处的潜在需求。商业广告是影响消费心理的外在因素之一，其主要具有认知信息、引导消费、思维导向、帮助决策和审美娱乐的心理功能。拼多多正是利用这种广告公关战略通过电视、网络、社交软件等一系列媒介来刺激需求。四是名牌效应。拼多多利用名人代言和冠名知名度较高的综艺节目（如《快乐大本营》）来吸引消费者，提高曝光度，在消费者内心树立知名品牌的形象。五是追星心理。一些观众基于"明星都在使用的购物平台总是好的"的心理，便会不自觉地追随。一些流量明星有着强大的年轻粉丝群体，粉丝在为表示对明星支持应援的心理驱使下，积极使用明星推广的产品。

（五）服务公共关系的对象与手段

公共关系有两大类接收者：内部接收者和外部接收者。对内部接收者要定期沟通，他们是员工、股东、销售员、供应者和顾客。外部接收者是与企业没有直接关系的人们，如各级政府机构官员、记者、金融机构、企业协会代表等。公共关系可以通过发布新闻、举办记者招待会、举行盛大运动会、赞助由媒体举办的有新闻价值的活动来建立，还可以利用特殊事件生成服务产品的特有魅力。这就要求服务组织处理好与各种媒体之间的关系，否则会给企业带来一些不利的影响。如果处理好与方方面面的关系，包括与顾客、员工、政府、媒体、社会等的关系，就可以很好地维护服务企业及其服务产品的形象。

（六）服务公共关系的重点决策

（1）建立公共关系目标。

(2)选择公共关系的信息与工具。

(3)评估公共关系效果。

这 3 个重点决策对所有的服务企业都是必要的。公共关系的好处在于它不仅是获得展露机会且花费较少的方法,也是建立市场知名度和消费者偏好的有力工具。

五、服务促销的其他方式

(一)口碑传播

1. 口碑传播的概念

口碑传播是指一个具有感知信息的非商业传播者和接收者关于一个产品、品牌、组织和服务的非正式的人际传播。大多数研究文献认为,口碑传播是市场中最强大的控制力之一。心理学家指出,家庭与朋友的影响、消费者直接的使用经验、大众媒介和企业的市场营销活动共同构成了影响消费者态度的四大因素。由于在影响消费者态度和行为中所起的重要作用,口碑被誉为"零号媒介"。口碑被现代营销人士视为当今世界最廉价的信息传播工具和高可信度的宣传媒介。而服务行业最突出的特征之一就是口碑传播,它突出了人员因素在服务促销中的重要性。

2. 口碑传播的特点

口碑传播属于非正式的人际传播,除具有双向性强、反馈及时、互动频度高、方法灵活等明显的人际传播特点,还具有以下特点。

(1)针对性强。在信息超载的今天,营销人员的传播活动和人们的购买决定过程更加复杂。对消费者来说,有用的信息可以创造价值,极大地节省时间和精力。大规模的广告宣传强迫消费者片面接受某一类信息,阻碍了消费者充分了解和比较其他信息。对营销者来说,日益复杂的传播活动不但增大了营销的难度、提高了成本,更减弱了传播活动的效果。

口碑营销传播借助公众间的人际传播方式进行,在这一过程中,每个人都是信息的发出者也是信息的接收者,影响别人也受他人的影响。传播者了解信息接收者的爱好和需求,可随时调整信息内容,满足对方需求,增强说服力,提高传播效果。消费者通过积极的交流回应也及时地知道自己关心的消费品种类、品质、价格、市场供给状况及其变动趋势。对营销者来说,这是广告等大众传播手段无法企及的。

(2)可信度高。广告和销售人员宣传服务时一般都站在企业的角度,为服务提供者的利益服务,消费者有理由怀疑其真实性和准确性,不愿意接受那些明显带有商业目的,为企业的利益服务的宣传口号;口碑传播者是和自己一样的消费者,与服务的提供者没有密切的关系,独立于企业之外,也不会因推荐服务而获得物质利益。

此外,人际传播中的双方多同处家庭、朋友等群体,其文化、观念、意见和价值判断相当接近,双方相互间容易理解和认同消费观念,容易相信和接受传播的信息。相对于企业的计划性信息,口碑传播信息更客观独立,更值得信任。

(3)传播成本低。"口碑传播"素有"零号媒介"之称号,是最廉价的传播媒介,也是最可信的宣传工具。与广播电视、报刊日益上涨的宣传费用相比,口碑传播的成本是最低的。它利用人类传播信息的天性,不用另外付费,成本几乎为零。良好的口碑是企业的巨大财富,它的形成需要企业方方面面的配合,前期需要投入较大人力、物力、财力。口碑一旦形成,消费者就会自行宣传企业的服务,并且很容易成为稳定的忠实顾客,这会大大节省广告费用。好的口碑自然能得到良好的宣传效应,更重要的是人们对它的信任远远超过其他传播媒介。

(4)有利于树立良好的企业形象。口碑传播不同于广告宣传,前者是企业良好形象的象征;后者仅是商家的商业行为。口碑传播是消费者满意度较高的表现,而夸张的广告宣传可能会引起消费者的反感。拥有良好口碑的企业往往受社会公众的拥护和支持,企业赢得好的口碑后就能拥有高知名度和美誉度,拥有良好的企业形象。良好的企业形象一经形成就会成为企业的无形资产,有利于服务的销售与推广,有利于推出新服务。

(5)提高顾客忠诚度。拥有良好的口碑是赢得回头客的保证,也是反映服务和品牌忠诚度的重要指标。消费者信任和喜爱口碑良好的企业,会在情感上认同、接受其服务和品牌,经由满意的体验而上升为依赖和忠诚于企业。

3. 口碑传播的内容层次

(1)口碑传播活动。口碑传播活动涉及传播者的传播激情和传播细节。前者关系到口碑传播发生的频率和口碑传播的广度(传播者会向多少人传递口碑信息);后者关系到口碑传播的深度(有多少口碑信息会被涉及)。接收者的规模、传播的频率及口碑信息的数量构成了口碑传播网。从营销角度来看,这些因素都是非常重要和必要的。

(2)口碑传播褒扬效应。顾客接受了高质量的服务之后会感到满足和愉悦,继而会产生向他人传递自身感受的冲动,这就是对服务供应商的褒扬。

(3)口碑传播负面效应。当顾客感知的服务质量低于其预期时,他们会感到不满,继而产生抱怨,并把这种感受传递给他人,口碑传播负面效应便产生了。因而口碑传播其实是把"双刃剑",当服务的质量未能随顾客期望的提高而不断提高时,口碑传播给服务供应商带来的只会是负面影响。

4. 口碑传播的影响因素

(1)口碑的主动搜寻。在服务环境下,服务的无形性加大了选择风险,从而激发了口碑的主动搜寻。接收者经常会通过向传播者询问信息而发起有关服务的对话,最终口碑信息被了解并得到。因此,接收者寻找口碑的行为被认为是口碑传播过程中的一个重要组成部分。

(2)关系强度。口碑传播必然发生在一个特定的社会关系中,无论这种关系是短暂、浅薄的,还是瞬间即逝的,抑或是持久、根深蒂固或是永恒。布里斯托尔认为,口碑传播网络是一个由一组参加口碑传播的人组成的社会网络。人与人的关系是一种基本的影响力,而其代表为关系强度结构。因此,关系强度成为口碑传播影响力的另一个重要因素。

(3)感知风险。早期的研究者发现,能够感知风险的人较不能感知风险的人更趋向于主动的信息搜寻。顾客在购买服务时,往往比购买产品时具有更高的感知风险。而同样是服务,感知风险也有高低之分。例如,医疗比餐饮更有可能具备相关联的风险。口碑传播活动越频繁，需要承担的风险越大。为了努力降低这种风险，顾客频繁通过口碑传播得到有关服务的信息。Murray 的研究报告指出，口碑是降低风险的最重要的信息来源，并且对消费者产生更重要的影响。

（4）传播者的专门知识。专门知识是指信息源在多大程度上能够提供正确的信息。专门知识被希望能产生劝服的作用，因为接收者缺乏主动性，他们通过回想和复述自己的想法去检验信息源的真实性。从接收者的视角看，口碑信息的传播者被认为拥有高水平的专门知识，原因在于他（她）的工作、社会训练、社会经历处在一个独特的位置上。一般而言，传播者的独特地位促成其获取专门知识。传播者的专门知识除了与口碑在多大程度上被主动搜寻有关，还有另一个作用，即传播者的专门知识还会影响传播者的口碑对于接收者购买决策的影响。如果一个内行的传播者的口碑被搜寻，那么这个信息预期能够影响购买者的购买决策。

（5）接收者的专门知识。接收者的专门知识水平对口碑传播的结果也有很大影响。它不仅能影响购买决策，还能影响接收者的感知风险和如何主动地搜寻口碑信息。研究表明，信息搜寻者的阅历（代表一种专业知识）多少和对外寻求信息的程度具有一种负面的关系。专业认知水平对信息搜寻行为的影响存在显著差异。研究表明，在产品消费领域，专业知识水平较高的消费者往往表现出较低的产品信息主动搜寻倾向；而在服务消费情境中，这一规律呈现反向特征——具有较高服务专业知识的消费者不仅更倾向于主动获取口碑信息，其购买决策过程也更容易受到这些信息的影响。

电影《无名之辈》网络口碑营销

2018 年 11 月 16 日《无名之辈》首映，首日票房 918.9 万元，排片率仅 13.1%。次日，排片率更是骤降至 10.2%。在前期宣传相对滞后、同期一批具有流量竞争力的"粉丝电影"集中上映、影院排期较少三重叠加不利因素下，《无名之辈》似乎一夜之间在微信、微博、豆瓣等社交平台迅速传播赞誉有加的影评与推介，连续多日占据微博热门话题榜。

高质量的内容表达

演员自身的素质和表演经验对电影口碑具有积极影响。《无名之辈》凭借演员的精湛演技，让影片展现的小人物形象跃然而出，使许多观众在电影中看到了自己的影子，在口碑传播中主流信息都肯定了这部小成本国产良心剧。在宣发方面大量强调"好演员的春天来了"这一网络自发评价，观众的观影取向和口碑创造得到官方肯定，衍生推导出"好电影的春天也要来了"这一商业化背景下电影价值观认同性的实现。

明确网络口碑传播的目标群体

接地气的《无名之辈》，展现了西南小城特有的景观，片中的都匀，很像《老炮儿》中的北京或《小武》中的汾阳，深深烙印着创作者个人的记忆。同时，《无名之辈》运用西南官话对白并夹杂底层群体俚语，贴近现实生活。影片中小人物形象的塑造以及西南小城独有的景观特色，引发群体性的情感抒发。这种观众自发的情感变成口碑时，感染的人群会成为这部电影的"自来水"。《无名之辈》从首日票房低迷，到五日后票房破亿元，得益于精准定位核心观众。

利用 KOL 推介造势

推动《无名之辈》网络口碑的 KOL 分为两个大类，分别是电影明星和网络影评达人。明星 KOL 的推广依靠明星自身影响力，减少宣发支出，更具有成本优势和说服优势。同时活跃在"豆瓣网""时光网"等平台的草根网红纷纷推荐，全网热议，大波"自来水"集体助攻，使得网络口碑效应滚雪球似的，吸引越来越多的人关注。

整合互动体验营销链条

影片正式上映之前，在多个城市多轮路演，深入各大票仓城市，从高校到影院面对不同观众群体开展线下互动。在上映前一周，片方将影片口碑控制密集爆发，选择豆瓣为主要推广阵地之一，在点映前特意为核心影评人及影迷举办大量的小场看片活动。线上互动以微博、微信为主，同时门户网站、视频网站、主流论坛等进行多层次配合。因为不同类型的平台具有不同类型的用户，多维度方能形成一个完整的电影网络口碑营销矩阵。

[资料来源：费宇拓，2019.电影《无名之辈》网络口碑营销实证分析 [J].电影文学（4）：44-46.]

（二）互联网上的促销服务

互联网进入人们的生活便带来了巨大的变革，改变了人们的交流方式、消费方式及工作方式，也成为服务促销的工具之一，而且来势凶猛。互联网作为一种与众不同的信息传播媒介，呈现出极强的互动性，使企业的营销活动精准触达每位顾客的个性化需求。

1. 网络广告的强大交互沟通

通过设计和推出网络广告，借助鼠标的层层点击，可将顾客引导至有关服务组织的网络信息源。在网络上观看广告更多地发挥了顾客的主动性，因此只要网络广告针对顾客的兴趣和需求，就会实现顾客与组织间的"一对一"沟通，组织可以被更深入地了解，可以更及时地传递最新信息，交互作用体现得淋漓尽致。同时由于互联网提供的信息量很大，也不受时间限制，它可以让受众自由查询，遇到基本符合自身需求的内容可以进一步详细地了解，并向公司的有关部门提出要求，让他们提供更多的自身所需要的信息。网络广告是一种即时互动式的广告，即"活"的广告，查询起来非常方便，由一般受众感兴趣的问题一步步地深入具体的信息。

2. 网络广告与其他促销手段的配合

事实上对服务业来说，网络广告是一种正在演进的促销工具，它经常和其他各种各样的营销推广措施互相配合。有的服务组织为网络客户提供一些能够下载或打印的赠券。有的服务组织可通过数字化营销渠道的协同整合，构建高效的精准营销体系。以航空服务业为例，美国大陆航空公司、美国航空公司等主要运营商普遍采用"电子邮件+官网"的数字化营销组合：首先向会员数据库中的目标客户推送个性化机票优惠信息；当客户被优惠价格吸引后，可直接跳转至航空公司官网完成预订；在官网交互过程中，系统会基于客户画像智能推荐附加服务（如行李托运、座位升级等配套产品），实现交叉销售。这种闭环式数字营销不仅提高了转化率，更能通过客户行为数据分析持续优化营销策略。对服务营销从业者而言，这种数字化营销生态带来了三大核心优势：精准触达目标客群、实时追踪营销效果及持续提升客户终身价值。

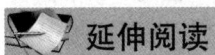

ChatGPT 时代的广告平台——游戏规则变了

ChatGPT 时代，受影响的是互联网广告下的电商广告模块。广告本身就是电商平台重要甚至是核心的收入来源，看两条新闻："2023 年 1 月 19 日，亚马逊正在扩大与人工智能初创公司 Hugging Face 的合作伙伴关系，后者正在开发类 ChatGPT 产品"和"2023 年 2 月 10 日，京东宣布旗下言犀人工智能应用平台将整合过往产业实践和技术积累，推出产业版的类 ChatGPT 产品——ChatJD"。为什么京东和亚马逊也一定要参与这场异常激烈的竞赛？核心原因在于以下两点。

第一，电商也需要更自然的交互方式。今天的电商搜索框是一个非常粗糙的原始设计，用户必须选择一大堆条件才能筛选出需要的商品，这不是自然语言的结果。如想要"一台最大亮度大于 800nit、音响功率超过 50W 的国外知名品牌、同时适合 30 平客厅且适合儿童的电视"。这样的需求无论是京东还是亚马逊都不能给出直观的结果。而未来的类 ChatGPT 产品大概率可以帮上忙，当它能充分理解用户的需求，它的广告效率自然就会更高。微软在 New Bing 的发布会已经展示了一种可能性，直接问 New Bing："宜家 Klippan 沙发能装进我 2019 年的本田奥德赛吗？"无论客户是想买 Klippan 沙发还是买本田奥德赛，这样的场景和电商平台结合都会显得相得益彰、水到渠成。

第二，升级真正的智能客服。可对话的客服是电商的核心要素，自然也是影响电商广告的核心要素。今天，任何一个电商团队，客服都是必不可少的一环，也是成本和支出不可忽视的一部分。只不过目前的客服行业显然还只有人工、没有智能，目前的智能客服基本上还停留在 Siri、小爱同学、小度的水平。而类 ChatGPT 产品通过充分训练和私有化部署则有较大概率解决这个问题，让客服变成真正的"为客户服务"而不是现在的"让客户服了"。电商的智能客服的概念还可能扩展到给电商带来流量的垂直平台，有人曾经在微博广告部门工作，有一次通过数据发现一小部分电商广告主投放量不算大，但出价奇高，以至于能从数据中发现投放异常。后来去访谈，发现他们的做法：任何一条广告投放之后，一旦有人评论，30 秒内立马会安排真人客服跟进"一对一"贴身回复。最终证明这种保姆级客服的效果极好，ROI 和电商成交率极高，以至于他们愿意出高价竞价。在某种意义上，电商广告的"真智能客服系统"如果实现了私有化部署，大概率可以在系统层全面提高现有电商广告的 ROI。更自然的电商交互和更智能的客服体验是类 ChatGPT 产品给电商行业可能带来的两个重要冲击。而它的继续进化则有概率在更多层面重塑电商的逻辑与体验。

第四节　整合营销沟通

一、整合营销沟通的概念

整合营销沟通理论是由美国学者舒尔茨等人于1992年提出的,并在20世纪90年代得到营销理论研究者、企业管理者广泛认同的一种营销思想。该理论自20世纪90年代传入中国以来,在我国企业界得到广泛应用,舒尔茨先生也亲自到中国巡回演讲以传播其整合营销的传播理论。

美国广告代理商协会对整合营销沟通的定义:整合营销沟通是一种营销传播计划概念。它评估各种传播工具,如一般的广告、直接反应、促销和公关的战略作用来确认综合性计划的附加价值,并且组合这些工具,通过对离散信息的有机整合,提供清楚的、连续一致的和最大效果的传播。

我国学界比较认同的定义:整合营销沟通是以消费者为核心重组企业行为和市场行为,综合协调地使用各种形式的传播方法,以统一的目标和统一的传播形象,传递一致的产品信息,实现与消费者的双向沟通,迅速树立产品品牌在消费者心目中的地位,建立长期关系,更有效地达到广告传播和产品销售目标。

由此可以看出,整合营销沟通应该具备以下基本特征:通过沟通影响目标受众的行为;一切从顾客出发开展沟通;运用一切可能的接触方式进行沟通;各方面步调一致,获得协同效果;旨在建立与顾客的联系。

二、整合营销沟通的核心主张

整合营销沟通强调在与消费者沟通时,为了达到理想(明确、一致、高效)的沟通与传播效果,要将营销沟通要素,如广告、公关宣传、销售促进、人员销售、直接营销、POP沟通等相互配合整合成一体,与品牌的市场定位相一致,与产品、价格和分销渠道相协调。因此整合营销沟通也适合于服务产品、服务品牌的推广。

整合营销沟通的"整合"体现在:沟通信息的整合,即决定传播与沟通哪些一致的信息;沟通媒介的整合,即决定采用哪些媒介组合实现沟通;沟通结构的整合,即决定由哪些机构来负责开展沟通。整合营销沟通的目标:传达一致的形象;追求一种声音;达到最好的宣传效果。

三、整合营销沟通的内涵

整合营销沟通的理论依据是"4C"理论,即消费者的需求与欲望(Consumer Needs and Wants)、成本(Cost)、便利性(Convenience)和沟通(Communication)。其中第四个"C"强调企业用沟通代替促销,强调与消费者进行平等的双向沟通。

(一)整合营销沟通强调的内容

整合营销沟通:一是强调以消费者为核心,由原来的"请消费者注意"转变为"请注意消费者";二是强调以一种声音说话,整合企业的一切营销和传播活动,围绕主题概念进行最佳组合，让人们从不同信息渠道获得一致信息，使它们互相配合，发挥最大的传播效果；三是强调营销沟通的连续性，为保持"一种声音"，就要保持各个阶段的逻辑一贯性；四是强调营销沟通的战略导向性，企业即品牌的传播应该成为一种公司战略，应该实行整合传播，包括各种媒介的整合传播、公司各个部门的协同传播。

（二）整合营销沟通的优势

整合营销沟通的优势有三方面：① 有利于企业合理配置资源，优化促销组合，提高企业经济效益；② 有利于树立企业品牌形象，提高企业的品牌价值，关键是通过系统的接触管理，塑造品牌形象，建立品牌资产；③ 有利于企业利用促销组合工具开展国际化营销。

（三）整合营销沟通的中国化应用

以广告为主，其他沟通元素的组合运用，包括产品要素（产品的包装、品牌、价格）、渠道要素及沟通要素，包括广告、SP、PR、POP 及 DM 等；品牌的整合化传播，即采用广告、直效行销、PR 和网络等不同的传播方式向目标受众传达统一的信息，追求形象上传达的一致性，即所谓 One Sound One Sight；关系型整合营销沟通，其目的是促使目标市场或潜在市场与品牌建立长久的联系；全方位的整合营销沟通，如北京奥运会的整合营销沟通，中国移动和奥美合作开展整合营销沟通；等等。

关键术语

服务促销（Service Promotion）
服务公共关系（Service Public Relations）
口碑传播（Oral Spreading）
整合营销沟通（Integrated Marketing Communication）

本章小结

本章详细地介绍了服务促销的内涵、服务促销应遵循的原则、服务促销的目标和服务促销的作用，并讲述了影响服务促销的相关因素及应该如何进行有效的促销管理。在此基础上给出了四种常见的服务促销组合策略，即广告促销、人员推销、服务销售促进和公共关系促销。最后探讨了服务沟通的重要作用，良好的沟通是营销成功的前提。

复习思考题

（1）服务促销有哪几种方式？
（2）什么是公共关系管理？
（3）人员推销的优劣势是什么？
（4）结合创新驱动背景，论述我国现代企业服务促销发展的交叉融合新趋势。

（5）结合你自己的生活经验，谈一谈沟通的重要性。

综合案例

故宫文创产品的新媒体营销

由于文化创意产业的高附加值、可持续发展和大量的就业机会，文化创意产业被公认为 21 世纪世界经济中最具活力的产业之一。故宫文创产品作为中国最具代表性的文创品牌之一，紧随时代潮流，着重利用新媒体营销手段，在众多文创品牌中脱颖而出。

2016 年，故宫和腾讯联合制作的《穿越故宫来看你》H5 页面顺利地打开了故宫文创产品 H5 营销市场，画面上明成祖朱棣戴着墨镜说 Rap，使历史书上的皇帝跃然于手机屏幕之上。同年，故宫与小签科技联手将文创产品与最新的 AR 技术相结合，随后推出了"宫廷佳致" AR 月历，赋予故宫文创产品鲜活的生命力，让历史人物"活在了现代"。故宫博物院于 2017 年推出了"故宫 VR 体验馆"项目。该项目是借助先进的新媒体营销技术虚拟现实，使消费者身临其境，360 度全方位地感受故宫的恢宏大气。该项目除了基本的 VR 设备，还配备了 3D 动感座椅、灯光氛围控制系统，不仅能防止因设备脱落导致的体验中断问题，还能结合消费者的多种感官，让其好像打破空间的壁垒，穿越古代，感受历史的足迹。此外，考虑到每年故宫都有大量的外国游客，故宫推出了相应的英文版和日文版。2018 年故宫再出爆款，联合瑞幸咖啡推出了一款名叫"乾隆 26 年，我在故宫射小鹿"的创意 H5，场景中故宫的十幅馆藏名画被阿哥射鹿的故事串联起来，生动形象地描绘出了瑞幸咖啡故宫箭亭店的由来，俏皮中不失稳重，稳重中略带萌点，可以说故宫把 H5 营销运用得炉火纯青。

随着新媒体营销的兴起，故宫紧追时代的脚步，开通了名为"故宫淘宝"的新浪微博账号，主要负责宣传故宫文创产品及与用户交流互动等。早期的故宫淘宝、新浪微博发的都是"历史文化知识"及"产品推广"之类的科普文和推广文，内容大同小异，无法吸引消费者的兴趣。之后"故宫淘宝"进行了创新，微博画风大变，开始尝试运用借势营销和互动营销等新型营销手段来进行文化传播与产品推广，使用结合网络热词和热点话题的微博风格，如"从前有个皇帝不好好读书""还有比他更痴情的皇帝吗"这类风格，引起年轻用户的关注。此后微博粉丝量急速上涨，截至 2019 年 5 月，故宫淘宝的微博粉丝阅读量已达到 106 万人次。通过与粉丝及其他博主进行互动，消费者从最初的接收信息者变为了主动传播者，这扩大了"故宫淘宝"的传播范围，使故宫文创产品成了"网红产品"。

在节日习俗方面，故宫于 2019 年元宵节首开"紫禁城上元之夜"灯会活动，在微博一经宣布，立即刷屏网络，订票系统一度瘫痪，可见盛况。故宫淘宝还结合端午节习俗推出了端午"五毒小饼"，造型可爱，口感香甜，深受消费者的喜爱。

微信方面，"微故宫""故宫淘宝""故宫文化官方旗舰店"等微信公众号也是故宫文创进行新媒体营销的重要渠道。故宫采用以卖萌逗趣形式为主的反差营销及软文营销进行产品宣传。以往的故宫总会给人一种严肃、刻板的印象，但从 2013 年开始，故宫转换形象，用各种萌图包装自己，以卖萌搞怪的方式重新登场。它将主要目标客户群体定位在

"80后、90后"这一群体,因为他们对新鲜事物、网络语言及网红产品十分推崇,并有一定的购买力。为了迎合年轻一代的消费理念,故宫在营销方式上开始转变思路,走亲民化路线。微信公众号还推出了一系列魔性的表情包和壁纸,如皇帝"起来嗨"系列表情包,调皮的文风搭配搞怪的配图,获得了用户的一致好评。

故宫文创产品的淘宝网站目前粉丝量高达467万人,2017年文创产品营业收入破15亿元。故宫网站营销的崛起,首先要归功于它的精准定位。在受众群体定位方面,故宫刚开始将文创产品的受众群体定位于35~50岁的男性群体,所以偏向于古董文玩一类传统的文创产品。直到几款年轻化的文创产品爆红网络,才使故宫调整策略,把其受众群体重新定位于35岁以下的年轻群体,以女性为主。产品定位方面,早期故宫根据受众群体定位推出的都是一些带有历史感的绘画、瓷器等文创产品,虽精致,却难以打动消费者。现在故宫创新研发的文创产品,主要强调生活化及实用性,尽可能地扩大产品覆盖面,包含生活用品、创意文具、服装首饰、创意家居、创意出版物、文物藏品等。

故宫整合了各类新媒体营销渠道,除微博、微信,还与阿里巴巴合作布局了电子商务平台。随后,故宫与腾讯公司开始了长期的合作,为了吸引创新型人才,与腾讯公司联合推出了表情包设计、文创商品设计等创新赛事。2018年9月,瑞幸咖啡宣布故宫箭亭店正式开业,成为首家入驻故宫的咖啡连锁品牌。它所代表的新青年文化吸引了许多年轻人关注中华优秀传统文化,感受历史的魅力。2016年,动画电影《大鱼海棠》热映时,与故宫联合推出了定制产品"大鱼海棠主题布鞋",不仅借助热门电影推广了自身的文创产品,还以紧跟时代潮流、创意精致的风格传播故宫文创的品牌形象。随着互联网的快速发展,大量内容呈井喷状涌入现代生活,一些孤立的碎片内容是难以在大数据时代立足的,只有强强联手,才能实现最有效的产品营销。故宫洞悉了这一现象,通过整合营销,与其他平台强强联手,既提高了知名度,又扩大了文创产品的营销范围。

[资料来源:侯心雨,2019. 故宫文创产品的新媒体营销策略研究[J]. 市场周刊(10):75-77.]

思考题

(1)谈谈故宫文创产品所运用的营销理论。
(2)结合案例谈谈整合营销沟通对于故宫文创产品的意义和作用。
(3)对于故宫文创产品的营销提出进一步的建议。

文献拓展

第十章　有形展示与服务环境

学习目标

（1）了解有形展示的作用与类型。
（2）掌握有形展示的管理与执行。
（3）熟悉服务场景与服务环境。
（4）认识有形展示的最新方法。

医疗保健的服务场景与幸福感

　　服务场景设计领域越来越多的有力证据表明，医疗保健环境的设计对患者、家庭和员工幸福感有深远的影响，尤其是调查表明了压力减轻、患者满意度提升，以及安全性增强都受到优化医疗设施的设计影响。

　　（1）优化声环境对医疗场所的积极影响。研究标明，科学调控医疗环境的声学氛围能显著改善患者体验并提升医护工作效率。通过降低环境噪声、引入舒缓的自然音效（如流水声）或精心选择的背景音乐，可有效缓解患者的焦虑情绪，减少睡眠障碍，甚至有助于稳定血压等生理指标。对医护人员而言，嘈杂的环境会干扰专业判断、阻碍有效沟通，甚至可能增加出现医疗差错风险。因此，系统性的声学管理不仅能创造更舒适的治疗环境，更是医疗安全与服务质量的重要保障。

　　（2）自然元素与视觉干预对医疗环境的积极影响。研究表明，科学的视觉干预策略能有效改善患者的身心状态。通过引入自然景观元素——如花园、室内绿植、自然采光设计等，提升整体心理舒适度。临床数据显示，这类自然疗法不仅能降低患者对止痛药物的依赖，还能促进康复进程。同时，优化后的自然光照环境也被证实有助于提升医护人员的工作专注度与效率，创造更优质的医疗服务体验。

　　（3）独立病房设计。很多研究发现，独立病房相较于多人病房对患者更加有益。其带来的好处包括减轻压力、更好的睡眠、降低感染率、提高患者满意度和缩短住院时间。独立病房同样可以给家庭和患者的其他陪护者带来好处。给患者一些房间设计的控制权同样具有积极的意义，例如，可以让他们控制房间的光线和温度。

　　（4）医疗设施设计与患者安全的关联性研究。医疗机构的物理环境设计是保障患者安全的关键因素。通过科学的空间规划，可有效预防住院期间最常见的安全风险，包括跌倒和院内感染等核心问题。典型案例显示，某医疗机构通过将病房浴室统一设置在床头侧，显著降低了患者因长距离移动导致的跌倒风险。同样具有示范意义的是模块化病房设计——通过灵活配置医疗设备，实现"设备随需而至"，避免患者频繁转运。临床数据证实，减少患者跨病房转运可使医疗差错率降低43%，跌倒发生率减少28%，同时有效控制交叉感染风险。这种"以患者动线为核心"的设计哲学，不仅体现了现代医疗建筑的人性化考量，更是患者安全管理系统的重要组成。

（资料来源：Zeithaml V，Bitner M，Gremler D，2017. Services Marketing[M].7th ed. New York：McGraw-Hill Education.）

第一节 有形展示的作用与分类

一、有形展示的内涵

有形展示是服务企业进行服务传递并与顾客进行交互所处的环境以及有利于服务提供或传播的任何有形商品。它包括服务提供、传递、消费所处的实际有形设施，又称"服务场景"，如服务环境设施、服务人员、市场信息资料、顾客等。可以说，在服务营销的范畴里，一切可传达服务特色及优点的有形组成部分都可称为"有形展示"。有人将有形展示与服务产品的"包装"相比较，因为有形展示不仅承担服务产品对外信息传递的重要职能，更重要的是它直接影响到顾客对服务产品质量的期望和判断。

由于服务的无形性和不可感知性，可以说，顾客对服务的最初印象都是由有形展示的各个要素组成的，当顾客对企业提供的服务缺乏了解时，他们往往会根据相关的有形要素对服务产品作出判断，并在消费过程中据此对该服务进行评价。因此，有效地设计有形展示对吸引顾客和增强顾客信心、信任感至关重要。有形展示的一般要素见表10-1。

表10-1 有形展示的一般要素

外部服务场景	有形展示	内部服务场景	有形展示
外部设计	名片	内部设计、布局	服务手册
标志	装饰品	内部设施	价目单
停车场地	宣传单	标志	网页
周围景色	报告	空气质量、温度	虚拟场景
周围环境	员工服装	音乐、气味、照明	

（资料来源：泽丝曼尔，2018.服务营销[M].7版.张金成，白长虹，等译.北京：机械工业出版社.）

这些要素包括服务机构的所有有形设施及其他形式的有形传播。影响顾客的服务场景要素既包括外部特征（如标志、停车场地和周围景色），又包括内部特征（如设计、布局、设备和内部装潢等）。需要注意的是，网站和互联网上服务场景是有形展示的最新形式，企业可利用这些形式传播服务体验，使顾客在购买前后都可明显感知。

有形展示对汽车修理、餐饮、宾馆、交通、医疗、零售等行业的服务信息传递尤为重要，对于文化娱乐、旅游、房地产和主题公园等体验特征占主导的现代服务业也是如此。可以说，服务的有形展示将会影响顾客体验的传递，影响顾客体验价值创造及顾客的满意度。

 延伸阅读

盒马鲜生：食物电商与超市的服务设计

盒马鲜生是国内首家新零售商超，致力于为消费者打造社区化的一站式新零售体验中心，用科技和人情味带给人们"鲜美生活"。盒马鲜生为其目标群体定制了其他线上超市没有的使用情景与相应的功能。

（1）多元的线上购物配送选择。这是非常普通常见的线上超市选购，物流配送至指定地点的过程。重点在于盒马鲜生的新零售方式，餐饮与超市一体的经营方法，线上售卖的商品不仅有常见的蔬菜瓜果，还可以选择加工海鲜或烹煮食物，并配送至指定地点。在饿了么 App 上也可以搜到盒马鲜生。这种配送模式及其商品结构，很大程度源于盒马鲜生的核心用户为 20～35 岁的年轻群体。他们既有超市采购和居家烹饪的日常需求，又因快节奏的生活需要外卖等便捷餐饮服务。线上餐饮与超市的结合覆盖了多数用户的需求。

（2）线上选择，线下堂食。在进入盒马鲜生 App 首页后下拉页面，会出现堂食点餐的功能。如午休时间，人们可以选择在附近盒马鲜生 App 点餐，然后到盒马鲜生线下体验店就餐，节省时间。

（3）盒马鲜生的线下体验店。由于目标顾客们十分看中服务、体验与品质，盒马鲜生线下店铺设置了宽阔整洁的通道，增强用户购物舒适度，海鲜展示区、烹饪区衔接了盒马超市与盒马餐饮，提高用户对即时购买与加工的效率体验，增设就餐区，随处可见的饮料柜、洗手台，提供的饮食工具、结账自助机器等；盒马鲜生通过这些措施打造盒马的品质与品牌。线下门店不仅承担着用户体验的功能，更是品牌信任的重要载体——它向消费者直观地传递线上商品的品质保障。当盒马未来重点推广更高效的 mini 店模式时，这些线下体验店积累的品牌势能将持续赋能，既巩固消费者对 mini 店的品质认知，又能持续沉淀宝贵的用户数据。

盒马鲜生通过线上线下结合的形式，分析自己的目标用户，线下体验店传递信息，树立品牌形象，线上的界面关怀用户感受，加强用户体验。通过这两种方式向用户传递信息，传递了信任，拉近盒马与用户之间的距离。

（资料来源：康石石.《生活中服务设计有什么案例？》[EB/OL]. [2023-04-05] https://www.zhihu.com/question/376806206.）

二、有形展示的作用

服务营销学者不仅将环境视为支持及反映服务产品质量的有力实证，而且将有形展示的内容由环境扩展至包含所有用以帮助生产服务和包装服务的一切实体产品和设施。对这

些有形展示，若善于管理和利用，则可帮助顾客感觉服务产品的特点以及提高享用服务时所获得的利益，有助于建立服务产品和服务企业的形象，支持有关营销策略的推行；反之，若不善于管理和利用，则它们可能会传达错误的信息给顾客，影响顾客对产品的期望和判断，进而破坏服务产品及企业的形象。

做好有形展示管理工作，发挥有形展示在营销策略中的辅助作用，是服务企业管理人员的一项重要工作。管理人员应深入了解本企业应如何巧妙地利用各种有形展示，生动、形象地传送各种营销信息，使消费者和员工都能了解并接受。有形展示在服务营销中可发挥以下具体作用。有形展示作用与市场营销策略之间的关系，如图 10-1 所示。

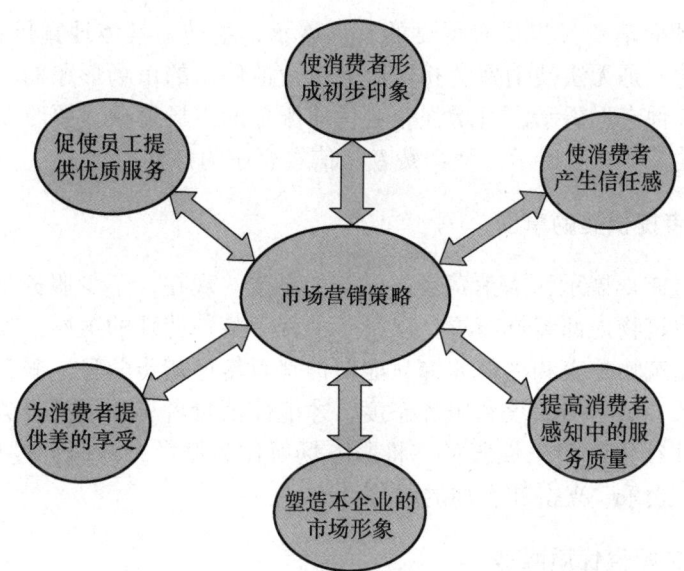

图 10-1　有形展示作用与市场营销策略之间的关系

（一）使消费者形成初步印象

经验丰富的消费者受有形展示的影响较少，然而，缺乏经验的消费者或从未接受过本企业服务的消费者往往会根据各种有形展示，对本企业产生初步印象，并根据各种有形展示，判断本企业的服务质量。服务企业应充分利用各种有形展示，使消费者形成良好的初步印象。

（二）使消费者产生信任感

消费者很难在作出购买决策之前全面了解服务质量。要促使消费者购买，服务企业必须使消费者产生信任感。为消费者提供各种有形展示，使消费者更多了解本企业的服务情况，以此增强消费者的信任感。不少服务企业将一部分后台操作工作改变为前台工作。例如，旅游宾馆的厨师经常在餐厅做烹饪表演，根据顾客的特殊要求，为顾客烹调食品。向消费者展示服务工作情况，提高服务工作的透明度，使无形的服务有形化，可提高消费者对本企业的信任感。

(三)提高消费者感知中的服务质量

在服务过程中,顾客会根据服务人员的行为,以及各种有形展示评估服务质量。与服务过程有关的每种有形展示,例如服务设施、服务设备、服务人员的仪态仪表,都会影响顾客感觉中的服务质量。因此,服务企业应根据目标细分市场的需要和整体营销策略的安全,无微不至地做好每项基本服务工作和有形展示管理工作,为消费者创造良好的消费环境,以便提高消费者感觉中的服务质量。

(四)塑造本企业的市场形象

服务企业必须向消费者提供看得见的有形展示,生动、具体地宣传自己的市场形象。单纯依靠文字宣传,是无法使消费者相信服务企业欲展示的市场形象的。在市场沟通活动中,巧妙地使用各种有形展示,可增强企业优质服务的市场形象。要改变服务企业的市场形象,更需要提供各种有形展示,使消费者相信本企业的各种变化。

(五)为消费者提供美的享受

服务也可通过有形展示,为消费者提供美的享受。现在,不少服务企业非常重视建筑物的艺术风格和建筑物内部装饰布置,以给予消费者某种特殊的美感,吸引消费者来本企业消费。但是,建筑物外表和内部装饰只能向消费者传递初步信息。服务企业只有重视服务环境、服务体系、员工的仪表和服务态度,才能使消费者享受优质服务。采用这类营销策略的服务企业往往强调娱乐性服务,将服务场所作为舞台,将服务过程作为演出过程,给顾客提供新奇、欢乐、兴奋和有趣的服务经历。

(六)促使员工提供优质服务

做好有形展示管理工作,不仅可以为顾客创造良好的消费环境,而且可以为员工创造良好的工作环境,使员工感到管理人员关心他们的工作条件,进而激励他们为顾客提供优质服务。做好有形展示管理工作,可使消费者了解服务的现实情况,也可使员工了解应如何提供优质服务,满足消费者的需要和期望。这就要求管理人员通过教育和培训,使员工掌握服务知识和技能,指导员工的服务行为,关心员工的工作条件和生活。

三、有形展示的分类

(一)按能否被顾客拥有分类

根据有形展示能否被顾客拥有可将之分成边缘展示和核心展示两类。

1. 边缘展示

边缘展示是指顾客在购买过程中能够实际拥有的展示。这类展示很少或根本没有什么价值,如电影院的入场券,它只是一种使观众接受服务的凭证;在宾馆的客房里通常有很多包括旅游指南、住宿须知、服务指南以及笔、纸之类的边缘展示,这些代表服务的物品的设计,都以顾客的需要为出发点,它们无疑是对企业核心服务强有力的补充。

2. 核心展示

核心展示与边缘展示不同，在购买和享用服务的过程中不能为顾客所拥有，但核心展示却比边缘展示更重要。因为在大多数情况下，只有这些核心展示符合顾客需求，顾客才会作出购买决定。例如，宾馆的级别、银行的形象、出租汽车的牌子等，都是顾客在购买这些服务时首先要考虑的核心展示。因此，我们可以说，边缘展示与核心展示以及其他现成服务形象的要素（如提供服务的人），都会影响顾客对服务的看法。顾客在评估一项服务的质量时（尤其是首次接触阶段），往往依赖于可感知的"服务线索"，即那些具象化的、可观察到的服务要素所传递出的整体印象。

（二）按构成要素的不同分类

服务企业的有形展示按构成要素的不同可分为实体环境、信息沟通和价格等3种要素类型。

1. 实体环境

服务企业的实体环境是由背景因素、设计因素和社交因素决定的。

（1）背景因素。背景因素是指消费者不会立即意识到的环境因素，如气温、通风、气味、声音、整洁等。如果服务环境中缺乏消费者需要的某种背景因素，或某种背景因素使消费者觉得不舒服，他们会意识到服务环境中的问题。消费者通常假定服务场所的背景环境完美无缺。因此，一般来说，良好的背景环境并不能促使消费者购买；但较差的背景环境却会使消费者退却。

（2）设计因素。设计因素是指刺激消费者视觉的环境因素。与背景因素相比，设计因素对消费者感觉的影响比较明显。设计精美的服务环境更能促使消费者购买。设计因素又可分为艺术设计（如建筑物式样、风格、颜色、规模、材料、格局等）因素和功能设计（如布局、舒适程度等）因素两类。服务设施内外的设计状况都可能会对消费者的感觉产生重大影响。

（3）社交因素。社交因素是指服务环境中的顾客和服务人员。服务环境中的顾客和服务人员的人数、外表和行为都会影响消费者的购买决策。服务人员代表服务企业。服务人员的仪态仪表是服务企业极为重要的实体环境。服务人员衣着整洁、训练有素、令人愉快，消费者才会相信他们能够提供优质服务。

2. 信息沟通

信息沟通是另一种服务展示形式，这些信息来自企业本身及其他引人注意的地方。从赞扬性的评论到广告，从顾客口头传播到企业标记，这些不同形式的信息沟通都传送了有关服务的线索，使服务和信息更具有有形性。有效的信息沟通有助于强化企业的市场营销战略。信息沟通与服务展示图如图10-2所示。

（1）服务有形化。让服务更加实实在在而不那么抽象的方法之一，就是在信息交流过程中强调和服务相联系的有形物，这样就可把与服务相联系的有形物推到信息沟通策略的前沿。例如，麦当劳公司针对儿童的"快乐餐"计划正是运用了创造有形物这一技巧。麦当劳把汉堡包和法国炸制品放进一种被特别设计的盒子，里面有游戏、迷宫等图案，也有麦当劳的图案，这样麦当劳就把目标顾客的娱乐和饮食联系到了一起。这个例子证明使用有形因素能使服务更容易被感受，因而更真实。

（2）信息有形化。信息有形化的一种方法就是鼓励对企业有利的口头传播。如果顾客经常选错服务提供者，那么他特别容易接受其他顾客提供的可靠的口头信息，并据此作出购买决定。信息有形化的另一种方法是在广告中创造性地应用容易被感知的展示。

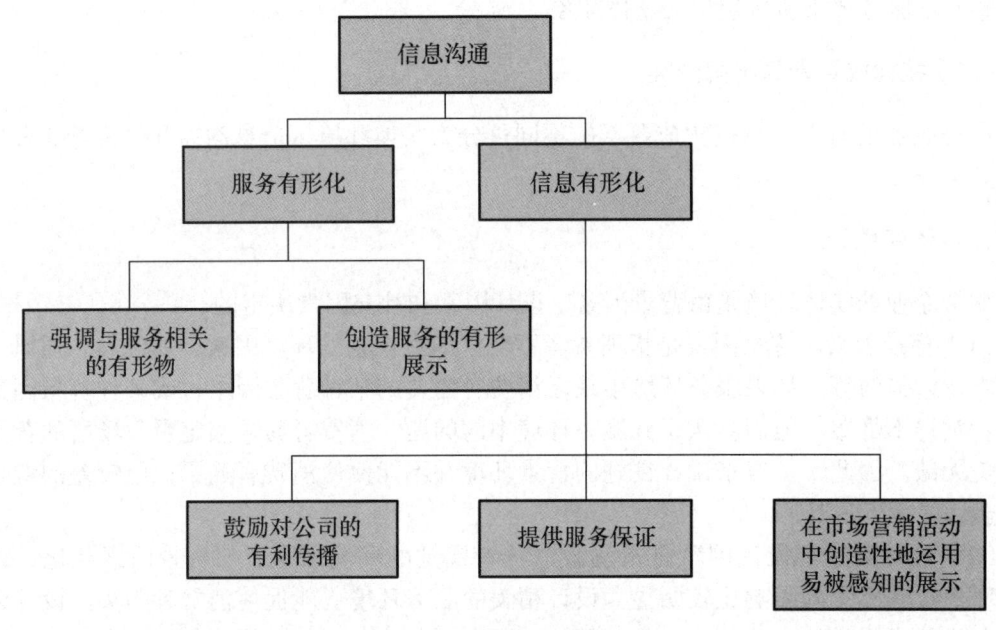

图 10-2　信息沟通与服务展示图

（资料来源：黎开莉，魏锦，2011. 服务市场营销 [M]. 大连：东北财经大学出版社 .）

3. 价格

价格可以为消费者提供产品质量和服务质量的信息，增强或减弱消费者对产品或服务质量的信任感，提高或降低消费者对产品和服务质量的期望。消费者往往会根据服务的价格，判断服务档次和服务质量。因此，对服务企业来说，制定合理的价格尤其重要。价格过低，会使消费者怀疑服务企业的专业知识和技能，降低消费者感觉中的服务价值；价格过高，会使消费者怀疑服务的价值，认为企业有意敲诈顾客。

某商场的有形要素

商场的一切有形要素，包括实物和人物，都是一种证据，在无声地向顾客展示商场的形象和档次,加深顾客对商场的认可和信任。商场的有形要素主要有以下几个。

(1) 商场的地理位置。通常位于市中心的商场给顾客的感觉是商务型商场,而位于风景区的商场会被认为是度假型商场。

(2) 建筑风格。建筑风格应该豪华大气,给人一种品质感。

(3) 商场助销产品。如饼屋的蛋糕陈列、印制精美的商场宣传资料、赠送客户的礼品、公共区域的标识牌等都无时无刻向顾客传递着商场的品质信息。

(4) 服务环境。它是有形产品的派生物,是有形产品综合作用而形成的一种感受,如空间的温度、湿度、周围的声音、气味、环境的整洁度,顾客和服务人员的数量、外表、行为等都决定着顾客是否愿意在此停留。

(5) 价格展示。价格提供了商场档次和质量的信息。高价格能提高顾客对产品和服务的信任感和期望值,低价格会使顾客怀疑服务的水准和降低感觉中的服务价值。

(6) 商场员工。如训练有素的餐厅服务员、仪表端庄的接待人员、稳重而彬彬有礼的管理人员等都给顾客营造了一种可信度。

(7) 服务设备。如商场的装潢、餐厅的桌椅等都为顾客推测商场的档次和质量提供了证据。

(8) 店徽、商标。能够将本商场与竞争对手区别开来,使顾客联想到其服务特色,刺激顾客的购买欲望,提升商场的营销效果。

(资料来源:根据相关资料整理)

第二节 有形展示的设计与管理

一、有形展示的设计

服务企业成功的市场营销活动的关键是管理与无形服务相关的有形因素。顾客要在服务环境、信息沟通和价格中寻找服务的代理展示,根据有形的线索推断服务的质量价值和特点,用来指导自己的购买选择。

采取有形展示有两个出发点:①服务的有形化,就是使服务的内涵尽可能地附在某些实物上。②使服务易于从心理上把握,有两个原则,一是把服务同易于让顾客接受的有形物体联系起来;二是把重点放在发展和维护企业同顾客的关系上。

(一) 有形展示设计的原则

(1) 为有形展示设计的有形载体必须是顾客感官的主要触及点,是顾客在接受服务时致力寻找的东西,力戒盲目注重服务设施高档化。例如,患者住院感受的主要着眼点包括干净的床单和被褥、明亮洁净的玻璃和桌椅、热情关切的服务态度,而地板的质地、窗帘的图案则不是患者关注的内容。

(2) 有形展示中提出的服务承诺在正式服务时一定要兑现。否则,消费者在高期望下的低满意,会导致更多人退出企业的服务。

(3) 有形展示管理的重点在于发展企业与顾客的长期关系。有形展示就是要建立一条联系顾客与企业的有形线索,以此来建立持久的联系。比如,顾客对服务人员的欣赏,对服务氛围恬静舒适的认同,对服务设备精密准确的肯定,等等。这条有形线索的存在将是培养品牌忠诚度、发展长期客户关系的基础。

(二)有形展示设计的内容

一般而言,服务企业的有形展示设计应从以下几个重点方向突破,而兼顾其他有形展示的范畴。

1. 实体环境展示

在现代服务体系中,可供有形展示的实体环境因素很广泛。实体环境包括建筑装潢、场所设计、背景条件等。建筑装潢,总的来说趋向现代豪华,但从展示企业产品服务特征来看,更应突出个性,强调特色。国外许多企业非常注重这一点。如美国匹兹堡的美国钢铁公司总部大楼是用钢铁制成的,而铝制品公司总部大楼以铝材装饰,它们力图使自己的总部大楼能体现本公司的特点。

场所设计,可以展示所售产品、服务产品的质量和企业管理的水平。天津亨得利钟表眼镜商店,在表经营中特别重视产品的质量,钟表尤其突出一个"准"字。商品陈列、橱窗陈列也尽力反映一个"准"字。当你走进这家商店时,柜台里放的、橱窗里摆的,所有钟表走时的指针都指向相同的位置,分秒不差,尤其是一些报时钟表,整点时会同时发出不同的报时音响。

背景条件也称为周围环境,是服务产品内涵的必要组成部分。背景条件合乎标准不会使顾客感到格外兴奋和惊喜,但如果不具备这些条件,就达不到顾客应有的期望,就会削弱顾客对服务的信心,甚至会令人心情沮丧,决意取消原定的服务。从建筑装潢到氛围场景,有创意的环境设计与管理能使顾客满意地选择服务、享受服务、评价服务。

一般将实体环境分为三个层次来设计有形展示,包括环境因素、设计因素和社交因素。

1)环境因素

环境因素一般包括温度、湿度、通风、气味、声音、色调、清洁度、有序性等。此类因素为保健因素。基本要求是明确基本水平,尽量做出特色。它们不会立即引起顾客的注意,也不会使顾客感到格外兴奋和惊喜,但如果服务企业忽视这些要素,而使环境达不到顾客的期望和要求,则会引起顾客的失望,甚至反感。换言之,良好的环境并不能保证消费者购买,但差的环境会使消费者望而却步。例如,顾客对具有干净舒适的旅馆并不会感到惊讶和满足,但如果旅店环境嘈杂脏乱,则会使顾客避而远之。总之,环境要素属于服务提供的"保健要素",对于服务满意不可缺失。

2)设计因素

设计因素主要包括3个方面。①建筑设计:服务场所的式样、风格、装潢、格局等硬件进行设计展示,核心是突出服务特色、个性化。②氛围设计。③陈列设计:服务设施、装饰物、行走路线、商品等。这类要素被用于改善服务产品的包装,使产品的功能更加明显和突出,以建立有形的、赏心悦目的服务产品形象,如服务场所的空间设计、内部结构布置、服务企业的标志设计等。设计要素又可分为两类:美学要素和功能要素。美学要素主要包括建筑风格、材料、结构、形状、色彩等，有助于建立有形的、赏心悦目的形象；功能要素主要包括陈设、舒适、标志等，加强和完善这些要素可以使产品的功能更为鲜明和突出。总之，好的设计因素能够刺激顾客积极的感觉，调动顾客的购买欲望。

3）社交因素

这类因素主要指服务环境中参与和影响服务产品提供的服务人员和顾客。服务过程中，服务人员的形象、技能、顾客人数、有序性、服务人员与顾客互动等都会影响顾客购买。他们的数量和行为会影响另一些顾客对服务质量的认识和评价。服务人员的仪态、仪表也是服务企业必须重视的社交要素之一，它往往代表了企业的形象。如一个精神倦怠、衣衫不整的服务人员对于顾客而言就意味着一家管理不善的企业，因此服务人员必须进行职业化包装，必须具有职业的精神风貌，企业一般也都会组织员工参加这方面的培训。

2. 品牌徽记展示

品牌徽记是一个广义的概念，包括狭义的品牌、企业吉祥物、徽标、服务质保凭证等。品牌徽记的展示设计要在美观、鲜明、简单、记忆的基础上，生动地传达更多的有利于服务推广和企业形象树立的信息。如日本"宅便捷"货运公司，在每部货车尾部都印上一幅大猫叼小猫的图案，它形象地表明了"公司会像大猫爱护自己的猫仔一样妥善地保管顾客托运的货物"这一服务承诺。

著名市场营销专家菲力普·科特勒认为："品牌是一种名称、术语、标记、符号、图案或是它们的相互组合，用以识别某个销售者或某群销售者的产品或服务，并使之与竞争对手的产品和服务相区别。"这个定义说明品牌不同于名称，名称只具有使人将事物辨别开来的功能，不体现事物的个性；而品牌则是附有商品（或服务）的个性以及顾客的认同感，并象征生产者信誉，被用来与其他商品（或服务）相区别的名称、标志、包装等的组合。

品牌具有排他的专用性，它能为拥有者带来经济效益，是一种无形资产。因此品牌展示就和宣传产品（或服务）本身一样重要。但我们应该看到品牌自身是无形的，不具有独立的物质实体，不占有空间，它必须通过直接的或间接的物质载体来表现自己。它的直接载体是图形、品牌标记等，间接载体是与品牌相关的价格、质量等销售信息。以图形品牌标记等直接载体来展示品牌的主要做法如下：

（1）利用视觉优势原理扩大品牌标记的展露度和影响力。

心理学和行为科学研究的成果表明，人的五官对外界事物的理解度是不同的，通常从视觉学到的最多占60%；听觉占20%；触觉占15%；嗅觉占3%；味觉占2%。有形展示本身属于视觉范畴的活动，更应该主动利用视觉在理解事物中的优势。世界著名品牌都充分利用这一原理，如万宝路、可口可乐、肯德基、麦当劳等，无不以其鲜明的品牌标记而享誉全球。

（2）利用品牌标记解释商标含义。

品牌由品名和品牌标记构成，品名和品牌标记结合使用，犹如红花绿叶相映成趣，有时标记能更加鲜明、简洁、生动地解释商标名称。事实上这是一种普遍采用的品牌命名方式，如苹果公司品牌标识的"被咬一口的苹果"；等等。

（3）利用品牌标识说明企业的经营理念。

企业的经营理念作为指导企业发展的核心价值观，需要通过具象化的视觉表达才能真正深入人心。优秀的品牌视觉识别系统能够将抽象的经营哲学转化为可感知的视觉符号，实现从理念认知到形象记忆的升华。一个成功的品牌标识不仅承载着企业的文化内涵，更能通过简洁有力的视觉语言，让消费者在瞬间感知企业的价值主张。这种从理念到视觉的创造性转化，是建立品牌认知的关键环节，也是企业实现差异化竞争的重要途径。当企业的核心价值观通过恰当的视觉元素得到完美呈现时，品牌理念就不再是停留在纸面上的文字，而成为消费者心中鲜活的形象记忆。

3. 服务信息展示

服务信息展示是通过多种媒体传播公司的信息和在引人注意的地方展示服务的方式。如酒店的简介、宣传单、企业刊物以及电子屏幕展示都是服务企业信息展示的主要方式。从赞扬性评论到服务推介广告，从顾客口头传播到企业标志，这些不同形式的信息沟通都传送了有关服务提供的线索，使服务和信息更具有形性。如某医院信息栏的医院简介、主要科室及特色展示、知名专家及特长介绍、优秀人物及先进事迹介绍等，都属于服务信息展示，它具有服务价值提升的功能。一般来说，服务企业的服务信息展示包括以下四个方面。

（1）服务特色有形展示。如麦当劳的"儿童快乐套餐"。
（2）服务理念有形展示。如格力售后服务系统的犀鸟标志——终身服务理念。
（3）服务质量有形展示。如装修公司的样板房。
（4）服务利益展示。如西南航空公司的广告。

4. 价格展示

对服务企业而言，价格的一个重要作用是为顾客提供服务产品质量的信息，增强或降低消费者对服务产品质量的依赖感，提高或降低消费者对服务产品质量的期望。消费者往往会根据服务的价格信息，判断服务的档次和服务的质量。因此，对服务企业来说，制定合理的价格尤为重要。如卖场的特价显示、DM展示、宾馆的价格牌、网购价格等。

服务企业展示适当的价格能够培养顾客对服务的信任，提高顾客的期望；相反，不合理的价格则会降低顾客对服务的信任，进而降低顾客的期望。由于服务产品的无形性，服务价格的制定要求适度，服务定价低廉意味着服务产品质量不高，价格过低实际上就是暗中贬低了企业自己所提供服务的价值，让顾客不禁怀疑企业的专业知识和技能；而价格过高又会误导顾客，会使顾客怀疑预期服务的价值，担心企业"宰客"，给顾客留下不好的印象。总之，企业需要采用适当的价格展示策略，向顾客传递适当的服务价值信息。

5. 人员展示

人员展示是指服务环境中的顾客和服务人员的外观和精神风貌的整体体现。服务环境中的顾客和服务人员的人数、外表和行为都会影响顾客的购买决策。如服务人员统一着装或穿职业制服，服务人员的年龄、性别、身高、声音、微笑和行事风格等，都属于人员展示的范畴。服务企业可以通过独特的人员展示策略实现差异化营销以赢得竞争优势。如有些餐厅会有歌舞表演，很受食客的欢迎。

（三）有形展示的效果形式

有形展示的效果一般有三种形式：①该服务的一种实物表征即能唤起顾客想到该服务的利益；②可以强调服务提供者和顾客之间相互关系的有形展示；③可以联结非实物性服务和有形物体，而让顾客易于辨认的一种展示。例如，储蓄账户、干洗和美发三种服务业的展示效果的测定，是用"利用这些展示的广告所能产生说服消费者相信服务利益"的能力来衡量。每种服务都有其特定的利益，有形展示的效果往往因所考虑的利益不同而不同。至于服务提供者与顾客相互之间的展示效果，根据提供者和顾客之间对于服务利益的个人信任程度而定。这也就是强调：有形展示的类型必须与顾客寻求的利益相关，如果没有考虑这些利益，就不应该使用该类型的有形展示。服务业营销人员面临的最大挑战是，找出这些利益然后用适当的有形展示去表现。服务企业所能利用的展示方式有很多：从环境到装潢、设备、颜色和照明等，都可以说是服务企业形成与塑造环境气氛的一部分。

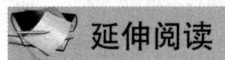
延伸阅读

苹果公司的有形展示

苹果公司（Apple Inc.）自成立以来就一直秉持着创新的信条，"进行自己的发明创造，不要在乎别人怎么说，一个人可以改变世界。"苹果创办初期，乔布斯曾在楼顶悬挂了一面巨大的海盗旗，骄傲地宣称："我就是与众不同。"苹果公司期望给予顾客最好的体验，苹果的每一代产品面市，都源于它对重量、速度和视觉等用户体验的改进，并以近乎偏执的极致标准持续突破创新边界，这使苹果迅速赢得了全世界的粉丝。苹果公司的有形展示设计也体现在品牌LOGO、体验店环境展示等多个方面。

苹果公司的品牌LOGO演变史生动诠释了优秀视觉标识的设计哲学。从最初的彩虹条纹设计与其首款彩色计算机产品相呼应，到如今简约的金属质感轮廓，苹果LOGO始终保持着两大核心特质：一是与产品设计语言的高度统一，完美诠释"时尚与智能"的品牌调性；二是极简的图形设计使其具备惊人的延展性。这种去繁就简的设计智慧，使得苹果LOGO既能适应不同时期的审美趋势进行色彩、材质的调整，又始终保持着超高的品牌辨识度。其成功经验证明，真正经典的品牌标识不在于复杂的设计，而在于能否通过最简洁的视觉语言传递最丰富的品牌内涵，并为未来的视觉升级预留足够的创意空间。这种"简约而不简单"的设计理念，正是苹果LOGO历经数十年仍能保持鲜活品牌生命力的关键所在。

苹果体验店的店面设计完美诠释了品牌"科技与人文交融"的核心价值理念。通过精心设计的空间布局与材质运用，苹果将抽象的品牌哲学转化为具象的感官体验。其标志性的玻璃幕墙、不锈钢材质、纯白色调灯光与发光LOGO的组合，共同营造出强烈的未来科技感。以重庆解放碑店为例，独特的玻璃圆柱体入口设计赋予空间独特的仪式感，使顾客在步入店面的过程中，仿佛不是在进入一家普通的零售商店，而是在穿越一个象征科技文明的纪念碑，或是开启通往数字世界的入口。这种超越传统商业空间的设计语言，成功塑造了苹果品牌独有的未来感。

苹果体验店的核心在于为顾客提供全方位的产品体验服务。店内根据不同产品线进行分类展示，所有设备均以开放式陈列的方式拜访在特制的圆角体验桌上。除 iPhone 因通信限制无法提供通话功能外，顾客可以自由体验每款产品的各项功能特性。同时，店内还配备了丰富的辅助设施，包括为私人培训课程专门设置的休息座椅区等配套服务设施，确保顾客能够获得完整的产品体验。这种精心设计的体验环境，充分体现了苹果"以用户为中心"的服务理念。

（资料来源：根据相关资料整理）

二、有形展示设计的管理

（一）有形展示设计的管理概述

成功市场营销活动的关键是管理与无形服务相关的有形因素，通过服务展示管理向顾客传递适当的线索，帮助顾客更好地理解"我们买什么产品""我们为什么要买它"。因为，顾客总要在服务环境、信息沟通和价格中寻找服务的代理展示物，根据有形线索推断服务的质量和特点，用来指导其购买决策。

鉴于有形展示在服务营销中的重要地位，服务企业应善于利用组成服务的有形元素，突出服务的特色，使无形无质的服务变得相对的有形和具体化，让顾客在购买服务前，就能知道服务的特征及享受服务后所获得的利益。因此，加强对有形展示的管理，努力借助这些有形的元素树立独特的服务企业形象，无疑对服务企业开展市场营销活动具有重要意义。

服务企业之所以要采用有形展示策略，是因为服务产品具有不可感知的特性，而对"不可感知性"则可以从两个方面理解：一是指服务产品不可触及，即看不见摸不着；二是指服务产品无法界定，难以从心理上进行把握。因此，服务企业要想克服营销方面的难题，采用有形展示策略，也就应以这两个方面为出发点，一方面使服务有形化，另一方面使服务易于从心理上进行把握。

1. 服务的有形化

服务有形化就是使服务的内涵尽可能地附着在某些实物上，正如"康师傅"的一句广告词所描写的那样："好吃看得见。"服务有形化的典型例子是银行信用卡。虽然信用卡本身没有什么价值，但它代表着银行为顾客提供的各种服务，所以只要"一卡在手，便可世界通行"。

2. 使服务在心理上较容易把握

除了使服务有形化，服务企业还应考虑如何使服务更容易地为顾客所把握。通常有两个原则需要遵循。

（1）把服务同易于让顾客接受的有形物体联系起来。

由于服务产品的本质是通过有形展示表现出来的，因此有形展示越容易理解，则服务就越容易为顾客所接受。运用此种方式时要注意：①使用的有形物体必须是顾客认为很重要的，并且也是他们在此服务中所寻求的一部分。如果所用的各种实物都是顾客不重视的,则会产生适得其反的效果。②必须确保这些有形实物所暗示的承诺,在服务被使用的时候兑现,也就是说各种产品的质量,必须与承诺中所载明的名实相符。如果以上的各项不能做到,那么所创造出来的有形物体与服务之间的联结,必然是不正确的、无意义的和具有损害性的。

(2)把重点放在发展和维护企业同顾客的关系上。

使用有形展示的最终目的是建立企业同顾客之间的长久关系。服务业的顾客,通常都被鼓励去寻找和认同服务企业中的某个人或某群人,而不只是认同服务本身。如由广告代理公司的客户经理、咨询公司的客户小组等。所有这些都是强调关注于以人表现服务。因此,服务提供者的作用很重要,他们直接与顾客打交道,不仅其衣着打扮、言谈举止影响着顾客对服务质量的认知和评价,他们之间的关系将直接决定顾客同整个企业关系的融洽程度。

另外,其他一些有形展示亦能有助于维护同客户的关系。比如,企业向客户派发与客户有关的具有纪念意义的礼物就是出于此种目的。

(二)有形展示管理的执行

服务展示管理是一项需要全员参与的系统工程。虽然营销部门在此过程中承担主要职责,但企业每个成员都在无形中传递着服务信息。为持续优化服务展示效果,管理层应当定期检视以下关键问题清单。这些问题涵盖了从服务理念到执行细节的各个层面,旨在帮助团队系统性地提升服务质量和服务形象。通过全员参与、持续改进的服务展示管理机制,企业能够确保向客户传递一致且优质的服务体验。

(1)我们有高效的方法来进行服务展示管理吗?我们对顾客可能感觉到的有关服务的每件事都给予了充分的重视吗?

(2)我们是否积极地进行服务展示管理?我们积极地分析了如何使用有形因素来强化我们的服务概念和服务信息吗?

(3)我们对细节进行了很好的管理吗?我们是否关注"小事情"?举例来说,我们的服务环境是一尘不染的吗?如果我们的霓虹灯忽然坏了,我们是立即换呢?还是过后再换?我们作为管理人员有没有举例向员工说明没有任何细节小到不值得管理?

(4)我们将服务展示管理和市场营销计划结合起来了吗?例如,当我们作出环境设计的决定时,是否考虑到这一设计能否支持高层营销策略?作为管理人员,我们是否熟知展示在市场营销计划中的作用,进而对计划作了有益的补充?作为管理人员我们知道在营销计划中什么是首要的吗?

(5)我们通过调查来指导我们的服务展示管理了吗?我们是否预测过我们的广告向顾客传递了什么样的信息?在服务设备设计过程中,我们征求过顾客和员工的意见吗?我们有没有雇佣"职业顾客"按照清洁度、整齐度、营销工具的适用性等标准对我们的服务环境做出评价?我们作为管理人员,在提高公司整体形象过程中,是如何运用环境设备和其他展示形式的呢?

(6)我们将服务展示管理的主人翁姿态扩展到整个组织范围了吗?在服务营销中,我们向员工讲述了服务展示管理的特点和重要性吗?我们是否向组织内的每个人提问,让他们回答每个人在展示管理中的责任?

（7）我们在服务展示管理过程中富有创新精神吗？我们所做的每件事都有别于竞争者和其他服务提供者吗？我们所做的事有独创性吗？

（8）我们对第一印象的管理怎么样？和顾客接触早期的经历是否给我们留下了深刻印象？我们的广告、内部和外部的环境设备、标志物，以及我们的员工的服务态度对新顾客或目标顾客是颇具吸引力呢，还是使他们反感？

（9）我们对员工的仪表进行投资了吗？我们有没有向员工分发服装并制定符合其工作角色的装扮标准？对于负责联系顾客的员工，我们考虑到为其提供服装津贴了吗？我们考虑过提供个人装扮等级津贴吗？

（10）我们对员工进行服务展示管理了吗？我们有没有使用有形因素使服务对员工来说不再神秘？我们是否使用有形因素来指导员工完成其服务角色？我们工作环境中的有形因素是否表达了管理层对员工的关心？

延伸阅读

肯德基的有形展示

肯德基曾在全球推广"冠军计划"，具体内容是保持美观整洁的餐厅、提供真诚友善的接待、确保准确无误的供应、维持优良的设备、坚持高质稳定的产品、注意快速迅捷的服务。肯德基采用品牌连锁经营的模式，品牌就是独特性，就是质量保证，就是社会信誉，就是高附加价值，就是精品。

（一）物质环境展示

肯德基的环境卫生状况：环境卫生是餐厅经营的最基本条件，顾客选择餐厅前首先看的就是餐厅的环境是否干净卫生。从外部看，肯德基要求招牌整齐清洁、宣传文字字迹清楚、盆景修剪整齐；从内部看，要求顾客座席、餐厅摆设和陈列台、备餐间及洗手间等整齐清洁。肯德基的员工每隔一段时间便会收拾洗手间补齐必备品（如纸巾、洗手液等），并喷洒香水。

肯德基的气氛：餐厅的气氛是影响餐厅服务质量的重要因素。因此，无论餐厅外部还是内部的设计与装饰都要烘托出温暖、轻松的气氛，以便突出餐厅的特色并吸引顾客。餐厅的设计、装饰、布局、照明、色调、音响等都会影响餐厅的气氛。比如音响，在肯德基餐厅通常会播放音量适中、旋律优美使人身心放松的音乐，这样才能使顾客赏心悦目，增加食欲。

（二）肯德基的建筑设计

将入口设置为半封闭式，店门大，玻璃明亮，顾客从大街上可以比较清楚地看到店内的情景，既能吸引顾客又利于保持店内的适当隐秘性。肯德基的墙面刷成色彩淡雅、层次丰富、透视感强的偏冷色调的布景墙，能在感觉上后退，从而增添空间的景深感，使整个空间在感觉上更为开阔。微笑不仅是一种仪表、一种职业的需要，还是员工对顾客服务心理的外在体现，同时也是顾客对餐厅服务形象最直观的第一印象。笑意写在脸上，顾客挂在心上是一种服务品质。按照服务质量，分发蓝、黄、红三种微笑牌，并对优质服务的店员进行表彰。并且，肯德基员工的头发长度、首饰、化妆和其他修饰因素都有严格的规定,并且,所有迎接顾客的员工都身着统一制服。

(三)信息沟通展示

肯德基经营的不仅是餐饮,更重要的是在经营一种饮食文化。儿童愿意去,不仅因为喜欢吃肯德基的食品,更喜欢肯德基经常更换的小玩具,喜欢肯德基为儿童特设的乐园,喜欢肯德基的环境和气氛,喜欢在肯德基过生日,喜欢在服务员的带领下和很多小朋友一起练韵律操。这样一来,肯德基就把目标顾客的娱乐和饮食联系起来。

(四)价格展示

肯德基价格公道,不是指价格便宜。肯德基的价格不便宜,刚进中国时更不便宜,被当作高消费的象征。随着国家经济的发展,人民的收入水平提高了,而肯德基并没有同步提高涨价幅度,所以现在也跨入了大众消费的行列。说它价格公道,首先是它的价格透明,不用怕挨宰,都明码标价的,如果不接受,随时可以走。其次是它的价格统一,不论何时何地,其价格都是一致的。肯德基不但价格一致,其产品也是一致的。如果不是第一次品尝,那么消费者在下单的同时,就已经知道会得到什么样的产品了,各店都相同。还有就是肯德基每周优惠日都有不同产品打折供消费者选择。

(资料来源:百度文库)

第三节 服务环境与场景

一、服务环境与场景概述

(一)服务环境与场景的定义

服务场景或服务环境在形成顾客期望、影响顾客经历和实现服务组织的差异化等方面,发挥着重要的作用。从吸引顾客,到保留顾客,再到提升顾客关系,在服务组织实现这一系列顾客关系目标的过程中,服务场景都有着深刻的影响。

服务场景曾被定义为服务所处的建构环境,这种定义及由此而形成的服务场景框架只是建立于"有形环境"这一个维度上。但是,由于处于建构环境中的人也同样塑造和影响着有形环境,因此社交环境也应该包括在扩展的服务场景概念之中。Bitner把服务场景定义为服务经历、交易或事件所处的直接有形环境。服务场景帮助形成顾客的经历,影响他们对服务的满意度。在某些情况下,服务场景甚至成为顾客能否重复购买该企业的服务的决定因素。

(二)服务环境与场景的分类

由于服务生产和服务消费的性质不同,有形环境对顾客或员工的重要性也有差异。有些服务组织对某些具体要素有特殊的要求,有形环境对于其实现一些组织目标有重要的意义,而对另一些组织,有形环境的意义可能不大。Bitner依据两个因素——服务场景的用途和复杂性,对服务组织的类别进行了划分,这两个要素可以识别出服务组织在场景管理方面的主要区别,如表 10-1。服务场景的有效分类有助于顾客了解服务的特点和把握服务场景的复杂性。

表 10-1 基于服务场景的形式和用途的差异划分服务组织的类型

服务场景的用途	服务场景的复杂性	
	复杂的	精简的
自助服务(顾客自己)	高尔夫球场	ATM 机
	冲浪现场	大型购物中心的信息咨询处
		邮局
		互联网服务
		快件递送
交往性服务(顾客与员工)	饭店	干洗店
	餐厅	热狗摊
	保健所	美发厅
	银行	
	航班	
	学校	
远程服务(员工自己)	电话公司	电话邮购服务台
	保险公司	以自助语音信息服务
	公共事业	
	众多的专业服务	

(资料来源:泽丝曼尔,等,2018.服务营销 [M].7 版.张金成,白长虹,等,译.北京:机械工业出版社.)

不同的服务组织在服务场景实际的影响对象各不相同,即实际进入服务设施并受到服务设施设计的影响——是顾客、员工或者是这两个群体兼而有之会有所不同。上表的第一列说明基于这一维度有三种类型的服务组织。

(1)自助服务。在这些主要是自助服务的服务场景中,顾客自己完成服务,即使有员工参与也非常少。服务组织设计服务场景时能够专注于营销目标,诸如吸引适当的细分市场、使设施吸引人并便于使用等。

(2)远程服务。在此类型的服务中,顾客很少或根本没有处入服务场景中。通信服务、公共服务、金融咨询、邮购服务等都是在顾客不能直接看到服务设施的情况下提供服务的。在这些远程服务中,服务设施的设计可以专注于员工的需要和爱好,所建立的场所应能激励员工、有利于提高生产率、加强团队合作、提高工作效率及其他人期望的组织行为目标。

(3)上表中,交往性服务介于上述两个极端之间,代表了顾客和员工都需要置身于服务场景中的情形。例如,饭店、餐厅、医院、教育设施及银行等。对于此类型的服务,服务场景的设计必须能够同时吸引、满足、便利于顾客和员工二者的活动。对于服务场景如何影响顾客之间、员工之间及顾客和员工之间的社会性交互的属性和质量,也必须给予特别关注。

（三）环境的特点

对大多数企业而言，环境的设计和创造并不是件容易的工作。虽然对于在顾客处所或家庭中提供服务的服务业这个问题并不重要，但他们也应该注意到器械装备的设计、制服、车辆、文具以及可能会在顾客心中形成对服务企业印象的类似事项。

从环境设计的角度看，环境有如下特点。

（1）环境是环绕（Surrounds）、包括（Enfolds）与容纳（Engulfs），一个人不能成为环境的主体，只能是环境的一个参与者。

（2）环境往往是多重模式的，也就是说，环境对于各种感觉形成的影响并不是只有一种方式。

（3）边缘信息和核心信息总是同时展现，都是环境的一部分，即使没有被特别注意的部分，人们还是能感知并察觉到。

（4）环境的延伸所透露出来的信息总是比服务过程更多，其中有若干信息可能相互冲突。

（5）各种环境都隐含有目的和行动。

（6）各种环境包含许多含义和许多动机性信息。

（7）各种环境都含有美学的、社会性的和系统性的特征。

因此，服务业环境的设计任务，包含着各个局部和整体所表达出来的整体印象。

（四）服务场景对消费者的影响

服务场景是服务企业创造的提供服务的特定舞台，是服务有形展示的综合物理环境与社会环境的集合。服务场景在服务营销中占重要地位，服务原本无形，这种无形性使消费者难以直接、有效地对产品进行评价，从而可能延缓或误导消费者对服务产品的选择和消费。而服务场景可以提供给消费者有形支持，对消费者的影响巨大。正因为如此，服务场景也是经常使用的定位服务组织的最重要的因素之一。

1. 服务场景对消费者的影响模式分析

我们可以通过 Bitner 提出的服务场景影响模型（见图 10-3）来理解服务场景对消费者的影响的模式。

从图 10-3 中可以看出，该模型遵循着基本的"刺激—有机体—反应"理论，模型中构成服务场景的多维环境要素是刺激，顾客和员工是对刺激作出反应的有机体，该环境下产生的行为是反应，包括靠近或远离，员工和顾客对环境刺激的内部响应（认识、情感和生理）将决定其反应。消费者在认知、情感和生理上的反应属于内部反应，它们是消费者作出行为反应的依据。

（1）服务场景对人们认知的影响主要体现在感知到的服务场景能影响人们对某个地方及该地方的任何产品的信任，从某种意义上讲，可以把服务场景看作一种非语言的交流形式，通过所谓的"客观语言"传递信息，同时对服务场景的感知可以帮助人们通过归类对公司加以区分。

（2）感知到的服务场景除了影响信任度，还能够引起情感方面的反应，同时相应影响行为：置身一个场景可能使人感到高兴、愉悦和放松，而置身另一个场景可能使人感到难过、沮丧和消沉。环境心理学家通过研究认为任何环境，自然的或人为的，都会引起两个方面的情感：高兴与不高兴、唤起程度高与低（即刺激或兴奋程度）。

（3）另外，感受到的服务场景还可以在生理方面给人影响，比如太大的噪声会引起生理上的不适，房间温度不适会使人发抖或大汗淋漓，空气质量不好会使人呼吸困难，光照过强会影响视力并造成身体上的不适。所有这些生理反应都会直接影响人们是否愿意在某环境停留并喜欢该环境。

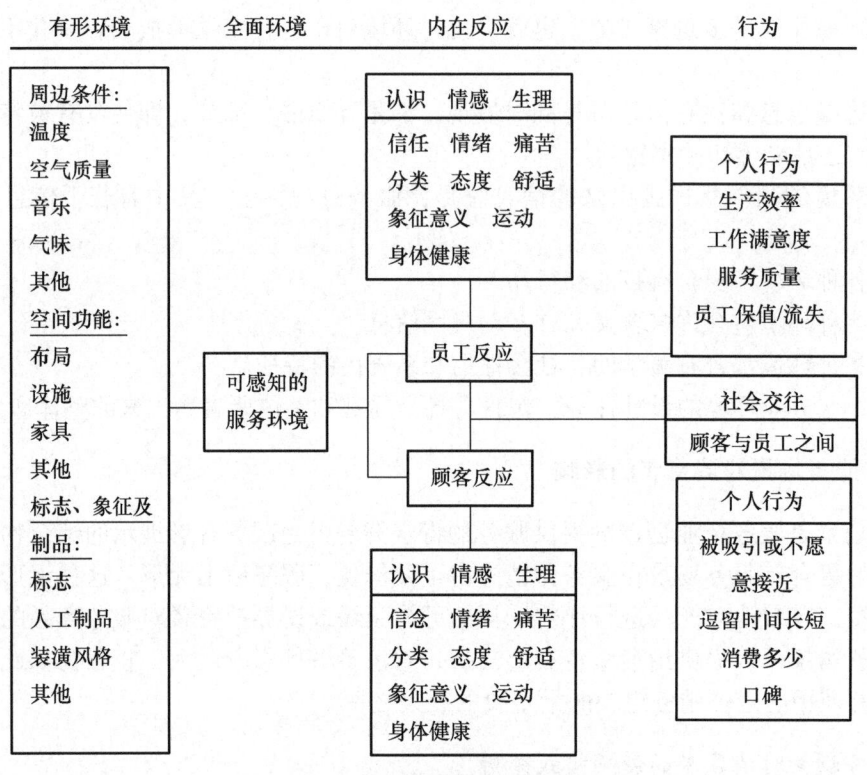

图 10-3　服务场景影响模型

（资料来源：泽丝曼尔，等，2018.服务营销 [M]. 7 版 . 张金成，白长虹，等，译 . 北京：机械工业出版社 .）

而这些内部的反应必然外化为消费者的行为，从而引发消费者的个人行为与社会行为的反应。环境心理学家认为，个人对地点作出的反应体现在两个很普遍但又截然不同的行为方式上：靠近或远离。靠近行为包括所有的可在某个地点产生的正面行为，如逗留的愿望、研究、操作使用及发生联系。远离行为则反映一个相反过程：不愿逗留的愿望，不愿研究、操作使用及发生联系等。除了影响个人行为，服务场景还影响顾客与员工之间交流的质量，这最直接体现在人际交往的服务中。环境可变因素如座位安排、空间大小和可变通性等能够定义顾客与员工，或顾客之间交流的可能性和限度。

2. 服务场景对消费者的具体影响维度分析

在场景类型的各个单元中，服务场景可同时发挥很多作用，它们作用于消费者，影响着消费者的感知与行为。具体地说，服务场景对消费者可能产生如下影响。

（1）使消费者形成对服务企业的初步印象和建立消费者的期望。

与有形商品的包装一样，服务场景和有形展示的其他因素基本上也是服务的"包装"，并以其外在形象向消费者传递"内在"信息。经验丰富的消费者受有形展示的影响较少，然而，缺乏经验的消费者或从未接受过服务企业服务的消费者却往往会根据企业的各种有形展示，对服务企业产生初步印象，并根据各种有形展示，判断服务企业的服务质量，建立期望。比如，顾客可以通过餐厅的装饰判断出其服务水准的高低，形成消费预期。

产品包装设计能够塑造独特的品牌形象，并激发特定的视觉或情感反应。同样，服务的有形展示也能通过多元化的感官刺激达到类似效果。服务场景系统是组织的外在形象，对形成初步印象和建立用户的期望意义重大，它是无形服务的有形表现。对建立新顾客的期望和希望树立某种形象的服务组织来说，这种包装的作用尤其重要。有形环境为这样的组织提供传递想象的机会，这种传递方式与个人选择的"为成功而着装"的方式有所不同。包装的作用通过服务人员的着装及其外在形象等其他因素向外延伸。

（2）服务场景作为辅助物，影响着消费者接受服务的行为。

服务场景能作为辅助物为身临其境的人们提供帮助。环境的设计能够促进或阻碍服务场景中活动的进行，使得顾客和员工更容易或更难达到目标。设计良好的服务设施可以使顾客将接受服务视为愉快的经历，使员工也将提供服务视为愉悦体验。与此相反，不理想的设计会使顾客和员工双方都感到失望。比如，旅行者乘国际航班时发现自己经过的某个机场没有指示牌、通风不好、没有座位而且没有吃饭的地方，他会觉得非常不满意，同时在那里工作的员工也会缺乏工作积极性。作为服务有形环境的一部分，座椅经过多年改进更便于满足旅行者的睡眠需求。事实上，优化客舱座椅仍是国际航空业的核心竞争要素，其成效已直接体现在商务旅客满意度的显著提升上。例如，英国航空公司凭借其独特的俱乐部式航空座椅，在部分航线上直接提升了市场份额。同样，21 世纪初，许多酒店开始推出"模型套房"，通过优化客房设计来满足长时间在房内停留的客人的需求。这些套房采用特定的配色、材质和居家风格，并配备宽敞的办公桌、高速网络和大尺寸电视屏幕。这些案例表明，通过精心设计服务场景，企业能够有效引导消费者的行为选择。

（3）影响顾客与服务员工的交流质量。

服务场景影响着顾客与员工之间交流的质量。设计服务场景有助于员工和顾客双方的交流，它可以帮助传递所期望的作用、行为和关系等。例如，专业服务机构中的新员工会通过观察其办公室、办公家具的质量及自己座位的位置等明白自己在公司中的地位。有人说，所有的社会交往都受其所处的有形环境的影响。这里的有形环境能通过持续时间和实际进展方面影响社交活动本身。在很多服务场景中，服务组织希望能确保某些特定进展（即标准），并对服务的持续时间给予限定。环境可变因素如身体接近状况、座位安排、空间大小和可变通性等能够定义顾客与员工，或顾客之间交流的可能性和限度。

（4）有助于消费者区分企业的服务。

有形设施的设计可将一个组织同其竞争对手区分开来，并表明该服务所指向的市场细分部分。因为它能起到区分作用，所以可使用有形环境的变化来重新占有或吸引新市场。在购物中心，装潢和陈列中使用的标志、颜色，还有店堂内的背景音乐等都能表明其期望的细分市场。例如，西餐厅以其雅静的店堂装修和高雅的轻音乐来吸引目标顾客，排除不适合的顾客。

(五)服务场景的相关理论

1. 整体环境

服务场景模型的整体环境叫作感知服务场景。感知服务场景是对服务企业有形设施的一个组合体的心理形象。战略性的服务场景感知管理能够构建差异化的品牌定位优势,并最终影响消费者在竞争性替代方案中的决策路径。同时,企业在发展服务场景时应当考虑到其目标市场。

2. 内部反应调节器

服务场景模型的内部反应调节器与此前讨论的刺激—有机体—反应模型的三个基本情感状态有关:愉悦—不愉悦、唤醒—不唤醒、支配—顺从。这三种反应调节器协调着感知的服务场景以及顾客和员工对服务环境之间的反应。员工对企业环境的反应也将受到其自身情绪的影响。有时员工希望能够同顾客进行交谈,有时员工则尽量减少谈话。

3. 对环境的内部反应

顾客和员工对环境的内部反应包括以下三点。

1) 认知反应

根据模型,认知反应是个人的思考过程,它包括信任、分类和象征意义。在信任形成过程中,公司的环境充当一种非口头的传播形式并影响到顾客对提供者实施服务的能力的看法。分类是认知反应的第二类。顾客会评估服务场景中的有形展示,并迅速将新的服务设施归类到已有的运营类型中,从而采取相应的行为模式。此外,顾客还会通过企业的有形展示推断其象征意义,例如个性、成功、梦想或其他深层价值。这种象征意义不仅强化了品牌差异化,还能帮助企业在市场中建立独特的定位。

2) 情绪反应

情绪反应不涉及思考,它通常是完全无法解释和突然发生的。例如,独特的歌声可能使某个人感到愉悦、难过或往昔与音乐有关的特殊情感。气味也对人有类似的影响。显然,有效地有形展示管理的目标是激发一种积极的情感,这种情感营造出一种员工乐在其中和顾客想身处其中的氛围。

3) 生理反应

与认知和情绪反应相反,生理反应通常表现为身体的愉悦或不舒适。典型的生理反应包括痛苦和舒适。音乐声太大的环境可能使员工和顾客感到不舒服并远离这个噪声源。过于明亮的灯光可能导致眼睛不舒服。反之,一个灯光昏暗的饭店可能导致视力受损害,因为顾客得费力去读菜单。

4. 对环境的行为反应

1) 个人行为

正如刺激物—有机体—反应模型的基本原则部分所表述的那样,对环境刺激物的个人反应被称为亲近和逃避行为。

2）社会交流

服务场景设计必须促进三类关键互动：员工与顾客、顾客之间以及员工内部的人际交流，这是由服务本身不可分割的人际属性所决定的。然而实际执行面临挑战：员工往往倾向于减少顾客参与以提升效率，这可能导致服务互动被弱化。在此过程中，环境变量（如空间布局、座位配置、设施规模及灵活性）通过重构服务场景的物理结构，直接影响社交互动的可能性与深度。

二、服务环境与场景的设计

（一）服务环境与场景的设计原则

设计理想的服务环境面临多重挑战。首先，高昂的成本和诸多不可控因素增加了实施难度；其次，当前对环境因素影响机制的认知尚不完善；最后，个体差异导致人们对相同环境条件的感知和反应各不相同。然而，通过深入洞察目标客户群的需求共性，服务企业仍能打造出具有营销实效的环境设计方案。例如，同年龄段、社会阶层或文化背景的消费群体往往存在显著的需求相似性。基于这些共性特征进行环境设计，能显著提升顾客吸引力和满意度。在具体实施过程中，应遵循以下原则。

1. 与企业形象定位相一致原则

企业形象指公众对企业的整体印象和评价，是公众对企业及其行为表现所产生的看法、情感和认识的综合，是企业产品质量、服务水平、经营风格、员工素质、环境优劣、文化精神、标识特征等形象构成要素的整体体现。它是企业在社会上知名度和美誉度的总和。良好的企业形象可使企业获得竞争优势。

形象定位是服务企业根据市场的竞争情况和本企业的条件，确定本企业在目标市场中的竞争地位，通过各种营销手段，吸引消费者注意，以促使消费者在思想行为（特别是消费思想与行为）上产生有利于企业发展的倾向性。准确的企业形象定位，决定着企业未来的形象塑造方向，同时也决定着企业未来的发展方向与目标。服务场景的设计是服务企业使服务有形化、差异化的一种强有力的手段，各个要素应该相互协作，共同营造一种统一的形式，以重点凸显组织形象。服务场景设计与企业形象定位相一致，向目标市场有力地传达了可靠的信息，促使公众（包括企业员工）形成对企业形象的准确认知与把握，从而促进企业形象的传播。

2. 优化服务流程原则

服务场景的设计应该有助于减少消费者感知的时间、体力、精力与心理等非货币成本耗费。伴随日益增大的竞争压力、不断升高的机会成本、消费者导向时代的到来，当今的消费者对于服务便利的需求比以往任何时候都强烈，服务消费的不便利已成为消费者转换服务企业的重要理由。通过服务场景的设计为消费者提供更多便利无疑是服务企业赢得消费者、强化竞争优势的一项重要举措。

服务场景的设计应该充分考虑服务的类型、特点与服务流程的需要，表现出有序与和谐，优化服务流程，方便服务运作，提高服务效率。例如，在一些公共服务领域，推出一站式服务。在服务场景的设计上，把诸多服务窗口集中在一个大厅，顾客在一个地方，就把要办理的事情处理完毕，公开、方便、快捷。

3. 美学原则

服务场景设计要符合美学原则，设计时要考虑目标市场消费者的审美心理与审美习惯，给人以美感，使人惬意、身心舒适，甚至陶冶情操。物质环境的任何方面，比如器具的布置、灯光、颜色、设备、标志、员工服装等，都尽可能和谐完美，创造出某种美的意境与氛围。服务场景的设计在形式、内容与功能上紧密结合，让人产生一种美的感受与体悟，从而给人留下深刻的体验。

4. 主题化原则

主题化是一种有效地提高服务体验的方法。服务场景主题化是指通过建筑物造型、外环境、外装修、企业的环境艺术、室内装修设计等软件的创造性设计，从外形和内涵上促成一个或多个主题的形成，赋予服务以某种具有特色的主题，并围绕它来组织生产经营活动，营造经营服务与管理气氛，使产品、服务、环境、造型及活动等都为某种特定主题服务，始终使主题成为顾客容易识别的服务特征和产生消费行为的刺激物。

主题是服务形成特色和独特个性的灵魂，也是企业影响消费者服务选择方向的基本魅力。主题越独特越是吸引喜爱这一主题的顾客，越容易培育顾客的忠诚。当然，主题化对企业提供的服务、环境等服务实施也是一种限制，在某种程度上给经营也带来一定的风险。

5. 文化性原则

深入挖掘和广泛培养文化底蕴，对服务产品进行深度和广度上的文化加工，给消费者提供一种与众不同的文化体验与熏陶，能够给服务经济带来广阔博大的空间。

服务场景设计在内涵和外延上的文化性拓展和丰富，是一个系统的工程，不仅改变服务产品的内涵和层次结构，而且改变产品的核心。如果服务企业从建设开始就注重文化的营造，从设计、建设、装修到管理经营、服务都注入独特的文化内涵，突显文化品位，文化氛围的渲染，文化形象的塑造，形成鲜明个性，从而给服务注入"文化灵魂"，带来独特的魅力与竞争力，增加服务的附加值。这已成为现代服务企业经营的一大趋势。

6. 弹性原则

成功的服务机构是可以适应需求数量和性质变化的动态组织。服务需求的适应能力在很大程度上取决于当初设计时的弹性。弹性也可以称为"为未来而设计"，为未来增长作准备。在设计阶段提出的问题可能有：怎样设计才能满足当前服务的未来扩展？怎样设计设施才能适用于未来新的不同的服务？

7. 安全性原则

服务场景的设计需要考虑安全性。如游泳池，在设计上就要考虑避免发生身体伤害，为防止意外事故发生，还必须具备一些必要的设备进行救援，如救生圈、安全钩。一些大型服务场景如机场、车站、超市，不仅安装了摄像头，还设置了技术先进的安检设备。一些航空公司通过使用智能装备来识别顾客，以便控制其进入一些场所。

（二）服务环境与场景的设计内容

由于顾客对于服务场景的认识有较强的主观性，每个人都有不同的个性偏好，要想设计出理想的服务场景并非易事。虽然要设计满足所有人的服务场景很困难，但如果服务企业坚持顾客导向，能深入了解顾客的需求，根据目标顾客的偏好来进行设计，就可能达到比较满意的展示效果。

1. 有形物的设计

有形物的设计本质上构成了服务的"视觉包装"，它不仅塑造品牌联想，更直接影响服务质量感知。在服务企业的建筑环境设计中，各设计要素之间存在系统性的关联：每个要素都是形象塑造的关键变量，且各要素间存在相互影响的协同效应。这些设计属性的有机组合，共同构建并维系着企业的整体品牌形象。

服务企业的外在有形物的设计会影响其服务形象。一栋建筑物的具体结构，包括其规模、造型、使用的材料、所在的位置以及与邻近建筑物的比较，这些都是塑造整体顾客观感的因素。至于其相关因素，诸如停车的便利性、可及性、橱窗门面、门窗设计及招牌标示等也很重要，因为外在的观感往往能让顾客产生牢靠、时尚、先进等印象。而服务企业的内部陈设布局、装饰、家具、桌椅、灯光、色调配合、材料使用、空气调节、标记，以及视觉呈现如墙上的字画、图像和照片等，所有这一切综合在一起，往往就会创造出服务企业的"印象"和"形象"。

从更精细的层面而言，内部属性还包括记事簿、文具、说明小册子、展示空间、货架、企业读物等项目。将所有这些构成要素合并成一家服务企业有特色的又具有一致性的整体形象，需要相当的技巧和创造性。有形展示可以使一家公司或机构显示其个性，而个性在高度竞争和无差异化的服务市场中是一个关键特色，有利于获得优势。

2. 服务氛围设计

服务环境的氛围设计是塑造品牌形象的关键要素。通过精心规划的空间布局、灯光效果和背景音乐等元素，企业能够营造独特的消费氛围，从而影响顾客的心理感受和行为决策。在零售领域，不同店铺通过差异化的环境设计形成鲜明特色：或宽敞明亮，或温馨雅致，或时尚动感。这些有意识的空间营造不仅服务于产品展示，更能有效吸引客流、延长停留时间并促进购买转化。优秀的环境氛围设计应当与品牌定位高度契合，使顾客在踏入空间的第一时间就能感受到品牌想要传递的价值主张。

许多服务企业认识到氛围的重要性，并且请专业人士来设计，他们知道如何将视觉、听觉、嗅觉与触觉上的刺激加以整合从而取得理想的效果。例如，餐馆的氛围和食物同样重要，人们吃的是食物，获得的是就餐感觉；房地产销售中心、休闲会所、银行、娱乐中心、培训中心等，都可以营造宾至如归的氛围带来顾客盈门。影响服务氛围的重要因素包括以下几类。

（1）视觉效果。零售商店使用"视觉商品化"一词来说明视觉因素会影响顾客对商店观感的重要性。视觉商品化有助于形象的建立和推销目标的实现。零售业的视觉营销策略，致力于确保顾客动线中的每个触点——从电梯间到收银台都能持续传递品牌信息并强化形象塑造。照明、陈设布局、颜色、服务人员的外观和着装，都是视觉商品化的一部分。总之，视觉呈现是顾客惠顾服务的一个重要原因。

（2）气味。气味会影响服务形象和消费感觉。零售商店，如咖啡店、面包店、花店和香水店，都可以利用香味来推销其产品。面包店可以巧妙地使用风扇将刚出炉的面包的香味吹散到街道上；咖啡店或花店也可以利用香味达到良好的推销效果。

（3）声音。声音往往是氛围营造的背景，常常用背景音乐来创造。流行服饰店的背景音乐所营造出来的氛围应该与大型百货店升降梯中听到的音乐不同，也与航空公司在起飞前播放的舒适旋律迥异。若想营造一种安静的氛围，可以使用隔间、低天花板、厚地毯以及销售人员低声细语的方式，这种氛围在书店、图书馆往往是必要的。

（4）触觉。材质触感在商业空间设计中具有重要的感知价值。厚重座椅的扎实感、羊毛地毯的丰盈厚度、浮雕壁纸的立体肌理、实木桌面的温润质地以及大理石台面的冰凉触感，都能给予顾客差异化的感官体验，从而塑造独特的空间氛围。不同零售业态对触觉体验的运用策略各异：快消品店铺常采用开放式样品展示刺激消费欲望，而奢侈品店、古董商店及博物馆等高端场所则多采用视觉隔离来保持产品神秘感。但无论在何种商业场景中，材质选择和触觉呈现都是影响顾客体验的关键设计要素。

由此，菲利普·科特勒认为，氛围可以变成一种适当的竞争手段，尤其在竞争者越来越多、产品与价格的差别较小及产品针对特殊服务阶层或生活方式的顾客时。因此，有意识地营造某种特殊氛围成为许多服务企业的成功秘诀。

关键术语

有形展示（Tangible Presentation）
心理感受（Psychological Feelings）
服务环境（Service Environment）

本章小结

服务的无形性和异质性等特点，使消费者在消费服务之前很难确切了解服务供应商提供的服务水平，如患者可能担心医院的护理达不到自己的要求，企业也可能担心咨询机构给出的建议不符合经营实际，因此对服务供应商来说，使消费者充分了解服务信息是十分必要的。在本章中我们则正是通过对服务的有形展示做出了一个详细的介绍，对有形展示的作用与分类、有形展示的设计与管理和服务环境与场景三方面进行阐述，加深了我们对服务有形化的认识与了解。

复习思考题

（1）有形展示的作用有哪些？
（2）对比学校和医院的服务场景设计，你获得哪些启发？

(3)服务有形展示有哪些方法？
(4)以党的二十大精神为指南，谈谈数字化技术如何应用在有形展示中？

 综合案例

设计师隐藏在美国迪士尼的十大秘密

迪士尼服务场景设计的细致和体贴已经成为其标志。对游客而言，迪士尼是暂避尘世的梦幻岛，是一张门票就能抵达的梦想。迪士尼在每个人心中都有着不同的模样，相同的是它带给我们童话般的快乐。为了给所有游客打造一个完美的梦幻世界，在美国迪士尼乐园的总部，藏着许多难以发现的小秘密，这些都是小仙子施下的魔法。

秘密1：灰姑娘城堡并没有看上去那么高

当你走进迪士尼，远远就能看见壮观的灰姑娘城堡，但它真实的高度并不如你所见。设计师用了视觉上的巧思，选择更小的砖块堆叠在城堡的顶部，使这座189英尺的城堡看起来高大了不少。在幻想世界的野兽城堡上，设计也使用了类似的技术，让这座比灰姑娘城堡更矮些的建筑显得更加宏伟。

秘密2：城堡中"冻结时间"的秘密套房

灰姑娘城堡内有一个秘密套房，里面设有舒适的按摩浴缸，17世纪时的复古家具，用24K金制成的奢华马赛克地板，更妙的是，墙上的时钟永远冻结在11:59，在这个空间里，灰姑娘身上的魔法永远不会消失。这间套房原本是为创始人华特·迪士尼与他家人建造的。"魔法套房"并不是有钱就能住得上，这里并不提供住宿预订，只有定期抽奖活动的幸运儿才能赢得一晚住宿机会。

秘密3：魔法王国地下的秘密隧道

迪士尼创始人华特·迪士尼在建造时来到乐园参观，当时有一名员工急匆匆地穿过景区走到他的岗位上，他眉头一皱，认为这种方式十分影响客人的游玩体验，并开始着手解决这个问题。从此，迪士尼乐园地下就布满了通道。这些地下走廊跨越了392 040平方英尺，里面有更衣室、员工食堂、道具储藏室等，这些员工的办公区域，迪士尼的客人永远无法看到。

秘密4：让你沉浸在童话王国的魔法

尽管自由广场和幻想世界是相邻的，但设计师用树丛建筑的高低等巧妙的设计，让你永远无法在一个主题的土地上，看到或听到另一个主题的一切。这种精心而缜密的设计，是迪士尼成为世界童话王国不可缺少的因素。它让你真正沉浸在不同的世界里，而不是在一个多主题的公园参观。

秘密5：在老式电话里偷听魔法世界的对话

当你走进大街尽头的帽子店，你会发现店里的复古电话原来真的可以接通，它不仅仅是道具，而是一个隐藏的彩蛋。拿起听筒，你可能会听到一个母亲和女儿在讨论杂货的价格，也可能会听到其他奇妙的事情。

秘密6：魔法王国的美国国旗都是假的

因为美国对于国旗的升降等有着严格的规定，例如，要求所有旗帜在特殊场合降半旗。为了避免受到这些规定的影响，迪士尼乐园的每面国旗都是假的。它们可能缺少一颗

星星或一个条纹,所以它实际上被称为三角旗,而不是国旗,不需要遵循国旗礼仪。

秘密7:迪士尼的员工不能用一根手指为顾客指引

汤姆·汉克斯在《大梦想家》中,展示了著名的华特·迪士尼双指。迪士尼主题公园的演员须遵循的规则有很多,其中最重要的两点:一是不能用一根手指指引,二是不能用"不知道"来回答客人的问题。用食指指人在某些文化中被认为是粗鲁的,所以迪士尼乐园用两个手指来代替。而一些员工却打趣地认为,这或许只是华特·迪士尼的吸烟习惯。

秘密8:每个公主诞生前,都是一只公仔

前长发公主布丽安娜·史密斯在接受媒体采访时透露,迪士尼公主试镜是非常严格的。女演员需要经过多轮试镜,就算被录用了,也未必能穿上公主服,受万民景仰。在成为公主之前,她们都必须像米老鼠或高飞那样,穿着厚重的演出服扮演公仔,经过一段时间的严格训练,并考试过关才能毕业成为公主的扮演者。

秘密9:魔法王国外,被遗弃的"歌唱"机场跑道

在迪士尼魔幻王国单轨铁路下方右转,游客会发现一个独特的景点——世界上唯一具有主题公园特色的机场遗址。这个鲜为人知的历史遗迹建于1970年,原本是为迪士尼世界配套建设的专用机场跑道。然而在迪士尼正式开园前,由于运营需求不足,该机场仅使用了一两年便告停运。如今,这片曾经的跑道区域已被改造为园区后台的停车场。

秘密10:你与垃圾桶的距离永远不超过30步

华特·迪士尼通过缜密的观察发现,游客手中的垃圾从拿在手里到扔掉,平均步数在30步以内。由此,迪士尼乐园里的所有垃圾桶间隔距离都是一样的。这个小设计,能让游客全身心投入旅程,而不用在享受童话梦境的同时,拎着手里的包装袋寻找垃圾桶。种种细节,都是迪士尼设计师精心施下的魔法,只为还原每位游客心中的童话,让他们完全沉浸于这座魔幻世界。也许你从未驻足留意过这些,但每处细节的感知,都为这趟旅程勾勒出巧妙的一笔。也许这就是迪士尼成为永恒童话的原因。

(资料来源:李巍,2019.服务营销管理:聚焦服务价值[M].北京:机械工业出版社.)

思考题

(1)迪士尼为游客带来的服务体验有哪些?

(2)其他服务行业能从迪士尼的做法中学习到什么?

文献拓展

第十一章　服务人员与内部营销

（1）了解服务人员和顾客的概念。
（2）掌握服务人员的地位、素质、分类及其角色。
（3）清晰服务利润链的内涵并掌握其模型及内在逻辑的内容。
（4）熟悉内部营销的内容及内部营销体系的建立。

引导案例

服务形象的重要性

如果你在一家五星级酒店吃饭，看到服务人员面带微笑服务热情肯定会使你十分满意。但如果服务人员并没有挺胸抬头而是靠着柱子或墙呢？或者是看起来好像坐在椅子上，傲慢地伸腿向后仰呢？如果服务人员再有意无意地摆弄一下自己的头发呢，更有甚者对你爱答不理呢？我想肯定会让你大失所望的。所以请注意自己的服务形象。这恐怕是服务领域最应该注意的事情。在顾客面前保持一个积极、阳光、热情的形象会使顾客更加满意。因为在职场中的表现就必须符合这个职业角色的要求，端庄、专业是五星级酒店服务人员的基本形象和行为标准。

（资料来源：根据相关资料整理）

第一节　服务营销中的服务人员

一、服务人员的地位

戴维斯·S.戴维森说过："服务企业成功的秘诀在于深谙与顾客接触的工作人员才是企业最关键的角色。"由此可见，对于服务组织而言，服务人员尤其重要。服务人员既可以成为组织内部营销成功的关键，也可以是失去顾客的原因所在。

在提供服务的过程中，人（服务企业的员工）是一个不可或缺的因素，尽管有些服务是由机器设备来提供的，如自动售货服务、自动取款服务等，但零售企业和银行的员工在提供这些服务的过程中仍起着十分重要的作用。对于那些要依靠员工直接提供的服务，如餐饮服务、医疗服务等来说，员工因素就显得更加重要。一方面，高素质、符合有关要求的员工的参与是提供服务的一个必不可少的条件；另一方面，员工的服务态度和水平也是决定顾客对服务满意程度的关键因素之一。服务人员的重要性体现在以下几个方面。

（一）服务人员的态度决定顾客的满意度

服务有着不可分离性，服务的生产与消费过程是紧密交织在一起的，服务人员与顾客在服务生产和递送过程中的互动关系，直接影响着顾客对服务质量的判断。在此过程中，服务人员的服务态度就决定了顾客的满意度。服务人员是企业与顾客的"桥梁"。服务人员的专业技能、一举一动、一言一行都直接影响顾客对企业的态度。例如，服务人员的形象（如着装打扮、发型）与举止（如员工态度、服务意识、专业技能等）都会影响顾客对该企业及服务的评价。服务人员端正、认真的服务态度总能带给顾客不一样的感受，产生很高的满意度。

（二）服务员工的素质影响服务质量

服务质量包括两个方面，即技术性质量与功能性质量。技术性质量是服务质量管理中的核心概念，指服务过程中顾客实际获得的结果质量，具有客观可衡量特性。技术性质量可以通过客观方式加以评估，是任何顾客对某项服务评价的重要依据。功能性质量是指服务的技术性要素是如何被移交的。功能性质量包含以下要素：员工的态度、员工的行为、员工间的关系、与顾客有接触经验员工的重要性、服务人员的外观、服务对于顾客的可及性、服务人员对于服务的态度。每个员工的职业素养与专业能力存在差异，这直接影响企业服务的质量。高素质员工凭借娴熟的专业技能和真诚热情的服务态度，往往能为客户创造卓越的服务体验；反之，若一线员工存在服务态度欠佳或专业技能不足等问题，则可能给客户留下负面印象，损害企业形象。需要特别强调的是，虽然与客户直接接触的一线员工对客户感知最具影响力，但后台支持团队的服务素质同样至关重要。若后台人员专业素养不足，将直接影响前台服务的工作效能，最终导致整体服务水平下降。

（三）服务人员的工作影响消费者的情绪

服务人员的工作是一种情感劳动，对顾客的情绪有着重要的影响。服务是一种情感密集、传递、互动与交融的过程。例如，面对顾客，服务人员需要真诚的微笑；演员需要根据剧情需要，传递角色的感情等。在服务过程中，员工的情绪状态会直接影响服务质量和顾客体验。若员工未能有效管理自身情绪，其负面情绪很可能在服务过程中无意识地传递给顾客，进而影响顾客的消费感受和满意度。相反，优秀的服务人员能够始终保持专业的服务态度，善于调节个人情绪，以积极、友善的姿态与顾客建立情感连接，通过真诚的沟通传递温暖与关怀，从而创造愉悦的服务体验。

格罗鲁斯提出服务业的营销由三个部分组成：外部营销、内部营销和互动营销。外部营销包括服务企业提供的服务准备、服务定价、促销分销等内容；内部营销是指企业培训员工及为促使员工更好地向顾客提供服务所进行的其他各项工作；互动营销主要强调员工向顾客提供服务的技能。这充分说明了人在服务营销中的重要地位。

在服务营销组合中，要处理好人的因素要求企业必须根据服务的特点和服务过程的需要，合理进行企业内部人力资源的组合，调配好一线队伍和后勤工作人员。以一线员工为"顾客"，以向顾客提供一流的服务为目的，开展好企业的内部营销工作。一线员工的服务素质和能力是影响顾客对企业服务质量评价的重要因素，而要形成并保持高质量的一线员工队伍，企业管理部门就必须做好招聘和培训工作。只有为一线员工提供了良好的服务环境，建立一线员工对企业的忠诚，才能为顾客提供高质量的服务，赢得顾客对企业的忠诚。

二、服务人员的素质

服务人员的专业素养、业务能力及工作态度直接影响服务机构的整体形象。客户对服务质量的感知，很大程度上取决于一线服务人员的专业技能、服务态度及沟通能力。因此，服务机构必须重视高素质服务团队的培养，通过系统化的培训与管理，提升员工的专业水平与服务意识，使其能够与客户建立良好的互动关系，并提供专业化、人性化的服务体验。基于此，优秀的服务人员应具备以下核心素质。

（一）有乐业敬业的精神

乐业是指在工作中保持积极向上的情绪和态度，以乐观的心态面对工作中的困难和挑战，为工作增添自己的热情和活力。敬业是指对本职工作的认真负责，尽职尽责，不断学习和提高自己的专业技能和知识，对职业充满热爱和追求卓越的态度。只有真正热爱服务行业，才能成为优秀的服务人员。

（二）有较强的交际能力

世界著名人际关系专家戴尔·卡耐基曾提出：在个人成功的要素中，专业技术仅占15%，而85%取决于人际关系和处事能力。在当今社会，人际网络的重要性愈发凸显，团队协作所产生的价值远胜于个人单打独斗。因此，我们应当珍惜每一次与同事共同培训、工作的机会，持续拓展优质的人脉资源。作为服务行业从业者，每天需要面对多元化的客户群体。若缺乏出色的社交能力，将难以准确把握与不同顾客的相处之道，更无法有效满足其个性化需求。良好的社交能力不仅能帮助服务人员建立和谐的客群关系，更是提升服务质量的关键所在。因此，培养卓越的社交能力是每位服务人员的必修课。

（三）有良好的语言水平

在服务行业中，卓越的语言表达能力是优质服务的基础。语言流畅度至关重要，表达不畅不仅影响沟通效率，更可能造成信息传递的误差。服务人员在面对顾客时，往往会因紧张而影响语言组织的准确性，这就更需要通过专业训练来提升表达水平。优秀的服务人员应当具备以下语言能力特质：（1）词汇丰富性——能够针对不同顾客群体，灵活运用恰当的词汇和表达方式；（2）知识多元性——在信息化时代，既要掌握专业知识，也要广泛涉猎各类资讯，为交流提供丰富素材；（3）思维敏捷性——具备快速应变能力，针对不同情境和顾客特点，提供个性化的解决方案。实践表明，服务人员运用流畅、准确且富有感染力的语言与顾客互动，能够显著提升顾客的服务体验感知。这种专业化的语言表达能力，往往成为决定服务质量的关键因素。

（四）规范的仪容举止

专业得体的职业形象是服务人员赢得顾客信任的首要关键。统一规范的着装不仅体现企业的专业水准，更能传递可靠、值得信赖的品牌形象。在此基础上，优秀的服务人员还需具备：得体的仪态举止展现职业素养，整洁清爽的面容彰显专业态度，真诚自然的微笑传递服务温度；这些细节共同构成令顾客愉悦的服务体验基础。

（五）热情的服务态度

服务态度是决定顾客满意度的核心要素。热情真诚的服务不仅能营造愉悦的消费体验，更能让顾客感受到被重视和欢迎。优秀服务人员应当做到：（1）眼神传递真诚：用温暖专注的目光表达对顾客的诚挚欢迎；（2）表情展现热情：通过自然亲切的微笑传递服务热忱；（3）态度体现专业：始终保持积极向上的服务状态。需要特别注意的是，这种热情必须是发自内心的真诚表达，而非流于表面的职业性微笑。当顾客感受到服务人员由衷的欢迎之意时，自然会产生愉悦的消费体验，进而提升对服务质量的整体评价。因此，培养真诚的服务态度和专业的表情管理能力，是每位服务人员的必修课程。

（六）娴熟的服务技巧

专业素养与职业修养是服务人员提供优质服务的两大支柱。其具体体现在以下几点。（1）文化修养赋能服务。持续学习积累的文化底蕴，使服务人员能够洞察顾客需求，提供精准的个性化服务方案。（2）职业操守筑牢底线。坚守职业道德规范，在各类服务场景中始终保持专业态度，这是服务人员不可逾越的职业红线。（3）心理素质应对挑战。面对特殊服务情境时，优秀的心理调节能力让服务人员能够理性处理顾客情绪，主动化解服务矛盾，保持专业服务状态。（4）专业技能创造价值。通过系统培训提升的服务技巧，使服务人员能够高效解决服务问题，提供专业服务方案，创造优质服务体验。

（七）灵活的应变能力

在服务过程中，敏锐的观察力是提供优质服务的关键。优秀的服务人员应当培养以下能力：（1）细节洞察力。通过顾客的微表情、肢体语言等非语言信号预判需求。例如，当顾客在走道徘徊张望时，主动询问是否需要指引。（2）主动服务意识。在顾客开口前预判并提供服务；以自然得体的方式化解顾客可能面临的尴尬；保持适度服务距离，避免过度干预。（3）综合职业素养。除专业能力外，服务人员还需具备良好的身体素质以应对高强度工作，正确的价值观和政治素养，持续学习提升的进取精神。

这些专业素质的积累，将直接转化为顾客满意度的提升，顾客忠诚度的增强，企业服务质量的提高以及优质服务品牌的塑造。

三、服务人员与顾客

服务人员和顾客是服务营销中"人"要素的两个方面。

（一）服务人员

服务人员在所有服务企业当中都非常重要。尤其是在无形产品服务中，与顾客直接接触的一线员工,他们往往是企业产品、服务与形象的代表,他们所表现出来的服务态度、服务意识、服务技能等直接影响着顾客对企业的评价。服务业的具体服务人员包括:餐厅服务员、修理人员、出租车驾驶员、电梯服务员、银行柜台服务员、餐馆厨师、旅馆接待员、保安警卫人员、电话客服等,他们在服务企业中都是直接与顾客接触的。这些服务人员有效地完成其工作任务很重要,服务人员的态度直接决定了顾客对企业服务质量的评价。如果服务人员对顾客表现出冷漠或不尊重的态度,那么对企业的服务影响将会是消极的;反之,真诚友好的态度则可能会使顾客产生更高的满意度和忠诚度。

(二) 顾客

顾客,泛指从商店等场所购买商品或服务的个体或组织。顾客是企业盈利的根本,没有顾客,企业就无法出售产品和服务,就无法进行再生产和消费。因此,能否开发并保留大量的顾客,拥有持续的市场,是企业能否生存的根本因素。

在服务行业中,某位顾客对某项服务质量的感受很可能会受其他顾客的影响。顾客会与其他的顾客谈到服务质量,或者当一群顾客同时接受一项服务时,服务的满足感往往是由其他顾客的行为间接决定的。在服务营销中,人是一个独特的角色,是服务营销组合中不可缺少的因素。服务企业与制造企业的一大区别是,顾客所接触的服务人员的主要任务是实现服务而不是营销服务。在工业品市场中,客户通常与产品生产环节隔离,不对产品的制造过程承担任何责任。而在服务业中,服务提供者在与客户的互动贯穿整个服务流程,绝大多数服务人员都会与客户产生直接接触,这种接触质量直接影响客户体验和服务效果。

小"毛病",大损失

有一家餐馆,一位服务员在为客人上完菜品和饮料后,总会不自觉地用手去蹭蹭鼻子下面。这位年轻服务员的"毛病"让客人感到很不舒服,这多不卫生啊。

当然,客人对此并没有明说,只是不再光顾了。很多这位服务员曾服务过的客人再到店时,也明确指出,不要再安排这位服务员为他们提供服务。为此,主管和这个服务员百思不得其解。

直到有一天,一位比较直爽的客人当场向餐厅经理指出了这一点,大家才意识到了问题所在,并促其改正。渐渐地,改掉了毛病的服务员重新获得了客人们的青睐!

还有一位服务员,一位老人给他建议说:"你总无意识地向上推眼镜的毛病,我倒是不在意,但是,也许有人会对你用推了眼镜的手去拿杯子感到不快。"

每个人都会有这样或那样的一些习惯动作,有时候也并没有什么,但对服务员而言,如果因此给客人带来不快的话,就应该立即改正,否则就会给企业带来很大的损失。

(资料来源:职业餐饮网,http://www.canyin168.com.2022-11-29。)

四、服务人员的分类

贾德按参与营销活动的程度或接触顾客的程度,将服务人员分为四类。

(一)接触者

接触者,又称一线员工,即一线的服务生产和销售人员,他们直接参与营销活动的程度或接触顾客的程度都比较高。他们需要很好地领会企业的营销战略和承担日常的服务责任。前面已经提到,作为与顾客频繁接触的一线人员的服务能力是影响顾客服务质量评价的重要因素。企业产品能否销售出去,得到顾客的认可,除了产品和服务本身的质量,很大程度上还要依赖于销售人员的能力。因此,企业要根据他们适应顾客的能力对他们进行招聘、培训和考核,实时地进行激励,并且为他们提供良好的服务环境。

(二)改善者

改善者,又称二线员工,即一线员工的辅助服务人员,如接待或登记人员、信贷人员和电话总机话务人员等。他们直接参与营销活动的程度比较低,但直接接触顾客的程度比较高。他们需要具备适应顾客需要和发展顾客关系的能力。虽然他们直接参与营销活动的程度比较低,但他们也需要懂得企业的营销战略,积极配合一线人员的服务工作。同时,企业也要对他们进行培训,提高他们的服务技能和发展顾客关系的能力。

(三)影响者

影响者,即二线的营销策划人员,如服务产品开发人员、市场研究人员等。他们直接参与营销活动的程度比较高,但直接接触顾客的程度比较低。作为开发和研究人员,企业应该让他们多接触顾客,这样才能更好地了解顾客需求,更好地满足顾客的需求。企业需要加大投入,在人才招聘与培养方面投入更多资源,打造一支能快速响应市场需求的高素质研发团队。

(四)隔离者

隔离者,即二线的非营销策划人员,如采购部门、人事部门和数据处理部门的人员等。他们直接参与营销活动的程度或接触顾客的程度都比较低。他们的核心职能是支持一线服务人员(作为内部支援者),其服务质量与行为表现不仅关乎"内部客户"的满意度,更会对企业的营销绩效产生显著影响。

五、服务人员的角色

在营销服务组合中,服务人员扮演着特殊的角色。

(一)服务提供者

服务具有不可分离性,服务的生产与消费过程是同时进行的。在一些高接触的行业,服务产品的生产依赖于服务人员的现场活动,服务人员与服务产品是不可分割的整体,他们是服务的重要组成部分。很多服务人员,如理发师,承担了主要服务的提供,甚至不需要任何服务工具。对顾客而言,他们就是服务的提供者。

(二)服务营销者

服务人员是代表着组织和顾客直接接触,他们的任何言行举止都关系着企业的服务质量。服务人员无形中也就成了企业的服务营销者。服务人员在提供服务的时候,会和顾客聊天,推销企业的产品或服务。有的公司虽然没有明确告知服务人员需要承担销售的责任,但在服务过程中,服务人员的服务技巧、服务态度等就是企业服务质量的"活广告"。服务得好,可能就会有回头客,甚至是忠诚的顾客。而且目前的很多服务企业都要求服务人员向顾客推销。所以,在顾客眼中服务人员就成了服务营销者。

(三)形象代表者

在服务传递过程中,一线员工是与顾客接触最直接、最频繁的群体。他们不仅是企业产品、文化和价值观的传递者,更是企业形象的重要代言人。在顾客眼中,一线员工的言行举止直接代表企业的品牌形象——无论他们是否在岗,只要表现出冷漠或不尊重的态度,都可能对企业声誉造成负面影响。因此,服务人员的职业素养和行为规范至关重要,企业必须确保他们在任何场合都能维护良好的服务形象。

(四)信息传递者

多数情况下服务人员就是企业和消费者沟通的"桥梁"和"纽带"。企业通过服务人员将企业的信息、服务传递给顾客,又通过他们了解顾客需求的变化、对企业的不满或者任何建议等。在信息传递过程中,服务人员如果有意向顾客传递企业不好的信息或向企业传递一些错误的顾客需求,都会给企业带来损失。

(五)内部顾客

营销学认为,内部营销的目的是向内部顾客即员工提供满足需要的产品,与员工建立并保持良好的关系。按照马斯洛的需要层次理论,员工进入企业的直接或者根本目的是满足个人生存生活的需要,也就是满足必要的个人角色,此外就是个人发展和个人价值实现的需要。他们需要对组织产生一种归属感,希望得到尊重和一定的地位。企业服务人员处于基层工作岗位,是企业的内部顾客,自然应该得到企业的内部服务。因此,把员工作为企业的内部顾客,满足其职业需要,让他们认识到其岗位以及员工个人对企业整体的重要性,无疑会促使员工更加努力,以实现自身价值并以积极的个人角色为组织作出更大的贡献。

总之,任何一个角色都是一个角色集,集更多个角色于一身,而扮演不同的角色的个体组成某个组织。各个角色之间是不能互相分开的,任何一个角色都应该建立在服务角色的基础之上。只有角色之间充分融合,员工的作用才能在最大程度上发挥出来。

第二节 服务利润链

一、服务利润链的含义

知识经济时代也是服务营销的时代。在众多行业中，服务利润几乎能左右制造商的竞争能力，甚至决定其生死存亡。随着市场竞争的日趋激烈，企业的优势已不再局限于传统的产品或服务本身，与产品和服务紧密相关的企业内部服务质量受到了越来越多的重视。欧美众多成功服务企业的管理实践体现出一条以员工和顾客为中心的服务利润链。

服务利润链是企业通过基本服务活动和辅助服务活动创造价值的动态过程，形成一条循环作用的闭合链。服务利润链模型体现了企业以顾客为导向的经营理念，表明了内部服务品质、员工满意度、员工忠诚度、员工生产力、为顾客创造价值、顾客满意度、顾客忠诚度对企业创造价值的直接影响及与企业盈利和成长之间的相关关系。同时，这也反映出企业的服务环境、企业文化、人力资源、经营管理对企业创造价值的支持关系，这给我们有效整合服务利润链、通过提高服务质量创造更多价值、提升企业核心竞争力、促进企业成长指明了方向。

二、服务利润链模型

服务利润链是通过在企业、员工、顾客、利润之间建立一种平衡的关系，来提高企业内部服务质量和员工、顾客的满意度与忠诚度。因此，深刻理解服务利润链的内在逻辑，深入贯彻实施服务利润链理论，将有助于提高企业的竞争力。

美国哈佛大学商学院服务管理专家詹姆斯·海斯科特等人在1994年创建了服务利润链模型（见图11-1），试图从理论上揭示服务企业的利润到底是由什么决定的。该模型建立了一种关系，这种关系把企业的利润率、顾客的忠诚度以及企业内部员工的满意度、忠诚度和生产力联系在一起。它们之间互相联系的机理是：企业的利润和增长基本上是由顾客的忠诚带来的，顾客的忠诚是顾客满意的一种直接结果，而顾客的满意度在很大程度上受企业所能提供给顾客的价值的影响，企业所提供的价值是由高度生产力的员工所创造的，员工高度的生产力则来源于员工的忠诚度，员工的忠诚度又来源于员工的满意度，而员工的满意度主要来源于企业内高质量的服务支持体系和使员工能向顾客提供有价值服务的公司政策。

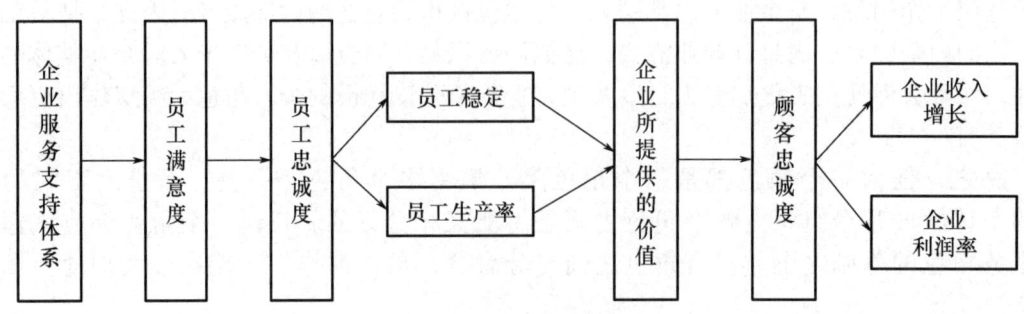

图11-1 服务利润链模型

服务利润链是一种阐述企业、员工、顾客和利润之间关系的完整链条。追根溯源，员工才是企业竞争力的核心。从服务利润链模型我们可以看到，要使这正相关的"链条"能够顺利地联动起来，关键在于企业内部的服务质量，即企业管理层为一线员工所创造的工作条件和氛围。因此，要真正提高服务质量，降低用户流失率，企业管理层就要从员工身上着手，落实服务利润链的管理工作。

海底捞的内部营销之道

四川海底捞餐饮股份有限公司成立于1994年，是一家以经营川味火锅为主，融汇各地火锅特色于一体的大型跨省直营餐饮民营企业。海底捞在北京、上海、西安、郑州等57个城市有190家直营餐厅。其曾先后在四川、河南等省荣获"先进企业""消费者满意单位""名优火锅"等十几项称号和荣誉，创新的特色服务赢得了"五星级"火锅店的美名。海底捞之所以能取得如此成绩，与其优秀的内部营销密不可分，其一直推崇双手改变命运的价值观，真正人性化地管理每位员工，尽全力为其创建适宜的、公正的工作环境，提升员工价值。

一、关注员工需求

海底捞注重对于员工的福利与激励，力求让员工真正把海底捞当成自己的家。其对员工的关怀不仅限于员工本身，还考虑到其家人。正是这些，使得海底捞员工具有极高的员工忠诚度，离职率在10%以下，远远低于同行业。

二、开展员工培训活动

在公司的不断发展壮大过程中，海底捞很重视对员工的管理、培养与选拔。海底捞不仅根据每位员工的自身情况制订适合他们的培训计划，让他们了解其所处职位的具体工作、感受其职位的重要性并且提升他们的服务意识与能力，还适应当今的大数据时代，运用云软件平台，提供给员工关于其绩效考核的排名等信息，结合相应的职业规划课程，使员工对于未来发展晋升的方向有更明晰的认识，有利于其长期工作目标的设立。

三、赋予员工适当的权力

对于很多企业来说，授权是一直比较避讳的问题，但是海底捞向员工适当授权却收获了意想不到的好结果。这种合理的授权，让员工有了公司主人的感觉，不仅更加珍惜这份权力，也会尽自己最大努力完成本职工作。

社会在不断发展，第三产业所占比例也在不断提升。20多年来，海底捞从一个名不见经传的火锅店到全国优秀的餐饮公司之一，内部营销的作用不容小觑。随着时间的推移，内部营销的优越之处一定能被更多企业所认可，合理、规范地进行内部营销建设，定能为企业的可持续发展添砖加瓦。

（资料来源：王永贵，2019.服务营销 [M].北京：清华大学出版社.）

三、服务利润链的内在逻辑

（一）顾客忠诚度推动企业盈利能力和成长能力

顾客忠诚度是指由于质量、价格、服务等诸多因素的影响，使顾客对某一企业的产品或服务产生情感，长期重复购买该企业产品或服务的程度。忠诚的顾客是企业的无价资产，企业拥有了忠诚的顾客，便拥有了持续的竞争优势和利润增长空间。具体来说，忠诚的顾客对企业盈利能力及成长能力的推动主要表现在以下几个方面。

1. 降低成本

里克尔德（Reichheld）和萨瑟（Sasser）1990年在《哈佛商业评论》上发表《零缺陷：服务业中质量的引入》一文，认为忠诚的顾客所提供的销售收入和利润占据了公司销售额和利润总额的很高比例，忠诚顾客每增加5%，所产生的利润增幅可达到25%～85%，争取一位新顾客的成本是保留一位现有顾客成本的5倍。顾客满意和忠诚不仅可以降低交易费用和沟通管理成本，而且可以增加其购买量和服务项目，提高企业利润；同时，忠诚的顾客会自愿地向周围的亲朋好友推荐企业的产品和服务，通过口口相传，大大降低了企业的广告宣传成本，增加了企业收入。

2. 更多的购买量

忠诚的顾客会增加购买量和服务项目，这种增加更多的是因为顾客的满意而不是广告、促销或者降价。因此，当顾客有更高的满意度时，就会保持更高的忠诚度，并且会持续消费。顾客的忠诚度在很大程度上也就决定了市场份额的大小。

3. 获得溢价利益

实践证明，如果顾客注重一家企业的服务，就会为那些服务支付额外费用。在许多行业中，老顾客比新顾客更愿意以较高的价格来接受企业的优质服务。

4. 口碑传播

满意的顾客往往会成为企业最有效的"口碑传播者"。他们不仅会提高复购率，还会主动向亲友推荐企业的产品和服务。这种自发性的口碑传播比企业付费广告更具可信度，尤其当推荐来自亲朋好友时，接受度会显著提升。良好的口碑效应不仅能帮助企业以更低成本获取新客户，还能持续提升品牌价值，最终实现收益增长。

（二）顾客满意是顾客忠诚建立起来的必要条件

顾客满意度是指顾客在消费后产生的愉悦或失望的心理状态，源于其对产品或服务的预期与实际体验的对比。当实际体验达到或超越预期时，顾客会产生满意感；反之则会产生不满。值得注意的是，高度满意的顾客往往会与品牌建立情感联结，这种情感认同相较于理性偏好更能提升顾客忠诚度。

顾客满意与忠诚度存在显著的正相关关系。满意度是培育忠诚度的基础，满意的顾客通常表现为：长期复购行为；更高的价格容忍度；主动的品牌推荐意愿；更强的品牌关系黏性。需要强调的是，顾客满意必须以转化为忠诚度为价值导向。若满意度未能有效提升忠诚度，其商业价值将大打折扣。因此，在顾客关系管理中，提升满意度是建立持久忠诚度的核心路径，也是企业获得长期竞争优势的关键所在。

（三）服务价值推动顾客满意度

现代营销观念认为，营销的职能是为顾客创造价值。服务利润链的核心是顾客价值方程式，顾客满意度是由其所获得的价值大小决定的。顾客价值是基于感知利得与感知利失的权衡或对产品效用的综合评价。在多数情况下，顾客是有很强烈的价值导向的，增加顾客价值可以提高顾客满意度。因此，企业所提供的顾客价值越大，顾客的满意度也就会越高。

对企业而言，可以通过两个途径为顾客创造价值：一是可以通过改进产品、服务、人员和形象，从而提高产品和服务的总价值；二是可以通过降低生产、销售和服务成本，减少顾客购买服务的时间、精力与体力消耗，也就是降低顾客总成本来提高服务的价值。企业必须时刻牢记，你卖的不仅是产品和服务，更多的是一种品位、享受和价值。

（四）员工生产力推动服务价值创造

员工生产力不等于实际工作时间，也不等于员工花费在顾客上的时间，而是指真正满足顾客需要的产出。员工生产力是企业价值与竞争力的直接来源，同时也是创造顾客满意度与企业获利的主要因素。由员工满意产生服务热情和提供高质量的产品，顾客感受到的价值就会增加，顾客满意度才能提升。让顾客满意，才能为企业创造价值。借由员工生产力所创造的"企业价值"，辅以企业对于"服务内容"的设计，才能全面提升"顾客满意度"与"忠诚度"，创造企业获利的契机。

（五）员工忠诚推动员工生产力

竞争对手可以复制企业的技术、产品和组织结构，却无法复制那些工作热情、忠诚于企业、积极进取的员工的行为。忠诚等于智慧，只有那些热爱工作、忠于企业的员工才能为顾客提供优质的服务，为企业创造更多的价值。忠诚意味着员工对企业未来发展有信心，这种信心能够形成强大的、持久的动力，促使其为企业努力工作。相反，对企业缺乏忠诚的员工给企业造成的直接经济损失是生产力下降和顾客满意度降低。经验表明，员工不忠将会影响 20%～50% 的公司业绩。

（六）员工满意度推动员工忠诚度

企业如何对待员工，员工就会如何对待企业。员工的满意度高，就会降低离职率，产生更高的工作效率；相反，对企业不满的员工可能会给企业带来损失。对员工而言，满意指的是"对工作付出"与"从工作中获得"之间的关系，并且"满意是经由对工作评价后，所产生的喜悦或正面的情绪状态"。将员工视为内部顾客，使其能够感受到如同外部顾客一样的满意度继而造就更为忠诚的员工，甚至为企业带来实质的效益。由服务价值链可知，为使顾客满意成为一项事实，企业必须让员工满意。只有员工拥有了这样一种对企业满意的正面情绪，才有可能对公司忠诚。员工满意与忠诚，最终将决定顾客的满意度与忠诚度。

(七)内部服务品质推动员工满意度

研究发现,服务政策及投入的设备品质与员工满意度及生产力成正比关系。促使员工对公司满意的因素一般有两个:一是公司提供的外在服务质量,如薪金、红包、福利、舒适的工作环境等能实际看得到的外在条件;二是公司提供的内在服务质量,它是指员工对工作及同事所持有的态度和感情。根据马斯洛的需要层次理论,人在满足了基本生理、安全需求之后,便会重视互相尊重以及自我价值的实现。因此,内部服务品质是提高员工满意度的主要因素。具体来说,内部服务品质包括以下两个方面。

1. 工作本身

员工对工作本身满意与否取决于其完成预定目标的能力以及在这一过程中所拥有的权利。因此,设计一套能够让员工满意的工作表目标、顾客服务体系、服务环境、培训和能力提升及奖励制度,以及完善的职责、权责制衡机制对于提高内部服务质量具有重要意义。

2. 员工之间的关系

内部服务质量的核心要素在于员工关系的有效管理,这主要体现在两个关键维度。首先,人际关系质量维度。当员工之间建立起和谐、互信、尊重的协作关系时,能够显著提升工作效能和职业满意度。这种正向的人际互动构成了高质量工作环境的基础。其次,团队协作效能维度。这包括:高效的内部沟通机制;跨部门的服务支持意识;持续的学习共享文化;对内部顾客理念的深刻认知。基于此,企业应当实施系统的内部营销策略:构建学习型组织架构,促进员工能力持续提升;建立知识共享平台,强化团队协作;完善内部服务标准,提升跨部门支持质量;实施员工发展计划,助力职业成长。通过这种双维度提升策略,不仅能优化内部服务质量,更能为外部客户体验奠定坚实基础。

(八)企业盈利能力和成长能力推动内部服务质量

盈利能力和成长能力的不断增长为企业带来持续的利润增长,这些利润又可以用来不断地改善内部服务质量,沿着服务价值链的路线,最终形成一个良性循环。

综上所述,企业获利能力的强弱是由以上各个环节相互作用来决定的。满意度每提高3个百分点,顾客满意度就提高5个百分点,而利润可增加25%～85%。服务利润链从企业内在服务的角度出发,帮助管理层在制定营销策略时,改进各方面工作,以提高服务水平和顾客满意度,最终拉开与竞争对手的差距。服务利润链理论的提出,对于提高企业的营销效率和效益,增强企业的市场竞争优势,起到了较大的推动作用。企业通过对服务利润链的把握,有利于企业利润的增长。在公司、员工、顾客之间建立长期的、共同的利益关系和价值链接,这样的关系激励员工提供高质量的服务,也鼓励顾客保持忠诚,从而实现服务利润链的良性循环。

四、服务利润链带给企业的启示

服务利润链是一种先进的管理框架,它建立了服务运营者、员工和顾客三方的联系,使得企业清楚地看到利润的来源,这给传统的管理方式带来了一些挑战,打破了以往的一些固定思维模式。它告诉我们,企业应该认识到员工的作用,知道企业最终的用户不仅是顾客,还有企业的员工,他们是企业的内部顾客。除此之外,它还给管理者带来以下启示。

(一)员工第一的理念

由于在服务企业中,员工是服务"产品"的生产者,也是服务的传递者,员工满意对服务感知质量和顾客满意有着重要影响。失去一位核心员工,等于失去和某位甚至某些顾客的合作关系。因此,管理者要像对待顾客一样对待员工,最大限度地赋予员工为顾客服务的权力,并为其提供所需要的各种培训;同时,在企业内树立优质服务的典范,建立合理的考评机制,奖励优秀的服务行为。当然,这样做的前提是企业必须招聘"合适的员工",并且选择"合适的顾客"。

(二)致力于同现有顾客保持长久关系

培育一个新顾客的成本是维系一个老顾客的6倍,并且一位顾客带来的利润是随着其保留年限增加而递增的。因此,要致力于同现有顾客保持良好、持久的关系,在发展新顾客和保留老顾客的问题上进行平衡,合理分配资源。

(三)加强服务利润链审计

要对服务利润链上的各因素进行定期的测量,及时掌握其变化,了解企业运营情况的同时,预测市场变化和走向,使企业具有市场适应性和前瞻性。

(四)建设服务文化

在整个企业内宣传并实施"服务导向",使企业形成"优质服务"氛围,一切以顾客为优先,所有政策、方式、流程都要以提供优质服务、提升顾客价值为目的。在提升企业形象和口碑的同时,增强企业竞争力,这是永续经营的根本所在。

第三节 内部营销及其体系构建

一、内部营销的概念与内涵

(一)内部营销的界定

内部营销是与外部营销相对应的概念,它们产生于20世纪70年代末80年代初的美国服务产业领域。1981年,克里斯廷·格罗鲁斯首先提出内部营销这个概念。他认为,内部营销就是把公司销售看作"内部消费者"的员工,并指出员工的满意度越高越有可能建成一个以顾客和市场为导向的公司。他把内部营销界定为:"在服务意识驱动下,通过一种积极的、目标导向的方法为创造顾客导向的业绩作准备,并在服务机构内部采取各种积极的、具有营销特征的协作方式的活动过程。在这种过程中,处于不同部门和过程中的员工的内部关系得以巩固,并共同地以高度的服务导向为外部顾客和利益相关者提供最优异的服务。"

内部营销从一个全新的角度看待服务机构与员工的关系，认为服务机构与员工是平等的交换关系。随着服务产业的发展和人们对服务营销的研究的兴起，越来越多的服务机构认识到了内部营销的重要性。作为"激励员工提供持续高质量服务的一种手段"，内部营销已经成为服务营销的重要主题。其发展经历了员工激励及员工满意、顾客导向和变革管理三个互相独立并紧密联系的阶段。

（二）内部营销的内涵

企业内部营销是指把员工看作是企业的内部顾客而采取的一系列营销方法和手段。伴随着内部营销理论的不断发展，学者们在内部营销的以下三个方面达成了共识。

1. 内部营销是一种观念和哲学

内部营销是从一个全新的角度看待员工和服务机构，即把员工当作顾客，把服务机构当作市场。当把组织视为市场，把组织内发生的所有交换活动都视为市场营销行为时，组织中的每个人都既是内部供应者，又是内部顾客。这种全新的观念就是一种哲学，要求组织中的人都应该具有顾客意识、市场意识，同时主张把通常用于外部市场营销的概念和技术用于组织内部。

2. 内部营销是一种人力资源管理的思维和实践

内部营销被贝里和帕拉苏拉曼等学者认为是根据员工的需要设计更好的工作产品，以使员工感到满意和受到激励，从而更好地满足他们的顾客的过程。在这里，内部顾客是指员工，内部供应者是指管理者（包括服务机构的高层管理者、人事经理或部门经理等），而内部营销实际上是对传统人力资源管理理论的发展，其目的是使组织更好地吸引、开发、保留所需的人力资源。

3. 内部营销是一种组织内各部分相互运作的机制

在这里，内部营销可以被理解为企业为了向组织内部传递外部市场压力，在企业内各部分、各环节之间建立的"模拟市场"的关系，以及为了使这种关系得到落实和延续所采取的一系列措施。

内部营销概念的最新发展在于其整合性特征——它为企业提供了一个统一的管理框架，使组织能够系统性地协调各职能部门和业务活动，将其整合为服务于共同战略目标的有机整体。因此，我们可以把内部营销理论的基本精髓归纳如下。

（1）内部营销是一种经营观念。内部营销从一个全新的角度看待员工和组织，即把员工当作顾客，把组织视为市场。同时，内部营销是企业发展战略和经营战略的重要组成部分，它要求企业强化服务内部顾客的意识，在内部顾客满意的基础上，使企业中的每个人都具备顾客意识和市场导向意识。

（2）内部营销是一项系统工程，其开展必须建立在系统思考的基础上。所谓内部营销系统，是指为便于在企业内部有效开展一系列积极的营销协同活动，而构建的包括内部营销导向层、运作层和支持层在内的企业内部多种因素的有机统一。

（3）内部营销是一种管理工具。它主张在研究服务机构内部市场时，可以运用外部营销的技术和方法来开展内部营销活动，并进行相应的内部营销管理，以提高管理效率。

（4）内部营销是一种管理过程。要在企业内部顺利推行内部营销，就必须在分析内部市场环境的基础上，制订出周密的营销计划，然后采取一系列手段执行营销计划，包括员工招聘、员工培训、员工激励、员工授权、员工沟通及员工内部服务补救等一系列管理活动。

二、内部营销的内容

内部营销的内容包括七个主要方面，它们相辅相成，共同促进中心目标——吸引、发展、促进和保持高水平的员工的达成（见图11-2）。

（一）招募合适的优秀人才

服务人员在顾客面前代表着企业的形象，聘用优秀的合适的人才来为企业传递服务，企业的服务质量才有保证。企业运用市场营销不仅是要获取市场占有率，还要对潜在的员工进行广告宣传。

（二）提供形象展示

形象展示包含两个方面的意义：一方面，在现代分工越来越细的服务企业中，工作效率提高了，然而工作的成就感却降低了，因此向员工们传递在更大范围内企业商业运作的信息和视觉感受，以及让他们了解他们的工作对整个企业运作的重要贡献，都可以帮助员工理解和相信各自工作的意义，为他们战胜服务工作中经常出现的挫折提供动力。

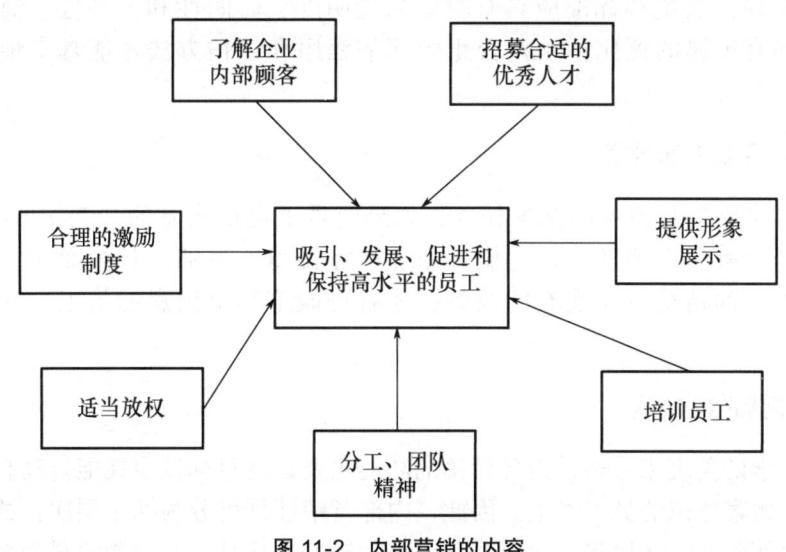

图11-2 内部营销的内容

（三）培训员工

企业的每个员工都兼有营销角色，但大多数员工都没有意识到这一点，或者因缺乏服务技巧而不能很好地传递企业形象。为了使员工做好"兼职营销人员",他们需要三个方面的培训:服务战略培训、角色认知培训和销售技能培训。通过培训使企业的服务人员具有足够的知识和技能。

(四)分工、团队精神

许多服务工作是令人疲倦的,为服务人员提供协作伙伴,将他们组成团队,利用团队成员之间互相帮助、彼此同情、共同的奋斗目标和经常的交流来克服服务热情的消耗是很有用的方法。目前,大多数服务企业采用的还是功能性组织结构,然而团队服务所要求的长期延续的成员关系,规则的团队关系、团队领导,共同分享的目标及以集体为单位的行为的衡量和奖励,这类要求在事业部制的企业中更容易实现。

(五)适当放权

顾客真正需要的是员工提供创造性的服务,太严格的规则和程序可能会束缚服务人员的创造性。员工不应当只是制度的执行者,还应当是灵活运用制度和弥补制度不足的实践者。企业需要做的是修改和放弃一些过时的条款,用服务价值观念来取代死板的规章制度,并向员工传递:修改企业的评价和激励系统中的部分权重,鼓励与顾客利益相关的创造性和积极性。

(六)合理的激励制度

令人满意的"工作产品"包括激励因素。绩效评估和奖励是肯定员工工作成果的好方式。企业的激励制度不应当只是"瞄准"产出,还应当包括对员工行为的评估。一个好的绩效评估系统和标准应具有较好的透明度、时间性和公平性。简单明了的评估标准、持续有规律的评比活动及公正的评估程序和评估方法才能真实地反映出员工的工作状态。

(七)了解企业内部顾客

了解顾客需要是营销者的基本任务,如果给员工提供满意的"工作产品",对员工进行一些营销调查是必要的,但是服务企业往往做得并不够。具体而言,企业需要了解自己企业员工的情况,才能有的放矢,才有可能培养出满意的员工,从而赢得顾客的满意。

三、内部营销的层次

从管理哲学的角度来分析,内部营销的功能主要是将目标设定在能自动自发地为顾客提供服务且有顾客意识的员工身上。因此,内部营销计划可分为两个层次:战略性内部营销与战术性内部营销。从战略层次上看,内部营销的目标是:通过制定科学合理的管理方法、升降有序的人事政策、企业文化的方针指向、明确的规划程序,创造一种内部环境来激发员工主动为顾客提供服务的意识。从战术层次上看,内部营销的目标是:向员工推销服务,支援服务,宣传并激励营销工作(见表11-1)。

表 11-1　内部营销的目标

内部营销整体目标	争取到能自动自发且具有顾客意识的员工
战略层次目标	• 开创一种内部环境，以促使员工维持顾客意识和销售开心度 • 科学的管理方法 • 升降有序的人事政策 • 企业文化的方针指向 • 明确的规划程序
战术层次目标	• 向员工推销服务，支援服务（作为竞争手段），宣传并激励营销工作 • 服务人员是服务业的第一级市场 • 服务人员必须了解为何必须以某种态度工作，或者在某种形势下必须主动地支持某种服务及有关该服务的事项 • 雇佣的员工必须接受该公司的服务及其他有关活动，以期在与顾客接触时，对这些服务及有关活动进行支持 • 一项服务推出之前，必须有充分的准备并让内部人员完全接受 • 必须有畅通的内部沟通咨询渠道 • 内部的"人员推销"也是十分必要的

在现实中，营销措施变成了广告活动，不仅是为了影响顾客，也是为了影响员工。它侧重于技能与细节，主要包括定期或不定期地举办培训班、召开情况介绍会、座谈会、茶话会，定期出版报纸或快报，进行情况调查，确认员工需求等。

四、内部营销的作用

原则上，当企业面临以下三种不同的管理需要时，内部营销管理是必需而且非常有效的。

（一）企业要创造服务文化并在员工中建立服务导向

当服务导向和员工对顾客的兴趣成为组织中最重要的规范时，服务文化就在组织中生根发芽了。而内部营销的目标指向便是营销服务导向。值得注意的是，在管理的真空环境下内部营销是不可能促成服务文化的形成的，只有在其他活动的配合下，内部营销才能成为发展服务文化的有力手段。一般而言，内部营销的具体目标表现为以下几个方面。

（1）让员工、管理人员、营销人员和服务人员能够理解和接受企业的使命、战略、战术以及服务、服务过程和营销活动。

（2）在服务管理中发现服务导向的管理风格和领导风格。

（3）向员工传授服务导向的沟通与互动技巧。

（二）企业希望在员工中维持服务导向和保持服务文化

服务文化的维系需要持续的管理投入。若缺乏系统化的巩固机制，既有的文化氛围与行为规范将逐渐弱化，导致组织回归以技术指标和运营效率为导向的传统管理模式。这种文化倒退不仅会造成前期在内部营销方面投入的大量管理资源浪费，更会削弱企业的服务竞争优势。具体而言，有助于保持服务文化和顾客导向的内部营销目标包括以下几个。

（1）确保管理方法能够鼓舞士气，提高员工的服务理念和服务导向。

（2）确保员工可以不断得到信息和反馈。

（3）在向外部市场推出新服务和营销活动前，先对员工进行培训。

（三）企业向员工介绍新产品和营销活动

新产品、新服务和新的营销活动的推行本身就是一项内部营销任务。不仅如此，它们还有助于建立和保持服务文化，这时内部营销的具体目标有以下几点。

（1）让员工认识和接受企业推出的新服务。

（2）让员工认识和接受为新服务导入的传统营销活动和行为，这些活动和行为大多是大众营销活动。让员工重温熟悉的营销活动，也是强化的过程。

（3）让员工认识和接受为营销活动采取的新措施。让他们熟悉这些措施，并理解其中的顾客导向内涵，会使员工对企业与顾客之间的关系有更加深刻的认识，并能对互动业绩产生影响。

五、内部营销体系的构建

（一）企业内部营销的整体目标

内部营销的整体目标包括三个方面：促使员工形成顾客导向和服务意识，并以之为指导为内部顾客和外部顾客提供服务；创造、维护和强化组织员工的内部关系，包括管理层与员工的关系、一线员工与支持员工的关系等；提供来自管理层面及技术层面的支持以保证内部营销活动的顺利开展。

格鲁斯指出，内部营销涉及两个具体的管理过程，即态度管理和沟通管理。因此，内部营销管理体系对应于不同的内部营销层面，可以区分为态度管理（导向层内部营销）、沟通管理（运作层内部营销）和辅助管理（支持层内部营销）三个层面。企业内部营销应该从服务文化培育的导向层、服务传递过程的运作层及服务过程保障的支持层三个层面来构建。

1. 态度管理层面

态度管理即有效管理员工的态度，提高员工服务顾客的意识，并对自觉进行服务的行为给予激励。态度管理是一个持续的过程，从招聘、挑选、培训、开发人力资源到服务企业的日常管理工作，无不贯穿着对态度的管理。态度管理是内部营销的关键部分，服务企业需要具备超前的管理意识，要创造未来而不是适应未来。

2. 沟通管理层面

沟通管理是指通过有效的组织协调，确保管理人员、一线服务人员及后勤支持团队能够：明确岗位职责与服务标准、充分掌握工作所需的各项信息、建立双向沟通机制。沟通管理的核心目标是确保各岗位人员都能以高度责任感完成本职工作，为内外部客户提供优质服务，同时促进组织效能的持续提升。

3. 辅助管理层面

辅助管理是指为保障内部营销职能活动的开展，或进一步优化内部营销过程而对相关辅助支持要素的管理。这些支持要素包括管理支持、信息技术支持等。此外，基于对一线员工隐性知识显性化，以编码形式记录下来并在企业内部扩散的知识更新过程的管理，也是辅助管理的重要内容。

如果企业想要获得成功，态度管理和沟通管理都是非常必要的，但在实际商务活动中，人们往往只认识到了沟通管理而忽视了态度管理，忽视了态度就是忽视了方向、战略和经营哲学，就会使企业的努力失去了明确的方向和积极的动力。由于沟通中的信息常常是单向流动的，内部营销通常是以活动或行动的形式出现，真正的沟通很少。成功企业的实践经验表明，内部营销要取得成功，首先必须作为战略管理的组成部分；其次，内部营销管理的全过程都要得到企业各组织管理层的全力支持；最后，高层管理者必须自始至终积极支持内部营销。

一个成功的内部营销过程需要态度管理的引导、沟通管理的执行和辅助管理的支持，三者有机结合共同构成了组织内部营销管理的基本框架，支撑企业内部营销系统的运行。这种互相作用、密不可分的关系决定了企业管理者必须在进行内部营销管理时将三者更好地结合起来，才能达到最佳的管理效果。

（二）企业内部营销系统

企业内部营销系统可划分为三个层次：内部营销导向层、内部营销运作层和内部营销支持层。三个层次的内部子系统形成了一个完整的内部营销系统。系统的特征就是关联性、完整性、动态平衡性、时序性及等级结构性。任何系统都是协同运作的一个整体，它不是各部分的简单相加，而是一个内部各要素共同运作，发挥最大效能的系统。内部营销系统的构建遵循系统论原则，以导向层、运作层和支持层构成系统的结构。通过各子系统间的功能协同与资源整合，实现系统整体效能最优和运营可持续性的双重目标。

1. 内部营销导向层

内部营销导向层旨在强调企业内部培育或保持顾客导向观念和服务意识，从而形成持续的企业服务文化。内部营销导向层的系统设计旨在组织内部形成一种顾客导向和服务意识的企业文化，这种顾客导向包括外部顾客导向和内部顾客导向，并使组织员工积极执行和维护这种文化观念。这一层面的系统设计包括培育服务文化和保持服务文化两个方面。

1）培育服务文化

服务文化的培育是一项持续而细致的工作，是服务企业内部营销过程的基础和支撑。对于服务企业而言，服务导向和顾客导向性企业文化，需要处理以下工作。

（1）帮助各类员工理解和接受企业目标、战略和战术及产品服务、外部营销活动和企业流程；

（2）创造员工之间良好的关系；

（3）帮助管理者建立服务导向性管理风格；

（4）向所有员工传授服务导向的沟通技巧和互助技巧。

2）保持服务文化

文化具有传承性，企业文化的传承需要企业所有人的努力和执行。服务文化一旦建立，就必须积极去维护，否则就有可能被破坏。格罗鲁斯对于如何保持服务文化给出以下建议：确保管理手段能够鼓励和强化员工的服务意识和顾客导向；确保良好的内部关系能够得到保持；确保内部对话机制能够得到保持并使员工收到持续的信息与反馈；在推出新产品、新服务及营销活动和过程之前，先将其推荐给员工。

2. 内部营销运作层

内部营销运作层强调将顾客导向（含外部顾客导向和内部顾客导向）贯穿于企业组织的各个内部职能活动中，在服务生产、传递与消费过程中，既关注外部顾客的期望，又关注内部员工的工作状况与需求。对服务企业内部员工进行人力资源规划管理是内部营销运作层构建的首要任务，保持组织内部信息的畅通和各个主体间的沟通对话、向员工提供合理授权及针对内部顾客的内部服务补救也是运作层面构建的重要方面。

（1）优化人力资源管理流程。成功的内部营销是从招聘开始的，内部营销系统的构建需要把企业人力资源管理的相关管理活动纳入。格罗鲁斯认为，服务机构可以用工作描述、招聘程序、员工培训、员工职业生涯规划管理、工资与红利系统、激励机制及其他人力资源管理工具实现内部营销的目标。其中，员工培训、员工职业生涯规划管理与激励机制显得尤为重要。

员工培训是保证员工基本服务技能的基础，是一项持续的工作。员工职业生涯规划管理，要求结合员工需求与期望，为服务机构员工规划其在服务机构内的发展途径，并积极地让员工明晰自身的发展状况与提升渠道。这些有利于培育员工的服务机构归属感和忠诚度。而对员工服务业绩进行考核，并依据考核结果进行必要的奖惩，以激励员工提高服务业绩，则是人力资源管理的重要内容。

（2）进行企业内部的对话沟通。保障组织内部信息的畅通，促进各层级主体积极沟通与对话，并在此基础上展开协作行动，是内部营销管理的重要内容。在一定程度上，内部沟通对话既是内部营销沟通管理的主要内容，又是整个营销过程的重要工具。对于大多数服务企业，外部大规模沟通对企业营销职能的影响已被充分认识，但内部沟通对话的作用显然被组织管理者忽视了。

在组织内部进行沟通对话，是保障组织服务文化理念在组织内部传播与渗透，确保员工积极践行以顾客为导向和提升员工服务意识的有力工具。同时，它也可以有效消除各层级主体对服务标准的认知误差，为顾客提供优质的感知服务。

（3）实行员工授权管理。向员工授权是指给予与顾客接触的员工作出决策并采取行动的权力。在服务营销过程中，顾客最初对服务交互质量的感知，是通过一线员工的服务行动来传递的。同时，虽然企业服务机构可以预见部分关键事件而事先对员工行为提出要求，但服务过程中随机性和不确定性因素的存在，必然要求员工在服务传递过程中作出合理决策，及时应对顾客需求。

作为内部营销过程的一部分，如果授权得当，会对员工工作满意度产生决定性影响，并通过留住更多顾客和实现交叉销售而增加利润。授权要求管理层与员工之间持续地培育信任关系，经理必须表现出尊重员工分析问题和进行决策的权力，创造和维护授权需要的条件，以使员工感到自己有权力并可以在顾客服务中运用这些权力。

我们不能否认服务企业向服务员工授权的益处，但在实际中，还需要考虑成本因素，如授权员工的培训成本、决策失误风险成本及员工报酬奖励成本等。一个合理的解决方案就是恰当地聘用、谨慎地授权，毕竟不是每个员工都有必要或有能力获得授权。

（4）实施内部服务补救。内部服务补救是指企业对在顾客抱怨和服务补救过程中员工产生的失落、缺乏信心等心理感受所采取的补救措施。服务补救可以有效地解决员工失落和缺乏信心等问题，保障员工情绪的稳定和良好服务的提供。与外部服务补救有所区别，服务企业的内部服务补救主要由服务机构管理者来承担，经理和主管在处理内部服务补救问题时，有决定性作用。

内部服务补救是引用外部服务补救的概念而出现的，与外部服务补救不同，它针对服务机构的内部顾客（员工）对企业服务机构提供的条件及服务要求产生理解偏差或不满的情况。这时需要对员工的服务状态进行疏导和调节，把他们从服务营销的精神压力中解脱出来，以保证服务机构员工具有良好的工作状态，外部顾客获得优质的服务质量。

3. 内部营销支持层

内部营销支持层旨在为整个内部营销系统的有效运行提供必要的支持，主要是管理支持、技术支持和知识支持。

（1）管理支持。内部营销系统的构建需要各个主体的参与，尤其是离不开管理者的支持。一方面，管理层必须能够识别并完全接受内部营销的观念，在组织内部持续地贯彻服务导向意识，为内部服务系列活动设计发展路径。另一方面，要实现卓越的内部营销成效，必须建立自上而下的推进机制：企业高层管理者应当率先垂范，以坚定的决心和清晰的战略引领内部营销工作；在此基础上，中层管理者需要充分发挥承上启下的作用，将战略转化为可执行的具体方案；最终，基层主管才能以饱满的热情和专业的能力，有效落实各项内部营销举措。这种层级分明的推进模式，既能确保战略一致性，又能激发各层级管理者的主观能动性。管理支持的主要内容包括：通过每日的管理活动来延续正式的培训项目；让员工参与规划和决策过程；将鼓励员工视为日常管理任务的一部分；建立公开或鼓励性的内部文化支持等。

（2）技术支持。内部营销的一个重要目标就是公司通过开发顾客数据库、提供有效的内部服务系统和技术，来让与顾客接触的员工提供优质服务。技术支持包括支持一线员工服务传递过程的技术使用，又包括支持组织后台服务生产活动的技术使用。为使内部服务营销职能活动高效率地展开，需要组织使用必要的技术手段。其中，信息技术和内部互联网的开发对内部营销过程具有非常大的作用。

（3）知识支持。知识支持主要是指为组织活动和员工在服务传递过程中提供必要的经验、技能及其他相关知识。与顾客接触的员工不断积累关于顾客行为、偏好，以及如何以最佳方式为顾客服务的知识，进而创造良好服务质量感知的方法，但这些知识都以隐性知识形式出现，因此我们有必要建立一个知识更新系统，将员工在服务提供过程中的技巧、经验等隐性知识转化为编码化的显性知识，并在组织内部广泛传播，与企业文化相融合，从而为内部营销过程提供知识支持。

（三）开展内部营销需要注意的问题及其效果的评估

内部营销管理作为市场导向企业管理实践，兼具市场敏锐性与组织适应性双重特质。为确保内部营销取得实效，企业需系统把握以下关键实施维度：①组织环境塑造。构建支持性的内部生态系统，重点包括建立市场导向的文化氛围；完善配套制度体系；配置必要的资源保障。②动态管理机制。实施弹性化的运营模式，着重建立市场变化监测系统；制定优先级评估标准；设计敏捷响应流程；实施阶段性效果评估。③员工洞察体系。定期开展员工需求调研，建立满意度追踪机制，运用数据分析技术，形成闭环改善系统。这种系统化的实施路径能够保持战略灵活性，提升组织响应速度，优化员工体验，增强市场竞争力。

在完成内部营销后，企业需要建立系统的效果评估机制，以确保内部营销策略的有效性。评估应重点关注以下几方面。（1）人力资源竞争力：企业需审视吸引和保留优秀员工的力度是否与争夺客户资源相当，招聘体系和管理监督机制是否科学合理。（2）组织支持体系评估：企业是否为员工提供了充分的价值认同感、必要的工作资源支持，以及促进团队协作的组织环境设计。（3）员工授权与反馈机制：评估企业是否赋予员工适当的服务自主权，是否建立了有效的绩效评估与激励机制，特别是对核心服务指标的考核。同时需要检视员工建议渠道的畅通性及意见采纳机制。这种结构化评估不仅能够准确诊断内部营销的薄弱环节，更能为持续优化员工管理策略提供数据支持，最终实现服务品质与组织效能的双重提升。

关键术语

服务营销（Service Marketing）

内部营销（Internal Marketing）

外部营销（External Marketing）

顾客忠诚（Customer Loyalty）

本章小结

本章首先介绍了服务人员在服务传递过程中的重要作用。对大多数服务行业而言，人与人的接触是服务交易的基础，服务人员的素质、态度、专业水平甚至外观都会影响顾客的服务评价，因此要充分重视服务营销中的服务人员；其次介绍了服务利润链及其内在逻辑，说明了内部服务品质、员工满意度、员工忠诚度、员工生产力、为顾客创造价值、顾客满意度、顾客忠诚度对企业创造价值的直接影响及与企业盈利和成长的相关关系；最后对内部营销进行了阐释，指出员工的满意度越高，越有可能建成一个以顾客和市场为导向的公司。

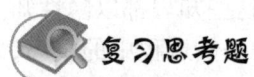

复习思考题

（1）阐释服务人员在服务传递过程中的重要作用。

（2）服务利润链的内涵是什么？

（3）什么是内部营销？结合例子进行说明。

（4）党的二十大报告提出要深入实施人才强国战略，谈一谈应该怎么培养新型服务人才。

 综合案例

员工就是服务,重视员工就是重视服务

服务专家莱纳德·贝里(Leonard Berry)曾写道:"对员工成功的投资是许多企业持续成功经营的关键推动因素,比如嘉信理财公司(Charles Schwab)、中西快递公司(Midwest Express)、福来鸡(Chick-fil-A)等。"为何如此?为什么这些公司选择向员工大力投资?为找到答案,我们先看一下下面这些真实的故事。

在新加坡航空公司(Singapore Airlines)的一次长途跨国航班上,一个好动的学步儿童屡次掉落橡皮奶嘴。每次奶嘴掉落,孩子都会哭闹,必须有人(母亲、其他乘客或是乘务员)为他找到橡皮奶嘴。最后,一位乘务员捡起了橡皮奶嘴,用丝带系住橡皮奶嘴,并将丝带缝到儿童的衬衫上。孩子和母亲都非常高兴,坐在周围的乘客,向这位乘务员致以热烈的掌声。

在机场的候机楼里,一名商务舱乘客在他的航班起飞前饥肠辘辘,他又不喜欢吃快餐。于是,他在推特上对他最喜欢的莫尔顿(Morton's)餐厅玩笑似的留言:"你好莫尔顿,我的航班在两小时后着陆,你能在纽瓦克(Newark)机场的餐厅给我一份牛排吗?谢谢。"尽管他是这家牛排馆的老客户,但是没对推特上的留言抱什么期望。留言后,因为飞机要起飞,他就关了手机。然而令人难以置信的是,当航班着陆后,他在机场见到了从23英里外驱车到机场为他送上丰盛晚餐的莫尔顿员工。

多年前,在帕纳拉(Panera)餐厅停车场,一位女士试着抓住另外一名失去平衡的顾客(患有多发性硬化症)的胳膊,结果二人同时摔倒在路面上,并且这位女士摔伤了右臂。在这位女士被救护车送到急救室进行治疗之前,一名帕纳拉餐厅的员工把他的名片给了这位女士,告诉她如果需要的话给他打电话。几个小时后,这位女士将电话打了过去,问是否可以接送她到餐馆去取她的车。当她到了那里,发现自己已经不能再驾驶汽车了,因为她的车是手动挡的,她不能用受伤的胳膊进行换挡。帕纳拉餐厅的员工先给她提供了一顿免费的美食。在这位女士没有找到人能带她回家后,帕纳拉餐厅的这位员工亲自开车将她送回了距离餐厅一小时车程的小镇。这位女士非常感动,她无法相信一名餐馆员工为她做了这么多的事。

这些故事说明了在创造顾客满意和建立顾客关系的过程中,服务人员所担当的角色有多重要。在每个例子中,一线的服务提供者,都对其所代表的组织的成功起到了重大作用。他们实时理解顾客需求,明白顾客所需。莱纳德·贝里写道:"在一个接一个的案例中,那些持续不断上演成功服务的企业都认识到员工的重要性。"

而能真正认识到员工的重要性并坚持做下去的公司里,谷歌可以说是首屈一指,正因为谷歌对员工的关怀,使得谷歌迅速成为业界首选的雇主。

1996年,谷歌的创始人拉里·佩奇和谢尔·盖布林在斯坦福大学的宿舍里开发了一个新的线上搜索方法,很快使用者就遍布了全世界。他们继续完善这一方法,并在1998年创立了世界最大的搜索引擎,它可以免费提供方便快捷的搜索服务,通常在几分之一秒内反馈搜索结果。

在短短的几年时间里，谷歌成为《财富》杂志美国最佳百名雇主第一名，并且在2007年至2016年间7次获此殊荣，位列《财富》100强企业名单中第一位。有研究报告指出，1/4的年轻专业人士想在谷歌工作。谷歌采用了多种方法来成为首选雇主。

在总部建设方面，谷歌的全球总部在加利福尼亚州，为了吸引和留住谷歌员工，总部设计成有特色的山景大楼。在该公司网站上可以看到大楼的重要组成部分，包括有钢琴的大堂、熔岩灯和从世界各地实时发出的搜索申请的投影等。走廊里有自行车，一楼是橡胶球练习场，世界各地的信息公告栏随处可见，一个三维旋转的世界图像，显示点之间的切换代表实时搜索、颜色编码的语言和查看整个互联网的交通模式。

在娱乐设施方面，谷歌提供健身房（内有举重和划船机等）、更衣室、洗衣和干衣间、按摩室、各种视频游戏、钢琴、桌上足球、台球和乒乓球。每周在停车场举行两次滚轴曲棍球比赛。

在用餐设施方面，谷歌总部有11个免费美食餐厅，给员工提供免费用餐。谷歌的食品站包括"查理烧烤""回到阿拉伯克基""中西混搭"和"素食主义者"等多家餐厅。点心房里有各类谷物、巧克力豆、软糖、太妃糖、甘草、腰果、酸奶、胡萝卜、新鲜水果和其他点心。还有各种饮品，包括新鲜果汁、苏打水、咖啡等。

在员工服务方面，谷歌为全球员工提供各种服务。例如，现场洗车和换油都是谷歌为员工提供的服务，还提供剪发服务。员工可以参加健身教程、享受按摩、学习中文、日语、西班牙语或法语，还可以请前台安排晚饭。其他服务还包括照顾小孩、现场公证，有5名现场医生提供体检服务，所有的这些都是免费的。对于上下班，谷歌在湾区5个地点提供免费的有Wi-Fi的班车。

不仅如此，谷歌还提供很多其他福利，如员工想买混合动力汽车，公司会有5 000美元补贴。公司每周都举办TGIF派对，并有现场乐队演奏。公司还经常举办"睡衣日"。为方便妈妈哺乳小孩，提供有吸奶器的房间。谷歌员工可以带他们的宠物上班。谷歌的80/20原则允许员工80%的时间用于他们的主要工作，20%的时间花费在他们感兴趣的觉得对公司有益的项目上，谷歌邮箱、谷歌新闻、谷歌经济就是这么产生的。这就不难理解为什么每天有3 000份简历投往谷歌。

（资料来源：泽丝曼尔，等，2018.服务营销[M].7版.张金成，等译.北京：机械工业出版社．）

思考题

（1）为什么说重视员工就是重视服务？
（2）为什么说员工就是企业的品牌？
（3）谈一谈谷歌在重视员工方面都做了哪些努力，有什么值得借鉴的地方。

第十二章 服务流程管理

学习目标

（1）了解服务过程的概念、分类及特点。
（2）熟悉服务过程管理的内容。
（3）领会服务蓝图法。
（4）掌握生产线法、顾客合作法和授权法。

迪士尼主题公园的服务流程设计

在迪士尼，创造快乐，为全世界所有年龄段的人呈现最好的娱乐体验是迪士尼所有员工的共同目标。"我的生意就是要让人们，尤其是让孩子们开开心心。"华特·迪士尼在半个世纪前如是说。创造快乐的共同目标让公司上下有了明确的焦点，界定了公司的业务范围，并让迪士尼分散在世界各地15万名的演职人员有了共同的期许和凝聚点。

流程是优质服务的发动机，宾客的满意度是发动机的动力。流程包括演职人员和场景设置的因素，以及对这些因素的利用。对于流程的优化可以大大提升宾客的体验。例如在解决长时间排队这个问题上，迪士尼从操作流程、客流本身和排队体验三个方面进行优化。

优化操作流程：迪士尼设计了一项叫作"额外的魔法时光"的计划，向下榻于迪士尼集团酒店的宾客提供提早一个小时开放和晚三个小时关闭的服务。这个计划允许特定的就餐区域、零售商店提前开门，以方便宾客提早入园、就餐、购物。

优化客流：迪士尼通过游玩攻略、定时更新的提示来为宾客提供精确的参考信息，赋予宾客自己安排活动的能力，宾客也可以向演职人员询问来辅助自己规划参观行程。

优化排队体验：在宾客等待的过程中，演职人员通过表演来吸引宾客们的注意力。幻想工程师们还精心制作了互动式装置来帮助宾客们打发时间，例如飞翔（soarin'）项目外安装了带有运动探测器和热传感器的巨型屏幕，可以让宾客在排队时组队玩视频游戏。

迪士尼的规划者非常清楚，游客期望经历的每件事物都是充满乐趣的，不希望任何环节给他们带来困扰，所以你总是能看见员工面带微笑，随时准备在你需要时提供帮助。所有设施一尘不染，并且还有许多喜闻乐见的景观、食品及不同的价格水平，以满足所有人的口味。为了吸引回头客，迪士尼还定期扩大其服务项目——在过去的两年中，迪士尼世界增加了12项娱乐设施及其他项目，而在过去5年中增加的数目达22项之多。同时，迪士尼不断改进服务的所有要素，力争赢得所有年龄段游客的偏爱。

（资料来源：http://disneyworld.disney.go.com，2023-03-18.）

第一节　服务流程的概述

一、服务流程概述

（一）流程概述

《牛津英语大辞典》对流程的定义是：一个或一系列连续有规律的行动，这些行动以确定的方式发生或执行，导致特定结果的实现；一个或一系列连续的操作。最简单的流程由一系列单独的任务组成，有一个输入和一个输出，输入经过流程变成输出。

所谓流程，就是一种由投入产出的转换活动。流程实质上就是工作做法或工作的结构，或者事物发展的逻辑状况，它包含事情进行的始末、事情发展变化的经过，既可以是事物发展的时间变动顺序，也可以是事物变化的空间过程。如图12-1和图12-2分别为投入产出转换和医疗诊断流程。

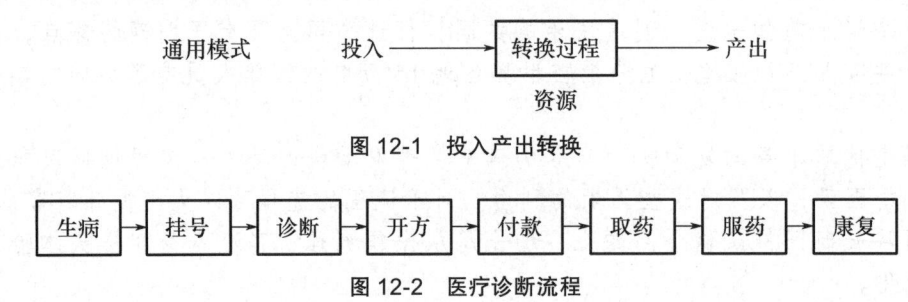

图 12-1　投入产出转换

图 12-2　医疗诊断流程

（二）服务流程概述

服务流程有不同的定义，比较具有代表性的定义有如下几种。

（1）美国服务营销专家斯蒂文·阿布里奇对服务流程作了如下定义：服务流程是从顾客的角度来观察事物，实质上是指顾客享受到的、由企业在每个服务步骤和环节上为顾客提供的一系列服务的总和。企业及其员工无论怎样看待服务流程中的每个环节，他们大多把这些环节当作业务完成，而顾客则会对服务流程中的每个环节都作出评价，然后加以汇总，得出一个完整的评价结果。

（2）根据流程再造的创始人哈默对企业流程的定义，可将服务流程定义如下：服务流程是服务企业或部门把一个或多个输入转化为顾客有用的输出的活动。

（3）根据美国流程再造专家 T. H. 达文波特关于流程的论述，可将服务流程定义如下：服务流程是跨越时间和地点的有序的服务工作活动，它有始点和终点，并有明确的输入和输出。

（4）根据 H. J. 约翰逊对企业流程的定义，可将服务流程定义如下：服务流程是把服务输入转化为输出的一系列相关活动的结合，它增加输入的价值并创造出对服务接受者更为有用、更为有效的输出。

不同服务企业的流程是不同的，即使是同一行业。

二、服务流程的分类及特点

根据不同的标准，服务流程的分类如下。

（一）根据服务流程的流程形式分类

（1）线性流程。在线性流程作业方式下，各项作业活动按一定顺序进行，服务是依据这个顺序而产生的。

（2）订单流程。订单生产过程是指使用不同活动的组合及顺序而制造出各种各样的服务。这类服务可以特别设计和定制，以适合不同顾客的需要，以及提供事先预订的服务。

（3）间歇性流程。它是指各服务项目独立计算，做一件算一件或属于非经常性重复的服务。

服务流程具体分类及其定义、优缺点如表 12-1 所示。

表 12-1　服务流程具体分类及其定义、优缺点

流程分类	定　　义	优　　点	缺　　点
线性流程	线性流程作业方式下，各项作业活动按一定顺序进行，服务是依据这个顺序而产生的	线性流程也是一种具有弹性的过程，可经由专门化、例行化而加快绩效速率。线性流程过程最适合用于较标准化性质的服务业，且有大量持续性需求的服务业 典型行业：自助型的行业，如自助银行、自助餐厅	线性流程的各种不同构成要素之间的相互关系，往往使整体作业会受到连接不足的限制，甚至因此造成停顿的现象
订单流程	订单生产过程是使用不同活动的组合及顺序，制造出各种各样的服务。这类服务可以特别设计和定制，以适合不同顾客的需要，以及提供事先预订的服务	这种形态的关键优势在于有弹性。根据不同顾客的需求提供相应的服务产品 典型行业：餐馆及专业服务业	不容易安排时间以及不容易用资本密集型取代劳动密集型，同时也不易估算系统产能
间歇性流程	间歇性流程是指各服务项目独立计算，做一件算一件，或属于非经常性重复的服务	这类专案最有助于流程管理技术的转移及关键途径分析方法的应用 典型行业：各种新服务设施的建造、一个广告宣传活动的设计、一个大型电脑装置的安装或制作一部大型电影	这类流程的工作浩繁，对管理阶层而言是复杂而艰巨。如果管理层团队合力较差，则很容易造成混乱的局面

（二）按照服务流程中与顾客接触的程度来分类

（1）服务工厂。有些服务流程的劳动密集程度较低（因此服务成本中设施设备成本所占的比重较大），顾客接触程度和顾客化服务的程度也较低，这种服务类型可称为服务工厂。运输业、饭店、休假地的服务运作是这种类型的例子。此外，银行及其他金融服务业的"后台"运作也属于这种类型。

（2）服务车间。当顾客的接触程度或顾客化服务的程度增加时，服务工厂会变成服务车间，就好像制造业企业中进行多品种小批量生产的工艺对象专业化的车间。医院和各种修理业是服务车间的典型例子。

（3）大量服务。大量服务类型有较高的劳动密集程度，但顾客的接触程度和顾客化服务程度较低。零售业、银行的营业部门、学校、批发业等都属于大量服务。

（4）专业型服务。当顾客的接触程度提高或顾客化服务是主要目标时，大量服务就会成为专业型服务。例如，医生、律师、咨询专家、建筑设计师等提供的服务。

第二节　服务流程的管理

服务业中的服务系统和服务流程与制造业中的十分相似。因此，作业管理的原则和技术，在两个产业部门大都适用。但是，就像营销管理一样，作业管理在非制造业方面的运用并不比在制造业的运用更容易。由于某些特定的服务业差异的存在会影响到作业管理的问题类型与解决方式，因此，在分析作业管理的问题之前，必须先了解服务系统产出的各个方面。

一、服务流程中的互动

服务互动不仅是顾客与服务提供者之间的互动，还包括顾客与服务组织、服务系统和设施等之间的一系列活动，大致可分为四类：顾客与服务提供者的互动、顾客与顾客的互动、顾客与服务环境的互动，以及顾客与服务系统及服务过程的互动。这些互动组合在一起，就构成了整个服务经历。

（一）顾客与服务提供者的互动

这是最直接的互动，顾客与服务提供者通过这种互动共同生产服务。人与人之间的互动可以分为多个层次，除了语言，我们还可以通过穿着、仪态等非语言行为与他人进行沟通。

顾客与员工的互动可能是面对面的，也可能借助电话、电子邮件、传真或信函进行。在服务提供中，与顾客接触的员工非常重要，系统、技术和有形资源都要依靠他们才能发挥作用。在关键时刻，他们还能及时观察、对顾客行为及时做出反应，回应顾客的需求。然后，进一步追踪服务质量，在发现问题时及时采取对策。

因此，企业必须通过对员工培训，使员工具有高度的服务沟通技巧，能够有效地驾驭整个互动过程。随着科学技术的发展，越来越多的服务过程已不再需要与顾客接触的员工。因此，当出现服务失误时，整个服务过程就显得很脆弱，甚至会瘫痪。

（二）顾客与顾客的互动

在中、高接触度服务中，顾客与顾客之间存在互动关系。例如，在娱乐场所，所有人都无法避免与其他人接触。有些服务自身特性就要求顾客与顾客之间必须有互动。例如，使用飞机等交通工具的所有乘客之间会有互动，排队买票的每个顾客也都存在着互动关系。这种互动有时会对服务传递产生不良影响，从而破坏服务传递过程。在多数情况下，顾客与顾客之间的互动是难以预料的，也不好控制，因此服务人员必须对此做好充分准备，一旦出现问题，立即作出有效的应对。

（三）顾客与服务环境的互动

服务环境作为重要的情境变量，在顾客与服务系统的互动中发挥着关键作用。其影响不仅渗透于服务体验过程，更可能成为决定服务效果的核心要素。从全球范围来看，企业越来越重视服务环境的设计及作为服务要素环境对顾客服务质量感知的影响。有些企业将服务环境设计作为与竞争对手服务区分的工具。律师事务所用木格板装饰办公室，书架上排列整齐的法律专业书籍可以表达提供服务的可靠性和严格的职业素养；医院中明亮的灯光和庄重的白色可以衬托出医院的卫生状况和医疗行业的环境特性。

（四）顾客与服务系统及服务过程的互动

服务过程将服务传递过程中的人、产品、环境和科技协调整合在一起。服务过程不仅包括顾客到现场接受服务的过程，还包括服务的预订过程。把服务预订过程纳入管理范畴，可以促使企业有效把握顾客的服务需求，对服务需求作出科学的预测。例如，酒店可以通过顾客的预订服务，对服务资源作出合理的调整和配置。

顾客与服务系统、服务人员和顾客之间的互动结果对顾客满意、员工满意会产生同样的影响。在良好的服务系统中，顾客感觉不到服务的运营，而且互动过程非常简单、方便。如果顾客难以与服务系统产生互动，就会加大服务人员的工作量。

（五）互动过程中的资源匹配

人员、系统、技术、有形资源和顾客，必须经过周详的规划和有效的组合，才能使服务过程产出具有竞争力的服务。与顾客接触的员工是关键资源。每名与顾客接触的员工都有自己独特的工作方式，称为工作风格。工作风格不仅受他们专业技能的影响，还受到顾客态度的影响。

首先，员工的工作风格必须与顾客的消费风格相适应。如果这两种风格不匹配，那么顾客就会感到服务质量低下。例如，吸烟顾客和非吸烟顾客、情侣用餐和商务宴请肯定无法在同一个环境中和睦相处，因此员工的工作风格也要作出相应改变。

其次，系统和有形资源也要和员工的工作风格、顾客的消费风格相匹配。如果系统和顾客的消费风格不匹配，顾客对系统不适应，甚至感到参与服务很麻烦，这就再次损害了顾客感知服务质量。

最后，支持员工的工作风格要与内部顾客，即和与顾客接触的员工的工作风格相匹配。如果错位，企业内部气氛就会受损，与顾客接触的员工就会感到他们没有从职能部门得到足够的支持。

二、服务流程管理的内容

服务流程是指一件产品或一次服务交付给顾客的程序、任务、日程、结构、活动和日常工作。服务产生和交付给顾客的过程是服务营销组合中的一个主要因素。因为，顾客通常把服务交付系统感知为服务本身的一个部分。服务业企业的顾客所获得的利益或满足，不仅来自服务本身，同时也来自服务的传递过程。

服务业的服务过程与制造业的过程十分相似。因此，服务流程管理的原则和技术，在两个产业部门大都合适。但是，就像营销管理一样，服务流程管理在非制造业的运用并不比在制造业的运用更容易。分析服务流程的问题之前，必须先了解服务流程的各个方面。因为，不同类型的服务业会影响服务流程的问题类型和解决方式。

服务流程管理涉及这一过程中服务人员的工作内容和编排程序、必要的服务设施的设计布局、质量保证与监管、顾客接触与参与、生产能力控制等。

（一）服务业目标和产能的利用

对于某些服务业，是不能通过传统的利润和投资报酬率的方式进行衡量（如交通运输等公共服务业）的，而必须采用其他方式，尤其是在非营利性服务业及社会性服务业部门，必须建立与其性质相适应的服务业目标。

服务的非实体性，意味着建立库存具有很多限制。当然，从某种程度来说，服务人员及其技能是可以储存的，设备也可以储存（必要时可提供额外的产能）。但一般而言，在服务业，今天没有用完的或闲置的东西往往就必须放弃，而不能留给以后的超负荷需求来使用。因此，服务作业管理中要进行的最基本决策是提供的产能水平。过多产能，可能造成作业的不经济；而过少产能则在服务递送时形成瓶颈，导致顾客反感。

（二）顾客参与的服务过程

顾客对服务质量的评价往往基于其与服务人员的互动体验，这种人际互动直接影响顾客的满意度。服务人员的专业素养（包括服务态度、技能水平和专业知识）会显著影响顾客的满意度。然而需要强调的是，服务人员仅是服务价值链中的一个关键节点。尽管优秀的服务人员能够通过卓越的临场服务弥补部分系统缺陷，但无法从根本上解决服务体系的结构性问题和效率瓶颈。

在服务运营管理中，服务人员自主权与服务系统标准化质检存在显著的替代效应。过度强调系统标准化虽然能够提升运营效率、降低服务成本并确保质量一致性，但会导致以下负面效应：工作满意度显著下降、发展空间受限、服务创新动力不足、服务柔性降低、个性化服务能力弱化、顾客体验质量受损。这种替代关系本质上反映了服务管理中的效率－柔性悖论。最优解在于寻求标准化与自主权的平衡点，即在保证系统效率的同事，保留适度的员工决策空间。

在高接触度服务场景中，顾客作为服务的共同生产者审读参与服务流程，这一特性要求服务系统设计必须充分考虑顾客行为特征和心理动机。事实上，顾客的服务预期与需求会直接影响服务人员的现场决策和行为模式。要优化这类服务系统的管理效能，企业通常面临两种策略选择：一是通过服务引导和教育逐步规范顾客行为，使其与服务流程更好协同；二是在可能的情况下，通过服务流程再造将某些顾客行为环节从核心服务系统中剥离，转而由自助服务或技术支持替代。这两种路径都体现了"以用户为中心"的服务设计理念，其核心在于平衡服务效率与顾客体验的关系。

传统的经济理论提出了提高生产率的3种方式：①改善人力资源；②投资于更有效率的资本设备；③将原来由人力操作的工作自动化。

提高服务业的生产率，除了传统的三种方式外，还需要引入第四种关键途径：优化消费者与服务提供者之间的互动模式。在服务系统革新过程中，必须充分融入市场营销视角。这是因为，服务行业运营管理的任何变革都会直接影响客户体验，而客户对这些改变的接受度往往存在不确定性。尤其值得注意的是，客户对新服务模式的抵触情绪常常成为实施科学改进方案的主要障碍。为有效解决这一问题，建议将服务系统，特别是高接触度的服务行业，划分为技术核心模块和个性化接触模块。这种架构设计能够显著降低客户的抵触心理：一方面，技术核心模块（如银行系统的数字化交易平台）可以实现大规模的生产率提升；另一方面，由于客户仍会与技术核心产生一定程度的交互，服务提供商必须持续保持对客户反馈的高度敏感性，确保系统优化与客户体验的平衡发展。

顾客服务包括七个步骤，以促成作业管理变迁的成功实施。

（1）取得顾客信任。顾客是否愿意接受服务变革，很大程度上取决于他们对企业的信任程度——只有让顾客相信改变能带来真正价值，他们才会欣然接纳。

（2）精准把握顾客行为模式。这一点有助于更有效地呈现变革的合理性与价值。

（3）测试新的服务程序和设备。通过实地试用获取对顾客的了解与其反应的评估。

（4）了解消费者行为的决定因素。了解消费者为何采取某种行为。

（5）指导消费者如何使用创新服务。为消费者提供创新服务的使用培训，特别是帮助他们克服对技术化服务的陌生感，通过指导提升其使用信心。

（6）利益促进及体验激励。顾客的接受度往往取决于其对产品或服务价值的感知。若接受度不足，则需通过利益引导和试用激励来增强其价值认知，从而提升采纳意愿。

（7）监测并评估成效。应持续不断地进行监测、评估和修正。

以上建议是针对获取顾客的接受度而提出的。不过，这些建议也同样可以应用到服务员工对变迁的接受度上。

（三）服务系统的组织内冲突

服务业的多网点运营模式呈现出典型的分散式管理特征，各服务网点作为独立运营单元分散在不同区域，构成一个有机的运营网络。在这一架构中，总部机构主要承担战略性职能，包括网点选址评估、服务产能规划、人力资源政策制定及集中采购与财务管控等核心决策。而各分支机构的经理则需要全面统筹本地服务系统的运营管理，具体涵盖市场营销、服务交付和人员管理三大职能板块。这种管理模式赋予网点较大的自主权，使其在运营过程中承担着整合管理的角色。然而，在高度自主的运营体系下，各职能模块之间复杂的相互影响和依存关系常常引发管理冲突。特别是在引入创新服务时，网点管理者往往面临多重平衡难题：既要协调运营效率与营销需求之间的矛盾，又要调和流程革新与人员适应能力，这种跨职能的冲突已成为多网点服务管理中的典型挑战。这种组织形态下的管理复杂性，要求企业建立更加精细的协调机制和弹性管理体系。

1. 造成组织内冲突的原因

造成这种组织内冲突的原因主要有以下四点。

（1）变革的动机不同。在不同的组织部门，系统变革有不同的动机（如在作业方面，可能基于技术开发的进展；而在营销方面，则可能基于提高市场占有率的可能性）。

（2）成本收益取向。服务经理关心效率的提高和成本的降低，营销经理则追求营业额与收入的增加。

（3）不同的时间导向。营销人员往往采取短期导向，关注于短期内的情况；而服务人员则着眼于新技术及新作业程序引进的长期导向。

（4）新服务产品的引入需评估其与现有运营系统的兼容性。从营销视角开发的服务方案，可能在作业流程、资源配置或技术标准方面与既有系统存在适配障碍。

2. 克服组织内冲突的方式

克服组织内冲突的方式有以下四种。

（1）组织内轮换。用工作轮换的方式让员工能在不同部门间流动。

（2）任务小组。可成立任务小组，以整合各种不同观点，并解决组织内冲突。

（3）新任务、新员工。为现有员工重新制定任务，并从其他部门甚至是招聘新人。

（4）在工作现场层次培养营销导向。

组织内部的冲突往往源于服务行业的作业特性及其组织架构。以多网点运营的服务企业为例，其通常采用直线职能与团队协作相结合的管理模式，即各分支机构由专职经理负责，但经理的实际权限往往取决于总部分权程度以及单点决策空间的大小。与此同时，部分标准化程度较高的服务企业则更强调集中管控，要求各分支机构严格执行总部制定的统一流程与标准，这种情况下，分支机构管理者的自主决策权往往受到较大限制。这种集权与分权的动态平衡，正是服务业组织内部产生管理冲突的重要诱因。

（四）质量控制

质量控制是服务过程管理和控制的又一个重点。许多适合制造业的质量控制制度，也适用于服务业。

（1）质量控制关系到服务作业中的每个人，也关系到看得见或看不见的各种任务。

（2）各项质量控制制度应具备识别质量偏差、激励成效及推动持续改进的功能。

（3）以机器替代人力，尤其是取代那些例行性的服务工作，应有助于质量控制。

在服务递送过程中建立有效的质量控制标准是可行的。尽管服务业在制定和实施质量控制标准方面可能比制造业更具挑战性，但许多提高生产率的原则同样适用于服务质量改进。例如，通过引入自动化技术、优化流程设计、推行标准化操作、实施专业化分工、借鉴流水线作业理念、强化员工培训、科学安排工作任务及合理组织工作流程等措施，均可显著提升服务质量。其中，科技手段的运用尤为关键，能够为服务质量控制提供强有力的支持。

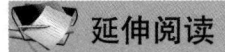 **延伸阅读**

餐厅服务流程

一、餐前准备

①准时到岗，参加班前会，接受领班和经理对当餐的工作安排和布置。②员工进岗后，做卫生定位摆台，如提前预订应按要求摆台。③清理地面卫生和室内所属物品表面及死角卫生。做到地面无垃圾、无油垢、无水迹、无烟头、无墩布毛。每餐清扫一遍。④检查台面，餐具有无破损、水迹、油迹、污迹，保持台面干净整齐。⑤由领班领用餐中一次性物品，分配后注意妥善保管，归档码放整齐。⑥按点立岗定位，准备迎客。

二、迎客

①当迎宾员将顾客领到该区域时，服务员应微笑点头问好。②拉椅让座，根据顾客人数添减餐具，递上菜单，迅速沏茶倒水，示意顾客用茶。③征求顾客是否点菜。

三、点菜

①翻开菜单，请顾客阅览，同时介绍本店的特色菜、特价菜、新推菜及酒水。②在记录顾客所点菜品、酒水时，写清日期、桌号、用餐人数、服务员姓名。③顾客点菜完毕，请给顾客清单，以确认顾客所点菜品，然后示意顾客稍后菜品上桌。

四、下单

在吧台下单，核对单据与预结联是否一致。如有问题迅速解决。

五、餐中服务

①迅速及时将顾客所点酒水送上餐桌，征求顾客意见，起瓶倒入杯中。②巡视自己所管区域顾客的用餐情况，及时补充顾客所需，整理台面，上菜报清菜名，划菜核单，征求顾客意见，随时撤下顾客餐桌上的空餐具和用具。菜品上齐后应告知顾客："您点的菜上齐了，您还需要别的吗？"③餐中推销，勤斟酒水，巡视餐台，如发现顾客酒水快用完或菜品不够时，应询问顾客是否添加。④服务员有事暂时离开工作区域时，一定要向邻区的服务员打招呼寻求帮助。不要长时间离岗，办事完毕应迅速返回工作区。⑤随时巡查地面和台面卫生，及时清理以保持清洁。

六、结账

①顾客示意结账时，服务员应及时到吧台结算。如遇顾客亲自到吧台结账，服务员应跟随，核对清单要准确无误。②问清付款人，报清所消费的金额，双手递上账单，请顾客过目，顾客在看账单时发现疑问，服务员应马上核实，并耐心地做好解释工作。③收到顾客付款，应双手接过，点清所收数目（收您×××元，请您稍后或您的付款正好），到吧台找零后，在账单上签实发及姓名，回到餐桌，双手递给顾客找回的零钱（找您×××元，请您清点并收好，谢谢！）。如顾客需开发票，问清单位。如本店的发票打完或因机器故障无法给顾客开发票，应耐心向顾客解释，出具其他证明，示意顾客下

次用餐时一起开。④顾客离座拉椅，提示顾客带好随身携带的物品，并致欢送辞。

七、收台

①餐具应按档码放，不得大餐具摞小餐具，前厅用品和厨房用品分开，使用规定的收台工具将餐具分别送到洗碗间和洗杯间。②清整台面垃圾，擦净桌椅，及时摆台以便接待下桌顾客。

（资料来源：http://www.canyin168.com/，2025-05-10。）

三、服务绩效衡量

对所有组织而言，绩效衡量主要有两大类：一是效率衡量，即资源的利用状况；二是效果衡量，即流程目标实现情况。也有另一种表达方式，即效率就是"把事情做正确"，而效果则强调"做正确的事情"。

（一）效率衡量

获得效率有两种基本方法：流程中的效率，即某一资源使用时的可用时间量；结果中的效率，即单位资源所产出的工作量。产能利用率是一种衡量流程中效率的指标，而员工生产率则是一种衡量结果中效率的指标。

1. 产能利用率

产能利用率衡量的是可用产能中被使用的数量。它涉及工作中心所需产能与可用产能两个方面。产能利用率用百分比来表示，即用所需产能与可用产能的比值来计算。其具体计算公式为

$$产能利用率 = \frac{所需产能}{可用产能} \times 100\%$$

$$可用产能 = \frac{可用时间}{工作时间}$$

改变产能利用率有3种途径：①改变所需产能（需求）；②改变可用时间；③改变工作时间。

对于一个企业来说，什么才是正确的产能利用率呢？这要看情况而论。当产能利用率为100%时，企业的生产资源就被全部利用起来。效率提高了，但其他工作绩效方面，比如交付速度和质量也许就降低了。顾客对服务交付成本、质量、速度和可靠性的期望决定了一个企业适当的产能利用率。对于任何流程来说，都不会存在永远合理的产能利用率。对于每次服务，都必须保持资源利用效率与其他工作绩效目标之间的有效平衡。

产能利用率用以表明所需产能与可用产能之间的关系。要降低产能利用率，要么增加产能，要么减少需求。增加产能的一种方法是增加生产资源，如牙科诊所再雇用一个洗牙师；另一种方法是更加有效地利用现有再生资源，如压缩流程中最长工作环节的时间。

2. 员工生产率

员工生产率是另一种效率衡量指标，即一位员工在某一单位时间段内完成的工作量。与产能利用率相似，员工生产率也涉及服务需求与服务产能两个方面，因为一位员工所能完成的工作必然要受他所"必须"完成的工作的影响。

用哪种方式衡量员工生产率取决于对服务的估计。比如，在零售业，每平方米营业面积的销售额是很重要的衡量方式。因为在零售业中，空间是很值钱的。然而对于一家电力公司来说，每升油产出的电量就会成为很重要的生产率衡量方式。

3. 成本

对于任何业务而言，成本都是一种重要的效率衡量指标。成本由几方面构成：原材料成本；劳动力成本，包括交付服务成本和监管成本；管理费用（或间接成本），包括组织整体运营成本，如场地费用、设备运营费用、水电费、总部管理费用。劳动力成本与原材料成本的多少，在很大程度上由整个流程设计是否合理及出现废品与返工的状况来决定。

（二）效果衡量

顾客通常并不关心服务组织的效率如何，或者组织的经营成本是多少，他们想要的是能够满足需要且价格适当的服务。顾客是愿意为价值消费的，如果组织提供给顾客的服务价值大于组织交付服务的成本，组织自然会盈利。但如果组织没有效率或没有满足顾客需要，那么就不可能以超过交付成本的价格销售服务，组织也就无法盈利。

1. 顾客满意度

顾客满意度是效果最显著的指示器。顾客满意度可以直接通过访谈或问卷调查等方式来衡量，也可以采用其他各种方法，如顾客维系率/流失率、新顾客的比重、销售额与市场份额及投诉量等。

1）顾客维系率/流失率

对服务满意的顾客一般会成为回头客。对于服务组织而言，留住老顾客的成本要比吸引新顾客的成本低，回头客的存在意味着组织能够获得持续不断的收入。由于新顾客也很重要，因此衡量顾客维系状况，即顾客流失或顾客背叛也会提供很多信息。

2）新顾客的比重

无论老顾客多么忠诚，从长远发展角度考虑，所有组织都需要不断吸引新顾客，因为老顾客可能因为各种原因流失。因此，对大部分服务组织而言，新顾客的比重就成为一种极其重要的衡量指标。有些顾客可能受现有顾客的鼓励而去尝试一项服务。因此，口碑者的数量也是一种衡量现有顾客满意度的指标。

3）销售额与市场份额

销售额是一种效果衡量指标。不断增长的销售额意味着有越来越多的顾客正在购买服务或者顾客平均购买量越来越多；相反，不断减少的销售额意味着购买服务的顾客越来越少或顾客平均购买量正在降低。市场份额是指某一特定服务销售额占全部销售额的比重，这是用来从宏观层面上衡量顾客满意度的指标。在一个稳定的市场中，销售额的增长往往伴随着市场份额的增加，两者都说明与其他竞争对手提供的服务相比，顾客更偏好这一不断增长的现象，因此对这两方面进行通盘考虑，以掌握顾客如何评价自己的服务与竞争对手的服务是至关重要的。

4）投诉量

某一服务收到顾客投诉的次数反映了顾客的满意度状况。投诉还给服务企业提供一个了解顾客需要的机会。

但是，许多顾客在对服务不满时通常不会选择投诉，因为他们觉得太麻烦，还不如另外选择一家服务企业。因此，对服务企业而言，开发收集顾客投诉的工作流程，对信息加以集中分析，从而寻求更好地为顾客服务的方式是非常重要的。

2. 技术质量

技术质量是服务过程中最为核心的专业要素，它直接关系到服务的实际效果与专业水准。由于技术质量涉及专业领域的知识与技能，顾客往往难以对其进行精确评估，这主要是因为他们缺乏相关的专业知识背景。不同服务的技术质量要求存在显著差异，例如医疗服务的诊疗准确性、工程服务的施工规范等，这些都需要由具备专业资质的服务提供者来把控。为确保技术质量达到行业标准，必须由专业机构或资深从业人员通过严格的技术指标和操作规范进行监督与评估，这是保障服务质量的根本所在。

3. 顾客预订取消率与预订缺席率

在许多服务组织中，顾客预订取消率或预订缺席率是重要的效果衡量指标。这两个指标异常，就说明流程本身或流程中顾客满意度方面出现了问题。预订缺席率也可能意味着顾客并不太重视该项服务。无论何时，如果这两个指标异常，管理者应仔细调查，以决定是否需要对流程进行修正，或者是否顾客对服务有不满意的地方。

4. 员工满意度

布莱克·诺德斯托姆曾说，满意的员工带来满意的顾客。员工流动率（一段时间内辞职员工所占的百分比）与员工缺席率（请病假或旷工的员工所占的百分比）是服务组织整体健康状况的晴雨表。

员工流动率高并不都是坏事，某些服务组织的用人策略就希望员工流动。评估员工流动必须结合组织的用人策略，决不能一概而论。员工满意度也可以通过访谈、专题小组与调查等方式直接衡量。

5. 适应性／宽泛度

服务组织的适应性和宽泛度是衡量其应对需求变化能力的两个关键维度。适应性指组织动态调整服务流程、资源分配和运营模式以匹配需求变化的能力。例如，医院在流感季增设临时诊室，或餐厅在高峰时段增加人手，都体现了组织的适应性。适应性强的组织能够快速响应环境变化，但未必能处理多样化的需求。宽泛度则指服务本身能够涵盖的需求范围，即处理不同类型或复杂程度需求的能力。例如，内科大夫比实习护士具有更高的宽泛度，因为其专业范围更广，能应对更多样的病症；而快餐店（如麦当劳）由于标准化流程，其宽泛度高于高级餐厅，能同时满足大批量顾客的基本需求，但无法提供个性化服务。适应性关注的是调整速度与灵活性，而宽泛度反映的是服务内容的覆盖范围。两者共同决定了服务组织再动态市场环境中的竞争力。

（三）效率与效果双重衡量

有些绩效衡量方法可以用来同时衡量效率和效果，因为它们不仅能反映资源的利用状况，还可以反映其工作目标的完成情况。效益、可靠交付/等候时间及某些特定的财务指标都属于这类方法。

1. 效益

效益的计算公式为

$$效益 = \frac{合格产出}{总产出} \times 100\%$$

效益是生产环境中非常实用的衡量方法。在生产过程中，如果使用规定的原材料和零部件能够生产出特定数量的产品，那么实际产出的合格品数量就可以用合格率（即合格品数量占总产出数量的百分比）来衡量。效益在服务领域也是一种很实用的衡量方法。如在电话营销流程中，效益就是实现销售的通话数量占总通话量的百分比。当然，并非所有服务都能采用效益这种衡量方法，比如，干洗服务、电脑维修服务等。

2. 可靠交付/等候时间

任何服务，无论是飞机、汽车和火车所提供的服务，还是美发店、诊所、财务公司与餐馆等所涉及的预订服务，或者快餐店、复印店、便利商店和加油站等提供的在速度上竞争的服务，对顾客而言，可靠交付或按时提供服务是非常重要的。服务交付的履约能力很大程度上是由流程设计决定的，当然也受到对流程的理解、管理及工作的计划安排、顺畅状况等因素的制约。

等候时间是按时交付的另一面。顾客一般不喜欢等候，但由于服务产能必须与服务需求相吻合，而需求通常又是很难预料的，所以顾客的等候时间往往是服务系统中额外能力的函数。等候通常会影响顾客对一项服务的整体感知，因此等候时间的长短既是效率的衡量指标，也是效果的衡量指标。

当然，即使服务能够按时交付，顾客有时还是需要等候。例如，在快餐店绝大多数顾客都做好了等候一两分钟的准备，毕竟快餐店的承诺是"快速服务"而不是"立即服务"，但是没有几个顾客可以忍受30分钟以上的等候时间。

3. 财务衡量

如资产收益率、投资收益率、毛利及利润等财务指标都适用于服务组织。这些指标中没有完全理想化的数据，每个指标都需要与服务的经营计划及行业标准对比使用。

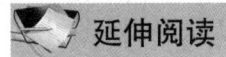

延伸阅读

零缺陷质量管理

零缺陷质量管理是建立在科学方法和先进技术基础上的管理执行标准和工作态度,已逐步发展并形成了一整套先进的控制图评价标准和统计判别原则,成为质量管理学科的新分支。零缺陷的概念在20世纪60年代初被提出,并首先在美国推行。后来,零缺陷的思想传到日本,在日本制造业得到全面推广,使日本制造业的产品质量得到迅速提高,并且领先于世界水平,继而进一步扩大到工商业所有领域。零缺陷理论的核心是:"第一次就把事情做对。"强调预防系统控制和过程控制,要求第一次就把事情做正确,使产品符合对顾客的承诺要求。开展零缺陷运动可以提高全员对产品质量和业务质量的责任感,从而保证产品质量和工作质量。

零缺陷管理的要点主要有以下几点:①需求明确。它要求完全满足客户的要求,并以此作为工作的出发点和归宿。②预防在先。按客户要求的内容充分做好达到需求的各种准备,积极预防可能发生的问题。③一次做对。实施中要第一次做对,不能把工作过程当试验场或改错场。④准确衡量。任何失误或制造的麻烦都以货币形式衡量其结果,不用抽象的名词以免含糊不清。⑤责任到位。把产品质量和服务的"零缺陷"分解成目标,并将责任落实到各个部门各专业组织甚至各岗位,按计划分步实施。⑥调整心态。利用各种方式不断地扫除心理障碍,从思想上认识到实现"零缺陷"有利于公司也有利于自己,改变做人做事的不良习气。⑦完善机制。把实现"零缺陷"的优劣与个人在公司组织中的地位和收入直接挂钩,对出现的问题根据权衡相应进行赔偿。⑧强化训练。通过学习、技能竞赛等强化技能提高,达到能做到"零缺陷"。

在服务领域应用零缺陷的一个挑战是,在服务中不仅需要避免服务错误,而且需要避免顾客错误。服务零缺陷确保服务员工正确地工作,正如所要求的一样,员工以正确的顺序和正确的速度工作。可见,零缺陷举措既是艺术,又是科学。许多程序看似微不足道,却是这种方法的关键优势。它能够避免频繁的服务失误,并且确保特定服务标准或者服务步骤的实施。

(资料来源:根据相关资料整理)

第三节 服务流程管理策略

一、服务流程再造

(一)流程再造的概念

再造是一种由来已久的管理哲学。19世纪末期,管理理论中就提出了"使流程最优"的再造思想。20世纪初,法约尔把再造定义为"为实现特定目标而使既有资源最优化的活动"。20世纪中叶,戴明博士在推广全面质量管理(TQM)时,率先提出了以流程为导向,从整体上考察和改善生产作业全部活动的主张。在再造概念出现之前,美国和日本的制造服务企业已经开始运用成组技术、并行工程、精益生产、准时制生产（JIT）、拉动式生产方式等被称作"有着再造的思想烙印"的管理技术。"再造"概念最早出现在计算机软件工程领域，与现代信息技术紧紧联系在一起，主要是针对竞争环境和顾客需要的变化，提出进行"根本的重新思考"和"彻底的重新设计"，再造新的业务流程，以求在速度、质量、成本、服务（TQCS）等各项当代绩效考核的关键指标上取得显著改善。

流程再造以流程导向替代原有的职能导向的服务企业组织形式，为服务企业经营管理提出了一个全新的理念。再造工程创建者哈默将其定义为：再造工程就是指重新构建服务企业的经营流程，尤其是对关键流程进行彻底的重建，以使服务企业整体功能发生根本性的改变。

达文波特和肖特给出的"流程再造"定义为：企业流程再设计，组织内或组织之间工作流或各种流程的分析与设计。

肖特和温凯卓曼定义为：企业网络再设计，对从属于更大的企业网络中的部分重要的产品与服务进行重新构造。

从服务企业价值链的理念来看，一个业务流程就是一组以用户为中心的、从开始到结束的连续活动。"用户"可能是外部的最终用户，也可能是业务流程的内部最终使用者。因此，流程再造本身就是一个使用户满意的理念。这一理念的本质精神是，降低用户成本，培养用户忠诚，实现服务企业价值。这就要求服务企业真正以用户为中心，切实把用户和供应商纳入"用户满意"流程体系。

（二）服务流程再造的概念

借鉴前人对流程再造的定义及服务的特点，我们将服务流程再造定义为：服务流程再造是指服务企业或部门，从顾客需求出发，以服务流程为改造对象，对服务流程进行根本性的思考和分析，通过对服务流程的构成要素重新组合，产生出更为有价值的结果，以此实现服务流程的彻底重新设计，从而使企业服务的各个流程给企业带来绩效的巨大改善。

通过前面再造的各种定义和服务的自身特点可看出，服务流程再造具有如下本质特征。

（1）服务流程再造是一项战略性地进行服务企业重构的系统工程。

服务流程再造是根据服务企业未来发展的战略规划，对服务企业各项运作活动及其细节进行重构、设计与阐述的系统工程，特别强调整体全局最优而不是单个环节或作业任务的最优，是对服务流程进行根本性反省与彻底的再设计。

（2）服务流程再造的核心是面向用户满意度的业务流程。

服务流程再造是企业内外环境变化共同作用的结果，但服务流程再造的直接驱动力是企业为了更快更好地满足顾客不断变化的需求作出快速反应，有效地提供顾客满意的产品和服务。

（3）服务流程再造的核心目标是通过对业务流程的重新设计和活动重构，实现技术要素与人力资源的优化整合，从而推动服务企业在技术体系和组织结构两个维度上实现系统性变革，最终达成整体绩效提升和可持续发展的战略目标。

（4）服务流程再造的目标是使服务企业的绩效获得巨大的飞跃。

（三）服务流程再造的内容及分类

服务流程再造的本质在于通过系统性重构使原有服务流程重新焕发竞争优势。需要明确的是，流程的过时性往往并非源于初始设计的缺陷，而是由于外部环境的动态变化所致。随着技术进步、顾客需求升级、服务内涵扩展及新产品形态的出现，曾经高效运转的服务流程可能逐渐失去市场适配性。在此背景下，对现有服务蓝图进行全面检视就显露出其战略价值——通过重新设计服务传递体系、优化服务要素配置以及调整市场定位策略，企业能够有效提升服务产品的市场竞争力。这种再造过程不是对历史成果的否定，而是服务系统为适应新商业环境所必须经历的进化过程，其最终目标是实现服务价值创造能力的持续提升。

负责服务流程再造项目的管理者应该寻找机会，同时取得生产率和服务质量的双重突破。重新设计能够增加产出，特别是许多后台工作的产出。流程再造的努力紧紧围绕着取得以下关键绩效指标：减少服务失误的数量；减少从顾客开始接受服务到服务结束时的时间；提高生产率；增加顾客满意度。理想的流程再造努力应该同时达到以上四个指标。

服务流程再造包括重新制定制度、重新安排或者替换服务流程。这些努力可以分为以下五种类型（见表12-2）。

（1）删除没有附加值的步骤。通常，服务前台和服务后台的活动能够进行简化，这种简化是围绕服务接触中利益驱动生产的目标展开的。服务流程再造通过删除没有价值的步骤简化流程。

（2）向自助服务转变。通过自助服务能够达到可观的生产率，有时甚至获得非常好的服务质量。

（3）直接提供服务。这种类型的流程再造将以前的顾客到服务网点接受服务，改变为直接为顾客送服务。

（4）服务捆绑。服务捆绑涉及捆绑或者归类，将多项服务组成一个提供物，服务捆绑是针对定义明确的顾客细分市场的。

（5）重新设计服务流程的有形内容。有形服务再设计集中于服务流程的有形要素，包括对服务工具和设备的更换，以此来提高顾客的服务体验。

表 12-2　五类服务流程再造

方法和概念	潜在的企业利益	潜在的顾客利益	挑战/限制
删除没有附加价的步骤（简化流程）	● 提高效率 ● 增加生产率 ● 增加定制服务能力 ● 使企业差异化	● 提高效率和速度 ● 将顾客任务转到服务企业 ● 从服务传递中分离服务行为 ● 定制服务	需要教育顾客、培训员工，以顺利和高效实施
向自助服务转变（顾客扮演生产者角色）	● 降低成本 ● 提高生产率 ● 提高技术声誉 ● 使企业差异化	● 加快服务速度 ● 提高服务的可接近性 ● 省钱 ● 增强控制力	● 必须让顾客适应其角色 ● 限制面对面的互动和建立关系的机会 ● 难以得到顾客反馈

续表

方法和概念	潜在的企业利益	潜在的顾客利益	挑战/限制
直接提供服务（将服务直接送到顾客所在地）	• 消除门店选址的限制 • 扩大顾客基础 • 使企业差异化	• 增加便利性 • 提高服务可接近性	• 增加物流负担 • 可能增加成本 • 需要可靠性和信任
服务捆绑（将多项服务组成一个服务包）	• 使企业差异化 • 有利于保留顾客 • 增加服务的人均使用量	• 增加便利性 • 定制服务	• 要求目标顾客具有广泛的知识 • 可能感觉浪费
重新设计服务流程的有形内容（将服务有形化）	• 提高员工满意度 • 提高生产率 • 使企业差异化	• 增加便利性 • 增强功能性 • 产生兴趣	• 容易被模仿 • 需要为效果和维护支出花费 • 提高顾客对企业的感知

[资料来源：BERRY L L, LAMPO S K, 2000. Teaching an Old Service New Tricks: The Promise of Service Redesign[J]. Journal of Service Research, 2（3）: 265-275.]

二、服务流程设计与再造方法

（一）服务流程设计

1. 服务设计挑战

服务的无形性导致服务很难被描述，对服务设计者也提出了挑战。林恩·肖斯塔克提出了服务的四种内在风险。

（1）过分简化。肖斯塔克写道："认为'证券管理'是'买卖股票'就类似于把'航天飞机'说成是'飞行物'。"

（2）不完全性。顾客只能描述他们所熟悉的和直接接触过的服务部分。

（3）主观性。人们因为自己的服务体验不同而带有一定偏见。

（4）曲解。在向他人描述服务时，人们在语言运用上也带有一些偏见，从而影响到听众的理解。比如，对于"礼貌和负责"，某人要表达的意思可能与他人所理解的意思大相径庭。

服务设计流程与其他流程一样，都可以运用结构化的方法进行改进，即从顾客和服务者那里系统地收集信息，然后客观地设计出一项满足顾客需要而不是仅让管理者满意的服务。

2. 满足顾客需要

成功的服务设计的第一步是识别并理解顾客的特殊需要，第二步是确定顾客从某一特定服务中真正期望得到什么。即使在一个给定行业内，顾客期望也会随着服务类型与特定需要的不同而发生重大改变。

3. 服务流程设计

服务流程设计需要界定三个关键要素：服务概念，强调满足顾客需要；服务内容，即服务本身包含哪些部分；服务风格，即服务是如何交付的。

1）服务概念

服务设计是从服务概念开始的。服务概念是对顾客的需要是什么及如何满足这些需要的具体描述。"什么"强调了解目标顾客的需要，而"如何"是要了解组织在服务方面的竞争优势及具体细节。服务概念包含以下四个方面。

（1）服务运营——服务交付的方式。
（2）服务体验——顾客的直接服务体验。
（3）服务结果——顾客从服务中所得到的利益与成果。
（4）服务价值——顾客从服务中所感知的利益与服务成本的对比。

2）服务内容

实际服务内容是指设计"什么"服务，这包括：①为顾客服务的步骤；②流程中的员工决策点；③流程中的顾客等候点。这些步骤可以通过服务流程图有效地展示出来，这种图有时也被称为服务蓝图。

3）服务风格

服务风格是指服务交付是"如何"进行的。顾客在接受一项服务的过程中，可能期望得到某种特定的心境或氛围。直接接触服务的氛围涉及所有感官：视觉、听觉、嗅觉和触觉。例如，一家高级餐厅可能通过令人舒适的装饰与烛光、轻柔的背景音乐、香气四溢的食物及舒适的座椅来营造良好的氛围，以期吸引顾客。

（二）服务流程再造方法

1. 服务蓝图法

1）服务流程图

服务流程图是描述服务步骤的有效工具。流程中的活动用方框表示，从一步到另一步的运动用箭头表示，等候过程用倒三角表示，决策点用菱形表示。服务流程图可以从顾客和员工两个不同的角度绘制，目的在于展示服务区域或服务部门间的活动。

2）服务蓝图

当服务流程图具体用于服务运营设计时，通常被称为服务蓝图。作为服务运营设计的计划工具，服务蓝图有助于明确服务流程中需要特别关注的方面，如顾客可能混淆的地方；员工必须作出决策而又容易出错的地方；可能出现顾客等候或工作等候的地方；可能需要额外干涉的地方（比如管理者关注的地方）。服务蓝图通常用来显示服务运营中哪些部分是顾客可以看到的（前台运营），哪些部分只有员工才能看到（后台运营）。顾客最关心的是他们可以直接接触的服务运营部分。"接触"并不意味着顾客必须亲自在场，顾客参与服务系统有多种途径：个别面对面接触、语音联系、电子邮件及其他一些无需与服务者接触的服务（如自动柜员机）。无论是何种服务，顾客都希望从前台服务运营中获得即刻关注（效率）、适当行动（效果）及殷勤的服务。

瓦莱丽·蔡斯莫尔和玛丽·乔·比特纳将服务蓝图与服务流程图的区别归结为四个具体

部分：①顾客行为；②前台员工行为；③后台员工行为；④支持过程。在服务蓝图中，这些要素用三条线划分开：互动线、可视线和内部互动线（图12-3）。

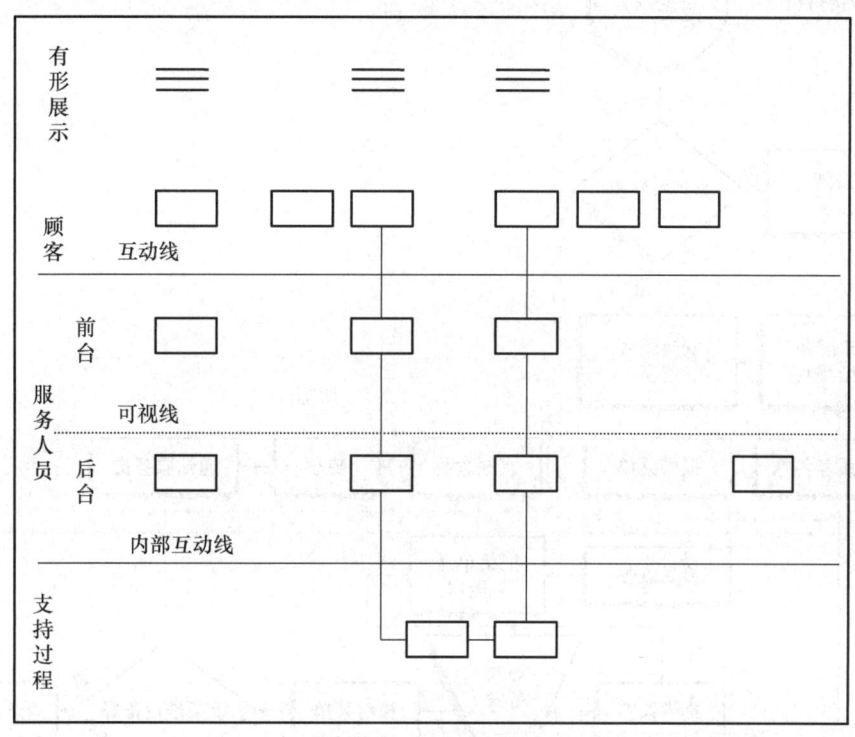

图12-3　服务蓝图构成

服务蓝图的顶端是服务中的有形要素，比如酒店里的门廊、房间钥匙及电梯等。

顾客行为是服务流程中顾客的活动。前台员工行为是服务者在顾客面前进行的活动，比如餐厅服务生在顾客餐桌前为顾客点菜（图12-4）。后台员工行为是指服务者在顾客视线外的活动（图12-5）。同一个服务生，其后台行为有与厨师交流菜单、把沙拉装盘与打印账单等。支持过程是指服务团队中其他成员为支持服务者而采取的一切行为，比如餐厅里厨师们忙于烹饪食物，而另外一些员工在订购原料和打扫卫生。

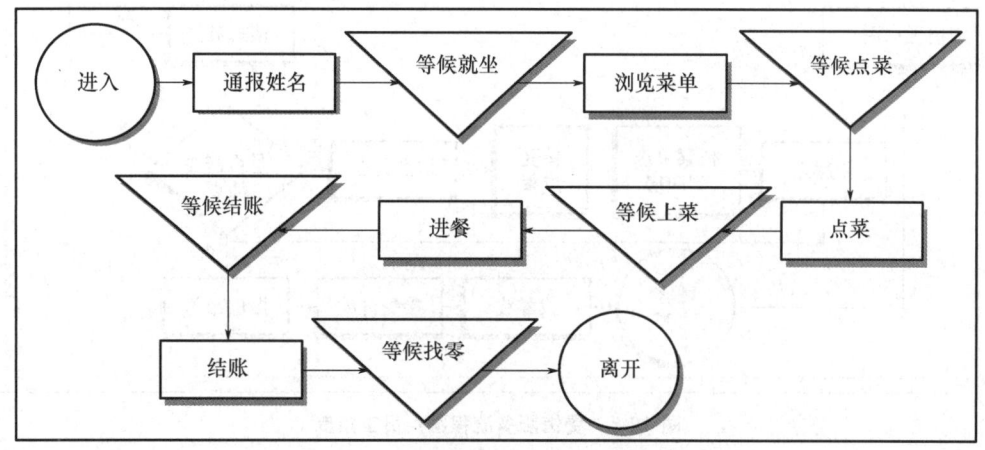

图12-4　餐馆服务流程图：顾客视角

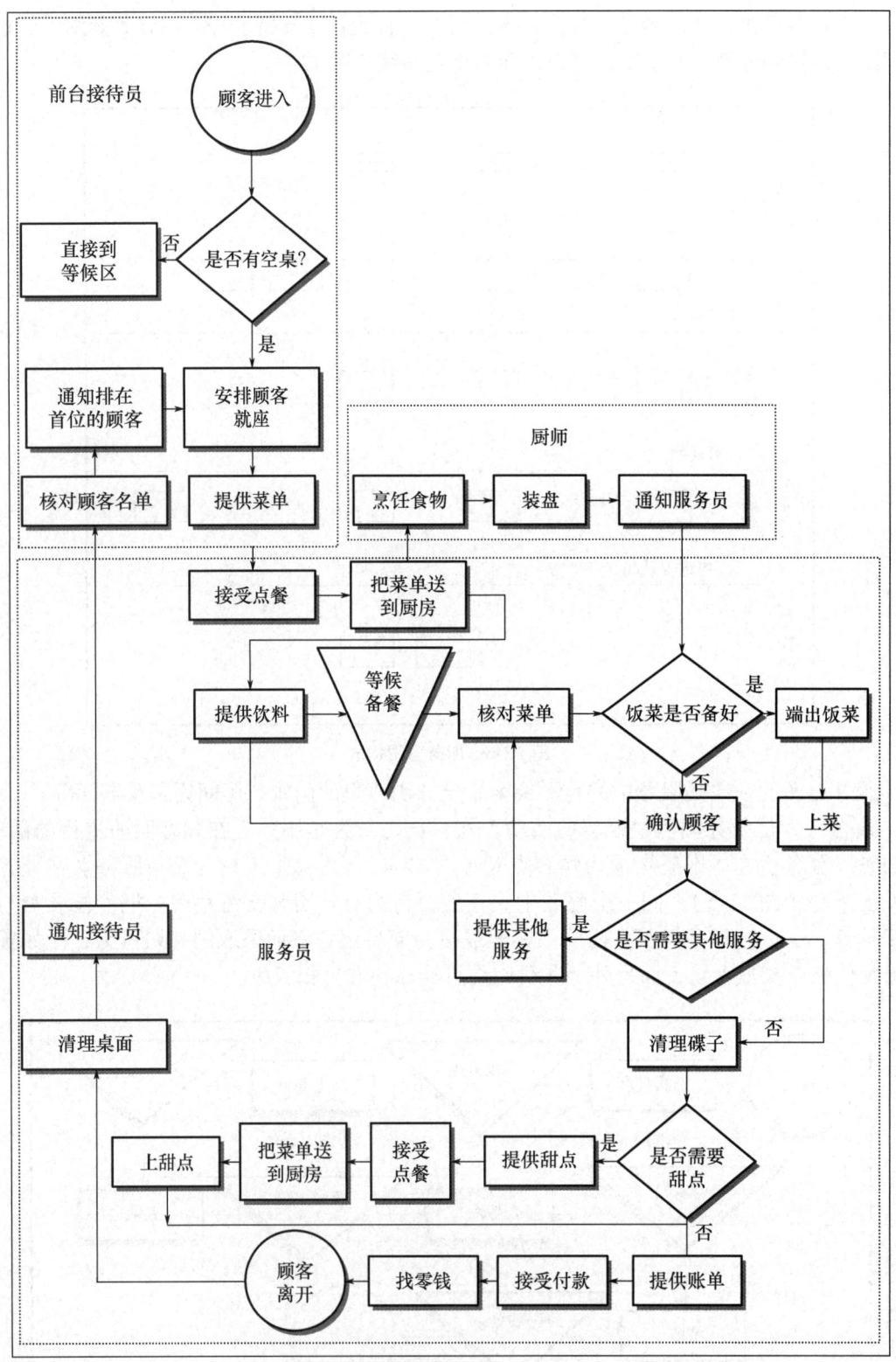

图 12-5 餐馆服务流程图：员工角度

比较服务蓝图与服务流程图，会发现其各有优点。一方面，服务流程图展示了决策点与等候环节，而这在服务蓝图中却没有被展示出来。在设计服务流程时，决策点尤为重要，因为这是需要作出决策与判断的地方，同时也是最可能出错的地方。

另一方面，服务蓝图（图12-6）展示了不同成员在新服务流程中的相互作用，即表明每个参与新服务的成员在理解流程、业务交付及彼此关联方面的重要程度。可视线使每个参与服务的人能够明晰哪些是顾客可见的服务，哪些是顾客不可见的服务。

3）绘制服务蓝图

你将如何绘制一张服务蓝图呢？首先，你需要识别创造和传递所讨论服务中所有的关键活动，然后详细说明这些活动之间是如何持续的。最好先将这些活动相对集中，以便定义这幅"大图"。之后你可以对既定的活动进行提炼，将其推敲得更加细致。服务蓝图的一个关键特征是它区分了顾客体验的"前台"以及服务人员活动、支持过程的"后台"，而"后台"是顾客看不见的。两者之间是所谓的"可视线"。运营导向有时太注重后台活动，以至于完全忽略了顾客对前台的感知。服务蓝图解释了顾客与服务人员之间的互动关系，并且澄清了后台活动和系统如何对这些互动进行支持。通过解释服务人员角色、运营过程、信息技术、顾客互动之间的关系，服务蓝图能够促进企业营销、运营、人力资源管理职能的整合。

2. 生产线法

生产线法是从系统化、标准化的观点出发，将小规模、个人化、无定型的服务系统改造为大规模、标准化、较稳定的服务系统，以提高服务效率和服务质量。其主要的工作内容是产品标准化、系统标准化、过程可控制化。

1）服务产品标准化

服务产品标准化是指对服务产品本身进行分析，尽量减少其中的可变因素，为顾客提供稳定一致的服务。以连锁快餐店为例，如表12-3所示，其服务产出四个组成要素进行了标准化。通过标准化、规范化服务，快餐店的服务质量和服务特点及可靠性在顾客心目中留下了鲜明的印象。即使是跨国经营，顾客也能对服务产生准确的期望，从而产生充分的信任感。

表12-3 连锁快餐店服务要素的标准化

服务要素	服务要素的标准化
环境要素	店堂布置、烹制设备和操作规范等
物品要素	规格统一的食品和包装，食品口味的一致性
显性服务要素	统一的员工穿着、服务操作规范、待客的一致性等
隐性服务要素	卫生环境、保证及时性、愉悦性的统一措施等

2）服务系统标准化

服务系统标准化是指在服务运营的各个阶段适当地采用自动化设备代替人员密集型劳动，以提高标准化程度和效率，减少人为差错。

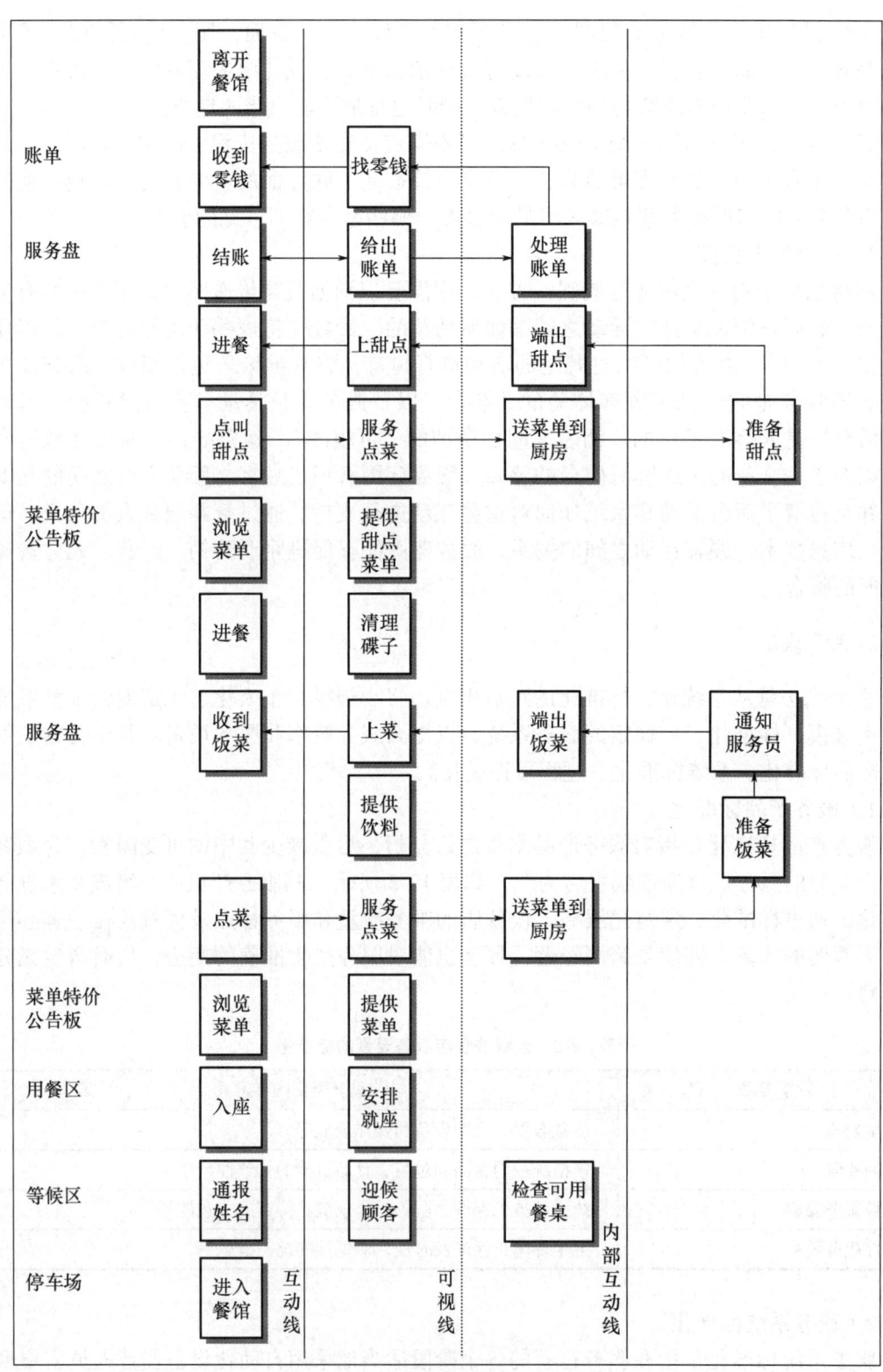

图 12-6 餐馆服务的服务蓝图

3）服务过程可控制化

服务过程可控制化是指应用系统化的方法设计和控制服务运营过程，使服务运营过程的各个阶段都得到精密的组织和控制，增加系统运转的稳定性，提高系统的运营效率。

3. 顾客合作法

服务蓝图说明了顾客在服务传递中的作用，并且界定了顾客和服务提供者接触的范围。服务蓝图也清晰地说明了顾客在特定服务过程中的角色，角色的重要性取决于顾客在服务过程中，是主动的参与者，还是被动的接受者，两者对服务价值创造的作用是完全不同的。

顾客参与指顾客在服务生产和/或传递过程完成的活动和投入的资源，包括精神、体力甚至情感投入。顾客参与服务传递过程是必需的，这些服务包括人体服务和许多其他涉及顾客与服务者实时接触的服务。顾客参与可以区分为三种主要的水平：低参与水平、适中的参与水平、高参与水平。

在服务参与度的不同层次中，服务提供模式存在显著差异。在低参与度服务场景中，服务流程完全由服务系统和员工主导完成，顾客仅作为被动接受者，这类服务通常呈现高度标准化特征，典型案例如影院观影体验或公共交通服务。在中等参与度服务场景中，顾客需要主动投入一定程度的参与和配合，与服务提供方共同完成服务的创造与传递过程，这种协作模式往往能够实现一定程度的服务定制化。在高参与度服务场景中，顾客与服务者一起积极工作，合作生产服务。离开顾客的积极参与，服务就不能完成。如康复或减肥，顾客必须在专业人员的监督下参与服务。

由于服务的生产与消费同时发生，因此在有些服务场合，顾客也需要为服务付出劳动，如自选商场、自助餐馆、体育保健场所等。此外，顾客预约、准备资料、表达需求的技巧，也会影响顾客感知和满意程度。所以，在服务中应该将与顾客的合作互动作为服务流程的一个必要组成部分。顾客合作法的主要内容包括以下几个方面。

1）充分理解顾客的个性化需求

根据服务的类型、目标顾客的需求和心理特点、顾客在服务过程中可能的行为，以及各种可能出现的情况，对服务提供的整个流程进行分析，确定顾客承担的环节，以及顾客在不同环节中所能达到的参与程度。

2）突出服务提供系统的灵活性和易用性

重新设计、改进服务提供系统可为顾客的参与和控制留下更大的空间，并能够使服务高质、高效进行。由于顾客需要参与到服务提供过程，并且发挥自主权和控制权，所以要对顾客进行培训，避免由于顾客的参与造成服务系统效率低下。

3）给予员工更大的自主权

为服务人员制定相应的服务措施和授权方式，使其在顾客化的服务中发挥更加积极有效的作用。

4）动态监控和评价服务绩效

不同顾客需求的差异很大，只有随时关注服务的提供过程和结果，并及时进行评价，才能不断地改进服务系统和提高服务水平。必须合理地确定顾客的参与环节和参与程度，以实现满足个性化需求和提高服务效率的综合目的。

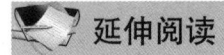 延伸阅读

迪士尼：研究"游客学"，改进服务

迪士尼致力于研究"游客学"，了解谁是游客，他们基本的需求是什么。在这一理念的指导下，迪士尼站在游客的角度，审视自身每一项经营决策。为了准确把握游客的需求动态，公司设立调查统计部、信息中心、信访部、营销部、工程部、财务部等部门。

调查统计部每年要开展200余项市场调查和咨询项目。财务部根据调查中发现的问题和可供选择的方案，找出结论性意见，以确定新的预算和投资。营销部重点研究游客对未来娱乐项目的期望、游玩热点和兴趣转移。

信息中心存储了大量关于游客需求和偏好的信息，具体有人口统计、当前市场策略评估、乐园引力分析、游客支付偏好、价格敏感分析和宏观经济走势等。其中，最重要的信息是游客离园时进行的"价格/价值"随机调查。正如华特·迪士尼先生所强调的，游园时光绝不能虚度，游园必须物有所值，因为游客只愿为高质量的服务而付钱。信访部每年要收到数以万计的游客来信。信访部的工作是尽快把有关信件送到责任人手中；此外，还要把游客意见每周汇总，及时报告管理上层，保证顾客投诉得到及时处理。

工程部的责任是设计和开发新的游玩项目，并确保园区的技术服务质量。例如，顾客等待游乐项目的排队长度、设施质量状况、维修记录、设备使用率和新型娱乐项目的安装，其核心问题是游客的安全性和效率。

现场走访是了解游客需求最重要的工作。管理上层经常到各娱乐项目点上，直接同游客和员工交谈，以期获取第一手资料，体验游客的真实需求。同时，一旦发现系统运作有误，要及时加以纠正。

（资料来源：郑锐洪，2019.服务营销理论、方法与案例[M].2版.北京：机械工业出版社.）

4. 授权法

授权法是指通过赋予服务人员一定权力，发挥他们的主动性和创造性，强调尊重服务人员，重视人性，反对让服务人员死板地按照教条、规章、制度等工作。20世纪90年代开始，授权法越来越受到推崇，被认为是治疗低品质和低效率顾客服务的一剂良药。它把服务人员从细枝末节的严格规定中解放出来，让他们自己寻找解决问题的方式和方法，并对自己的决定和行动负责，以唤起他们的工作投入感、责任感和对顾客的真切关怀。

1）授权法的实施

在企业内部实施授权，看起来是一件很简单的事情，实际上是一项复杂的系统工程，不仅要求企业在理念上作出转变，而且要在制度、组织结构和行动上采取实质性的举措。

研究表明，企业只有从以下四个方面采取行动，授权才能实现。

（1）在组织内进行适当的分权。
（2）组织信息共享。
（3）组织内的知识共享。
（4）组织成员共享组织的利润和报酬。

这四个方面必须都实现，授权法的作用才能发挥。我们可以用授权公式表示四者之间的关系：

$$授权效果 = 分权 \times 信息共享 \times 知识共享 \times 报酬共享$$

需要注意的是，公式中用的是乘号，而不是加号，因而不管其他因素努力程度有多大，只要有一个因素是零，授权效果就为零。例如，有的管理者虽然给予员工一定的权力，但却没有提供给他们足够的信息，或者在报酬方面不公平，都会导致授权起不到预期的作用。服务人员要进行积极而有效的工作，至少要涉及上述四个因素，缺一不可。

在分权方面，企业要给予员工自由处理日常工作和一些隐蔽问题的权力。特别是在一些需要顾客参与的顾客服务中，因为顾客不但直接受到服务错误的影响，而且关注着服务员工是否改正。赋予服务人员一定自由和权力有以下两方面的好处：第一，及时更正服务中的错误。尽管在服务中杜绝失误是很难的，但服务人员应该及时更正这种错误做法，不但令顾客感到真正的关怀，而且可以减少以后类似错误的发生。第二，超过顾客期望，使顾客快乐。如果服务人员解决了服务失误，并可以提供一些顾客需要的特殊服务，则会令顾客非常惊喜。

企业在分权时，绝对不能忘记让员工共享信息、知识和报酬。因为，员工不但提供给顾客本职内的服务，还要担任顾客的"向导"，满足顾客要了解的其他方面的信息和知识。因而，企业应当使员工更多地了解顾客期望、反馈以及企业生产、销售，特别是顾客服务方面的信息和知识。同样，企业也要根据服务员工的服务质量和企业财务业绩，让他们共享企业的收益，如发放股利、利润共享等，以激励他们。

2）授权的观念

通过以上四个方面的改进，企业可以在员工心目中创造一种授权的观念。这种授权观念包括以下三个方面。

（1）对工作中要发生的事件进行控制，自由选择完成工作的方法；可以自动地去满足顾客的期望；有权力决定工作如何设计，有能力对错误的发生作出反应。

（2）了解开展工作的环境，了解一件工作在整个顾客服务体系中与上游和下游活动之间的关系。

（3）能够对工作结果作出解释，知道工作质量、工作数量和报酬之间的关系。

3）授权法及其效果

授权法一旦为员工创造了一种授权观念之后，便会产生一系列积极的结果。员工满意，他们提供的优质服务就会使顾客满意，整个组织也会得益于顾客与组织之间的忠诚关系，形成高利润和竞争优势。授权法及其效果见表12-4。

表 12-4　授权法及其效果

高度参与的管理实践	对员工创造的授权观念	积极结果
• 权力 　质量循环；工作丰富化；自我管理团队 • 信息 　顾客反馈；个体表现资料；竞争者资料 • 知识 　分析工作结果的技巧；群体过程技巧 • 报酬 　与服务质量、个体与集体报酬计划相关的报酬	• 对工作完成的自行控制 • 对工作本身及其在企业战略转折中的地位更加了解 • 工作结果有更多的理解	• 员工满意并对工作充满动力 • 顾客满意甚至高兴 • 组织得益于顾客满意与忠诚

4）授权法的效果评价

企业在分权、信息分享、知识分享和报酬分享四方面作出改变后，授权是否起到了作用？员工是否拥有了授权观念？顾客是否比以前更满意？这些问题都需要进行调查和评估。除了经验性的判断之外，企业还可以通过以下几种方法获得信息资料的支持。

（1）询问员工。最简单、最直接的方法就是询问企业的员工是否被授权。施乐公司就是通过这种方法来评估员工的感受的。施乐公司认为一个被授权的员工应该认为："我能做必须做的事，仅仅受制于道德、伦理、法律、工作能力、价格限制。"施乐公司询问员工是否具备这种感受，然后评估授权状况。

（2）调查顾客。企业也可以通过调查顾客的方式来评估员工是否被授权。施乐公司希望顾客对于授权有一种渴望的心态："第一线的员工能够而且迅捷地采取行动为顾客做正确的事情，由此使得与施乐公司打交道简单而且快乐。"当然，这种顾客感受可以与顾客满意结合在一起来考察。

（3）追踪被授权员工的比例变化。例如，有一家企业，其中一部分员工可以获取顾客反馈的信息，并享受利润分配计划。如果，这部分人数发生变化，企业的授权状况和效果也会发生变化。企业应当考察授权员工比例变化与顾客满意度变化之间的关系。

（4）组织结构的变化。一般来说，管理层次的减少和管理幅度的增大也是授权成功的一个重要标志。

以上四种方法可以从不同角度评价授权的效果。在实际当中，企业可以选择其中的一种，也可以选择两种或者两种以上的方法结合使用。如果把企业的内部评价（询问员工、追踪被授权员工的比例变化、组织结构的变化）与外部评价（调查顾客）两者结合起来，就能更加完整而准确地评价授权的效果。

关键术语

服务过程管理（Service Process Management）

顾客参与（Customer Engagement）

服务蓝图法（Service Blueprint）

服务绩效衡量（Service Performance Measurement）

 **本章小结**

服务的生产与消费同时进行，服务需要持续一段时间，使得服务显示出强烈的过程性，整个服务提供过程的每个环节都会对整体服务质量产生影响。服务过程中任何一个环节出现差错，都会对整体服务质量和顾客价值感知造成负面影响，有时甚至功亏一篑，因此服务流程的设计与管理构成服务营销与管理策略的重要内容。本章主要介绍了服务过程的概念和特点，对服务流程管理和服务流程设计与再造方法进行了详细的阐释。服务蓝图则是用来表示服务流程的图表，它涵盖了服务交付流程中的全部流程。

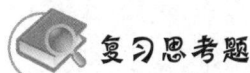 **复习思考题**

（1）服务流程设计的一般方法有哪些？
（2）什么样的服务适合标准化？什么样的服务适合复杂化、个性化？
（3）请绘制一份学校食堂的服务蓝图，并提出改进意见。
（4）以肯德基为例，对其进行服务流程再造。
（5）结合近几十年来服务业的蓬勃发展，谈谈你所感知到的服务流程的变化。

 **综合案例**

海底捞的极致服务

餐前检查

（1）筷子：a.是否是脏的；b.是否是鸳鸯筷；c.是否弯曲；d.筷套是否是坏的。
（2）杯子：a.杯子是否是花的、脏的；b.杯子是否有缺口。
（3）渣盘：a.盘子是否有水渍、油渍；b.盘子是否有缺口；c.图标是否一致，是否面向上。
（4）纸巾：a.纸巾面上是否有油渍；b.纸巾盒是否是满的。
（5）调料：盐、味精、油泼辣子、醋壶、牙签盒、干辣碟是否齐全、干净。

服务程序

1.迎客入座

服务员看到大门迎带客人员把客人带往自己的台子时，要向前迎接客人，鞠躬45度并面带微笑地说"你们好，欢迎光临，请坐，请问今天几位呢"等语言。

2.询问客人是否需要豆浆或柠檬水并送免费水果和小吃，把菜单和笔放在餐桌上

服务员把客人安排在餐桌后，及时把水果和小吃摆在桌面上"你们好，请先吃点水果和小吃"，并询问："请问客人喝豆浆还是柠檬水？我们的豆浆和柠檬水都是4元一位随意喝。"服务员根据客人的需求添加。若客人因为收费而不需要，服务员可以继续询问是否需要茶水或者纯净水（均免费)，若客人需要酒水或饮料，服务员到计算机前开加单即可。

注意：询问客人喝豆浆或柠檬水时一定要报他们的价格，以免客人说我们没有明示价格欺骗他们消费。

3. 询问客人锅底并叫锅底

为客人添加柠檬水或豆浆等的同时，服务员可以询问："请问今天点什么锅底呢？普通的还是特色的？"根据客人的询问来介绍锅底，并在计算机前开单叫锅底。

4. 增、减餐具，抽筷套并询问客人油碗

根据客人的多少来判断餐具是否够用，多退少补。筷套是回收的，要求服务员帮助客人抽出筷套并将筷子平放，并询问客人"今天吃什么调料碟"（并介绍自选调料碟），然后根据客人要求端来各种备好的调料碟让客人挑选。若遇到客人要的调料碟冰箱内没有，则根据客人要求配置一个或者打内线电话由油碟房阿姨配置一个送来即可。

5. 发围裙、套衣套等细节服务

服务员一般会给客人系好围裙，防止油、水等滴在衣服上。衣套是给客人套衣服用的，一般在冬季用得较多。客人把衣服放在椅子上，服务员用衣套帮其套好，并提醒客人保管好随身物品。

6. 接单、交单

（1）填写桌号（左）及客人人数（右），调料碗、饮料、纸巾的数量，服务员姓名、日期；

（2）客人是否点小吃、酒水、凉菜，并在计算机上输入。

（3）根据情况询问客人是否先上菜。

7. 打沫子、洗碗、盛汤

锅开后给客人打沫子，先打三鲜后打麻辣，以免串味。询问客人调料碗浇三鲜还是麻辣，根据客人需要来浇碗（操作方法：左手拿漏勺，右手拿汤勺，漏勺在上汤勺在下，把调料过滤出去）。询问客人是否需要喝三鲜汤，并及时准备小碗、汤勺、香菜、葱花，根据客人需要来盛汤。

8. 对菜（报号）并询问锅底味道

菜品上齐后，服务员要及时对菜报号，看客人的菜是否上齐。报号时①如果菜齐，则说："你们好，打搅一下，今天咱们点的菜都上齐了，我姓×，今天很高兴为您服务，一会有什么需要可以叫我小×。"②如有菜缺和没有到的菜，则说："你们好，打搅一下，实在抱歉今天咱们点的X暂时没有，看是换别的菜还是先帮咱们退掉？另外咱们还点了一份Y，稍等一下马上给送来，其余的菜都上齐了……"看客人所点菜品是否需要特殊调料，根据客人要求加退菜品。看客人下锅三份菜左右，主动询问一下客人今天的锅底味道是否合口味，有什么不合适的地方可以添加底料。

9. 中间服务

（1）加汤、豆浆、柠檬水、锅圈水。

（2）换渣碟、收拾桌面。

（3）满足客人就餐过程中的需要。

（4）询问调料碟是否合适。

10. 餐尾服务

当客人就餐到只有一两个素菜时询问是否需要加菜或小吃，并及时为客人送上水果，准备下一轮翻台用品用具。

11. 提前打单并核对菜单做好提前找零

核对①菜品、酒水加退是否正确；②锅底、油锅、柠檬水/豆浆等数量是否正确。

12. 买单

（1）先请客人核对菜单是否正确，并做到及时关火回收毛巾。

（2）做到唱收唱付（例如：客人消费235元，付给300元。双手接过钱时说"谢谢""您好，今天咱们消费235元，收您300元，找您65元，请用消费清单在**地方领取发票。"）。

（3）验钱的真伪（用手摸，来辨别钱的真伪）。

（4）账单填写（在账单的空白处填写实收及服务员姓名并把账单贴在面单上放进面单盒子里）。

注：小票是客人领取发票的凭证，如果客人不索取发票我们可以不给客人小票。

13. 收尾工作

及时恢复台面，若是在最后一轮，则及时关灯、空调等。

细节服务

1. 老人、小孩、孕妇的细节服务

（1）老人：①给客人送蒸蛋（老人吃火锅一般都吃不饱）；②给客人拿坐垫（老人坐硬的凳子时间长了身体不舒服）；③介绍豆腐、南瓜等一些较软的菜品；④协助老人捞菜；⑤给老人拿老花镜。

（2）小孩：①送蒸蛋；②拿儿童椅、婴儿车；③把长筷子换成一次性短筷子；④小朋友围裙；⑤儿童乐园；⑥准备吸管。

（3）孕妇：①送棉垫子；②送话梅或者泡菜；③拿孕妇营养菜单介绍菜品。

2. 过生日客人

（1）为客人准备生日果盘、长寿面或者汤圆，外加生日礼物（一般是香包）。

（2）为客人搞一个活跃气氛的生日活动（唱生日歌、表演节目等）。

（3）若客人是老顾客，礼物可以稍微好一些，如蛋糕、鲜花等。

3. 等座客人

（1）为等座客人准备豆浆、柠檬水、水果及小吃等。

（2）等座客人可以免费擦鞋、美甲、做手机加香。

（3）为等座的客人准备报纸、杂志，帮助其打发时间。

（4）为等座的客人送上玩具，如象棋、扑克牌等。

（5）为不愿意等座的客人送上小吃、火柴、口香糖、订餐名片。

4. 特殊菜品的调料碗及用具

（1）羊血、腰片准备干辣碟。

（2）虾准备醋碟。

（3）豆花准备豆花碟。

（4）万能架用来涮脑花、羊肉、腰片。

5. 酒

（1）喝啤酒加黄瓜条，有黄瓜的清香味。

（2）存酒柜。客人喝不完的酒可以放在存酒柜内，下次来时再喝（注意填写客人一般信息）。

（3）为喝酒的客人准备浓茶水、醒酒汤等。

6. 厕所

（1）准备针线盒。

（2）洗手台准备洗手液、护手霜、啫喱水、梳子等。

7. 手机

（1）手机套。把手机给客人套起，防止油、水等进入手机内。

（2）手机充电器。为手机没电的客人充电。

8. 猪蹄

（1）一次性手套。防止客人弄一手油。

（2）准备大的渣盘，方便客人放大骨头。

9. 其他

（1）眼镜布。为戴眼镜的客人准备，下雨天或者冬天，眼镜上很容易蒙上一层雾气。

（2）橡皮筋。为散发女士准备，把头发扎起来吃饭方便。

（3）发热毛巾。两分钟内必须送上，客人从外面进来用热毛巾擦一下手、脸比较舒服。

（4）去渍工具。客人不小心把油弄到衣服上时，可方便快捷地去油渍。

（5）雨伞、雨伞袋。下雨天准备雨伞可以借给没有雨伞的客人；雨伞袋可以把客人湿的雨伞装起，方便客人拿而又不会把水滴在地板上。

（6）袖套、围裙。为穿浅色衣服的客人准备，防止客人把衣服弄脏。

（7）常用药品箱（下火、感冒、头痛、胃痛的药）。若客人或者员工病了及时送上药品。

（8）凉菜换成两个半份，方便客人夹菜。

（9）主动给客人多送一个小吃。我们的小吃一般是一份8个，半份4个，如果客人有5位或者9位，我们可以主动多加一个给客人，让他们每人一个。

（10）情侣菜（莲菜白菜）。心心相连、白头偕老的意思，送上我们的祝福，让客人感觉到温馨。

（11）剥虾皮。客人点虾后，我们可以先帮客人把皮剥好，方便客人食用。

（12）打沫子。锅里的汤开了以后，左手拿碗，右手拿打沫板，先打三鲜，后打麻辣，在面上轻抹几下便可以，干净、卫生。

思考题

（1）简述海底捞的服务流程。

（2）讨论海底捞的成功之道。

（3）海底捞的服务发展模式对我们有什么启发？

第十三章 服务营销管理新应用

学习目标

（1）熟悉航空服务营销的产品以及定价和渠道等策略。
（2）熟悉物流服务营销产品以及定价和分销策略。
（3）理解旅游服务营销的特征及过程管理策略。
（4）理解旅游服务营销管理目标模型的建立。
（5）了解搜索引擎服务营销的基本技术和策略。

盲盒成为服务营销新"玩法"

盲盒源自日本的福袋，是指将玩偶或动漫影视作品的周边放进未经标识的盒子中，消费者只有购买并打开才会知道自己抽中了什么。近两年，不少景区和文创企业看到了盲盒市场的巨大潜力，开始研发自己的 IP 盲盒产品。业内把 2019 年称为盲盒经济的元年，据《95 后玩家剁手力榜单》数据显示，近 20 万消费者人均一年花 2 万元收集盲盒，购买力最强的消费者一年买盲盒耗资百万元。根据弗若斯特沙利文报告，全球潮流玩具的零售市场规模预计会进一步增长至 2024 年的 448 亿美元，符合年增长率为 17.7%；中国潮流玩具零售市场的增长更为快速，预期于 2024 年将增加至人民币 763 亿元，复合年增长率为 29.8%。

如故宫上新了第二批明朝人物盲盒成为网店热销的第一名和第二名，而故宫的文化属性正是让消费者对这两款盲盒很有好感，也愿意买来收藏。而这得益于其本身文化 IP 的不可替代性和近些年在文创方面的创新与突破。如今，陕西历史博物馆、三星堆博物馆也有了自己的盲盒文创，受到了消费者的欢迎。

除了自主开发的盲盒产品，还有的企业委托有经验的企业开发 IP 产品。例如迪士尼与一些盲盒公司多次合作，推出了米奇坐坐系列、坐坐家族系列 2 迪士尼公主、玩具总动员系列盲盒，受到粉丝们的喜爱。

盲盒玩偶材质基本都是 PVC，成本并不高。一个巴掌大小的搪胶玩具，厂家定价均在 10 元以下，而一个盲盒的售价通常为 59 元、69 元，这其中品牌的经营支出，如渠道、市场、营销广告等方面的成本占比较高。2019 年，厦门艾大师网络科技有限公司开始将"72 变趣新零售"文创礼品自动售货机布局到景区、商场、地铁等人流量大的地方。王亮表示，公司计划趁着这股"盲盒热"东风，将产业布局进一步扩大，通过"文创+新零售"的方式，将富有中国文化特色的原创 IP 盲盒产品出口到海外。

除了像故宫、迪士尼一样推出 IP 盲盒产品，盲盒的"盒"里还可以装什么呢？"飞猪杭州旅游超级品牌日"线上活动开启。活动按照"一天四时"的理念，将杭州文旅特色分别以"清晨——经典杭州""午后——风雅杭州""傍晚——妩媚杭州""夜间——活力杭州"为主题进行"杭州城市盲盒"打造。这款盲盒包含了联名限量手办、茶叶、张小泉剪刀等杭州特色产品及酒店房券、下午茶券、SPA 券等。整款系列盲盒充满杭州特色，拓展了盲盒的玩法。中联航联合京东旅行推出"盲盒飞行家"活动，价格为往返含税 298 元/人，国内 44 城目的地随机。在京东旅行周年庆期间，此款盲盒上线仅 2 天订单量就破万。这是中联航将盲盒理念用在航空旅游市场中延伸出的新玩法——产品不再局限于盒子里的玩偶，而是未知的目的地。

第一节 航空服务营销管理

一、航空服务概述

（一）航空服务的含义

航空服务是航空运输承运人（公共航空运输企业）生产的一种特殊的产品。它的产品形态是运输对象在空间上的位移，即只改变运输对象的空间位置，而不改变劳动对象的属性和形态，其产品单位是"人公里"和"吨公里"。

从运输对象的角度看，航空服务产品是航空运输消费者从购买机票开始到乘机，直到离开飞机而实现空间位移愿望的整个旅行经历的总和。在整个旅行经历中消费者要接受航空公司提供的各种相关服务。

从运输承运人的角度看，航空运输本身是一种服务产品，它与围绕生产这一产品所提供的相关服务活动一起形成了航空服务。它包含以下三个部分。

1. 核心服务

它是为顾客提供的本质的、最基本的服务。航空服务产品的核心是空间位移，因此，提供快捷、安全、舒适、正点的航班运营，满足顾客空间位移的需求，是航空公司的核心服务。

2. 便利性服务

便利性服务是指为了顾客能够使用核心服务而必备的一些附加服务。航空服务产品的便利性服务就是保证航班运营的必备服务。航空公司提供给顾客的便利性服务是通过售票、办理乘机手续、登机及行李托运等服务流程，使顾客能够顺利完成空间位移。

3. 支持性服务

支持性服务是用来使服务增值或有别于竞争者的服务，是使核心服务发挥最大效用的服务。航空服务产品的支持型服务是使顾客服务增值的服务。航空公司提供给顾客的支持型服务包括免费查询、免费送票、空中服务、候机厅内电话、传真、复印、网吧、美容美发、超市及鲜花礼仪服务等。

(二)航空服务的特征

1. 无形性

航空服务本身是无形的、抽象的，只能借助飞机这种有形物质来完成。乘客与货主达到空间位移的目的，是通过航空公司提供的乘机服务来实现的；这种服务是事先看不见、摸不着的，只能从亲身经历中感受到。这就要求服务人员必须接受专业化的训练，通过有形展示等手段来引导顾客的期望水平，并提供与之相适应的服务来满足顾客的需要。

2. 一次性

航空服务的生产与消费是同步的，顾客购买了航空服务即参与了航空服务生产过程，而且只有加入航空服务的生产过程中才能最终消费到航空服务。因此顾客对航空服务过程一旦感到不满意或不愉快就很难消除，不可能修复、更换或替代补偿。

3. 即时性

航空服务以运力为基础，又受顾客即时需要的制约。如果顾客有即时需要，航空公司又能满足时，航空服务才会发生；顾客没有即时需要，或有即时需要而航空公司不能满足时，航空服务则不会发生。因此，航空服务不能按运力大小进行批量生产，不能因为旅客的多少而储存。

4. 差异性

航空服务以"人"为中心，因人类个性的存在，使得航空服务很难采用统一的标准生产。不同的顾客面对不同的或相同的航空公司，或同一航空公司不同的机组，或同一机组不同的航次、不同的人员，或同一人员不同的时间，都会导致服务模式和形态出现差异，服务质量和效果难以完全量化统一。

5. 不可转让性

生产与消费同步的特点也使得航空服务以"当时、当次"为限，顾客无法把所接受的服务转让给第三者去体验；下次再选择航空服务，会因航空公司不同、服务人员不同而呈现另外的服务模式及服务形态。

(三)航空服务营销的含义与特征

航空服务营销是航空企业在充分认识顾客空间位移需求的前提下，为充分满足顾客服务需求，提升企业核心竞争力，有效实现企业目标，在服务过程中采取的一系列营销组合活动。航空服务的特殊性决定了航空服务市场的特殊性，也决定了航空服务营销的特征。

按空间位移的对象不同，航空服务营销的内容和方法也不同。

1. 航空客运服务营销的特征

航空客运服务营销是针对航空客运服务市场的营销，也即对航空客运服务产品的营销。航空客运服务产品是旅客从购买机票开始到乘机，直到离开飞机而实现空间位移愿望的整个旅行经历中得到的各种服务的总和。这种经历的总和是无形的，但可由标的旅客、旅客流程、接触人员和物质实据来说明。因此，航空客运服务营销具有如下主要特征。

1）市场细分化

市场的本质特征一个是顾客需求；另一个是顾客愿意支付，有能力支付。航空客运服务市场的实质就是有现实的或潜在的航空运输需求，又愿意且能够购买航空运输服务的旅客。他们的空间位移需求相同，但由于省份和目的地不同，对票价的承受能力不同，他们的服务需求有明显的差异。影响旅客服务需求的因素是多种多样的，航空公司通常根据时间和价格要素将旅客市场分为四类：第一类，对时间敏感而对价格不敏感的旅客；第二类，对时间、价格均敏感的旅客；第三类，对价格敏感而对时间不敏感的旅客；第四类，对时间、价格均不敏感的旅客。然后根据旅客的需求层次，将航班的座位进行一定的划分。实际上旅客等级的划分根据实际情况可以划分得更加详细，在国外一般一个航班都在10个等级以上，我国现在一般都划分成5～6个等级。而且各等级之间的划分不是绝对的，属于某一层次的乘客在特定条件下会改变购买相应层次的机票。

2）服务有形化

航空服务作为产品是无形的，不可触摸的。但旅客的整个乘机过程总和一些物质形态的东西相关联、相接触，如航空服务环境、设施、人员等。服务有形化就是航空企业借助服务过程中的有形要素，尽可能地将服务产品有形化、实体化，让旅客感知到服务的存在，享受到花钱买来的服务产品的等值或超值利益。

3）服务差异化

航空客运服务是以"人"为中心的行业，服务产品的组成部分和质量水平很容易因人、因时、因地点而变化，很难采用统一的标准。航空公司通过服务差异化，一是有针对性地提高服务人员提供服务和旅客自身参与服务的水平，从而提高服务质量和效果；二是面对竞争对手在服务内容、服务手段和服务形象等方面突出自己的特征和优势，从而提升核心竞争力。

4）品牌形象化

航空服务品牌是航空企业区别于其他企业服务产品的价值核心、文化内涵和外在形象设计的统一，其外在形象由企业名称、符号、标志语、颜色、图案、制服、设施等可见性要素构成。除了差异化的服务特征，航空公司也应打造自己独特的形象标识，将创服务品牌作为提高企业经济效益的重要措施，以建立和巩固企业特殊的市场地位。

5）沟通人性化

服务沟通是为改善与顾客的接触状况，增进顾客对企业的认识、理解和支持，从而树立良好的企业形象而进行的一系列服务营销活动。航空客运服务是高接触型服务，更需要通过服务沟通活动，引导顾客对航空服务产品的认识，了解顾客对航空服务的预期愿望，尽可能提供与之一致的实际服务，从而增强与顾客之间的互信，构建顾客忠诚。

2. 航空货运服务营销的特征

航空货运服务营销是针对航空货物运输市场的营销，是现代物流的重要组成部分。由于航空货运不受地面条件影响，具有运送速度快、在途时间短、货损货差小、包装成本低等优势，成为高附加值、高时效性和高科技含量实体产品空间移动的首选。因此，随着此类产品的增长，航空货运发展非常迅速，我国自1978年以来，国内货邮吞吐量基本以每年两位数的比例增长。

航空货运服务营销的核心是如何将服务的生产过程与消费过程有机结合起来，为货运需求顾客提供优质的快速服务。航空公司面对的顾客主要分为直销货主和货运代理，他们对航空公司服务的要求不同，因此航空公司服务营销内容也不尽相同。

1）对直销货主的服务营销——物流方案服务

直销货主是指有货物运输需求的直接托运人，主要包括各类制造企业和流通企业。其货运实质是其产品企业物流的结束和社会物流的开始，因此，要求承运人提供的是运输环节的整个物流服务，而不仅仅是运输。这就要求航空公司作为承运人必须提供物流问题的解决方案，包括过程、结果和反馈，包括对国际货运提供报关、报检、保险、理赔及国际结算服务等。这虽然有利于形成长期的合作关系，但是，势必增加航空公司的人力、物力，不利于提升企业的核心竞争力。因此，除了利用客机腹舱运力的快递货邮，航空公司一般将货运服务外包给专业的航空货运代理商、服务商。

2）对货运代理的服务营销——信息共享服务

航空货运代理是指航空公司授权的，可以承接本公司航空货运业务的专业代理公司。由于货运代理公司本身物流服务的专业化程度高，它们对航空公司服务的要求更高，除要求建立准确的数字信息交换平台，提供如航班时刻、运载能力、运价、舱位等信息的共享服务外，更关注航空公司以 EDI 等电子网络手段为标志的快速服务过程的质量和满意度。在竞争激烈的航线上，条件相等的情况下，快速服务的满意度是其选择航空公司的首要条件。

二、航空服务产品策略

（一）航空服务产品的含义与构成

1. 航空服务产品的含义

航空服务产品是指航空企业利用飞机实现客货空间位移的整个过程中，计划向目标市场提供的、一切顾客所能直接感知的有形和无形的服务品种的总和。其中有形服务品种主要包含产品服务，如机型、客舱、服务设施、机供品等，无形服务品种主要是指纯粹的服务，如服务流程、服务方式和服务形象等。

2. 航空服务产品的构成

航空服务产品不仅是人或者货物的空间位移，还包括人或者货物在位移前后及位移过程中所涉及的服务。从产品整体来看，航空服务产品可分为以下三类。

（1）航空服务核心产品指航空企业为顾客提供的最基本的效用或利益，是航空产品整体中最基本和最实质性的——旅客或者货物的空间位移（人公里、吨公里）。人们对航空服务产品通常的理解，也就是指这一层。它要求提供服务产品的企业保证旅客或者货物安全到达目的地，使旅客或者托运人能够感到放心。

（2）航空服务形式产品指航空服务产品核心产品借以实现的形式，是航空服务产品呈现在市场上的具体形态，是航空企业满足顾客需求的基本过程或内容，包括提供服务所凭借的一切物质手段和设施、企业形象、基本服务流程和质量等。

（3）航空服务延伸产品指航空服务产品的各种附加服务和利益的总和。它主要包括咨询、上门服务、接送服务、运输途中娱乐、特殊照顾和长期客户优惠等，使旅客或托运人感到经济、方便。航空服务延伸产品不仅有助于航空服务形式产品的确立，而且在某些情况下成为航空企业竞争的重要手段，决定着航空企业的生存和发展。

（二）航空服务产品的设计与开发策略

1. 从顾客角度出发，重新定义航空公司服务产品

航空服务产品是航空公司在实现旅客和货物的位移之前、中、后的过程中，一切旅客和货主所能感知的有形和无形产品的总和。航空公司必须从顾客的视角出发来定义自己的产品，其核心是全过程满足顾客的需求，能够整体体现为顾客服务的观念。

2. 设立产品开发部门，进行专业化的开发与设计

实际上，航空公司都设置有专门的产品开发部门负责产品设计，可以从市场和顾客需求出发，开发贴近市场的产品。关键是公司各部门要通力合作，保持产品的一致性。由于航空运输生产的系统性，单个部门是无法保证完全从顾客的角度来开发设计产品的。因此，航空公司要进行合理的分工，让产品开发部门以产品设计开发为主，业务部门以业务执行为主，从不同角度对产品进行改进和提高。

3. 重视市场调查方法和研究手段的改进

市场调查和研究是掌握顾客需求的基础，是产品设计与开发的前提。一般来说，航空公司在进行服务产品设计开发前，都会通过问卷调查等方式了解顾客需求，但一定要利用新的方法和手段，提高调查与分析的准确性，从而准确地为目标市场提供合适的产品。

4. 结合品牌定位，强调主题设计

设计与开发服务产品首先要对其主题进行设计，主题必须与公司战略目标定位、企业文化内涵以及整个品牌形象保持高度的一致。这样，相关的服务产品才能够体现出该公司的特点和差异点，让顾客一想到该公司的任何标志，就会想到相应的服务主题、相应的服务内容、相应的服务质量和相应的顾客价值。

三、航空服务产品定价策略

航空服务产品定价策略是指航空公司在日常经营活动中，根据自身条件变化结合市场环境具体情况，采用不同的定价方法，制定出适合市场变化的航空服务产品价格，使

本企业在市场竞争中取得有利地位的一种手段。常见的产品定价策略大致有以下几种。

（一）新产品定价策略

航空公司开辟一条新航线、销售一种新的客舱等级、分析一种新的旅客成分、承运一种新的货物种类、提供一种新的服务项目都可以视为开发新的服务产品。新服务产品能否顺利地进入市场，能否站稳脚跟，能否获得较大的经济效益，定价起着至关重要的作用。它决定着服务的市场前景，也决定着企业的市场竞争力。目前，国内外关于新产品的定价策略，主要有三种，即取脂定价策略、渗透定价策略和满意定价策略。

1. 取脂定价策略

取脂，又称撇油，原意是指将牛奶上的那层奶油撇出，含有提取精华之意。取脂定价策略，是指航空公司在新服务刚上市，消费者对服务价格反应还不敏感，竞争对手还很少时，利用消费者的求新、求奇心理，抓住激烈竞争尚未出现的有利时机，有目的地将价格定得很高，以便在短期内获取尽可能多的利润，尽快地收回投资的一种定价策略。

取脂定价策略的优点在于利润大，可以及时收回成本。高价位也有利于树立高质量的服务形象，也给企业发展留有一定降价空间，以吸引更多消费者。但是，它的缺点也是显而易见的。如果最初定价过高，就不利于开拓市场，大规模吸引消费者；同时，也会吸引大批竞争者加入，从而导致利润下降。所以，取脂定价策略是一种短期的价格策略，如果航空公司想要长期使用这种策略，就要不断进行服务创新。

2. 渗透定价策略

渗透定价策略，又称薄利多销策略，它与取脂定价策略相反，是指航空公司在服务产品投放初期，利用消费者求廉的消费心理，有意将价格定得很低，使新服务以物美价廉的形象，吸引顾客，占领市场，以谋取远期的稳定利润，获得满意的市场份额。

渗透定价策略的优点是有利于占领市场，打开销路，提高占有率，薄利多销，使销售量在短时间内急剧上升，成本下降，从而获得长期收益；也有利于进行竞争，排斥对手的参与。其缺点是航空公司的利润偏低，资金回收期长，价格变动余地小，不太可能再依靠降价吸引消费者。这一策略一般适合市场容量很大，企业生产能力也很强，竞争者又能轻易进入的服务产品。

3. 满意价格策略

取脂定价策略和渗透定价策略是新服务产品定价的两种极端情况。而满意价格策略，又称平价销售策略，是介于取脂定价和渗透定价之间的一种定价策略。由于取脂定价策略定价过高，对消费者不利，既容易引起竞争，又可能遇到消费者拒绝，具有一定风险；渗透定价策略定价过低，对消费者有利，对航空公司最初收入不利，资金的回收期也较长，若企业实力不强，将很难承受。而满意价格策略采取适中价格，基本上能够做到供求双方都比较满意。

采用这种策略时，航空公司应将社会或行业平均利润作为确定其目标利润的主要参考标准，比照市场价格，避免不必要的价格竞争。

（二）差别定价策略

所谓差别定价，也叫价格歧视，就是航空公司按照两种或两种以上不反映成本费用的比例差异的价格销售某种服务产品，即对同一个航班在不同的购买时间或者购买条件下，向顾客收取不同的价格。差别定价有以下两种形式。

1. 产品部位差别定价

航空公司对于处在不同位置的服务产品分别制定不同的价格，即使这些服务产品的成本费用没有任何差异。例如，飞机上虽然不同座位的成本费用都一样，但是不同座位的票价有所不同，这是因为人们对机舱的不同座位的需求、偏好及支付意愿有所不同。

2. 销售时间差别定价

航空公司对于不同季节、不同时期甚至不同时间点的服务产品分别制定不同的价格。例如，旅游旺季、节假日及春运高峰等旅客对价格不太敏感的时期，或旅客受出行时间、出行目的地限制的时段。

在运载量一定的条件下，利用每次航班座位分配不同对应相应的差别定价，是一个最有效利用现存座位的方法。假设按需求弹性不同，可以把旅客分为两大类：一类是弹性小的高价值旅客，一般为商务旅客；另一类是弹性大的低价值旅客，一般为休闲旅客。航空公司可以根据游客自身的需求特点、本公司积累的历史资料和竞争对手的价格制定情况，来确定不同类型旅客的价格量和舱位的数量。这一方面可以从商务旅客那里获得最大的收益，另一方面也为休闲旅客提供了很大的折扣空间。但同时也导致航空公司的定价变得极为复杂，容易留下恶性竞争的隐患。

（三）折扣与折让策略

折扣与折让策略是一种在交易过程中即时运用的价格策略，即航空公司通过对市场的分析，为从多方面满足不同旅客的消费需求，实行"一种票价多种折扣"，主要包括以下几种。

1. 现金折扣

旅客以现金付款或者提前付款时给予一定比例的价格折扣。采用这种策略，可以促进交易顺利进行，促使旅客以现金付款或提前付款，从而加速资金周转。

2. 数量折扣

当旅客购买机票数量多或货主托运货物量大时给予一定的折扣优惠。采用这一策略，旨在鼓励大量购买，购买量越大，折扣就越大。

3. 回程或方向折扣

在回程或运力投放明显大于需求的航线航向，给予一定的销售折扣，争取让原本闲置的运力得到利用。

4. 季节折扣

航空运输生产的季节性很强，在运输淡季给予一定的销售折扣，可刺激旅客均衡需求，以达到运输生产的供应均衡。

5. 回扣或津贴

根据代理商、中间商在销售过程中所作的贡献，航空公司从销售款中返还一部分款项或者给予一定津贴，作为酬谢或资助，这样能调动代理商、中间商的积极性，使其更好地发挥积极作用。

航空公司实行"一种票价多种折扣"，应根据定期的市场调查结果，区别不同时期、不同航线、不同舱位及不同类型的旅客需求，比如，是否特别追求奢华的享受、时间要求是否特别高、有没有耐心寻找便宜的旅行社代理、是否愿意办理里程奖励手续等，来制定有针对性的、相对合理的弹性价格，在充分利用公司资源的同时，也充分体现顾客价值；在改变供过于求的同时，避免陷入"折扣恶战"。

总之，灵活多样的价格体系是航空服务的一个特点，差别定价和折扣、折让都属于价格竞争策略。当市场需求不足时，为了保有自己的市场份额，采用价格竞争策略，发挥价格的弹性功能，包括实行"价格歧视"，都是市场经济所允许的基本经济手段。但是，一旦陷入恶性的价格竞争，带来的将是全行业的亏损。因此，采取以上价格竞争策略，应该有三个基本的条件：一是选择在需求价格弹性最大的时间实施，比如旅游旺季；二是针对需求价格弹性最大的旅客进行，比如休闲旅客；三是设置低价机票的购买限制条件，比如不得转让等。在航空公司获得利益最大化的同时，让各类不同需求的旅客都获得自己满意的航空服务。

四、航空服务渠道策略

（一）航空服务渠道的含义

航空服务渠道就是航空公司为旅客提供航空服务时所使用的方式和位置，即如何把服务交付给旅客和在什么地方把服务交付给旅客。

在航空服务营销过程中，为方便旅客对航空服务产品的购买、消费和受益，寻找并制定适宜的服务交付方式和地点的渠道策略，是整个航空服务营销系统的重要组成部分，它对降低航空公司运营成本和提高航空公司竞争力具有重要意义。

航空服务交付的表现形式是机票销售，因此，航空服务渠道具体表现为机票顺利到达顾客手中的相互依存、相互协调的系统性组织。按照机票到达旅客手中需要几个环节，航空服务渠道可分为直接渠道与间接渠道。

（二）航空服务直接渠道

航空服务直接渠道是指航空公司通过自有营业部、网站和呼叫中心及第三方网络直销平台直接将航空服务产品销售给旅客，简称航空公司 B2C（直销）。由于航空服务具有的无形性、不可分离性等特征，由服务生产者（航空公司）直接销售是最适合航空服务产品的配送方式。

1. 直接渠道的优势

航空公司选择直销的目的往往是为了获得一定的特殊营销优势。

（1）可以与顾客进行直接接触，从而反馈更直接、更可靠的市场信息。如需求变化、竞争对手产品内容和营销动态以及顾客和公众对本公司服务产品的意见等。

（2）可以在第一接触点通过特色化的服务，彰显本公司服务产品的特殊性。以真正的个性化服务方式，能在标准化、一致化以外的市场，实现差异化的航空服务。

（3）可以对本公司服务产品的供应数量、质量及市场表现进行较好的控制，随时保持与顾客需求的一致性。

2. 直接渠道的劣势

直接渠道又称零级渠道，到达市场的路径和时间容易受到限制，因此也有一定劣势。

（1）运营成本高。航空公司要完全依靠自身力量设置销售网点，需要大量投资，并且要消耗大量的管理精力和企业资源，成本比较高。

（2）目标市场容量限制。利用直接渠道，航空公司难以在短时间内使服务产品被广泛分销，很难迅速占领、巩固和扩大目标市场，旅客的需求得不到及时的满足，势必会转而购买其他公司的产品，这样航空公司就会失去目标顾客和市场占有率。

（三）航空服务间接渠道

航空服务间接渠道是指航空公司通过服务中间商将航空服务产品销售给顾客。这也是航空公司常用的销售渠道。为了克服零级渠道的劣势，航空公司往往利用服务中间商实现服务产品的广泛分销。随着科技的发展，各种形式的中间商逐渐融入服务的分销渠道中，利用间接渠道来拓展目标市场已经成为服务业发展的一大趋势。

间接渠道中服务中间商包括代理商、经纪人和特许经营三大种类。其中航空服务的主要中间商是代理商。

1. 航空服务代理商的概念

代理商是指受企业委托为其寻找市场、销售产品或服务而收取企业代理佣金的商业单位和私人机构。代理商本身并不购买企业产品或服务，也不享有该产品或服务的所有权，其利润来源是促成交易，提取佣金，其地位是代理人或者中介。

航空服务的代理商本质上属于航空运输服务代理商，是指受航空公司委托，为其招揽旅客或货物，并洽商、办理相关出票业务的机构或个人。他们并不拥有运输服务产品所有权，只是在促成交易后收取相应的佣金。

2. 航空服务代理商的优势

通过航空服务代理销售航空服务产品具有一定的优势。

（1）降低销售和分销成本。如果航空公司需要和每位潜在顾客签订合同促销航空服务产品的话，成本会非常高。同时，顾客也需要花费大量精力去寻找自己需要的服务。而使用代理商，就可以尽快为顾客收集、提供航空公司及其服务产品的信息。

（2）拥有特殊的技能和知识。代理商往往在信息咨询、市场调研、销售渠道、差旅酒店等相关领域有着特殊技能和专业知识，能够体现出其与航空公司相比的营销优势。

（3）低成本广泛代理。航空公司向代理商支付的是佣金，不是工资，因此航空公司在通过代理商向更广的地域范围提供服务时，几乎没有风险和损失。航空公司可以在许多地方有代理商，这远远超过了其本身支付固定的工资、房屋等费用所能涉及的范围。

（4）了解当地市场需求。代理商是其所服务的市场的专家，他们了解不同市场的特殊需求，了解顾客的需要，并知道如何调整委托人的服务来适应顾客的需要。

（5）增加顾客选择。航空公司直属营业网点，以销售自己公司的服务产品为主；而代理商可以同时代理或经营多家航空公司的服务，这样顾客在选择一个代理商时，就可以获得多种服务。

五、航空服务促销组合策略

（一）服务广告策略

广告是促销组合中应用最广泛的一种方法，也是航空公司使用最多的方法。广告已经渗透到现代社会生活中，是市场营销活动中不可替代的手段。服务产品的广告与有形产品的广告有较大的区别。服务广告的策划，首先要意识到服务是行为而非物体。航空服务产品的广告不只是鼓励消费者购买服务，还应把消费者当成第二受众，激励航空公司提供高质量的服务。因此，航空公司在制作广告时，常常选用自己的员工而非模特，同时还提供一些有形的线索来冲销服务的无形性，即不仅要展现员工，还应该展示提供服务的场所等。

1. 广告的概念

广告是广告者有计划地通过媒体传递商品或服务的信息，以促进销售的大众传播手段。

2. 航空服务广告的指导原则

航空公司对于广告的使用趋势在逐渐扩大，基于服务产品的特征，航空公司在策划、制作和使用广告时，应遵循以下几点基本原则。

1）使用明确的信息

对于航空公司来讲，最大的困难莫过于需要最简单的文字、最精练的语言和最好的视觉效果来传达其所提供服务的领域、深度、质量和水准。因此，广告代理商在为航空公司策划广告时，需要仔细反复斟酌怎样才能通过媒介以最简明的语句来向公众传送能引起消费需求的航空服务信息。

2）强调服务利益，解除顾客顾虑

能够吸引顾客注意的服务广告，应该是强调服务利益而非只是强调服务技术。广告传递的服务利益应该与顾客的需求相一致，因此，广告中使用的利益诉求应该建立在充分了解顾客需求的基础上,才能确保广告的最大影响力;同时,一个好的航空服务广告,应尽量在对顾客保证其购买选择的合理性上下功夫,消除购买航空服务产品的顾虑。

3) 宣传要合情合理

航空公司在利用广告宣传时应做到合情合理,只宣传企业能够提供或顾客能够得到的允诺,切忌运用过度夸张的手法展现航空公司根本无法实现的服务,从而导致顾客对航空公司期望过高最终失望更大。

4) 员工也是广告宣传的对象

航空公司服务产品的质量,最大的影响因素来自参与生产的航空服务人员。航空服务人员之间的个体差异必定会导致航空服务产品无法达到标准化生产,产品质量的标准也很难规范化控制。但是,航空服务广告对产品的宣传在一定层面上提供了产品质量的标准模板,这样,就有利于强化航空服务人员对其产品生产的深刻理解。航空公司不仅要关心所发布的广告如何激励顾客购买其服务产品,而且要更加关心怎样通过广告激励自己的员工去表现其服务产品。正如前面提到的那样,选用自己的员工而非模特来展示本公司的广告,同样也利于激励自己的员工,增强员工的荣誉感。

5) 表现顾客的参与

由于航空服务生产与消费同步,服务营销面临两项挑战:第一,如何争取并维持顾客对该服务的购买;第二,如何在服务生产过程中获取并保持顾客的配合与合作。由此反映到服务广告中,如何表现顾客在航空服务生产过程中的这种配合与合作,这需要广告发布者精心构思,有效地表现顾客在参与航空服务生产过程中积极的、正面的角色。

3. 广告媒体的选择

航空公司在对广告媒体的选择方面还应考虑以下多方面的因素。

(1) 能满足公司对信息传播所要达到的目标的具体要求。

(2) 可以让消费者反复琢磨,对消费者刺激时间较长(如期刊、杂志等纸质媒体)。

(3) 媒体的影响力、流通性和广告成本比较效益最佳。

(4) 可达性强,是航空服务目标市场上消费者经常接触的媒体。

(5) 了解竞争者的广告媒体策略及选择媒体的特点。

(6) 媒体的收费标准不超过公司根据自身的财力可以支付的预算。

(二) 公共关系策略

1. 公共关系的概念及构成

公共关系是指社会组织为了塑造组织形象,通过传播和沟通等手段来影响公众的科学和艺术的活动。

航空服务公共关系策略,就是航空公司通过传播和沟通手段来影响公众,树立良好的公共关系形象,并由此引起的一系列积极的公共关系连带作用的活动。

航空公司的公共关系由航空公司(主体)、航空公司公众(客体)及传播沟通手段三大要素构成。

2. 航空公司的公众

1）按公众与组织的归属关系（横向）划分

（1）内部公众：航空公司内部的所有员工。

（2）外部公众：①政府和管理部门公众；②与航空公司直接相关的公众（旅客和货主）；③与航空公司目标间接相关的公众（航空公司正常运转中涉及的各类组织和群体）；④社区公众（航空公司所在地区的政府、非政府组织及居民）；⑤大众传播媒介公众；⑥同行公众；⑦事件公众。

2）按公司与公众发生的密切程度（纵向）划分

（1）非公众。

（2）潜在公众。

（3）知晓公众。

（4）行动公众。

3）按公众的重要程度和友好程度划分

（1）按重要性分为重要公众、中间公众、次要公众。

（2）按友好程度分为顺意公众、独立公众、逆意公众。

3. 航空公司公共关系实务

航空公司应该重视公关工作，妥善处理公关事件进行公关宣传。公关的功能就在于它是获得宣传机会花费较少的方法，是建立市场知名度和偏好的有力工具。

航空公司公共关系策略的运用，应该抓住每一次正面展示自己的机会来树立自己在公众心目中的良好形象。例如，通过新闻媒介传播企业信息、举办主题活动、重视投诉、参与社会公益活动、公共宣传与公共广告、妥善处理危机事件等。

第二节　航运服务营销管理

一、航运服务营销概述

（一）航运服务营销的概念

航运业作为典型的服务型行业，其营销活动的核心在于航运服务营销的实践与应用。航运市场营销本质上是航运企业以货主需求为导向，通过系统化的经营活动实现价值交换的商业过程。在这一过程中，航运企业需要精准识别客户需求，科学界定目标市场，并据此设计差异化的运输服务方案。其营销目标在于构建以客户价值为核心的服务体系，通过建立具有战略价值的客户关系，在实现客户满意的基础上达成企业盈利。这一完整的营销循环包括：需求洞察、市场定位、服务设计、价值交付和关系维护等关键环节，最终形成供需双方互利共赢的持续发展模式。

第一，航运市场由对航运服务有需求的单位组织所构成，对于航运服务的需求属于派生需求，所以航运市场也属于派生市场。

第二，航运市场的营销者一般由航运企业来充当，货主为潜在顾客，航运企业对于市场营销活动进行策划和实施。

第三，航运市场营销活动是研究如何为货主提供以船队为载体的满意服务。

第四，航运市场上的需求是对准时、安全的优质运输服务的需求，货主愿意为这种需求付出一定的成本。

第五，航运企业营销活动围绕的是怎样提高货主对航运服务的满意度，进而使得货主愿意与自己建立长期的合作关系，实现企业的目标利润。

航运企业进行市场营销活动是为了实现自身的目标利润，其以客户的需要和欲望为导向，追求为货主提供最佳的服务。航运企业开展营销活动时需要关注的不仅是怎样为货主提供优质的服务，还有提供优质服务的载体——船队。按性质划分，航运企业属于服务部门，但是与其他的服务部门又有所不同，其面对的市场是有河运或者海运需求的组织或单位，而不是一般市场上的个人和家庭。因此，航运企业进行市场营销活动时要采取不同的营销策略组合。

航运市场营销是将市场营销学中的营销理念、营销原理、营销策略组合等应用于航运服务的过程中，航运市场营销活动包括对航运市场营销环境的调研和分析、航运服务的定价和宣传策略，以及航运企业在营销活动过程中怎样维持与客户或者政府之间的关系。随着经济全球化的发展，航运企业面对的不仅仅是国内的航运市场，还有国际的航运市场，因此秉承这一观念的营销学者认为，航运企业营销活动属于国际市场营销范畴，同时航运企业也应该提倡低碳环保的营销理念，这也是新时期社会发展对各行业共同的要求。在航运这个领域内，所有承运人组成航海运输业，所有货主组成航运市场。

航运服务营销的基本活动如图 13-1 所示。

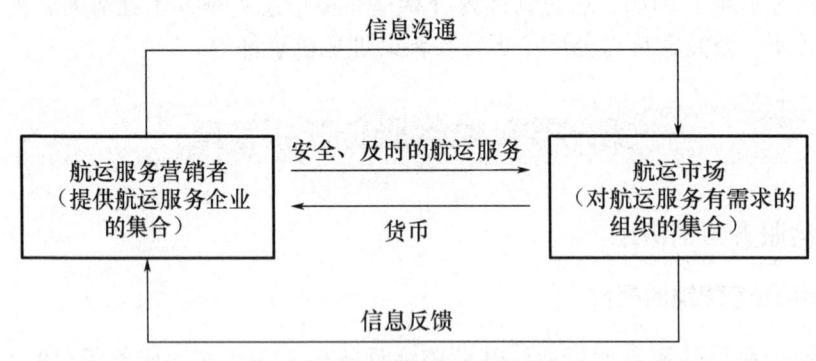

图 13-1　航运服务营销的基本活动

（二）航运服务营销的特点

航运服务营销活动的开展围绕的主体是如何满足货主对于航运服务的需求，但是航运市场是由不同类型的企业组织构成的，是典型的组织市场，同时航运企业为货主提供的是航运服务，也属于服务市场营销活动的范畴。在全球经济一体化的形势下，航运企业所面临的市场不仅有国内市场，还有国际市场，营销活动的开展也会受到来自国内和国外环境因素的影响，从这一层面来看，航运市场又属于国际市场。这说明航运企业的市场营销是不同于其他普通企业的服务营销的，概括地说航运市场营销实际上是集服务市场营销、组织市场营销和国际市场营销于一体的复合式营销,所以航运市场营销活动具有复杂性和独特性的一面。与其他领域的市场营销活动相比较,航运市场营销活动的复杂性体现在三个方面:一是航运市场上提供的产品为无形的航运服务;二是构成航运市场的单位是各生产企业或组织;三是航运市场营销是跨越国界的市场营销。

1. 从服务市场营销角度来看

航运企业提供的产品主要是海上运输服务,与一般的商品存在内在的区别,如服务更加异质、无形、更难作出评估。这些独特的性质也给服务企业的管理提出了独特的挑战,但是在航运企业营销活动中有形的商品与无形的服务的界限并不清楚,两者之间可以相互影响。

1)无形性

无形性是服务区别于商品的基本特征,因为服务表现为一种绩效或行动,而不是实物,因此客户不能像有形商品那样看到、感觉到或触摸到服务。例如,航运服务是由航运企业针对货主进行的行为(如远距离运输、门对门送货),尽管货主可以看到或者是接触到服务的某些部分(如船舶的数量、船员)。实际上,货主很难把握航运服务,进行对于服务的质量评价也存在一定的难度。所以这就要求航运企业采用一些实体因素作为货主感知服务的依据,如场所氛围、员工素质、价格水平、设备的先进程度和可见到的通信设备等,对无形的服务产品作形象化的促销宣传——变无形为有形,使货主能感知到服务的质量。

2)不可分割性

大多数的商品总是先生产,然后再进行销售和消费,但是服务不同,服务是先销售,然后生产和消费同时进行。例如一辆汽车,在德国生产,销售到中国,销售出去之后不一定立刻使用,可能是过段时间再使用。但是航运服务与实体商品却明显不同,航运服务是航运企业和货主之间已经达成销售活动后提供的,并且是边生产边被消费。这也就意味着提供航运服务时货主一方会参与到服务的生产过程,对航运服务提供的过程进行感知和评价。因此服务质量和顾客满意度将在很大程度上依赖于员工的行为、员工与顾客之间的相互作用。因此航运企业在为顾客提供服务时要特别注意一线员工的整体素质,要不断地对其进行培训和激励。

3)异质性

服务的提供过程基本上是由人表现出来的一系列的行为所构成,因此没有完全相同的两种服务。同时服务是顾客感知到的服务,不同的客户对于服务的感知也不相同,每个顾客都有自己独特的需求,对于提供的服务看重的方面也不相同。例如,航运企业为不同的货主提供同样的服务,有的货主看重的是服务过程的安全性,有的看中的是服务的及时性,因此不同的货主对服务质量的评价不相同,航运企业获得的顾客满意度也参差不齐。所以对于航运企业来说,如何使得航运服务质量保持一致是一个重要的问题。

4)不可储存性

服务的不可储存性是指服务不能被转售、退回或者二次销售,表现为服务的一次进行和不可修改。因此服务企业在提供服务时要特别关注每个服务细节,并且要制定强有力的补救措施,以防差错的出现。否则的话,造成的服务信誉损失将是不可挽回的。

2. 从组织市场营销角度来看

传统的市场营销主要是关于消费品的市场营销，针对的是个人或者家庭；而航运企业的市场营销针对的主要是制造商和进出口商等这些组织市场。所谓组织市场是指所有为满足其各种需要而购买产品和服务的组织机构所构成的市场。

1）派生需求

派生需求也称为引申需求，这就是说，产业组织对于航运服务的需求，归根结底是从消费者对于消费品的需求引申出来的。例如，国外消费者对于中国丝绸的需求增加，就会使丝绸生产者或者经营丝绸贸易的企业对航运服务的需求增加。

2）缺乏弹性的需求

在产业市场上，产业购买者对于航运服务的需求受价格变动的影响不大，在短期内更是缺乏弹性，因为短期内产业组织不能使目标市场的需求产生很大的改变，对于航运服务的需求也不会产生太大的变动。或者说，对于提供远距离跨海运输服务的运输方式来说，海运服务相较于其他方式比较实惠，这样也会使得航运服务的需求缺乏弹性。

3）波动的需求

对于产业组织来说，需求是派生的，因此根据经济学上的乘数效应，当消费品市场上需求产生很小的变动时，对于组织市场来说都会带来很大的变动，当把这种市场扩大到国际市场上时，同样的原理，会导致组织对航运的需求发生很大的变化。

4）长期合作关系

由于航运企业和产业组织都是一个固定的组织形态，在进行市场营销时，双方都愿意花费一定的成本去考察营销活动的另一方。因此，出于成本方面的考虑，一旦双方确立了合作关系，那么这种合作关系就会倾向于长期。

3. 从国际市场营销角度来看

航运市场营销作为国际营销活动其独特之处表现在以下几个方面。

1）营销环境的复杂性与多变性

由于国际航运系统需要在不同的法律、人文、语言、科技、社会标准等环境下运行，市场营销活动受到国际政治与经济局势变动的影响很大，面临的营销环境也就更加复杂多变。

2）多层次、多维度的市场结构

航运企业面对的客户往往是处于不同的国家或地区。由于种族、习惯及经济水平的差异，各国及各地区对国际航运需求的层次多，这无疑会使航运市场营销活动的难度大大增加。

3）市场营销者种类繁多

与国内的航运市场相比，航运中间商构成更为复杂，既包括国内航运中间商，也包括国外的中间商，如国外的船代、货代、码头经营者等。此外，大型航运企业在国外还设立自己的办事机构。

4）竞争对手的多国性或全球性

国际航运市场营销活动的竞争对手可能来自不同的国家或地区，竞争范围多维化，竞争性质全球化。

5）营销问题的特有性与策略手段的专门性

由于航运企业面对的是国际的经济环境，任何方面的经济或政策的变动都会对航运企业的营销活动产生较大影响。例如，货币汇率变动对航运企业定价的影响，不同国家的分销模式不同。

总之，国际航运市场营销活动是一个跨国的连续的经营管理过程，这一过程涉及多个国家，跨越海洋和大陆，运输距离长、参与主体多、环境复杂多变。航运市场营销的这些特点说明航运企业在进行市场营销活动时，需要不断地关注国内国际的政治、经济、社会等方面的形势，不断地调整自己在整个市场环境中的适应性，进而使得企业能够在全球化的形势下，更好地与国外竞争者抗衡，保证企业的可持续发展。

二、航运服务营销环境

（一）航运服务营销环境的含义

根据市场营销环境的定义，我们可以这样描述航运服务营销市场环境——所谓航运服务营销环境，是指对航运企业开展市场营销活动有直接或间接影响的各种不可控因素的总和，即与航运企业营销活动存在现实或潜在关系的各种力量与机构的体系。任何航运企业从事营销活动，都会受到来自企业内部和企业外部诸多因素的影响，这些影响因素的集合就构成了航运服务市场营销环境。

根据航运企业市场营销活动所涉及的内容，可以将其市场营销环境分为微观营销环境和宏观营销环境。其中微观营销环境是指与航运企业紧密相连的，影响它为顾客服务能力的各种参与者，包括航运企业、供应商、营销中介、竞争者、客户和社会公众。宏观营销环境指能影响整个微观环境的广泛的社会性因素，一般以微观环境为媒介去影响和制约企业的营销活动，在特定的场合也可以直接影响企业的营销活动。包括政治与法律环境、经济环境、竞争环境、影响运力的外部环境、科学技术环境和自然环境，这些社会力量代表了航运企业的不可控变数。

（二）航运服务营销宏观环境

宏观环境一般包括人口、经济、自然、技术、政法和文化环境等要素。这些都是不可控的环境变量因素，企业及其所处的内部环境，都在这些宏观力量的控制和作用下。航运企业可以通过调整企业内部人力、财力、物力及服务、定价、渠道、促销、人员、过程以及有形展示等可控制的营销手段，来适应外部环境的发展变化。但是就航运市场而言，一般可以把宏观环境归纳为政治法律环境和经济环境方面加以分析研究。

（三）航运服务营销微观环境

航运企业的微观环境因素主要包括企业自身所具备或拥有的经营条件、能力、资源。是决定企业营销策略选择和营销水平的基础条件因素，主要包括企业的决策能力、企业文化和团队力量、企业核心竞争力及企业的财务状况。

(四) 营销环境分析的方法

市场营销环境总是一个不断发展变化的动态系统,企业要积极地适应环境的变化才能获得更好的发展。适应环境变化的前提是要明确什么样的营销环境利于营销活动开展,什么样的营销活动会给企业的发展制造一定的障碍。这就需要运用一定的分析工具对市场营销环境进行清晰地界定。企业营销活动涉及的内部和外部环境不同,营销者应据此采取不同的分析方法。外部环境分析通常包括 PEST 分析和产业环境分析。内部环境分析可分为核心能力分析和价值链分析。但是,一般情况下对一个企业进行有效的环境分析不仅要分析它的内部环境,也要分析外部环境,这就需要用到一个综合性的分析方法——SWOT 分析。

1. 外部环境分析

外部环境分析包括一般环境分析和产业环境分析。一般环境也称宏观环境,即本章所论述的政治法律环境、经济环境等,对其进行分析简称为 PEST 分析,即对营销活动涉及的政治(Policy)、经济(Economic)、社会(Social)和技术(Technological)等进行分析。这些是给企业带来市场机会或威胁的主要因素,对所有的航运企业都会产生影响。

产业环境分析是对企业经营活动有直接影响的外部环境,主要分析内容和方法有产业组织分析、市场细分和竞争对手分析。有关产业分析的方法中,美国战略学家迈克尔·波特所提出的五力模型是最著名的分析方法之一,其基本框架如图 13-2 所示。

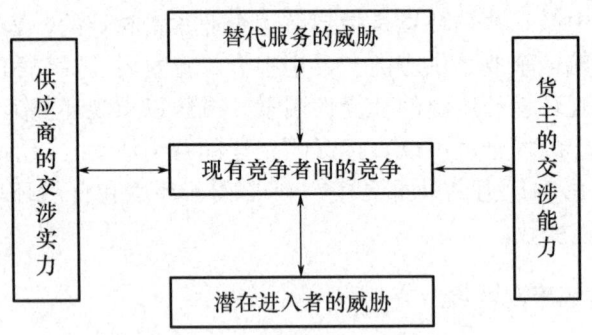

图 13-2　产业分析方法——五力模型

波特认为有五种力量在影响着企业营销战略的制定,分别是现有竞争者间的竞争、替代服务的威胁、潜在进入者的威胁、供应商交涉能力和客户的交涉能力。

1)现有竞争者间的竞争

航运企业在制定战略和开展经营活动时,首先必须面对的是现有的竞争者。就航运市场来说,航运企业之间的竞争表现在控制运输成本、提供差异化的服务等方面。对竞争者进行详细的分析可以为企业制定良好的发展战略提供依据。

2)替代服务的分析

虽然航空、铁路等运输方式在一定程度上能够替代航运服务,但从实际运输效率、成本优势和运载能力等核心维度考量,目前仍鲜有其他运输方式能够真正取代航运业在全球化物流体系中的关键地位。

3）潜在进入者的威胁

任何市场，只要有足够大的利润，就会吸引企业进入。潜在进入者是指对本市场上的服务或产品有足够大的了解，并且具备参与市场竞争能力的企业。航运企业面对的潜在进入者主要是提供航运服务的物流企业或具有足够强的实力的供应商。

4）供应商的交涉能力

航运企业面对的供应商是制造船舶的造船企业，由于造船需要巨大的资金和精湛的技术作为支撑，所以航运企业的供应商一般都是具有雄厚实力的企业。也正是这个原因，使得供应商的数量并不多，因此航运企业在与供应商进行谈判时，供应商的讨价还价能力比较强。

5）客户的交涉能力

航运企业的客户是生产厂商或者是从事贸易活动的企业，它们是航运企业营销活动的中心。因此，航运企业需要处理好与客户之间的关系，争取建立共赢的同盟关系。

2. 内部环境分析

航运企业内部环境分析主要是分析航运企业的资源和能力。识别并建立企业获得核心竞争力的主要能力，使得航运企业在开展市场营销活动时能够将有限的资源进行合理的利用。一般在进行企业内部环境分析时，采用波特的价值链分析，其基本模型如图 13-3 所示。

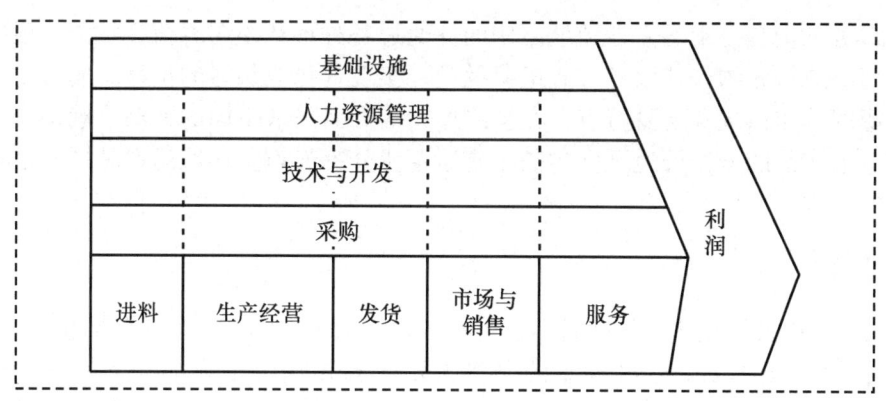

图 13-3　波特的价值链模型

（资料来源：杨文士，2009. 管理学 [M]. 3 版 . 北京：中国人民大学出版社 .）

根据这个模型，企业的内外价值增加的活动可以分为基本活动和支持性活动，基本活动包括生产、销售以及后勤和服务；支持性活动则包括人事、财务、计划、采购等。基本活动和支持性活动构成了企业活动的基本价值链。

需要注意的是，在航运企业的价值链中，只有某些特定的价值活动才真正创造价值，这些真正创造价值的活动，就是价值链上的战略环节。企业在价值链的某些特定环节上的战略优势就是企业要保持的竞争优势，因此，航运企业要特别关注和培养在价值链的关键环节上获得重要的核心竞争力，以形成企业的竞争优势。

三、航运市场渠道策略

（一）航运分销渠道

分销渠道是指某种产品和服务从生产者向消费者转移的过程中，取得这种产品和服务的所有权或帮助所有权转移的所有企业和个人。分销渠道是促使产品或服务顺利地被使用或消费的一整套相互依存的组织。分销渠道的目标就是使企业生产经营的产品或服务顺利地被使用或消费，其具体的任务是把商品从生产者那里转移到消费者或者用户手里，使消费者或用户能在适当的时间、适当的地点买到满足自己需求的商品。分销渠道涉及的是商品实体和商品所有权从商品到消费转移的整个过程。在这个过程中，起点为生产者出售商品，终点为消费者或用户购进商品。位于起点和终点之间的为中间环节，中间环节包括参与从起点到终点之间商品流通活动的个人和机构，如生产者、各种类型的中间商、运输公司、仓储公司和用户等，但不包括供应商和辅助商。

航运企业的运输是伴随商流而发生的产品实体的空间位移，即"物流"。它是实物产品销售中的一个环节。航运企业的产品是无形的，其分销渠道取决于运力的销售活动，不存在产品所有权的转移。航运企业的产品一般要通过航运中间商这个环节销售给货主。

（二）航运分销渠道的特点

1. 前置性

航运服务的前提是航运企业或航运中间商通过各种形式组织客流、货源，根据客流货源的组织情况或事先约好的服务方式组织运输，实现货物或乘客的位移。航运企业应根据客流、货源的分布情况和自身特点，在组织形式等方面采取不同的策略，确保航运的顺利进行。与有形产品的分销渠道不同的是，航运企业分销渠道是在航运产品形成之前而不是之后形成的。

2. 稳定性

航运企业采取使用航运中间商的分销渠道，往往会通过签订合同的形式确定与中间商的长期合作关系。这种稳定的合作关系使双方在合作的基础上互惠互利，共同管理分销渠道，即使航运市场情形发生变化，分销渠道也不会轻易改变。因此，航运企业在设计和选择分销渠道时要考虑到与企业的长期发展目标相适应，确保渠道的稳定性。

3. 多样性

乘客和货主对航运运输有多种需求，决定了航运产品分销渠道的多样性。长期稳定的大宗客流、货源要求运输企业以固定的运输方式完成位移活动，而零星的客流、货源大多通过中间商进行组织，并采用灵活的运输方式完成位移活动。从渠道的构成来看，消费品的航运渠道往往比工业用品的航运渠道长。这种有形产品的特点决定了航运产品的分销渠道的不同形式。

4. 关联性

航运产品的分销渠道不仅与涉及的渠道成员有关，而且与产品的其他营销策略以及竞争对手所采取的渠道策略有关。

（三）航运分销渠道的类型

航运分销渠道类型的选择，是渠道策略中的一个重要内容，选择得合适与否，对航运企业营销的成败影响甚大。在实际的营销环境中有许多的限制，有效的营销必须随时随地、因人而异地进行调整，所以，分析渠道类型的选择不能主观随意，它受多种因素的制约和影响，必须综合考虑方方面面的因素，如企业自身的因素、目标市场的情况、航运产品因素、航运中间商因素、竞争者因素以及社会、经济、政治因素等。

航运分销渠道策略是指航运企业通过分析各种影响因素，制订出有利于航运企业的，将其服务以最有效的方式传递给消费者的分销渠道计划和方案。

航运分销渠道按照不同的标准可以划分为不同的类型。

1. 直接渠道和间接渠道

航运分销渠道按是否经过中间商这一环节可分为直接渠道和间接渠道。

直接渠道是指航运企业直接为货主提供运输服务，双方按照运输合同的规定条款实现货物的运输过程。采取这种方法，可以密切航运企业和货主之间的关系，及时了解航运市场需求动态，为航运企业根据各种服务创造条件。但由于受航运企业人员、资金等因素的限制，客流、货运组织面窄，效率不高，往往仅限于大宗稳定货物或有特种运输需求的货物。直接渠道的优越性有：第一，无中间环节，便于及时销售，减少中间转移流通费用；第二，直接与货主用户接触中也有利于提供服务；第三，便于控制运价；第四，便于航运企业开展推销服务。

规模大、资金雄厚的大型航运企业，往往有自己的销售网络，但这并不意味着不使用中间商，因为直接销售所耗甚多，不是所有企业都能做到的，而且任何企业也不可能把产品全部直接售给用户，中间商在航运界是必不可少的。

间接渠道是指航运企业通过航运中间商为货主提供运输服务。它与直接渠道的区别在于是否有中间商的参与。采用这种方式可以利用航运中间商丰富的组织经验和广泛的关系网组织客流，货源量大，且相对稳定，便于航运企业组织均衡运输，提高运输效率，有利于航运双方简化手续；能更大限度地为货主提供优质服务，减少交易操作。其缺点是航运企业无法了解航运市场需求信息，有一定的市场风险，而且由于航运企业对中间商实行折扣价格、优惠政策等原因，使航运企业每次运输的利润减少。航运企业一般无法全部采用直接渠道，而是直接渠道与间接渠道并存。如在货运代理业务中既与有关货主直接签订协议，又委托某个或若干个代理商代理其船舶运输业务。

2. 长渠道和短渠道

航运分销渠道按中间商层次的多少可分为长渠道和短渠道。营销学中一般以中间机构层次的数目确定渠道的长度，即产品在流通中经过层次的多少就是分销渠道的长度。一般把两层或两层以上的中间商介入的分销渠道称为长渠道,而将直接渠道和只有一层中间商介入的称为短渠道。

分销渠道短,有利于简化货物的流通环节,消除中间商的利润,使航运服务的价格更具有竞争力;有利于航运企业控制渠道,更多地了解市场信息和货主对航运的需求;有利于航运企业更好地宣传航运服务项目,提高企业声誉和树立企业形象。但采用短渠道策略,不仅消耗航运企业大量资源,而且使航运企业保留的责任增多,因此并不是所有的航运服务都适合短渠道策略。

分销渠道长,有利于航运企业组织客流、货源,并根据实际情况选择合适的运输方式,能够满足众多零星客流、货源对航运的需求,航运企业保留的责任小。但由于中间环节多,必然导致货流速度慢,途中耗时过长,服务价格上涨。

3. 宽渠道和窄渠道

分销渠道的宽度指渠道的每个层次使用同种类型中间商数目的多少。它与企业的分销策略密切相关。根据每个层次各环节中间商数目的多少,分销渠道分为宽渠道和窄渠道。

宽渠道有一定优点,由于其选用的中间商多,能迅速推销其运力,同时可以对中间商的工作效率进行综合评估,优胜劣汰,有利于中间商之间展开竞争;但如果选用过多,一旦外部环境变化,双方关系的基础不牢固。一般而言,在宽渠道中,航运企业所选用的中间商是可以变化的。窄渠道的优点是航运企业与中间商的关系非常密切,但由于航运企业对中间商依赖性太强,会在一定时期内失去灵活选择的自由。短而宽的分销渠道必然成为一种发展趋势。

第三节 物流服务营销管理

一、物流服务营销概述

(一)物流概述

物流是指利用现代信息技术和设备,将物品从供应地向接收地准确的、及时的、安全的、保质保量的、门到门的合理化服务模式和先进的服务流程。物流是随商品生产的出现而出现,随商品生产的发展而发展,所以物流是一种古老的、传统的经济活动。

1. 物流的功能

关于物流的功能,简单来说,包括服务商流、保障生产和方便生活三个方面。

(1)服务商流。在商流活动中,商品所有权在购销合同签订的那一刻,便由供方转移到需方,而商品实体并没有因此而移动。除了非实物交割的期货交易,一般的商流都必须伴随相应的物流过程,即按照需方(买方)的需要将商品实体由供方(卖方)以适当方式、途径向需方转移。在整个流通过程中,物流实际上是以商流的后继者和服务者的姿态出现的。如果没有物流,商流活动就是一纸空文。电子商务的发展需要物流的支持,就是这个道理。

（2）保障生产。物流活动贯穿于企业生产经营的全过程，从原材料采购环节开始，就必须依靠高效的物流系统确保物料供应，这是保障生产顺利进行的基础条件；在生产制造过程中，各工艺流程之间的衔接同样依赖于原材料和半成品的顺畅流转，以维持生产的连续性和流动性。可以说，整个生产制造过程本质上就是一系列紧密衔接的物流活动。科学合理的物流体系能够从多个维度创造价值：通过优化运输方案降低物流成本，通过精准库存管理减少资金占用，通过流程再造提升运营效率。这些物流优化措施不仅能够增强企业的市场竞争力，更能通过提升供应链整体效能来推动社会经济发展水平的持续提高。

（3）方便生活。实际上，生活中的每个环节都有物流存在。通过国际运输，可以让产品出现在世界各地；通过先进的储藏技术，可以让新鲜的果蔬在任何季节亮相；搬家公司周到的服务，可以让人们轻松地乔迁新居；多种形式的行李托运业务，可以让人们享受舒适的旅途生活。

2.物流的类型

由于物流对象不同，物流目的不同，物流范围、范畴不同，形成了不同类型的物流。

（1）宏观物流。宏观物流是指社会再生产总体的物流活动，从社会再生产总体角度认识和研究的物流活动。宏观物流还可以从空间范畴来理解，很大空间范畴内的物流活动，往往带有宏观性；而在很小空间范畴内的物流活动，则往往带有微观性。宏观物流研究的主要特点是综观性和全局性。宏观物流主要研究的内容是物流总体构成；物流与社会之关系在社会中的地位；物流与经济发展的关系；社会物流系统和国际物流系统的建立和运作；等等。

（2）微观物流。消费者、生产者、企业所从事的实际的、具体的物流活动属于微观物流。在整个物流活动中，其中的一个局部、一个环节的具体物流活动也属于微观物流。在一个小地域空间发生的具体的物流活动也属于微观物流。

（3）社会物流。从社会再生产总体的角度来认识和研究物流活动。

（4）企业物流。从企业角度研究与之有关的物流活动，是具体的、微观的物流活动的典型领域。

（5）国际物流。国际物流是现代物流系统发展很快、规模很大的一个物流领域。国际物流是伴随和支撑国际经济交往、贸易活动和其他国际交流所发生的物流活动。

（6）区域物流。相对于国际物流而言，一个国家范围内的物流，一个城市的物流，一个经济区域的物流都处于同一法律、规章、制度之下，都受相同文化及社会因素影响，都处于基本相同的科技水平和装备水平之中。

（二）物流服务

物流服务业属于服务业，服务业与工业的最大不同在于产出的不同，工业的产出是有形的商品，服务业的产出是无形的服务。物流服务作为一种服务产品，具有服务产品的所有特征，同时作为一种新兴服务它也有着自身的特点。

（1）不可感知性，或称无形性。"不可感知性"可以从两个不同的层次来理解。首先，服务产品与有形的消费品或工业品比较，服务的特质及组成服务的元素很多都是无形无质的,让人不能触摸或凭肉眼看见其存在。其次,服务产品不仅其特质是无形无质的,甚至使用服务后的利益也很难被察觉,或是要等一段时间后,享用服务的人才能感觉到"利益"的存在。

(2)差异性。差异性是指服务产品的构成成分及其质量水平经常变化,很难统一界定。区别于那些实行自动化生产的第一产业与第二产业,服务行业是以人为中心的产业,由于人类个性的存在,使得对于服务产品的质量检验很难采用统一的标准。一方面,由于服务人员自身因素,如心理状态的影响,即使由同一服务人员所提供的服务,也可能会有不同的水准;另一方面,由于顾客直接参与服务中的生产过程和消费过程,于是顾客本身的因素,如知识水平、兴趣和爱好等直接影响服务产品的质量和效果。

(3)不可储存性。基于服务产品的不可感知形态以及服务的生产和消费同时进行,使得服务产品不可能像有形的消费品和工业品一样被储存起来,以备未来出售;而且消费者在大多数情况下,亦不能将服务携带回家安放。当然,提供服务的各种设备可能会提前准备好,但生产出来的服务如不当时消费掉就会造成损失,不过,这种损失不像有形产品损失那样明显,它仅表现为机会的丧失和折旧的发生。因此,不可储存性的特征要求服务企业必须解决由缺乏库存所导致的产品供求不平衡问题,以及如何制定分销策略来选择分销渠道和分销商以及如何设计生产过程和有效地弹性处理被动的服务需求等问题。

(4)物流服务的定制化程度较高。不管是对物料供应的服务,还是商品配送的服务,都需要根据客户要求去进行服务的设计与提供。这种高制定化的服务只有通过采用服务营销的策略才能实现。

(三)物流服务营销

1. 物流服务营销的含义

物流服务营销是物流企业为了满足客户对物流服务产品所带来的服务效用的需求,实现企业预定的目标,通过采取一系列整合的营销策略来达成服务交易的商务活动过程。物流服务营销的核心理念是客户满意和客户忠诚,通过取得客户的满意和忠诚来促进相互有利的交换,最终实现营销绩效的改进和企业的长期成长。

2. 物流服务营销的本质

(1)物流服务营销的核心是满足客户对物流产品的需求。为此,物流企业必须充分了解客户的需求,不断地提供创新服务,以向客户提供其需要的物流服务产品。客户对物流服务产品的需要,不是物流服务产品本身,而是物流服务产品所能够给客户带来的服务效用。

(2)物流服务营销手段是一系列整合的营销策略。物流服务营销要取得实效,不能仅仅靠某一项营销策略及措施,而应把物流企业各部门及营销组合各因素进行整合,采取综合的物流服务营销策略与措施。

(3)物流服务营销的目的是达成交易,实现物流企业预定的目标。

3. 物流服务营销的特点

在市场经济条件下,物流企业是一种具有独特的服务性(从事物流活动、提供物流服务)的经济组织,根据物流企业所提供的物流服务的特点,物流服务营销具有以下特点。

(1)物流企业营销的产品是服务。对于物流企业来说,它提供的产品不是简单的运输、仓储、装卸等环节的空间组合,而是一个系统化的全过程的服务,是一个贯穿在服务产品中的整个时间、空间的增值过程的服务。它的无形性使得客户难以触摸予以评价,而与客户的感受有很大关系,需要通过场所气氛、人员素质、价格水平、设备的先进程度和强大的供应链整合能力等反映服务能力的信息让客户感受,由此决定物流的服务质量。

(2)物流市场营销的服务能力强大。随着物流市场需求的演变,个性化需求越来越突出,这要求物流企业必须具有强大的营销服务能力与之相适应。一个成功的物流企业,必须具备较大的运营规模,能有效地覆盖一定的地区,同时还应具有先进的指挥和控制中心,兼备高水准的综合技术、财务资源和经验策略。

(3)物流服务营销的对象广泛,市场差异度大。由于供应链的全球化,物流活动变得愈加复杂,各工商企业为了将资源集中于自己的核心业务上,常常将其他非核心业务外包。这些急剧上升的物流外包为物流企业提供了广阔的市场和服务对象,已经涉及各行各业,客户的广泛性也导致了市场的差异。面对这样差异大的市场,就要求物流企业在进行营销工作时,必须根据目标市场客户企业的特点为其量身定制,并建立一套高效合理的物流解决方案。

(4)物流服务质量由客户的感受决定。物流企业提供产品的特殊性,它所提供服务的质量不是由企业决定的,而是和同客户的感受有很大的关系,由客户接受服务以后的感受决定的。物流企业可通过场所规模、服务人员素质、价格水平、供应链整合能力、先进的设备及信息管理等方面反映出物流企业服务能力,让客户感受到物流企业服务水平的状况,以物流企业的服务质量。

二、物流服务产品

(一)物流服务产品的含义

物流服务产品,通常被理解为物流企业提供的一种服务。对于物流企业来说,物流服务是物流产品的表现形式。因此,物流服务产品可以定义为:物流企业为了满足需求者对物流服务产品提出的各种需求而投入的人力、物力、财力的产出表现,物流服务产品的最终目的是满足需求者的需求和预期。

(二)物流服务产品的生命周期及其策略建模

物流服务作为一种特殊的无形产品,与实物产品一样,也有其产品市场生命周期。一个完整的物流产品市场生命周期也应该包括导入期、成长期、成熟期和衰退期四个阶段。物流服务产品市场生命周期的特点及其策略如表13-1所示。

表 13-1 物流服务产品市场生命周期的特点及其策略

周 期	特 点	策 略
导入期	①物流产品水平低，恶性竞争严重，没有一个可以获得长期竞争优势的竞争策略； ②物流服务的差别化较低，物流服务功能单一，增值服务薄弱； ③物流企业在执行物流活动的过程中，虽然也为物流需求商提供一个物流服务的方案，但只停留在买卖关系而不是物流联盟； ④物流需求商还没有完全做好外包的转变，大多数物流外包只停留在相对低利润的物流服务； ⑤物流服务信息化程度较低，各环节严重脱节，缺乏有效快捷的沟通联络手段，制约了供应链的时效性	①服务体系化，如完善物流服务网络，扩展原有服务模式等； ②服务差别化，如对服务类型或服务客户进行细分，制订不同的服务方案； ③服务联盟化，如与物流需求商签订合作协议或结成合作联盟； ④服务信息化，如利用物流信息化平台实现现代化物流的电子商务
成长期	①物流服务规模化，增加物流服务内涵，加大增值服务，创新服务项目； ②物流服务专业化，对物流市场进行细分，确定自己的战略地位和主攻方向； ③物流服务多样化，不仅能够提供全程物流服务，还可以提供部分供应链管理下的物流服务	①合作服务策略，通过加强与物流服务商间的合作，实现合作双方的利益共赢，营造物流发展的整体环境； ②标准化服务策略； ③专业服务策略，确定服务重点，集中有效资源，提供专业化服务
成熟期	①物流服务向协同化、集约化、全球化方向发展； ②物流服务由单一向业态多元化发展； ③对电子物流的需求强劲，快递服务发展迅猛； ④绿色物流增长	①战略联盟策略，通过物流企业间的战略联盟解决资金紧缺的问题，应对市场压力，有利于提供"一站式"服务； ②进攻策略，寻找新的细分市场或进行品牌重新定位； ③营销组合策略
衰退期	①物流产品的需求总量急剧下降，物流产品的价格下跌，利润剧减； ②物流产品的弱点和不足已经显露，市场上出现了性能更好的替代产品； ③企业过大的经营投入能力与萎缩的市场之间的矛盾突出，竞争者相继退出市场	①集中策略，通过把企业的资源集中使用在最有利的细分市场来赢得更多的利润； ②持续策略，在原有细分市场，沿用过去的营销组合策略，低价维持原有需求量； ③撤退策略，降低价格，适时退出细分市场，积极退出新物流服务项目

三、物流服务产品定价基本方法

通常，企业制定价格是一项很复杂的工作，必须考虑多方面的因素，如产品的市场供给、需求、成本费用、消费者反应和竞争情况等，采取一系列步骤和措施来确定价格。

对于物流企业来讲，因其产品是向用户提供劳务服务，产品是无形的，因此，影响产品价格的因素相对于有形的产品如汽车等来讲就会显得更复杂，更难以把握。要制定具有市场竞争力的物流服务价格策略，企业应当遵循系统化的定价管理流程：首先需要深入掌握自身服务产品的特性与优势，全面评估成本结构、市场需求和竞争态势等核心要素；其次要综合考虑产品定位、客户价值感知等关键因素；最后灵活运用成本导向、需求导向和竞争导向等定价方法，结合差异化定价、捆绑定价等策略技巧，最终形成科学合理的定价方案。这一系统化的定价管理过程，能够有效提升物流企业的价格竞争力和整体市场优势。

（一）成本导向定价法

这种定价方法主要是从企业的角度来确定产品的价格。从经济学的角度来讲，企业是以盈利为目的的经济组织。为了保持和提高企业的竞争能力，企业必须通过销售其产品来收回其付出的成本并在此基础上获得相应的利润回报。因此，制定其相关产品的价格就必须考虑产品的成本和利润。这种方法的特点是简便、易用。但是，这也是最不以消费为导向的方法，由此制定出来的产品价格还需由消费者的反应来确定其定价的科学性、合理性。具体来讲，成本导向定价法主要包括了两种具体方法。

1. 成本加成定价法

这种方法就是按产品单位成本加上一定比率的利润制定其产品的价格。加成的含义就是一定比率的利润。其计算公式为

$$P=C(1+R)$$

式中：P——单位产品价格；
　　　C——产品单位成本；
　　　R——成本加成率或预期利润率。

这种定价方法的特点是：第一，成本的不确定性一般比需求小，将价格盯住单位成本，可以大大简化企业定价程序，而不必根据需求情况的瞬息万变作调整；第二，如果同行业的企业都采用这种定价方法，各家的成本和利润比例接近，定出的价格相差不多，可能会缓和同行业间的价格竞争；第三，根据成本加成，对于买卖双方更加公平合理，不会在消费者需求强烈时利用这个有利条件谋取额外利润。这种定价方法灵活性不足，往往难以及时响应市场变化。

2. 目标利润定价法

这是根据企业所要实现的目标利润来定价的一种方法。同成本加成法相比，该方法主要是以企业想达到的利润目标为出发点来制定产品价格的，而成本加成法是以产品成本为出发点来制定产品价格的。目标利润法的基本公式为

$$单位产品价格 =（固定成本 + 变动成本 + 目标利润）/ 预期销量$$

这种方法的特点是有利于加强企业管理的计划性，可较好地实现资源回收计划。但要注意估算好产品售价与期望销量之间的关系，尽量避免确定了价格而销量达不到预期目标的情况出现。

（二）需求导向定价法

从经济学的角度来讲，在市场经济条件下，当供应能力普遍过剩时，在产品的供给与

需求两个影响产品的因素中，需求对产品产量与价格的影响更重要一些。在市场经济条件下，如果提供的产品不符合用户需求这个基本条件，则企业将很难通过销售产品获得可观的利润回报。因此，第二类大的制定产品价格的方法是从顾客的需求和欲望出发来确定产品价格，但这并不意味着所提供的产品的价格是最低的。

1. 理解价值定价法

理解价值定价法即企业根据消费者对商品或劳务价值的认识而不是根据其成本来制定价格的定价方法。企业利用各种营销因素，从提供的服务、质量、价格等方面，为企业树立一个形象，然后再根据客户对于这个形象的理解定价。

理解价值定价法的关键在于企业要正确估计用户所能承受的价值。否则，如果企业过高地估计认知价值，则会定出偏高或过低的价格，最终都会给企业造成损失。因此，为避免出现这类问题，企业在定价前要认真做好营销调研工作，将自己的产品与竞争产品仔细比较，正确把握客户的感受价值，并据此作出定价。

2. 区分需求定价法

区分需求定价法就是企业在不同季节、不同时间、不同地区，针对不同供货商的实时变化情况，对价格进行修改和调整的定价方法。例如，物流企业可以分线路、分车型、分业务量进行公路运输定价。

3. 习惯定价法

习惯定价法是企业依照长期被客户接受的价格来定价的一种方法。对有些产品或服务客户已习惯按某一习惯价格购买，即使成本降低，也不能轻易降价，降价容易引起消费者对服务质量的怀疑；反之，服务成本增加，也不能轻易涨价，否则，将影响其销路。例如，当每公里的运输价格确定后，即使燃料的价格发生变动，其运输价格也不轻易发生变动。

四、物流服务分销渠道

（一）物流服务分销渠道的概念

所谓分销渠道，是指商品通过交换从生产者手中转移到消费者手中所经过的路线。分销渠道涉及的是商品实体和商品所有权从生产向消费转移的整个过程。在这个过程中，起点为生产者出售商品，终点为消费者或用户购买商品，位于起点和终点之间的为中间环节。中间环节包括参与从起点到终点之间商品流通活动的个人和机构。分销渠道可以使商品实体和所有权从生产领域转移到消费领域。同时，分销渠道也可以作为信息传递的途径，对企业广泛、及时、准确地收集市场情报和有关商品销售、消费的反馈信息起着重要的作用。

而物流服务分销渠道是指物流公司以物流市场需要为核心，通过采取整体物流营销行为，促使物流服务顺利地到达物流服务需求方，并为其带来利益的一整套各部分相互依存、相互作用的统一体。物流公司的分销渠道成员主要包括运输企业、货主、仓库、货运场站及各种中间商和代理商等。

（二）物流服务分销渠道的功能

1. 信息发布

分销渠道是生产者与消费者的桥梁。借助于服务分销渠道可以加深顾客对物流服务产品的认识与了解，分销渠道也可将顾客对产品的反映和感受评价反馈回来，供企业参考，以作出适当的策略调整。

2. 提供方便的销售网络

当消费者对物流服务产品产生购买欲望时，他们会选择在某一地点购买产品，物流服务分销渠道正是发挥了便利的作用，让顾客能方便、及时地购买到所需的物流产品。

3. 辅助购买

当顾客对物流服务存在疑问或在购买决策时犹豫不决时，销售渠道能够提供专业的产品信息和服务说明，从而帮助顾客消除疑虑并促成购买。

除上述功能外，物流服务分销渠道还能帮助物流公司从事一些受理、协助解决顾客投诉的辅助促销工作。

（三）物流服务分销渠道的类型

1. 按物流服务过程中中间商参与的多少划分

（1）直接渠道。直接渠道是指没有中间商参与，物流服务由物流公司直接提供给物流服务的需求者的渠道类型。物流公司通过自己的销售网络，或电子商务网络将物流服务直接销售给物流服务的需求方。

采用直接渠道有许多优势：一是物流公司可以对销售和促销服务过程进行有效的控制；二是可以直接了解客户需求及其变化趋势；三是便于向客户提供个性化的物流服务；四是便于企业开展促销活动；五是可以减少佣金折扣，便于企业控制服务价格。

（2）间接渠道。间接渠道是指物流公司通过一些中间商来向客户销售物流服务的渠道类型。采用间接渠道也有许多优势：一是采用间接渠道比直接渠道投资更少，风险更小；二是代理商可以适应某一地区或某一细分市场的客户的特殊要求；三是采用间接渠道有利于物流公司扩大市场覆盖面；四是采用间接渠道有利于延伸信息触角，拓展信息来源。

2. 按中间环节（层次）的多少划分

（1）长渠道。长渠道是指分销的级别和层次较多，中间商的利益起主导作用的渠道类型，一般较适合远距离市场。

（2）短渠道。短渠道是指企业分销的层次和级别较少，同一层次和同一级别的分销成员众多的渠道类型，一般在企业可以控制的市场范围内。

3. 按每一渠道层次中间商的多少划分

（1）宽渠道。宽渠道是指物流公司使用的同类中间商众多，分销面很广的渠道类型。

（2）窄渠道。窄渠道是指物流公司使用的同类中间商较少，分销面较窄的渠道类型。

4. 按渠道成员联系的紧密程度划分

（1）传统渠道。传统渠道是指由独立的物流公司、中间商、代理商和物流需求方组成的分销渠道，它们各自为政，各行其是，追求各自利益最大化。

（2）渠道系统。渠道系统是指物流公司与代理商或物流公司间的一体化经营或联合经营的渠道类型。该渠道类型改变了传统渠道的成员间各自竞争的局面，通过做大做强，来追求利润的最大化。

（四）物流服务分销渠道的特点

1. 层次少

物流服务作为物流业的产品，由于与其他产业的产品不同，其突出的特点是产品的生产与消费同时发生，因此在分销渠道的层次上，物流服务的分销渠道绝大多数应为零层渠道，即直接分销渠道，产品从生产者流向最终消费者的过程中不经过任何中间商转手。

2. 可控性强

正是由于物流服务分销渠道具有层次少的特点，因此，在日常运作过程中，物流公司可以对自身产品的营销进行直接的控制，不像其他产品的营销活动受其他因素影响过大，而影响到销售行为，使其不能达到最初的营销期望。

（五）物流服务分销渠道系统

无论采用哪一种分销渠道，企业要想在不同区域和目标市场完成营销任务，都需要独立拥有或合作形成具有管理控制能力的分销渠道系统。

1. 垂直分销渠道系统

垂直分销渠道系统是指物流公司及其代理商组成的一种统一的联合体。这一联合体由有实力的物流公司统一支配、集中管理，有利于控制渠道各成员的行动，消除渠道成员为追求各自利益而造成的竞争局面和冲突，进而提高成员各方的收益。

2. 横向分销渠道系统

横向分销渠道系统是指通过本行业中各物流公司之间物流运作管理的合作，开拓新的营销机会，提高物流效率，各方在共同利益的基础上，实现资源互补、相互信任，为竞争而合作，靠合作来竞争，从而获得整体上的规模效益。横向分销渠道系统能够较好地集中各有关企业在分销方面的优势，从而更好地开展分销活动。

3. 网络化分销渠道系统

网络化分销渠道系统需引用垂直和横向两种分销渠道系统的部分构架，并针对不同目标市场的情况，确定具体的分销关系。当一个企业物流系统的某个环节同时又是另一个物流系统的组成部分时,以物流为联系的企业就会形成一个网络,即物流网络。

京东营销策略分析

京东商城提供的是商家对客户的商务模式(B2C),即企业通过互联网为消费者提供一个新型的购物环境,消费者通过网络在网上购物,并通过网络进行支付。这种模式节省了商家和消费者的大量时间和精力,特别是对于那些平时十分忙碌或是经常上网的人来说,网购是一种十分方便快捷的购物方式。京东商城直接和商家面对面交流,在网络营销中舍弃第二中间商,所有商品由京东独家代理,节省消费者的时间和精力。

(一)搜索引擎营销

京东的 SEM(搜索引擎营销)策略是一种高效的网络营销模式,其核心是通过系统化地利用搜索引擎平台开展营销推广活动。SEM 的本质在于以数据驱动的方式优化营销资源配置,旨在实现最优的投入产出比–即以最小化的广告成本获取最大化的精准流量,最终转化为可量化的商业收益。这种营销方式强调对用户搜索意图的精准捕捉和营销内容的智能匹配,是现代数字营销体系中不可或缺的重要组成部分。京东的 SEM(搜索引擎营销)关键词策略采用三级分类体系:第一级包括"家用电器""手机""数码""电脑产品""日用百货"等宽泛类目词,这类关键词搜索量大但竞争激烈,在百度自然排名中通常位于 1~3 页,京东对其 SEM 投入较少;第二级如"大家电""生活电器""手机通信""数码影像""电脑整机"等细分品类词,虽然 SEM 排名略高于一级关键词,但由于仍属泛词,京东的广告投放力度依然较低;第三级则涵盖"洗衣机""平板电视""电风扇""手机电池""笔记本"等具体产品词,这类关键词因搜索意图更精准,部分自然排名较高,京东会进行适度 SEM 投放,但相比更精准的产品型号词,其投放力度仍属中等水平。整体来看,京东的 SEM 策略遵循"精准优先"原则,对搜索转化潜力更高的三级关键词投入更多资源,而对流量大但转化不确定的一、二级关键词保持保守投放。

(二)定价策略

京东推出"价格保障计划",面向全国招聘约 5 000 名价格情报员。这些专员将进驻苏宁等家电卖场,通过京东 App 实时比价,严格执行"价低 10%"承诺:若发现同款商品价格未达此标准,京东将即时调价或发放优惠券补足差价。所有商品均保证 100% 正品,并提供包含退换货、维修等在内的全方位售后服务,消费者如遇质量问题可直接联系厂商或京东客服处理。在支付方式上,京东提供包括在线支付、分期付款等多种选择,以满足不同消费群体的多样化需求,让购物体验更加便捷、人性化。这一系列举措充分体现了京东"低价优质、服务至上"的经营理念。

(三)促销策略

推出"老用户福利券发放""购物即返券"等促销活动,会员专场、校园/企业用户专场、令牌专场和电子邮件神秘促销,还有联想、三星、诺基亚等厂商推出联合促销。此外,还有打折促销、买赠促销、降价特卖、拍卖促销、优惠券促销、抽奖活动促销、限时抢购促销等。推出京东社区,使京东与消费者零距离交流改善服务。并且在社区中口碑传播,让京东更透明化,增加信任感。

(四)广告策略

Make Joy Happen 春晚短片;京东在电视剧《爱情公寓4》中的海量植入;京东和湖南卫视《我是歌手》节目合作,推出我是歌手定制版"摇啊摇";京东JOY创意设计大赛;京东在《爸爸去哪儿》节目中植入;京东"双十一"唯"快"不破;启用极简域名,此举为进一步深化京东在消费者心目中的形象,同时也公布了京东公司新的吉祥物LOGO,忠诚狗——Joy。

(五)物流策略

推出211限时达和次日达物流,据内部人士透露,京东商城(以下简称"京东")近期正在紧锣密鼓地筹备号称"极速达"的一日四送服务,届时将实现三个小时商品送达,比之前的211限时达快出两倍。211限时达:在离物流仓库或者周转中心较近的地方,京东提供211限时达的服务,在京东预定物品之后,可以在很快的时间内送达。次日达:相较于211限时达来讲,次日达的覆盖范围就要广得多。

(六)服务策略

京东目前实行极具竞争力的免运费政策:订单金额满59元即可享受免费配送服务(部分特殊商品除外)。这一运费门槛适用于所有消费者,不设会员等级限制,也不受购买件数影响。同时,京东PLUS会员可享受更优惠的全年无限免邮权益(不限金额)。此外,对于生鲜、大家电特殊品类,京东还提供专业的冷链配送和送装一体服务。这一运费政策既降低了消费者的购物门槛,又保障了优质的配送体验,充分体现了京东以客户为中心的服务理念。京东的所有配送员均配备了PDA设备,以便于客户实时地追踪自己的购买产品的配送进程。消费者不需要时时关注自己的货物到哪里了,什么时候才可以送达等细碎的问题。消费者直接在网上即可查阅到包裹实时的地理位置,以及行进速度。甚至可以根据配送员即时服务系统,实现现场价格保护返还,无须和呼叫中心确认,京东配送员就可以现场实现"价格保护"服务。并且在送货过程中,消费者无须通过页面操作就可以实现退换货服务。

(资料来源:根据相关资料整理)

第四节 旅游服务营销管理

一、旅游业及旅游市场营销的内涵

近年来,国内外的学者从不同角度对旅游业的内涵进行了深入的研究:一是旅游业是服务性行业,其任务就是为顾客提供旅游过程中的各种服务;二是旅游业是综合性的行业,它是由一系列相互关联的行业所组成的;三是旅游业的服务对象是顾客,是通过满足顾客的需求而存在和发展的。

旅游市场营销是旅游企业或其他组织对旅游产品的构思、定价、促销和分销的计划和执行过程,以满足顾客需求和实现旅游企业的目标。旅游业是一个特殊的服务性行业,旅游产品是一种特殊的产品。因此,旅游市场营销必然区别于一般产品的营销,具有如下特点:第一,旅游产品具有不可感知性,即它不是实际存在的物体,而是一种旅游经历和切身感受;第二,旅游产品具有生产与消费的特点,旅游服务过程是旅游企业员工与顾客间的互动过程,顾客参与了旅游产品生产的全过程;第三,旅游市场上产品具有多样化和更多的分销渠道类型,有形产品主要是通过物流渠道送到消费者手中,而旅游企业则依靠一系列独立的中间商;第四,旅游需求包括行、游、住、食、购、娱等多方面,不同的顾客需求层次也不一样,这些行业和部门在旅游业中构成一个相互关联、相互依存并相互协调的统一体。

二、旅游服务产品与营销特征

美国营销专家科特勒认为:每一行业中都渗透着服务,它们的区别只在于所包含的服务成分的多少,由此他提出了一种由"纯粹有形产品"向"纯粹服务产品"过渡的产品分类模式。其中,旅游服务属于典型的服务产品范畴,综合现有的研究,一般认为旅游服务产品具有五大典型特征:①不可感知性;②不可分离性;③差异性;④不可储存性;⑤缺乏所有权。因此,围绕旅游服务产品展开的服务营销具有明显区别于有形产品营销的特征,其特征如下所述。

(一) 产品外延的扩充

同有形产品相比,服务产品更多表现为努力、行为和绩效等内涵,因此顾客对服务产品的感知和效果判断需依赖于服务的项目设计、人员态度、设施及环境等相关因素。

(二) 以人为核心

服务过程即顾客同服务者接触的互动过程,顾客对服务过程的参与,使得服务的效果不仅取决于服务者素质,还与顾客个人行为密切相关,所以人成为服务产品的核心。服务营销由此附上了强烈的人性化色彩,服务者和顾客群体便成了旅游服务营销的两个主要的管理目标。

(三) 服务产品质量的整体控制

服务产品的人性化色彩所带来的个人主观性,使得服务产品质量难以用类似于有形产品的统一客观标准来衡量,因此全面意义上的服务产品质量需从两方面来描述。①技术质量:以服务操作规程来描述和控制。②功能质量:以顾客感受和获得的满意度来描述。由于服务过程中,顾客与服务者之间广泛接触和互动影响,现代旅游服务营销的管理由此扩展到内部营销、外部营销及顾客管理的整体控制。

(四) 时间的附加价值

服务产品不可储存。服务设备、劳动力虽能以实体形态存在,但只能代表服务供应能力而非服务产品本身。服务的供过于求造成服务供应力的浪费，供不应求则又使顾客失望，因此，使波动的市场需求与旅游服务供应能力相匹配，并在时间上一致，便成了旅游服务营销管理的一项课题。另外，在面对顾客服务的过程中，服务产品的推广必须及时、快速，在这里时间因素对提高服务效率、提高顾客对服务的评价起着重要的杠杆作用。

（五）分销渠道的特定化

服务产品的不可分离特性，使得旅游企业不可能像有形产品的生产企业那样通过批发、零售等物流渠道，把产品从生产地送到顾客手中，而只能借助特定的分销渠道推广服务产品。

（1）服务生产与消费地点结合在一起的形式：如餐厅、旅游交通、旅游景点等。

（2）服务人员有形展示的形式：只适宜于小批量的服务，主要起有形展示形象促销的作用。

（3）电子传媒渠道：如在微博、微信营销平台上，积极介绍旅游景点，定期推出优惠活动，推广旅游景点的文化历史、食物、风景等，引起公众的注意，并吸引更多的潜在游客。

（4）智能化渠道转型：随着人工智能的兴起，现如今，服务营销也应当适时向智能化方向转型。企业可以借助智能客服向智能化客户服务中心演进，智能客服可以对接企业全部流量渠道并统一平台管理，帮助企业在电话客服的基础上，开通手机App、微信、网页、自媒体等客户服务渠道，依托互联网，拓宽客户来源，并能实时响应，7×24小时在线，提升用户体验。

三、旅游服务消费过程与营销组合

（一）旅游服务消费过程

顾客对旅游服务接触的过程即旅游服务消费过程，依时间推进可分为以下三个阶段。

1. 购前阶段

此阶段是顾客对旅游服务进行选择决策的过程，其决策主要依据旅游服务的以下特征：可寻找特征，即购买前可确认的产品特征，如旅游目的地的景点风光图片与广告、酒店建筑造型外观、餐饮食品的陈列展示外观等；经验特征，即顾客个人的以往经历或他人经验参考，通过回忆及人际交流来收集作决策参考；可信任特征，指顾客即使在购买和享用之后也难以评价，主要依靠服务提供者的承诺和介绍。

2. 消费阶段

顾客全面参与服务消费过程，服务者与顾客构成了服务过程的两大主体，服务者与顾客的互动及服务场景和设备给予顾客的影响直接关系到顾客对服务质量的评价。由于服务传递过程的延长，顾客对服务的评价不仅在购买之后，而且在消费的同时即已开始积累和形成，因此，这为旅游服务企业在服务过程中连续影响顾客对服务质量的评价提供了可能性。

3. 购买后评价阶段

有形产品的消费过程一般包括购买、使用和废弃处理三个环节，且三个环节遵循一定的时间顺序；而服务的消费过程则没有明确的环节区分，它融合为顾客和服务人员的互动过程，且服务产品的购后评价是一个比较复杂的过程，它从顾客作出购买决策的同时就已开始并延续至整个消费过程。顾客对服务质量的评价除受前述因素的影响外，还受到社会环境多方面因素的影响，因此，旅游企业要获得顾客的满意，除服务本身外，还要对顾客、员工及企业内外部各种营销关系进行全面管理。

（二）营销组合

营销策略的基础要素是营销组合，营销组合框架的构建便利了营销管理者控制变数条件并使之系统化。由于服务营销明显区别于一般有形产品营销的特点，麦卡锡提出的以 4Ps 为中心的营销组合理论已远不足以涵盖现代旅游服务中的现实问题，因此，现代旅游服务的营销组合在 4Ps 基础上还应扩充下列因素，从而构成以 7Ps 为核心的新型服务营销组合体系。

（1）人。其包括服务者和顾客两个方面，在旅游服务中承担着服务表现和服务销售双重任务的服务员工，在顾客眼中他们已成为旅游服务产品的组成部分。作为活跃的人的因素的顾客，也极大地影响着服务营销的管理。

（2）有形展示。旅游服务虽属高接触的服务，但并非纯粹的无形服务，它仍需依赖其他的有形要素：实体环境，如酒店的建筑、装潢等；服务设备，如不同星级的酒店在设备方面有明显差异；实体性线索，如客房卫生间的马桶上"已消毒"的封条等。

（3）过程。即服务的传递过程，其中服务体系的理念和运作、服务的机械化程度、顾客参与程度、咨询与服务经历等都是旅游服务管理者要特别关注的。服务表现和传递过程的编排设计，又被称为"服务剧本"，近年来正在受到关注。设计富有效率和服务表现力的服务过程剧本，无疑对提高服务质量、提升顾客兴趣和满意度具有重要意义。

四、旅游服务营销的过程管理策略

（一）服务模式：服务差异化策略

"站在顾客的立场上提供服务产品"无疑是旅游业服务营销的核心，但基于在同一时间地点不同的客人有不同的服务需求，以及在不同时间地点，同一客人的服务需求侧重点不同等两方面原因，服务产品与顾客需求之间的关系并不是静止的。另外，随着经济的发展和时代演进，服务产品在质和量两个方面都在不断升级换代，因此，现代旅游服务仅仅依靠严格管理、规范操作并不能获得顾客的普遍满意，唯有针对性的定制服务才能打动顾客心。然而，定制服务相应地要花费较大的服务成本，因此，这就需要在顾客满意与企业效益之间寻求一个最佳结合的服务模式：规范与非规范结合的服务差异化。即以规范服务为主，满足多数顾客的共性需求，确保基本的稳定服务质量，而以非规范服务为辅，满足顾客的个性化需求。

（二）服务传播：服务产品的实体化显示策略

服务产品所具有的不可感知性特征，虽然在一定程度上妨碍了旅游业有效地推广旅游服务产品，但顾客仍可通过对服务环境中有形实物的感知印象，建立对旅游服务企业形象及服务产品质量的认知评价。因此，旅游服务企业若善于借助服务过程中的各种有形要素，将大大有利于服务产品的营销推广。这种利用服务过程中可直接传达服务特色及内涵的有形展示手段来辅助服务产品推广的策略，在服务营销管理中被称为"服务产品的实体化显示策略"，其显示要素和相应的策略措施如下所述。

1. 服务的环境与气氛要素

它们通常在顾客的最低期望之内并被顾客默认为构成服务产品内涵的必要组成部分，其存在不会使顾客感到特别的兴奋与惊喜，但若缺少则会挫伤顾客对服务的兴趣和消费信心，如餐厅的卫生情况、航班的安全与准点等。一般来讲，旅游企业通过严格的规范管理可确保顾客对此类要素的最基本需求，若在一定程度上适当超越顾客的期望，将会提高顾客对服务的满意感。

2. 服务的设计要素

它们通常是用于改善服务的包装，使产品的功能更突出，增加服务的附加值，以建立可感知的赏心悦目的服务形象。例如，酒店建筑外观的独特造型，以及企业统一的服务形象标识（CIS）等。在这方面，旅游服务企业应力求确立与企业服务内涵对应一致的独特醒目的形象。

3. 服务的社交要素

服务的社交要素，即服务场所内一切参与及影响服务产品生产的人，包括服务人员、顾客和其他人士，他们的言行举止都可能影响到顾客的消费期望和对服务质量的判断。总的来说，社交要素对顾客的影响远较其他两类要素显著，因此，顾客可直接看到员工的反应、处理顾客特殊要求的诚意，以及该企业的服务是否值得依赖。在以上三类要素中，改进服务的社交要素所需的费用较低，它只需提供基本的实物，如工作制服和相应的服务培训，便可取得明显满意的效果。

总之，服务有形化的最终目的是使服务易于被顾客把握和感知。这方面成功的例子如全球最大的旅游集团——运通公司在全球发行的"运通卡"，在极大方便游客的同时，也从有形实物角度塑造了自身鲜明的服务形象。

（三）服务协调：内、外部营销一致化策略

旅游服务企业的传统营销实质是针对企业外部顾客的外部营销，内容主要包括营销调研、产品开发、定价、促销与推广。其重要功能之一就是以促销方式向顾客提供承诺，使其消除对服务产品的风险感并激发消费期望。然而，进一步研究表明，顾客对服务的最终评价不仅取决于实际提供的服务水平，关键还在于对许诺的服务与实际提供的服务进行对照，只有当两者协调一致或后者超过前者水平时，才会使顾客获得服务的满意感。若对

外营销人员仅从眼前推销业绩出发，以超越企业实际服务能力的过高承诺迎合顾客，将误导顾客产生过高的服务期望水平，最终引发顾客的抱怨与不满。因此，全面意义上的旅游企业市场营销应涵盖外部顾客与内部员工两大方面，针对企业内部员工而进行的营销管理又称为内部营销。在旅游业中员工是服务产品的核心，在服务接触过程中员工与顾客的互动直接影响顾客对服务的评价，内部营销的核心正是基于"员工是企业的第一顾客，赢得员工，才能最终赢得顾客"的营销理念，通过内部工作的设计去真正满足员工的需求，再通过员工发自内心的真诚服务感染顾客。由此可见，协调的内部营销是外部营销成功的前提。旅游业内部营销的主体是企业管理层，客体是员工，内容包括：员工的招募、培训、服务设计、员工激励以及内外部营销沟通与协调制度。

（四）服务延伸：顾客管理制度策略

美国哈佛商业研究报告表明：多次光临的顾客比初次登门者可多为企业带来20%～80%的利润，固定的顾客每增加5%，企业的利润则相应增加25%左右。对于强烈依赖顾客消费的旅游业而言，稳定而忠诚的顾客群无疑是企业宝贵的财富。忠诚的顾客给予企业的利益表现在：重复消费次数多，为企业积累了可观的利润；对服务价格变动的承受力强，一般能接受和认同企业的价格调整；对服务中的事故、失误持宽容态度。

因此，为了培育企业外围固定的消费群体，建设企业经营良好的社会环境，一些旅游企业开始在传统的面对面服务、一次性交易的基础上，对旅游服务的内涵加以开发和延伸，为顾客提供更完备周到的售后服务和追踪联系，将原本分散无序的顾客加以整体管理，这种顾客管理的服务营销体系近年来在酒店业中得到了较多的应用，如对游客期望的引导、顾客消费行为管理、顾客档案管理（以便针对性地提供个性化服务）；顾客意见追踪调查；顾客间的社会关系管理等。通过这些系统化的顾客管理措施，将使分散的顾客结合成与企业保持紧密联系的社会网络，并且不断强化其品牌忠诚度，这将大大有利于旅游服务产品的营销传播，最终使旅游业赢得市场中宝贵的顾客资源。

五、旅游业服务营销管理目标模型的建立

（一）精确预测旅游服务市场发展态势

目前，国际旅游业正朝着区域化、多样化趋势发展。国际旅游市场呈现出以下几方面的变化趋势。

（1）国际旅游市场格局的变化。世界旅游业划分为六大区：欧洲、美洲、东亚及太平洋（简称"东亚太"）地区、非洲、南亚以及中东。欧洲和北美是现代国际旅游业的两大传统市场。亚洲、非洲、拉丁美洲和大洋洲等地区一批新兴市场的崛起，使国际旅游业在世界各个地区的市场份额出现了新的分配组合。随着全球经济重心的东移，亚太地区将成为未来国际旅游业的"亮点"。世界旅游市场将由过去传统的"北美到西欧，欧洲到美洲"两大主流逐渐转移到欧洲、东亚太和美洲三足鼎立的市场格局。

（2）国际旅游方式趋向多样化。国际上传统的旅游方式分为四种，即娱乐型、观光型、疗养型和商务型，大多数旅游活动常常是兼具多种方式。由于顾客职业、文化层次和审美观念的不同，呈现出旅游需求的多样化、个性化，各种内容丰富、新颖独特的旅游方

式和旅游项目应运而生，生态旅游、民俗风情旅游、休闲度假旅游、教育旅游等成为旅游新时尚。当前，短线旅游多于长线旅游；地区性旅游和中程旅游将成为旅游的主体；商务、会议旅游将成为团体旅游的主体。商务旅游、会展旅游、节事旅游、咨询旅游、奖励旅游等将以其新颖、别致、时代性强和内容丰富多彩等特点成为现代旅游服务业的新增长点。

（3）"合作—竞争"的新态势进一步增强。受旅游资源和价格竞争等因素的影响，一个国家或地区难以单独成为对游客具有长期吸引力的旅游目的地，同时，未来国际范围内的竞争将会进一步激烈，尤其是特定细分市场需求产品和旅游相关服务质量方面竞争将会更加明显和激烈。为了共同的利益，必须树立大旅游和大区域思想，加强同周边地区和行业的合作，形成一种既竞争又合作的新态势。

（4）我国将成为世界旅游发展的热点。欧洲、东亚太和美洲三大市场的快速发展，使我国从旅游资源大国发展成为世界旅游大国。在目前全球部分地区安全形势不容乐观的情况下，我国一直保持了安全的旅游目的地形象，在竞争日益激烈的国际旅游市场上占有了一席之地，将在相当一个时期内处于一个发展的黄金时期。

（二）准确定位旅游服务重点目标市场

就入境外国游客市场来说，东亚（日本、韩国）、东南亚（马来西亚、新加坡、菲律宾、印度尼西亚）和北亚（蒙古国）成为我国成熟的三大块亚洲入境外国游客市场，美洲和欧洲成为我国重要的远程市场。根据国别来划分，我国的入境旅游市场主要集中在周边、近邻亚洲国家和欧美远程国家，日本是我国第一大入境市场。就增长速度来说，印度成为增速最快的一个市场，但是目前绝对数还较小。

（1）东亚和东南亚目标市场。日本是世界主要客源国之一，是亚洲最大的客源市场，近年来保持较快的增长速度。韩国是世界上经济发展最快的国家之一，也是东亚地区新兴的主要客源国之一。新加坡、泰国、马来西亚、印度尼西亚、菲律宾等东南亚五国也属于全球经济发展较快的地区，是重要的客源市场。

（2）欧美目标市场。欧美市场一直是旅游国重要的外国客源市场，欧美旅游者主要对我国的山水风光和文物古迹感兴趣，对民俗风情和饮食烹调也有浓厚的兴趣。乡村旅游、城市旅游、保健旅游、商务旅游、会议旅游和奖励旅游的市场前景十分看好。

（3）国内目标市场。以上海为中心的长江三角洲地区、以广州为中心的珠江三角洲地区和以北京为中心的京津唐地区构成国内旅游市场的三大主要客源地。

（三）确保服务设计满足顾客期望

（1）加强市场调研。旅游服务机构通过市场调研能够全面且深刻了解顾客对旅游服务的期望。但在市场调研的过程中，必须做到全面深入，重视第一手信息的搜集及调查设计工作。

（2）进行市场细分。不同地区、不同职业及不同文化背景的顾客群有不同的旅游消费心理和消费行为，只有通过市场细分，才能划分这些差异，深入了解顾客期望，将目标市场之外的非潜在顾客吸引进来。

（3）注重互动沟通。作为服务理念、服务标准的设计者和服务业绩的控制者，旅游服务机构要注重与一线人员及顾客间的信息沟通，形成良性互动，实时掌握顾客期望。

（4）将服务设计的关键要素转化为质量标准。根据旅游业的服务蓝图将服务过程进行分解，也就是将顾客在旅游业所经历的服务过程细化、放大，从而找出影响顾客服务体验的每个要素。在细分服务过程的基础上，找出影响服务细节的关键因素十分重要。旅游业可以用影响分析法对每个服务细节做一下影响分析，影响分析应站在顾客角度上进行，可以使用顾客深入面谈法、服务小组面谈法等。另外，也可以使用市场调研对服务业认为的关键要素进行验证，以确定顾客定义的关键要素。要将服务设计的关键要素转化为质量标准，保持服务质量的可靠性。

（四）建立顾客反馈机制

顾客在消费旅游服务时，会对服务质量进行感知，然后对服务质量作出评价。顾客监控意味着旅游企业把服务标准交给顾客，让其对服务质量进行监督，并通过必要的反馈机制，将服务信息传递给旅游企业，为旅游企业改进服务质量提供依据。旅游服务的可感知性，有利于减少顾客认知的风险，增强顾客消费旅游服务的信心。

顾客信息的反馈对旅游企业改进服务质量有着重要的意义，因而建立顾客反馈机制对服务绩效进行监控十分必要。旅游市场顾客的期望和需求是不断变化的，而建立在顾客期望和需求基础上的服务质量标准也需要适应这种变化，使服务质量标准表现出动态适应性。实质性的服务标准能给旅游企业提供有代表性的意见反馈，并且保证顾客信息能较快地传递给旅游企业。旅游企业通过建立反馈机制，不断监控服务标准的实施情况，并在市场调研之后对顾客反馈的信息进行整理分析，评估服务标准的合理性。在全面评估的基础上，旅游企业还需要定期对服务标准进行修订，增强服务适应顾客需求的能力，以保持与顾客期望的一致性，提高服务质量管理效果。

旅游业是一项综合性的服务产业，又是一个经济文化产业，属于第三产业的范畴。与此同时，服务营销管理是新兴起的管理学门类的一个学科分支，它源起于第二次世界大战后陆续进入服务经济社会的西方发达国家。旅游业作为服务业的主要行业之一，其营销管理自然属于服务营销管理的范畴。旅游业服务营销管理目标模型的建立有助于对旅游服务市场进行全面综合的规划、预测、实施与监控，从而促进旅游经济的健康、良性发展。

第五节　搜索引擎营销管理

一、搜索引擎营销概述

（一）搜索引擎营销的定义

搜索引擎营销（Search Engine Marketing，SEM）是根据用户使用搜索引擎的方式，利用用户检索信息的机会，尽可能将营销信息传递给目标用户。简单来说，搜索引擎营销就是基于搜索引擎平台的网络营销，利用人们对搜索引擎的依赖和使用习惯，在人们检索信息的时候将信息传递给目标客户。

搜索引擎营销的基本思想是让用户发现信息，并通过（搜索引擎）搜索点击进入网站/

网页进一步了解他所需要的信息。在介绍搜索引擎策略时，一般认为，搜索引擎优化设计主要目标有两个层次：被搜索引擎收录、在搜索结果中排名靠前。这已经是常识问题，简单来说 SEM 所做的就是以最小的投入在搜索引擎中获得最大的访问量并产生商业价值。多数网络营销人员和专业服务商对搜索引擎的目标设定也基本处于这个水平。但从实际情况来看，仅仅做到被搜索引擎收录并且在搜索结果中排名靠前还很不够，因为取得这样的效果实际上并不一定能增加用户的点击率，更不能保证将访问者转化为顾客或者潜在顾客，因此只能说是搜索引擎营销策略中两个最基本的目标。

根据搜索引擎营销的原理，搜索引擎营销之所以能够实现，需要有五个基本要素：信息源（网页）、搜索引擎信息索引数据库、用户的检索行为和检索结果、用户对检索结果的分析判断、对选中检索结果的点击。对这些要素以及搜索引擎营销信息传递过程的研究和有效实现就构成了搜索引擎营销的基本任务和内容。

搜索引擎服务营销的基本过程如下所述。

（1）企业信息发布在网站上成为以网页形式存在的信息源（包括企业内部信息源及外部信息源）。

（2）搜索引擎将网站/网页信息收录到索引数据库。

（3）用户利用关键词进行检索（对于分类目录则是逐级目录查询）。

（4）检索结果中罗列相关的索引信息及其链接 URL。

（5）根据用户对检索结果的判断选择有兴趣的信息并点击 URL 进入信息源所在网页。

（6）搜索关键词。

（7）看到搜索结果。

（8）点击链接。

（9）浏览企业网站。

（10）实现转化。

（二）搜索引擎营销的目标

搜索引擎营销的第一个目标是在主要的搜索引擎/分类目录中获得被收录的机会，这是搜索引擎营销的基础，离开这个基础，搜索引擎营销的其他目标也就不可能实现。搜索引擎登录包括免费登录、付费登录、搜索引擎关键词广告等形式。存在层的含义就是让网站中尽可能多的网页被搜索引擎收录（而不仅仅是网站首页），也就是为增加网页的搜索引擎可见性。

搜索引擎营销的第二个目标则是在被搜索引擎收录的基础上尽可能获得好的排名，即在搜索结果中有良好的表现，因而可称为表现层。因为用户一般只关注搜索结果中靠前的内容，如果利用主要的关键词检索时网站在搜索结果中的排名靠后，那么还有必要利用关键词广告、竞价广告等形式作为补充手段来实现这一目标。同样，如果在分类目录中的位置不理想，则需要同时考虑在分类目录中利用付费等方式获得排名靠前。

搜索引擎营销的第三个目标则直接表现为网站访问量指标方面，也就是通过搜索结果点击率的增加来达到提高网站访问量的目的。由于只有受到用户关注，经过用户选择后的信息才可能被点击，因此可称为关注层。从搜索引擎的实际情况来看，仅仅做到被搜索引擎收录并且在搜索结果中排名靠前是不够的，这样并不一定能增加用户的点击率，更不能保证将访问者转化为顾客。要通过搜索引擎营销实现访问量增加的目标,则需要从整体上进行网站优化设计,并充分利用关键词广告等有价值的搜索引擎营销专业服务。

搜索引擎营销的第四个目标,即将访问量的增加转化为企业最终实现收益的提高,可称为转化层。转化层是前面三个目标层次的进一步提升,是各种搜索引擎方法所实现效果的集中体现,但并不是搜索引擎营销的直接效果。从各种搜索引擎策略到产生收益,其间的中间效果表现为网站访问量的增加,网站的收益是由访问量转化所形成的,从访问量转化为收益则是由网站的功能、服务、产品等多种因素共同作用而决定的。因此,第四个目标在搜索引擎营销中属于战略层次的目标。其他三个层次的目标则属于策略范畴,具有可操作性和可控制性的特征,实现这些基本目标是搜索引擎营销的主要任务。

搜索引擎营销追求最高的性价比,以最小的投入,获得最大的来自搜索引擎的访问量,并产生商业价值。用户在检索信息所使用的关键字反映出用户对该问题(产品)的关注,这种关注是搜索引擎之所以被应用于网络营销的根本原因。

二、搜索引擎营销的发展趋势

进入 2022 年,搜索市场的发展前景依然广袤。据《中国互联网络发展状况》统计调查,2021 年,搜索引擎用户规模达到 7.95 亿人次,使用率为 78.7%,搜索用户持续增长。但搜索市场早已不是一家独大,传统搜索引擎用户使用率呈逐年下降趋势,现已有多平台布局搜索功能,促进搜索渠道多元化发展。

虽然传统搜索引擎用户使用率在下降,但仍然保持着较高的市场占有率。根据百度发布的 2021 年财报显示,百度搜索的月活已达到 6.22 亿,发展依然强劲。

随着互联网用户自主意识的觉醒,为了满足用户个性化的需求和形成生态闭环,各大平台相继开始布局搜索业务,并取得不俗的成绩。微信收购搜狗后,微信搜一搜 2021 年的月活已达到 7 亿,比 2020 年增长 2 亿。抖音大力布局搜索业务后,视频搜索的月活也超过 5.5 亿。电商生态也开始重视搜索布局,2020 年 5 月,支付宝成立独立搜索事业部,强化各服务模块"整合入口"功能;2020 年 6 月,阿里成立智能搜索业务部,加码布局搜索业务。2022 年,在人工智能、虚拟现实、5G 技术等移动互联网革新技术的驱动下,各大生态下的内容输出方式开始多元化,内容生态高度繁荣。各平台的搜索规模呈百花齐放之态,广告主也对搜索行业寄予厚望。根据《2022 年搜索营销预算趋势报告》的数据显示,2022 年,广告主预期净增加搜索广告营销推广费用比例达 21.5%,成为继短视频、直播、信息流广告之后的主要互联网广告投放类型。

1. 搜索引擎营销服务深度增加

随着我国搜索引擎运营商逐步开放 API 数据,第三方公司将开发大量搜索引擎营销技术工具,广告主可以在本地系统中完成统计、分析、修改等管理功能,无须访问 Web 用户界面。

自动智能体系取代人工方式,应用深度增加。

2. 搜索引擎营销得到广泛认同

随着搜索引擎用户的不断增长,搜索引擎将逐渐成为细分覆盖最高的媒体。虽然还是有企业把网络营销、搜索引擎营销和传统营销在经营思想上分开处理,但是无论中小型企业还是大型企业,都在关注网络营销和搜索引擎营销,它们积极与技术先进的第三方公司合作,完善它们的搜索引擎营销服务体系,共同驱动未来中国的搜索引擎市场。

3. 搜索引擎营销渐成营销战略组成部分

信息化和网络营销得到企业的更多关注,越来越多的企业不仅限于购买搜索引擎广告或者搜索引擎优化,而是将搜索引擎营销作为企业营销战略的一个组成部分。搜索引擎营销可能发展成为网络营销一个相对完整的分支,这种产业化的趋势将创造更多的市场机会。

4. 搜索引擎营销服务紧贴民生

我国搜索引擎服务的发展历程,除了与全球范围相似的趋势,还逐渐形成了有中国特色的发展趋势。搜索引擎用户所需要的各种信息,包括工作生活等服务都在一个搜索平台上实现,人们希望一站式服务来满足多方面的搜索需求。因此,融合了门户、社区等优势元素,我国搜索引擎服务逐渐向产品多元化转型。根据 iUserTracker 最新数据显示,我国的搜索引擎运营商正根据用户搜索内容的转变来不断优化产品线,力图使搜索服务一站式满足用户多方面的信息需求和内容需求。

三、搜索引擎服务营销的基本技术

(一)自然搜索

自然搜索指的是搜索引擎找到与搜索请求最相关匹配网页的方法。自然搜索结果仅仅与搜索者所输入的搜索请求的相关程度有关,不会因为任何搜索引擎营销人员做出的支付而受到影响。搜索营销人员使用很多方法和技术来改进他们网站在自然搜索结果中排名的表现,这些方法和技术经常被称为搜索引擎优化(SEO)。

(二)目录

目录,列出了与它的主题类别列表中各主题最相关的网站列表。你需要将你的网站提交给目录网站,以使网站显示在适当的主题类别之下。目录列表曾是最早的搜索付费载体,一般使用在目录网站上。目录网站是通常由编辑人工维护,按照主题来排列网站的站点。

目录列表通常保证推介你的网站(或是网站的一部分),但是并不承诺你的网站会出现在列表的哪一部分(顶端、底部、一堆网站的中间),或者有多少人会点击你的网站。目录的编辑决定你的网站被放到什么主题类别之下,你也可以要求一个具体的类别。绝大多数网站在一个主题类别中只有一个链接通往它们的主页,但是中到大型的公司有多个不同主题的网页,这样就可以得到多个目录列表。

Open Directory 是一个免费的目录,编辑都是志愿者。Open Directory 也被称为"ODP"(Open Directory Project,开放目录项目),但它还有个别名是"DMOZ"(Directory Mozilla)。

目录经常与其他的站点联合使用其结果。雅虎在很多的搜索站点显示其目录，包括雅虎自己，几乎所有的搜索引擎都显示 Open Directory 结果，包括 Google（作为 Google 目录），不过要记住，使用目录的人远远少于实施搜索的人。目录是使站点被注意的一种廉价的方式，对搜索结果排名有所帮助。

（三）CPM

CPM（Cost Per Mille，或者 Cost Per Thousand；Cost Per Impressions），即每千人成本。网上广告收费最科学的办法是按照有多少人看到你的广告来收费。按访问人次收费已经成为网络广告的惯例。CPM（千人成本）指的是广告投放过程中，听到或者看到某广告的每人平均分担到多少广告成本。传统媒介多采用这种计价方式。在网上广告中，CPM 取决于"印象"尺度，通常理解为一个人的眼睛在一段固定的时间内注视一个广告的次数。比如说一个广告横幅的单价是 1 元/CPM 的话，意味着每一千个人次看到这个横幅就收 1 元，以此类推，10 000 人次访问的主页就是 10 元。至于每 CPM 的收费究竟是多少，要根据主页的热门程度（浏览人数）划分价格等级，采取固定费率。国际惯例是每 CPM 收费从 5 美元至 200 美元不等。

（四）CPC

CPC（Cost Per Click；Cost Per Thousand Click-Through），即每点击成本，以每点击一次计费。这样的方法加上点击率限制可以加强作弊的难度，而且是宣传网站站点的最优方式。但是，有不少经营广告的网站觉得这种方法不公平，比如，虽然浏览者没有点击，但是他已经看到了广告，对于这些看到广告却没有点击的流量来说，网站成了白忙活。有很多网站不愿意做这样的广告，据说，是因为传统媒体从来都没有这样干过。

（五）CPA

CPA（Cost Per Action），即每次行动成本。CPA 计价方式是指按广告投放实际效果，即按回应的有效问卷或订单来计费，而不限广告投放量。CPA 的计价方式对于网站而言有一定的风险，但若广告投放成功，其收益也比 CPM 的计价方式要大得多。

广告主为规避广告费用风险，只有当网络用户点击旗帜广告，链接广告主网页后，才按点击次数付给广告站点费用。

（六）CPR

CPR（Cost Per Response），即每回应成本，以浏览者的每一个回应计费。这种广告计费方式充分体现了网络广告"及时反应、直接互动、准确记录"的特点，但是，这个显然是属于辅助销售的广告模式，对于那些实际只要亮出名字就已经满足了品牌广告要求的一半的广告主，大概所有的网站都会拒绝，因为得到广告费的机会比 CPC 还要渺茫。

（七）CPP

CPP（Cost Per Purchase），即每购买成本。广告主为规避广告费用风险，只有在网络用户点击旗帜广告并进行在线交易后，才按销售笔数付给广告站点费用。无论是CPA还是CPP，广告主都要求发生目标消费者的"点击"，甚至进一步形成购买，才予付费；CPM则只要求发生"目击"（或称"展露""印象"），就产生广告付费。

（八）包月方式

很多国内的网站是按照"一个月多少钱"这种固定收费模式来收费的，这对客户和网站都不公平，无法保障广告客户的利益。虽然国际上一般通用的网络广告收费模式是CPM（千人印象成本）和CPC（千人点击成本），但在我国，一个时期以来的网络广告收费模式始终含糊不清，网络广告商们各自为政，有的使用CPM和CPC计费，有的干脆采用包月的形式，不管效果好坏，不管访问量有多少，一律一个价。尽管很多大的站点已采用CPM和CPC计费，但很多中小站点依然使用包月制。

（九）PFP

PFP（Pay-for-Performance），即按业绩付费。著名市场研究机构福莱斯特（Forrerster）研究公司公布的一项研究报告称，在今后4年之内，万维网将从广告收费模式，即根据每千次闪现（Impression）收费——CPM（这亦是大多数非在线媒体均所采用的模式）变为按业绩收费（Pay-for-Performance）的模式。

虽然根据该公司研究人员的预测，未来5年网络广告将呈爆炸性增长，从1999年的28亿美元猛增至2004年的220亿美元，但是经营模式的转变意味着盈利将成为网络广告发布商关心的首要问题。

福莱斯特公司高级分析师尼尔说："互联网广告的一大特点是，它是以业绩为基础的。对发布商来说，如果浏览者不采取任何实质性的购买行动，就不可能获利。"丘比特公司分析师格拉克说，基于业绩的定价计费基准有点击次数、销售业绩、导航情况等，不管是哪种，可以肯定的是这种计价模式将得到广泛的采用。

虽然效果付费的广告模式（如CPA、CPS）近年来颇受广告主青睐，但这并不代表传统的CPM（按千次展示付费）模式已经失去价值。行业专家分析指出，广告主若一味坚持效果付费模式而完全排斥CPM，反而可能错失重要营销机会。其原因在于：第一，优质媒体资源往往更倾向采用CPM等品牌曝光计价方式；第二，不同营销阶段需要匹配不同计费模式——品牌建设期适合CPM，转化期则适合效果付费。因此，成熟的广告主应当根据营销目标灵活选择计费方式，而非固守单一模式，这样才能实现营销效益最大化。

（十）来电付费广告

来电付费广告即展示不收费，点击不收费，只有接到客户有效电话才收费。该计费方式由SEOTMTW（SEO研究所）和SEMTMTW（SEO服务中心），共同推出。

（十一）其他计价方式

某些广告主在进行特殊营销专案时，会提出以下方法个别议价。

（1）CPL（Cost Per Leads）：以搜集潜在客户名单的多少来收费；

（2）CPS（Cost Per Sales）：以实际销售产品数量来换算广告刊登金额。

总之，网络广告本身固然有自己的特点，但是玩弄一些花哨名词解决不了实际问题，一个网站要具备广告价值，都是有着一定的发展历史的，那么，在目标市场决策以后挑选不同的内容网站，进而考察其历史流量进行估算，这样，就可以概算广告在一定期限内的价格，在这个基础上，或者根据不同性质广告，可以把 CPC、CPR、CPA 这些东西当作为加权，如此而已。

相比而言，CPM 和包月方式对网站有利，而 CPC、CPA、CPR、CPP 或 PFP 则对广告主有利。比较流行的计价方式是 CPM 和 CPC，最为流行的则为 CPM。

四、搜索引擎服务营销的策略

（一）优化移动搜索

在近来的研究中，市场研究机构 GlobalWebIndex 对全球 32 个国家的 17 万名成年人进行抽样调查。结果显示，80% 成年人拥有智能手机，他们每天使用智能手机的平均时间为 1.85 小时，而 2012 年仅为半小时。正如谷歌近来在 SEO PowerSuite 套装软件指南中提及的移动友好网站数据显示，现在 50% 的网络流量出现在移动网络上。与以往任何时候相比，企业的移动网站都需要在内容、搜索能力等方面与桌面网站看齐。此外，拥有移动友好网站可提高企业在搜索中的排名。

还记得你找到正在寻找的网页，但点击内容时却什么都没有出现的沮丧感觉吗？通过解锁传统麻烦的网站元素，比如图片和 JavaScript，可以将用户从麻烦中解脱出来。没人喜欢"进入壁垒"，特别是搜索引擎可能在移动网站上降低你的排名。

采用响应式网站设计可以压缩优化同样信息变化所需要的时间和精力。可是，如果企业没有时间或资金完成网站的重新设计，企业最好建立独立的移动网页，并从一开始就执行强有力的 SEO 战略。

（二）专注于各类关键词

SEO 已经发展了许多年，不再是仅仅与单一关键词有关。我们可以采取昔日的方法确定合适的关键词，并在搜索背后加入用户的意图。给合适的关键词排名可能成为最高搜索位置的破坏者。那么，企业怎样才能知道什么样的措辞才能发挥作用？企业会有自己的一套办法，但也有可能错过强大的关键词组。了解真正的前瞻数据可帮助企业从一开始就定位好关键词，同时移除易引发猜测的词汇。

以 Rank Tracker 工具和"Suggest Keywords"功能为例，它们可通过 17 个关键词建议平台轻松汇聚信息，大幅减少所需的工作时间。因为企业选择的每个关键词都需要很大工作量，包括网页更新、内容创作、文本锚固等，这些都需要投入大量时间和资金。在 Rank Tracker 中评估关键词的难度得分，根据得分优化企业的战略。从低难度关键词开始并不困难，投资它们可迅速获得盈利。

当企业在其他平台上评估 SEO 时，还可以使用这些工具处理去个性化的客观结果，减少 IP 地址定位的复杂性。企业的移动观众可能在寻找不同的内容，这些内容一般适合桌面观众。企业可以通过"先例统计"和关注未来某些特定词语来制定关键词战略。使用谷歌的 Keyword Planner，可以通过评估关键词，帮企业制订精确的预算计划。

（三）不要忽略社交媒体

在网络上搜索企业，并关注企业的社交媒体，比如微博、微信等。维持在社交网站上的增长趋势，可促使主要网页在排名中获得提升。最理想的情况是，企业网页将被迅速推到首位，然后通过社交媒体渠道的支持，不断更新内容和加强社区交流。如果用户开始并未关注企业，但不排斥企业的品牌，后期可依托智能定位技术，引导用户深度互动。

（四）放弃复杂的 UX 和 URL

网站审核可通过多天滚动、记录和使用不同工具进行。即使你认为自己的网站简洁流畅，运行 WebSite Auditor 这样的程序也没有害处。这种程序是免费的，除非有特别升级要求，比如增加出版、交付客户报告的功能等。你可以通过网站和网页列表，聚焦于重新定向、元标签、主页内容及编码问题等。在独立网页中减少这些抑制性能的问题，对于提高整个网站的 SEO 性能非常有意义。

WebSite Auditor 还可检验网站 URLs 和链接的完整性，比如基于数据的动态 URLs 太长，缺少支持 SEO 的关键词等。404 错误与断开链接都可能影响搜索排名，因此需尽快确认和搞定这些问题。但请注意：在做出任何改变之前，请汇编你的建议，然后将它们发送给管理员，以免改变 URLs 时增加复杂性，引发更多问题。

（五）SEO 的"长尾"依然重要

假如企业从事有机果汁业务，搜索 "weeklong organic green juice cleanse" 这个短语时，你在整体搜索方面可能获得的信息很少。但是如果你能通过 SEO 策略优化这一短语，提高其排名，产品销量可能会增加很多。因为客户会知道他们想要什么，很可能愿意因此买单。你可能想使用更短的关键词，比如 "green juice"，但是了解客户如何与产品互动，可有针对性地增加销量。独特的"长尾"搜索依然占世界搜索的主流，因此请注意在这方面的优化。

（六）注重公关

在 SEO 界，有一个策略依然未发生改变，那就是用导入链接与企业的网站联系起来。这种方法有助于创造引荐流量，并增强 SEO。为了从最优质的源头获得这些难以用价格衡量的链接，企业需要大胆地行动起来。积极向关注企业所在行业的记者推销你的产品和服务，企业需要向他们简单明了地解释为何人们需要了解企业的品牌。

运行搜索副词，比如"最好""十大"等，看看企业的竞争者是否上榜。如果企业相信自己的公司能够向这些记者或他们的读者提供真正的价值，那么请构想最佳方案，尽力将流量链接到企业网站。但请不要只关注链接，还要通过它们赚钱。可通过关键词和适当的标签，提供与企业所在的行业相关的重要内容，以建立企业在领域内的专家地位。

关键术语

服务营销（Service Marketing）
航空服务营销（Aviation Service Marketing）
航运服务营销（Shipping Service Marketing）
物流服务营销（Logistics Service Marketing）
旅游服务营销（Tourism Service Marketing）
搜索引擎（Search Engine）

 本章小结

本章重要阐述了五种不同领域的服务营销管理新应用。一是航空货运服务营销管理，主要是针对航空货物运输市场的营销，是现代物流的重要组成部分。二是航运市场营销管理，主要是指航运企业以货主的需要和欲望为导向，在满足货主需要和欲望来实现航运企业利润目标的交换的基础上，系统地策划和实施变潜在交换为现实交换的一切经营活动及其过程。三是物流服务营销管理，是物流企业为了满足客户对物流服务产品所带来的服务效用的需求，实现企业预定的目标，通过采取一系列整合的营销策略达成服务交易的商务活动过程。四是旅游服务营销管理，是旅游企业或其他组织对旅游产品的构思、定价、促销和分销的计划和执行过程，以满足顾客需求和实现旅游企业的目标。五是搜索引擎服务营销，就是根据用户使用搜索引擎的方式，利用用户检索信息的机会，尽可能将营销信息传递给目标用户。

复习思考题

（1）航空服务营销的产品策略有哪些？
（2）物流服务营销与航运市场营销的区别是什么？
（3）旅游服务营销有哪些特征？
（4）未来搜索引擎服务营销的发展趋势有哪些？
（5）结合中国基础设施建设快速发展的现状，谈谈这如何促进了对服务营销的新应用。

 **综合案例**

海南国际旅游岛建设的定制营销

旅游业是 21 世纪最有发展潜力的产业之一，消费者的需求多样性特别明显，旅游业市场竞争非常激烈，以定制营销的特征，定制营销在旅游业营销中的前景分析入手，认为旅游行业应树立全新营销理念及定制营销，并提出相应的策略。

一、定制营销

被美国著名营销学者科特勒誉为 21 世纪市场营销最新领域的"定制营销"正在风靡旅游界!通过研究和实战,交广传媒旅游策划营销机构发现——面对"个性的"高端游客,旅行社、风景区完全可以像服装店那样根据游客的喜好和需要来制订旅游计划。旅游套餐力求让旅游目的地、旅馆、饮食和活动都符合游客的喜好。

许多旅游企业其实已建立起专属的顾客资料库,其中包含个别消费者的偏好与需求等丰富的信息,它们利用这些信息以"大量定制"方式给各种游客提供产品与服务,有越来越多的企业在网上设立平台,让顾客能设计自己想要的线路。在不远的将来,相信互联网上会出现在家就能体验全程旅游的服务商。"定制营销"使人们更大程度参与生产或挑选完全符合自己意愿的产品和服务,尽量满足客户对商品的个性化需求,以提高客户对产品的满意度和忠诚度。

二、旅游"定制营销"初现端倪

"定制营销"理念是旅游市场细分化发展中的必然产物,它要求旅游产品提供商能够提供给市场以多种产品的选择。前些年曾经出现的"旅游超市"就是这种理念浮现的端倪,但"旅游超市"的昙花一现曾经让人质疑这种旅游营销方式的可操作性和可行性。

出现这种情况的原因有二:一是市场是否成熟;二是产品是否够量。分而谈之,此前旅游市场的产品包装仍然更多地以观光型旅游产品占据市场,虽然其中泛起过不少的旅游新兴形式,但更多的仍然处于一种零散、萌芽的状态,并没有形成合力。在这种状态下进行的贸然投资必然会招致失败。其次,旅游产品提供商并没有将真正的旅游概念提升到比观光旅游更加完善的多种旅游概念上,更多地方仍然是在搞"圈地旅游",仅仅将一块相对有利的资源砌上围墙便开始收费。简单地将资源等同于旅游常常导致了市场产品的雷同和单一,从而最终导致"旅游超市"罗列的产品仍然是仅靠重复的景点拼盘上市,而没有达到"旅游超市"将丰富的旅游产品和丰富多彩的旅游线路面向市场,赢得市场的目的。

按照旅游定制营销"能够提供给市场多种个性化产品选择"的目标要求,对海南国际旅游岛建设和发展是一个良好的契机。避免走弯路,旅游在这一方面的优势特别突出。在这里不但要再提出海南所具有的独特旅游资源优势,更要提出旅游业所具有的对多种产业链发展带动的优势。

三、海南国际旅游岛建设需要定制营销

旅游的过程中收获到独特、符合自身需求的另类生活体验,并在一个陌生的环境中彻底放松心情和思想。这是旅游者最简单的旅游心理诉求,这一简单的旅游心理诉求也变得复杂和更加难以捉摸。首先是区域经济发展的不平衡、区域认识的不一致、区域习惯的迥异造成旅游目的地所供给的旅游产品组合的困难。但是,作为旅游者,并不因为他的身份、消费量、年龄不同所享受到的旅游回馈就不同。同为旅游者,彼此之间的地位是平等的,不同的仅仅是旅游产品在他们心中反馈的信息和生成的影响不同,旅游所达到的效果不同而已。对于旅游产品提供商而言,游客之间的不同还主要在于游客消费层次的不同。但是在面对不同个体或不同群体需求的过程中,如果真正按此方式去做市场,不但在个体

的需求间无法求取平衡，而且在不同的区域市场需求中将难以寻找到真正的市场契合点。在面对不同旅游消费群体之间的态度上，旅游产品提供商还需要做到不偏不倚。

在如此多的要求和矛盾中，定制营销正是基于这样的困惑和旅游需求的不断发展而推出的全新营销理念。定制营销就是将旅游区和相对区域内的旅游资源与旅游项目集中起来，根据不同需求整合产品，形成优势。同时以此为参考，不断深化旅游资源的开发和丰富旅游项目。由此而看旅游定制营销的需求实际上就是游客群体细分化、个性化需求的表现。海南国际旅游岛建设需要整合、需要包装、需要推介、需要营销理念的引导，但更需要大环境的营造。建省成立特区30多年来，海南交通基础设施的建设使得整个旅游环境得到了很大改善，使海南得到更多向外界展示的机会。

近年来旅游市场最大的变化就是随着国内旅游交通网络逐步完善，应运而生的自驾游和自助旅游，这些新生的旅游方式同时又衍生了许多更加讲求个性的、多元化的旅游形态。旅游发展的前景在于定制营销的思维。加强区域的统筹和计划，强化海南旅游行业的管理，营造良好的发展空间，健全缜密而又相对宽松的行业制度。形成全岛一盘棋的局面，保证各个区域旅游行业的相对自由和根本利益，那么在海南游的发展中才谈得上以三亚为龙头带动国际旅游岛建设全面发展的战略目的。在此基础上，定制营销才能让海南已形成一定接待规模和相应条件的所有景区，一览无遗地呈现在游客的面前，才能根据游客的需要选择不同旅游产品的组合。这要求海南旅游行业的内部形成一个高度严密和主动配合的态度，形成一个高效的运行机制，也尽可能地避免岛内旅游区、景区可能出现的旅游项目重复建设的情况。

总之，无论如何，旅游定制营销的时代已来临。"定制营销理念"是旅游市场微观化发展中的必然产物，它要求旅游产品提供商能够提供给市场以多种产品的选择，使消费者"一旦拥有，别无所求"。

（资料来源：赵西萍，2020.旅游市场营销学[M].3版.北京：高等教育出版社.）

思考题

（1）什么是旅游的定制营销？
（2）未来消费者旅游会有哪些新特点？

第十四章　服务营销管理新发展

（1）了解服务营销管理新的发展趋势。
（2）掌握移动互联网服务营销的基本概念、商业模式与业务模式。
（3）掌握产品服务化的基本概念、特性与竞争优势。
（4）认识服务外包的基本概念、业务优势与风险因素。

对话式 AI 技术的应用

在当代聊天机器人、虚拟助手的背后，是对话式 AI 技术，这是一种让用户可以通过语音或文字形式与之交流的技术。对话式 AI 技术可以通过将自然语言处理与机器学习相结合，不断改进 AI 算法，来帮助模仿人类交互，识别语音和文本输入，理解其含义并翻译成各种语言。某种程度上，生成式 AI 一直是对话式 AI 的游戏规则改变者，因为它允许与客户进行更自然和更人性化的互动。这会带来更加人性化和个性化的客户体验，有助于与客户建立信任和忠诚度。

需要说明的是，ChatGPT 只是聊天机器人家族成员之一。在它出现之前，Chatbot 就已经在银行、旅游、教育、医疗、招聘等领域得到了广泛的应用，同时近几年基于对话式 AI 的 Chatbot 也已经成为主流产品。

索尼影视娱乐网络印度公司（以下简称索尼印度公司）是索尼公司在印度的全资子公司，是电视、数字成像、个人音频、家庭娱乐、游戏、汽车音响和专业解决方案等类别电子产品的高端品牌。凭借不断扩大的客户群和庞大的经销商网络，索尼印度公司有大量的查询和有限的代理带宽来有效处理每个查询。在工作时间后收到的大量客户请求导致及时提供解决方案的延迟。为了解决这个问题，索尼印度公司准备引入 Chatbot。索尼印度公司希望建立一个专门的 24/7 帮助热线，用于销售和服务支持，同时该解决方案还需要与索尼 CRM 集成。经过一番选型，该公司最后选择了 Yellow.ai 为技术供应商。

Yellow.ai 为索尼印度公司部署了语音 AI 代理 Isha，为消费者和经销商提供英语、印地语和孟加拉语 3 种语言的 24/7 专用帮助热线。客户现在可以全天候访问关键服务的自助服务选项，例如设备注册、故障排除、产品查询、产品安装请求、定位商店和实时代理转移，以解决复杂的查询。

该解决方案实现了与索尼 CRM 无缝集成，打造了一流的客户体验。通过与索尼 CRM 的深度后端集成，语音 AI 代理可以收集、记录和分析用户信息，以提供个性化体验。语音 AI 代理准确收集、记录和分析用户信息，以提供个性化体验，同时还根据 PIN 码话语识别邦、城市和地区，提供基于位置的服务。

方案实施后，索尼语音 AI 座席每季度处理的呼叫可节省工时成本 46K+，产品和演示请求的环比增加 5%，提高了潜在客户，每月服务请求导致客户履行的每月服务请求达到 13K+。此方案将索尼卓越的客户服务支持提升了一个档次，在上线后的两个月内，Isha 已成功处理了超过 21 000 个客户和经销商电话，实现了无缝集成。

第一节　移动互联网服务营销

一、移动互联网服务营销概述

（一）移动互联网的概念

移动互联网是桌面互联网与移动通信网各自独立发展后相互融合的新兴产物。桌面互联网与移动通信网络各有特点，相互融合后的移动互联网集合了两者的部分特点，形成一个新兴的产业。

从移动通信网的角度来看，移动互联网具有相对封闭、收费为主、终端屏幕小的特点，可满足用户隐私性、便携性、可定位、准确性和实时性等需求。因此，移动通信网是个性化、随时随地的信息服务的体现，人们通过任何移动终端可随时按需获取信息产品或服务。从移动互联网的角度来看，移动互联网具有模式开放、免费为主、网络无中心、终端屏幕大的特点，可满足用户匿名性、经济性和对丰富内容的需求。桌面互联网彻底变革了传统的信息交互方式，丰富了人们获取资讯、信息沟通和交流互动的方式，而移动通信网则是进一步延伸了桌面互联网的服务范围。从固定不动的桌面互联网到随时随地的桌面互联网的体验，融合后的移动互联网既具有桌面互联网的内容优势，又具有移动通信网的便携性。

与传统互联网相比，移动互联网最显著的特点是移动性。移动性就是指用户可在移动场景中访问互联网，并接入相关业务。互联网服务和移动互联网服务在技术、使用场景、使用时间、连接方式上都有很大的区别，如表 14-1 所示。

表 14-1　互联网服务和移动互联网服务的区别

	互联网服务	移动互联网服务
技术	以 Web 2.0 为主，主要是网站	以早期 WAP 和现在主流的 App 为主
使用场景	使用场景单一：家里、公司、网吧……	基本上任何场景都可以很好地体验使用，公交车上、公司、电影院、路上……
使用时间	连续化	碎片化
连接方式	基于大网络，连接整个世界，用户虚拟化	基于位置、基于熟人关系的真正社交网络，用户身份真实，带有情感

（资料来源：梁新弘，2014. 服务营销 [M]. 北京：中国人民大学出版社 .）

所谓移动互联网，就是通过移动通信技术和互联网技术的结合，凭借移动终端设备，借助移动通信网络，使用终端应用，实现特定的终端功能这一系列过程的新兴产业。移动互联网的概念中描述了其所进行的四个过程。因此，移动互联网的形成需要有四个要素：一是移动终端设备；二是移动通信网络；三是移动终端应用；四是通过终端应用实现的内容。

（二）移动互联网产业链参与者

移动互联网作为一个产业链，有不同类型的参与者争夺市场份额。设备制造商、网络运营商、互联网企业及终端厂商共同构成了移动互联网产业，在合作的同时也形成了一定的竞争机制。

1. 设备制造商

设备制造商处于移动互联网产业链的源头，负责网络设备的生产制造以及提供技术支撑。然而，由于设备制造环节的附加值不断降低，利润越做越薄，仅依靠设备生产已经无法支撑公司长远的发展计划。移动互联网良好的发展前景以及产业链上浮现出来的机遇，为设备制造商的转型指明了方向。设备制造商向下游环节的扩张均是以合作、互利的形式展开，没有触及相关节点企业的核心利益。

2. 网络运营商

传统通信业务需求的日趋饱和、网络传输管道市场价值的不断降低、通信互联网应用的不断加强，众多因素迫使网络运营商进行业务转型，重视电信增值业务和移动互联网的发展。在桌面互联网时代，网络运营商仅提供网络接入服务，彻底沦为产业链中价值含量最低的管道提供者。而在移动互联网时代，全产业链以及企业产业链的交叉进入，削弱了运营商的核心地位，给运营商带来了管道化的风险。但由于有着对基础网络服务的垄断经营权和庞大的用户群资源，运营商可以采取多方面的举措，妥善处理全产业链中竞争和合作所带来的机遇和挑战。网络运营商向产业链下游的延伸，核心在于充分利用自身优势，控制用户第一接触点，并通过重点应用内容吸引用户，实现在移动互联网时代的价值提升。

3. 互联网企业

国内互联网企业正加速推进传统互联网业务的移动化转型，同时积极向产业链上下游延伸。以腾讯为例，2013年微信与多家手机厂商合作推出内置微信服务的定制机型；2017年与三大运营商合作推出"腾讯王卡"，通过流量优惠策略拓展移动通信市场；2021年进一步推出微信儿童手表版，布局智能穿戴设备领域。这一系列动作表明，腾讯的战略重心已从单纯的社交软件服务，扩展到覆盖通信硬件、运营商合作等全产业链生态。向上游通过与运营商审读合作切入通信服务市场，向下游则通过智能终端设备扩大用户覆盖范围，构建起完整的产业闭环。这种"软硬结合"的发展模式，已成为国内互联网企业转型升级的典型路径。

互联网企业全产业链扩张的真正目的并不在于占领每个产业链环节，而是通过对上下游产业链环节的扩张，充分利用一切可引导并吸引用户的关键点。

4. 终端厂商

开发出功能强大、简单易用且客户体验优异的移动互联网终端是终端厂商的核心职责和追求。然而随着移动互联网浪潮的到来，应用内容领域巨大的潜在市场和利润空间越发显现，领先的终端厂商纷纷向上游应用内容环节扩张。

由四个产业链参与者的情况可以总结出，移动互联网良好的发展前景以及自身主营业务发展的需要，驱动企业采用纵向多元化战略，向产业链的上下游扩张，开拓新的业务领域。这一举措导致了企业与产业链上其他企业之间的矛盾，形成新市场的竞争关系。

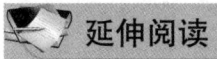 延伸阅读

网络社区营销

网络社区营销是早期网络营销的手段之一，是指把有共同兴趣的访问者集中到一个虚拟空间，相互沟通并借助口碑的力量来达到大规模商品营销的效果。网络社区营销的主要作用表现在：有助于了解客户对产品或服务的意见或观点，并有利于客户对企业网站的重复访问，增加客户黏性；可以作为一种实时客户服务工具，方便在线回答客户问题或就热点问题进行在线调查，这对稳定老客户和挖掘潜在客户非常有利；通过建立社区间或社区与网站间的合作，获得免费宣传的机会，扩大企业产品和服务的传播范围。

病毒式营销

病毒式营销（Viral Marketing）是指利用用户口碑传播原理进行网站、品牌推广，这种"口碑传播"可以像病毒一样迅速延伸。病毒式营销具有吸引力的病原体（如"流氓兔"）、几何倍数的传播速度、高效率的接收、更新速度快等特点。在美国，许多传统企业已经意识到病毒式营销的影响力，并将之与传统营销模式结合，有的企业甚至将病毒式营销作为产品推广和品牌建设的核心策略。其实，病毒式营销的实质就是利用他人的传播渠道或行为，自愿将有价值的信息向更大范围传播。大型公司可以通过提供各种免费资源来实现其病毒式传播的目的，但其中很多病毒式营销方法对小型网站并不适用，如免费邮箱、即时通信服务等。

（资料来源：姜红波，等，2019. 电子商务概论[M]. 3版. 北京：清华大学出版社.）

（三）移动互联网营销的特点

移动互联网营销是指使用手机、掌上电脑、笔记本计算机等移动通信设备与无线上网技术所构成的互联网营销体系。同时采用国际先进移动信息技术，整合互联网与移动通信技术，将各类网站、企业信息及各种业务引入移动互联网之中，为企业搭建一个适合业务和管理的移动信息化应用平台，提供全方位、标准化、一站式的企业移动商务服务和电子商务全新营销策略。它具有以下几方面的特点。

1. 高度便携性和黏性

移动终端有先天随身性，实用且有趣的手机应用服务让人们的大量碎片化时间得以有效利用，吸引越来越多的手机用户参与其中；平台的开放也给手机用户更多的个性化选择；基于信任的推荐将帮助企业打造出主动传播的天然社交网络服务（Social Network Services，SNS），快速形成品牌黏性。

2. 高度精准性

在浩瀚人海中如何锁定与自己项目匹配的目标人群并把新信息有效传播，借助手机报刊、短信等投放系统，可以通过精准匹配将信息实现思维定向（时空定向、终端定向、行为定向、属性定向），传递给与之相匹配的目标群体。

3. 成本相对低廉

基于移动互联网络的移动营销具有明显优势，其低廉的成本已经成为企业提升竞争力、拓展销售渠道、增加用户规模的新手段，并受到越来越多的企业关注。由于具有移动终端用户规模大，不受地域、时间限制，移动营销以其快捷、低成本、高覆盖面的特点与优势迎合了时代潮流和用户需求，成为新财富时代的一个重大机遇和挑战。

二、移动互联网服务商业模式

企业要想在移动服务中获得成功，必须建立一个既重视互联网的力量，又重视市场需求变化的革新战略。这需要研究移动服务的商业模式。这里所说的商业模式，指的是产品、服务和信息流的逻辑架构，包括相关商务活动者及其角色，以及收入来源的描述。

采用成功的商业模式实施移动服务的企业，必须重视以下内容：①核心竞争力；②移动终端、无线网络的特性和限制；③用户使用移动设备的情景和环境；④互联网电子商务模式；⑤市场需求；⑥领域内的其他活动者；⑦以前的成功经验。

移动服务商业模式涉及网络运营商、设备制造商、终端厂商、内容提供商等，这些参与者以移动用户为中心，以移动网络运营商为主导，在一定的政府管制政策限定下开展各种活动，以实现自己的商业价值。

移动服务商业模式是由移动服务交易的参与者相互联系而形成的。因此，大多数移动服务商业模式可以与移动服务交易的参与者使用相同的名称，如内容提供商模式、移动门户模式等。

（一）内容提供商模式

移动互联网服务商模式脱胎于传统的内容提供商模式，其商业原型可追溯至路透社、金融数据服务商等信息服务先驱。在移动互联网时代，该模式已演变为通过智能终端向用户提供各类数字化服务的商业模式，典型代表包括新闻资讯平台（如今日头条）、金融服务应用（如同花顺）、生活服务工具（如墨迹天气）等。这些服务商主要通过两种途径实现盈利：一是通过移动门户或自有平台直接向终端用户提供订阅制或广告支持的内容服务；二是作为内容供应商为其他平台企业提供专业数据接口服务。与此同时，移动互联网生态催生了大量专注于垂直领域的中小开发者,他们通过开发专业内容模块或特色服务,以 API 对接或应用内购买等方式融入大型平台的内容分发体系,形成多层次的内容供给网络。随着 5G 和 AI 技术的普及,该模式正朝着智能化服务、场景化推送和精准化变现的方向持续演进,构建起"内容生产 – 平台聚合 – 智能分发"的完整产业价值链。

(二)移动门户模式

移动门户模式,即企业向移动用户提供个性化的基于位置的服务。该模式的显著特征是企业提供个性化和本地化的信息服务。本地化意味着移动门户向移动用户提供的信息服务应该与用户的当前位置直接相关,如宾馆预订、最近的加油站位置查询等;个性化则要求移动门户考虑包括移动用户当前位置在内的所有与用户相关的信息,如用户简介、兴趣爱好、过去的消费行为等。

(三)WAP 网关提供商模式

WAP 网关提供商模式可以看作 Internet 电子商务中应用程序服务提供商模式的一个特例,在该模式中,企业向不愿在 WAP 网关方面投资的企业提供 WAP 网关服务,其收益取决于双方所签订的服务协议。

(四)服务提供商模式

企业直接或通过其他渠道向移动用户提供服务,其他渠道可能是移动用户、WAP 网关提供商或移动网络运营商,而企业所能提供的服务取决于其从内容提供商处可以获得的内容。

上述参与者和商业模式与 Internet 电子商务中的参与者和商业模式(如支付服务提供商、金融机构)结合起来,就构成复杂的移动商务商业模式。每个参与者为了采用收益率最高的商业模式,必须考虑前面提到的几个方面,即核心竞争力、移动商务环境的特性、互联网商务模式成功的经验。好的商业模式所提供的服务,应该使用户、商家和服务提供商均能够通过电子商务活动增加自身的价值。只有这样,他们才能获得大量稳定的客户,移动商务才能够真正发展起来。

三、移动互联网服务营销的业务模式

移动互联网一个最大的特点就是开放,而开放带来的后果就是原来封闭的传统模式被打破,产业链的各个环节逐步被互联网、终端企业所替代。在功能手机时代,运营商是产业链的主导,而到了智能手机时代,除了通信网络及部分收费功能,其他环节几乎全被相关企业所取代。尤其是苹果、谷歌更是通过智能手机的发展,占领了操作系统、门户、浏览器等制高点,甚至开始向收费平台扩张,以进一步加强其在产业链的控制能力。

移动互联网服务营销的主要业务模式包括移动电子商务、移动社交、手机二维码、移动搜索、移动支付、移动广告等。

(一)移动电子商务

移动电子商务就是利用手机、平板电脑等无线终端进行的 B2B、B2C 或 C2C 的电子商务。即借助移动互联网提供交易平台,以中介费、交易费为主要收入来源。

移动电子商务有以下几种主要方式。

1. B2B2C

以 B2B2C 为基础的电子商务模式，是以移动客户的管理为中心，将移动电子商务的产品延伸至消费者客户的客户。这种类型的移动电子商务的实质是具备一定高科技的生产性企业将其生产的产品延伸至其客户的客户，从而在一定程度上延长了企业的价值链。这种电子商务模式最终需要有先进的技术以及高端营销模式的支撑。

2. B2B2M

以 B2B2M 为基础的电子商务模式，是通过电子商务的手段将企业与企业之间的制造、合作等流程与公司的内外部管理模式结合起来，同时通过智能监控系统等建立起有效的营销渠道，更好地服务于企业的自动化生产管理。

3. B2B2P

以 B2B2P 为基础的电子商务模式，是指通过传统的互联网或者其他的现代电子信息管理技术来进行电子商务的营运，对企业的数据进行挖掘和分析，从而确定客户的需求及需求的基本特征，进而更好地细化市场，使得公司将营销延伸到客户的营销活动，使移动电子商务的供应链更加完备。

4. B2B2B

以 B2B2B 为基础的电子商务模式，体现为两个电子商务企业共同构建网上信息交流平台，企业之间能够在不同的时间地点更有效地得到所需的实时供需信息。

（二）移动社交

移动社交是指用户以手机等移动终端为载体，以在线识别用户及交换信息技术为基础，按照流量计费，通过移动网络来实现的社交应用功能。移动社交不包括打电话、发短信等通信业务。与传统的 PC 端相比，移动社交具有人机交互、实时场景等特点，能够让用户随时随地创造并分享内容，让网络最大限度地服务于个人的现实生活。随着定位系统科技的发展，移动终端已基本实现定位功能，延伸了移动社交网络的功能。新型移动社交应用和传统移动社交应用的对比如表 14-2 所示。

表 14-2 新型移动社交应用和传统移动社交应用的对比

	新型移动社交应用	传统移动社交应用
社交关系	基于手机通讯录或移动互联网	主要基于互联网社交
终端要求	高，一般要求智能手机、平板电脑	低，功能手机即可满足用户需求
网络标准	3G/4G、Wi-Fi	2G/2.5G
内容形式	文字、图片、语音、视频	文字为主
应用举例	微信、米聊	手机 QQ、飞信

（资料来源：梁新弘，2014.服务营销 [M]. 北京：中国人民大学出版社 .）

(三)手机二维码

在手机二维码的应用中,手机既可作为二维码的信息载体,被专用的二维码识读设备识读,也可以在手机中内置识读软件,使手机成为一个二维码识读器,从而识读各种二维码,获得其包含的信息。

二维码作为一种高效的信息载体,其应用场景已覆盖商业与生活的各个领域。在产品包装、印刷出版物、户外广告、商务名片等各类介质上,二维码都展现出强大的连接能力。消费者只需使用智能手机扫描这些载体上的二维码,即可实现"即扫即达"的便捷上网体验——无需手动输入冗长的网址,便能精准获取所需的产品信息、促销内容或数字服务。这种"物理世界与数字世界无缝对接"的特性,不仅大幅提升了移动互联网的使用效率,更通过精准的内容直达重构了人机交互方式。目前,二维码技术已深度融入零售、传媒、营销等多个行业,成为连接线下实体与线上服务的关键纽带。

(四)移动搜索

移动搜索是指在移动通信网络中,用户利用各种移动终端,通过多种接入方式(SMS、WAP、IVR 等)查找 Web 站点上网页内容的一种信息搜索方式,它是移动互联网的重要组成部分。

移动搜索业务从实现方式上来分,可以分为基于短信的搜索、基于 Web 的搜索和其他搜索方式;从搜索内容上可以分为网页搜索、音乐搜索、视频搜索、图片搜索、位置搜索、生活搜索等。移动搜索的特点包括移动性、精准性和个性化。

(五)移动支付

移动支付是指使用者通过注入移动电话、无线设备或掌上电脑(PDA)等方式实现货币和产品服务的价值交换。移动支付是货币价值的无线交易,包括支付价值确认、支付授权和支付实现等步骤。

移动支付涉及电信运营商、金融机构、第三方支付企业、应用开发商、设备制造商等。目前我国第三方支付企业可分为六类:第一类是互联网类,如支付宝、盛付通等,它们依托阿里巴巴、腾讯、盛大等互联网巨头,发展迅速;第二类是电信运营商类,三大运营商均已有自己的电子支付企业,除联通支付有限公司外,还有中国移动电子商务有限公司、中国电信天翼电子商务有限公司等;第三类是银联和银行类,典型企业有银联商务、北京银联、上海银联等;第四类是有地方国有资产背景的企业,如首信易支付、通联支付以及各地公交 IC 卡公司;第五类是独立的第三方支付运营商,如京东支付、度小满支付等;第六类是发卡公司,如资和信、福卡等,主要发行多用途的预付费卡。

(六)移动广告

移动广告是通过移动通信网络运输,以手机为显示终端及发布平台的广告营销活动,主要向企业类广告收取费用。由于手机这一新型媒体平台所特有的私密性及互动性,无线营销相对于其他传统媒体的营销行为具有更好的互动性和精准性。

移动广告主要有以下三种类型。

1. 手机植入式广告

手机植入式广告是指广告投放主将具有代表性的产品及其服务的试用产品符号融入手机的一种广告方式，通过用户浏览新闻、看视频、玩游戏的过程中刻意地插入投放主计划，投放产品信息或商品广告，从而达到潜移默化的宣传效果。

2. 直接投放广告

由于手机的即时通信性，手机终端一般长时间随身携带，因此广告可直接送达到目标群体的手中，用户可随时随地地接受广告。另外，由于手机广告明确了广告的具体受众类型，可以将广告直接送达目标人群，通过跟踪记录客户消费信息，甚至直接同消费者通信，准确获知广告效果。步入 4G 时代以后，各种智能手机的兴起，预示着未来手机将成为融通信、互联网应用、娱乐等功能于一体的多媒体移动掌上终端，这将极大提高手机广告的表现能力和应用能力。随着移动互联网、手机、电视的大范围使用，广告媒体主战场将要转移，新的模式也将出现。

3. 第三方应用程序中的广告

随着智能手机和平板电脑等移动终端设备的普及，人们逐渐习惯了使用 App 客户端上网的方式。不仅如此，随着移动互联网的兴起，越来越多的互联网企业、电商平台将 App 作为销售的主战场之一。由于手机移动终端的快捷、便捷为企业积累了更多的用户，更有一些用户体验不错的 App 得到了用户的喜爱，用户忠诚度、活跃度有了很大的提升，从而为企业的创收和未来的发展起到关键性的作用。

第二节 产品服务化新发展

一、产品服务化概述

（一）产品与服务的概念

产品是指能够提供给市场，被人们使用和消费，并能满足人们某种需求的东西。产品一般可以分为三个层次，即核心产品、形式产品、延伸产品。核心产品是指整体产品提供给购买者的直接利益和效用；形式产品是指产品在市场上表现的物质实体外形，包括产品的品质、特征、造型、商标和包装等；延伸产品是指整体产品提供给顾客的一系列附加利益，包括运送、安装、维修、保证等在消费领域给予消费者的好处。

服务通常是无形的，是为了满足顾客的需求，供方和顾客之间在接触时的活动以及供方内部活动所产生的结果。

服务的提供可涉及：为顾客提供的有形产品上所完成的活动；为顾客提供的无形产品上所完成的活动；无形产品的交付；为顾客创造的氛围。

服务具有不可分离性、差异性、不可存储性及缺乏所有权等特性。随着两化融合的深入推进，出现了制造服务业，产品和服务的边界也逐渐模糊化。

现在被广为接受的观点认为，在产品的核心利益来源中，有形的成分比无形的成分要多，那么这个产品就可以被看成一种商品（指有形产品）；如果无形的成分比有形的成分要多，那么这个产品就可以被看成一种服务。

产品和服务的主要区别特征表现在产品的功能和商业信誉的优先选择上，购买产品时首先强调产品的功能和特性，而购买服务时首先考虑的是服务提供商的信誉。

（二）产品服务化的概念

所谓产品服务化就是企业从市场和顾客需要出发，围绕产品的设计、工艺、加工制造及售后服务的全过程，不断改进，以优良的产品质量和高附加价值去不断满足顾客的需求，赢得顾客。美国营销专家里维特指出："未来竞争的关键，不在于工厂生产什么产品，而在于其产品能提供多少附加价值。"这里提到的附加价值就是指产品服务化。产品的含义已经从单纯的有形产品扩展到基于产品的增值服务，有形产品只是作为传递服务的媒介或平台。

随着服务化的提高，产品的实用功能不断被服务所代替，服务与实体产品的关联度日益下降。企业的使命、愿景、营销导向、战略主张及战术策略亦随着产品服务化程度的提高而变化。产品服务化的终极形式是有形产品的作用完全被服务取而代之，而制造企业也由产品的生产者转变为一个服务的提供商。

（三）产品服务化的发展

产品服务化的过程是漫长的，需要服务成为独立的利润中心，在产品的销售中，能够独立创造利润。在销售的过程中，企业利润的来源不仅仅是产品本身，产品增值服务也可带来相当可观的利润，同时这些也要求企业拥有更高生产管理水平，整体组织能够有效地运作，不断地提供创新服务能力。产品服务化的过程同时也是服务产品化的过程，它们的变化是双向的，是有形产品和无形产品的融合，企业在有形产品的提高方面主要依赖于技术支持，而无形产品是对企业的创新和管理能力的挑战，同时也是企业的机遇。产品服务的发展主要经历了如表 14-3 所示的三个阶段。

表 14-3　产品服务的发展阶段

服务阶段	服务初级阶段	服务规范化阶段	产品服务化阶段
服务目标	完成任务	追求客户满意度	追求客户忠诚度
服务模式	被动响应客户要求	规范服务形式	主动提供服务
客户关系	简单的交易关系	商业关怀	客户依赖，不可或缺
服务理念	收取人工费用	收取人工费用	获取服务利润
服务地位	服务是产品的附属	服务是产品的附属	服务独立，利润中心

在服务的初级阶段，企业的目标是完成生产目标，提高销售量，在消费者提出要求后，按照要求提供简单的服务。这一阶段的服务只是一个附属品，企业的核心是生产产品，完成生产计划。

在服务的规范化阶段，企业开始关注消费者的满意度，以提供一些简单的服务来吸引消费者。一般提前设定服务的模式和内容，收取服务的人工费用，服务在价值创造方面还比较欠缺。

在产品服务化阶段，企业开始主动追求消费者的忠诚度，分析消费者的需求，制订详细的服务计划，发掘消费者的潜在需求，使消费者产生依赖感，成为消费者不可或缺的产品。同时，服务是需要独立收费的，形成独立的利润中心，促进企业的收入稳定，形成新的利润增长点，成为实现差异化竞争的工具。

（四）产品服务化的类型

在全球经济一体化的发展背景下，产品技术的复杂化和消费者需求理念的变化成为产品服务化的基本动因。根据服务的特性，可以将产品服务化划分为顾客服务、产品服务、产品型服务。

顾客服务是指为了达到产品销售的目的而起到辅助作用的服务。它不仅包含了对现实顾客的服务，也包括了对潜在顾客的服务，不仅提高顾客的现实满意程度，还要提高预期的满足程度。

产品服务是指为了配合产品销售的需要，为消费者提供售前服务、售中服务和售后服务。

售前服务是指为消费者提供各种技术咨询等；售中服务指在销售过程中提供的讲解、示范等服务；售后服务是指产品售出后提供的送货上门、技术支持、定期保养等服务。

产品型服务是指能与企业的有形产品相互分割，独立地进行销售的服务形式。

二、产品服务化的特点与特性

（一）产品服务化的特点

产品服务化是一个动态过程，其内涵已经远远突破了作为整体产品附加物的传统界定。产品服务化不同阶段的特点见表 14-4。

表 14-4 产品服务化不同阶段的特点

		初级阶段	策略层面	战略层面	组织变革层面
	市场客体	产品	产品+服务	产品服务包	服务
服务客体	服务对象	无服务	有形产品	有形产品	消费者需求
	产品与服务的关系	无服务	紧密互补的服务	紧密互补的服务 松散互补的服务	紧密互补的服务 松散互补的服务 与产品无关 服务替代产品的服务
服务主体	需求者	无服务	产品购买者	产品购买者	服务需求者
	供给者	无服务	产品制造商	产品制造商 产品经销商 第三方	产品制造商 产品经销商 第三方
	制造商角色	产品制造商	提供一定服务的产品制造商	提供一定产品制造的问题解决者	服务提供者

续表

		初级阶段	策略层面	战略层面	组织变革层面
服务条件	提供服务的时间	无服务	销售当时	产品的整个使用周期	服务者有需求时
	提供服务的费用	无服务	消费即期收费	消费跨期收费	消费打包收费
营销范式		交易营销	交易营销为主，辅之以关系营销	关系营销为主，辅之以交易营销	关系营销

（资料来源：孟慧霞，2012.产品服务化：消费者视角的竞争优势及其困境成因研究[M].北京：经济科学出版社.）

（1）产品服务化的服务主体并不局限于制造企业与产品消费者。随着产品服务化程度的提高，服务的供给方由单一的产品制造商向产品经销商及第三方拓展。如手机制造商与电信运营商联合，将手机与话费打包为一个满足消费者通话需求的"解决方案"；电脑制造商与软件开发者联合，将电脑和网络服务打包成一个服务以满足消费者；服务的需求方，也由产品的购买者向并不购买产品的制造商转移，同时也向有着服务需求的其他消费群体扩展。

（2）产品服务化的服务客体并不局限于制造企业向消费者销售实体产品。随着产品服务化程度的提高，制造企业可以向产品的购买者销售与产品无关的服务。这与传统营销中，将制造业的服务等同于"产品的售后服务"有极大区别。也正是由于服务与产品的分离，才为制造企业提供了更大的利润获取空间，并成为海尔等服务卓越企业的利润中心。

（3）产品服务化的服务时间并不局限于产品销售当时。随着产品服务化程度的提高，服务向产品的整个生命周期延伸。制造企业不仅要提供服务以尽可能保证消费者在所购买产品上获得最大化的利润，同时也要考虑，在消费者不再使用产品以后，如何提供服务以尽可能降低消费者的沉没成本。因而，产品服务化有别于将服务视为短期的、权宜之计的促销策略。

（4）产品服务化并不局限于免费服务。随着产品服务化程度的提高，企业将越来越多的服务项目与产品打包为一个"解决方案"。通常情况下，企业会为消费者提供不同的打包方案，不同情境下的服务费用各有区别。消费者可以选择在购买产品的同时，购买这些付费服务，也可以在购买产品之后再酌情购买。通常情况下，消费者购买服务化方案，具有价格方面的优惠。但产品服务化并不是制造企业提供给消费者的免费午餐。

正是由于以上这些有别于传统售后服务的特点，才使得产品服务逐渐引起各类制造企业的关注，并推动了产品服务化的发展趋势。

（二）产品服务化"产品"与"服务"的特性

在产品制造领域，服务与产品相伴而生，既与产品有着极大的关联度，又保持了服务的一般共性。

在产品服务化之外，服务仅作为产品整体的一部分，与产品存在着天然的、不可分割的关系。其一，企业与顾客之间交换关系之所以存在，是基于顾客对产品核心利益的需求，因此产品附加服务以产品实体为载体，如售后的咨询、反馈、建档回访、维修安装等服务都是基于产品的购买而产生的。其二，产品作为产品附加服务的有形线索，在一定程度上弱化了服务的不可感知性，降低了顾客购买产品时的不确定性。如产品性能的宣传是否名副其实，亦可从产品上得到证实，即顾客可以从服务前后产品本身情况的改变中或多或少地了解服务的质量情况。其三，产品附加服务是顾客对产品整体质量综合评价的重要构成要素，符合产品特性且质量优势突出的服务有利于强化企业产品的统一形象，对企业的知名度和美誉度产生影响，从而对顾客忠诚产生影响。其四，服务内容与产品密不可分。产品的设计是否符合顾客需求，直接影响到产品上市时所需付出的推介服务强度、力度和频度，以及说服顾客购买的难度。有形产品生产工艺、功能质量的高低与服务项目的次数直接相关，如优良的工艺、优质的产品必然降低维修活动的必要性。同时，命题可逆，售前深入认真的调研服务可以防止产品设计偏离顾客需求，而优质的售后服务则可在一定程度上补救产品微瑕给顾客留下的不良印象。

但是，伴随产品服务化程度的提高，服务逐渐摆脱对产品的依附地位，成为独立于有形产品之外的独立产品，由产品的互补品转化为产品的无关品，甚至替代品。与之对应，在"产品—服务"组合中，随着产品服务化程度的提高，服务的主导性地位突显，不可感知性、不可分离性、差异性、不可储存性四大特征也日益显著，成为企业营销的重点。同时，随着社会发展，相同的服务项目既可由生产产品的企业完成，又可由分离出来的专门服务机构来完成，前者成为"产品附加服务"，后者成为"服务业的一项服务"。从这一意义上讲，制造业的产品服务化与服务业的服务完全融为一体，只是提供者的传统角色有所差异而已。

三、产品服务化竞争优势

任何竞争战略的竞争优势均可归结为企业为消费者创造了超过其成本的价值，从维持消费者忠诚度的长远角度来看，具有产品服务优势的企业可同时获得成本优势、溢价优势与差异化优势。

（一）成本优势

产品服务化是伴随产品的设计、生产、销售以及售后等产供销一体化过程的一种价值附加。沿着消费者的购买决策顺序，企业投入的产品服务化成本有消费者调研成本、产品推荐成本、宣传成本、吸引消费者购买的营销努力成本、专家咨询成本、现场操作成本、售后维修成本、安装成本、运输成本和售后建档回访成本等。不同消费者，与企业的关系程度不同，这些成本的高低也有所不同。对企业而言，根据关系程度的不同，其面对的消费者可分为如图14-1所示的几大类。

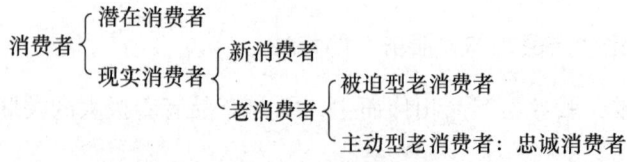

图14-1 消费者的分类

（资料来源：孟慧霞，2012.产品服务化：消费者视角的竞争优势及其困境成因研究[M].北京：经济科学出版社.）

市场竞争中，企业之所以要提高产品服务质量，从而维持与忠诚消费者的关系，是因为这些消费者是基于对产品和服务的消费经验，在对企业充分肯定的基础上，而主动再次消费的。这类消费者可为企业带来如下的成本节约。

1. 节约营销努力成本

基于经验，这类消费者对同一企业产品的信息占有量明显高于其他消费者，因而降低了由不确定性引发的认知风险，缩短了对产品信息的认知、寻找和评价过程，可由购买决策迅速过渡到购买阶段。在购买中，基于对企业产品、服务的整体信任，其购买过程较其他消费者要简短得多，节约了企业的营销努力程度。

2. 降低口碑负效应

提高产品服务化质量，有利于消费者形成对产品的良好印象。这类消费者对产品缺陷的态度明显有别于其他消费者，即使存在产品和服务方面的不满，也会用一种较为宽容的态度来对待，并顾及已形成的企业美誉度，口碑负效应的传播明显低于其他消费者，因此给企业提供了更多的补救时间和机会。

3. 提高口碑正效应

据一项调查表明，由口传信息所引起的购买次数是广告的3倍，是广播传播效果的7倍，人员推销的2倍，报纸和广告杂志的7倍。而高质量的产品服务化所带来的忠诚消费者，总是乐于做企业的义务宣传者，由于交易的惯例化，他们会自觉地采取以下行为：更多地购买并在较长时间内对企业的商品保持忠诚；购买企业推荐的其他产品并自觉提高购买产品的等级；较少注意竞争品牌广告，并且对价格也不敏感；给企业提供有关产品和服务的好主意；等等。因此其具有放射状的成本节约效果。忠诚消费者的这几大特点降低了企业对产品说明、证明和对消费者引导、说服等附加服务的必要性，因而等同于企业节约了服务提供的成本。

（二）溢价优势

产品溢价是指在正常竞争条件下，比市场售价高出的那部分价格，它通常和产品更高品质联系在一起。高品质意味着高投入，而溢价的产生，是由于产品高品质相伴随的价差远远超出了抵补其额外成本所需的数量。

1. 产品服务化战略具备溢价条件

由于产品服务具有服务共性，故服务本身对其内在质量的预示作用较小。加之消费者本身知识的局限和信心的不足，使得服务品质的不确定性风险尤为突出。这两个方面的特点说明产品服务化是一种典型的后验产品，具备消费者为之支付溢价的首要假设条件。

同时，服务的四大特征还决定了其质量的可观测性低、服务内在质量被揭示和证实的认知时间长、品质变动幅度大的特点，因此存在着经济学上溢价产生的可能。

2. 消费者对高质量的产品服务有支付溢价的可能

无论意识到与否，消费者在消费产品服务化时，总是力求投入与所得之差的最大化。在所获利益恒定的情况下，消费者会在金钱、精力、时间等方面做成本上的平衡取舍。产品服务不可感知性的特征，加大了消费者对服务感知和评价的难度；同时服务的这一特征也使消费者对购买过程投入的经历、时间、程序的预期偏高，而价格则为其提供了一条推断服务质量的线索。按照心理学解释，他们会以此作为标准，支付高价格，以降低在经历、时间、程序等方面的高成本投入。同样的原因使然，一旦企业的产品服务化赢得了消费者的信任，则成为消费者寻找替代品或转向竞争者的壁垒，碍于多种风险的存在和对风险认知的不确定性，消费者宁愿选择支付溢价消费该服务，即对服务形成偏好，继续保留在该消费圈内，与企业进行长期的交易关系。

（三）差异化优势

多数学者认为，差异化优势是通过服务化获取竞争优势的重要机制。

早在 1980 年，莱维特就提出"产品整体概念"，将"服务"视为核心产品的附加物。他认为在核心产品难以异质化的情况下，可通过其他层次的差异化来影响消费者，这可谓是服务差异化优势的思想起源。

1992 年，戴维斯、奎因、埃吉斯等的研究表明，服务能通过差异化形成相对于竞争者的进入障碍而成为制造企业增强自身竞争力和获取潜在竞争优势的有效战略工具。1999 年，埃吉斯提出，厂商通过积极追求包含服务增强的差异化可获得超出竞争者的高回报。2001 年，马斯奥认为服务化可使提供物具有与竞争者相区分的差异化优势，并更具吸引力。2002 年，马斯奥等人认为，制造企业可以通过将特定的产品和服务组合起来，而获得差异化竞争优势。因此企业应改变以单个产品获取竞争优势的传统，转而通过获取必要的技能和资源为消费者提供完整的解决方案。

第三节　服务外包新发展

一、服务外包概述

（一）服务外包的概念

外包（Outsourcing）一词最早出现在 1990 年 Hamel 和 Prahaoad 在《哈佛商业评论》发表的一篇题为 *The Core Competence of the Corporation* 的文章中，其英文是 Outside Resource Using 的缩写，直接翻译为"外部资源利用"，是指作为生产经营者的业主将服务流程以商业形式发包给本企业以外的服务提供者的经济活动。服务外包是指企业将信息服务、应用管理和商业流程等业务发包给企业以外的独立第三方服务提供者，以降低成本、优化产业链、提升企业核心竞争力的商业行为。

服务外包的发包方可以是企业，也可以是政府和社团组织等。外包服务可以提供给本国市场或者国外市场。通常，外包是通过以合同为基础的过境支付形式进行的。在新一轮产业转移进程中，跨国公司通过建立可控制的离岸中心或海外子公司向第三方提供服务，而不是直接向当地的服务提供者分包业务,这种商业流程向海外转移的形式被称为服务离岸。服务外包并非完全发生于服务行业,制造业和其他行业所需要的服务流程更倾向于对外发包。服务外包由来已久,但过去仅限于少数传统行业。近年来,随着经济全球化的加强和跨国公司的战略调整,服务外包发展迅速,影响广泛。

服务外包的本质是企业以价值链管理为基础,将其非核心业务通过合同方式发包、分包或者转包给本企业之外的服务提供者,以提高生产要素和资源配置效率的跨国生产组织模式。服务外包广泛地影响着服务活动,遍布各个产业。由于外包服务往往以跨国公司的非核心商业流程为主,技术含量和附加值相对较低,因此,发展中国家在承接外包服务方面拥有低成本优势。

(二)服务外包的类型

服务外包依据不同的标准有不同的分类。根据服务外包的具体内容,可将服务外包分为信息技术外包(Information Technology Outsourcing,ITO)、业务流程外包(Business Process Outsourcing,BPO)和知识流程外包(Knowledge Process Outsourcing,KPO)。具体业务范围如表 14-5 所示。前两者都是基于 IT 技术的服务外包,ITO 强调技术,更多涉及成本和服务;BPO 更强调的是业务流程,解决的是有关业务的效果和运营的效益问题。BPO 往往涉及若干业务准则,并常常要接触客户,因此意义和影响更重大。

表 14-5 服务外包的分类及业务范围

类别		内容
信息技术外包(ITO)	系统操作服务	银行数据、信用卡数据、各类保险数据、保险理赔数据、医疗/体检数据、税务数据、法律数据(包括信息)的处理及整合
	系统应用服务	信息工程及流程设计、管理信息系统服务、远程维护等
	基础技术服务	承接技术研发、软件开发设计、基础技术或基础管理平台整合等
商业流程外包(BPO)	企业内部管理服务	为客户企业提供企业各类内部管理服务、会计服务、财务中心、数据中心及其他内部管理服务等
	企业运作业务服务	为客户企业提供技术研发服务、销售及批发服务、产品售后服务(售后电话指导、维修服务)及其他业务流程环节的服务等
	供应链管理服务	为客户企业提供采购、运输、仓库/库存、整体方案服务等
知识流程外包(KPO)		知识产权研究、医药和生物技术研发和测试、产品技术研发、工业设计、分析学和数据挖掘、动漫及网页设计研发、教育课件研发、工程设计等领域等

(资料来源:迟云平,2018.服务外包概论 [M].广州:华南理工大学出版社.)

根据外包业务承接商的地理分布状况,可以将服务外包分为三种类型:离岸外包、近岸外包和在岸外包。离岸外包是指转移方与为其提供服务的承接方来自不同的国家,外包工作跨境完成;近岸外包是指转移方和承接方来自邻近国家,近岸国家很可能会讲同样的语言,在文化方面比较类似,并且通常提供了某种程度的成本优势;在岸外包是指转移方与为其提供服务的承接方来自同一个国家,外包工作在境内完成。

相比其他行业,服务外包产业的特征如下。

(1)业务专业化,服务水平更高。

(2)与传统的制造业外包相比,附加值更高。

(3)知识密集,对人力资源的要求更高。

(4)低消耗,无污染。

(5)不受地域限制。

(6)外包成果无形化,难以量化评估。

(7)服务外包对网络和通信技术依赖度高。

(8)对知识产权的保护要求更高。

了解不同类型服务外包的具体内容,对于把握我国服务外包产业的发展规律具有重要意义,特别是对目前致力于推动服务外包发展的发展中国家而言,如何找准定位,利用财税政策推动服务外包产业链升级,从而成功参与到服务经济全球化体系中具有导向作用。

(三)服务外包的发展

进入新世纪以来,国际服务外包正以其不可替代的优势成为国际商务活动中的新宠,而且有越来越多的跨国公司加入服务外包的行列,从而扩大了服务外包的市场规模。经济全球化条件下日益激烈的国际竞争,促使企业致力于降低成本、提高效率,通过业务外包实现架构重组。云计算、物联网、移动互联网等信息技术的创新突破,不断催生新业态和新模式。据麦肯锡(McKinsey)、国际数据集团(IDG)等权威咨询机构的研究,未来几年,全球服务外包市场仍将保持稳定增长态势。

从市场结构来看,全球服务外包业务正逐渐从基础的技术层面的外包业务转向高层次的服务流程外包业务,BPO继续保持高于ITO的增速快速增长;随着业务范围逐渐扩展,外包商逐渐倾向于将ITO和BPO业务捆绑,以满足企业自身技术和业务的需求。

从市场分布来看,全球服务外包业务目前主要集中在亚洲,其中,美国服务外包市场较为成熟,亚太地区保持强劲增长,成为全球服务外包业务增长最快的区域之一。几年来,规模不断扩大的服务外包呈现出一些新的特点,服务外包领域日益扩展,中国和印度日益成为全球两个最大的外包基地,IT和金融服务外包成为主导,垂直市场在全球服务外包中更加得到重视。

目前,我国作为全球制造中心、拥有充足的人力资源以及大量美元的金融资产,发展服务外包条件已经成熟,已初步具备大规模承接离岸服务外包业务的条件,经过十多年的快速发展,我国服务外包产业已初具规模。

我国服务外包新发展成就

（一）综合实力跻身世界前列

第一，政策体系日趋完善。国家支持服务外包发展的政策体系日趋完善，鼓励政策和措施涉及税收优惠、人才培训补贴、资质认证、政府采购、知识产权保护、数据安全等多方面。第二，产业规模迅速扩大。服务外包产业迅速形成，产业规模急剧扩大，10年跨越了两个量级。第三，国际竞争力显著提升。中国服务外包离岸市场覆盖区域不断扩大，覆盖220多个国家和地区，是全球第二大服务外包承接国；专业服务水平显著提升，技术、设计和标准与国际接轨。第四，区域集聚效应逐步显现，逐步形成了以北京、上海、深圳、大连四个国际化服务外包城市为核心，辐射周边地区发展的区域化格局。第五，企业实现快速成长。10年间，全国服务外包企业从500家左右骤增至39 277家，遍布中国几乎所有大中型城市，企业营业额和企业人员规模迅速扩大，市场主体日益多元化。

（二）产业发展水平全面提升

第一，数字化服务创新促进了产业转型升级。随着信息技术平台的不断更新换代，互联网创新模式的涌现、物联网时代的到来，催生了全新的数字化服务业务，服务外包进入全新的发展时代。第二，业务结构优化推动了产业链向中高端攀升。借助新一代信息技术，中国服务外包企业正由单一技术服务转向综合性行业解决方案服务，深耕垂直行业带动企业向高附加值业务转型，外包业务结构不断优化。第三，成本导向转为技术和价值驱动。云计算、大数据、人工智能等创新技术的发展及应用，使服务外包产业由传统的成本驱动转向以技术驱动和商业价值为导向，接发包双方形成紧密的战略合作关系。第四，离岸带动在岸市场潜力释放。第五，"中国服务"国家品牌初步到位。通过参与国际顶尖行业展会，与当地行业、企业对接，在不断拓展国际市场的同时，积极打造"中国服务"品牌，提升"中国服务"的国际竞争力。

（三）支撑引领经济社会和谐发展

第一，经济创新增长的新引擎。服务外包作为知识与智力人才密集型的创新服务产业，激发了服务领域新业态、新模式的蓬勃发展，是促进现代服务业发展，推动服务业拉动GDP的主要支撑。第二，开放型经济的新亮点。中国服务外包行业已经发展成为吸引外资新的增长点，海外并购的新生力量，推动实施"一带一路"倡议的重要载体，成为开放型经济的新亮点。第三，贸易结构优化的新标志。随着服务外包出口规模迅速扩大，有效弥补了货物贸易发展的短期波动。服务外包作为开放型经济体系中最具活力的组成部分，对转变贸易增长方式，促进现代服务出口至关重要。第四，信息技术与制造业深度融合的新平台。服务外包以互联网、物联网为发包、交付、共享平台，以数字、智能等先进技术的创新应用为核心驱动力,成为促进制造业实现数字化和智能化转型的加速器。第五,高学历人才聚集的新产业。服务外包产业是人才、知识密集型创新服务产业,以人才为核心,10年来聚集了数百万高学历复合型人才,成为中国高等学历人才聚集最高的新产业。

(资料来源:李巍,2019.服务营销管理:聚焦服务价值[M].北京:机械工业出版社.)

二、我国服务外包发展的现状

外包作为企业的一个战略选择越来越受到重视。服务外包发展迅速,波及全球,它在节约成本、强化核心竞争力、提高生产效率、获取业务专长、拓展新的市场等方面具有明显的优势。在这些优势的驱动下,服务外包蓬勃发展,由过去的IT外包发展到了现在几乎价值链上的每一个活动均有可能外包。企业进行服务外包的各种优势日益显现。发展至今日,服务外包已经不再是简单的帮客户省钱,它正在向着从低端的技术研发外包向全流程的运营外包转型。

(一)人力与成本优势让服务外包的重心正在向中国转移

全球服务外包的发展趋势不可逆转。从美、欧、日等发达国家来看,企业实行服务外包的趋势已经不可逆转,这些国家将有更多的业务转到成本更低和竞争力更强的发展中国家。国际著名外包专家卡伯特等学者认为,中国将是继印度、菲律宾之后的第三大国际项目外包基地,甚至将会成为最重要的国际项目外包基地。所有的这些机遇充分说明,以服务外包、服务贸易以及高端制造业和技术研发环节转移为主要特征的新一轮世界产业结构调整正在兴起,良好的国际形势为我国发展面向国际市场的现代服务业带来新的机遇。

(二)我国政府积极引导和鼓励发展服务外包

中国服务外包行业从2006年"千百十工程"开始,历经"十一五""十二五""十三五"三个五年规划阶段,迄今已有十七年。"十三五"末,我国企业年承接服务外包合同额17 022.7亿元人民币(币种下同),执行额12 113.2亿元,同比分别增长8.4%和13.3%。其中,承接离岸服务外包合同额9 738.9亿元,执行额7 302亿元,同比分别增长5.8%和11.4%,以美元计算,2020年承接服务外包合同额2 462.3亿美元,执行额1 753.5亿美元,同比分别增长4.5%和10.9%,其中承接离岸服务外包合同额1 404.1亿美元,执行额1 057.8亿美元,同比分别增长1.1%和9.2%,实现"十三五"超千亿美元的发展目标。商务部在《"十四五"服务贸易发展规划》中明确指出,要实施服务外包转型升级行动,加强服务外包人才培养,鼓励对外发包,支持中国技术和标准走出去。培育龙头企业,助力构建稳定的国际产业链供应链。商务部已与工业和信息化部、科技部、财政部等密切配合,在为服务外包接包商提供资金支持、政策扶持方面取得了一定进展。其中包括与国家开发银行一起,为服务外包基地城市和服务外包接包商提供50亿优惠政策贷款,中国出口信用保险公司将为服务外包接包商提供融资担保和信用保险服务,协助服务外包接包商建立信用风险管理和评估机制。

（三）企业实施服务外包能节约成本，提高财务绩效

企业成本最小化、利润最大化的目标为服务外包提供了强大动力。各行业数据显示，外包能降低 15%～20% 的经营成本。与企业内部的运作成本相比，外包服务的成本更低，而且由接包商提供服务，成本更易预测、更好控制。同时，将服务从具有固定成本的固定资产形式转换为具有可变成本的固定资产形式，这使服务在业务增长并盈利时更容易得到增加，在业务衰退时也更容易得到削减。

（四）强化核心竞争力

任何成功的企业都有自己的核心竞争力。核心竞争力是超越具体产品和服务，超越具体职能部门和业务单元的一种竞争力，并且这种竞争力不受单一产业变幻莫测的周期特征的制约，能使企业面对多变的环境，处变不惊且行动迅速。在市场竞争日益激烈的今天，企业不仅需要保持竞争力，更要不断开发和改进其核心竞争能力，这需要企业投入更多的资源来经营。

根据迈克尔·波特的价值链理论，从研发、设计、采购、生产、库存、营销到运输等环节是一条完整的价值链，环环相扣，缺一不可。一个公司不可能在价值链的每个部分都是最有竞争力的，因此选择自己最具竞争力的环节才是明智之举。企业将资金、人才等优势资源集中于具有核心竞争力的业务环节中，而将不具有竞争优势的业务外包给比自己更具成本优势和专业优势的企业，以此来获得竞争优势。

对于企业的高层管理人员来说，外包可以使其更专注于核心业务，将更多的精力投入核心业务中去，提高核心业务的绩效水平，同时外包为实现企业的主要战略目标提供了手段。外包的最大好处在于它可以使发包商更加充分地利用接包商的资金、技术创新和专业能力。对于任何发包商而言，要复制接包商所拥有的这样一组能力，所需的投入是巨大的，但通过服务外包，则可以较容易获得这些强大能力，从而为提高发包商的核心竞争力服务。

（五）提高生产效率

效率指的是投入与产出之间或是成本与收益之间的关系。当销量概念应用于某一企业时，所要研究的问题是企业是否利用一定的生产资源实现了最大的产出，或者说是否在生产一定量的产出时实现了成本最小的目标，这种效率称为技术效率。服务外包可以为发包商的顾客提供高效的服务与管理，发包商也能因此节约服务成本，有利于发包商把更多的财力、物力、人力集中到核心业务中，使资源在不同的环节得到合理配置，优化发包商的组织结构，从而提高发包商的效率。

（六）获取业务专长，提高创新能力，增强变革能力

服务接包商作为专门从事特定领域工作的行家里手，具有丰富的专业知识和经验，进行服务外包有利于提高企业的服务水平。由于接包商具有与多个客户打交道的经验，因而他们在相关的知识、速度及效率方面具有真正的优势。同这样的接包商建立外包关系后，发包商可以将其更为先进的知识、速度和效率转为己有，从而增加自身业务专长。发包商在与接包商交流的过程中，可以吸纳接包商的新思想，获取更多的信息和先进的管理思

想,从而提高发包商的整体绩效。

外包的优势还在于能够促进分权,并推动发包商重组,提高发包商的创新能力。这种企业重组是一种特殊类型的改组,外包为发包商的服务能力提供了外部资源以及业务特长,这为业务流程再造和消除由政治之争而形成的重组障碍构建了基础,通过外包控制可以彻底剔除管理不当或无效的管理,减少发包商的臃肿结构,提高发包商的变革能力。

(七)企业数量逐步增加

中国加大力度优化营商环境,降低外资准入门槛,促进服务外包市场主体发展壮大。2021年纳入商务部服务外包统计系统的服务外包企业新增6 662家。其中,江苏省新增企业数量超过1 000家,高达1 440家;河南省、山东省和广东省新增企业数量超过500家,分别为930家、872家、582家;浙江省、黑龙江省和河北省新增企业数量超过300家,分别为342家、339家和323家,七省份合计新增4 828家,占全国新增企业数量的72.5%。截至2021年年底,全国纳入商务部服务外包统计系统的服务外包企业数量累计达到67 236家。

三、服务外包风险因素

服务外包风险从经济学角度分析则是指服务外包实施结果相对于预期结果的变动程度,即企业服务外包预期收益的变动程度。来自企业外部的风险主要是由企业与承包商之间的信息不对称和信息技术本身的特点带来的。

(一)信息不对称情况下的风险问题

外包的实质是企业和服务商之间的一种"委托—代理"关系。一般而言,由于委托方和代理方之间存在着信息不对称、信息扭曲问题,加之市场及宏观环境的不确定性,委托人往往比代理人处于一个更不利的位置。在企业和外包服务商的交易中,当交易的一方掌握另一方所不知的信息时,交易便处在不对称信息结构当中,导致企业在实施外包过程中存在服务商的"逆向选择"风险和道德风险。

逆向选择的风险是由屏蔽信息引起的,是指在签订契约之前,服务商就已经掌握了一些委托人所不知道的信息,而这些信息可能是对委托人不利的。隐蔽信息的问题在企业选择服务外包服务商的过程中非常具有普遍性。由于信息不对称,外包服务商比企业更了解自己的资信、真实的技术实力、人员实力,并向企业提供不充分或不真实的信息。同时在企业方面,由于企业没有能力或没有严格设计和遵照招标规程去了解服务商的实际运作、背景、主导产品和核心业务情况,也没有对服务商的财务状况、非财务状况、稳定性等进行认真核查及分析,从而无法把握来自服务商的风险。这种信息不对称的决策导致了企业误选了不适合自身实际情况的服务商。

道德风险是由隐蔽行动引起的,是指委托人和服务商达成契约后,委托人无法观察到服务商的某些行为,或者外部环境的变化仅为服务商所观察到。在这种情况下,服务商在有契约保障之后,就倾向于不会像委托人期望的那样努力,可能采取不利于委托人的一些行动,进而损害委托人的利益。

(二)外包决策与管理风险问题

是否选择外包,是选择全部外包还是部分外包,选择一家或者几家外包服务商,作出决策后必然带来决策结果可能发生问题的风险。另外,委托方企业与外包服务商在管理模式上存在差异,不同的企业文化、目标、利益的分配造成的矛盾,以及由此带来的不可控制性,情况严重时甚至造成管理上的失控。

市场、自然环境、政治与宗教等外部环境时刻在变化,必然会带来原材料、劳动力价格、消费者的需求波动,进而导致外包服务市场的波动而造成风险。由于科学技术日新月异,技术成本会随着时间的推移而降低,外包合同价格的相对不变性与市场技术成本不断下降之间造成了不对称性。另外,选择服务外包后,企业不能准确测定外包后的隐藏成本、模糊成本,这些可能导致外包成本上升,甚至超过自营成本。

(三)机会成本的风险问题

机会成本指由于选择一种方案而放弃另一方案的收益,又称替换成本。它反映不选择最佳方案或机会的"成本",或者说因选择某一经营项目所牺牲的另一机会可获得的利益。机会成本是人们可以预见和认知的将要被放弃或已经放弃的最佳机会和最高收益。真正的收益不仅指某种选择获取的收益减掉会计意义上的成本,还需减掉机会成本。在资源有限的情况下,若选择一种手段来获取收益,就必须放弃用其他手段来实现收益。选择正确,效率很高,则收益就有可能会实现;反之,就会有所损失。

企业一旦选择外包,尤其是服务外包,可能会减少接触核心业务技术的机会,从而影响其学习该领域最新技术和发展动态的能力,甚至可能削弱企业构建核心竞争力的潜力。企业形成对外包服务商的依赖,就可能会对业务的控制与洞察能力有所降低,而不能及时有效地了解业务情况。另外,选择了外包也有可能造成人才的流失,专业人士或骨干力量可能因为不能直接从事运营与人员管理改做业务协调而另谋高就。

(四)信息安全问题

安全问题是制约服务外包行业发展的关键因素之一。不可否认,许多服务外包企业面临电子偷盗、数据泄露和商业欺诈等风险。由于担心核心技术外泄或敏感信息被滥用,许多企业仍倾向于选择境外自营外包服务,而非依赖第三方专业服务提供商。部分跨国公司甚至更愿意设立独资或合资的外包中心,以降低安全风险。更令人担忧的是,某些外包服务商可能利用合作渠道,通过恶意软件或计算机病毒入侵委托方的系统,实施数据窃取或其他违法行为。这种行为加剧了企业对服务外包的顾虑,甚至使其产生"引狼入室"的担忧。如果安全风险得不到有效控制,从个人隐私、商业秘密,到国家机密甚至军事安全,都可能因外包环节的漏洞而面临严重威胁,其潜在后果不容忽视。

此外,各国之间的信息战、网络战越来越激烈。有时没有硝烟的战争更可怕,如何保护国家的信息安全,避免国家的敏感信息通过服务外包的形式外泄是外包服务中要格外重视的问题。间谍组织有可能通过发包方的软件植入木马或者通过发包方与接包方的网络,将不良信息传入,或者通过病毒木马窃取商业秘密和国家情报。所以,涉及国家的敏感信息和机密等业务外包时,更需要严格控制和监督管理。

第四节　数字化服务营销

一、数字化服务营销概述

（一）数字化服务营销概念

随着高新技术的快速发展，科技已经越来越融入和影响我们的生活，当前信息技术已经被广泛应用在各行各业中，在服务营销行业中也得到了充分的应用，尤其是数字化服务营销行业的应用。定义数字化服务营销，首先厘清什么是数字化。数字化是指将许多复杂的、难以估计的信息通过一定的方式变成计算机能处理的 0 和 1 的二进制码，形成计算机里的数字孪生。物理世界被重构，被一一搬到数字化世界当中。数字化服务营销是现代营销的一种手段，借助互联网、通信技术和数字交互式媒体，有效调动企业资源开展市场活动，以实现营销目标的一种营销方式。数字化服务营销通过融通多源数据，依托智能技术，促进营销智能化，推动营销由粗放型向集约型发展，实现营销效率全面提升、业务高速增长。

与传统服务营销方式相比，数字化服务营销是基于明确的数据库对象，通过数字化多媒体渠道，比如电话、短信、邮件、电子传真、网络平台等数字化媒体通道，实现营销精准化，营销效果可量化，是数据化的一种高层次营销活动。所以，数字化服务营销将尽可能地利用先进的计算机网络技术，以最有效、最节约地谋求新的市场的开拓和新的消费者的挖掘。

著名"营销先驱"约翰·沃纳梅克（John Wanamaker）曾经提出广告营销界的"哥特巴赫猜想"——"我知道在广告上的投资有一半是无用的，但问题是我不知道是哪一半"。这就是传统营销一直无法回避的棘手问题。但数字营销却有可能使这个问题得到解答。原因在于，相比传统营销，数字营销天生自带光环和优势，为营销界带来了肉眼可见的营销变革。也正因为如此，数字营销才越来越受到品牌的重视。再加上，受疫情常态化等环境因素影响，大众行为持续向线上场景迁徙催化了新机遇，品牌对于数字营销普遍看涨。

与此同时，中国企业对于数字营销的投入正在加大。《领英：中国 B2B 营销数字化展望洞察报告》显示，在 2020 年初调研选定的 162 名 B2B 营销人中，93% 的被调查者表示疫情后企业会增加在数字营销上的投入。此外，由于外贸、出海领域爆发式的增长，企业投入的不断增加、人才需求不断扩大，目前营销相关人才已经出现供不应求的状况。麦肯锡调查数据显示，至 2025 年，中国数字营销人才缺口将达 600 万。这意味着，品牌数字化营销时代和数字营销人才黄金时代已全面来临。在这样的大背景下，无论是企业还是个人，都必须主动学习数字营销、主动运用数字营销。

（二）数字化服务营销的特点

（1）集成性。实现了前台与后台的紧密集成，这种集成是快速响应客户个性化需求的基础。可实现由商品信息至收款、售后服务一气呵成，因此也是一种全程的营销渠道。另一方面，企业可以借助互联网络将不同的传播营销活动进行统一设计规划和协调实施，避免不同传播的不一致性而产生的消极影响。

（2）个性化服务。数字营销按照客户的需要提供个性化的产品，还可跟踪每个客户的销售习惯和爱好，推荐相关产品。网络上的促销是一种低成本与人性化的营销方式。

（3）产品信息。互联网可以提供当前产品详尽的规格、技术指标、保修信息、使用方法等，甚至对常见的问题提供解答。用户可以方便地通过互联网查找产品、价格、品牌等。

（4）选择空间。数字营销将不受货架和库存的限制，提供巨大的产品展示和销售的舞台，使客户提供几乎无限的选择空间。

（5）成本优势。在网上发布信息，代价有限，将产品直接向消费者推销，可缩短分销环节，发布的信息谁都可以自主地索取，可拓宽销售范围，这样可以节省促销费用，从而降低成本，使产品具有价格竞争力。前来访问的大多是对此类产品感兴趣的客户，受众准确，避免了许多无用的信息传递，也可节省费用。还可根据订货情况来调整库存量，降低库存费用。

（6）市场。营销产品的种类、价格和营销手段等可根据客户的需求、竞争环境或库存情况及时调整，网络能超越时空限制与多媒体声光功能范畴，可发挥营销人员的创新。

数字营销还具备多媒体、跨时空、交互式、拟人化、超前性、高效性、经济性等特点。由于利用了数字产品的各种属性，数字营销在改造传统营销手段的基础上，增加了许多新的特质。

基于以上特点，数字营销具有许多前所未有的竞争优势：能够将产品说明、促销、客户意见调查、广告、公共关系、客户服务等各种营销活动整合在一起，进行一对一的沟通，真正达到营销组合所追求的综合效果。这些营销活动不受时间与地域的限制，综合文字、声音、影像、用动态或静态的方式展现，能轻易迅速地更新资料，同时消费者也可重复地上线浏览查询。综合这些功能，相当于创造了无数的经销商与业务代表。

数字服务营销从业人员必须永远记住用户拥有掌控力的事实。不精准、不相关且扰人的这些非人性化的广告，将迫使用户离开网站并忽略将来的广告。要做到人性化，必须在所有多媒体广告上明确标出静音、暂停、停止和关闭的按钮，按钮也不能与 Windows 的按钮或其他操作系统的警示太过相似导致混淆。任何干扰网站内容的广告的长度都只应有几秒钟，除非用户以某些互动方式表现出对广告的兴趣。

数字服务营销的一对一服务，留给客户更多自由考虑的空间，避免冲动购物，可以在更多地比较后再做决定。网上服务可以是 24 小时的服务，而且更加快捷。不仅是售后服务，在客户咨询和购买过程中，企业便可及时地提供服务，帮助客户完成购买行为。通常售后服务的费用占开发费用的 67%，提供网络服务可降低此费用。

二、数字化服务营销的发展

（一）数字服务营销的发端

2000 年是数字服务营销的元年，早期的数字营销，大家是把网络论坛作为表达个性化思想的工具，消费者主要是通过互联网搜索优化选择，企业主要是通过数字渠道如网络论坛等了解消费者口碑营销信息，用户主要作为互联网信息受众或信息源，利用互联网与其他用户发生联系。

（二）数字服务营销的发展

到 2005 年，人们在生活中已越来越普遍使用互联网，互联网的普及率已经高于 50%，社交媒体逐渐成为主流媒体，许多的社交网站开始成立并抢占市场。

这一时期，开始将在线口碑和社交网络应用于营销研究和实践，网络论坛除了表达个人意见外，开始直接与营销实践相结合，企业期望通过与消费者的积极互动来形成积极的品牌社区和在线口碑。用户可以在电商网站发表产品评论并生成评论和评分，产品评论和评分对销售产生显著的影响，用户生成内容变得越来越普遍。通过主流的社交媒体，让现有会员发送电子邮件去获得潜在用户，将发展新会员作为在线口碑的营销成果。

这一阶段的数字服务营销将网络中的信息传播者划分为潜水者和分享者，有影响力的分享者是社交传播中的中心节点，其影响的是其协作起来的一个用户网络。采用具有大量社交联系的社交中心节点，能够加速传播，加速商品在网络受众之间的共享。企业可以战略性地操纵在线口碑，通过尝试外源性地制造在线口碑，进行病毒式营销传播推广，这种操控会增加消费者剩余并产生企业利润。虽然数字服务营销在此阶段有纵深发展，但并未成为主流，数字服务营销的支出在总营销支出中仅占到 8% 左右。

（三）数字服务营销的成熟

2010—2017 年，互联网在线普及率已经达到 80% 以上。在智能手机普及之后，很多消费者都处在"及时连接"和"永远在线"状态，社交媒体使用户同时成为某一品牌的消费者、传播者及广告受众，消费者变得越来越有"权"，随时可以通过社交媒体发出自己的声音。随着个人社交网络变得越来越密集，社交媒体平台从以前社会关系积累转移到互动和内容生成。消费者不仅仅是口碑营销流的贡献者，还能破坏或加强营销行为。

正是社交媒介的普及和媒体的实时在线，使消费者的社会影响力更加突出。用户已将社交媒体作为他们社交联系、构筑身份、寻找信息、认识世界和实现目标的工具。

（四）智能化数字服务营销

进入 2020 年，智能化时代已经来临，人工智能和大数据技术正在引领数字服务营销向智能化数字营销转变。首先，人工智能和大数据技术能够深度挖掘现有营销数据的价值，显著提升营销分析的效率和精准度；其次，人工智能和大数据技术可以为更准确、更有针对性和更有创造性的数字服务营销策略提供支撑。

三、数字化服务营销的方法

数字服务营销的迅猛发展，给整个服务营销领域带来了许多革命性的冲击和变革，这些变革主要表现为：基于大数据分析制定营销策略；使用数据分析实施自动化营销或智能营销、内容营销和新型营销体验等。

当今，用户已将社交媒体作为他们社交联系、构筑身份、寻找信息、认识世界和实现目标的工具。企业可以在任何社交平台上进行大规模的在线口碑营销、"病毒式"营销和针对目标消费者发布数字广告，消费者的内容生成和在线活动成为企业营销的工具。

（一）跟上以数字为中心的消费者行为

随着互联网、移动互联网及信息化的发展，消费者的行为轨迹逐渐以大数据的方式映射在网络之中，电商、视频、游戏、广告等都投其所好地出现在消费者眼前。因此，对于企业来说，要想做好数字营销，必须与时俱进，必须让营销跟上以数字为中心的消费者行为。否则，消费者就会"用脚投票"。早在2018年，赛富时（Salesforce）公司就做了一个调查，数据显示：如果公司不设法与客户进行个性化的沟通，一半的客户会更换品牌，这一比例在B2B市场中为65%。

（二）重视内容本身，而非营销手段

好的创意是优秀营销的基石，它直接决定了一次营销事件的方向，也直接影响到消费者对商品的态度。也就是说，每一个创意的产生，都是一次价值观的传递。因此，在流量越来越贵的时代，数字营销或许要回归"内容为王"的轨道上，要重新重视内容营销。在这个层面，可以说创意就是数字营销的本体。重视内容营销，就要做适合的内容，做恰当的投放。

数据营销是很好的运营工具，但营销的核心，即需求管理、利他、创造价值，这些是不会变的，云计算、大数据、AI能让分析更有效、更快、更精准，但是没有"战略"的思维，未必能有"人的情感共鸣"的本能。在数据时代，一个企业的价值主张反而变得更重要，在连接时代，有价值观的企业才能真正形成自己的群落，让企业与客户实现共创价值。数据是冰冷的，营销要在数据的基础上直击消费者的心灵，正如哈佛营销学教授西奥多·莱维特所言：营销更需要想象力。数据应该被战略思维所用，而不是替代。"人"的世界不可能全部被数字替代的。大数据、深度学习、人工智能这些力量介入到营销中，改变的是营销技术（Marketing Technology），不是营销战略（Marketing Strategy）。

（三）充分利用数字化平台和应用

未来，全渠道及时沟通将成为数字服务营销的必备能力。因此，企业必须充分利用数字化平台和应用，而不是停留在浅层次利用数字的水平，否则就无法达到数字服务营销的高水平境界。

第一，在进行数字化服务营销时，多方整合客户信息，尽可能全面地掌握客户信息数据成为首要解决的问题。而分析云，可以支持从多种异构的数据平台中进行数据抽取。客户/潜在客户的信息可能来自企业的内部信息（如存储在各信息系统中），也可能来自企业外部的数据；对于内部数据，客户相关的信息又可能存在于多个系统中，如CRM系统、ERP系统、电商系统等。第二，通过数据分析，能够将客户的信息数据更好地解读和挖掘，分析客户画像，了解客户的购买行为，并将数据分析结果转化为可操作执行的客户管理策略。例如，通过数据分析，分析客户的产品喜好、购买习惯、渠道……并以此为据，制定合理的营销方式。

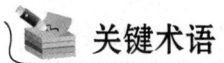 关键术语

服务外包（Service Outsourcing）

信息技术外包（Information Technology Outsourcing，ITO）
业务流程外包（Business Process Outsourcing，BPO）
知识流程外包（Knowledge Process Outsourcing，KPO）

本章小结

服务营销是一个不断变化不断丰富的概念，随着社会经济的发展也在发生着变化。本章主要是介绍了三个服务营销领域内的新发展。一是移动互联网服务营销，就是桌面互联网与移动通信网各自独立发展后相互融合的新兴产物。二是产品服务化趋势，就是企业从市场和顾客需要出发，围绕产品的设计、工艺、加工制造及售后服务的全过程，不断改进，以优良的产品质量和高附加价值去不断满足顾客的需求，赢得顾客。三是服务外包趋势，是指企业将信息服务、应用管理和商业流程等业务发包给企业以外的独立第三方服务提供者，以降低成本、优化产业链、提升企业核心竞争力的商业行为。四是数字化服务营销，是随着科技发展带来的新的服务营销方式。

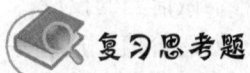

（1）移动互联网营销的商业模式是什么？
（2）产品服务化的特点有哪些？它的竞争优势是什么？
（3）服务外包的优缺点是什么？
（4）数字化营销有什么新特点？
（5）随着网络强国、数字中国战略的持续推进，互联网产业应如何抓住新的机遇？

阿里巴巴：打造 AIPL 全域营销体系

"以消费者为中心的精细化运营"，似乎成为营销行业里最正确的一句话。

因为互联网人口红利用尽，存量时代来临，企业的增长必须靠消费者的精细化运营来实现。但对于大部分企业，都还是"知行不一"的：市场费用的投入还是一种粗放模式，看不到增长效果，也找不到发力的突破口，只能再投，最终形成恶性循环。说好的"消费者精细化运营"只能变成一句空话。而在传统市场部工作的营销人，还是摆脱不了"只会乱花钱，不产粮"的刻板印象。

"品牌人群资产"很重要，是大家都知道的。比如可口可乐的传奇总裁罗伯特·伍德鲁夫说：即使可口可乐全部工厂都被大火烧掉，给我三个月时间，我就能重建完整的可口可乐。这位总裁为什么敢有如此豪言？因为可口可乐品牌有强大的消费者人群资产，那些听过可口可乐的人、喝过的人、一年买很多次的人。放在过去，"人群资产"是一个很难量化统计的概念。我们只能定性说可口可乐的人群资产一定比康师傅的多，但是具体有多少是不知道的。于是，阿里就推出了一个可以把品牌在阿里系的人群资产定量化运营的模型，这也是支撑它全域营销概念落地的关键一环，这个模型叫作：A–I–P–L。

A（Awareness），品牌认知人群，包括被品牌广告触达和品类词搜索的人；

I（Interest），品牌兴趣人群，包括广告点击、浏览品牌/店铺主页、参与品牌互动、浏览产品详情页、品牌词搜索、领取试用、订阅/关注/入会、加购收藏的人；

P（Purchase），品牌购买人群，指购买过品牌商品的人；

L（Loyalty），品牌忠诚人群，包括复购、评论、分享的人。

有了模型之后，接着就是让品牌人群资产链路化运营。对于所处链路中不同位置的人群，品牌采用对应的沟通内容和渠道，最终的目的累积人群资产，并实现链路高效流转：让"A人群"尽快转化成"I人群"。

首先，需要通过数据银行账号分析：品牌当前的"A–I–P–L"人群资产存在什么问题？比如是相对于竞品"A人群"量太少了，或者"I人群"到"P人群"流转率太低了，亦或者品牌旗舰店自身的"A–I–P–L人群"占比相对于其他C店、经销店太少了……

然后，就可以针对链路中具体问题采用对应的解决策略。

比如：针对"A人群"量太少这个问题，除了在站内可以通过"一夜霸屏"资源投放品牌广告外，还可以整合品牌市场部的资源来做投放拉新。传统媒介投放都是媒体投完之后，媒介公司给到甲方一些传播层面的数据，比如有多少曝光、多少点击这样，但是如果这些媒体用Uni Desk做投放，这些触达的用户数据还可以通过阿里的Uni ID匹配沉淀到数据银行，成为新增"A人群"。

再比如：针对链路中"I人群"到"P人群"流转率太低的问题，说明店铺目前缺少销售转化机制，做法是先把"I人群"根据标签分成不同的群组，有的可能是对促销折扣敏感，那就可以通过给他们推送店铺折扣信息来做收割；而有的是通过明星活动被吸引进来的，那或许可以通过一些明星周边货品来吸引他们做下一步的购买动作。

阿里巴巴正是以消费者为中心，融通多源消费数据，构建客户全景画像，通过AI技术驱动数据洞察、内容创作、智能投放、营销决策，贯穿消费行为全链路，打造AIPL全域营销体系。

思考题

（1）结合本案例具体说明服务营销有什么新特点？
（2）讨论一下未来服务营销的发展趋势。
（3）在新的智能数字化形势下，企业可以有哪些营销策略？

参 考 文 献

程晓，邓顺国，文丹枫，2018. 服务经济崛起："互联网+"时代的服务业升级与服务化创新 [M]. 北京：中国经济出版社.

陈斌，张译，2012. 航空服务营销 [M]. 北京：科学出版社.

陈永强，2014. 服务外包管理 [M]. 北京：清华大学出版社.

丁宁，2018. 服务管理 [M]. 3 版. 北京：清华大学出版社，北京交通大学出版社.

杜向荣，2020. 服务营销管理 [M]. 北京：清华大学出版社，北京交通大学出版社.

段淑梅，万平，2011. 市场营销学 [M]. 北京：机械工业出版社.

郭国庆，2013. 服务营销管理 [M]. 3 版. 北京：中国人民大学出版社.

韩冀东，2012. 服务营销 [M]. 北京：中国人民大学出版社.

井然哲，王金成，2012. 服务外包理论与实务 [M]. 北京：清华大学出版社.

洛夫洛克，沃茨，2013. 服务营销 [M]. 7 版. 韦福祥，等译. 北京：机械工业出版社.

李凡，2014. 服务管理案例研究 [M]. 天津：南开大学出版社.

李文国，夏冬，2018. 市场营销 [M]. 北京：清华大学出版社.

林建煌，2014. 服务营销与管理 [M]. 北京：北京大学出版社.

梁新弘，2014. 服务营销 [M]. 北京：中国人民大学出版社.

李巍，2019. 服务营销管理：聚焦服务价值 [M]. 北京：机械工业出版社.

李雪松，2017. 服务营销学 [M]. 2 版. 北京：清华大学出版社，北京交通大学出版社.

李勇，2016. 互联网+酒店 [M]. 北京：人民邮电出版社.

梁晓蓓，2015. 现代服务组合模式 [M]. 上海：东华大学出版社.

李怀斌，王子言，毕贺轩，2013. 服务营销学教程 [M]. 3 版. 大连：东北财经大学出版社.

黎开莉，魏锦，2011. 服务市场营销 [M]. 大连：东北财经大学出版社.

刘琳，2015. 服务外包概论 [M]. 北京：经济科学出版社.

孟慧霞，2012. 产品服务化：消费者视角的竞争优势及其困境成因研究 [M]. 北京：经济科学出版社.

苏朝晖，2016. 服务营销管理 [M]. 北京：清华大学出版社.

孙春华，2011. 物流服务营销 [M]. 北京：对外经济贸易大学出版社.

吴晓云，2011. 服务市场营销管理 [M]. 上海：格致出版社，上海人民出版社.

王永贵，2019. 服务营销 [M]. 北京：清华大学出版社.

王跃梅，等，2016. 服务营销 [M]. 2 版. 杭州：浙江大学出版社.

王骏，2007. 物流服务营销 [M]. 武汉：华中科技大学出版社.

王进，2007. 物流服务营销 [M]. 北京：人民交通出版社.

泽丝曼尔，等，2018. 服务营销 [M]. 7 版. 张金成，等译. 北京：机械工业出版社.

韦福祥，2009. 服务营销学 [M]. 北京：对外经济贸易大学出版社.

许晖，2015. 服务营销 [M]. 北京：中国人民大学出版社.

于宁，2013. 服务营销 [M]. 大连：大连理工大学出版社.

张秀红，2014. 服务营销 [M]. 北京：中国广播影视出版社．

郑锐洪，2019. 服务营销理论、方法与案例 [M]. 2 版．北京：机械工业出版社．

张立中，2018. 现代服务管理：价值共创的典范 [M]. 北京：电子工业出版社．

BRETT R G, et al., 2021. Inefficiencies in Digital Advertising Markets[J]. Journal of Marketing, 85（1）: 7-25.

BARBARA G, et al., 2021. Logistics service quality and customer satisfaction in B2B relationships: a qualitative comparative analysis approach[J]. TQM Journal, 33（1）: 125-140.

MILES C, et al., 2018. Marketing（as）rhetoric: an introduction[J]. Journal of Marketing Management, 34（15）: 1259-1271.

CHANDLE D, et al., 2020. When is it Good to be Bad？Contrasting Effects of Multiple Reputations for Bad Behavior on Media Coverage of Serious Organizational Errors[J]. Academy of Management Journal, 63（4）: 1236-1265.

STREIMIKIENE D, et al., 2021. The impact of Corporate Social Responsibility on Corporate Image: Evidence of budget airlines in Europe[J]. Corporate Social Responsibility & Environmental Management, 28（2）: 925-935.

FENG T J, et al., 2019. Service Outsourcing: Capacity, Quality and Correlated Costs[J]. Production & Operations Management, 28（3）: 682-699.

CAVAZOTTE F, et al., 2020. Enabling customer satisfaction in call center teams: the role of transformational leadership in the service-profit chain[J]. Service Industries Journal, 40（5）: 1-14.

DIALLO M F, et al., 2018. How Shopping Mall Service Quality Affects Customer Loyalty Across Developing Countries: The Moderation of the Cultural Context[J]. Journal of International Marketing, 26（4）: 69-84.

LUFFARELLI J, et al., 2019. The Visual Asymmetry Effect: An Interplay of Logo Design and Brand Personality on Brand Equity[J]. Journal of Marketing Research, 56（1）: 89-103.

JAYWANT S, et al., 2017. IT usage for enhancing trade show performance: evidence from the aviation services[J]. Journal of Business & Industrial Marketing, 32（3）: 398-408.

IHEJIRIKA K T, et al., 2021. Rethinking Academic Library Use of Social Media for Marketing: Management Strategies for Sustainable User Engagement[J]. Journal of Library Administration, 61（1）: 58-65.

LAMEY L, et al., 2021. Retail service innovations and their impact on retailer shareholder value: evidence from an event study[J]. Journal of the Academy of Marketing Science, 49（4）: 1-23.

STATSENKO L, et al., 2020. Customer collaboration, service firms' diversification and innovation performance[J]. Industrial Marketing Management, 85（0）: 180-196.

TADAJEWSKI M, 2020. When you tire of marketing you tire of life or why you should attend the Academy of Marketing conference[J]. Journal of Marketing Management, 36（17）: 1611-1614.

TSIROS M, et al., 2020. Lowering the Minimum Donation Amount Increases Consumer Purchase Likelihood of Products Associated with Cause-Related Marketing Campaigns[J]. Journal of Marketing Research, 57（4）: 755-770.

RAFIQ M, et al., 2012. Measuring Internet retail service quality using E-S-QUAL[J]. Journal of Marketing Management, 28（9）: 1159-11173.

ALI M, et al., 2017. Service quality perception and customer satisfaction in Islamic banks of Pakistan: the modified SERVQUAL model[J]. Total Quality Management & Business Excellence, 28（5）: 559-577.

TRIPATHI M, et al., 2020. Artificial Intelligence: Transforming Supply Chain Management[J]. Journal of Case Research, 11（2）: 1-14.

GARCIA-BUENDIA N, et al., 2021. 22 Years of Lean Supply Chain Management: a science mapping-based bibliometric analysis[J]. International Journal of Production Research, 59（6）: 1901-1921.

NAGAR K, 2019. Support for the underdog brand biography: Effects on consumer attitude and behavior[J]. Journal of marketing communications, 25（5）: 477-493.

NIKHIL G, et al., 2019. Outsourcing Project Management Services: Making It Work for IT or Digitally Outsourced Projects[J]. IUP Journal of Business Strategy, 16（4）: 23-46.

PASCUAL R, et al., 2017. Optimal channel coordination in use-based product-service system contracts[J]. International Journal of Production Research, 55（23）: 6946-6956.

JONES P, et al., 2020. A circular case: The circular economy and the service industries[J]. International Journal of Management Cases, 22（3）: 13-23.

CORTEZ R M, et al., 2021. B2B market segmentation: A systematic review and research agenda[J]Journal of Business Research（126）: 415-428.

HAMILTON R, et al., 2021. Traveling with Companions: The Social Customer Journey[J]. Journal of Marketing, 85（1）: 68-92.

SOUSA R, et al., 2016. Multi-channel deployment: a methodology for the design of multi-channel service processes[J]. Production Planning & Control, 27（4）: 312-327.

MUSSOL S, et al., 2019. Developing in-store brand strategies and relational expression through sales promotions[J]. Journal of Retailing & Consumer Services（47）: 241-250.

BRADFORD T W, et al., 2020. W. Help Me Help You! Employing the Marketing Mix to Alleviate Experiences of Donor Sacrifice[J]. Journal of Marketing, 84（3）: 68-85.

DOTZEL T, et al., 2019. The Relative Effects of Business-to-Business（vs. Business-to-Consumer）Service Innovations on Firm Value and Firm Risk: An Empirical Analysis[J]. Journal of Marketing, 83（5）: 133-152.

KANURI V K, et al., 2019. The Unintended Consequence of Price-Based Service Recovery Incentives[J]. Journal of Marketing, 83（5）: 57-77.

WANG X Y, et al., 2020. Promoting synergistic innovation in logistics service outsourcing [J]. Journal of Business & Industrial Marketing, 35（6）: 1099-1112.

YE H, et al., 2020. Value Cocreation for Service Innovation: Examining the Relationships between Service Innovativeness, Customer Participation, and Mobile App Performance [J]. Journal of the Association for Information Systems, 21（2）: 292-311.

ZHANG Y W, et al., 2020. Manufacturer warranty service outsourcing strategies in a dual-channel supply chain[J]. International Transactions in Operational Research, 27（6）: 2899-2926.